北京大學圖書館藏古文獻目録叢編
主編　陳建龍
執行主編　湯燕　王波

北京大學圖書館藏歷代墓誌拓片目録續編

楊楠楠　湯燕　胡海帆　編

圖書在版編目(CIP)數據

北京大學圖書館藏歷代墓誌拓片目録續編 / 陳建龍主編；楊楠楠，湯燕，胡海帆編. ——北京：北京大學出版社，2024.12. ——（北京大學圖書館藏古文獻目録叢編）. —— ISBN 978-7-301-35660-9

Ⅰ. K877.451

中國國家版本館CIP數據核字第2024AG5530號

書　　　名	北京大學圖書館藏歷代墓誌拓片目録續編 BEIJINGDAXUE TUSHUGUAN CANG LIDAI MUZHI TAPIAN MULU XUBIAN
著作責任者	楊楠楠　湯燕　胡海帆 編
責任編輯	魏奕元
標準書號	ISBN 978-7-301-35660-9
出版發行	北京大學出版社
地　　　址	北京市海淀區成府路205號　100871
網　　　址	http://www.pup.cn　新浪微博:@北京大學出版社
電子郵箱	編輯部 dj@pup.cn　總編室 zpup@pup.cn
電　　　話	郵購部 010-62752015　發行部 010-62750672　編輯部 010-62756449
印刷者	北京市十月印刷有限公司
經銷者	新華書店 787毫米×1092毫米　16開本　30.25印張　513千字 2024年12月第1版　2024年12月第1次印刷
定　　　價	180.00元

未經許可，不得以任何方式複製或抄襲本書之部分或全部內容。
版權所有，侵權必究
舉報電話: 010-62752024　電子郵箱: fd@pup.cn
圖書如有印裝質量問題，請與出版部聯繫，電話: 010-62756370

目 錄

前言 …………………………………………………………………………… 1
凡例 …………………………………………………………………………… 1
墓誌朝代與年號目次 ………………………………………………………… 1

東漢(25—220) ……… 1　　唐(618—907) ……… 3　　遼(947—1125) ……… 7
晉(265—420) ……… 1　　武周(690—704) ……… 3　　金(1115—1234) ……… 7
十六國(304—439) ……… 1　　唐(618—907) ……… 4　　元(1271—1368) ……… 7
北魏(386—534) ……… 1　　燕(756—763) ……… 5　　明(1368—1644) ……… 7
東魏(534—550) ……… 2　　後梁(907—923) ……… 5　　南明(1645—1661) ……… 8
西魏(535—556) ……… 2　　後唐(923—936) ……… 5　　清(1636—1911) ……… 8
北齊(550—577) ……… 2　　後漢(947—950) ……… 5　　民國(1912—1949) ……… 8
北周(557—581) ……… 2　　後周(951—960) ……… 5　　僞刻墓誌 ……… 9
隋(581—618) ……… 3　　宋(960—1279) ……… 5

北京大學圖書館藏歷代墓誌拓片目錄 …………………………………………… 1
題名拼音索引 …………………………………………………………………… 401
責任者拼音索引 ………………………………………………………………… 433
墓誌出土地索引 ………………………………………………………………… 459

前　言

　　北京大學圖書館百餘年來的古文獻收藏史上，記載著無數感人肺腑的瞬間。這裏有各界藏家的傾囊相贈，也有前輩同仁的戮力搜求；有動蕩年代的同舟共濟，也有和平時期的賡續傳承。厚重的歷史爲北大留下了數以百萬計的翰墨縹緗，其中金石拓片文獻共計四萬五千餘種、八萬五千餘件，位居全國高校圖書館之首，囊括了清末繆荃孫"藝風堂"、民國張仁蠡"柳風堂"的幾乎全部藏拓，另有原燕京大學、中德學會與邵章、陸和九等私家舊藏，以及近二三十年來新出金石拓本，數量品種之多、時空跨度之大、資料內容之豐富，一直爲海內外學術界所矚目。

　　拓片文獻作爲銘記歷史的載體，具有史料、書法、藝術、文物等多方面的重要價值。北大圖書館所藏拓片文獻種類涵蓋甲骨金器、磚石瓦陶、碑誌法帖等等，近年來尤其注重墓誌與法帖類文獻的收藏。墓誌通常記載人物生平、家族譜系等內容，涉及社會、政治、經濟、軍事、文化、藝術等諸多方面，文獻價值之高爲學界所公認。北大圖書館的墓誌拓片收藏數量迄今已達一萬兩千三百餘種，堪稱一座巨大的歷史文獻寶庫。

　　2013年，《北京大學圖書館藏歷代墓誌拓片目錄》一書問世，此目收錄本館所藏墓誌文獻一萬餘種，受到學者的高度認可與學界的廣泛好評。本次續編收錄2013年以來我館新入藏的墓誌文獻共計2161種，多爲近年新出土的墓誌品種，品種數量最多的時段爲南北朝、唐代與宋代，當中不乏皇親國戚、權貴重臣之誌，知名誌主如北朝權臣柳氏家族的柳鷟、柳虬、柳帶韋等，唐高祖李淵長子李建成、武則天之侄武承嗣、唐初宰相裴寂、著名女官上官婉兒、著名書法家馮承素以及葬於北宋鞏義皇陵的趙氏皇族七十多人等等。這些誌文上起東漢、下迄民國、千姿百態、異彩紛呈，或涉風雲人物，或載重要史實，或有益於歷史考查，或可助力書法研習，兼具史料價值與藝術價值。

　　續編延續第一部拓片目錄的編輯體例，具體內容包括：題名（墓誌名稱）、其他題名（原石的首題和蓋題名稱或別名）、責任者（責任者年代、名稱及責任方式）、墓誌年代（誌文中出現的最晚時間，一般爲葬年）、墓誌所在地（出土地點及流傳和現藏地點）、版刻及說明、書體、行款、拓片尺寸、附注、著錄文獻、典藏號、數量、版本等，並附題名、責任者和出土地三種索引，以便學者利用。

　　北大圖書館的拓片文獻收藏旨在保存、修復、整理、揭示、研究與利用相關文獻，期望通過助力教學、科研和宣傳普及等工作,提高北京大學師生乃至社會公衆對拓片文獻的欣賞、學習與研究水準,發揮傳承與弘揚中華優秀傳統文化的作用。這項工作一直以來得到了社會各界衆多機構的大力支持,更有無數個人收藏者的無私捐獻,其中既有校外藏家、畢業校友,也有北大的老師甚至是在讀的學子,無論身處廟堂之高抑或江湖之遠,他們始終心繫北大的文獻收藏,一次次慷慨捐贈書寫了我館文獻收藏史上的一段段佳話。這些嘉惠學林的善舉,均會呈現在此部續編當中,也終將爲歷史所銘記。

　　受限於編者的學識水平,本書内容有錯謬與疏漏在所難免,祈望諸位讀者、同仁以及專家學者賜教指正,不胜感荷!

陳建龍
2024 年 5 月

凡　　例

一、本目録收録北京大學圖書館2013—2023年入藏的全部墓誌拓片。非墓誌類石刻，如買地券、鎮墓券、漢畫像石墓題記、神道闕、塔銘、墓碑等，不予收録。

二、本目録正文除收録原刻墓誌外，另有翻刻墓誌若干，文末有僞刻三種。

三、本目收録品種共計2161種。

四、每條目録著録内容包括：

1. 正題名；2. 原題名（誌石首題、尾題、蓋題、額題等）、別名；3. 責任者；4. 墓誌年代；5. 墓誌出土地及流傳、現藏地；6. 書體；7. 行款；8. 拓片尺寸；9. 附注；10. 著録文獻；11. 原刻拓片藏本情況（包括各複本典藏號、數量、印本、失拓等内容）。

五、正題名爲擬定題名，一般由"墓主姓名＋墓誌"構成。墓主名諱泐缺或無載時，選取字號。名諱字號均缺時，男子以"×君"、女子以"×氏"代之。墓主爲已婚女性時，女子姓名前冠以其夫姓名。

六、不同時期、不同地區、不同形式的墓誌自題稱謂往往不同，有墓誌、墓記、墓銘、墓表、壙誌、壙記等。本目録大致遵從原題稱謂。磚質者正題名後綴"磚"字。東漢刑徒墓記碑沿用《陶齋藏磚》"葬磚"稱謂。

七、館藏同一墓誌有多件複本，其中之一存有誌蓋時，正題名著録爲"墓誌并蓋"。無蓋的複本，注明"蓋失拓"。館藏同一墓誌所有拓片均無蓋，但能從他處獲悉誌蓋内容時，正題名著録爲"墓誌"，同時著録獲悉的蓋題内容及書體行款，并注明"蓋失拓"。

八、墓誌年代選取原葬誌文中出現的最晚時間（不選補刻的遷改葬時間），一般爲下葬年月。葬年不詳時，著録卒年。因誌石殘泐，致使葬、卒年不能確定，或未刻葬卒年月者，根據内容、書法等推定誌石所處朝代。

九、改換年號後，誌中卒葬年仍沿用舊年號者，本目録遵原誌著録，不予變換。

十、一般以誌文中葬地作爲墓誌出土地。文中未記載葬地或已知出土地與葬地不符者，依據實際出土情況著録。有文獻記載詳細的出土時間、地點時，參照較權威之文獻著録。

十一、部分近代墓誌拓片，是新鎸誌石下葬前搥拓的，墓誌並未出土，這類墓誌的金石所在地信息著録爲葬地。

十二、拓片尺寸著録墨影的"高×廣"，以釐米（cm）計。

十三、典藏號後綴的-2、-3表示複本數，爲節省篇幅，以"～"連貫著録多個複本。如 D302:9072～－3,代表 D302:9072、D302:9072－2、D302:9072－3 三個複本。

十四、本目錄按墓誌朝代、年號、紀年、月、日先後排序。無紀年者排在同朝代或同一歷史時期之後。同時並存的朝代,分別排序。

十五、民國年間墓誌,其月日有陰、陽曆之別,爲簡便計,均按月日數字排序。

十六、爲便於檢索,本目前有墓誌朝代與年號目次,後附題名、責任者和出土地三種索引。

墓誌朝代與年號目次

東漢(25—220)

　　　　永元(89)　　　　　　　　0001
　　　　元興(105)　　　　　　　 0002
　　　　延平(106)　　　　　　　 0003
　　　　永初(107)　　　　　　　 0004—0027
　　　　元初(114)　　　　　　　 0028—0047
　　　　延光(122)　　　　　　　 0048—0049
　　　　東漢(25—220)　　　　　 0050—0058

晉(265—420)

　　　　西晉太康(280)　　　　　 0059—0060
　　　　西晉元康(291)　　　　　 0061—0068
　　　　西晉永康(300)　　　　　 0069
　　　　西晉永嘉(307)　　　　　 0070
　　　　西晉建興(313)　　　　　 0071
　　　　西晉(265—317)　　　　　0072—0073
　　　　東晉升平(357)　　　　　 0074

十六國(304—439)

　　　　前秦建元(365)　　　　　 0075

北魏(386—534)

　　　　景明(500)　　　　　　　 0076—0077
　　　　正始(504)　　　　　　　 0078—0079
　　　　永平(508)　　　　　　　 0080—0081
　　　　熙平(516)　　　　　　　 0082—0083
　　　　神龜(518)　　　　　　　 0084—0088
　　　　正光(520)　　　　　　　 0089—0095

孝昌(525)	0096—0099
武泰(528)	0100
建義(528)	0101
永安(528)	0102—0103
建明(530)	0104
普泰(531)	0105—0107
太昌(532)	0108—0111
永熙(532)	0112
北魏(386—534)	0113—0118

東魏(534—550)

天平(534)	0119—0120
元象(538)	0121—0123
興和(539)	0124—0125
武定(543)	0126
東魏(534—550)	0127

西魏(535—556)

大統(535)	0128—0132
廢帝(552)	0133—0135
恭帝(554)	0136

北齊(550—577)

天保(550)	0137—0138
皇建(560)	0139—0140
太寧(561)	0141
河清(562)	0142
天統(565)	0143—0150
武平(570)	0151—0155

北周(557—581)

明帝(557)	0156
武成(559)	0157
保定(561)	0158—0160
天和(566)	0161—0169

建德(572)	0170—0176
宣政(578)	0177—0178
大象(579)	0179
北朝(386—581)	0180

隋(581—618)

開皇(581)	0181—0219
仁壽(601)	0220—0223
大業(605)	0224—0240
隋(581—618)	0241

唐(618—907)

武德(618)	0242—0248
貞觀(627)	0249—0280
永徽(650)	0281—0307
顯慶(656)	0308—0328
龍朔(661)	0329—0343
麟德(664)	0344—0361
乾封(666)	0362—0367
總章(668)	0368—0376
咸亨(670)	0377—0405
上元(674)	0406—0426
儀鳳(676)	0427—0433
調露(679)	0434—0449
永隆(680)	0450—0452
永淳(682)	0453—0462
文明(684)	0463—0464
光宅(684)	0465—0466
垂拱(685)	0467—0485
永昌(689)	0486—0489
載初(689)	0490—0497

武周(690—704)

天授(690)	0498—0515
長壽(692)	0516—0525

延載(694)	0526—0531
證聖(695)	0532—0535
天册萬歲(695)	0536—0538
萬歲登封(696)	0539—0541
萬歲通天(696)	0542—0543
神功(697)	0544—0547
聖曆(698)	0548—0568
久視(700)	0569—0576
大足(701)	0577
長安(701)	0578—0596

唐(618—907)

神龍(705)	0597—0603
景龍(707)	0604—0623
景雲(710)	0624—0635
太極(712)	0636
延和(712)	0637
先天(712)	0638—0643
開元(713)	0644—0861
天寶(742)	0862—0998
至德(756)	0999
乾元(758)	1000—1004
後上元(760)	1005
寶應(762)	1006
永泰(765)	1007—1013
大曆(766)	1014—1060
建中(780)	1061—1075
興元(784)	1076—1077
貞元(785)	1078—1156
永貞(805)	1157
元和(806)	1158—1242
長慶(821)	1243—1256
寶曆(825)	1257—1265
大和(827)	1266—1314
開成(836)	1315—1340

會昌(841)	1341—1369
大中(847)	1370—1442
咸通(860)	1443—1509
乾符(874)	1510—1533
廣明(880)	1534—1538
中和(881)	1539—1546
文德(888)	1547
龍紀(889)	1548
乾寧(894)	1549—1551
光化(898)	1552—1553
天祐(904)	1554—1556
唐(618—907)	1557—1572

燕(756—763)

聖武(756)	1573—1582
順天(759)	1583
顯聖(761)	1584

後梁(907—923)

貞明(915)	1585—1586

後唐(923—936)

同光(923)	1587
長興(930)	1588—1590
清泰(934)	1591

後漢(947—950)

乾祐(948)	1592—1594

後周(951—960)

廣順(951)	1595—1597
顯德(954)	1598—1600

宋(960—1279)

建隆(960)	1601—1602

乾德(963)	1603—1604
開寶(968)	1605—1608
太平興國(976)	1609
雍熙(984)	1610
景德(1004)	1611
大中祥符(1008)	1612—1613
天聖(1023)	1614
景祐(1034)	1615
寶元(1038)	1616
慶曆(1041)	1617—1625
皇祐(1049)	1626—1627
至和(1054)	1628—1632
嘉祐(1056)	1633—1635
治平(1064)	1636—1638
熙寧(1068)	1639—1649
元豐(1078)	1650—1663
元祐(1086)	1664—1676
紹聖(1094)	1677—1680
元符(1098)	1681—1686
建中靖國(1101)	1687
崇寧(1102)	1688
大觀(1107)	1689—1733
政和(1111)	1734—1740
宣和(1119)	1741
靖康(1126)	1742
北宋(960—1127)	1743—1747
建炎(1127)	1748—1749
紹興(1131)	1750—1752
乾道(1165)	1753
淳熙(1174)	1754—1758
紹熙(1190)	1759—1760
嘉泰(1201)	1761—1762
開禧(1205)	1763
嘉定(1208)	1764—1774
寶慶(1225)	1775

	紹定(1228)	1776—1779
	端平(1234)	1780—1781
	嘉熙(1237)	1782—1784
	淳祐(1241)	1785—1793
	寶祐(1253)	1794—1800
	開慶(1259)	1801
	景定(1260)	1802—1805
	咸淳(1265)	1806—1819
	南宋(1127—1279)	1820
	宋(960—1279)	1821—1822
遼(947—1125)		
	統和(983)	1823
	大安(1085)	1824
	乾統(1101)	1825
金(1115—1234)		
	天會(1123)	1826
	貞元(1153)	1827
	大定(1161)	1828
	大安(1209)	1829
元(1271—1368)		
	至元(1264)	1830—1834
	大德(1297)	1835—1837
	皇慶(1312)	1838
	延祐(1314)	1839—1840
	至治(1321)	1841—1844
	泰定(1324)	1845—1847
	元統(1333)	1848
	後至元(1335)	1849—1850
	至正(1341)	1851—1856
明(1368—1644)		
	洪武(1368)	1857—1858

建文(1399)	1859
永樂(1403)	1860
景泰(1450)	1861
成化(1465)	1862—1865
弘治(1488)	1866—1869
正德(1506)	1870—1876
嘉靖(1522)	1877—1907
隆慶(1567)	1908—1910
萬曆(1573)	1911—1951
泰昌(1620)	1952
天啓(1621)	1953—1958
崇禎(1628)	1959—1977
明(1368—1644)	1978—1979

南明(1645—1661)

永曆(1647)	1980

清(1636—1911)

順治(1644)	1981—1983
康熙(1662)	1984—1994
雍正(1723)	1995
乾隆(1736)	1996—2049
嘉慶(1796)	2050—2065
道光(1821)	2066—2096
咸豐(1851)	2097—2115
同治(1862)	2116—2122
光緒(1875)	2123—2134
宣統(1909)	2135
清(1636—1911)	2136

民國(1912—1949)

元年至十年(1912—1921)	2137
十一年至二十年(1922—1931)	2138—2149
二十一年至三十八年(1932—1949)	2150—2158

偽刻墓誌
    西漢年款   2159
    西晉年款   2160
    元朝年款   2161

0001　僕陽完城旦殘葬磚

東漢永元十五年（103）三月（下缺）。河南洛陽偃師出土。

隸書，3 行，行存 6 字。拓片，23cm×23cm。

附注：上半截殘缺，人名年號缺失。"僕"疑爲"濮"。此爲刑徒葬磚。

D302:9889,1 張。

0002　荊昇葬磚

東漢元興元年（105）二月□日。河南洛陽偃師出土。

隸書，4 行，行 5、6 字。拓片，29cm×23cm。

附注：此爲刑徒葬磚。右下角殘損。

著錄文獻：《東漢刑徒磚捃存》1。

D302:8797,1 張。

0003　樂舒葬磚

東漢延平元年（106）六月十九日葬。河南洛陽偃師出土，現藏洛陽九朝刻石文字博物館。

隸書，4 行，行 7 字左右。拓片，23cm×19cm。

附注：此爲刑徒葬磚。

著錄文獻：《東漢刑徒磚捃存》7；《洛陽新獲七朝墓誌》1。

D302:9440,1 張，2016 年 9 月齊運通捐贈。

0004　郃威葬磚

東漢永初元年（107）六月六日葬。河南洛陽偃師出土。

隸書，5 行，行 5 字左右。拓片，23cm×30cm。

附注：此爲刑徒葬磚。

著錄文獻：《東漢刑徒磚捃存》13。

D302:9441,1 張，2016 年 9 月齊運通捐贈。

0005　周捐葬磚

東漢永初元年（107）六月十一日葬。河南洛陽偃師出土。

隸書，4 行，行 7 字左右。拓片，23cm×21cm。

附注：此爲刑徒葬磚。

著錄文獻：《東漢刑徒磚捃存》14。

D302:9442,1 張，2016 年 9 月齊運通捐贈。

0006　永初二年葬磚

東漢永初二年（108）□月□日。河南洛陽偃師出土。

隸書，3 行，行 7、8 字。拓片，19cm×15.5cm。

附注：殘泐不清，名諱不可辨。此爲刑徒葬磚。

D302:9890,1 張。

0007　黃新葬磚

東漢永初三年（109）十月七日葬。河南洛陽偃師出土。

隸書，4 行，行 6—8 字。拓片，29.5cm×21cm。

著錄文獻：《東漢刑徒磚捃存》21。

D302:8798,1 張。

0008　章非葬磚

東漢永初三年（109）十一月十三日。2000年代河南洛陽偃師西大郊村出土。

隸書，4行，行字不等。拓片，36cm×23cm。

附注：此爲刑徒葬磚。磚斜斷裂爲二。

著録文獻：《漢魏六朝墓磚銘文輯録校釋》第1。

D302：8527，1張，2013年9月孫雙才捐贈。

0009　邴達葬磚

東漢永初三年（109）十一月十六日。河南洛陽偃師出土，鄭州李氏藏。

隸書，3行，行6—8字。拓片，22.5cm×15cm。

附注：此爲刑徒葬磚。

著録文獻：《東漢刑徒磚捃存》24。

D302：9776，1張，2017年6月李仁清捐贈。

0010　魏建葬磚

東漢永初三年（109）十一月十八日。河南洛陽偃師出土。

隸書，5行，行5、6字。拓片，21cm×23cm。

附注：此爲刑徒葬磚。

著録文獻：《東漢刑徒磚捃存》26。

D302：9891，1張。

0011　王少葬磚

東漢永初三年（109）十一月二十日。2000年代河南洛陽偃師西大郊村出土。

隸書，4行，行6—8字不等。拓片，23cm×18cm。

附注：此爲刑徒葬磚。"故死"二字疊刻，"下"字被包漿所掩。

著録文獻：《漢魏六朝墓磚銘文輯録校釋》第5。

D302：8528，1張，2013年9月孫雙才捐贈。

0012　周傷葬磚

東漢永初三年（109）十一月二十日。2000年代河南洛陽偃師西大郊村出土。

隸書，5行，行5—7字不等。拓片，23cm×19cm。

附注：此爲刑徒葬磚。"永初"之"初"字漏刻或被包漿所掩。

著録文獻：《漢魏六朝墓磚銘文輯録校釋》第4。

D302：8529，1張，2013年9月孫雙才捐贈。

0013　司董陽葬磚

東漢永初三年（109）十一月二十一日。河南洛陽偃師出土。

隸書，5行，行7字。拓片，31cm×22.5cm。

附注：此爲刑徒葬磚。

D302：9892，1張。

0014　兒叔葬磚

東漢永初五年（111）五月二十一日。河南洛陽偃師出土。

隸書，4行，行7字左右。拓片，23cm×23cm。

附注：此爲刑徒葬磚。

D302：9893，1張。

0015　張平葬磚

東漢永初五年（111）五月二十八日。河南洛陽偃師出土。

隸書，4行，行7字左右。拓片，23.3cm×21.2cm。

附注：此爲刑徒葬磚。

D302：9894，1張。

0016　盛建葬磚

東漢永初五年（111）九月一日。2000年代河南洛陽偃師西大郊村出土。

隸書，存3行，行6字。拓片，19cm×23.5cm。

附注：此爲刑徒葬磚。右下角殘缺一塊，斜裂一道。

著録文獻：《漢魏六朝墓磚銘文輯録校釋》第6。

D302：8530，1張，2013年9月孫雙才捐贈。

0017　王都葬磚

東漢永初六年（112）十一月八日。河南洛陽偃師出土。

隸書，4行，行6—8字。拓片，35cm×23.5cm。

附注：此爲刑徒葬磚。《東漢刑徒磚捃存》作"王都"，從之。

著録文獻：《東漢刑徒磚捃存》48（作二月）。

D302：8799，1張。

0018　張陽葬磚

東漢永初六年（112）十一月九日。2000年代河南洛陽偃師西大郊村出土。

隸書，4行，行6、7字不等。拓片，23.5cm×21cm。

附注：此爲刑徒葬磚。

著録文獻：《漢魏六朝墓磚銘文輯録校釋》第18。

D302：8531，1張，2013年9月孫雙才捐贈。

0019　雷樹葬磚

東漢永初七年（113）正月十五日。河南洛陽偃師出土。

隸書，4行，行6、7字。拓片，23cm×25cm。

附注：此爲刑徒葬磚。

著録文獻：《東漢刑徒磚捃存》69。

D302：9895，1張。

0020　帛山葬磚

東漢永初七年（113）正月十六日。河南洛陽偃師出土。

隸書，4行，行6、7字。拓片，23.3cm×21.7cm。

附注：此爲刑徒葬磚。

D302：9896，1張。

0021　謝多葬磚

東漢永初七年（113）二月十八日。河南洛陽偃師出土。

隸書，3行，行7字左右。拓片，23cm×15.8cm。

附注：此爲刑徒葬磚。

著録文獻：《東漢刑徒磚拐存》71。

D302：9897，1張。

0022　賈胡葬磚

東漢永初七年（113）三月□日。河南洛陽偃師出土。

隸書，4行，行4、5字。拓片，22.5cm×13.5cm。

附注：此爲刑徒葬磚。

D302：9898，1張。

0023　銅當葬磚

東漢永初七年（113）四月二十七日。河南洛陽偃師出土，鄭州李氏藏。

隸書，4行，行5—7字。拓片，23.5cm×21.5cm。

附注：此爲刑徒葬磚。

著録文獻：《東漢刑徒磚拐存》81。

D302：9777，1張，2017年6月李仁清捐贈。

0024　瀉禄葬磚

東漢永初七年（113）四月二十八日。河南洛陽偃師出土。

隸書，5行，行6字。拓片，29.5cm×24cm。

附注：此爲刑徒葬磚。

D302：9899，1張。

0025　王丸葬磚

東漢永初七年（113）四月二十九日。河南洛陽偃師出土，鄭州李氏藏。

隸書，4行，行5—8字。拓片，23cm×18cm。

附注：此爲刑徒葬磚。

著録文獻：《東漢刑徒磚拐存》82。

D302：9778，1張，2017年6月李仁清捐贈。

0026　鄧□葬磚

東漢永初七年（113）□月十□日。河南洛陽偃師出土。

隸書，存4行，行5字。拓片，21.5cm×16cm。

附注：此爲刑徒葬磚。

D302：9900，1張。

0027　十一月二日等字殘葬磚

東漢永初□年（107—113）十一月二日。2000年代河南洛陽偃師西大郊村出土。

隸書，4行，行6—8字。拓片，25.5cm×23.5cm。

附注：此爲刑徒葬磚。磚豎斷裂，墓主人名殘泐。

著録文獻：《漢魏六朝墓磚銘文輯録校釋》第9。

D302：8532，1張，2013年9月孫雙才捐贈。

0028　史孟葬磚

東漢元初元年（114）二月三日。

2000 年代河南洛陽偃師西大郊村出土。

隸書,4 行,行 4—5 字。拓片,24cm×19.5cm。

附注:此爲刑徒葬磚。"舞"字下漏刻一字或字迹爲包漿所掩。此磚墓主與《東漢刑徒磚捃存》201《史孟磚》或是同一人。

著録文獻:《漢魏六朝墓磚銘文輯録校釋》第 7。

D302:8533,1 張,2013 年 9 月孫雙才捐贈。

0029　元初元年殘葬磚

東漢元初元年(114)四月五日。河南洛陽偃師出土。

隸書,存 3 行,行 7 字。拓片,22cm×15cm。

附注:此爲刑徒葬磚。姓名殘缺。

D302:9901,1 張。

0030　杜成葬磚

東漢元初元年(114)四月六日。河南洛陽偃師出土。

隸書,5 行,行 5 字。拓片,25cm×22cm。

附注:此爲刑徒葬磚。磚出土後字口被人重剡加粗,原刻細筆畫隱約可見。

D302:8796,1 張。

0031　蘇宗葬磚

東漢元初元年(114)十二月一日。2000 年代河南洛陽偃師西大郊村出土。

隸書,4 行,行 4—6 字。拓片,23cm×16.5cm。

附注:此爲刑徒葬磚。"鬼"字之上似有半個殘字。

著録文獻:《漢魏六朝墓磚銘文輯録校釋》第 10(作䎹宗)。

D302:8534,1 張,2013 年 9 月孫雙才捐贈。

0032　畢整葬磚

東漢元初元年(114)十二月三日。2000 年代河南洛陽偃師西大郊村出土。

隸書,4 行,行 3—6 字。拓片,23cm×24cm。

附注:此爲刑徒葬磚。模糊不清,"川"字似漏刻。

著録文獻:《漢魏六朝墓磚銘文輯録校釋》第 8。

D302:8535,1 張,2013 年 9 月孫雙才捐贈。

0033　甯元葬磚

東漢元初元年(114)十二月八日。河南洛陽偃師出土。

隸書,4 行,行 5、6 字。拓片,22.5cm×16cm。

附注:此爲刑徒葬磚。

D302:9902,1 張。

0034　莘少葬磚

東漢元初元年(114)十□月四日。2000 年代河南洛陽偃師西大郊村出土。

隸書,4 行,行 5 字。拓片,23×

21cm。

附注:此爲刑徒葬磚。"廣"字下漏刻"川"字。

著録文獻:《漢魏六朝墓磚銘文輯録校釋》第11。

D302:8536,1 張,2013 年 9 月孫雙才捐贈。

0035　徐平葬磚

東漢元初二年(115)九月二十六日。河南洛陽偃師出土。

隸書,4 行,行 6—8 字。拓片,23.5cm×11cm。

附注:此爲刑徒葬磚。

D302:8800,1 張。

0036　邵□葬磚

東漢元初二年(115)九月二十九日。河南洛陽偃師出土。

隸書,5 行,行 5、6 字。拓片,23cm×16cm。

附注:此爲刑徒葬磚。

D302:9903,1 張。

0037　蔡□葬磚

東漢元初二年(115)□月一日。河南洛陽偃師出土。

隸書,存 5 行,行存 4 字。拓片,17.5cm×23.5cm。

附注:此爲刑徒葬磚。

D302:9904,1 張。

0038　裴寶葬磚

東漢元初二年(115)□月十九日。河南洛陽偃師出土。

隸書,5 行,行 6 字。拓片,23cm×20.5cm。

附注:此爲刑徒葬磚。

D302:9905,1 張。

0039　張文葬磚

東漢元初三年(116)二月二日。河南洛陽偃師出土。

隸書,4 行,行 4—8 字。拓片,25.5cm×22cm。

附注:此爲刑徒葬磚。右下角殘損。

D302:8801,1 張。

0040　馬虎葬磚

東漢元初三年(116)二月二十一日。河南洛陽偃師出土。

隸書,4 行,行 7、8 字。拓片,23cm×20cm。

附注:此爲刑徒葬磚。

D302:9906,1 張。

0041　秦黃葬磚

東漢元初五年(118)正月(下缺)。河南洛陽偃師出土。

隸書,存 4 行,行存 2、3 字。拓片,17cm×20cm。

附注:此爲刑徒葬磚。

D302:9907,1 張。

0042　趙齋葬磚

東漢元初六年(119)二月七日。2000 年代河南洛陽偃師西大郊村出土。

隸書,3 行,行 5—8 字。拓片,23cm×

16.2cm。

附注:此爲刑徒葬磚。墓主趙齋另有一塊葬磚未刻葬年,據此補之。

著錄文獻:《漢魏六朝墓磚銘文輯錄校釋》第 13。

D302:8537,1 張,2013 年 9 月孫雙才捐贈。

0043　黃丸葬磚

東漢元初六年(119)二月十四日。河南洛陽偃師出土,鄭州李氏藏。

隸書,3 行,行 6—8 字。拓片,23cm×14cm。

附注:此爲刑徒葬磚。

D302:9779,1 張,2017 年 6 月李仁清捐贈。

0044　霍□葬磚

東漢元初六年(119)三月九日。河南洛陽偃師出土。

隸書,4 行,行 6 字。拓片,20cm×20.5cm。

附注:此爲刑徒葬磚。

D302:9908,1 張。

0045　曹閨葬磚

東漢元初六年(119)四月一日。2000 年代河南洛陽偃師西大郊村出土。

隸書,3 行,行 6—7 字。拓片,23.5cm×22.5cm。

附注:此爲刑徒葬磚。

著錄文獻:《漢魏六朝墓磚銘文輯錄校釋》第 17,《東漢刑徒磚捃存》168。

D302:8538,1 張,2013 年 9 月孫雙才捐贈。

0046　周延葬磚

東漢元初七年(120)三月十七日。河南洛陽偃師出土。

隸書,4 行,行 5、6 字。拓片,23cm×20.5cm。

附注:此爲刑徒葬磚。

D302:9909,1 張。

0047　高嬈葬磚

東漢元初七年(120)三月□日。河南洛陽偃師出土。

隸書,4 行,行 5、6 字。拓片,24cm×20.5cm。

附注:此爲刑徒葬磚。

D302:9910,1 張。

0048　□偶葬磚

東漢延光二年(123)二月十九日。河南洛陽偃師出土。

隸書,4 行,行 6、7 字。拓片,23cm×21.5cm。

附注:此爲刑徒葬磚。漫漶甚。

D302:9911,1 張。

0049　朱福葬磚

東漢延光二年(123)七月二十二日。河南洛陽偃師出土。

隸書,4 行,行 6、7 字。拓片,26cm×21.8cm。

附注:此爲刑徒葬磚。

D302:9912,1 張。

0050　魯□葬磚

東漢(25—220)十一年四月三日。河南洛陽偃師出土。

隸書,拓片,22.5cm×15.5cm。

附注:此爲刑徒葬磚。此刑徒葬磚行文格式屬於後期,但未刻年號。東漢後期僅永元有十一年,或爲此年。

D302:9914,1張。

0051　二年八月等字殘葬磚

東漢(25—220)□□二年八月十一日。河南洛陽偃師出土。

隸書,存3行,行7、8字。拓片,23cm×13cm。

附注:此爲刑徒葬磚。

D302:9917,1張。

0052　三月九日此下等字殘葬磚

東漢(25—220)三月九日。河南洛陽偃師出土。

隸書,存2行,行存2、4字。拓片,17cm×12.5cm。

附注:此爲刑徒葬磚。

D302:8802,1張。

0053　丁容葬磚

東漢(25—220)二月六日。2000年代河南洛陽偃師西大郊村出土。

隸書,3行,行6字。拓片,23.5cm×12.3cm。

附注:此爲刑徒葬磚。葬年漏刻。

著錄文獻:《漢魏六朝墓磚銘文輯錄校釋》第2。

D302:8539,1張,2013年9月孫雙才捐贈。

0054　趙元葬磚

東漢(25—220)。河南洛陽偃師出土。

隸書,1行2字。拓片,16cm×17.5cm。

附注:此爲刑徒葬磚。

D302:9573,1張,2016年9月楊向科捐贈。

0055　李□葬磚

東漢(25—220)。河南洛陽偃師出土。

隸書,2行,行5、6字。拓片,23cm×12cm。

附注:此爲刑徒葬磚。

D302:9913,1張。

0056　史孟葬磚

東漢(25—220)。河南洛陽偃師出土。

隸書,1行2字。拓片,16.5cm×9.5cm。

附注:此爲刑徒葬磚。與《漢魏六朝墓磚銘文輯錄校釋》第7"東漢元初元年二月三日史孟葬磚"或是同一人。

著錄文獻:《東漢刑徒磚捃存》201。

D302:8803,1張。

0057　蓋章葬磚

東漢(25—220)。河南洛陽偃師出土。

隸書,2行,行5、6字。拓片,23cm×13.8cm。

附注:此爲刑徒葬磚。
D302:9915,1 張。

0058　無任汝南等字殘葬磚

東漢(25—220)。河南洛陽偃師出土。

隸書,存 2 行,行 3、5 字。拓片,22cm×12cm。

附注:此爲刑徒葬磚。
D302:9916,1 張。

0059　張業墓記磚

西晉太康五年(284)七月八日。2000 年代河南出土。

隸書,3 行,行字不等。拓片,19.5cm×18cm。

著錄文獻:《漢魏六朝墓磚銘文輯錄校釋》第 21。

D302:8540,1 張,2013 年 9 月孫雙才捐贈。

0060　周褚墓記磚

西晉太康九年(288)十月二十五日葬。現藏洛陽九朝刻石文字博物館。

隸書,3 面,共 5 行,行 4—9 字不等。拓片,34cm×38.5cm。

附注:左下部殘損。

著錄文獻:《洛陽新獲墓誌二〇一五》8。

D302:9444,1 張,2016 年 9 月齊運通捐贈。

0061　陳郡扶樂□□墓記磚

西晉元康三年(293)正月四日。2000 年代河南出土。

隸書,3 行,行字不等。拓片,37.5cm×18.5cm。

附注:殘泐甚,墓主人名泐缺。"日"字加刻在"陳"字左邊。

著錄文獻:《漢魏六朝墓磚銘文輯錄校釋》第 23。

D302:8541,1 張,2013 年 9 月孫雙才捐贈。

0062　和韓墓門題記

西晉元康三年(293)七月十五日。

隸書,2 行,行字不等。拓片,139cm×58cm。

附注:中刻鋪首銜環,題記刻於一邊。"韓"原刻左"華"右"韋"。

D302:9794,1 張。

0063　成柔墓記磚

西晉元康八年(298)五月二十五日。河南出土。

隸書,一面 2 行,行 9 字,一面 1 行 4 字。拓片,43.5cm×25cm。

附注:利用殘磚刻就。兩面刻,一面"元康八年五月廿五日,潁川成閏子柔",一面"潁川成子柔"("柔"字下半未刻)。

D302:9918,2 張。

0064　牛登墓誌

額題:晉故騎部曲督魏郡牛君之柩。

(晉)尹君造。西晉元康八年(298)十月十日造。河南洛陽出土。

隸書,16 行,行 30 字;額篆書,2 行,行 6 字。拓片,99cm×37.5cm。

附注：碑形圓首，有方界格，中斷裂。

著錄文獻：《秦晉豫新出墓誌蒐佚》9；《北京大學圖書館新藏金石拓本菁華續編》88。

D302：9437，1張，2016年5月柳金福捐贈。

0065　徐義墓誌

首題：晉賈皇后乳母美人徐氏之銘。

西晉元康九年（299）二月五日葬。河南洛陽出土，曾藏洛陽古代藝術館，現藏河南博物院。

隸書，陽22行，行33字；陰16行，行23字。拓片，均88cm×50.5cm。

附注：碑形，圭首，兩面刻，陰續刻誌文。有方界格。

著錄文獻：《北京圖書館藏中國歷代石刻拓本匯編》2/64；《北京圖書館藏墓誌拓片目錄》2；《漢魏南北朝墓誌彙編》8；《北京大學圖書館新藏金石拓本菁華續編》89。

D302：9373/SB，2張。

0066　□卯墓記磚（第一種）

西晉元康九年（299）四月六日。2000年代河南出土。

隸書，3行，行7—9字不等。拓片，27cm×13.5cm。

附注：墓主姓氏不知爲何字。

著錄文獻：《漢魏六朝墓磚銘文輯錄校釋》第27（作虛卯）。

D302：8542，1張，2013年9月孫雙才捐贈。

0067　□卯墓記磚（第二種）

西晉元康九年（299）四月六日。2000年代河南出土。

隸書，4行，行6—10字不等。拓片，30.7cm×17.5cm。

附注：墓主姓氏不知爲何字。

著錄文獻：《漢魏六朝墓磚銘文輯錄校釋》第28（作虛卯）。

D302：8543，1張，2013年9月孫雙才捐贈。

0068　馬榮妻馬張墓記

西晉元康九年（299）十二月二十三日葬。現藏洛陽九朝刻石文字博物館。

隸書，3行，行8、9字。拓片，45cm×21cm。

附注：疑僞。

著錄文獻：《洛陽新獲七朝墓誌》8。

D302：9445，1張，2016年9月齊運通捐贈。

0069　趙韜妻陳氏墓記磚

西晉永康元年（300）九月。河南洛陽出土。

隸書，2行，行存6字。拓片，32cm×15.5cm。

著錄文獻：《秦晉豫新出墓誌蒐佚續編》31（據云河南洛陽出土）。

D302：9574，1張，2016年9月楊向科捐贈。

0070　孟□妻趙令芝墓記磚

西晉永嘉三年（309）十一月二十一

日葬。河南洛陽出土。

隸書,3 行,行 10 字左右。拓片,31cm×15.5cm。

著録文獻:《邙洛碑誌三百種》8;《洛陽新獲墓誌續編》2;《中國古代磚刻銘文集》0772;《洛陽出土墓誌目録續編》17;《新出魏晉南北朝墓誌疏證》4。

D302:9576,1 張。

0071　彭侯妻李氏神柩磚

西晉建興五年(317)三月二十七日葬。現藏洛陽九朝刻石文字博物館。

隸書,面 6 行,行 12 字,側 1 行 12 字。拓片,37cm×24cm(含一側)。

附注:側刻朱新婦神柩題字。有方界格。

著録文獻:《洛陽新獲墓誌二〇一五》9;《北京大學圖書館新藏金石拓本菁華續編》91。

D302:9446,1 張,2016 年 9 月齊運通捐贈。

0072　審休母墓記磚

西晉(265—316)。河南出土。

正書,每面 2 行,行 6 字左右。拓片,43cm×21cm。

附注:兩面刻。中橫斷裂。

D302:9577,2 張。

0073　張化墓記磚

西晉(265—316)。河南出土。

隸書,2 行,行 3 字。拓片,18.5cm×17cm。

附注:無年款,左邊殘缺。

D302:9919,1 張。

0074　王閩之墓誌磚

東晉升平二年(358)三月九日卒。1965 年江蘇南京北郊象山出土,現藏南京市博物館。

正書,陽 5 行,行 12 字;陰 3 行,行 7 至 9 字不等,共計 84 字。拓片,均 42.3cm×19.9cm。

附注:兩面刻,有方界格。

著録文獻:《文物》1972 年 11 期;《六朝墓誌檢要》23 頁;《東南文化》1992 年 5 期;《新中國出土墓誌·江蘇貳南京》11;《漢魏南北朝墓誌彙編》19;《中國古代磚刻銘文集》0797;《北京大學圖書館新藏金石拓本菁華續編》94。

D302:8949/SB,1 張,兩面合拓,已襯。

0075　定遠侯墓誌

十六國前秦建元二年(366)四月一日卒。曾歸洛陽古代藝術館,現藏洛陽博物館。

隸書,5 行,行 8—10 字。拓片,39cm×28cm。

附注:此爲翻刻。收藏單位在誌石右下角刻編號 001,宫大中《洛陽美術文物的鑒賞與辨僞》一文云此爲民國年間翻刻,1983 年收藏到原刻。有作十六國漢國劉聰建元二年,王素認爲應是十六國前秦苻堅建元二年,今從王説。

著録文獻:《文物天地》1994 年 4 期;《美術觀察》1996/10;《新出魏晉

南北朝墓誌疏證》9；《北京大學圖書館新藏金石拓本菁華續編》95。

D302:8926F,1 張。

0076　奇妙姜墓銘磚

北魏景明元年（500）七月二十日葬。

正書,2 行,行 5、6 字。拓片,30cm×16cm。

D302:9578,1 張。

0077　王肜墓誌

首題：魏故泰州別駕汾州安遠府司馬定陽吐京二郡太守王公墓誌。

北魏景明四年（503）三月二十一日葬。河南洛陽出土。

正書,15 行,行 18 字。拓片,43cm×34.5cm。

D302:9920,1 張。

0078　蘇樹墓誌

首題：大魏武邑太守武邑蘇樹墓誌銘。

北魏正始二年（505）十一月十八日葬。河南洛陽出土,現藏洛陽九朝刻石文字博物館。

正書,9 行,行 15 字。拓片,62.5cm×47cm。

附注："樹"原刻左旁爲"衤"。

著錄文獻：《洛陽新獲墓誌二〇一五》11；《北京大學圖書館新藏金石拓本菁華續編》99。

D302:9443～-3,各 1 張,2016 年 9 月齊運通捐贈。

0079　朱孝親墓銘磚

北魏正始二年（505）。2000 年 6 月山東壽光田柳鎮朱家崖村出土,朱學禮藏。

正書,2 行,行 5-8 字。拓片,31cm×16cm。

附注：右下角殘缺,缺字疑是"處"字。

D302:8792,1 張。

0080　楊恩墓誌

首題：寧遠將軍河澗太守楊恩墓誌。

北魏永平二年（509）十一月十一日葬。河南洛陽出土。

正書,10 行,行 12 字。拓片,35cm×27.5cm。

著錄文獻：《洛陽出土墓誌目錄續編》28；《洛陽新獲七朝墓誌》9；《秦晉豫新出墓誌蒐佚》14。

D302:9921,1 張。

0081　元罔墓誌

首題：陽平王墓誌銘。

北魏永平四年（511）二月十八日葬。1991 年河南洛陽孟津縣出土,現藏孟津縣文物管理委員會。

正書,17 行,行 21 字。拓片,56cm×47cm。

附注：有方界格。

著錄文獻：《華夏考古》1993 年 1 期；《洛陽新獲墓誌》4；《新出魏晉南北朝墓誌疏證》31；《北京大學圖書館新藏金石拓本菁華續編》100；《北朝

藝術研究院藏品圖錄墓誌》16。
D302:8927/SB,1張。

0082 李彥甫墓誌
首題:魏故李功曹墓誌。
北魏熙平元年(516)四月二十五日葬。河北隆堯縣出土。
正書,10行,行18－24字。拓片,45.5cm×26cm。
附注:有方界格。
D302:9601,1張。

0083 乞伏暉墓誌
首題:魏故直後員外散騎侍郎□州大中正乞伏君之墓誌。
北魏熙平二年(517)十二月二十二日葬。河南洛陽出土。
正書,18行,行17字。拓片,44cm×45.5cm。
附注:有方界格。
著錄文獻:《河洛墓刻拾零》23。
D302:9922,1張。

0084 馬阿臺墓銘磚
北魏神龜元年(518)七月。河北內丘縣出土。
正書,4行,行4－6字。拓片,26cm×25.5cm。
D302:8522～-2,各1張。

0085 楊璉墓誌
北魏神龜二年(519)三月六日葬。河南洛陽出土。
正書,23行,行25字。拓片,48cm×48cm。

附注:有方界格。
著錄文獻:《秦晉豫新出墓誌蒐佚》17。
D302:9923,1張。

0086 □祚墓誌
北魏神龜二年(519)十月二十七日葬。河南洛陽出土。
正書,17行,行18字。拓片,47cm×46cm。
附注:誌缺墓主姓氏,有作"張稚"。有方界格。
D302:8648～-2,各1張,蓋失拓。

0087 路寧墓誌
北魏神龜二年(519)十一月十日葬。河南洛陽出土。
正書,13行,行26字。拓片,33cm×34cm。
著錄文獻:《秦晉豫新出墓誌蒐佚續編》68;《秦晉豫新出墓誌蒐佚三編》57。
D302:10403,1張。

0088 羅宗墓誌
首題:魏故持節輔國將軍洛州刺史趙郡武公羅使君墓誌銘。
北魏神龜二年(519)十一月二十七日葬。河南洛陽孟津縣出土。
正書,30行,行22字。拓片,58.5cm×80cm。
附注:有方界格。
著錄文獻:《河洛墓刻拾零》25;《龍門區系石刻文萃》10;《洛陽出土鴛鴦誌輯錄》1－1;《洛陽新獲七朝墓誌》

0089　王曦墓誌

首題：魏故鎮南長史王府君墓誌。

北魏正光元年（520）十一月十四日葬。河南洛陽出土。

正書，17行，行25字。拓片，63.5cm×37cm。

附注：誌作碑形，圭首。

D302:9924,1張。

0090　高猛墓誌

首題：魏故使持節侍中都督冀州諸軍事車騎大將軍司空公冀州刺史駙馬都尉勃海郡開國公高公誌銘。

北魏正光四年（523）十一月二日葬。河南洛陽出土，曾歸洛陽古代藝術館，現藏洛陽博物館。

正書，31行，行31字。拓片，83cm×85cm。

附注：有方界格。收藏單位在誌石右下角刻編號017。

著錄文獻：《中原文物》1996年1期；《新出魏晉南北朝墓誌疏證》44；《北京大學圖書館新藏金石拓本菁華續編》106。

D302:8928/SB,1張。

0091　王遵墓誌

首題：魏故鎮遠將軍右軍將軍領廷尉評王遵墓誌。

北魏正光四年（523）十一月二十七日葬。陝西西安長安區出土。

正書，20行，行23字。拓片，52cm×51.5cm。

附注：左上字跡不同，末行一"誌"字，似未刻完。有方界格。

著錄文獻：《秦晉豫新出墓誌蒐佚續編》54。

D302:9004,1張。

0092　王彤妻封園姬墓誌

首題：魏故定陽府君汾州安遠府司馬夫人封氏墓誌銘。

北魏正光四年（523）十一月二十七日葬。河南洛陽出土。

正書，14行，行18字。拓片，41.5cm×33cm。

D302:9925,1張。

0093　元隱墓誌

首題：魏故持節督恒州諸軍事平北將軍恒州刺史元君墓誌銘。

北魏正光五年（524）三月十一日葬。河南洛陽出土，現藏洛陽古代藝術館。

正書，27行，行27字。拓片，65cm×64cm。

附注：有方界格。收藏單位在誌石右下角刻編號024。

著錄文獻：《北京大學圖書館新藏金石拓本菁華續編》107。

D302:8935,1張,2015年3月史睿捐贈。

0094　元雍妾張氏墓誌

首題：魏使持節侍中丞相錄尚書事領司州牧高陽王妾張氏墓誌銘。

北魏正光五年（524）七月一日葬。河南洛陽出土。

正書，14行，行15字。拓片，40.5cm×40.5cm。

附注：有方界格。

D302：9926，1張。

0095　趙晒墓誌

首題：魏故積弩將軍中黃門趙君之墓誌銘。

北魏正光五年（524）八月四日葬。河南洛陽孟津縣出土。

正書，25行，行23字。拓片，49.5cm×49.5cm。

附注：疑爲翻刻，有缺筆。

著錄文獻：《秦晉豫新出墓誌蒐佚續編》57。

D302：9005，1張。

0096　高猛妻元瑛墓誌

首題：魏故司空勃海郡開國公高猛夫人長樂長公主墓誌銘。

北魏孝昌二年（526）三月七日葬。河南洛陽出土，曾歸洛陽古代藝術館，現藏洛陽博物館。

正書，22行，行29字。拓片，77cm×80cm。

附注：有方界格。收藏單位在誌石右下角刻編號018。

著錄文獻：《中原文物》1996年1期；《洛陽出土歷代墓誌輯繩》45；《新出魏晉南北朝墓誌疏證》51；《北京大學圖書館新藏金石拓本菁華續編》108。

D302：8929/SB，1張。

0097　李劌墓誌

首題：魏故司徒行參軍李君墓誌銘。

北魏孝昌二年（526）十二月十二日葬。河南洛陽出土，現藏洛陽九朝刻石文字博物館。

正書，18行，行13字。拓片，31.5cm×80cm。

附注：有方界格。

著錄文獻：《秦晉豫新出墓誌蒐佚續編》64；《洛陽新獲墓誌二〇一五》17；《北京大學圖書館新藏金石拓本菁華續編》109。

D302：9447～-3，各1張，2016年9月齊運通捐贈。

0098　賀牧墓誌

首題：魏故持節督朔州諸軍事後將軍朔州刺史薨加贈安北將軍使持節并州刺史賀公墓誌。

北魏孝昌二年（526）十二月二十七日葬。河南洛陽出土。

正書，29行，行31字。拓片，69cm×69cm。

附注：有方界格。

著錄文獻：《北京大學圖書館新藏金石拓本菁華續編》110。

D302：8953/SB，1張。

0099　楊仲彥墓誌

北魏孝昌三年（527）三月四日葬。河南洛陽出土。

正書，10行，行11字。拓片，27cm×29cm。

附注：有方界格。

著録文献：《龍門區系石刻文萃》17；《新見北朝墓誌集釋》13；《北京大學圖書館新藏金石拓本菁華續編》111；《西南大學新藏墓誌集釋》003。

D302：8649，1張。

0100　郭珎墓誌

首題：濮陽郭明府墓誌銘並序。

北魏武泰元年（528）三月□□日葬。甘肅天水出土。

正書，26行，行25字。拓片，47cm×47cm。

附注：有方界格，左上角殘損。

D302：9927～-2，各1張。

0101　元朏墓誌

首題：魏故侍中司徒公驃騎大將軍使持節定州刺史常山文恭王墓誌銘并序。

北魏建義元年（528）七月五日葬。1948年河南洛陽出土，曾歸洛陽古代藝術館，現藏洛陽博物館。

正書，38行，行38字。拓片，91cm×92cm。

附注：有方界格。收藏單位在誌石左下角刻編號027。

著録文献：《考古》1973年4期；《洛陽出土歷代墓誌輯繩》51；《漢魏南北朝墓誌彙編》221；《北京大學圖書館新藏金石拓本菁華續編》113。

D302：8930/SB，1張。

0102　源延伯墓誌

首題：魏故使持節都督涼州諸軍事平北將軍涼州刺史浮陽縣開國伯源侯墓誌銘。

（北魏）源子恭撰。北魏永安元年（528）十一月八日葬。河南洛陽出土，現藏洛陽九朝刻石文字博物館。

正書，27行，行27字。拓片，59cm×59cm。

附注：有方界格。

著録文献：《洛陽新獲七朝墓誌》28；《秦晉豫新出墓誌蒐佚》27（孟津）；《北京大學圖書館新藏金石拓本菁華續編》114。

D302：9448，1張，2016年9月齊運通捐贈。

0103　張瓆墓誌

北魏永安二年（529）十一月十五日葬。現藏山西大同北朝藝術研究院。

正書，8行，行8字。拓片，23.5cm×20cm。

附注：有方界格。

著録文献：《北朝藝術研究院藏品圖録墓誌》9。

D302：9928，1張。

0104　劉遵墓誌

首題：魏故龍驤將軍武庫令劉蒙貴墓誌。

北魏建明二年（531）二月六日葬。河南洛陽出土。

正書，27行，行27字。拓片，48cm×49cm。

D302：10404，1張。

0105　長孫盛墓誌並蓋

首題:魏故左將軍散騎常侍長孫公之墓誌銘;蓋題:魏故左將軍散騎常侍長孫公之墓誌銘。

北魏普泰元年(531)三月二日葬。河南洛陽出土。

誌正書,25行,行25字;蓋篆書,4行,行4字。拓片,55cm×56cm(誌),48cm×46.5cm(蓋)。

著錄文獻:《洛陽新獲七朝墓誌》32;《秦晉豫新出墓誌蒐佚》73。

D302:9929,2張。

0106　羅宗妻陸蒺藜墓誌

首題:魏故輔國將軍洛州刺史趙郡公羅宗之夫人故陸氏墓誌銘。

北魏普泰元年(531)三月三日葬。河南洛陽孟津縣出土。

正書,22行,行24字。拓片,51cm×51.5cm。

附注:有方界格。

著錄文獻:《河洛墓刻拾零》34;《龍門區系石刻文萃》21;《洛陽出土鴛鴦誌輯錄》1;《洛陽新獲七朝墓誌》33;《北京大學圖書館新藏金石拓本菁華續編》116。

D302:9285~-2,各1張。

0107　趙廣者墓誌

首題:魏相州刺史故趙君墓誌。

北魏普泰元年(531)十月十三日葬。河南洛陽出土。

正書,23行,行23字。拓片,65.5cm×65cm。

著錄文獻:《洛陽新見墓誌》11;《秦晉豫新出墓誌蒐佚續編》74。

D302:9930,1張。

0108　張太和墓誌並蓋

首題:魏故龍驤將軍太中大夫脩武侯張太和之墓誌;蓋題:故脩武侯張君墓誌銘。

北魏太昌元年(532)十一月十九日葬。河南洛陽出土,現藏洛陽九朝刻石文字博物館。

誌正書,誌20行,行22字;蓋正書,3行,行3字。拓片,44cm×44cm(誌),41cm×41cm(蓋)。

附注:有方界格。

著錄文獻:《河洛墓刻拾零》35;《洛陽新獲墓誌二〇一五》23;《西南大學新藏石刻拓本匯釋》013。

D302:9449,2張,2016年9月齊運通捐贈。

0109　楊昱墓誌

首題:魏故驃騎大將軍司空公定州刺史楊公墓誌銘。

北魏太昌元年(532)十一月十九日葬。1993年陝西華陰縣五方村出土,現藏陝西省考古所。

正書,24行,行27字。拓片,53.5cm×54cm。

附注:有方界格。

著錄文獻:《華山碑石》圖17/241頁;《新出魏晉南北朝墓誌疏證》60。

D302:9787,1張,2018年5月宿白捐贈。

0110　楊測墓誌

首題:魏故鎮北將軍吏部尚書平州刺史楊君墓誌銘。

北魏太昌元年(532)十一月十九日葬。陝西華陰出土。

正書,15行,行20字。拓片,48cm×46cm。

附注:有方界格。

D302:9006～-2,各1張。

0111　王温墓誌

首題:魏故使持節撫軍將軍瀛州刺史王蒍公墓誌銘。

北魏太昌元年(532)十一月二十五日葬。1989年11月河南洛陽孟津縣朝陽鄉石溝村出土。

正書,28行,行28字。拓片,60cm×59cm。

附注:有方界格。

著錄文獻:《洛陽出土歷代墓誌輯繩》54;《中原文物》1994年4期;《新出魏晉南北朝墓誌疏證》56;《北京大學圖書館新藏金石拓本菁華續編》118。

D302:8931/SB,1張。

0112　長孫遐妻王元墓誌並蓋

蓋題:大魏故秦州刺史長孫公妻王尼墓誌銘。

北魏永熙三年(534)正月十四日葬。河南洛陽出土。

誌正書,19行,行19字;蓋正書,4行,行4字。拓片,44cm×44cm(誌),40cm×40cm(蓋)。

附注:有方界格。

著錄文獻:《秦晉豫新出墓誌蒐佚續編》84。

D302:9007,2張。

0113　杜紹宗孫妻姬氏墓銘磚

北魏(386—534)。山西芮城縣出土。

正書,3行,行4字。拓片,26cm×27cm。

D302:9579,1張。

0114　王安和墓記磚

北魏(386—534)。河北寧晉縣出土。

正書,2行,行2至4字。拓片,31cm×15.8cm。

附注:依墓主籍貫廮遥縣,當出河北寧晉縣。

D302:8548,1張。

0115　張業妻衛氏墓記磚

北魏(386—534)九年十一月二十八日。河南洛陽出土。

正書,3行,行字不等。拓片,35cm×17.5cm。

附注:風格晚於晉。

著錄文獻:《秦晉豫新出墓誌蒐佚續編》29(作河南洛陽出土)。

D302:9575,1張,2016年9月楊向科捐贈。

0116　劉德真墓記磚

北魏(386—534)。河北定縣出土。

正書,2行,行2,3字。拓片,21.5cm×

20cm。

附注：依墓主籍貫盧奴縣，當出河北定縣。

D302：8550，1張。

0117　檀女阿雌墓記磚

北魏（386—534）。

正書，左行，2行，行5、6字。拓片，30cm×15cm。

附注：泐甚。

著錄文獻：《專誌徵存》8下。

D302：8549，1張。

0118　夏侯朗墓銘磚

北魏（386—534）。2000年代河南出土。

隸書，2行，行4、5字。拓片，28.5cm×14cm。

著錄文獻：《漢魏六朝墓磚銘文輯錄校釋》第31。

D302：8544，1張，2013年9月孫雙才捐贈。

0119　王融墓誌並蓋

首題：魏故冠軍將軍並州刺史王君之墓銘；蓋題：魏故並州刺史太原王景和銘。

東魏天平四年（537）三月十四日葬。河南安陽出土。

誌正書，28行，行26字；蓋正書，4行，行3字。拓片，51cm×54.5cm（誌），65cm×65.5cm（蓋）。

附注：有方界格。

著錄文獻：《秦晉豫新出墓誌蒐佚》34。

D302：9931，2張。

0120　游松墓誌

首題：魏故使持節散騎常侍都督冀殷二州諸軍事驃騎大將軍儀同三司冀州刺史游公墓銘；蓋題：魏故儀同游公墓誌銘。

東魏天平五年（538）正月十三日葬。2011年河北永年縣出土，現藏永年縣文保所。

隸書，33行，行35字，側續刻1行。拓片，80cm×80cm。

附注：有方界格。

著錄文獻：《文物春秋》2012年6期；《北京大學圖書館新藏金石拓本菁華續編》122。

D302：9706，1張，蓋失拓。

0121　趙鑒墓誌

首題：魏故持節都督秦州諸軍事安西將軍秦州刺史趙君墓誌銘。

東魏元象元年（538）二月七日葬。河南安陽出土。

隸書，29行，行29字。拓片，52cm×55cm。

著錄文獻：《秦晉豫新出墓誌蒐佚》36。

D302：9932，1張。

0122　任祥墓誌

首題：魏故使持節侍中太保都督冀定瀛幽安五州諸軍事驃騎大將軍冀州刺史太尉公錄尚事魏郡開國公任公墓誌銘。

東魏元象元年（538）十月二十三日

葬。河北邯鄲雞澤縣出土。

正書,28行,行30字。拓片,72.5cm×72cm。

附注:有方界格。

著錄文獻:《文化安豐》164頁;《新見北朝墓誌集釋》22;《墨香閣藏北朝墓誌》17;《北京大學圖書館新藏金石拓本菁華續編》123。

D302:9286,1張。

0123　姬靜墓誌

首題:魏故使持節後將軍都督平州諸軍事平州刺史上蔡縣開國子姬君墓誌銘。

東魏元象元年(538)十二月十二日刊。河南安陽縣出土。

正書,26行,行26字。拓片,48.5cm×55cm(含一側)。

附注:誌文末行七字續刻於誌側;有方界格。

著錄文獻:《文化安豐》141頁;《秦晉豫新出墓誌蒐佚續編》87;《北京大學圖書館新藏金石拓本菁華續編》124;《西南大學新藏墓誌集釋》008。

D302:8650~-2,各1張。

0124　李欽妻薛氏墓記

東魏興和二年(540)閏五月二十七日卒。河南出土。

正書,14行,行10字。拓片,32.5cm×52.5cm。

附注:有方界格。文有"迺於墳上立浮圖一區"。

著錄文獻:《秦晉豫新出墓誌蒐佚三編》76。

D302:8651~-2,各1張。

0125　張略墓誌

首題:魏故鎮遠將軍光州即默縣護長廣太守清河張君墓誌。

東魏興和三年(541)八月二十二日葬。河南安陽縣出土。

正書,23行,行23字。拓片,43cm×43cm。

附注:有方界格。

著錄文獻:《文化安豐》175頁;《秦晉豫新出墓誌蒐佚續編》93;《西南大學新藏墓誌集釋》010。

D302:8652~-2,各1張。

0126　姚名墓誌

首題:侍學御書姚玉粲墓誌。

東魏武定四年(546)十月二十二日葬。河北磁縣出土。

正書,16行,行16字。拓片,42.5cm×42.5cm。

附注:有方界格。文多異體、減筆字。

D302:8523~-2,各1張。

0127　高文妻喬氏墓記磚

東魏(534—550)。河南安陽出土。

隸書,2行,行3、6字。拓片,47cm×22cm。

D302:8804,1張。

0128　長孫儁妻婁貴華墓誌

首題:□使持節侍中開府儀同三司驃騎大將軍都督東雍州諸軍事東雍州刺史大都督高平郡開國公長孫公

妻故順陽郡君婁氏墓誌。

西魏大統六年(540)十一月十二日葬。2010年陝西西安出土,現藏西安博物院。

隸書,24行,行22字。拓片,46cm×53.5cm。

附注:有方界格,右上角殘缺。

著錄文獻:《碑林集刊》17輯。

D302:8954,1張。

0129　慕容莨墓誌

首題:魏故持節督雲州諸軍事前將軍雲州刺史汝陽縣開國伯慕容使君墓誌銘。

西魏大統十年(544)十月二十二日葬。陝西咸陽出土,現藏洛陽九朝刻石文字博物館。

正書,18行,行17字。拓片,56cm×59cm。

著錄文獻:《洛陽新獲墓誌二〇一五》27;《秦晉豫新出墓誌蒐佚三編》78。

D302:9450,1張,2016年9月齊運通捐贈。

0130　長孫儁墓誌

首題:魏故使持節驃騎大將軍開府儀同三司太子太傅後軍大都督侍中雍州刺史平高公長孫使君墓誌。

西魏大統十四年(548)十月二十二日葬。2010年陝西西安出土,現藏西安博物院。

正書,26行,行27字。拓片,48cm×47cm。

附注:有方界格。

著錄文獻:《碑林集刊》17輯;《北京大學圖書館新藏金石拓本菁華續編》127。

D302:8955,1張。

0131　韋世業墓誌

首題:魏故使持節車騎大將軍北雍州刺史敷西韋公之墓銘。

西魏大統十六年(550)正月二十二日葬。陝西西安出土。

正書,27行,行27字。拓片,43cm×41.5cm。

附注:諱殘泐,字世業。

D302:9934,1張。

0132　楊景墓誌

首題:魏故假輔國將軍伏波將軍東雍州刺史楊史君墓誌銘。

西魏大統十七年(551)三月二十八日葬。陝西華陰出土。

正書,17行,行19字。拓片,35.5cm×32cm。

附注:有方界格。

D302:9288,1張。

0133　韋隆墓誌

首題:魏持節安西將軍贈南秦州刺史韋使君墓誌。

西魏廢帝元年(552)十月二十七日葬。陝西西安出土。

正書,16行,行18字。拓片,39.5cm×41cm。

附注:有方界格。

D302:9795,1張。

0134　宇文瑞墓誌
首題：魏故使持節車騎大將軍儀同三司散騎常侍徐州刺史桑乾悼公墓誌。
西魏廢帝元年（552）十一月二日葬。陝西西安出土。
正書，20行，行20字。拓片，46.5cm×46.5cm。
附注：墓主姓據《魏書》卷四十四祖父宇文福傳考。有方界格。
D302:9289，1張。

0135　杜櫕墓誌
首題：魏故使持節都督東秦州諸軍事車騎大將軍東秦州刺史刈陵縣開國子杜君墓誌。
西魏廢帝二年（553）十一月二十五日葬。陝西西安出土。
正書，18行，行18字。拓片，35.5cm×37cm。
附注：大統四年卒，"二年歲次癸酉十一月庚申朔廿五日甲申合葬"，當廢帝二年癸酉，但月干支不合。
著錄文獻：《西南大學新藏石刻拓本匯釋》018。
D302:10262，1張。

0136　乙弗虬墓誌並蓋
首題：魏故使持節車騎大將軍儀同三司散騎常侍兗州刺史美陽縣開國男乙弗君誌；別名：柳虬墓誌。
西魏恭帝二年（555）正月二十七日葬。陝西西安出土。
正書，20行，行20字。拓片，40cm×40cm（誌），45cm×44cm（蓋，含刹）。
附注：誌有竪界欄；蓋無文字無花紋，素刹。本姓柳，西魏賜姓乙弗，《周書》卷三十八、《北史》卷六十四作"柳虬傳"。柳鷟爲柳虬之兄。
D302:8956，2張。

0137　鄯顯紹墓誌
北齊天保元年（550）十一月十四日銘記。河南安陽出土，現藏安陽縣博物館。
正書，12行，行12字。拓片，27cm×26.5cm。
附注：有方界格，殘泐不清。
D302:9287，1張。

0138　李札之墓誌
首題：齊故輕車將軍司徒府騎兵參軍李君墓誌。
北齊天保六年（555）九月八日葬。河南安陽出土。
正書，22行，行23字。拓片，49cm×49cm。
附注：尾後刻二行遷葬年款"至隋開皇六年歲次丙午十二月丁未朔三日己酉安厝鄴西南廿里"。
D302:9796，1張。

0139　索勇妻李華墓誌
首題：齊郎中令索勇妻故李夫人墓銘。
北齊皇建二年（561）二月八日葬。傳河南安陽出土。
正書，13行，行13字。拓片，29.5cm×30cm。

附注：有方界格。

著録文獻：《文化安豐》261 頁；《新見北朝墓誌集釋》32；《西南大學新藏墓誌集釋》018。

D302:8653～-2，各 1 張。

0140　索泰墓誌

首題：齊故征虜將軍中散大夫索君墓誌銘。

北齊皇建二年（561）二月八日葬。河南安陽出土。

隸書，24 行，行 24 字。拓片，52cm×51cm。

附注：有方界格。

著録文獻：《秦晉豫新出墓誌蒐佚續編》121。

D302:9933，1 張。

0141　梁㳙墓誌並蓋

首題：齊故伏波將軍行高唐縣事梁君墓誌銘；額題：齊故伏波將軍梁君銘。

北齊太寧元年（561）閏十二月二十九日葬。河南安陽縣出土。

誌隸書，19 行，行 19 字；蓋篆書，陽文，3 行，行 3 字。拓片，42.5cm×42cm（誌），33cm×34cm（蓋）。

附注：有方界格。

D302:8553～-2，各 2 張。

0142　長孫彥墓誌

蓋題：齊故史君長孫公銘。

北齊河清二年（563）八月十八日葬。河南安陽縣出土，現藏洛陽華夏金石文化博物館。

誌正書，30 行，行 31 字；蓋篆書，3 行，行 3 字。拓片，60cm×61cm。

附注：誌無姓氏，據《青少年書法》2013 年七期《新見北齊長孫彥墓誌述評》載，誌藏私人處，有蓋篆書題"齊故史君長孫公銘"可知姓。

著録文獻：《秦晉豫新出墓誌蒐佚續編》125（有蓋）；《北京大學圖書館新藏金石拓本菁華續編》128。

D302:8957～-2，各 1 張，蓋失拓。

0143　王君妻崔曜華墓誌

首題：齊故并州刺史吏部尚書王公妻崔夫人墓誌銘；蓋題：齊故吏部尚書王公崔夫人銘。

北齊天統元年（565）八月二十二日葬。河北磁縣出土。

誌正書，26 行，行 26 字；蓋篆書，陽文，3 行，行 4 字。拓片，53cm×53cm。

附注：有方界格。葬"鄴西武城東北三里"。

著録文獻：《文化安豐》281 頁；《西南大學新藏墓誌集釋》019；《秦晉豫新出墓誌蒐佚三編》97。

D302:8654～-2，各 1 張，蓋失拓。

0144　屈護墓誌

首題：齊故冠軍將軍中散大夫冀州刺史屈公墓誌銘。

北齊天統元年（565）十一月十八日葬。河南安陽縣出土，現藏河南安陽博物館。

隸書，25 行，行 26 字。拓片，51cm×51.5cm。

著録文獻：《文化安豐》286 頁；《秦

晉豫新出墓誌蒐佚續編》126。

D302:9290,1張。

0145　劉思□墓誌

北齊天統三年(567)五月三日葬。河南安陽縣出土。

隸書,5行,行10字。拓片,23.3cm×23.3cm。

附注:有方界格。右下角殘缺,墓主諱不全。

D302:8524～一2,各1張。

0146　尉君妻李淑容墓誌

首題:尉中兵婦李氏墓誌。

北齊天統三年(567)十一月十六日葬。河南安陽縣出土。

隸書,15行,行15字。拓片,38cm×37.5cm。

附注:有方界格。

著錄文獻:《文化安豐》298頁;《新見北朝墓誌集釋》40;《秦晉豫新出墓誌蒐佚續編》129;《西南大學新藏墓誌集釋》021。

D302:8655～一2,各1張。

0147　傅長興墓誌

首題:齊安東將軍廬江汝南二郡太守傅君墓誌。

北齊天統四年(568)五月二十六日葬。河南安陽縣出土。

隸書,27行,行28字。拓片,52cm×53.5cm。

附注:有方界格。

著錄文獻:《北朝藝術研究院藏品圖錄墓誌》39。

D302:8525～一2,各1張。

0148　和紹隆墓誌並蓋

首題:齊故使持節都督東徐州諸軍事驃騎大將軍東徐州刺史恭子和使君墓誌銘;蓋題:齊故東徐州刺史和公墓誌銘。

北齊天統四年(568)十月二十三日葬。1975年9月河南安陽縣安豐鄉張家村出土,現藏河南省文物研究所。

誌正書,28行,行29字;蓋篆書,陽文,4行,行3字。拓片,56cm×55cm(誌),57.5cm×57cm(蓋,含刹)。

附注:誌蓋均有方界格,蓋素刹。

著錄文獻:《中原文物》1987年1期;《新中國出土墓誌·河南卷》壹/441;《北京大學圖書館新藏金石拓本菁華續編》129。

D302:8793,2張。

0149　張瑋墓誌

北齊天統四年(568)十一月二十九日葬。河南洛陽出土。

正書,11行,行12字。拓片,53cm×65cm。

著錄文獻:《秦晉豫新出墓誌蒐佚三編》102。

D302:10405,1張。

0150　宋昺墓誌

首題:齊任城王開府故行參軍宋君墓誌銘。

北齊天統五年(569)十月十七日葬。河南安陽出土,現藏安陽袁林

（袁世凱墓區）。

隸書,19 行,行 21 字。拓片,41.5cm×41.5cm。

附注:有方界格。

著錄文獻:《洛陽新獲墓誌百品》11。

D302:9376,1 張。

0151　僧賢墓誌

首題:大齊故沙門大統僧賢墓銘。

北齊武平元年(570)二月八日葬。河南安陽縣出土。

隸書,19 行,行 19 字。拓片,46cm×45.5cm。

附注:有方界格。

著錄文獻:《文化安豐》318 頁;《新見北朝墓誌集釋》41;《秦晉豫新出墓誌蒐佚續編》134。

D302:8656,1 張。

0152　劉集墓誌

北齊武平元年(570)十月四日葬。河南安陽出土。

隸書,17 行,行 10 字。拓片,29.5cm×50cm。

附注:有方界格。

著錄文獻:《文化安豐》210 頁;《秦晉豫新出墓誌蒐佚三編》104。

D302:9008～－2,各 1 張。

0153　張宗憲墓誌

首題:齊故使持節都督巴州諸軍事驃騎大將軍巴州刺史張公墓誌銘。

北齊武平二年(571)二月十八日葬。河南安陽縣出土。

隸書,26 行,行 26 字。拓片,58cm×58cm。

附注:有方界格。首題"墓"原刻作竹字頭。

著錄文獻:《文化安豐》328 頁;《秦晉豫新出墓誌蒐佚續編》136;《西南大學新藏墓誌集釋》022。

D302:8657～－2,各 1 張。

0154　和紹隆妻元華墓誌並蓋

首題:齊故使持節都督東徐州諸軍事驃騎大將軍東徐州使君和紹隆妻元夫人墓誌銘;蓋題:齊故元夫人墓誌之銘。

北齊武平四年(573)八月二十八日葬。1975 年 9 月河南安陽縣安豐鄉張家村出土,現藏河南省文物研究所。

誌隸書,18 行,行 20 字;蓋篆書,陽文,3 行,行 3 字。拓片,41.5cm×41.5cm(誌),43cm×43cm(蓋,含刹)。

附注:誌蓋均有方界格,蓋素刹。

著錄文獻:《中原文物》1987 年 1 期;《新中國出土墓誌·河南卷》壹／442;《文化安豐》309 頁;《新出魏晉南北朝墓誌疏證》82;《北京大學圖書館新藏金石拓本菁華續編》130。

D302:8794,2 張。

0155　元君妻韓華墓誌

首題:元參軍妻韓氏墓誌。

北齊武平七年(576)八月二十四日葬。河南安陽縣出土。

隸書,20 行,行 20 字。拓片,40cm×40cm。

附注:有方界格。

著錄文獻:《北朝藝術研究院藏品圖錄墓誌》47;《秦晉豫新出墓誌蒐佚三編》113。

D302:9009,1 張。

0156　韋彪妻柳遺蘭墓誌

首題:車騎大將軍廷尉卿儀同三司頻陽縣開國侯京兆韋彪妻河東郡南解縣柳遺蘭之墓誌銘。

(北周)韋彪撰。[北周明帝二年(558)]二月二十日。陝西西安出土。

正書,14 行,行 14 字。拓片,39cm×39cm。

附注:誌文年款"二年二月廿日甲申",無年號,推得二月朔當乙丑。其夫韋彪,成武二年卒,59 歲,之前三十年無二月乙丑朔,前二年明帝二年二月甲子朔,與乙丑差一日,當干支誤,故年號爲明帝二年。出土地據其夫韋彪墓誌。

D302:9797,1 張。

0157　宇文瑱墓誌

首題:周故使持節驃騎大將軍開府儀同三司大都督岐州諸軍事岐州刺史平齊縣開國伯宇文瑱;別名:韋瑱墓誌。

北周武成二年(560)十一月十二日葬。陝西西安出土。

正書,24 行,行 25 字。拓片,43cm×42.5cm。

附注:本姓韋,賜姓宇文。

D302:10263,1 張。

0158　宇文瑱妻李氏墓誌

首題:周故使持節驃騎大將軍開府儀同三司大都督岐邠茋三州刺史平齊伯宇文瑱夫人忠城郡君李氏墓誌銘;別名:韋瑱妻李氏墓誌。

北周保定二年(562)十月二十五日葬。陝西西安出土。

正書,21 行,行 23 字。拓片,38.5cm×38.5cm。

附注:首題"茋"爲"瓜"之異體字。

D302:10264,1 張。

0159　辛子綱墓誌並蓋

首題:周都督故辛君墓誌;蓋題:周故都督辛君之墓誌。

北周保定三年(563)十二月十九日葬。陝西西安出土。

誌正書,12 行,行 13 字;蓋篆書,陽文,3 行,行 3 字。拓片,44cm×44cm(誌,含側),40cm×41cm(蓋,含刹,含側)。

附注:有方界格,蓋素刹。

D302:9291,2 張。

0160　長孫紹遠墓誌並蓋

蓋題:周故大將軍獻公墓誌。

北周保定五年(565)十一月六日葬。2010 年陝西西安出土。

誌正書,23 行,行 24 字;蓋篆書,陽文,3 行,行 3 字。拓片,56cm×58cm(誌),48.5cm×50cm(蓋)。

附注:有方界格。

著錄文獻:《碑林集刊》17 輯(缺

蓋);《北京大學圖書館新藏金石拓本菁華續編》132。

D302:9292,2 張。

0161　拓跋昇墓誌

首題:大周光州刺史拓跋君墓誌。

北周天和二年(567)三月一日葬。陝西西安出土。

正書,誌 20 行,行 20 字,側 1 行。拓片,40.5cm×45.5cm(含一側)。

附注:誌側妻子題名。有方界格。

著錄文獻:《洛陽新獲墓誌二〇一五》37;《西南大學新藏石刻拓本匯釋》026。

D302:9451,1 張,2016 年 9 月齊運通捐贈;D302:9451-2,1 張。

0162　乙弗紹墓誌

首題:使持節驃騎大將軍開府儀同三司大都督高唐縣開國侯乙弗紹墓誌銘;又名:華紹墓誌。

北周天和二年(567)十月十七日葬。2006 年陝西西安出土。

正書,34 行,行 34 字。拓片,53cm×53cm。

附注:墓主本姓華氏,賜姓乙弗。有方界格。

著錄文獻:《龍門區系石刻文萃》26;《秦晉豫新出墓誌蒐佚》54;《北京大學圖書館新藏金石拓本菁華續編》133。

D302:9010,1 張。

0163　宇文瑞妻拓跋富婆羅墓誌

首題:周使持節車騎大將軍儀同三司大都督桑乾縣開國伯宗子宇文正母大夫人河陽郡君拓跋氏墓。

北周天和三年(568)十一月十八日葬。陝西西安出土。

正書,24 行,行 24 字(第一石),8 行,行 17 字(第二石)。拓片,50cm×50cm(第一石),37cm×39cm(第二石)。

附注:分刻二石,第一石誌文,有方界格,第二石稍小,續刻子女題名。

著錄文獻:《洛陽新獲墓誌二〇一五》40。

D302:9293,2 張。

0164　僧華墓誌

首題:雍州等覺寺比丘尼僧華墓誌;別名:拓跋華墓誌。

北周天和五年(570)四月一日葬。陝西西安出土。

正書,16 行,行 16 字。拓片,41.5cm×41cm。

附注:石下半已碎,有方界格。尼俗姓拓跋氏,字華光。

D302:9377,1 張。

0165　韋瓚妻拓王仲姿墓誌並蓋

首題:驃騎將軍大都督柱國滕王長史同州治中治司錄韋瓚夫人拓王氏墓誌。

北周天和五年(570)五月十一日卒。陝西西安出土。

正書,22 行,行 22 字。拓片,42cm×42.5cm(誌),48cm×48cm(蓋,含刹)。

附注:誌有方界格,蓋素面無字。誌主姓氏一作"柘王"。

D302:9294,2 張。

0166　烏六渾樂墓誌

首題:大周大都督朔州刺史故烏六渾樂墓誌。

北周天和五年(570)八月十四日葬。陝西西安出土,現藏長安博物館。

正書,16 行,行 16 字。拓片,36cm×36cm。

附注:有方界格。

著錄文獻:《長安新出墓誌》10。

D302:9798,1 張。

0167　莫多婁洽墓誌並蓋

首題:和州刺史莫多婁君墓誌;蓋題:和州刺史故莫多婁君墓誌銘。

北周天和五年(570)十月二十九日葬。河南三門峽市出土。

誌正書,17 行,行 20 字;蓋正書,陽文,3 行,行 4 字。拓片,45cm×43cm(誌),29.5cm×29cm(蓋)。

附注:蓋題"銘"原刻作"詺"。有方界格。

著錄文獻:《陝西省考古研究院新入藏墓誌》5。

D302:9011～一2,各 2 張。

0168　張盛墓誌

首題:大周平東將軍直州刺史張君墓誌銘。

北周天和六年(571)十月十日葬。陝西西安出土。

正書,19 行,行 20 字。拓片,62cm×62cm(含側)。

D302:9012,1 張。

0169　潘玄墓誌並蓋

首題:維大周使持節驃騎大將軍開府儀同三司大都督青洛二州刺史故潘玄墓誌銘曰;蓋題:大周開府儀同三司潘玄墓誌。

北周天和六年(571)十一月二十九日葬。陝西西安出土。

誌正書,20 行,行 20 字;蓋篆書,陽文,4 行,行 3 字。拓片,42cm×42.5cm(誌),33cm×34cm(蓋)。

附注:有方界格。

著錄文獻:《西南大學新藏墓誌集釋》029。

D302:9013～一2,各 2 張。

0170　宇文鴻漸墓誌並蓋

首題:大周開府儀同三司瓜州刺史義康敬公宇文鴻漸墓誌銘;蓋題:大周開府義康敬公銘;別名:柳鴻漸墓誌。

北周建德元年(572)十月十五日葬。陝西西安出土。

誌隸書,陽 28 行,行 28 字;陰題名 2 截刻,每截 8 行;蓋篆書,陽文,3 行,行 3 字。拓片,54cm×55cm(陽),55cm×53cm(陰),61.5cm×60cm(蓋,含刹)。

附注:葬月作"十月庚午朔十五日甲申",是年八月庚午朔,紀月數與干支二者必有一誤。兩面刻,陰續刻家族人名。本姓柳,北周賜姓宇文,父親柳虬,西魏賜姓乙弗。蓋及誌陽有方界格,誌陰有豎界欄。

著録文獻:《北京大學圖書館新藏金石拓本菁華續編》134。

D302:9014,3張。

0171　宇文業墓誌並蓋

首題:周使持節車騎大將軍儀同三司大都督白土縣開國侯燕州刺史宇文使君墓誌銘;蓋題:大周儀同燕州使君宇文公之墓誌銘記。

北周建德元年(572)十月十五日葬。陝西西安出土。

誌正書,23行,行23字;蓋正書,陽文,4行,行4字。拓片,42cm×42.5cm(誌),47cm×46.5cm(蓋)。

著録文獻:《西安碑林博物館新藏墓誌續編》5。

D302:10265,2張。

0172　拓跋番墓誌並蓋

北周建德二年(573)三月二日卒。陝西西安出土。

正書,11行,行12字。拓片,46cm×46cm(誌),49cm×49cm(蓋,含刹)。

附注:原文"拓跋"作"拓拔",有方界格。蓋無字無花紋。

著録文獻:《洛陽新獲墓誌二〇一五》43(無蓋)。

D302:9015,2張。

0173　梁才墓誌

首題:大周故使持節驃騎大將軍開府儀同三司大都督偃宮縣開國伯蒙應二州諸軍事蒙州使君之墓誌。

北周建德二年(573)十月十六日建。陝西西安出土。

正書,26行,行27字。拓片,81cm×80.5cm。

附注:有方界格,文曰"十月甲午朔",是月應爲癸巳朔。

D302:9295,1張。

0174　柳帶韋墓誌並蓋

首題:大周使持節上開府儀同大將軍并州司會贈新遂楚三州諸軍事新州刺史康城愷公之墓誌;蓋題:大周上開府新州刺史康城愷公墓誌銘;別名:宇文帶韋墓誌。

北周建德六年(577)十月二十日葬。陝西西安出土。

誌正書,34行,行34字;蓋篆書,陽文,4行,行4字。拓片,72.5cm×73cm(誌),77.5cm×76.5cm(蓋,含刹)。

附注:誌有方界格,蓋素刹。誌文云"本姓柳……大祖之世,爵爲宇文",父親柳鷟,《周書》卷二十二有柳帶韋傳。

著録文獻:《周書》卷二十二;《北京大學圖書館新藏金石拓本菁華續編》135。

D302:8958,2張。

0175　柳鷟墓誌

首題:魏故儀同虞昌二州刺史方與子柳君墓誌銘。

北周建德六年(577)十月二十日葬。陝西西安出土。

正書,32行,行32字。拓片,70cm×69cm。

附注:有方界格,中豎斷裂爲二。

柳虬之兄,柳帶韋之父。
著録文獻:《秦晉豫新出墓誌蒐佚續編》143。
D302:8959,1 張。

0176　李元儉墓誌

北周建德六年(577)十二月二十一日葬。河南安陽出土。

正書,12 行,行 12 字。拓片,37cm×37.5cm。

附注:有方界格。

著録文獻:《文化安豐》385 頁;《新見北朝墓誌集釋》52;《秦晉豫新出墓誌蒐佚續編》144;《西南大學新藏墓誌集釋》034。

D302:8658～一2,各 1 張。

0177　朱緒墓誌

額題:魏故樂安太守朱府君墓誌銘。

北周宣政元年(578)十一月三日葬。山東德州樂陵縣出土,現藏青州市博物館。

正書,19 行,行 27 字;額正書,陽文,4 行,行 3 字。拓片,84.5cm×47cm。

附注:碑形,圓首,額刻花紋,有方界格。

著録文獻:《北京大學圖書館新藏金石拓本菁華續編》136。

D302:9378,1 張。

0178　宇文邕孝陵誌

中題:大周高祖武皇帝孝陵。

北周宣政元年(578)卒。1994 年陝西咸陽底張鎮陳馬村孝陵出土,現藏陝西省歷史博物館。

篆書,陽文,3 行,行 3 字。拓片,83.5cm×83.5cm。

附注:有方界格。誌蓋素面無字,誌石九字無名諱及卒葬年款,與普通墓誌迥異,或爲隋開皇二年武帝皇后阿史那與武帝宇文邕合葬時所刻。

著録文獻:《考古與文物》1997 年 2 期。

D302:9788,1 張,2018 年 5 月宿白捐贈。

0179　獨孤渾建墓誌並蓋

首題:大周使持節車騎大將軍儀同三司大都督甘上二州諸軍事二州刺史懷歸縣開國公獨孤渾墓誌;蓋題:大周儀同懷歸公墓誌。

北周大象元年(579)十一月二十二日葬。河北永年縣出土。

誌隸書,32 行,行 35 字;蓋篆書,陽文,3 行,行 3 字。拓片,57.5cm×58.5cm(誌),62cm×62cm(蓋,含刹)。

附注:蓋頂四周及四刹刻花紋。

D302:8960,2 張。

0180　華山公墓誌蓋

蓋題:魏君僕射周大將軍小冢宰華山公墓誌。

北朝(386—581)。河南洛陽出土,現藏河南新安鐵門鎮千唐誌齋博物館。

篆書,陽文,4 行,行 4 字。拓片,55cm×55cm。

附注:職官爵號與楊寬相合,疑爲

楊寬墓誌蓋。

D303:1828,1 張。

0181　司馬裔妻元荂光墓誌並蓋

首題:魏彭城郡公主尼元之墓誌;蓋題:魏彭城郡公主墓誌銘。

隋開皇二年(582)十月十三日葬。陝西西安出土。

誌正書,14 行,行 19 字左右;蓋篆書,陽文,3 行,行 3 字。拓片,19cm×23.5cm(誌),14.5cm×19.5cm(蓋)。

附注:蓋斷裂。誌有豎界欄。據《庾子山集注》卷十三司馬裔神道碑文,司馬裔天和七年正月卒,享年六十五,建德元年八月與夫人襄城公主合葬,未云元荂光。

D302:9379,1 張,誌蓋合拓。

0182　元媛柔墓誌並蓋

首題:魏司空公尚書令馮翊簡穆王第二女兒比丘尼元之墓誌;蓋題:魏馮翊王女之墓誌銘。

隋開皇二年(582)十月十三日葬。陝西西安出土。

誌正書,16 行,行 26 字左右;蓋篆書,陽文,3 行,行 3 字。拓片,26.5cm×27cm(誌),21cm×19cm(蓋)。

附注:有豎界欄。

D302:9380,1 張,蓋誌合拓。

0183　鄧玄秀妻辛輝蘭墓誌並蓋

首題:使持節車騎將軍儀同三司河東郡太守長平縣開國子鄧玄秀妻昌樂郡君故辛氏墓銘;蓋題:大隋昌樂郡君辛氏誌。

隋開皇三年(583)正月二十日葬。陝西西安出土。

誌正書,17 行,行 17 字;蓋篆書,陽文,3 行,行 3 字。拓片,40.5cm×40.5cm(誌),30.5cm×30cm(蓋)。

附注:有方界格。

著錄文獻:《秦晉豫新出墓誌蒐佚續編》148。

D302:8659,2 張。

0184　李貴及妻王氏墓誌並蓋

蓋題:齊故趙郡王國常侍李君王夫人等墓誌。

隋開皇三年(583)閏十二月十五日葬。河南洛陽出土,現藏洛陽九朝刻石文字博物館。

誌隸書,22 行,行 22 字;蓋篆書,陽文,4 行,行 4 字。拓片,56.5cm×56.5cm(誌),46cm×46.5cm(蓋)。

附注:有方界格。

著錄文獻:《河洛墓刻拾零》043;《洛陽新獲墓誌二〇一五》45。

D302:9452,2 張,2016 年 9 月齊運通捐贈。

0185　席暉華墓誌並蓋

首題:魏席嬪墓誌銘並序;蓋題:魏文皇帝之嬪開皇四年歲次甲之墓誌。

隋開皇四年(584)七月十三日葬。陝西西安出土。

誌正書,23 行,行 24 字;蓋篆書,陽文,4 行,行 4 字。拓片,38cm×38cm(誌),30cm×30cm(蓋)。

D302:10406,2 張。

0186　王琮墓誌

首題：隋故上開府南梁郡開國公王公墓誌。

隋開皇五年（585）十月二十六日葬。陝西咸陽出土，2012 年入藏西安碑林。

正書，23 行，行 23 字。拓片，49cm×50cm。

附注：有方界格。

著錄文獻：《西安碑林博物館新藏墓誌續編》8；《碑林集刊》19 輯。

D302:8762，1 張。

0187　馮彪墓誌

首題：齊故鎮東將軍主衣都統馮君墓誌銘。

隋開皇六年（586）五月二十日葬。河南安陽出土。

隸書，19 行，行 19 字。拓片，38cm×37cm。

附注：有方界格。

D302:9935，1 張。

0188　□君墓誌

隋開皇六年（586）十月二日葬。1973 年安徽合肥杏花村五里崗出土。

正書，18 行，行 31 字（前後各 3 行，行少 7 字）。拓片，67.5cm×34.5cm。

附注：碑形。漫漶甚，首題及名諱不可辨。

著錄文獻：《考古》1976 年 2 期；《全隋文補遺》112 頁。

D302:9789。1 張，2018 年 5 月宿白捐贈。

0189　柳虯妻席氏墓誌並蓋

首題：魏故車騎大將軍儀同三司秘書監散騎常侍兗州刺史美陽孝公柳君夫人席氏墓誌銘；別名：乙弗虯妻席氏墓誌；別名：宇文虯妻席氏墓誌；蓋題：大隋故長樂郡君之銘。

隋開皇六年（586）十一月七日葬。陝西西安出土。

誌正書，31 行，行 31 字；蓋篆書，陽文，3 行，行 3 字。拓片，56cm×56.5cm（誌），59cm×59cm（蓋，含刹）。

附注：有方界格，蓋素刹。柳虯與柳鷟爲弟兄，西魏賜姓乙弗，北周賜姓宇文，《隋書》有傳。

D302:8961，2 張。

0190　陸孝昇墓誌

首題：周故夏官二命士初安太守陸府君墓誌銘。

隋開皇六年（586）十一月七日葬。山西長治上黨出土，現藏洛陽九朝刻石文字博物館。

隸書，24 行，行 24 字。拓片，50.5cm×50.5cm。

附注：有方界格。

著錄文獻：《洛陽新獲墓誌二〇一五》47；《秦晉豫新出墓誌蒐佚三編》116。

D302:9453，1 張，2016 年 9 月齊運通捐贈。

0191　韋悉墓誌

首題：周故青州刺史韋公之銘。

隋開皇六年（586）十一月七日葬。

陝西西安長安區出土。

正書,29 行,行 29 字。拓片,52.5cm×52cm。

附注:有方界格,殘損多字泐。

D302:9016,1 張。

0192　李禮之墓誌

首題:齊故輕車將軍司徒府騎兵參軍李君墓誌。

(北齊)[邢子才]撰。隋開皇六年(586)十二月三日遷葬。河南安陽出土。

正書,23 行,行 23 字。拓片,49cm×49cm。

附注:有方界格。天保六年殯於鄴城北,開皇六年遷葬鄴西南廿里。遷葬年款刻於末二行。《北史》卷八十八有"邢子才爲禮之墓誌云:……",與誌文個別字不同。誌側刻世系 4 行。

著錄文獻:《蘭臺世界》2016/10。

D302:9850,1 張,側失拓,2019 年馮軍武捐贈。

0193　李倩之墓誌

首題:齊故尚書吏部郎中光州刺史李君墓誌銘。

隋開皇六年(586)十二月三日葬。河南安陽出土。

隸書,30 行,行 30 字。拓片,54cm×54cm。

附注:有方界格。

著錄文獻:《蘭臺世界》2016/10;《秦晉豫新出墓誌蒐佚三編》117。

D302:9851,1 張,2019 年馮軍武捐贈。

捐贈。

0194　董琳墓誌並蓋

首題:大隋使持節儀同三司贈淩州刺史曲細公董使君之墓誌銘;蓋題:大隋儀同故董琳銘誌。

隋開皇七年(587)十月二十日葬。陝西西安出土。

誌正書,31 行,行 33 字;蓋正書,陽文,3 行,行 3 字。拓片,37.5cm×37.5cm,31.5cm×31.5cm(蓋)。

附注:有方界格。

著錄文獻:《洛陽新獲墓誌二〇一五》48;《秦晉豫新出墓誌蒐佚三編》118。

D302:9454,2 張,2016 年 9 月齊運通捐贈。

0195　劉悦墓誌並蓋

首題:大隋故蔚州諸軍事蔚州刺史劉公墓誌;蓋題:大隋蔚州使君之墓誌。

隋開皇八年(588)十一月三十日。陝西西安出土。

誌正書,28 行,行 32 字;蓋篆書,陽文,3 行,行 3 字。拓片,52.5cm×52cm(誌),55.5cm×55.5cm(蓋,含刹)。

著錄文獻:《洛陽新獲墓誌二〇一五》49。

D302:9296,2 張。

0196　王鑠墓誌

首題:大周使持節驃騎大將軍開府儀同三司義綏公王使君之墓誌。

隋開皇九年（589）十月二十四日葬。陝西西安出土。

正書，28行，行29字。拓片，49cm×49.5cm。

D302:10267,1張。

0197　宇文則墓誌並蓋

首題：大隋大都督千牛備身東平郡公宇文府君墓誌；蓋題：大隋大都督東平郡公宇文府君之墓誌。

隋開皇九年（589）十月二十四日葬。陝西咸陽出土。

誌正書，27行，行28字；蓋篆書，陽文，4行，行4字。拓片，66.5cm×66cm（誌），62.5cm×63cm（蓋）。

附注：蓋側刻四神，誌側刻壼門十二生肖，祖父宇文顯和，父宇文舉。葬地奉賢鄉太公里，奉賢鄉在今咸陽市一帶。

D302:10266,2張。

0198　達符忠妻劉令華墓誌並蓋

首題：大隋使持節大將軍信州總管少司空質公沛國夏侯使君妻東萊國大夫人劉氏墓誌銘並序；蓋題：大隋大將軍東萊國大夫人劉氏墓誌銘。

隋開皇十年（590）十月三十日葬。陝西涇陽出土。

誌正書，28行，行30字；蓋篆書，陽文，4行，行4字。拓片，49.5cm×49.5cm（誌），52cm×52cm（蓋）。

附注：誌、蓋均有方界格，蓋剎刻四神。夫名據《達符忠墓誌》。

D302:9799,2張。

0199　伊婁謙墓誌

首題：大隋使持節大將軍澤州諸軍事澤州刺史濟陽公伊婁使君之墓誌。

隋開皇十一年（591）二月二十日葬。陝西咸陽出土。

正書，31行，行32字。拓片，57cm×57cm。

附注：誌主《隋書》有傳。

D302:10268,1張。

0200　梁衍墓誌並蓋

首題：大隋故上開府儀同三司宜陽郡公梁君墓誌銘；蓋題：大隋故上開府宜陽郡公梁使君之墓誌。

隋開皇十一年（591）十月二十五日葬。陝西西安出土，現藏洛陽九朝刻石文字博物館。

誌正書，32行，行32字；蓋篆書，陽文，4行，行4字。拓片，57cm×57cm（誌），44.5cm×45.5cm（蓋）。

附注：有方界格。誌石左上角斷裂未缺。同時出土有枕銘，實為墓銘。

著錄文獻：《秦晉豫新出墓誌蒐佚續編》三編121；《北京大學圖書館新藏金石拓本菁華續編》138。

D302:9297~-2,各2張。

0201　梁衍枕銘

首題：大隋故使持節上開府儀同三司澤州諸軍事澤州刺史宜陽郡開國公梁君枕銘。

隋開皇十一年（591）十月二十五日葬。陝西西安出土，現藏洛陽九朝刻石文字博物館。

正書,25 行,行 14 字。拓片,23cm×38.5cm。

附注:銘文漫漶。名爲枕銘實爲墓銘,同時出土有墓誌。

著録文獻:《洛陽新獲墓誌二〇一五》50。

D302:9298,1 張;D302:9298-2,1 張,2016 年 9 月齊運通捐贈。

0202　裴子通墓誌

首題:齊驃騎大將軍太中大夫裴君墓誌銘;蓋題:裴君墓銘。

隋開皇十一年(591)十一月七日葬。山西襄汾出土,現藏山西運城河東博物館。

正書,共 52 行,行 26 字。拓片,57.5cm×57.5cm,57cm×57cm(續)。

附注:分刻兩面,蓋底續刻誌文。

著録文獻:《隋代墓誌銘彙考》105;《新出魏晉南北朝墓誌疏證》143。

D302:10269,2 張,蓋失拓。

0203　元璀墓誌

首題:大隋故車騎將軍儀同義安郡開國公元史君墓誌。

隋開皇十一年(591)十一月二十四日葬。陝西西安出土。

正書,29 行,行 29 字。拓片,51cm×52.5cm。

D302:10270,1 張。

0204　邊萇墓誌並蓋

首題:大隨上開府清水公故邊君墓誌;蓋題:隋上開府清水公故邊君墓誌。

隋開皇十二年(592)正月十五日葬。陝西西安出土。

誌正書,28 行,行 27 字;蓋篆書,陽文,4 行,行 3 字。拓片,50cm×52cm(誌),42cm×43cm(蓋)。

附注:尾刻"大隨開皇十一年歲次壬子正月丁未朔十五日辛酉","十一年"當"十二年"之誤。文"卜于雍州之新豐縣"。

著録文獻:《貞石可憑:新見隋代墓誌銘疏證》054;《洛陽新獲墓誌百品》16。

D302:10407,2 張。

0205　薛貴琮墓誌並蓋

首題:大隋使持節大將軍建興公薛使君墓誌銘;蓋題:大隋使持節大將軍建興公薛使君墓誌。

隋開皇十二年(592)七月十七日葬。陝西西安出土。

誌正書,26 行,行 27 字;蓋篆書,陽文,4 行,行 4 字。拓片,50cm×50cm(墓),52.5cm×52.5cm(蓋,含刹)。

附注:誌有方界格,蓋素刹。

著録文獻:《西安新獲墓誌集萃》4。

D302:8763,2 張。

0206　張盛墓誌並蓋

首題:維大隋開皇十二年歲次壬子九月甲辰朔十二日己卯故陝州大中正張君墓誌;蓋題:陝州大中正張君墓誌。

隋開皇十二年(592)九月十二日葬。河南洛陽出土。

誌正書,16 行,行 16 字;蓋篆書,陽文,3行,行3字。拓片,40cm×40.5cm（誌）,33cm×34cm（蓋）。

附注:有方界格。

著録文獻:《河洛墓刻拾零》46;《洛陽新見墓誌》15;《洛陽新獲七朝墓誌》48;《北京大學圖書館新藏金石拓本菁華續編》139;《西南大學新藏墓誌集釋》038;《西南大學新藏石刻拓本匯釋》037。

D302:9455,2張,2016年9月齊運通捐贈。

0207　長孫懿墓誌並蓋

首題:大隋儀同三司蔡羅二州刺史鄶國公長孫使君墓誌;蓋題:大隋使持節儀同三司鄶國公蔡羅二州刺史長孫使君墓誌銘。

隋開皇十二年（592）十月十二日葬。陝西西安出土。

誌正書,32行,行32字;蓋篆書,陽文,5行,行5字。拓片,64.5cm×64cm（誌）,51.5cm×53.5cm（蓋）。

附注:有方界格。

著録文獻:《秦晉豫新出墓誌蒐佚續編》154;《洛陽新獲墓誌二〇一五》51;《北京大學圖書館新藏金石拓本菁華續編》141。

D302:9299,2張。

0208　裴君墓誌

題:大隋開皇十二年歲次壬子十月癸酉朔十二日甲申使持節上開府儀同三司宋海二州諸軍事海州刺史吉陽公裴使君墓。

隋開皇十二年（592）十月十二日葬。

正書,7行,行7字。拓片,50.5cm×50.5cm。

附注:缺名諱,疑是誌蓋。

著録文獻:《洛陽新獲墓誌二〇一五》52（作"裴使君墓誌"）;《北京大學圖書館新藏金石拓本菁華續編》140;《珍稀墓誌百品》12（作"裴使君墓誌"）。

D302:9456,1張,2016年9月齊運通捐贈;D302:9456-2,1張。

0209　劉弘墓誌

首題:隋故使持節上儀同三司泉州刺史劉君墓誌（下缺）。

（隋）薛道衡撰。隋開皇十三年（593）五月十六日葬。2009年江蘇徐州出土,現藏江蘇師範大學漢文化研究院。

正書,33行,行29字。拓片,67.3cm×82cm。

附注:右下角斷裂。

著録文獻:《文獻》2012/1。

D302:10395,1張,2021年朱滸捐贈。

0210　曹瑾墓誌

首題:大隋車騎將軍曹公墓銘。

隋開皇十三年（593）十月十七日葬。陝西西安出土。

正書,18行,行19字。拓片,42.5cm×42.5cm。

著録文獻:《貞石可憑:新見隋代墓誌銘疏證》058。

D302:10271,1張。

0211　吳寶墓誌

首題：大隋開府儀同三司和城縣開國公吳公墓。

隋開皇十四年（594）二月七日葬。陝西西安出土。

正書，21行，行22字。拓片，55.5cm×57cm。

著錄文獻：《北朝藝術研究院藏品圖錄墓誌》47。

D302：10272，1張。

0212　元世壽墓誌並蓋

首題：大隋廣平公世子元公子之墓誌；蓋題：隋廣平公世子之墓誌。

隋開皇十四年（594）十一月廿八日葬。陝西西安出土。

誌正書，21行，行20字；蓋篆書，陽文，3行，行3字。拓片，33cm×33.5cm（誌），27cm×26cm（蓋）。

附注：有方界格。

著錄文獻：《洛陽新見墓誌》16；《洛陽新獲七朝墓誌》49；《秦晉豫新出墓誌蒐佚續編》156。

D302：9936，2張。

0213　李平墓誌並蓋

首題：隋故翊軍將軍益州溫江縣令李君墓誌；蓋題：李君墓銘。

隋開皇十四年（594）十二月十九日葬。河南安陽出土，現藏洛陽九朝刻石文字博物館。

誌隸書，25行，行25字；蓋篆書，陽文，2行，行2字。拓片，41.5cm×41.5cm（誌），30cm×38cm（蓋，含兩環）。

附注：蓋有兩環。

著錄文獻：《秦晉豫新出墓誌蒐佚三編》122；《洛陽新獲墓誌二〇一五》54。

D302：9457，2張，2016年9月齊運通捐贈。

0214　宇文長墓誌並蓋

首題：大隋故大將軍豐利公墓誌銘；蓋題：大隋故大將軍宇文公之墓誌。

隋開皇十五年（595）二月二十日。陝西西安出土。

誌正書，15行，行16字；蓋篆書，陽文，4行，行3字。拓片，51cm×51.5cm（誌），41cm×41cm（蓋）。

附注：蓋有方界格。誌石左下角斜裂。

著錄文獻：《秦晉豫新出墓誌蒐佚續編》133。

D302：9800，1張，誌蓋合拓。

0215　顏智孫墓誌並蓋

蓋題：故常侍顏君墓誌之銘。

隋開皇十五年（595）八月二十日葬。河南洛陽出土。

誌正書，18行，行18字；蓋篆書，陽文，3行，行3字。拓片，44cm×44cm（誌），45cm×45cm（蓋，含剎）。

附注：有方界格。

D302：9458，2張，2016年9月齊運通捐贈。

0216　田集墓誌

首題：隋使持節驃騎大將軍開府儀

同三司河渭封交四州諸軍事四州刺史故縣開國公田君墓誌銘。

隋開皇十八年(598)五月十四日葬。甘肅天水出土。

正書,37行,行36字。拓片,54.5cm×55.5cm。

著錄文獻:《洛陽新獲墓誌百品》17;《秦晉豫新出墓誌蒐佚三編》123。

D302:9937～－2,各1張。

0217　韋協墓誌

首題:隋故使持節柱國泰州諸軍事泰州刺史韋公墓誌。

隋開皇十八年(598)十一月十七日葬。陝西西安出土。

正書,28行,行30字。拓片,72.5cm×72.5cm。

附注:有方界格。

著錄文獻:《北京大學圖書館新藏金石拓本菁華續編》142;《秦晉豫新出墓誌蒐佚三編》124。

D302:8962～－2,各1張。

0218　崔顯墓誌並蓋

蓋題:隋故君崔顯墓誌記。

隋開皇十九年(599)十月十四日葬。山西屯留縣出土,現藏洛陽九朝刻石文字博物館。

誌隸書,15行,行15字;蓋篆書,雙鉤,3行,行3字。拓片,42cm×42cm(誌),23cm×22.5cm(蓋)。

附注:有方界格。

著錄文獻:《洛陽新獲墓誌二〇一五》55。

D302:9459,2張,2016年9月齊運通捐贈。

0219　乙弗明墓誌並蓋

首題:隋前上儀同三司通州刺史昌樂公墓誌;蓋題:隋前上儀同三司通州刺史昌樂公墓誌;別名:趙明墓誌。

隋開皇十九年(599)十一月二十三日葬。陝西西安出土。

誌正書,27行,行28字;蓋篆書,陽文,4行,行4字。拓片,52.5cm×52cm(誌),38cm×38.5cm(蓋)。

附注:有方界格,蓋素剎。誌石後半殘損。本姓趙,改姓乙弗。

著錄文獻:《北京大學圖書館新藏金石拓本菁華續編》143。

D302:8963,2張;D302:8963－2,1張,誌蓋合拓。

0220　□寧墓誌

隋仁壽元年(601)二月十八日葬。河北邯鄲出土。

正書,20行,行20字。拓片,49cm×49.5cm。

附注:側刻"春秋六十有五"一行,有方界格。

D302:10380,1張。

0221　郭祖基墓記磚

隋仁壽二年(602)九月二十七日遷葬。

正書,3行,行6字。拓片,27cm×12.5cm。

附注:局部殘泐。

D302:8551,1張。

0222　皇甫絃墓誌

首題:大隋故帥都督井州司馬皇甫君墓誌銘。

隋仁壽三年(603)十一月十八日葬。陝西西安出土。

正書,23 行,行 22 字。拓片,40cm×40cm。

著錄文獻:《陝西新見隋朝墓誌》29;《貞石可憑:新見隋代墓誌銘疏證》102;《洛陽新獲墓誌百品》19;《秦晉豫新出墓誌蒐佚三編》129。

D302:10408,1 張。

0223　□元墓誌並蓋

蓋題:隋故右景公墓誌銘。

隋仁壽四年(604)三月二十四日葬。山西壺關縣出土。

誌正書,18 行,行 18 字;蓋篆書,陽文,4 行,行 2 字。拓片,46cm×46cm(誌),41cm×40cm(蓋)。

附注:父景買,魏武皇帝授河北郡守豫州刺史,墓主天保八年授金紫光祿大夫清州刺史,姓氏待考。誌有方界格,蓋中及四角刻花紋。

D302:9606,2 張,蓋朱拓,誌墨拓。

0224　李景亮墓誌

首題:周故流江縣令李府君墓誌銘。

隋大業元年(605)十一月四日葬。陝西西安出土。

正書,19 行,行 19 字。拓片,45.5cm×44.5cm(含側)。

附注:有方界格,側刻十二生肖。

D302:9300,1 張。

0225　黎淳墓誌

首題:齊故伏波將軍黎君墓誌銘。

隋大業二年(606)正月六日葬。河南安陽縣出土。

正書,17 行,行 18 字。拓片,39cm×38.5cm。

附注:有方界格。

著錄文獻:《文化安豐》249 頁;《新見北朝墓誌集釋》37;《秦晉豫新出墓誌蒐佚續編》166。

D302:8660~-2,各 1 張。

0226　于斌墓誌並蓋

首題:隋故博州高唐縣令于府君墓誌;蓋題:隋高唐縣令于君墓誌。

隋大業二年(606)十一月二十二日葬。陝西西安長安區出土。

誌正書,29 行,行 29 字;蓋篆書,陽文,3 行,行 3 字。拓片,52cm×51.5cm(誌),53.5cm×53.5cm(蓋,含剎)。

附注:有方界格,蓋素剎。

著錄文獻:《北京大學圖書館新藏金石拓本菁華續編》144;《洛陽新獲墓誌百品》20。

D302:9782,2 張。

0227　康寶足墓誌並蓋

首題:大隋故康君墓銘;蓋題:康君墓銘。

隋大業三年(607)八月八日葬。河南洛陽出土。

誌正書,18 行,行 18 字;蓋篆書,陽文,2 行,行 2 字。拓片,40cm×40cm

（誌），43.5cm×43.5cm（蓋，含剎）。

附注：蓋頂四周及剎刻花紋，有方界格。誌右下角殘缺，有裂紋，右半部漫滅。恒州京邑人，卒寄博州，合葬積善鄉積善里。唐朝洛陽有積善里。

著錄文獻：《秦晉豫新出墓誌蒐佚續編》168。

D302：9301，2 張。

0228　戴弘墓誌

首題：隨北地郡主簿戴府君墓誌銘。

隋大業四年（608）三月卒。甘肅天水出土。

正書，18 行，行 31 字左右。拓片，52cm×51cm。

附注：有豎界欄，左下角有缺損。

著錄文獻：《北京大學圖書館新藏金石拓本菁華續編》146。

D302：9381，1 張。

0229　田世眅墓誌

首題：隋故左勳侍田君墓誌。

隋大業五年（609）五月六日葬。陝西西安出土。

正書，14 行，行 14 字。拓片，38.5cm×37cm。

附注：左上斷裂。

著錄文獻：《陝西新見隋朝墓誌》33；《貞石可憑：新見隋代墓誌銘疏證》127；《秦晉豫新出墓誌蒐佚三編》132。

D302：9017～-2，各 1 張。

0230　元禕墓誌

首題：隋故朝散大夫歷陽太守元禕墓誌銘。

隋大業五年（609）八月八日葬。河南洛陽出土，張鈁舊藏，現藏河南新安鐵門鎮千唐誌齋博物館。

正書，26 行，行 27 字。拓片，50cm×50cm。

附注：有方界格。

著錄文獻：《千唐誌齋藏誌》6；《隋代墓誌銘彙考》296。

D303：1829，1 張。

0231　胡岳墓誌並蓋

蓋題：豫州陸渾縣令胡宗誌。

隋大業六年（610）正月十一日葬。甘肅鎮原出土。

誌正書，23 行，行 23 字；蓋篆書，陽文，3 行，行 3 字。拓片，50cm×50cm（誌），54cm×52.5cm（蓋）。

附注：有方界格。

著錄文獻：《貞石可憑：新見隋代墓誌銘疏證》130。

D302：9938，2 張。

0232　辛侃墓誌並蓋

首題：大隋故宗正寺丞辛侃墓誌銘；蓋題：隋故辛府君之墓誌銘。

隋大業六年（610）閏十一月十五日葬。陝西藍田縣出土。

誌正書，21 行，行 21 字；蓋篆書，陽文，3 行，行 3 字。拓片，35.5cm×35.5cm（誌），30.5cm×31cm（蓋）。

附注：葬地據其父《辛韶墓誌》（隋

開皇二年(582)十二月十四日葬)補,《辛韶墓誌》載次子偘誠,與辛偘本人誌"諱偘字道潤"不同。

著錄文獻:《秦晉豫新出墓誌蒐佚續編》173;《墨香閣藏北朝墓誌》119;《西南大學新藏墓誌集釋》043。

D302:8661,2 張。

0233　□協墓誌

隋大業九年(613)正月二十二日。山西長治出土。

隸書,20 行,行 20 字。拓片,51cm×50cm。

附注:有方界格。誌缺墓主姓氏。

D302:8662～-2,各 1 張,蓋失拓。

0234　豆盧賢墓誌並蓋

首題:大隋故通議大夫大理卿楚國公墓誌銘;蓋題:大隋故通議大夫大理卿楚公豆盧公誌。

(隋)蕭德言撰並書。隋大業九年(613)三月十日葬。陝西涇陽出土,現藏西安市文物保護考古研究院。

誌正書,35 行,行 35 字;蓋篆書,陽文,4 行,行 4 字。拓片,87cm×89.5cm(誌),82.5cm×82cm(蓋)。

附注:誌側刻壼門十二生肖。蓋頂周刻四神,剎及側刻花紋。

D302:10273/SB,2 張。

0235　伊婁謙妻晉善賢墓誌並蓋

首題:隋故左武侯大將軍沛陽郡公伊婁彥恭夫人晉氏墓誌銘並序。

(隋)樂産撰。隋大業九年(613)十月十五日葬。陝西咸陽出土。

正書,22 行,行 22 字。拓片,40cm×40cm(誌),46cm×46cm(蓋,含剎)。

附注:蓋無銘文。夫諱據開皇十一年《伊婁謙墓誌》。

D302:10274,2 張。

0236　衛侗墓誌並蓋

首題:隋故上開府記室參軍事衛公墓誌銘;蓋題:隋故記室衛君墓誌銘。

隋大業九年(613)十一月二日葬。2003 年河南洛陽出土,現藏洛陽市文物考古研究院。

誌隸書,23 行,行 23 字;蓋篆書,陽文,3 行,行 3 字。拓片,55cm×55cm(誌,含側),55cm×55cm(蓋,含剎及側)。

附注:有方界格。誌側及蓋側刻花紋。衛侗墓誌有翻刻,石存洛陽師範學院圖書館,其特徵銘曰"其三"誤作"朝"。

著錄文獻:《洛陽新出土墓誌釋錄》328(翻刻);《隋代墓誌銘彙考》396(翻刻);《秦晉豫新出墓誌蒐佚三編》134。

D302:8526,2 張。

0237　竇儼墓誌並蓋

首題:大隋故河堤使者西河公竇君墓誌;蓋題:隋故河堤使者西河公竇君誌。

(隋)史令卿撰。隋大業十二年(616)七月十八日葬。陝西西安出土,現藏西安市長安博物館。

誌正書,30 行,行 31 字;蓋篆書,陽文,4 行,行 3 字。拓片,58cm×58.5cm

(誌),45cm×45.5cm(蓋)。

附注:有方界格。

著録文獻:《長安新出墓誌》30;《北京大學圖書館新藏金石拓本菁華續編》148;《西南大學新藏石刻拓本匯釋》053。

D302:9302,2 張。

0238　楊尚希妻元保宜墓誌

首題:大隨禮部尚書高都公夫人元氏殯誌。

隋大業十二年(616)十月二日葬。河南洛陽出土。

正書,11 行,行 10 字。拓片,36.5cm×36.5cm。

附注:其夫楊君,禮部尚書、高都公,考爲楊尚希。

D302:9939,1 張。

0239　齊士幹墓誌並蓋

首題:隋故汝陰郡丞齊府君墓誌銘;蓋題:隋故奮武尉汝陰郡丞齊府君墓誌之銘。

(隋)陸搢撰;(隋)韓鳳卿書。隋大業十二年(616)十月二十六日葬。2002 年河南洛陽出土。

誌正書,38 行,行 36 字;蓋篆書,陽文,4 行,行 4 字。拓片,81cm×80cm(誌),72cm×72cm(蓋)。

附注:有方界格,蓋右下角斷裂。

著録文獻:《邙洛碑誌三百種》46;《隋代墓誌銘彙考》486;《洛陽新見墓誌》23;《洛陽新獲七朝墓誌》64;《墨香閣藏北朝墓誌》120;《北京大學圖書館新藏金石拓本菁華續編》149。

D302:8795,2 張。

0240　包愷墓誌並蓋

首題:大隋故國子監太學助教包先生墓誌;蓋題:大隋故國子監太學助教包府君之墓誌。

隋大業十三年(617)正月十日葬。陝西西安出土。

誌正書,28 行,行 27 字;蓋篆書,陽文,4 行,行 4 字。拓片,45.5cm×45cm(誌),50cm×50cm(蓋,含刹)。

附注:有方界格。蓋素刹。

著録文獻:《秦晉豫新出墓誌蒐佚三編》137。

D302:9425,2 張。

0241　華端墓誌並蓋

首題:大隋華使君之墓誌;蓋題:大隋華使君之墓誌銘。

隋(581—618)。陝西西安長安區出土,2012 年入藏西安碑林。

誌正書,23 行,行 24 字;蓋篆書,陽文,3 行,行 3 字。拓片,43cm×43cm(誌),34cm×35.5cm(蓋)。

附注:有方界格。銘文無卒葬年月,考爲開皇初卒。

著録文獻:《西安碑林博物館新藏墓誌續編》7;《碑林集刊》19 輯;《西南大學新藏石刻拓本匯釋》031;《洛陽新獲墓誌百品》14。

D302:8663～-2,各 2 張。

0242　秦君妻王思墓誌

首題:隋故輕車將軍潞州部從事秦屯範第二兒婦王氏之銘。

唐武德五年（622）六月十一日葬。山西長治出土，現藏洛陽九朝刻石文字博物館。

正書，13 行，行 15 字左右。拓片，32cm×32.5cm。

附注：有豎界欄。

著録文獻：《洛陽新獲墓誌二〇一五》61。

D302:9460，1 張，2016 年 9 月齊運通捐贈。

0243　鄭譯墓誌並蓋

首題：□□[岐]州刺史上柱國沛國達公鄭君墓誌之銘；蓋題：隋故岐州刺史上柱國沛國達公鄭君銘。

唐武德五年（622）十二月十四日葬。陝西西安出土。

誌正書，36 行，行 37 字；蓋篆書，陽文，4 行，行 4 字。拓片，53cm×52.5cm（誌），55.5cm×54cm（蓋，含刹）。蓋、誌均鈐"仰樹齋鑒藏金石文字"朱印。

附注：有方界格，蓋素刹。右上角缺損。

著録文獻：《北京大學圖書館新藏金石拓本菁華續編》151；《洛陽新獲墓誌百品》22。

D302:9382/SB，1 張，蓋誌合拓；D302:9382－2，2 張。

0244　李仲粲墓誌

首題：大唐左監門大將軍上柱國應國□諡曰胡公李公墓誌。

唐武德七年（624）五月二十七日葬。陝西西安出土。

正書，30 行，行 29 字。拓片，88cm×86cm（含側）。

附注：有方界格，側刻十二生肖。墓主賜李姓，"漢丞相博陽侯之裔也"，應爲丙吉之後，原姓丙。"粲"原刻上"癶"下"米"。

著録文獻：《北京大學圖書館新藏金石拓本菁華續編》152。

D302:8964，1 張。

0245　刀妙璉墓誌

首題：□□秦國故細人刀氏墓誌并序。

唐武德八年（625）五月八日葬。陝西西安出土。

正書，22 行，行 22 字。拓片，45.5cm×45cm。

附注：右上左下殘缺，有方界格。

D302:9018，1 張。

0246　宇文述墓誌並蓋

首題：隋故司徒公尚書令恭公宇文公墓誌銘；蓋題：隋故司徒宇文公墓誌。

唐武德八年（625）十月十二日葬。2006 年陝西涇陽縣雲陽鎮出土。

誌隸書，39 行，行 40 字；蓋篆書，陽文，3 行，行 3 字。拓片，74cm×74.5cm（誌），80cm×80cm（蓋，含刹）。

附注：蓋頂周刻連珠紋，刹刻四神，右下角殘缺三字。

著録文獻：《碑林集刊》13 輯；《秦晉豫新出墓誌蒐佚續編》186（無蓋）；《珍稀墓誌百品》附 3（無蓋）；《北京大學圖書館新藏金石拓本菁華續編》153。

D302:8965/SB,2 張。

0247　左廣墓誌

首題:随故開國公左府君墓誌。

唐武德八年(625)十月十二日葬。陝西西安出土。

正書,18 行,行 17 字。拓片,35cm×34cm。

附注:誌石左半殘缺,後三行損半。

著錄文獻:《洛陽新獲墓誌百品》23。

D302:10275,1 張。

0248　尉遲耆壽墓誌並蓋

首題:大唐故陽塘縣開國男上儀同三司尉府君墓誌;蓋題:大唐上儀同三司尉遲君墓誌。

唐武德八年(625)十一月十九日葬。陝西咸陽出土。

誌正書,23 行,行 24 字;蓋篆書,陽文,4 行,行 3 字。拓片,61.5cm×61.5cm(誌),49cm×53cm(蓋)。

附注:首題"尉府君",蓋題"尉遲君",其父爲隋太保吳國公尉遲剛。

D302:10276,2 張。

0249　張德墓誌

首題:隋故都督張君墓誌之銘。

唐貞觀元年(627)十月二十三日葬。陝西西安出土。

正書,28 行,行 28 字。拓片,44cm×44cm。

D302:10277,1 張。

0250　鹿裕墓誌

首題:唐西韓州刺史故鹿使君墓誌之銘並序。

唐貞觀元年(627)十二月十七日葬。陝西西安出土。

正書,26 行,行 26 字。拓片,45cm×46.5cm。

著錄文獻:《秦晉豫新出墓誌蒐佚三編》141。

D302:9940～－2,各 1 張。

0251　李建成墓誌並蓋

首題:大唐故息隱王墓誌;蓋題:大唐故息王墓誌之銘。

唐貞觀二年(628)正月十三日葬。2005 年陝西西安長安區出土,現藏西安博物院。

誌隸書,7 行,行 9 字;蓋篆書,陽文,3 行,行 3 字。拓片,51.5cm×52cm(誌),57cm×57cm(蓋,含剎)。

附注:有方界格,蓋素剎。

著錄文獻:《秦晉豫新出墓誌蒐佚續編》187;《西安新獲墓誌集萃》10;《珍稀墓誌百品》附 4(無蓋);《北京大學圖書館新藏金石拓本菁華續編》154;《西南大學新藏石刻拓本匯釋》056。

D302:9780/SB,2 張。

0252　李建成妃鄭觀音墓誌並蓋

首題:大唐故隱太子妃鄭氏墓誌銘并序;蓋題:大唐故隱太子妃鄭氏墓誌銘。

唐上元三年(676)七月七日葬。

2005年陝西西安長安區出土，現藏西安博物院。

誌正書，35行，行35字；蓋篆書，3行，行4字。拓片，106cm×107cm（誌），75.5cm×75.5cm（蓋，含刹）。

附注：有方界格，誌側、蓋頂四周及刹刻卷草花紋。

著錄文獻：《珍稀墓誌百品》附5；《西安新獲墓誌集萃》25；《北京大學圖書館新藏金石拓本菁華續編》167；《西南大學新藏石刻拓本匯釋》082。

D302：9781/SB，2張。

0253　段貴墓誌

首題：大唐故太常寺卜正段府君墓誌銘。

唐貞觀六年（632）九月二十九日葬。陝西西安出土。

正書，12行，行8字。拓片，16.5cm×27cm。

附注：有方界格。

著錄文獻：《洛陽新獲墓誌二〇一五》63；《秦晉豫新出墓誌蒐佚三編》145。

D302：9303，1張。

0254　裴寂墓誌

首題：大唐故司空魏國公贈相州刺史裴公墓誌銘。

唐貞觀六年（632）十一月十一日葬。山西臨猗縣出土。

正書，48行，行47字。拓片，71cm×70cm。

附注：葬年干支誤作庚辰，應爲壬辰；有方界格。

著錄文獻：《北京大學圖書館新藏金石拓本菁華續編》155；《珍稀墓誌百品》17。

D302：8966，1張。

0255　李元亨墓誌並蓋

首題：大唐故酆王墓誌銘；蓋題：大唐故酆王墓誌之銘。

唐貞觀六年（632）十二月十一日葬。陝西西安長安區出土。

誌正書，34行，行34字；蓋篆書，陽文，3行，行3字。拓片，58cm×58cm（誌），44cm×43cm（蓋）。

附注：有方界格。右下角殘缺，損8字。

著錄文獻：《社會科學戰綫》2011年4期；《秦晉豫新出墓誌蒐佚續編》189；《西安新獲墓誌集萃》11；《北京大學圖書館新藏金石拓本菁華續編》156。

D302：9783，2張。

0256　李譽墓誌並蓋

首題：唐故左光禄大夫上柱國德廣郡公李公墓誌；蓋題：唐故左光禄大夫上柱國德廣郡公李公之墓誌銘。

唐貞觀八年（634）正月二十四日葬。陝西西安出土。

誌正書，36行，行36字；蓋篆書，陽文，5行，行4字。拓片，80cm×79cm（誌，含側），63cm×63cm（蓋，含刹）。

附注：有方界格，誌側刻十二生肖，蓋刹刻四神。有作歐陽詢書。

著錄文獻：《秦晉豫新出墓誌蒐佚續編》191。

D302:8805～-2,各 2 張。

0257　孫立墓誌
首題:齊故白惡鎮將孫君墓誌銘。

唐貞觀八年(634)十一月十八日葬。河北永年出土,現藏永年縣文保所。

正書,17 行,行 17 字。拓片,42.5cm×44.5cm。

附注:有方界格。

D302:9707,1 張。

0258　李淵妃宇文氏墓誌
首題:大唐徐王國故太妃宇文氏墓誌銘。

唐貞觀八年(634)十二月二十二日葬。陝西西安出土,現藏西安市考古院。

正書,32 行,行 31 字。拓片,60.5cm×60.5cm。

附注:後右上角殘缺,損五字。

D302:10279/SB,1 張。

0259　彭師德墓誌
首題:大唐故度支郎中彭府君[墓誌]銘并序。

唐貞觀十年(636)四月十三日葬。河南洛陽出土。

正書,30 行,行 30 字。拓片,54cm×53.5cm。

附注:有方界格。

著錄文獻:《唐代墓誌彙編續集》15/貞觀 012;《洛陽新獲墓誌續編》24;《洛陽出土墓誌目錄續編》153;《洛陽新獲七朝墓誌》67。

D302:8806,1 張。

0260　陳叔達妻王女茚墓誌
首題:唐故左光禄大夫江[國]公陳叔達夫人王氏墓誌;蓋題:大唐故江國夫人王氏之墓誌。

唐貞觀十年(636)八月三日葬。陝西西安長安區出土,2012 年入藏西安碑林。

誌正書,23 行,行 23 字;蓋篆書,4 行,行 3 字。拓片,56.5cm×56cm。

附注:字近歐體,有考爲歐陽詢書。有方界格。

著錄文獻:《西安碑林博物館新藏墓誌續編》19(有蓋);《北京大學圖書館新藏金石拓本菁華續編》157;《西南大學新藏墓誌集釋》052。

D302:9304/SB,1 張,蓋失拓。

0261　長孫無傲妻竇胡娘墓誌並蓋
首題:大唐右勳衛郎將長孫義莊故妻竇夫人墓誌銘并序;蓋題:唐右勳衛郎將長孫莊故妻竇夫人墓誌。

唐貞觀十一年(637)六月十九日葬。2014 年 2 月陝西西安長安區出土,現藏西安市文物保護考古研究院。

誌正書,23 行,行 24 字;蓋篆書,陽文,4 行,行 4 字。拓片,50cm×49cm(誌),53cm×53cm(蓋,含刹)。

附注:誌橫斷爲二,有方界格,蓋素刹。夫諱據咸亨三年二月二十二日葬《長孫無傲墓誌》。

D302:8967,2 張。

0262　宇文吉甫墓誌

首題:蕩寇將軍都督文成郡守宇文君墓誌銘。

[唐貞觀十一年(637)]十月二十日葬。陝西西安出土。

正書,20行,行20字。拓片,59cm×59cm。

附注:本姓柳,父柳虬,《隋書》有傳。誌文無年號,葬"歲次丁酉十月辛丑朔廿日庚申",查唐代丁酉年無十月辛丑朔。誌文有"滕王,帝之季弟",李世民弟李元嬰於貞觀年間封滕王,故姑且附貞觀十一年。

D302:10280,1張。

0263　張暕墓誌

首題:大唐故建節尉張君墓誌。

唐貞觀十三年(639)二月十一日。陝西出土。

正書,24行,行24字。拓片,56cm×56cm。

附注:葬於滻原之南。

D302:10409,1張。

0264　獨孤順墓誌

首題:大唐故涇州刺史博陵郡開國公獨孤君墓誌。

唐貞觀十三年(639)八月十四日葬。陝西西安出土。

正書,18行,行18字。拓片,35.5cm×36.5cm。

附注:有方界格。

D302:9616,1張。

0265　鄭乾意墓誌

首題:隨軒轅府鷹揚郎將鄭府君墓誌銘並序。

唐貞觀十四年(640)正月二十三日葬。陝西西安出土。

正書,27行,行26字。拓片,46.5cm×45cm。

D302:10281,1張。

0266　于盧呵墓誌

首題:大唐隨故左親衛華陽郡公于府君墓誌銘并序。

唐貞觀十四年(640)正月二十三日葬。陝西西安出土,現藏洛陽九朝刻石文字博物館。

正書,26行,26字。拓片,59cm×58.5cm。

附注:有方界格。

著錄文獻:《洛陽新獲墓誌二〇一五》66。

D302:9461〜-2,各1張,2016年9月齊運通捐贈。

0267　王贇墓誌

首題:隨故武賁郎將王君墓誌。

唐貞觀十四年(640)十月二十一日葬。陝西西安出土,現藏洛陽九朝刻石文字博物館。

正書,31行,行32字。拓片,56cm×54.5cm。

附注:有方界格,誌側刻十二生肖。《王贇墓誌》有二,此爲初葬誌,再葬爲永徽六年二月二日。

著錄文獻:《洛陽新獲墓誌二〇一

五》67；《北京大學圖書館新藏金石拓本菁華續編》159；《西南大學新藏石刻拓本匯釋》059；《珍稀墓誌百品》20（有側）。

D302：9305，1張；D302：9305－2，1張，2016年9月齊運通捐贈。

0268　郭毅墓誌並蓋

蓋題：郭君之銘。

唐貞觀十四年（640）十一月九日葬。河南出土，現藏洛陽九朝刻石文字博物館。

誌正書，26行，行31字；蓋篆書，陽文，2行，行2字。拓片，76cm×72cm（誌），39.5cm×38.5cm（蓋）。

附注：有方界格；葬三封山，銘中有嵩岳、河漢等語。

著錄文獻：《洛陽新獲墓誌二〇一五》68。

D302：9462，2張，2016年9月齊運通捐贈。

0269　柳德□墓誌

首題：隋故大興縣令許昌侯柳府君墓誌銘並序。

唐貞觀十四年（640）十一月［下缺］葬。陝西西安出土。

正書，32行，行32字。拓片，49cm×49cm。

附注：誌石有鏟傷，銘文有殘損。

著錄文獻：《洛陽新獲墓誌百品》27。

D302：9801，1張。

0270　李孝恭妃竇大石墓誌

首題：大唐故司空公河間王妃竇氏墓誌並序。

唐貞觀十六年（642）正月十六日葬。陝西咸陽獻陵出土。

正書，38行，行37字。拓片，87cm×90cm。

附注：諱空缺，字大石。側刻壼門十二生肖圖案。與其夫李孝恭陪葬獻陵。誌石左上角與下邊略損。

D302：10410，1張。

0271　辛儉墓誌並蓋

首題：大唐故朝請大夫太子中允辛府君墓誌銘并序；蓋題：大唐故朝請大夫太子中允辛府君墓誌。

唐貞觀二十年（646）十一月二日葬。陝西西安出土。

誌正書，27行，行27字；蓋篆書，陽文，4行，行4字。拓片，43cm×44cm（誌），45.5cm×45.5cm（蓋，含剎）。

附注：有方界格，蓋剎刻花紋。

著錄文獻：《秦晉豫新出墓誌蒐佚續編》203；《洛陽新獲墓誌二〇一五》70。

D302：9463，2張，2016年9月齊運通捐贈。

0272　魏基墓誌並蓋

首題：大唐果州郎池縣令上輕車都尉魏君墓誌銘並序；蓋題：唐郎池縣令魏君墓誌。

唐貞觀二十年（646）十一月八日葬。河南洛陽出土。

誌正書，22行，行22字；蓋篆書，陽文，3行，行3字。拓片，43cm×44cm（誌），33.5cm×32.5cm（蓋）。

著錄文獻:《洛陽流散唐代墓誌彙編》001;《洛陽新獲墓誌百品》31。

D302:9941,2 張。

0273　獨孤述及妻王釋題墓誌

首題:唐故武喜公獨孤府君夫人王氏墓誌銘並序。

唐貞觀二十年(646)□□月十五日葬。陝西西安出土。

正書,30 行,行 30 字。拓片,47cm×48cm。

附注:誌石左上角缺失,損八十餘字。

著錄文獻:《陝西新見唐朝墓誌》011。

D302:10282,1 張。

0274　胡質妻馬弟男墓誌並蓋

首題:故北澧州司法參軍胡質妻馬夫人墓誌;蓋題:澧州司法胡君妻馬銘。

唐貞觀二十一年(647)九月二十三日葬。河南洛陽出土。

誌正書,18 行,行 18 字;蓋篆書,陽文,3 行,行 3 字。拓片,36cm×34cm(誌),30cm×31cm(蓋)。

附注:"弟男"爲墓主字,有方界格。

著錄文獻:《洛陽新獲墓誌二〇一五》71;《秦晉豫新出墓誌蒐佚三編》150。

D302:10411,2 張。

0275　仵德信墓誌並蓋

首題:唐故上柱國明威將軍金紫光祿大夫左屯衛益州玉津府果毅上封縣開國公仵君墓誌銘並序;蓋題:大唐故上柱國上封縣開國公墓誌之銘。

唐貞觀二十二年(648)正月十五日葬。陝西西安出土。

誌正書,23 行,行 24 字;蓋篆書,陽文,4 行,行 4 字。拓片,41cm×43cm(誌),31cm×30cm(蓋)。

附注:諱缺,字"德信"。

著錄文獻:《陝西新見唐朝墓誌》012。

D302:10283,2 張。

0276　蕭鏐墓誌

唐貞觀二十二年(648)二月九日葬。河南洛陽出土。

正書,23 行,行 23 字。拓片,50.5cm×50cm。

附注:有方界格,正中有穿。

著錄文獻:《洛陽流散唐代墓誌彙編》002;《洛陽新獲墓誌二〇一五》72;《秦晉豫新出墓誌蒐佚三編》151。

D302:9464,1 張,2016 年 9 月齊運通捐贈。

0277　侯仁愷墓誌

首題:大唐故天山縣令侯府君墓誌銘。

唐貞觀二十二年(648)三月二日葬。2008 年河南洛陽偃師出土。

正書,22 行,行 21 字。拓片,43cm×42.5cm。

附注:有方界格。未完,無銘。

著錄文獻:《秦晉豫新出墓誌蒐佚》109;《洛陽流散唐代墓誌彙編》3。

D302:9019,1 張。

0278　司馬叡墓誌

首題：大唐太子故左内率河内司馬公墓誌銘并序。

唐貞觀二十三年（649）二月九日葬。陝西西安出土。

正書，27行，行27字。拓片，63cm×63.5cm（含側）。

附注：有方界格，銘文淺細。

D302：9306，1張。

0279　吳君妻田妊妣墓誌

首題：大唐華州鄭縣振威校尉吳君妻田氏之墓誌。

唐貞觀二十三年（649）七月十八日葬。陝西西安出土。

正書，18行，行19字。拓片，44cm×44cm。

附注：有方界格。

著錄文獻：《秦晉豫新出墓誌蒐佚三編》152。

D302：9020，1張。

0280　楊全墓誌

首題：大唐故將仕郎楊君墓誌銘並序。

唐貞觀二十三年（649）七月二十一日。河南洛陽出土，張鈁舊藏，現藏河南新安鐵門鎮千唐誌齋博物館。

正書，25行，行25字。拓片，55cm×55cm。

附注：有方界格。

著錄文獻：《隋唐五代墓誌匯編·洛陽卷》2/142；《千唐誌齋藏誌》53。

D303：1830，1張。

0281　朱寶妻楊氏墓誌並蓋

首題：大唐故朱子玉妻楊夫人墓誌銘；蓋題：楊夫人墓誌銘。

唐永徽元年（650）四月十七日葬。河南洛陽出土。

誌正書，22行，行22字；蓋篆書，陽文，3行，行2字。拓片，44cm×44cm（誌），36cm×36cm（蓋）。

附注：有方界格。

著錄文獻：《洛陽新獲墓誌二〇一五》73；《洛陽流散唐代墓誌彙編續集》004。

D302：9580，2張。

0282　劉初墓誌

首題：大唐故劉君墓誌銘並序。

唐永徽二年（651）正月二日葬。河南洛陽出土，張鈁舊藏，現藏河南新安鐵門鎮千唐誌齋博物館。

正書，16行，行18字。拓片，38cm×38cm。

附注：有方界格。

著錄文獻：《千唐誌齋藏誌》61；《隋唐五代墓誌匯編·陝西卷》3/100。

D303：1831，1張。

0283　赫連寶毅墓誌

首題：大唐相州鄴縣華林鄉故人赫連金剛墓誌。

唐永徽二年（651）二月二十日葬。河北臨漳縣出土。

正書，15行，行16字。拓片，46cm×46cm。

附注：有方界格。文云葬"故鄴城

東奉禮村南壹里",抑或安陽縣出土。

著錄文獻:《西南大學新藏墓誌集釋》060。

D302:8664,1張。

0284　長孫良墓誌並蓋

首題:大唐故上儀同周成公長孫府君墓誌銘並序;蓋題:大唐故通議大夫周成公長孫府君墓誌銘。

唐永徽二年(651)三月四日葬。陝西西安出土。

誌正書,26行,行27字;蓋正書,4行,行5字。拓片,52cm×52cm(誌),55cm×55cm(蓋,含剎)。

附注:蓋頂周刻花紋、剎刻四神。

著錄文獻:《秦晉豫新出墓誌蒐佚三編》157。

D302:9942,2張。

0285　阿史那婆羅門墓誌並蓋

首題:大唐故右屯衛郎將阿史那婆羅門墓誌銘并序;蓋題:大唐故屯衛郎將贈那州刺史阿史那婆羅門誌銘。

唐永徽二年(651)六月二十日葬。陝西西安出土,現藏陝西西安碑林(2015年徵集)。

誌正書,15行,行15字;蓋篆書,陽文,5行,行4字。拓片,46cm×46cm(誌),51cm×51.3cm(蓋,含剎)。

附注:蓋有方界格,素剎。

著錄文獻:《西安碑林博物館新藏墓誌彙編》023;《北京大學圖書館新藏金石拓本菁華續編》162。

D302:9784,2張。

0286　達奚珎善墓誌

唐永徽二年(651)閏九月二十日葬。陝西渭南縣出土,2012年入藏西安碑林。

正書,13行,行14字。拓片,33cm×32.5cm。

附注:有方界格,左下角斷裂。

著錄文獻:《西安碑林博物館新藏墓誌續編》29(作閏七月);《秦晉豫新出墓誌蒐佚續編》211。

D302:9022,1張。

0287　□君妻和姬墓誌

首題:唐故□君夫人鞏縣大德鄉君和氏墓誌銘並序。

唐永徽二年(651)閏九月二十四日葬。河南洛陽出土,張鈁舊藏,現藏河南新安鐵門鎮千唐誌齋博物館。

正書,22行,行22字。拓片,48cm×48cm。

附注:有方界格。

著錄文獻:《隋唐五代墓誌匯編·洛陽卷》3/26;《千唐誌齋藏誌》67。

D303:1832,1張。

0288　喬胡突墓誌

首題:大唐故韓王府長史上柱國喬公墓誌。

唐永徽二年(651)十月八日葬。陝西三原縣出土。

正書,15行,行14字。拓片,40.5cm×40.5cm。

D302:10284,1張。

0289　安恕墓誌

首題：唐故安君墓誌銘。

唐永徽二年（651）十一月十三日葬。河北磁縣出土。

正書，20行，行20字。拓片，43cm×43cm。

附注：誌主爲西域安居國人。

D302：9944，1張。

0290　賀蘭昌墓誌並蓋

首題：大唐故贈工部尚書洪州都督五原郡公賀蘭府君墓誌銘並序；蓋題：大唐故賀蘭府君墓誌。

唐永徽二年（651）十一月十三日葬。陝西三原縣出土，現藏陝西省博物館。

誌正書，31行，行31字；蓋篆書，陽文，3行，行3字。拓片，57cm×56.5cm（誌），60.5cm×59.5cm（蓋）。

附注：陪葬獻陵。

著錄文獻：《陝西新見唐朝墓誌》015。

D302：10278，2張。

0291　□陽夫墓誌

唐永徽二年（651）十一月二十五日葬。河南洛陽出土。

正書，14行，行14字。拓片，36cm×36.5cm。

附注：中有一穿，有方界格。末刻"公諱闊字君素于貞觀□年九月廿五日卒皇隋建極授金州［刺］史"2行，與墓主關係不明。

D302：9943，1張。

0292　費濤墓誌

首題：大唐故校書郎弘文館助教費君墓誌銘并序。

唐永徽二年（651）十二月十四日葬。陝西西安出土。

正書，26行，行25字。拓片，46.5cm×46cm。

附注：下邊殘缺，有方界格。

著錄文獻：《秦晉豫新出墓誌蒐佚三編》158。

D302：9383～－2，各1張。

0293　袁石墓誌

首題：大唐故番禺府折衝都尉上柱國陽夏縣開國子袁府君墓誌銘並序。

唐永徽三年（652）正月十五日葬。陝西西安出土。

正書，31行，行30字。拓片，48cm×50cm。

附注：有方界格。

著錄文獻：《嶺南文史》2019/1。

D302：10412，1張。

0294　徐伽仁墓誌並蓋

首題：唐故處士徐君墓誌銘并序；蓋題：唐故徐府君墓誌之銘。

唐永徽三年（652）五月十六日葬。河南洛陽孟津縣出土。

誌正書，21行，行21字；蓋篆書，陽文，3行，行3字。拓片，57cm×57cm（誌），42.5cm×42.5cm（蓋）。

著錄文獻：《洛陽流散唐代墓誌彙編》4；《秦晉豫新出墓誌蒐佚續編》212。

D302:9023,2 張。

0295　辛氏墓誌

首題:大唐故尚服辛氏墓誌銘並序。

唐永徽三年(652)六月二十九日葬。陝西西安出土。

正書,19 行,行 20 字。拓片,43cm×43cm。

附注:有方界格。

著錄文獻:《秦晉豫新出墓誌蒐佚三編》159。

D302:9945,1 張。

0296　朱感妻叱羅氏墓誌並蓋

首題:故尚藥奉御朱感妻叱羅氏銘;蓋題:叱羅夫人之銘。

唐永徽三年(652)七月二十九日葬。河南洛陽出土。

誌正書,12 行,行 12 字;蓋篆書,陽文,3 行,行 2 字。拓片,39.5cm×40.5cm(誌),34cm×33cm(蓋)。

著錄文獻:《洛陽流散唐代墓誌彙編》006。

D302:9946,2 張。

0297　楊守澹妻獨孤法王墓誌

首題:大唐越州都督府戶曹楊君妻故獨孤氏墓誌銘并序;蓋題:大唐故獨孤氏墓誌銘。

唐永徽三年(652)十月二十五日葬。陝西西安長安區出土,2012 年入藏西安碑林。

誌正書,25 行,行 25 字;蓋篆書,陽文,3 行,行 3 字。拓片,46cm×46.5cm。

附注:有方界格。夫諱根據唐龍朔三年十一月二十三日葬《楊守澹墓誌》補。

著錄文獻:《西安碑林博物館新藏墓誌續編》31(有蓋)。

D302:9307,1 張,蓋失拓。

0298　馮弁峻馮尚怡墓誌

唐永徽三年(652)十一月十九日葬。河北永年縣出土。

正書,10 行,行 10 字。拓片,41cm×41.5cm。

附注:有方界格。

D302:9572,1 張;D302:9572-2,1 張,2016 年 9 月郭須善捐贈。

0299　張瑗及妻劉氏墓誌並蓋

首題:華州鄭縣普德鄉故人張僧瑗墓誌;蓋題:大唐故張君劉夫人墓誌之銘。

唐永徽四年(653)二月二日葬。陝西渭南縣出土。

誌正書,21 行,行 21 字;蓋篆書,3 行,行 4 字。拓片,43.5cm×44cm(誌),37cm×36.5cm(蓋)。

附注:有方界格。

D302:9581,2 張。

0300　宋文成墓誌

首題:大唐故昭武校尉宋君之墓誌并序。

唐永徽四年(653)三月九日葬。河南洛陽出土。

正書,20 行,行 20 字。拓片,41cm×41.5cm。

附注:有方界格。
著錄文獻:《龍門區系石刻文萃》附錄 37;《洛陽出土墓誌目錄續編》178。
D302:8807,1 張。

0301　衛藏師墓誌並蓋
首題:大唐故陪戎校尉衛藏師墓誌銘並序;蓋題:大唐陪戎校尉衛君銘。
唐永徽四年(653)八月二十三日葬。陝西西安出土。
誌正書,16 行,行 17 字;蓋篆書,陽文,3 行,行 3 字。拓片,43cm×42cm(誌),48cm×47.5cm(蓋)。
附注:蓋剎刻四神。
著錄文獻:《陝西新見唐朝墓誌》016。
D302:10285,2 張。

0302　魏達墓誌並蓋
首題:大唐通州東鄉縣尉魏君墓誌銘并序;蓋題:東鄉縣尉魏君墓誌銘。
唐永徽五年(654)五月二十七日葬。河南洛陽洛龍區出土,現藏洛陽市文物考古研究院。
誌正書,20 行,行 20 字;蓋篆書,陽文,3 行,行 3 字。拓片,58.5cm×59.5cm(誌,含側),47cm×47.5cm(蓋,含剎)。
附注:有方界格,誌側、蓋、剎均素刻。
著錄文獻:《秦晉豫新出墓誌蒐佚三編》161。
D302:8665,2 張。

0303　劉禎墓誌
首題:大唐故鴻臚光祿卿使持節同州諸軍事同州刺史河間憨公劉使君墓誌銘並序。
唐永徽五年(654)十月三十日葬。陝西西安出土。
正書,39 行,行 39 字。拓片,60.5cm×60.5cm。
D302:10286,1 張。

0304　尹君妻□德墓誌
首題:大唐黔州彭水縣令尹府君故妻□夫人墓誌銘并序。
唐永徽五年(654)十二月十九日葬。陝西西安長安區出土。
正書,20 行,行 22 字。拓片,41cm×41cm。
附注:首題墓主姓氏缺刻,有方界格。
D302:9024,1 張。

0305　王贇墓誌
首題:隋故武賁郎將王君墓誌銘。
唐永徽六年(655)二月二日葬。陝西西安出土,現藏洛陽九朝刻石文字博物館。
正書,35 行,行 35 字。拓片,58cm×57cm。
附注:《王贇墓誌》有二,初葬誌貞觀十四年十月二十一日,再葬即此誌。有方界格。銘文漫漶。
著錄文獻:《洛陽新獲墓誌二〇一五》75;《秦晉豫新出墓誌蒐佚三編》147。

D302:9308,1 張;D302:9308－2,1 張,有側,2016 年 9 月齊運通捐贈。

0306　杜孝獎墓誌

首題:大唐撫州刺史杜君墓誌銘并序。

唐永徽六年(655)十月十三日葬。陝西西安出土。

正書,29 行,行 28 字。拓片,37cm×37cm。

附注:有方界格。

D302:10413,1 張。

0307　王褒墓誌

首題:大唐晉陽[府]校尉王公之墓銘并序。

唐永徽六年(655)十月二十四日葬。河南安陽縣出土。

正書,21 行,行 21 字。拓片,63cm×63cm(含側)。

附注:側刻龍虎鎮墓獸及花紋。有方界格。"褒"原刻爲異體字,似"袞",中間右部爲"子"。

著錄文獻:《秦晉豫新出墓誌蒐佚續編》220;《洛陽新獲墓誌二〇一五》76。

D302:9309,1 張。

0308　梁世積墓誌

首題:唐故脩仁府果毅梁府君墓誌。

唐顯慶元年(656)八月十一日葬。陝西出土。

正書,21 行,行 22 字。拓片,42cm×42.5cm。

附注:末行"乃爲銘曰"後缺銘。

著錄文獻:《秦晉豫新出墓誌蒐佚三編》165。

D302:9582,1 張。

0309　李胤墓誌並蓋

首題:大唐故上柱國鄆州司馬李君墓誌銘并序;蓋題:唐故鄆州司馬李君誌。

唐顯慶元年(656)十月十八日葬。陝西西安出土。

誌正書,25 行,行 25 字;蓋篆書,陽文,3 行,行 3 字。拓片,74cm×74cm(誌,含側),54cm×54.5cm(蓋,含剎)。

附注:有方界格,誌側刻十二生肖,蓋頂周刻花紋,剎刻四神。

著錄文獻:《秦晉豫新出墓誌蒐佚續編》125。

D302:8808～－2,各 1 張,蓋失拓。

0310　唐白澤墓誌

首題:大唐故吏部儒林郎虢州弘農縣令唐君墓誌銘。

唐顯慶元年(656)十二月十二日葬。陝西西安出土。

正書,21 行,行 22 字。拓片,54.5cm×56.5cm。

附注:誌側壺門十二生肖,誌文"其年歲次景辰十二月辛卯朔十二月壬寅"當十二日之誤。

D302:10287,1 張。

0311　□仁墓誌

唐顯慶元年(656)□月二十一日

葬。山西長子縣出土。

正書,20行,行20字。拓片,42cm×42cm。

附注:有方界格。石下半截殘泐。墓主缺姓氏,誌文有"漢光武時景鸞爲中都侯上黨太守因即留(下殘泐)"句,或爲漢景鸞後裔。

D302:9708,1張。

0312　王行通墓誌並蓋

首題:唐故王君墓誌銘并序;蓋題:唐故處士王府君墓誌。

唐顯慶二年(657)四月二十七日葬。河南洛陽出土。

誌正書,26行,行26字;蓋篆書,陽文,3行,行3字。拓片,57cm×58cm(誌),50.5cm×49.5cm(蓋)。

著錄文獻:《洛陽流散唐代墓誌彙編》007;《洛陽新獲墓誌二〇一五》78;《秦晉豫新出墓誌蒐佚三編》166。

D302:9310,2張。

0313　鄒峻墓誌並蓋

首題:大唐故鄒君慕誌銘並序;蓋題:大唐故鄒君墓誌之銘。

唐顯慶二年(657)六月四日葬。陝西西安出土。

誌正書,25行,行24字;蓋篆書,3行,行3字。拓片,50.5cm×50cm(誌),53cm×54.5cm(蓋)。

附注:首題"墓"作"慕"。

D302:10288,2張。

0314　趙瓚墓誌並蓋

首題:唐故前廓州達化縣令趙君墓誌銘并序;蓋題:大唐故趙君墓誌之銘。

唐顯慶二年(657)十一月十二日葬。陝西西安出土。

誌正書,22行,行22字;蓋篆書,3行,行3字。拓片,43cm×42.5cm(誌),45cm×46.5cm(蓋,含刹)。

附注:"瓚"原刻作"瓉",有方界格,蓋頂及刹刻花紋。

著錄文獻:《西安碑林博物館新藏墓誌續編》35;《洛陽新獲墓誌二〇一五》79;《西南大學新藏石刻拓本匯釋》065;《秦晉豫新出墓誌蒐佚三編》167。

D302:9465,2張,2016年9月齊運通捐贈。

0315　董粲及妻成氏墓誌

首題:唐故董君夫妻墓誌銘並序。

唐顯慶二年(657)十一月二十二日葬。河南洛陽出土。

正書,19行,行19字。拓片,44cm×45cm。

著錄文獻:《洛陽流散唐代墓誌彙編三集》8。

D302:9947,1張。

0316　李勖墓誌

首題:大唐故譚州捴管府長史李府君墓誌銘并序。

唐顯慶三年(658)正月二十六日葬。河南洛陽出土。

正書,28行,行28字。拓片,58.5cm×58cm。

附注:字漫漶,有方界格。

D302:9025,1 張。

0317　倪素墓誌並蓋
首題:大唐故處士倪君墓誌銘并序;蓋題:大唐故倪君墓誌之銘。
唐顯慶三年(658)十一月五日葬。河南洛陽出土。
誌正書,20 行,行 20 字;蓋篆書,陽文,3 行,行 3 字。拓片,55cm×55cm(誌),43cm×43cm(蓋)。
附注:有方界格。
著錄文獻:《洛陽新獲墓誌二〇一五》80(無蓋);《秦晉豫新出墓誌蒐佚三編》170(無蓋)。
D302:9026,2 張。

0318　李思敬墓誌並蓋
首題:大唐故左翊衛隴西李思敬墓誌;蓋題:李君墓誌。
唐顯慶三年(658)十一月十七日葬。河北磁縣出土。
誌正書,12 行,行 12 字;蓋篆書,陽文,2 行,行 2 字。拓片,44cm×44cm(誌),34cm×34cm(蓋)。
附注:誌、蓋均有方界格,蓋中有鈕。
D302:9802,1 張,誌蓋合拓。

0319　鄭欽祚墓誌
首題:故資陽縣鄭明府墓誌銘并序。
唐顯慶三年(658)十二月十二日葬。陝西西安出土。
正書,21 行,行 22 字。拓片,46cm×46cm。

著錄文獻:《秦晉豫新出墓誌蒐佚三編》171。
D302:9948~-2,各 1 張。

0320　修師墓誌並蓋
首題:大唐故親衛修君墓誌之銘;蓋題:大唐故修親衛之墓誌。
唐顯慶四年(659)五月六日葬。陝西耀縣出土。
誌正書,21 行,行 20 字;蓋篆書,陽文,3 行,行 3 字。拓片,44cm×44cm(誌),27cm×27cm(蓋)。
附注:有方界格。
著錄文獻:《秦晉豫新出墓誌蒐佚三編》172。
D302:9583,2 張。

0321　韋君妻李瑤墓誌
首題:大唐周王府主薄韋君妻故成德縣主墓誌銘並序。
唐顯慶四年(659)閏十月二十九日葬。陝西西安出土。
正書,34 行,行 34 字。拓片,97cm×97cm。
附注:墓主爲高祖李淵孫女,高宗李治堂妹。其夫爲韋孝寬曾孫。誌側刻壼門十二生肖。
著錄文獻:《新出土唐墓誌百種》20頁;《秦晉豫新出墓誌蒐佚》132。
D302:10414,1 張。

0322　王行墓誌
首題:唐故處士王君墓誌銘并序。
唐顯慶五年(660)二月一日葬。河南洛陽出土,現藏洛陽古代藝術館。

正書,25行,行25字。拓片,66.5cm×65.5cm。

附注:收藏單位在誌石左下角刻編號195。

著錄文獻:《隋唐五代墓誌匯編·洛陽卷》4/27;《唐代墓誌彙編續集》108/顯慶039;《秦晉豫新出墓誌蒐佚》257。

D302:8810,1張。

0323 李聰墓誌

首題:大唐故忠武將軍上柱國行漣川府折衝高平縣開國公李府君墓誌銘。

唐顯慶五年(660)四月二十六日葬。陝西西安出土。

正書,32行,行32字。拓片,59cm×59cm。

附注:有方界格。

著錄文獻:《陝西新見唐朝墓誌》020。

D302:9027,1張。

0324 王楨墓誌

首題:大唐故處士王君墓誌銘並序。

唐顯慶五年(660)五月二日葬。河南洛陽出土,張鈁舊藏,現藏河南新安鐵門鎮千唐誌齋博物館。

正書,19行,行19字。拓片,44cm×44cm。

著錄文獻:《隋唐五代墓誌匯編·洛陽卷》4/39;《千唐誌齋藏誌》153。

D303:1833,1張。

0325 紇奚氏墓誌並蓋

唐顯慶五年(660)七月三日葬。陝西西安出土。

正書,10行,行9字。拓片,30cm×34.5cm(誌),48cm×45.5cm(蓋,含刹)。

附注:誌周、蓋刹及側均有花紋,蓋無字。

D302:9803,2張。

0326 □平墓誌

唐顯慶五年(660)八月十六日葬。河北臨漳縣出土。

正書,19行,行19字。拓片,41.5cm×41.5cm。

附注:有方界格。誌缺墓主姓氏,姓氏文云葬"故鄴城東五里之平原"。

D302:8666~-2,各1張,蓋失拓。

0327 嚴善政及妻崔氏墓誌

首題:大唐故嚴君崔夫人墓誌銘并序。

唐顯慶五年(660)十一月二十九日葬。河南洛陽出土。

正書,23行,行23字。拓片,52cm×52cm。

著錄文獻:《洛陽流散唐代墓誌彙編續集》008。

D302:9584,1張。

0328 盧習善墓誌並蓋

首題:大唐故監察御史盧君墓誌銘并序;蓋題:盧君墓誌。

唐顯慶六年(661)二月十九日葬。

河南洛陽偃師緱氏鎮出土,現藏洛陽九朝刻石文字博物館。

誌正書,31行,行31字;蓋篆書,陽文,2行,行2字。拓片,64cm×63.5cm(誌),58cm×58.5cm(蓋)。

著錄文獻:《秦晉豫新出墓誌蒐佚續編》238;《洛陽新獲墓誌二〇一五》84;《洛陽流散唐代墓誌彙編續集》009。

D302:9466,2張。

0329　張昌墓誌

首題:大唐故行軍兵曹張君墓誌銘并序。

唐龍朔元年(661)三月二十五日葬。河南洛陽出土,現藏河南洛陽市文物考古研究院。

正書,21行,行22字。拓片,42cm×42cm。

D302:8667,1張。

0330　王孫墓誌

首題:大唐故王君墓誌銘。

唐龍朔元年(661)七月十六日葬。河南洛陽出土,張鈁舊藏,現藏河南新安鐵門鎮千唐誌齋博物館。

正書,19行,行19字。拓片,50cm×50cm。

著錄文獻:《隋唐五代墓誌匯編·洛陽卷》4/81;《千唐誌齋藏誌》172。

D303:1834,1張。

0331　張獘墓誌

首題:唐故張君墓誌銘並序。

唐龍朔元年(661)十月八日葬。河南洛陽出土,張鈁舊藏,現藏河南新安鐵門鎮千唐誌齋博物館。

正書,21行,行20字。拓片,48cm×48cm。

附注:有方界格。

著錄文獻:《隋唐五代墓誌匯編·洛陽卷》4/87;《千唐誌齋藏誌》173。

D303:1835,1張。

0332　盧正玄墓誌

首題:大唐故蔣王府典籤盧君墓誌銘并序。

唐龍朔元年(661)十月二十三日葬。陝西西安出土。

正書,18行,行20字。拓片,32cm×32cm。

附注:有方界格。

著錄文獻:《秦晉豫新出墓誌蒐佚三編》179。

D302:9585,1張。

0333　許氏墓誌並蓋

唐龍朔元年(661)十月二十三日葬。陝西西安出土。

誌正書,11行,行5字。拓片,42cm×42cm(誌),33.5cm×33.5cm(蓋)。

附注:誌文云許氏爲楚州刺史歸仁公夫人,據開元十六年八月《王同人墓誌》"祖德儉,御史中丞歸仁公……考璇",《宰相世系表》王璇"父王德儉……歸仁縣男",故有作王德儉妻許氏。蓋無銘文。

D302:10289,2張。

0334　樊師墓誌

　　唐龍朔元年(661)十一月十二日卒。河南洛陽出土。

　　正書，9 行，行 9 字。拓片，60cm×60cm。

　　附注：卒於平壤城下，或葬於祖塋。

　　著録文獻：《洛陽流散唐代墓誌彙編三集》12。

　　D302：10415，1 張。

0335　狄本墓誌並蓋

　　首題：大唐故營州都督府司馬兼東夷都護府司馬上柱國狄府君墓誌銘並序；蓋題：大唐故狄府君墓誌銘。

　　唐龍朔元年(661)十一月二十九日葬。陝西西安出土。

　　誌正書，37 行，行 38 字；蓋篆書，3 行，行 3 字。拓片，54cm×54cm(誌)，56cm×56cm(蓋)。

　　著録文獻：《秦晉豫新出墓誌蒐佚三編》181。

　　D302：9950，2 張。

0336　王孝義墓誌

　　首題：唐故太原王君墓誌銘並序。

　　唐龍朔元年(661)十一月三十日葬。河南洛陽出土，張鈁舊藏，現藏河南新安鐵門鎮千唐誌齋博物館。

　　正書，22 行，行 22 字。拓片，45cm×45cm。

　　附注：有方界格。

　　著録文獻：《隋唐五代墓誌匯編·洛陽卷》4/98；《千唐誌齋藏誌》177。

　　D303：1836，1 張。

0337　馮美墓誌

　　唐龍朔二年(662)二月二十四日葬。山西長治出土。

　　正書，20 行，行 20 字。拓片，42cm×42cm。

　　D302：10416，1 張，蓋失拓。

0338　趙順墓誌

　　首題：大唐故朝散大夫趙府君墓誌銘。

　　唐龍朔二年(662)四月二日葬。陝西西安出土。

　　正書，20 行，行 19 字。拓片，57cm×56.5cm(含側)。

　　附注：有方界格，側刻卷草紋。

　　D302：9311，1 張。

0339　薛萬備墓誌並蓋

　　首題：唐故鴨淥道行軍副摠管薛君墓誌銘並序；蓋題：唐故汾陰公薛君墓誌。

　　唐龍朔二年(662)六月二日葬。陝西西安出土。

　　誌正書，39 行，行 40 字；蓋篆書，陽文，3 行，行 3 字。拓片，59cm×58cm(誌)，61.5cm×62cm(蓋)。

　　附注：蓋頂周刻花紋，剎刻四神。

　　著録文獻：《珍稀墓誌百品》24；《洛陽新獲墓誌百品》37。

　　D302：10290/SB，2 張。

0340　尹祥墓誌

　　首題：唐故朝散大夫尹君墓誌銘并序；蓋題：尹君之誌。

唐龍朔二年（662）閏七月十日葬。河南洛陽出土，現藏洛陽九朝刻石文字博物館。

誌正書，20行，行21字；蓋篆書，2行，行2字。拓片，44.5cm×44.5cm。

著錄文獻：《洛陽新獲七朝墓誌》81（有蓋）。

D302：9467，1張，蓋失拓，2016年9月齊運通捐贈。

0341　任緒墓誌

首題：隋故西戎互市監任公之銘并序。

唐龍朔二年（662）十一月十七日葬。陝西渭南出土。

正書，28行，行28字。拓片，49cm×49cm。

著錄文獻：《西南大學新藏石刻拓本匯釋》069。

D302：9384，1張。

0342　王謨墓誌並蓋

首題：唐故龔州皇化縣令王府君墓誌銘并序；蓋題：王府君銘。

唐龍朔三年（663）十一月二十三日葬。2008年秋河南嵩縣出土。

誌正書，23行，行23字；蓋篆書，陽文，2行，行2字。拓片，47.5cm×47cm（誌），37cm×38cm（蓋）。

附注：有方界格，左下角殘泐。

著錄文獻：《秦晉豫新出墓誌蒐佚》143（有蓋）。

D302：8811，1張，蓋失拓；D302：8811-2，2張。

0343　楊守澹墓誌

首題：大唐并州大都督府錄事參軍上騎都尉長平縣開國男楊君墓誌銘并序；蓋題：大唐故并州錄事長平公楊府君墓誌銘。

（唐）楊搆本撰。唐龍朔三年（663）十一月二十三日葬。陝西西安長安區出土，2012年入藏西安碑林。

誌正書，30行，行28字；蓋篆書，陽文，4行，行4字。拓片，58cm×58cm。

附注：有方界格。

著錄文獻：《西安碑林博物館新藏墓誌續編》43（有蓋）。

D302：9312，1張，蓋失拓。

0344　李辨墓誌

首題：大唐故韓王府錄事參軍李君墓誌銘。

唐麟德元年（664）正月十三日葬。河南洛陽出土，張鈁舊藏，現藏河南新安鐵門鎮千唐誌齋博物館。

正書，23行，行25字。拓片，50cm×50cm。

著錄文獻：《隋唐五代墓誌匯編·洛陽卷》4/155；《千唐誌齋藏誌》198。

D303：1837，1張。

0345　董興墓誌

唐麟德元年（664）正月二十四日葬。山西出土。

正書，15行，行15字。拓片，43cm×42.5cm。

附注：有方界格。誌石右邊及下邊有破損。

著録文獻:《西安新獲墓誌集萃》17。

D302:8764,1 張。

0346　柳宏量墓誌

首題:大唐□□州司馬柳府君墓誌銘並序。

唐麟德元年(664)五月二十五日葬。陝西西安出土。

正書,32 行,行 33 字。拓片,57.5cm×57cm。

附注:諱殘泐,"宏量"爲其字,曾祖柳鷟,祖柳帶韋,父柳故祚。

D302:10291,1 張。

0347　崔洵妻源九娘墓誌

首題:大唐左典戎衛鎧曹崔洵故妻源夫人墓誌。

唐麟德元年(664)十月十一日葬。陝西西安出土。

正書,22 行,行 22 字。拓片,50cm×52cm。

附注:誌石中有缺殘。

著録文獻:《陝西新見唐朝墓誌》025。

D302:10292,1 張。

0348　公孫君妻馬氏墓誌

首題:唐故鎮軍大將軍沔陽公孫公妻安福郡夫人故馬氏墓誌銘並序。

唐麟德元年(664)十月十一日葬。陝西西安出土。

正書,21 行,行 21 字。拓片,47cm×47cm。

D302:10417,1 張。

0349　王叔墓誌

首題:大唐故新[豐縣令]太原王府君墓誌銘并序。

唐麟德元年(664)十月十一日葬。河南洛陽出土。

正書,20 行,行 20 字。拓片,49cm×49.5cm。

D302:9029,1 張。

0350　張朗墓誌

首題:唐故江州司馬張府君墓誌銘並序。

唐麟德元年(664)十月十一日葬。河南洛陽出土。

正書,26 行,行 26 字。拓片,44cm×44cm。

D302:9951,1 張。

0351　蕭弘義墓誌並蓋

首題:大唐泉州長樂縣令蕭君墓誌;蓋題:大唐長樂縣令蕭君銘。

(唐)張慎撰。唐麟德元年(664)十一月二日葬。河南洛陽出土。

誌正書,25 行,行 26 字;蓋篆書,陽文,3 行,行 3 字。拓片,59cm×59cm(誌),47cm×47cm(蓋)。

附注:蓋有豎界欄、頂周刻花紋。

著録文獻:《秦晉豫新出墓誌蒐佚》246;《洛陽新獲墓誌二〇一五》87;《洛陽流散唐代墓誌彙編續集》012。

D302:10418,2 張。

0352　孫山德妻程氏墓誌

別名:孫山德兄妻李氏墓誌。

唐麟德元年（664）十一月五日葬。山西長治出土。

正書，17行，行17字。拓片，46.5cm×45.5cm。

附注：首行"□□留上黨人，帝顓之苗……"，文中前云"夫人李氏……春秋六十有四卒于家"，接云"弟孫山德……孫妻程氏……終于內寢，以麟德元年歲次甲子十月乙巳朔五日葬于程村東南二里東俠龍山"。前交代不明，李氏似是兄之妻。有方界格，誌中斜裂一道。

D302:9313，1張。

0353　薩孤吳仁墓誌

首題：唐故上柱國右金吾衛大將軍朔方公薩孤府君墓誌。

唐麟德元年（664）十一月五日葬。陝西西安出土。

正書，33行，行34字。拓片，60cm×60cm。

D302:10293/SB，1張。

0354　劉德墓誌

首題：唐故劉公墓誌銘並序；蓋題：大唐故劉府君之墓誌。

唐麟德元年（664）十一月十六日葬。河南安陽出土，現藏安陽市考古所。

誌行書兼草書，23行，行30字左右；蓋篆書，3行，行3字。拓片，65cm×64cm。

附注：有豎界欄，蓋剎刻四神。首題下有"相州安陽縣"5字。

著錄文獻：《安陽墓誌選編》22；《西南大學新藏石刻拓本匯釋》071。

D302:9852，1張，蓋失拓，2019年馮軍武捐贈。

0355　張君妻王乾墓誌

首題：大唐故王夫人墓誌之銘并序。

唐麟德元年（664）十一月二十八日葬。陝西西安出土。

正書，20行，行21字。拓片，50cm×50cm。

著錄文獻：《秦晉豫新出墓誌蒐佚三編》184。

D302:9586，1張。

0356　□涕墓誌

唐麟德元年（664）十一月二十八日葬。山西沁縣出土。

正書，17行，行18字。拓片，46cm×46cm。

附注：右上角剝泐甚。

D302:10419，1張。

0357　張網妻蘭氏墓誌並蓋

首題：夫人蘭氏墓誌銘一首并序；蓋題：夫人墓誌。

唐麟德元年（664）十二月十七日葬。陝西西安出土。

誌正書，16行，行17字；蓋篆書，2行，行2字。拓片，38.5cm×39m（誌），43cm×43cm（蓋，含剎）。

附注：蓋頂四周及剎刻花紋。

著錄文獻：《秦晉豫新出墓誌蒐佚三編》185。

D302:9028，2張。

0358　杜才幹妻盧叢璧墓誌并蓋
首題：大唐故燕國夫人盧氏墓誌銘並序；蓋題：大唐故燕國夫人盧氏墓誌銘。
唐麟德二年（665）二月一日葬。陝西西安出土。
誌正書，36 行，行 37 字；蓋篆書，4 行，行 3 字。拓片，86cm×86cm（誌），66.5cm×67cm（蓋）。
附注：諱空缺，字叢璧，貞觀元年因丈夫杜才幹謀反罪被罰入宫，爲高宗李治乳母。蓋頂周刻花紋。
著錄文獻：《洛陽新獲墓誌百品》39。
D302：9804，2 張。

0359　周君妻郭氏墓誌
首題：唐故衡州刺史長樂公夫人墓誌銘並序。
唐麟德二年（665）七月三日葬。河南洛陽出土，張鈁舊藏，現藏河南新安鐵門鎮千唐誌齋博物館。
正書，21 行，行 21 字。拓片，43cm×45cm。
著錄文獻：《隋唐五代墓誌匯編·洛陽卷》4/195；《千唐誌齋藏誌》215。
D303：1838，1 張。

0360　李奴墓誌
首題：大唐故文林郎李君墓誌之銘並序。
唐麟德二年（665）十月二十二日葬。陝西西安出土。
正書，15 行，行 15 字。拓片，40cm×40cm。
附注：有方界格。
D302：10420，1 張。

0361　長孫君妻劉雲彩墓誌
首題：大唐右武衛長孫倉曹夫人劉氏墓誌。
唐麟德二年（665）十二月五日葬。陝西西安出土。
正書，13 行，行 15 字。拓片，34cm×34cm。
附注：有方界格。
著錄文獻：《秦晉豫新出墓誌蒐佚續編》250。
D302：9030，1 張。

0362　□舉墓誌
唐乾封元年（666）十月十七日葬。山西長治出土。
正書，20 行，行 20 字。拓片，45cm×45cm。
著錄文獻：《青少年書法（青年版）》2015 年 8 期（作《董舉墓誌》）。
D302：9952，1 張，蓋失拓。

0363　魏基妻王淑墓誌並蓋
首題：大唐故果州郎池縣令魏君王夫人墓誌銘并序；蓋題：魏君王夫人墓誌之銘。
唐乾封元年（666）十一月十日葬。河南洛陽出土。
誌正書，25 行，行 25 字；蓋篆書，陽文，3 行，行 3 字。拓片，59cm×58.5cm（誌），45.5cm×44cm（蓋）。
附注：有方界格。

著録文獻:《洛陽流散唐代墓誌彙編續集》013;《洛陽新獲墓誌百品》42。

D302:9953,2 張。

0364　浩昭墓誌

首題:唐故潞州朝散大夫浩君之銘。

唐乾封二年(667)二月十八日葬。山西長治出土。

正書,17 行,行 17 字。拓片,36.5cm×36.5cm。

著録文獻:《秦晉豫新出墓誌蒐佚三編》188。

D302:9587,1 張。

0365　孫藏墓誌並蓋

首題:大唐虢州閺鄉縣方庠鄉孫君墓誌并序;蓋題:孫君之銘;尾題:乾封二年歲次丁卯五月辛酉朔十二日壬申武騎尉孫藏銘。

唐乾封二年(667)五月十二日葬。河南洛陽出土。

誌正書,21 行,行 21 字;蓋篆書,陽文,2 行,行 2 字。拓片,41cm×41.5cm(誌),44cm×44cm(蓋,含刹)。

附注:首題"墓誌"原刻作"暮銙",有尾題 2 行,行 12 字,有方界格,蓋刹刻花紋。

著録文獻:《洛陽流散唐代墓誌彙編續集》014。

D302:9031,2 張。

0366　長孫憬墓誌

首題:唐故成州司馬長孫府君墓誌銘並序。

唐乾封二年(667)十一月五日。陝西西安出土。

正書,33 行,行 35 字。拓片,48cm×48cm。

D302:10294,1 張。

0367　常褒墓誌

首題:大唐故洺州洺水縣主簿常公墓誌銘。

唐乾封二年(667)十一月二十八日葬。河南安陽出土。

正書,22 行,行 20 字。拓片,52.5cm×55cm。

附注:有方界格。

著録文獻:《秦晉豫新出墓誌蒐佚續編》260;《西南大學新藏墓誌集釋》071。

D302:8668～-2,各 1 張。

0368　司馬貞墓誌

首題:唐故司馬君墓誌。

唐總章元年(668)七月二十日葬。河南洛陽出土。

正書,12 行,行 12 字。拓片,34cm×34cm。

附注:有方界格,中部漫漶甚。

D302:8812,1 張。

0369　孔琮妻裴氏墓記

唐總章元年(668)十一月二十六日葬。陝西西安出土。

正書,6 行,行 7 字。拓片,24cm×24cm。

D302:10421,1 張。

0370　杜敬同妻韋茗華墓誌並蓋

首題：大唐故中書舍人鴻臚少卿東陽郡開國公杜府君夫人襄武郡君韋氏墓誌銘并序；蓋題：唐故杜府君夫人墓誌。

唐總章二年（669）二月二十三日葬。陝西西安出土。

誌正書，33 行，行 34 字；蓋篆書，陽文，3 行，行 3 字。拓片，57cm×57.5cm（誌），60cm×59.5cm（蓋，含刹）。

附注：蓋頂及刹刻花紋，有方界格。

著錄文獻：《洛陽新獲墓誌二〇一五》93；《秦晉豫新出墓誌蒐佚三編》194。

D302：9314，2 張；D302：9314－2，1 張，誌蓋合拓。

0371　李建成妾楊舍娘墓誌並蓋

首題：大唐隱太子承徽樂陵縣主母故楊氏墓誌銘并序；蓋題：大唐隱太子承徽楊墓誌之銘。

唐總章二年（669）二月二十三日葬。陝西西安出土，現藏西安市文物保護考古研究院。

誌正書，27 行，行 27 字；蓋篆書，4 行，行 3 字。拓片，56cm×55cm（誌），58cm×59.5cm（蓋，含刹）。

附注：有方界格，蓋刹刻花紋。

著錄文獻：《北京大學圖書館新藏金石拓本菁華續編》164。

D302：8968，2 張。

0372　姚靜通墓誌並蓋

首題：大唐故倍戎尉姚君墓誌銘并序；蓋題：姚君誌銘。

唐總章二年（669）四月十三日葬。河南洛陽出土，現藏洛陽九朝刻石文字博物館。

誌正書，19 行，行 18 字；蓋篆書，陽文，2 行，行 2 字。拓片，41cm×42cm（誌），45cm×45cm（蓋，含刹）。

附注：首題"陪戎尉"作"倍戎尉"。

著錄文獻：《河洛墓刻拾零》81；《洛陽出土墓誌目錄續編》255；《洛陽新獲墓誌二〇一五》94。

D302：9468，2 張，2016 年 9 月齊運通捐贈。

0373　郝譽墓誌

首題：大唐故思州司兵參軍郝君墓誌之銘。

唐總章二年（669）十月四日葬。山西長治出土。

正書，19 行，行 19 字。拓片，48cm×48cm。

附注：右下角稍有缺損。

D302：8813，1 張。

0374　霍玄墓誌

首題：唐故黔州都督府石城縣丞霍君墓誌銘并序；蓋題：霍君墓誌。

唐總章二年（669）十二月二十八日葬。河南洛陽孟津縣出土。

誌正書，24 行，行 25 字；蓋篆書，2 行，行 2 字。拓片，49.5cm×50cm。

著錄文獻：《洛陽流散唐代墓誌彙編》18（有蓋）；《秦晉豫新出墓誌蒐佚續編》265（有蓋）。

D302：9032，1 張，蓋失拓。

0375　程襲墓誌

唐總章三年（670）二月六日葬。山西長治出土。

正書，18 行，行 18 字。拓片，44cm×43cm。

附注：有方界格，誌文正書夾雜篆書及草書。蓋缺，文云"廣平人也……程伯扶之後"，程姓郡望廣平郡，當姓程。

著錄文獻：《西安新獲墓誌集萃》22。

D302:8765，1 張。

0376　宋劉師墓誌

首題：唐故宋君墓志銘并序。

唐總章三年（670）二月二十七日葬。河南洛陽出土。

正書，26 行，行 27 字。拓片，56.5cm×56cm。

附注：有方界格。

著錄文獻：《洛陽流散唐代墓誌彙編》19；《秦晉豫新出墓誌蒐佚續編》267；《洛陽新獲墓誌二〇一五》95。

D302:9469，1 張，2016 年 9 月齊運通捐贈。

0377　呂道墓誌

首題：[唐]故隋車騎將軍呂君墓誌銘並序。

唐咸亨元年（670）十月十六日葬。河南洛陽出土，張鈁舊藏，現藏河南新安鐵門鎮千唐誌齋博物館。

正書，22 行，行 22 字。拓片，45cm×45cm。

附注：似爲舊石改刻。

著錄文獻：《隋唐五代墓誌匯編·洛陽卷》5/104；《千唐誌齋藏誌》262。

D303:1839，1 張。

0378　陳暉墓誌

首題：大唐故朝散大夫陳府君墓誌銘并序。

唐咸亨元年（670）十月二十六日葬。河南洛陽出土，現藏河南洛陽市文物考古研究院。

正書，18 行，行 19 字。拓片，36.5cm×36.5cm。

附注：葬日"六"改刻爲"廿六"。

著錄文獻：《龍門區系石刻文萃》60。

D302:8669，1 張。

0379　趙卿墓誌

首題：趙君墓誌銘並序。

唐咸亨元年（670）十月二十七日葬。河南滎陽氾水縣出土。

正書，21 行，行 22 字。拓片，56cm×54cm。

D302:9954，1 張。

0380　康敬本墓誌

首題：大唐故康敬本墓誌銘。

唐咸亨元年（670）□月十四日葬。河南洛陽出土，張鈁舊藏，現藏河南新安鐵門鎮千唐誌齋博物館。

正書，28 行，行 30 字。拓片，60cm×60cm。

著錄文獻：《千唐誌齋藏誌》265；《隋唐五代墓誌匯編·洛陽卷》5/109。

D303:1840，1 張。

0381　韋悰妻裴貞墓誌並蓋

首題：大唐故尚書右丞韋府君妻河東郡君裴夫人墓誌銘并序；蓋題：唐故河東裴夫人墓誌。

唐咸亨元年（670）十一月三日葬。陝西西安出土。

誌正書，31 行，行 28 字；蓋正書，3 行，行 3 字。拓片，45.5cm×45cm（誌），46cm×45.5cm（蓋，含刹）。

附注：有方界格，蓋刹刻花紋。

著錄文獻：《洛陽新獲墓誌二〇一五》96。

D302：9470，2 張，2016 年 9 月齊運通捐贈。

0382　宋道感墓誌並蓋

首題：唐故左監直長宋君墓誌銘并序；蓋題：大唐故宋府君墓誌銘。

唐咸亨元年（670）十一月七日葬。陝西西安長安區出土，2012 年入藏西安碑林。

誌正書，21 行，行 22 字；蓋篆書，陽文，3 行，行 3 字。拓片，38cm×37.5cm（誌），42cm×42cm（蓋，含刹）。

附注：誌有方界格，蓋頂及刹刻花紋。

著錄文獻：《西安碑林博物館新藏墓誌續編》50（無蓋）。

D302：8766，2 張。

0383　鄭道墓誌

首題：大唐故陪［戎］副尉鄭君墓誌銘並序。

唐咸亨二年（671）七月十二日葬。河南洛陽出土。

正書，20 行，行 20 字。拓片，46cm×47cm。

著錄文獻：《秦晉豫新出墓誌蒐佚續編》275；《洛陽新獲墓誌二〇一五》99。

D302：10422，1 張。

0384　韓令名墓誌

首題：大唐故昌黎縣開國子韓君墓誌銘并序。

唐咸亨二年（671）八月二十日葬。陝西西安出土。

正書，27 行，行 29 字。拓片，74cm×73cm。

附注：有方界格。

著錄文獻：《洛陽新獲墓誌二〇一五》100；《秦晉豫新出墓誌蒐佚三編》199。

D302：9471，1 張，2016 年 9 月齊運通捐贈。

0385　吳君妻任氏墓誌

首題：大唐故處士吳君妻墓誌銘並序。

唐咸亨二年（671）八月二十日葬。陝西西安出土。

正書，16 行，行 17 字。拓片，38cm×38cm。

D302：9855，1 張。

0386　郭懷義墓誌

首題：大唐故功曹記室郭君墓誌銘并序。

唐咸亨二年（671）九月二十七日

葬。陝西西安出土。

正書,19行,行20字。拓片,61cm×63cm(含側)。

附注:有方界格,側刻卷草紋花紋。

D302:9033,1張。

0387　于永寧墓誌並蓋

首題:大唐故使持節商州諸軍事商州刺史輕車都尉建平郡開國公于府君墓誌銘並序;蓋題:大唐故建平郡公于君墓誌銘。

唐咸亨三年(672)正月二十八日葬。陝西西安出土。

誌正書,41行,行39字;蓋篆書,4行,行3字。拓片,59.5cm×59.5cm(誌),62cm×64cm(蓋)。

附注:誌主爲于志寧弟。

D302:9955,2張。

0388　長孫無傲墓誌並蓋

首題:大唐故邢州刺史長孫府君墓誌銘并序。

唐咸亨三年(672)二月二十二日葬。2014年2月陝西西安長安區出土,現藏西安市文物保護考古研究院。

誌正書,31行,行32字。拓片,74cm×75cm(誌,含側),57cm×57cm(蓋,含刹)。

附注:蓋無文字,蓋頂四周及刹和誌側刻卷草花紋。

D302:8969,2張。

0389　李祖墓誌

首題:大唐故李府君墓誌銘並序。

唐咸亨三年(672)五月十九日葬。河南洛陽出土,張鈁舊藏,現藏河南新安鐵門鎮千唐誌齋博物館。

正書,21行,行22字。拓片,46cm×46cm。

附注:有方界格。

著錄文獻:《隋唐五代墓誌匯編·洛陽卷》5/129;《千唐誌齋藏誌》277。

D303:1841,1張。

0390　高君妻董貴墓誌並蓋

首題:大唐故高處士董夫人墓誌銘;蓋題:大唐高君夫人墓誌銘。

唐咸亨三年(672)六月二日葬。陝西西安出土。

誌正書,21行,行21字;蓋篆書,陽文,3行,行3字。拓片,65cm×64cm(誌,含側),46.5cm×47cm(蓋,含刹)。

附注:末行款"咸亨三年五月廿九日家姪書"。有方界格,誌側及蓋刹刻花紋。

著錄文獻:《洛陽新獲墓誌二〇一五》101;《秦晉豫新出墓誌蒐佚三編》201。

D302:9472,2張,2016年9月齊運通捐贈。

0391　李正墓誌

首題:唐故李君墓誌銘。

唐咸亨三年(672)七月八日葬。山西出土。

正書,14行,行14字。拓片,29.5cm×30cm。

附注:有方界格。無葬地,文曰"合

窆於州城東三里",書刻風格爲山西長治地區。

著録文獻:《青少年書法(青年版)》2015 年 12 期;《秦晉豫新出墓誌蒐佚三編》216。

D302:9956,1 張。

0392 司徒寬墓誌

首題:大唐故上騎都尉司徒君墓誌銘并序。

唐咸亨三年(672)八月二十六日葬。河南洛陽孟津縣出土。

正書,30 行,行 20 字。拓片,51cm×80cm。

附注:有方界格。

著録文獻:《秦晉豫新出墓誌蒐佚續編》277。

D302:9034,1 張。

0393 丁士裔墓誌

首題:大唐故假授滑州酸棗縣令丁君墓誌銘。

唐咸亨三年(672)十一月十五日葬。河北臨漳縣出土。

正書,26 行,行 26 字。拓片,52cm×53cm。

附注:有方界格。

D302:9021,1 張。

0394 馮承素墓誌並蓋

首題:唐故中書主書馮君墓誌銘并序;蓋題:唐故中書主書馮君墓誌之銘。

唐咸亨三年(672)十一月十五日葬。陝西西安出土。

誌正書,28 行,行 25 字;蓋篆書,4 行,行 3 字。拓片,54cm×54cm(誌),56.5cm×56.5cm(蓋,含刹)。

附注:有方界格。蓋刹刻卷草紋。

著録文獻:《中國書法》2010 年 9 期;《大唐西市博物館藏墓誌》80;《秦晉豫新出墓誌蒐佚續編》279;《北京大學圖書館新藏金石拓本菁華續編》166。

D302:9785/SB,2 張。

0395 韓緒墓誌

唐咸亨三年(672)十一月十五日葬。山西長治出土。

正書,19 行,行 19 字。拓片,52cm×51.5cm。

附注:蓋失拓,無首題,文有"韓王之後"句,葬韓村,故墓主姓韓。左上殘缺。

著録文獻:《秦晉豫新出墓誌蒐佚三編》202(作山西長治出土)。

D302:9957,1 張。

0396 宋季墓誌

首題:大唐故宋君墓誌銘並序。

唐咸亨三年(672)十二月十五日葬。河南洛陽出土,現藏河南新安鐵門鎮千唐誌齋博物館。

正書,20 行,行 22 字。拓片,48cm×48cm。

著録文獻:《隋唐五代墓誌匯編·洛陽卷》5/145。

D303:1842,1 張。

0397　裴爽墓誌並蓋

首題：大唐故梓州長史裴府君墓誌銘並序；蓋題：大唐故梓州長史裴府君墓誌。

唐咸亨四年（673）二月十六日葬。陝西西安出土。

誌正書，41行，行41字；蓋篆書，4行，行3字。拓片，72cm×72cm（誌），72cm×77.5cm（蓋）。

著錄文獻：《秦晉豫新出墓誌蒐佚三編》204。

D302：9958，2張。

0398　杜溫妻韋三從墓誌並蓋

首題：大唐益州大都督府功曹參軍杜溫亡妻韋夫人墓誌銘并序；蓋題：大唐故韋夫人墓誌銘。

唐咸亨四年（673）二月二十八日葬。陝西西安出土。

誌正書，30行，行31字；蓋篆書，3行，行3字。拓片，52.5cm×52.5cm（誌），53cm×53.5cm（蓋，含刹）。

附注：蓋刹刻花紋。

著錄文獻：《洛陽新獲墓誌二〇一五》102；《秦晉豫新出墓誌蒐佚三編》205。

D302：9473，2張，2016年9月齊運通捐贈。

0399　于守玄墓誌並蓋

首題：唐故商州司馬于府君墓誌銘並序；蓋題：大唐故于府君墓誌銘。

唐咸亨四年（673）[四月]十八日葬。陝西西安出土。

誌正書，22行，行23字；蓋篆書，3行，行3字。拓片，40cm×40.5cm（誌）；29.7cm×29.7cm（蓋）。

附注：誌文三月廿七日卒，"以其年十八日安厝于杜陵"，月失載，姑且作"四月"葬。有方界格。

D302：9805，1張，蓋失拓；D302：9805－2，2張。

0400　陳警墓誌

首題：唐故處士潁川陳君墓誌銘并序。

唐咸亨四年（673）七月八日葬。陝西西安出土。

正書，26行，行26字。拓片，56cm×56cm。

附注：有方界格。

著錄文獻：《洛陽流散唐代墓誌彙編續集》020；《秦晉豫新出墓誌蒐佚三編》206。

D302：9035，1張。

0401　張胤墓誌

首題：大唐故張君墓誌銘并序。

唐咸亨四年（673）八月二日葬。河南洛陽出土。

正書，25行，行25字。拓片，47.5cm×47.5cm。

著錄文獻：《洛陽新獲墓誌二〇一五》103；《洛陽流散唐代墓誌彙編續集》021；《秦晉豫新出墓誌蒐佚三編》207。

D302：9588，1張。

0402　豆盧弘毅墓誌並蓋

首題：大唐故鳳州司馬豆盧君墓誌銘；蓋題：大唐故鳳州司馬楚國公豆盧君墓誌銘。

唐咸亨四年（673）八月二日葬。陝西咸陽出土。

誌正書，26 行，行 27 字；蓋正書，4 行，行 4 字。拓片，90cm×90.5cm（誌），85cm×85.5cm（蓋）。

附注：誌側、蓋側及剎刻花紋。

D302：10295，2 張。

0403　郝普墓誌

首題：唐故郝君之墓誌。

唐咸亨四年（673）九月十九日葬。山西長治出土。

正書，19 行，行 19 字。拓片，40cm×40cm。

D302：10423，1 張。

0404　張相墓誌

首題：大唐故處士張君墓誌并序。

唐咸亨五年（674）二月十六日葬。河北臨漳出土。

正書，24 行，行 25 字。拓片，47.5cm×47.5cm。

附注：有方界格。文曰葬於"鄴城東石橋東南四百步之平原"，或出土於安陽。

著錄文獻：《西南大學新藏墓誌集釋》076；《秦晉豫新出墓誌蒐佚三編》208。

D302：8670，1 張。

0405　李辯墓誌

首題：唐故許州長葛縣丞李君墓誌銘並序。

唐咸亨五年（674）五月十七日葬。河南洛陽出土，張鈁舊藏，現藏河南新安鐵門鎮千唐誌齋博物館。

正書，26 行，行 26 字。拓片，50cm×50cm。

著錄文獻：《隋唐五代墓誌匯編·洛陽卷》5/173；《千唐誌齋藏誌》287。

D303：1843，1 張。

0406　李文墓誌

首題：大唐故金紫光禄大夫上大將軍天策府□□參軍（下泐）；蓋題：唐故光禄大夫李公誌。

唐上元元年（674）十一月九日葬。河南洛陽偃師出土。

正書，29 行，行 29 字；額篆書，3 行，行 3 字。拓片，56cm×56cm。

附注：誌右下角殘泐，首題不全，墓主姓氏考爲李姓。

著錄文獻：《秦晉豫新出墓誌蒐佚續編》286（有蓋）。

D302：8814，1 張，蓋失拓。

0407　胡三墓誌

首題：大唐逸士故胡府君墓誌銘並序。

唐上元元年（674）十二月十日葬。陝西西安出土。

正書，26 行，行 25 字。拓片，67cm×67cm。

D302：10424，1 張。

0408　樊三娘墓誌

首題：大唐故雲麾將軍上柱國使持節洮州諸軍事行洮州刺史辟陽縣開國公妻靈陵郡君樊氏墓誌銘並序。

唐上元二年（675）二月十日葬。陝西渭南蒲城出土。

正書，21 行，行 21 字。拓片，48.5cm×49cm。

D302：10296，1 張。

0409　閻氏墓誌

首題：唐故閻夫人墓誌銘并序。

唐上元二年（675）五月十二日葬。陝西西安出土。

行書，13 行，行 15 字。拓片，33cm×34.5cm。

附注：夫姓名不詳。

著錄文獻：《陝西新見唐朝墓誌》103。

D302：9385，1 張。

0410　趙伏盖墓誌並蓋

首題：大唐趙君墓誌銘並序；蓋題：大唐故趙府君墓誌雍州萬年縣永寧鄉。

唐上元二年（675）八月十三日葬。陝西西安出土。

誌正書，25 行，行 26 字；蓋篆書，陽文，4 行，行 4 字。拓片，52.5cm×52.5cm（誌），42cm×42cm（蓋）。

著錄文獻：《秦晉豫新出墓誌蒐佚三編》212（作《趙伏盖墓誌》）。

D302：9959～-2，各 2 張。

0411　龐元約墓誌並蓋

首題：大唐故梁州都督府户曹參軍龐府君之墓誌銘並序；蓋題：大唐故梁州都督府户曹龐府君墓誌銘。

唐上元二年（675）八月十九日葬。陝西西安出土。

誌正書，34 行，行 34 字；蓋篆書，4 行，行 4 字。拓片，66cm×66.5cm（誌），68cm×67cm（蓋）。

著錄文獻：《秦晉豫新出墓誌蒐佚三編》213。

D302：9960，2 張。

0412　董詡墓誌

首題：唐故董君墓誌銘。

唐上元二年（675）十月十五日葬。山西出土，現藏洛陽九朝刻石文字博物館。

正書，22 行，行 22 字。拓片，55.5cm×55cm。

附注：末行補刻董詡男董達多長壽元年（692）一月三十日合葬記；有方界格，左上角有缺損。

著錄文獻：《洛陽新獲七朝墓誌》113。

D302：9474，1 張，2016 年 9 月齊運通捐贈。

0413　郝璀墓誌並蓋

首題：唐故上騎都尉郝君誌銘；蓋題：唐故郝君墓誌之銘。

唐上元二年（675）十一月二十日葬。山西長治出土。

誌正書，16 行，行 16 字；蓋篆書，雙鈎，3 行，行 3 字。拓片，37cm×36.5cm（誌），

39.5cm×39.5cm(蓋,含刹)。

附注:蓋頂中刻獅面,刹刻花紋。

著錄文獻:《西安新獲墓誌集萃》24。

D302:8767,1張。

0414　王端墓誌並蓋

首題:大唐故華陰縣人也府君墓誌銘并序;蓋題:大唐故王君墓誌之銘。

唐上元二年(675)十一月葬。陝西華陰出土。

誌正書,15行,行15字;蓋篆書,陽文,3行,行3字。拓片,32cm×32cm(誌),33cm×33cm(蓋)。

附注:王端卒於上元二年四月十二日,夫人卒於同年十一月七日,誌文無干支,無祖上世系,權且附前上元。有方界格,蓋刹刻花紋。

著錄文獻:《秦晉豫新出墓誌蒐佚續編》289(作也端,無蓋)。

D302:9036,2張。

0415　田義方墓誌

首題:唐故上柱國脩福府果毅田君墓誌銘并序。

唐上元三年(676)正月二十二日葬。陝西西安出土。

正書,31行,行32字。拓片,42cm×43cm。

附注:墓主諱空缺,字義方。

D302:9037,1張。

0416　李文獻墓誌

首題:□□[朝]散大夫李君墓誌銘並序;蓋題:唐故李君墓誌之銘。

唐上元三年(676)正月二十二日葬。山西長治屯留縣出土,現存屯留縣文化局。

誌正書,25行,行25字;蓋篆書,3行,行3字。拓片,75cm×75cm。

附注:有方界格,四周刻卷草紋,右上角殘,缺諱,按位置"文獻"爲其字。

著錄文獻:《三晉石刻大全·長治市屯留縣卷》五(有蓋);《秦晉豫新出墓誌蒐佚三編》214。

D302:9837,1張,蓋失拓。

0417　閻才墓誌並蓋

蓋題:大唐故通州司法閻君墓誌銘。

唐上元三年(676)二月四日葬。河南洛陽出土。

誌正書,25行,行25字;蓋篆書,陽文,3行,行4字。拓片,41cm×41.5cm(誌),43cm×42.5cm(蓋)。

附注:誌有方界格,蓋頂刻花紋,刹刻神獸。

著錄文獻:《洛陽流散唐代墓誌彙編續集》023;《洛陽新獲墓誌百品》43。

D302:9961～-2,各2張。

0418　趙君妻高氏墓誌

首題:大唐朝散郎趙君故高氏夫人墓誌銘并序。

唐上元三年(676)六月二十五日葬。陝西西安出土。

正書,26行,行26字。拓片,43cm×43cm。

著錄文獻:《秦晉豫新出墓誌蒐佚

三編》215。
　　D302:9589,1 張。

0419　郭僧喜墓誌
　　首題:大唐故郭君墓誌銘並序。
　　唐上元三年(676)七月七日葬。河南洛陽出土。
　　正書,24 行,行 24 字。拓片,40cm×41cm。
　　著錄文獻:《洛陽流散唐代墓誌彙編三集》21。
　　D302:9962,1 張。

0420　崔感墓誌
　　首題:唐故處士崔府君墓誌銘。
　　唐上元三年(676)十月三日葬。山西長治出土。
　　正書,20 行,行 20 字。拓片,44cm×44cm。
　　D302:9963,1 張。

0421　尚武及妻張氏墓誌
　　首題:大唐故處士尚君夫妻墓誌銘並序。
　　唐上元三年(676)十月十五日葬。河南洛陽出土,張鈁舊藏,現藏河南新安鐵門鎮千唐誌齋博物館。
　　正書,16 行,行 16 字。拓片,50cm×50cm。
　　著錄文獻:《隋唐五代墓誌匯編·洛陽卷》5/209;《千唐誌齋藏誌》298。
　　D303:1844,1 張。

0422　史融墓誌並蓋
　　首題:大唐故宣節校尉史府君墓誌銘并序;蓋題:大唐故史府君墓誌銘。
　　唐上元三年(676)十月二十六日葬。陝西西安出土。
　　誌正書,18 行,行 18 字;蓋篆書,3 行,行 3 字。拓片,37cm×37cm(誌),42cm×41.5cm(蓋,含刹)。
　　附注:誌有方界格,蓋刹刻花紋。
　　著錄文獻:《西安新獲墓誌集萃》26;《西南大學新藏墓誌集釋》080。
　　D302:9756,2 張。

0423　劉少卿墓誌
　　首題:大唐故游擊將軍劉府君墓誌並序。
　　唐上元三年(676)十一月八日葬。陝西西安出土。
　　正書,31 行,行 31 字。拓片,60cm×58cm。
　　著錄文獻:《西南大學新藏石刻拓本匯釋》084。
　　D302:9856,1 張。

0424　□懿墓誌
　　唐上元三年(676)十一月八日葬。山西長治出土。
　　正書,23 行,行 23 字。拓片,54cm×54cm。
　　附注:有方界格。銘文漫漶。
　　D302:9964,1 張。

0425　程達墓誌並蓋
　　首題:唐故潞州程君墓誌之銘;蓋題:唐故程君墓誌之銘。
　　唐上元三年(676)十一月二十一日葬。山西長治出土。

誌正書,17行,行17字;蓋篆書,雙鉤,3行,行3字。拓片,43cm×43cm(誌),46cm×46.5cm(蓋,含刹)。

附注:誌有方界格,蓋頂中刻十字花,刹刻花紋。

著錄文獻:《西安新獲墓誌集萃》27。

D302:8768,2張;D302:8768-2,1張,蓋失拓。

0426　魯文雅墓誌

首題:唐故巫州夜郎縣尉魯君墓誌之銘並序。

唐上元三年(676)十一月二十一日葬。河南郟縣出土。

正書,19行,行20字。拓片,39cm×41cm。

附注:有方界格。

D302:9806,1張。

0427　李寬墓誌

首題:大唐故太常卿上柱國隴西郡公李府君墓誌銘并序。

唐儀鳳二年(677)二月三日葬。陝西西安出土。

正書,36行,行36字。拓片,86.5cm×86cm。

附注:有方界格。

著錄文獻:《北京大學圖書館新藏金石拓本菁華續編》168。

D302:8970,1張。

0428　張仁墓誌

首題:大唐故南陽張君墓誌銘並序。

唐儀鳳二年(677)九月一日葬。陝西西安出土。

正書,20行,行19字。拓片,43cm×42cm。

附注:有方界格。

D302:9965,1張。

0429　賀蘭氏墓誌

首題:大唐金華縣主所生故賀蘭夫人墓誌銘并序。

唐儀鳳三年(678)二月二十一日葬。陝西西安出土。

正書,41行,行40字。拓片,72cm×73cm。

附注:墓主諱字皆缺,曾祖表,祖暉,父文裕。長女金華縣主韋氏,次女清陽縣主元氏,第三女慈丘縣主丘氏,第四女歸政縣主元氏。

D302:8971,1張。

0430　王式墓誌

首題:大唐故上騎都尉王君墓誌銘並序。

唐儀鳳三年(678)三月二十七日葬。河南洛陽出土,張鈁舊藏,現藏河南新安鐵門鎮千唐誌齋博物館。

正書,22行,行22字。拓片,50cm×50cm。

附注:有方界格。

著錄文獻:《隋唐五代墓誌匯編·洛陽卷》6/17;《千唐誌齋藏誌》308。

D303:1845,1張。

0431　胡靜墓誌並蓋

首題:大唐故右尉朔二府朔尉胡府

君墓誌銘並序;蓋題:大唐故尉翊胡君之銘。

唐儀鳳三年(678)閏十月十九日葬。陝西西安出土。

誌正書,29行,行29字;蓋篆書,3行,行3字。拓片,46cm×46.5cm(誌),49.2cm×50cm(蓋)。

附注:有方界格。蓋頂周刻竊曲紋,剎刻花紋。

D302:9807-2,1張,蓋失拓;D302:9807-2,2張。

0432　杜辯墓誌

首題:大唐故將仕郎杜君墓誌銘并序。

唐儀鳳四年(679)二月十日葬。河南洛陽孟津縣出土。

正書,23行,行26字。拓片,50.5cm×50.5cm。

附注:有方界格。

著錄文獻:《秦晉豫新出墓誌蒐佚續編》299。

D302:9038,1張。

0433　魏安墓誌

首題:唐故處士魏府君銘并序。

唐儀鳳四年(679)二月二十一日葬。山西長治出土。

正書,15行,行15字。拓片,36.5cm×37cm。

D302:9966,1張。

0434　胡君妻房氏墓誌

首題:唐故上騎都尉胡君夫人房氏墓誌銘并序。

唐調露元年(679)七月四日葬。陝西西安出土。

正書,21行,行21字。拓片,45.5cm×45.5cm。

附注:葬於"畢圭鄉終南之原"。

著錄文獻:《洛陽流散唐代墓誌彙編續集》027;《秦晉豫新出墓誌蒐佚三編》221。

D302:9590,1張。

0435　李慈同墓誌

唐調露元年(679)十月二日葬。河南洛陽偃師出土。

正書,30行,行30字。拓片,65cm×66cm。

附注:有方界格。原誌文缺誌主姓氏,據《全唐文補遺》第8輯31頁李惠墓誌,曾祖李元儉,祖李玄成,父李義琪,與此誌主三代世系相同,故此誌主姓李。

著錄文獻:《秦晉豫新出墓誌蒐佚》184;《洛陽流散唐代墓誌彙編》184;《西南大學新藏墓誌集釋》083。

D302:8671,1張。

0436　孟戡墓誌並蓋

首題:唐故鄂州武昌縣丞孟君墓誌銘并序;蓋題:孟君之銘。

唐調露元年(679)十月八日葬。河南洛陽洛龍區出土,現藏寧夏固原博物館。

誌正書,25行,行26字;蓋篆書,2行,行2字。拓片,50.5cm×50cm(誌),40cm×39.5cm(蓋)。

附注:有方界格。

著録文獻：《唐研究》20卷。

D302：1817，2張，2014年9月北大中古史中心捐贈。

0437　張來墓誌並蓋

首題：大唐故張府君之墓誌銘并序；蓋題：張君之銘。

唐調露元年（679）十月十三日葬。河南孟縣出土。

誌正書，26行，行26字；蓋篆書，陽文，2行，行2字。拓片，50cm×50.5cm（誌），52cm×52cm（蓋，含刹）。

附注：有方界格，蓋頂四周刻十二生肖，刹有四神。

著録文獻：《洛陽流散唐代墓誌彙編續集》028；《秦晉豫新出墓誌蒐佚三編》223。

D302：9039，2張。

0438　伍穎墓誌

首題：唐故朝請大夫伍府君墓誌銘并序。

唐調露元年（679）十月十四日葬。陝西興平縣出土。

正書，21行，行21字。拓片，39cm×38.5cm。

附注：有方界格。

著録文獻：《西安新獲墓誌集萃》30。

D302：8769，1張。

0439　趙政墓誌

首題：唐故晉州司馬趙公墓誌銘並序。

唐調露元年（679）十月十四日葬。

河南安陽出土。

正書，24行，23字。拓片，47.5cm×47cm。

附注：有方界格。

著録文獻：《西南大學新藏墓誌集釋》084；《秦晉豫新出墓誌蒐佚三編》224。

D302：9967～-2，各1張。

0440　徐德妻姜化墓誌

首題：先太夫人姜氏金城郡夫人神壽堂銘序；別名：徐孝德妻姜化墓誌（神壽堂銘序）；別名：徐德妻姜化神壽堂銘序。

（唐）徐齊嬰撰銘並序；（唐）高審行撰銘；（唐）李仁偘書。唐調露元年（679）十月十四日葬。陝西西安出土。

正書，38行，行38字。拓片，62cm×62cm。

附注：墓主長女爲太宗徐賢妃，子徐齊聃在兩唐書有傳。墓主丈夫《唐書》作孝德，墓誌作諱德，字孝德。《大唐西市博物館藏墓誌》59《徐德墓誌》。

著録文獻：《陝西新見唐朝墓誌》038。

D302：10297，1張。

0441　明恪墓誌並蓋

首題：唐故豫州刺史明府君墓誌銘并序；蓋題：大唐明史君公墓誌文。

唐調露元年（679）十月二十三日葬。河南洛陽出土，現藏洛陽九朝刻石文字博物館。

誌正書,33行,行33字;蓋篆書,陽文,3行,行3字。拓片,59cm×58.5cm(誌),65cm×66cm(蓋)。

附注:有方界格,誌左下角稍有缺損;蓋頂周刻花紋,刹刻十二生肖圖。

著録文獻:《洛陽新見墓誌》27;《洛陽新獲七朝墓誌》98;《秦晉豫新出墓誌蒐佚續編》302。

D302:9475,2張,2016年9月齊運通捐贈。

0442　明君妻李氏墓誌

首題:大唐承務郎明君故夫人李氏墓誌銘并序。

唐調露元年(679)十月二十四日葬。河南洛陽偃師出土。

正書,22行,行23字。拓片,41cm×41cm。

附注:此誌墓主疑是明崇覽妻(見調露元年十月二十三日葬《明崇覽墓誌》),然明君官職、李氏父官職名諱皆不合,有考爲冥婚。

著録文獻:《洛陽流散唐代墓誌彙編》31。

D302:9041,1張。

0443　王文郁墓誌並蓋

首題:大唐故宣義郎王君墓誌銘并序;蓋題:王府君墓誌銘。

唐調露元年(679)十月二十五日葬。河南洛陽偃師出土。

誌正書,26行,行26字;蓋篆書,陽文,3行,行2字。拓片,46cm×46cm(誌),30.5cm×29.5cm(蓋)。

附注:有方界格。

著録文獻:《洛陽流散唐代墓誌彙編續集》029;《秦晉豫新出墓誌蒐佚三編》226。

D302:9040,2張。

0444　顏萬石墓誌

首題:大唐故桂州始安縣丞雲騎尉顏府君墓誌銘並序。

唐調露元年(679)十二月八日葬。河南洛陽出土,張鈁舊藏,現藏河南新安鐵門鎮千唐誌齋博物館。

正書,22行,行24字。拓片,50cm×50cm。

著録文獻:《隋唐五代墓誌匯編·洛陽卷》6/49;《千唐誌齋藏誌》324。

D303:1846,1張。

0445　馬伏恩墓誌並蓋

首題:大唐故馬公墓誌銘並序;蓋題:大唐故馬公墓誌之銘。

唐調露元年(679)十二月十四日葬。陝西渭南富平縣出土。

誌正書,17行,行17字;蓋篆書,3行,行3字。拓片,40cm×40cm(誌),44cm×44cm(蓋,含刹)。

著録文獻:《秦晉豫新出墓誌蒐佚三編》227(作山西高平出土)。

D302:10425,2張。

0446　馬緬墓誌

首題:大唐故馬公墓誌銘並序。

唐調露元年(679)十二月十四日葬。陝西渭南富平出土。

正書,11行,行11字。拓片,43cm×44cm。

附注:墓主其父爲處士,墓主是第三子,葬於名都鄉。同年同月同日葬之《馬伏恩墓誌》,居於富平縣,父親爲處士,墓主是第二子,葬於名都鄉,名都鄉當屬於富平縣。兩墓主或爲兄弟。

D302:10298,1張。

0447　袁雄墓誌

首題:大唐故洛州偃師縣丞陳郡袁府君墓誌銘并序。

唐調露元年(679)十二月十五日葬。2007年春河南洛陽偃師緱氏鎮出土。

正書,26行,行26字。拓片,50cm×51.5cm。

附注:有方界格,左下角斷裂。

著錄文獻:《秦晉豫新出墓誌蒐佚》189。

D302:8815,1張。

0448　亡尼七品墓誌

首題:唐故亡尼七品墓誌。

唐調露元年(679)十二月二十六日卒。陝西咸陽出土。

正書,12行,行11字。拓片,34cm×35cm。

附注:葬月日塗改過,並有缺刻。有方界格。

著錄文獻:《秦晉豫新出墓誌蒐佚三編》229。

D302:9042,1張。

0449　盧昭道墓誌並蓋

首題:唐故尚書比部員外郎盧君墓誌銘并序;蓋題:大唐故尚書比部員外郎盧府君墓誌銘。

(唐)李嗣真撰。唐調露二年(680)八月十八日葬。陝西西安出土。

誌正書,34行,行34字;蓋篆書,陽文,4行,行4字。拓片,49cm×50cm(誌),37cm×35.5cm(蓋)。

著錄文獻:《秦晉豫新出墓誌蒐佚三編》230。

D302:9591,2張。

0450　李君妻張貞墓誌並蓋

首題:唐故李公夫人武德縣君張氏墓誌銘并序;蓋題:張夫人墓誌。

唐永隆元年(680)十一月十九日葬。河南洛陽出土。

誌正書,15行,行16字;蓋篆書,2行,行2字。拓片,35.5cm×35.5cm(誌),25cm×25cm(蓋)。

附注:有方界格。蓋"夫人"合文。

著錄文獻:《洛陽新獲墓誌二〇一五》106。

D302:9592,2張。

0451　盧勤禮墓誌

首題:大唐故盧勤禮墓誌銘并序。

唐永隆元年(680)十一月二十五日葬。河南洛陽出土。

正書,20行,行20字。拓片,50cm×49.5cm。

附注:合葬於其父之塋。其父《盧普德墓誌》載於《洛陽新獲墓誌續編》52頁。

著錄文獻:《洛陽流散唐代墓誌彙編續集》030;《秦晉豫新出墓誌蒐佚

三編》231。

D302:9043,1 張。

0452　張彥墓誌並蓋

首題：唐故右威衛晉州仁德府上輕車都尉右果毅張府君墓誌銘；蓋題：張君墓誌。

唐永隆二年（681）二月九日葬。河南洛陽出土。

誌正書,28 行,行 28 字；蓋篆書,陽文,2 行,行 2 字。拓片,60cm×60cm（誌）,65.5cm×65cm（蓋,含刹）。

附注：有方界格。蓋頂及刹刻卷草紋。

著錄文獻：《洛陽流散唐代墓誌彙編續集》031。

D302:9593,2 張。

0453　皇甫德□墓誌

首題：唐故雋州陽山縣主簿皇甫府君墓誌銘並序。

唐永淳元年（682）十月十四日葬。河南洛陽出土，張鈁舊藏，現藏河南新安鐵門鎮千唐誌齋博物館。

正書,18 行,行 18 字。拓片,48cm×48cm。

附注：銘文漫漶,諱第二字似"德",第三字或爲"善"。

著錄文獻：《隋唐五代墓誌匯編·洛陽卷》6/77；《千唐誌齋藏誌》338。

D303:1847,1 張。

0454　孫政墓誌

首題：大唐故處士孫君墓誌銘並序。

唐永淳元年（682）十月十四日葬。河南安陽出土。

正書,18 行,行 18 字。拓片,37cm×37cm。

附注：有方界格。葬於許婆村,《安陽縣誌》有許婆村。

D302:9969,1 張。

0455　王鴻儒墓誌並蓋

首題：唐故韓王府隊正王君墓誌之銘並序；蓋題：唐故王君墓誌之銘。

唐永淳元年（682）十月十四日葬。山西長治出土。

誌正書,26 行,行 26 字；蓋篆書,陽文,3 行,行 3 字。拓片,75cm×75cm（誌）,82cm×82cm（蓋,含刹）。

著錄文獻：《洛陽新獲墓誌二〇一五》107；《洛陽新獲墓誌百品》47；《秦晉豫新出墓誌蒐佚三編》234。

D302:10426,2 張。

0456　婁俊墓誌

首題：唐故處士婁君墓銘並序。

唐永淳元年（682）十月二十六日合葬。河南洛陽出土。

正書,14 行,行 14 字。拓片,37cm×37cm。

D302:9968,1 張。

0457　董才墓誌

首題：大唐汝州司馬故董府君銘并序；蓋題：大唐故董君墓誌之銘。

唐永淳元年（682）十一月七日葬。2006 年河南洛陽偃師出土。

誌正書,26 行,行 27 字；蓋篆書,陽文,

3行,行3字。拓片,50cm×51cm。

附注:有方界格。

著錄文獻:《秦晉豫新出墓誌蒐佚》195(有蓋)。

D302:8816,1張,蓋失拓。

0458　賈政墓誌並蓋

首題:唐故朝散大夫賈君墓誌銘;蓋題:大唐故賈君墓誌銘。

唐永淳元年(682)十一月葬。山西長治出土。

誌正書,16行,行16字;蓋篆書,雙鉤,3行,行3字。拓片,45cm×45cm(誌),47.5cm×45.5cm(蓋)。

附注:誌有方界格,蓋剎刻花紋。

著錄文獻:《秦晉豫新出墓誌蒐佚三編》235。

D302:9970,2張。

0459　封季整墓誌

首題:大唐故陪戎副尉封君墓誌銘并序。

唐永淳二年(683)二月二十六日葬。陝西西安出土,現藏洛陽九朝刻石文字博物館。

正書,20行,行20字。拓片,42cm×42cm。

附注:右上角有裂痕,有方界格。

著錄文獻:《洛陽新獲七朝墓誌》102。

D302:9476,1張,2016年9月齊運通捐贈;D302:9476－2,1張。

0460　張法墓誌並蓋

首題:唐故張夫人墓誌銘并序;蓋題:張夫人誌銘。

唐永淳二年(683)四月二十八日葬。河南洛陽出土。

誌正書,22行,行23字;蓋篆書,2行,行2字。拓片,43cm×43.5cm(誌),31.5cm×32.5cm(蓋)。

附注:誌中未載墓主丈夫姓氏。誌蓋"夫人"二字合文。有方界格。

著錄文獻:《洛陽流散唐代墓誌彙編》32;《秦晉豫新出墓誌蒐佚續編》306;《洛陽新獲墓誌二〇一五》109。

D302:8817～-2,各2張。

0461　馮樹及妻郭氏墓誌

首題:唐故文林郎馮君并夫人郭氏墓誌銘并序。

唐永淳二年(683)十一月十四日葬。河南洛陽偃師出土。

正書,22行,行22字。拓片,38.5cm×39cm。

附注:有方界格,左下角斷裂,上部中部皆有殘損。葬日殘缺,據干支考為十四日。

著錄文獻:《洛陽流散唐代墓誌彙編》33。

D302:8818,1張。

0462　李烈墓誌並蓋

首題:櫟陽縣令李府君墓誌銘並序;蓋題:櫟陽縣令李君墓誌銘。

唐永淳二年(683)十二月二十日葬。陝西西安出土。

誌正書,34行,行34字;蓋篆書,3行,行3字。拓片,63cm×62cm(誌),62cm×62cm(蓋)。

著錄文獻:《洛陽新獲墓誌百品》49;《秦晉豫新出墓誌蒐佚三編》237。

D302:9971,2 張。

0463　亡宮六品墓誌

首題:大唐亡宮六品墓誌。

唐文明元年(684)閏五月九日葬。河南洛陽出土,張鈁舊藏,現藏河南新安鐵門鎮千唐誌齋博物館。

正書,10 行,行 14 字。拓片,46cm×46cm。

著錄文獻:《隋唐五代墓誌匯編·洛陽卷》6/97;《千唐誌齋藏誌》343。

D303:1848,1 張。

0464　亡宮八品墓誌

首題:亡宮八品墓誌。

唐文明元年(684)八月五日葬。河南洛陽出土,現藏河南新安鐵門鎮千唐誌齋博物館。

正書,10 行,行 13 字。拓片,48cm×48cm。

附注:有方界格。

著錄文獻:《隋唐五代墓誌匯編·洛陽卷》6/100;《千唐誌齋藏誌》345。

D303:1849,1 張。

0465　王興墓誌

首題:唐故潞州壺關縣王君墓誌之銘。

唐光宅元年(684)十月七日葬。山西出土。

正書,19 行,行 19 字。拓片,50cm×51cm。

附注:有方界格。

D302:9972,1 張。

0466　賈濟墓誌

首題:大唐故賈府君墓誌銘并序。

唐光宅元年(684)十一月十三日葬。河南安陽出土。

正書,19 行,行 19 字。拓片,41.5cm×41cm。

附注:有方界格。葬月干支戊申,誌誤作甲午。

著錄文獻:《文化安豐》405 頁;《西南大學新藏墓誌集釋》089;《秦晉豫新出墓誌蒐佚三編》240。

D302:8672,1 張。

0467　梁孝卿妻王仁壽墓誌

首題:大唐故禮園鄉君王氏墓誌銘。

唐垂拱元年(685)二月八日葬。河北磁縣出土。

正書,12 行,行 12 字。拓片,31cm×30cm。

D302:9973,1 張。

0468　賈節墓誌

首題:唐故雍州富平縣右武侯宜昌府折衝墓誌。

唐垂拱元年(685)二月二十六日葬。河南洛陽緱氏鎮出土。

正書,28 行,行 30 字。拓片,47cm×47cm。

著錄文獻:《秦晉豫新出墓誌蒐佚續編》312;《洛陽新獲墓誌二〇一五》111。

D302:10427,1 張。

0469　亡尼七品墓誌

首題：大唐故亡尼七品墓誌銘并序。

唐垂拱元年（685）六月二十二日葬。陝西西安出土。

正書，10行，行15字。拓片，43cm×43cm。

附注：有方界格。左上有殘缺，末行2字缺損，右上石裂。

著録文獻：《秦晉豫新出墓誌蒐佚三編》241。

D302：9594，1張。

0470　劉初墓誌

首題：大唐故謁者臺員外郎騎都尉劉初墓誌銘。

唐垂拱元年（685）七月五日葬。陝西涇陽縣出土。

正書，24行，行23字。拓片，46cm×47cm。

著録文獻：《秦晉豫新出墓誌蒐佚三編》242。

D302：9045，1張。

0471　王仁安墓誌並蓋

首題：大唐故丹州門山縣令王府君墓誌銘並序；蓋題：大唐故丹州門山縣令王府君之墓誌銘。

唐垂拱元年（685）八月十一日葬。陝西西安萬年出土。

誌正書，28行，行28字；蓋篆書，陽文，4行，行4字。拓片，44cm×44cm（誌），47cm×46.5cm（蓋，含刹）。

附注：有方界格，蓋刹刻卷草紋。

著録文獻：《西安碑林博物館新藏墓誌續編》60；《秦晉豫新出墓誌蒐佚三編》243。

D302：9854，2張。

0472　王後熾墓誌

首題：大唐故同軌府校王君墓誌銘。

唐垂拱元年（685）八月二十九日葬。山西出土。

正書，16行，行16字。拓片，43cm×43cm。

附注：諱有石花，右半存"隹"，或爲"維"，字"後熾"。首題"校"後脱字。石左下角斷裂。

著録文獻：《秦晉豫新出墓誌蒐佚三編》244。

D302：9595，1張。

0473　□義墓誌

首題：唐故□君墓。

唐垂拱元年（685）十月十二日葬。山西長治出土。

正書，18行，行18字。拓片，53cm×53.5cm。

附注：首題殘泐，姓存左"氵"旁，餘不可辨。左上角殘泐，4－6行首字殘缺。

D302：9596，1張。

0474　奚道墓誌並蓋

首題：大唐故處士騎都尉奚君墓誌銘并序；蓋題：奚君墓誌。

唐垂拱元年（685）十月十三日葬。河南洛陽出土，現藏洛陽九朝刻石文字博物館。

誌正書,23 行,行 24 字;蓋篆書,陽文,2 行,行 2 字。拓片,52cm×51cm(誌),58cm×55cm(蓋,含刹)。

附注:有方界格;蓋頂周刻花紋,刹刻十二生肖圖。

著錄文獻:《洛陽新獲墓誌二〇一五》112;《洛陽流散唐代墓誌彙編續集》035;《西南大學新藏石刻拓本匯釋》092。

D302:9477,2 張,2016 年 9 月齊運通捐贈。

0475　宋昉墓誌

首題:前滏陽縣錄事故宋君之墓誌。

唐垂拱二年(686)四月十五日葬。河北磁縣出土。

正書,17 行,行 17 字。拓片,42.5cm×42cm。

附注:有方界格。"合葬於武城東北三里。"

著錄文獻:《西南大學新藏墓誌集釋》092;《秦晉豫新出墓誌蒐佚三編》248。

D302:8673～-2,各 1 張。

0476　宋讓墓誌

首題:大唐故將軍宋公墓誌并序。

唐垂拱二年(686)四月十五日葬。河北磁縣出土。

正書,18 行,行 18 字。拓片,46cm×45.5cm。

附注:有方界格。

著錄文獻:《秦晉豫新出墓誌蒐佚續編》247;《西南大學新藏墓誌集釋》091。

D302:8674～-2,各 1 張。

0477　崔會墓誌

首題:唐故處默先生武城崔府君誌銘并序。

唐垂拱三年(687)二月三日葬。2002 年山西屯留縣出土。

正書兼行書,20 行,行 20 字。拓片,50cm×50cm。

附注:有方界格。

著錄文獻:《秦晉豫新出墓誌蒐佚》208。

D302:8819,1 張。

0478　高佛來墓誌

首題:大唐故處士高君墓誌銘并序;蓋題:大唐故高君誌。

唐垂拱三年(687)二月十五日葬。2008 年秋河南洛陽出土。

誌正書,27 行,行 27 字;蓋篆書,2 行,行 3 字。拓片,56.5cm×56.5cm。

附注:有方界格,墓主諱佛來,原刻作簡體"仏来"。

著錄文獻:《洛陽新獲七朝墓誌》106(作高仙來);《秦晉豫新出墓誌蒐佚》209(有蓋);《洛陽流散唐代墓誌彙編》36。

D302:8820,1 張,蓋失拓。

0479　賈滿墓誌

首題:□□□□□賈君墓誌銘并序。

唐垂拱三年(687)十一月十二日

葬。陝西出土。

正書,22行,行22字(第一石),21行,行22字(第二石)。拓片,56.5cm×57.5cm(第一石),57cm×57.5cm(第二石)。

附注:誌分刻二石,有方界格。合葬上郡嘉禾原。第一石缺右上角、右下角,第二石缺右下角。

D302:9044,2張。

0480　宋君妻楊滿墓誌

首題:唐故龔州皇化縣主簿宋府君夫人楊氏銘并序。

唐垂拱三年(687)十二月七日葬。陝西西安出土。

正書,18行,行18字。拓片,30cm×30cm。

附注:有方界格,右上角有裂痕。

著錄文獻:《洛陽新獲墓誌二〇一五》113;《西南大學新藏石刻拓本匯釋》093;《秦晉豫新出墓誌蒐佚三編》250;《陝西新見唐朝墓誌》044。

D302:9478,1張,2016年9月齊運通捐贈。

0481　韋師墓誌並蓋

首題:大唐故博州刺史韋府君墓誌銘並序;蓋題:大唐故博州刺史京兆韋府君墓誌之銘。

唐垂拱四年(688)正月十三日葬。河南洛陽出土。

誌正書,33行,行33字;蓋篆書,4行,行4字。拓片,95cm×95cm(誌,含側),105cm×105cm(蓋,含刹及側)。

附注:紋飾精美,誌側刻神獸人物,蓋頂刻花卉、刹刻飛禽、側刻十二生肖。

著錄文獻:《河洛墓刻拾零》104;《洛陽流散唐代墓誌彙編三集》36。

D302:10428,2張。

0482　王玄秀墓誌

首題:唐故王君墓誌之銘。

唐垂拱四年(688)三月二十四日葬。山西長治出土。

正書,17行,行17字。拓片,44cm×42.5cm。

附注:有豎界欄。

D302:9709,1張。

0483　張夐墓誌

首題:大唐故左[臺]□□監察御史張府君墓誌銘並序。

唐垂拱四年(688)七月十七日葬。河南洛陽出土,張鈁舊藏,現藏河南新安鐵門鎮千唐誌齋博物館。

正書,28行,行28字。拓片,46cm×48cm。

著錄文獻:《隋唐五代墓誌匯編·洛陽卷》6/162;《千唐誌齋藏誌》370。

D303:1850,1張。

0484　沈齊文墓誌

首題:唐故右金吾衛冑曹參軍沈君墓誌銘。

(唐)韋承慶撰。唐垂拱四年(688)十月十七日葬。河南洛陽出土,張鈁舊藏,現藏河南新安鐵門鎮千唐誌齋博物館。

正書,32 行,行 30 字。拓片,56cm×56cm。

附注:首末行漫漶不清。

著錄文獻:《隋唐五代墓誌匯編·洛陽卷》6/164;《千唐誌齋藏誌》372。

D303:1851,1 張。

0485　陳明及妻王清範墓誌

首題:唐故文林郎陳府君及夫人太原王氏合葬墓誌銘并序。

唐垂拱四年(688)十一月二十七日葬。河南洛陽洛龍區出土,現藏洛陽九朝刻石文字博物館。

正書,27 行,行 26 字。拓片,53cm×52.5cm。

附注:有方界格。左上角有缺損。

著錄文獻:《洛陽新獲七朝墓誌》108;《秦晉豫新出墓誌蒐佚》217。

D302:9479,1 張,2016 年 9 月齊運通捐贈。

0486　常政墓誌並蓋

首題:唐故潞州屯留縣屯留鄉常君之墓誌;蓋題:潞州屯留縣常君墓銘。

唐永昌元年(689)二月一日葬。山西屯留縣出土。

誌正書,22 行,行 22 字;蓋篆書,陽文,3 行,行 3 字。拓片,51.5cm×51.5cm(誌),57.5cm×57cm(蓋,含剎)。

附注:誌前半刻豎界欄,蓋有方界格,素剎。

著錄文獻:《西安新獲墓誌集萃》32。

D302:8770,2 張。

0487　張宗墓誌

首題:唐故張君墓誌銘並序。

唐永昌元年(689)四月二十七日葬。河南洛陽出土,張鈁舊藏,現藏河南新安鐵門鎮千唐誌齋博物館。

正書,19 行,行 20 字。拓片,42cm×42cm。

著錄文獻:《隋唐五代墓誌匯編·洛陽卷》6/175;《千唐誌齋藏誌》374。

D303:1852,1 張。

0488　門和墓誌並蓋

首題:大唐故門處士墓誌銘并序;蓋題:大唐故門府君墓誌銘。

唐永昌元年(689)六月二十五日葬。河南洛陽偃師出土。

誌正書,22 行,行 21 字;蓋正書,3 行,行 3 字。拓片,42cm×41cm(誌),45cm×44cm(蓋,含剎)。

附注:有方界格,蓋剎刻卷草花紋。

著錄文獻:《秦晉豫新出墓誌蒐佚》219(無蓋)。

D302:9047,2 張。

0489　劉文禕墓誌

首題:大唐故左豹韜衛將軍上護軍河間縣開國男劉府君墓誌銘并序。

唐永昌元年(689)十月二十三日葬。陝西西安出土。

正書,38 行,行 38 字。拓片,73.5cm×72.5cm。

附注:有方界格。

著錄文獻:《秦晉豫新出墓誌蒐佚三編》258。

D302:9046,1 張。

0490　許雄墓誌並蓋

首題:大唐故相州安陽縣令許府君墓誌銘并序;尾題:載初元年正月七日洛州合宮縣人許君墓誌銘;蓋題:許君誌銘。

唐載初元年(689)一月七日葬。河南洛陽洛龍區出土。

誌正書,28行,行28字;蓋篆書,2行,行2字。拓片,49cm×49cm(誌),53cm×53.5cm(蓋,含刹)。

附注:誌有方界格,蓋頂四周刻花紋,刹刻四神。

著錄文獻:《洛陽新獲墓誌二〇一五》116;《洛陽流散唐代墓誌彙編續集》039;《秦晉豫新出墓誌蒐佚三編》254。

D302:8821,2張。

0491　畢識墓誌

首題:唐故畢君墓誌之銘并序。

唐載初元年(689)一月二十四日葬。山西出土。

正書,22行,行22字。拓片,49cm×49cm。

附注:有方界格。已用武周造字,原年款爲"載初元年壹月"。

著錄文獻:《西南大學新藏墓誌集釋》097。

D302:8675,1張。

0492　秦士及妻段氏墓誌並蓋

首題:大唐故上柱國秦府君並夫人段墓誌銘並序;蓋題:大唐故秦府君夫人段氏誌銘。

唐載初元年(689)一月四日葬。陝西西安出土。

誌正書,23行,行24字;蓋篆書,4行,行3字。拓片,57.5cm×56.5cm(誌),59.5cm×59.5cm(蓋)。

附注:載初元年即永昌元年,用武周新字,蓋頂及刹刻花紋。

D302:10299,2張。

0493　獨孤卿雲墓誌

首題:大唐故豹韜衛大將軍撿校左羽林軍乹陵留守上柱國汝陽郡開國公贈梁州都督獨孤府君墓誌銘並序。

唐載初元年(689)一月四日葬。陝西咸陽出土。

正書,39行,行44字。拓片,86.5cm×86.5cm。

附注:誌主本姓李。

D302:10300,1張。

0494　張斌墓誌

首題:大唐故公士侯張君墓誌銘并序。

唐載初元年(689)六月十六日葬。河北臨漳縣出土。

正書,19行,行20字。拓片,46cm×47cm。

附注:有方界格。

著錄文獻:《邙洛碑誌三百種》20;《西南大學新藏墓誌集釋》098;《秦晉豫新出墓誌蒐佚三編》256。

D302:8676~-2,各1張。

0495　韋君妻柳無量力墓誌並蓋

首題：大唐故司稼正鄉韋府君夫人河東郡君柳氏墓誌銘并序；蓋題：大唐故司稼正鄉韋府君夫人河東郡君柳氏墓誌。

唐載初元年（689）六月二十八日葬。陝西西安出土。

誌正書，25行，行24字；蓋篆書，4行，行5字。拓片，39cm×40.5cm（誌），30cm×31.5cm（蓋）。

D302：9974，2張。

0496　任智才墓誌

首題：唐故處士任君墓誌銘并序。

唐載初元年（689）七月八日葬。陝西西安出土，現藏涇陽博物館。

正書，14行，行22字。拓片，100cm×54cm。

附注：誌爲碑形，方首，碑首綫刻龍形圖案。

著錄文獻：《咸陽碑刻》34；《新中國出土墓誌·陝西壹》95；《新中國出土墓誌·陝西叁》108；《秦晉豫新出墓誌蒐佚三編》257。

D302：9048～-2，各1張，2016年6月王東東捐贈。

0497　明丞妻李氏墓誌

唐載初元年（689）八月十一日葬。河南洛陽出土，現藏洛陽九朝刻石文字博物館。

正書，6行，行9、10字。拓片，36cm×36cm。

著錄文獻：《秦晉豫新出墓誌蒐佚續編》332；《洛陽新獲墓誌二〇一五》117。

D302：9480，1張，2016年9月齊運通捐贈。

0498　裴君妻王氏墓誌

首題：周右豹韜衛倉曹參軍裴公夫人王氏墓誌銘並序。

武周天授元年（690）十月六日葬。河南洛陽出土，張鈁舊藏，現藏河南新安鐵門鎮千唐誌齋博物館。

正書，24行，行25字。拓片，48cm×48cm。

著錄文獻：《隋唐五代墓誌匯編·洛陽卷》6/184；《千唐誌齋藏誌》376。

D303：1853，1張。

0499　羅余慶墓誌

首題：□周故尚乘奉御羅府君墓誌銘并序。

（唐）羅嗣第鐫。武周天授元年（690）十月十七日葬。河南洛陽出土。

正書，29行，行29字。拓片，57.5cm×58cm。

D302：9981，1張。

0500　劉公卿墓誌

首題：大周故劉君。

武周天授二年（691）正月十八日葬。河北邢臺出土。

正書，21行，行20字。拓片，52cm×53cm。

附注："公卿"爲其字。

D302：10381，1張。

0501　趙玄應墓誌

首題:唐故左玉鈐衛天山府右果毅都尉上柱國趙君墓誌銘并序。

武周天授二年(691)一月三十日。河南洛陽出土,現藏洛陽市文物考古研究院。

正書,29行,行29字。拓片,90cm×91.5cm(含側)。

附注:有方界格,側刻卷草花紋。

著錄文獻:《河洛墓刻拾零》108;《洛陽新獲墓誌續編》59;《新出唐墓誌百種》52。

D302:8677,1張。

0502　楊整墓誌並蓋

首題:隨故校書郎楊府君墓誌並序;蓋題:有隨故楊府君之墓誌。

武周天授二年(691)二月十八日葬。陝西西安出土。

誌正書,20行,行20字;蓋篆書,3行,行3字。拓片,43cm×43cm(誌),47cm×47cm(蓋)。

D302:9975,2張。

0503　臧君妻張昭墓誌並蓋

首題:大周故光州都督臧氏張夫人墓誌並序;蓋題:大周故張夫人墓誌銘。

武周天授二年(691)二月十八日葬。河南洛陽出土。

誌正書,16行,行17字;蓋篆書,3行,行3字。拓片,33cm×33.5cm(誌),23.5cm×24cm(蓋)。

D302:9982,1張,誌蓋合拓。

0504　孔業墓誌

首題:大周孔將軍墓誌銘并序。

武周天授二年(691)八月二十二日葬。河南洛陽出土,現藏洛陽古代藝術館。

正書,28行,行28字。拓片,53.5cm×54cm。

附注:石漫漶,收藏單位在誌石左下角刻編號148。

著錄文獻:《隋唐五代墓誌匯編·洛陽卷》6/206;《唐代墓誌彙編續集》311/天授008。

D302:8822,1張。

0505　楊德墓誌

首題:唐故洪州豫章縣令楊公墓誌文并序;蓋題:大周故陽府君墓誌銘。

武周天授二年(691)十月十二日葬。2009年春河南洛陽孟津縣北邙山出土。

誌正書,22行,行23字;蓋篆書,3行,行3字。拓片,44.5cm×45cm。

附注:有方界格。首題、蓋題姓氏異寫。

著錄文獻:《秦晉豫新出墓誌蒐佚》226(有蓋)。

D302:8823,1張,蓋失拓。

0506　成端墓誌並蓋

首題:大周處士成君墓誌并序;蓋題:成君之誌。

武周天授二年(691)十月十八日葬。河南鞏義出土。

誌正書,20行,行21字;蓋正書,2

行,行 2 字。拓片,42cm×42.5cm(誌),33cm×32.5cm(蓋)。

附注:"合葬於柚山之西阿成村西北二里",所葬地形似洛陽。有方界格。蓋題"之"字篆書陽文。

著録文獻:《洛陽新獲墓誌二〇一五》121;《秦晉豫新出墓誌蒐佚三編》265(作河南鞏義出土)。

D302:9597,2 張。

0507　高玄墓誌

首題:大周故冠軍大將軍行左豹韜衛翊府中郎將高府君墓誌銘並序。

武周天授二年(691)十月十八日葬。河南洛陽出土,張鈁舊藏,現藏河南新安鐵門鎮千唐誌齋博物館。

正書,28 行,行 28 字。拓片,58cm×58cm。

著録文獻:《隋唐五代墓誌匯編·洛陽卷》6/214,《千唐誌齋藏誌》397(作天授三年,"三字"末筆似爲石花)。

D303:1855,1 張。

0508　屈突伯起墓誌

首題:故朝議郎行辰州司倉參軍事屈突墓誌銘並序。

武周天授二年(691)十月十八日葬。河南洛陽出土,張鈁舊藏,現藏河南新安鐵門鎮千唐誌齋博物館。

正書,35 行,行 37 字。拓片,58cm×58cm。

附注:誌石右下角殘缺。

著録文獻:《隋唐五代墓誌匯編·洛陽卷》6/213;《千唐誌齋藏誌》394。

D303:1854,1 張。

0509　趙德墓誌並蓋

首題:大周故晉州長史上護軍趙君墓誌之銘并序;蓋題:唐故趙府君墓誌之銘。

武周天授二年(691)十月二十四日葬。山西高平縣出土。

誌正書,20 行,行 20 字;蓋篆書,左行,3 行,行 3 字。拓片,46cm×46.5cm(誌),32cm×32.5cm(蓋)。

附注:墓主澤州高平縣人,誌文"澤州"作"潷州"。有方界格,蓋頂周刻花紋。

D302:9049,2 張。

0510　樊禎墓誌

首題:大周朝散大夫行宮尹府主薄攝右臺[御史]樊君墓誌銘並序。

武周天授二年(691)十月十二日葬。陝西西安出土。

正書,24 行,行 25 字。拓片,49.5cm×49.5cm。

著録文獻:《西南大學新藏石刻拓本匯釋》095;《秦晉豫新出墓誌蒐佚三編》264。

D302:10301,1 張。

0511　張行果墓誌

首題:唐故越州諸暨縣主簿張君墓誌銘并序。

武周天授二年(691)十月二十四日葬。山西平陸出土。

正書,22 行,行 23 字。拓片,38cm×38cm。

附注：先人徙至河東，家於太陽縣西之閑原，墓主卒於神都弘教里第，歸葬閑原，當葬於現山西平陸。有方界格。

著錄文獻：《洛陽流散唐代墓誌彙編》44；《秦晉豫新出墓誌蒐佚續編》337。

D302：9050，1 張。

0512　王九言墓誌

首題：唐故朝議大夫并州大都督府司馬上柱國清源縣開國男王府君墓誌銘并序。

武周天授二年（691）十月二十四日葬。陝西西安出土。

正書，31 行，行 32 字。拓片，58cm×58cm。

附注：有方界格。

著錄文獻：《西安新獲墓誌集萃》36。

D302：9757，1 張。

0513　王興墓誌並蓋

首題：大周故騎都尉王君墓誌銘并序；蓋題：王君之誌。

武周天授三年（692）正月六日葬。河南洛陽偃師出土。

誌正書，24 行，行 24 字；蓋篆書，陽文，2 行，行 2 字。拓片，48cm×48cm（誌），51cm×50cm（蓋，含刹）。

附注：有方界格，蓋刹刻花紋。

著錄文獻：《洛陽新獲七朝墓誌》111；《秦晉豫新出墓誌蒐佚》231；《秦晉豫新出墓誌蒐佚三編》267（有蓋）。

D302：9482，2 張，2016 年 9 月齊運通捐贈。

0514　邊楨墓誌並蓋

首題：大周故大唐邊君墓誌銘并序；蓋題：邊君墓誌。

武周天授三年（692）十二月二十四日葬。2007 年河南鞏義（原鞏縣）出土。

誌正書，23 行，行 23 字；蓋篆書，陽文，2 行，行 2 字。拓片，52.5cm×52.5cm（誌），59.5cm×60cm（蓋，含刹）。

附注：誌有方界格，蓋刹刻花紋。

著錄文獻：《秦晉豫新出墓誌蒐佚》234；《洛陽新獲墓誌二〇一五》122。

D302：9051，2 張。

0515　［常］協墓誌

武周天授三年（692）三月十八日葬。山西長治。

正書，17 行，行 17 字。拓片，35cm×36.5cm。

附注：首題銘文漫漶不可辨，據誌文"漢太尉常摑之後"墓主當姓常。

D302：9976，1 張。

0516　樊元寂墓誌並蓋

蓋題：大周故樊君墓誌之銘。

武周長壽二年（693）正月二十九日葬。河南洛陽出土。

誌正書，7 行，行 7 字；蓋篆書，3 行，行 3 字。拓片，36cm×36.5cm（誌），39cm×39cm（蓋，含刹）。

附注：蓋刹刻花紋。

著錄文獻：《洛陽流散唐代墓誌彙編續集》042；《秦晉豫新出墓誌蒐佚三編》268。

D302:9598,2 張。

0517　施君妻唐氏墓誌

首題:大周北海唐夫人墓誌銘並序。

武周長壽二年(693)十二月十日葬。河南洛陽出土,張鈁舊藏,現藏河南新安鐵門鎮千唐誌齋博物館。

正書,19 行,行 21 字。拓片,38cm×38cm。

著錄文獻:《千唐誌齋藏誌》415;《隋唐五代墓誌匯編·洛陽卷》7/7。

D303:1858,1 張。

0518　王君妻宋尼子墓誌

首題:唐故邢州任縣主簿王君夫人宋氏之墓誌銘並序。

武周長壽二年(693)二月十二日葬。河南洛陽出土,張鈁舊藏,現藏河南新安鐵門鎮千唐誌齋博物館。

正書,29 行,行 30 字。拓片,60cm×60cm。

著錄文獻:《隋唐五代墓誌匯編·洛陽卷》7/12;《千唐誌齋藏誌》405。

D303:1856,1 張。

0519　安懷及妻史氏墓誌

首題:[大周]故陪戎副尉安府君夫人史氏合葬墓誌銘並序。

武周長壽二年(693)八月三日葬。河南洛陽出土,張鈁舊藏,現藏河南新安鐵門鎮千唐誌齋博物館。

正書,24 行,行 33 字。拓片,71cm×69cm。

著錄文獻:《隋唐五代墓誌匯編·洛陽卷》7/21;《千唐誌齋藏誌》410。

D303:1857,1 張。

0520　胡善應及妻杜氏墓誌

首題:大周故胡府君杜夫人合窆(下泐)。

武周長壽二年(693)十月四日葬。河南安陽出土。

正書,15 行,行 15 字。拓片,25cm×36cm。

附注:諱失刻,字善應。有方界格。

D302:9977,1 張。

0521　鄒鸞昉墓誌

首題:大周故徵士上柱國鄒府君墓誌文并序。

武周長壽三年(694)正月二十一日葬。陜西西安出土。

正書,26 行,行 26 字。拓片,73.5cm×73.5cm。

附注:誌面有漫漶剝蝕,有方界格。

著錄文獻:《西安新獲墓誌集萃》38;《珍稀墓誌百品》33(作"蠻昉");《秦晉豫新出墓誌蒐佚三編》271。

D302:8771,1 張。

0522　陳生墓誌

首題:周故處士陳君墓誌銘并序。

武周長壽三年(694)正月二十四日葬。河北永年縣出土,現藏永年縣民俗館。

正書,21 行,行 21 字。拓片,49.5cm×50cm。

附注:有方界格。誌石碎裂爲十塊。

D302:9710,1 張。

0523　陳範墓誌
首題:大周故陳府君墓誌銘并序。

武周長壽三年(694)一月二十五日葬。河南鞏義出土。

正書,25 行,行 26 字。拓片,43.5cm×43.5cm。

附注:有方界格。

著録文獻:《洛陽新獲墓誌續編》65;《西南大學新藏墓誌集釋》102;《秦晉豫新出墓誌蒐佚三編》272;《洛陽流散唐代墓誌彙編三集》42。

D302:8678～-2,各 1 張。

0524　陳範妻李氏墓誌
首題:周故陳君夫人趙郡李氏墓誌銘并序。

武周長壽三年(694)一月二十五日葬。河南鞏義出土。

正書,23 行,行 22 字。拓片,43.5cm×43.5cm。

附注:夫諱據同年月日葬之《陳範墓誌》補。有方界格。

著録文獻:《西南大學新藏墓誌集釋》103;《秦晉豫新出墓誌蒐佚三編》273(作《陳君妻李氏墓誌》)。

D302:8679～-2,各 1 張。

0525　柳景文墓誌
首題:周故□□柳君墓誌銘并序。

武周長壽三年(694)五月十九日葬。陝西西安出土。

正書,25 行,行 25 字。拓片,44cm×44cm。

附注:右上泐痕一道,損數字。

D302:9052,1 張。

0526　張德墓誌
首題:大周故上騎都尉張君墓誌並序。

武周延載元年(694)五月二十六日葬。河南洛陽出土,張鈁舊藏,現藏河南新安鐵門鎮千唐誌齋博物館。

正書,19 行,行 15 字。拓片,44cm×44cm。

附注:"德"爲墓主字。有方界格。

著録文獻:《隋唐五代墓誌匯編·洛陽卷》7/35;《千唐誌齋藏誌》420。

D303:1859,1 張。

0527　竇孝壽墓誌並蓋
首題:朝請大夫行越州餘姚縣令竇君墓誌銘并序;蓋題:大周故竇府君墓誌銘。

武周延載元年(694)六月卒。陝西出土。

誌正書,20 行,行 21 字;蓋篆書,3 行,行 3 字。拓片,36.5cm×37cm(誌),40cm×40cm(蓋,含刹)。

附注:墓主扶風平陵人,誌文未云葬年款及葬地,從《洛陽流散唐代墓誌彙編續集》。其兄竇孝忠葬於陝西西安。有方界格,蓋刹刻花紋。

著録文獻:《洛陽流散唐代墓誌彙編》045;《西南大學新藏石刻拓本匯釋》101。

D302:9599,2 張。

0528　王乾福墓誌

首題：大周故太原王公墓誌銘並序。

武周延載元年（694）七月二十日葬。河南洛陽出土，張鈁舊藏，現藏河南新安鐵門鎮千唐誌齋博物館。

正書，26行，行27字。拓片，50cm×50cm。

著錄文獻：《隋唐五代墓誌匯編·洛陽卷》7/37；《千唐誌齋藏誌》421。

D303:1860，1張。

0529　衛規墓誌

首題：唐故東宮通事舍人隆州閬中縣令衛府君墓誌銘并序。

武周延載元年（694）十月十一日葬。陝西西安出土，現藏西安博物院。

正書，24行，行24字。拓片，68cm×68cm（含側）。

附注：有方界格，側刻花紋。

D302:9315，1張。

0530　米仁慶墓誌並蓋

首題：大周故飛騎隊正米府君墓誌銘並序；蓋題：大周故米府君墓誌銘。

武周延載元年（694）十月二十日葬。陝西周至出土。

誌正書，26行，行26字；蓋篆書，3行，行3字。拓片，94cm×94cm（誌），72cm×73cm（蓋）。

附注：有方界格。

著錄文獻：《洛陽新獲墓誌百品》55；《秦晉豫新出墓誌蒐佚三編》275。

D302:9978，2張。

0531　崔尊墓誌並蓋

首題：大周故崔府君墓誌銘；蓋題：周故崔君墓誌之銘。

武周延載二年（695）正月五日葬。2004年秋山西長治出土。

誌正書，19行，行17字；蓋篆書，3行，行2字。拓片，48cm×48cm（誌），54cm×53cm（蓋，含刹）。

附注：誌有方界格，蓋中刻花型圖案，刹刻花紋。

著錄文獻：《秦晉豫新出墓誌蒐佚》244。

D302:8824，2張。

0532　劉君妻李娘墓誌並蓋

首題：唐故太子右千牛衛率井陘縣開國公劉府君夫人隴西郡君李氏墓誌銘并序；蓋題：大周故劉府君夫人李氏墓誌。

（唐）劉玄暕撰。武周證聖元年（695）正月二十九日葬。陝西涇陽縣出土。

誌正書，31行，行32字；蓋篆書，4行，行3字。拓片，76.5cm×76.5cm（誌），83cm×83cm（蓋，含刹）。

附注：有方界格，四刹刻花紋。

著錄文獻：《秦晉豫新出墓誌蒐佚三編》276。

D302:8972，2張。

0533　晉揩墓誌

首題：大周故處士晉府君墓誌銘并序。

武周證聖元年(695)二月二十四日葬。山西長治出土。

正書,26 行,行 26 字。拓片,84.5cm×85cm。

附注:有方界格,周刻卷草紋。

D302:9316,1 張。

0534　賈緒及妻李氏墓誌

首題:唐故處士賈府君李夫人合窆之銘並序。

武周證聖元年(695)閏二月十八日葬。河南安陽出土。

正書,18 行,行 17 字。拓片,36cm×39.5cm。

附注:有方界格。

D302:9979,1 張。

0535　亡尼七品墓誌

武周證聖元年(695)五月十五日葬。陝西咸陽出土。

正書,11 行,行 14、15 字。拓片,37cm×36.5cm。

附注:有豎界欄。

著錄文獻:《秦晉豫新出墓誌蒐佚三編》278。

D302:9600,1 張。

0536　許傳擎墓誌並蓋

首題:大周故致仕游擊將軍前右金吾衛夏州順化府右果毅都尉上柱國許君墓誌銘并序;蓋題:大周故許府君墓誌銘。

武周天册萬歲元年(695)十月二十八日葬。河南洛陽出土。

誌正書,24 行,行 25 字;蓋篆書,3 行,行 3 字。拓片,59cm×58.5cm(誌,含側),52.5cm×51.5cm(蓋)。

附注:誌側及蓋頂剎和側刻花紋,誌有方界格。

著錄文獻:《洛陽流散唐代墓誌彙編續集》046;《秦晉豫新出墓誌蒐佚三編》280。

D302:9983～-2,各 2 張。

0537　戴恭紹妻閻履墓誌並蓋

首題:大周清廟臺令戴君故夫人樂壽郡君閻氏墓誌銘並序;蓋題:大周戴君故夫人墓誌。

武周天册萬歲二年(696)正月二十八日葬。陝西西安出土。

誌正書,26 行,行 25 字;蓋正書,3 行,行 3 字。拓片,63cm×63cm(誌,含側);49cm×49cm(蓋,含剎)。

著錄文獻:《秦晉豫新出墓誌蒐佚三編》284。

D302:10429,2 張。

0538　萬民墓誌並蓋

首題:周故前當陽縣朝散大夫上騎都尉萬府君墓誌銘;蓋題:周故萬君墓誌之銘。

武周天册萬歲二年(696)正月二十八日葬。山西長治出土,現藏洛陽九朝刻石文字博物館。

誌正書,23 行,行 23 字;蓋篆書,陽文,3 行,行 3 字。拓片,51cm×51cm(誌),81cm×81cm(蓋,含剎及側)。

附注:蓋正中刻鋪首,蓋頂及剎及側刻花紋。

著錄文獻:《洛陽新獲七朝墓誌》

118;《秦晉豫新出墓誌蒐佚》249。

D302:9483～-2,2 張,2016 年 9 月齊運通捐贈。

0539　韋衡墓誌

首題:大周故相州司馬上柱國韋君墓誌銘并序。

武周萬歲登封元年(696)一月十八日葬。陝西西安出土。

正書,30 行,行 31 字。拓片,77cm×78cm(含側)。

附注:有方界格,側刻花紋。

D302:9317,1 張。

0540　李崇禮墓誌

首題:唐故左衛翊衛親衛李府君墓誌銘并序。

武周萬歲登封元年(696)一月六日葬。

正書,20 行,行 20 字。拓片,60cm×61cm。

附注:陝西成紀人,"終於陶化之第",葬北成村。洛陽有陶化坊,待考。

著錄文獻:《秦晉豫新出墓誌蒐佚三編》282。

D302:9602,1 張。

0541　仇直墓誌

首題:大周故處士仇君墓誌銘并序。

武周萬歲登封元年(696)三月五日葬。河南安陽出土,現藏安陽袁林(袁世凱墓區)。

正書,22 行,行 22 字。拓片,43cm×43cm。

附注:正中刻一圓圈,有方界格。

D302:9386,1 張。

0542　柏義深墓誌

首題:大周故處士柏君墓誌銘并序。

武周萬歲通天元年(696)十月十五日葬。河北磁縣出土。

正書,19 行,行 19 字。拓片,41cm×41cm。

附注:姓"柏",首題原刻作"栢"。有方界格。

D302:9053,1 張。

0543　劉玄意妻馮顯墓誌

首題:大周寧遠將軍守右衛中郎檢校甘州刺史劉玄意故妻馮夫人墓誌銘并序。

武周萬歲通天二年(697)六月二十一日葬。陝西西安出土。

正書,30 行,行 30 字。拓片,58.5cm×58.5cm。

著錄文獻:《西安新獲墓誌集萃》39(作二月十七日葬)。

D302:8772,1 張。

0544　路綜墓誌

首題:周故右衛翊衛路府君墓誌銘並序。

武周神功元年(697)十月二十一日葬。河南洛陽出土,張鈁舊藏,現藏河南新安鐵門鎮千唐誌齋博物館。

正書,28 行,行 27 字。拓片,47cm×47cm。

著録文献:《隋唐五代墓誌匯編·洛陽卷》7/120;《千唐誌齋藏誌》445。

D303:1861,1 張。

0545　崔玄泰墓誌

首題:唐故益州綿竹縣令崔君墓誌銘並序。

武周神功元年(697)十月二十二日葬。河南洛陽偃師出土。

正書,29 行,行 27 字。拓片,53cm×53cm。

著録文獻:《洛陽流散唐代墓誌彙編續集》048;《秦晉豫新出墓誌蒐佚三編》286。

D302:10430,1 張。

0546　康文通墓誌

首題:周故處士康君墓誌銘。

(唐)康玄植撰。武周神功元年(697)十月二十二日葬。2002 年陝西西安出土,現藏西安博物院。

正書,20 行,行 22 字。拓片,53cm×53cm。

著録文獻:《文物》2004 年 1 期。

D302:9054,1 張。

0547　獨孤思貞墓誌並蓋

首題:大周故朝議大夫行乾陵令上護軍公士獨孤府君墓誌銘并序;蓋題:大周故朝議大夫行乾陵令上護軍公士獨孤府君墓誌銘并序。

武周神功二年(698)正月十日葬。1958 年陝西西安東郊洪慶村出土。

誌正書,25 行,行 25 字;蓋篆書,5 行,行 5 字。拓片,71.5cm×72cm(誌),75.5cm×77.5cm(蓋)。

附注:有方界格。蓋頂四周及四剎刻花紋。

著録文獻:《唐代墓誌匯編》920/神功 012;《北京大學圖書館新藏金石拓本菁華續編》170。

D302:8552/SB,2 張。

0548　張德墓誌並蓋

首題:大周故武騎尉張君墓誌銘并序;蓋題:大周故張府君墓誌銘。

武周聖曆元年(698)十二月二十九日葬。河南洛陽出土。

誌正書,23 行,行 23 字;蓋正書,3 行,行 3 字。拓片,49cm×49cm(誌),54cm×54cm(蓋)。

附注:有方界格,蓋剎刻鳥獸。

著録文獻:《秦晉豫新出墓誌蒐佚三編》290。

D302:9984,2 張。

0549　樊君妻竇氏墓誌並蓋

首題:大周前中散大夫檢校同州長史樊君故妻美陽縣君竇氏墓誌銘并序;蓋題:大周故竇夫人墓誌銘。

武周聖曆元年(698)一月十一日葬。陝西西安出土。

誌正書,29 行,行 29 字;蓋篆書,3 行,行 3 字。拓片,59cm×59cm(誌),46cm×46cm(蓋)。

著録文獻:《洛陽新獲墓誌二〇一五》128;《珍稀墓誌百品》36;《秦晉豫新出墓誌蒐佚三編》288。

D302:9484,2 張,2016 年 9 月齊運通捐贈。

0550　樊君妻丘氏墓誌並蓋

　　蓋題:大周故丘夫人墓誌銘。

　　武周聖曆元年(698)四月三日葬。河南洛陽出土,現藏洛陽市文物考古研究院。

　　誌正書,9行,行10字;蓋篆書,3行,行3字。拓片,60cm×60cm(誌,含側),46cm×46.5cm(蓋,含刹)。

　　附注:誌側刻花紋,蓋頂四周及刹刻花紋。

　　D302:8680,2張。

0551　李玄墓誌

　　首題:大周故處士李君墓誌銘並序。

　　武周聖曆元年(698)四月八日葬。河南鞏義出土。

　　正書,19行,行19字。拓片,38cm×38.5cm。

　　附注:有方界格。

　　D302:9980～-2,各1張。

0552　吳大江妻王氏墓誌

　　首題:大周太原王夫人墓誌銘并序。

　　(唐)吳大江撰;(唐)鄭務覽書。武周聖曆元年(698)六月葬。河南洛陽出土。

　　正書,18行,行18字。拓片,38cm×37.5cm。

　　附注:有方界格。

　　D302:8825,1張。

0553　張君妻姜氏墓誌並蓋

　　首題:大周張氏姜夫人墓誌銘并序;首題:大周姜夫人墓誌之銘。

　　武周聖曆二年(699)正月十四日葬。河南洛陽出土。

　　誌正書,20行,行20字;蓋正書,3行,行3字。拓片,35.5cm×35.5cm(誌),36.5cm×37cm(蓋,含刹)。

　　附注:有方界格,蓋刹刻花紋。

　　著錄文獻:《洛陽新獲墓誌二〇一五》129。

　　D302:9485～-2,各2張,2016年9月齊運通捐贈。

0554　趙本道墓誌並蓋

　　首題:大周故晉王府執仗趙君墓誌銘并序;蓋題:大唐故趙府君墓誌銘。

　　(唐)陽廉撰。武周聖曆二年(699)八月九日葬。陝西西安出土。

　　誌正書,28行,行29字;蓋正書,雙鈎,3行,行3字。拓片,53cm×52.5cm(誌),54cm×53.5cm(蓋,含刹)。

　　附注:有方界格。

　　著錄文獻:《碑林集刊》20輯;《洛陽新獲墓誌二〇一五》131;《西南大學新藏石刻拓本匯釋》106;《珍稀墓誌百品》38;《秦晉豫新出墓誌蒐佚三編》292。

　　D302:9055,2張。

0555　周超墓誌

　　首題:周故處士周君墓誌銘。

　　武周聖曆二年(699)十月十六日葬。河北邢臺出土。

正書,24 行,行 30 字。拓片,55.5cm×55.5cm。

附注:通篇無武周新字。

D302:10382,1 張。

0556　矯安墓誌

首題:大周故司禮醫工矯君銘。

武周聖曆三年(700)正月二十九日葬。山西長治出土。

正書,16 行,行 16 字。拓片,42.5cm×43cm。

附注:有方界格,左上角斷裂缺二字。葬日"正月壬子朔廿九日庚午","九"有改刻痕迹,或爲"二",但干支均不合,該年一月初二日爲壬子,二十日爲庚午。

D302:9838～-2,各 1 張。

0557　孫君妻韋氏墓誌

首題:大周文昌比部員外郎孫公妻京兆韋夫人墓誌(下泐)。

武周聖曆三年(700)十二月十日葬。河南洛陽出土。

正書,20 行,行 21 字。拓片,40.5cm×41cm。

附注:有方界格。右下角殘缺。

著錄文獻:《洛陽流散唐代墓誌彙編三集》46。

D302:9988,1 張。

0558　田君墓誌

首題:周故田公墓誌銘并序。

武周聖曆三年(700)十二月二十日葬。河南洛陽出土。

正書,19 行,行 19 字。拓片,33cm×33.5cm。

附注:墓主諱未載,夫人隴西李氏。有方界格。

著錄文獻:《秦晉豫新出墓誌蒐佚續編》359(作田信);《洛陽流散唐代墓誌彙編續集》050。

D302:9056,1 張。

0559　馬大信墓誌

首題:大周故朝請大夫上柱國行漢州什邡縣令馬府君墓誌銘並序。

武周聖曆三年(700)一月十一日葬。陝西西安出土。

正書,29 行,行 29 字。拓片,53cm×53cm。

D302:10431,1 張。

0560　武承嗣墓誌

首題:大周故特進太子太保贈太尉并州牧魏王墓誌銘并序。

(唐)武三思撰;(唐)長孫琬書。武周聖曆三年(700)一月十一日葬。陝西咸陽渭城區底張鎮陳家村出土,現藏中國農業博物館。

正書,45 行,行 45 字。拓片,152cm×152cm(有側)。

附注:武承嗣陪葬順陵。此石剛出土時中豎斷裂一道,未缺字。後再裂一道,夾碎石一條,缺多字。左上右上亦有崩裂。有方界格,側刻花紋。葬月原作"壹月"。

著錄文獻:《中國國家博物館館刊》2012 年 6 期;《秦晉豫新出墓誌蒐佚》266;《洛陽新獲墓誌二〇一五》132;《北京大學圖書館新藏金石拓本菁華

續編》171。

D302:8952/SB,1 張。

0561　劉叡墓誌

首題:大周故彭城劉府君墓誌並序。

武周聖曆三年(700)一月二十二日。河南洛陽宜陽縣出土。

正書,21 行,行 23 字。拓片,48cm×49cm。

著錄文獻:《洛陽流散唐代墓誌彙編三集》48。

D302:10432,1 張。

0562　于君妻王媛墓誌

首題:唐故同州孝德府右果毅都尉東海于府君夫人太原王氏墓誌銘並序。

(唐)王匡國撰。武周聖曆三年(700)一月二十二日葬。河南洛陽出土,張鈁舊藏,現藏河南新安鐵門鎮千唐誌齋博物館。

正書,29 行,行 29 字。拓片,57cm×57cm。

著錄文獻:《隋唐五代墓誌匯編·洛陽卷》7/168;《千唐誌齋藏誌》471。

D303:1862,1 張。

0563　戴恭紹墓誌並蓋

首題:大周故銀青光祿大夫使持節涪州諸軍事涪州刺史柱國譙縣男戴府君墓誌並序;蓋題:周故涪州刺史柱國譙縣男戴府君墓誌。

武周聖曆三年(700)二月二日葬。陝西西安出土。

誌正書,33 行,行 33 字;蓋篆書,陽文,4 行,行 4 字。拓片,70cm×70cm(誌),54cm×54cm(蓋)。

著錄文獻:《秦晉豫新出墓誌蒐佚三編》293。

D302:10433,2 張。

0564　姚懰墓誌

首題:大周故朝議大夫行京菀摠監上柱國河東縣開國男姚府君墓誌銘並序。

武周聖曆三年(700)二月五日葬。河南洛陽出土,張鈁舊藏,現藏河南新安鐵門鎮千唐誌齋博物館。

正書,18 行,行 18 字。拓片,35cm×35cm。

著錄文獻:《隋唐五代墓誌匯編·洛陽卷》7/174;《千唐誌齋藏誌》474。

D303:1863,1 張。

0565　程才墓誌

首題:周故程君墓誌銘並序。

武周聖曆三年(700)三月十一日葬。山西長治出土。

正書,14 行,行 14 字。拓片,36cm×36.5cm。

D302:9985,1 張。

0566　韋君妻崔氏墓誌並蓋

首題:大周秦州韋參軍故夫人崔氏墓誌銘并序;蓋題:大周夫人崔氏墓誌銘。

武周聖曆三年(700)三月二十三日葬。陝西西安出土。

誌正書,17 行,行 18 字;蓋篆書,3

行,行 3 字。拓片,36cm×36.5cm(誌),27cm×27cm(蓋)。

附注:有方界格。石面損泐多字。

著錄文獻:《秦晉豫新出墓誌蒐佚三編》294。

D302:9603,2 張。

0567　楊弘嗣墓誌並蓋

首題:大周故殿王執仗楊府君墓誌銘并序;蓋題:大周故弘農楊君墓誌。

武周聖曆三年(700)三月二十三日葬。陝西西安長安區出土,2012 年入藏西安碑林。

誌正書,28 行,行 29 字;蓋篆書,3 行,行 3 字。拓片,46.5cm×46cm(誌),50.5cm×50.5cm(蓋,含刹)。

附注:誌有方界格,蓋頂四周及刹刻花鳥瑞獸花紋。

著錄文獻:《西安碑林博物館新藏墓誌續編》68;《洛陽新獲墓誌二〇一五》133;《西南大學新藏墓誌集釋》108;《西南大學新藏石刻拓本匯釋》107;《珍稀墓誌百品》39;《秦晉豫新出墓誌蒐佚三編》295。

D302:9318,2 張;D302:9318-2,2 張,2016 年 9 月齊運通捐贈。

0568　宋君妻淳于氏墓誌

首題:唐故邛州火井縣令宋府君夫人淳于氏墓誌銘序。

武周聖曆三年(700)四月三日葬。河南洛陽出土,現藏洛陽古代藝術館。

正書,18 行,行 20 字。拓片,46.5cm×46.5cm。

附注:有方界格。舊誌石改刻。收藏單位在誌石左下角刻編號 167。

著錄文獻:《唐代墓誌匯編》965/聖曆 051;《北京圖書館藏中國歷代石刻拓本匯編》18/184;《隋唐五代墓誌匯編·洛陽卷》7/175。

D302:8826,1 張。

0569　艾光嗣墓誌

首題:大周故五品孫燕囧艾君墓誌銘并序。

武周久視元年(700)五月葬。河南洛陽出土。

行書,18 行,行 18 字。拓片,46.5cm×46cm。

附注:有方界格。或為翻刻。墓主卒於薊縣,遷窆韓城鄉。

著錄文獻:《洛陽流散唐代墓誌彙編》053。

D302:9387,1 張。

0570　蕭警墓記

武周久視元年(700)六月十日。

正書,4 行,行 3、4 字。拓片,35.5cm×35cm。

附注:有豎界欄。

D302:9986,1 張。

0571　梁鎣墓誌

首題:大周故滑州韋城縣主簿梁君墓誌銘并序。

(唐)徐彥伯撰。武周久視元年(700)十月五日葬。河南洛陽出土,現藏洛陽古代藝術館。

正書,24 行,行 24 字。拓片,56cm×

56cm。

附注:收藏單位在誌石左下角標記編號 174。

著錄文獻:《隋唐五代墓誌匯編·洛陽卷》7/182;《唐代墓誌彙編續集》377/久視 004。

D302:8827,1 張。

0572　楊亮墓誌並蓋

首題:大周故處士楊君墓誌銘并[序];蓋題:楊君之銘。

武周久視元年(700)十月五日葬。河南鞏義出土。

誌正書,22 行,22 字;蓋篆書,陽文,2 行,行 2 字。拓片,36cm×36cm(誌),29cm×28.5cm(蓋)。

附注:有方界格。

著錄文獻:《秦晉豫新出墓誌蒐佚續編》357;《洛陽流散唐代墓誌彙編三集》50。

D302:9061,2 張。

0573　張惟直墓誌

首題:大周南陽郡清河公張君墓誌銘。

(唐)藺元琛書。武周久視元年(700)十月五日葬。河南洛陽出土。

正書,21 行,行 21 字。拓片,50cm×50.5cm。

著錄文獻:《洛陽新獲墓誌二〇一五》134;《秦晉豫新出墓誌蒐佚三編》297;《洛陽流散唐代墓誌彙編三集》49。

D302:9604,1 張。

0574　張業墓誌

首題:周故張君墓誌之銘。

武周久視元年(700)十月十六日葬。山西長治出土。

正書,23 行,行 25 字。拓片,62cm×60.5cm。

D302:9987,1 張。

0575　韋友益墓誌

首題:大周故晉州司倉參軍韋君墓誌銘並序。

武周久視元年(700)十月十七日葬。陝西西安出土。

正書,27 行,行 28 字。拓片,82cm×78.5cm。

D302:10302,1 張。

0576　何君妻李氏墓誌並蓋

首題:大周洛州司馬何氏妻贊皇縣君趙郡李氏墓誌銘并序;蓋題:大周故贊皇縣夫人趙郡李氏墓誌之銘。

武周久視元年(700)十二月十六日葬。河南洛陽洛龍區出土,現藏洛陽市文物考古研究院。

誌正書,16 行,行 15 字;蓋篆書,陽文,4 行,行 4 字。拓片,55cm×55cm(誌,含側),50cm×51cm(蓋,含剎及側)。

附注:有方界格,誌側及蓋剎蓋側刻花紋。蓋題"誌"作"亻"旁。

D302:8681,2 張。

0577　高德墓誌並蓋

首題:周冠軍大將軍行左清道率府

頻陽折衝都尉高乙德墓誌并序;別名:高乙德墓誌並蓋。

武周大足元年(701)九月二十八日葬。陝西西安出土。

誌正書,21行,行21字;蓋正書,12行,行12字。拓片,37cm×37.5cm(誌),38cm×37.5cm(蓋,含刹)。

附注:誌銘續刻於誌蓋面,刹刻花紋。

著錄文獻:《吉林師範大學學報(人文社會科學版)》2015年4期;《洛陽新獲墓誌二〇一五》137。

D302:9486,2張,2016年9月齊運通捐贈。

0578　師恭墓誌

首題:大周故騎都尉師君墓誌銘並序。

武周長安二年(702)二月十二日葬。

正書,19行,行19字。拓片,42cm×43cm。

附注:葬於張賈村,誌文有"東望輜軒廣路,西顧席子之禪林,南瞻石尚之滔滔,北眺韓牛之森森"句,湯陰縣有石尚山,待考。有方界格。

D302:9989,1張。

0579　李才墓誌

首題:大周故處士李君墓誌銘并序。

武周長安二年(702)四月十二日葬。山西屯留縣出土。

正書,20行,行20字。拓片,60cm×59cm。

附注:有橫界欄。

著錄文獻:《秦晉豫新出墓誌蒐佚》277。

D302:8829,1張。

0580　李隆悌墓誌並蓋

首題:大周故汝南郡王墓誌;蓋題:大周故汝南王墓誌銘。

武周長安二年(702)四月二十四日葬。陝西西安出土。

誌正書,23行,行24字;蓋篆書,3行,行3字。拓片,98cm×98cm;79cm×79cm。

著錄文獻:《秦晉豫新出土墓誌蒐佚》278;《唐史論叢》2013/2;《二〇一五洛陽新獲》138。

D302:10434,2張。

0581　李處最妻源令則墓誌並蓋

首題:唐故隆州南部縣令隴西李公夫人河南源氏墓誌銘并序;蓋題:大周故源夫人墓誌銘。

武周長安二年(702)五月三十日葬。河南洛陽偃師緱氏鎮出土。

誌正書,28行,行28字;蓋篆書,3行,行3字。拓片,74cm×73.5cm(誌,含側),67cm×63.5cm(蓋,含刹及側)。

附注:誌有方界格,側刻纏枝蔓草。蓋頂及刹刻花紋,側刻波浪紋,蓋橫斷裂爲二。李處最之"最",原刻作上"宀"下"取"。

著錄文獻:《秦晉豫新出墓誌蒐佚三編》300。

D302:8830,2張。

0582　劉才墓誌並蓋

首題：周故劉公之銘；蓋題：周故劉府君墓之銘。

武周長安二年（702）十月八日葬。2004年山西屯留縣出土。

誌正書，20行，行20字；蓋篆書，3行，行2字。拓片，56cm×54cm（誌），58.5cm×56.5cm（蓋，含刹）。

附注：誌有方界格，蓋頂四周刻波浪紋，中刻獸首，刹刻花紋；蓋題中"劉"字正書，餘皆篆書，且書寫風格獨特。

著錄文獻：《秦晉豫新出墓誌蒐佚》279。

D302：8831，2張。

0583　宋欽墓誌

首題：大周故滄州城縣丞宋付君墓誌銘。

武周長安二年（702）十一月一日葬。河北磁縣出土。

正書，20行，行21字。拓片，46cm×46cm。

著錄文獻：《洛陽新獲墓誌二〇一五》140。

D302：9057，1張。

0584　陳敬儉墓誌並蓋

首題：唐故左衛翊衛陳君墓誌銘并序；蓋題：大周故陳府君墓誌銘。

（唐）趙愷撰。武周長安二年（702）十二月二十八日葬。2013年河南洛陽伊川縣出土。

誌正書，34行，行34字；蓋篆書，陽文，3行，行3字。拓片，65.5cm×66cm（誌），44cm×44cm（蓋）。

附注：誌有方界格，蓋頂四周刻花鳥紋。

著錄文獻：《秦晉豫新出墓誌蒐佚三編》301。

D302：8832，2張。

0585　崔岳墓誌

首題：大唐故衛州新鄉縣令崔府君墓誌銘並序。

武周長安三年（703）二月二十八日葬。河南洛陽出土。

正書，37行，行36字。拓片，70cm×70cm。

著錄文獻：《洛陽新獲墓誌二〇一五》141；《洛陽流散唐代墓誌彙編續集》057；《秦晉豫新出墓誌蒐佚三編》302。

D302：10435，1張。

0586　裴辛生墓誌

首題：大周故右武威衛上黨府隊正騎都尉裴君墓誌銘並序。

武周長安三年（703）二月二十八日葬。山西長治出土。

正書，26行，行26字。拓片，79cm×79cm。

附注：誌石左上部缺損。

D302：9990，1張。

0587　程鸞墓誌並蓋

首題：唐故亳州參軍程君墓誌銘並序；蓋題：唐故程君墓誌之銘。

武周長安三年（703）三月十一

葬。山西長治出土。

誌正書，19行，行19字；蓋篆書，雙鉤，3行，行3字。拓片，45cm×45cm（誌），47.5cm×46.5cm（蓋）。

附注："其詞曰"後無銘。

D302:9991，2張。

0588　裴綰墓誌並蓋

首題：大唐太州仙掌縣主簿裴君墓誌銘并序；蓋題：大唐故裴府君墓誌銘。

武周長安三年（703）三月十七日葬。陝西西安長安區出土。

誌正書，20行，行19字；蓋篆書，3行，行3字。拓片，41cm×41.5cm（誌），46.5cm×46.5cm（蓋，含刹）。

附注：有方界格，蓋刹刻花紋。未用武周造字。

著錄文獻：《秦晉豫新出墓誌蒐佚續編》367（無蓋）。

D302:9059～-2，各2張。

0589　陳蕃妻李氏墓誌

首題：大周故李夫人墓誌銘；蓋題：大周故李夫人墓誌銘。

武周長安三年（703）五月六日葬。2007年秋河南洛陽洛龍區龍門鎮出土。

誌正書，13行，行13字；蓋篆書，3行，行3字。拓片，42.5cm×42cm。

附注：誌側刻花紋。

著錄文獻：《秦晉豫新出墓誌蒐佚》283（有蓋）。

D302:8833，1張，蓋失拓。

0590　杜榮觀墓誌並蓋

首題：有唐雍州咸陽縣丞杜君墓誌銘并序；蓋題：唐故杜府君墓誌之銘。

武周長安三年（703）八月二十四日葬。河南洛陽出土，現藏洛陽九朝刻石文字博物館。

誌正書，37行，行37字；蓋篆書，3行，行3字。拓片，89cm×89.5cm（誌），60.5cm×60.5cm（蓋）。

附注：有方界格。

著錄文獻：《新出唐墓誌百種》76；《洛陽新見墓誌》34；《洛陽新獲七朝墓誌》131。

D302:9487，2張，2016年9月齊運通捐贈。

0591　王䇳墓誌

首題：唐故上柱國吏部常選王君墓誌銘並序。

武周長安三年（703）十月十二日葬。河南洛陽出土，張鈁舊藏，現藏河南新安鐵門鎮千唐誌齋博物館。

正書，22行，行23字。拓片，62cm×62cm。

附注：有方界格。

著錄文獻：《隋唐五代墓誌匯編·洛陽卷》8/22；《千唐誌齋藏誌》506。

D303:1864，1張。

0592　石師墓誌並蓋

首題：大周故石府君墓誌銘并序；蓋題：大周故石府君墓誌銘。

武周長安三年（703）十月十五日葬。河南洛陽出土。

誌正書,22行,行23字;蓋正書,3行,行3字。拓片,71cm×71.5cm(誌,含側),51cm×52.5cm(蓋)。

著録文獻:《秦晉豫新出墓誌蒐佚》180;《秦晉豫新出墓誌蒐佚三編》305;《洛陽流散唐代墓誌彙編三集》59。

D302:9992,2張。

0593　王瑾及妻仵氏墓誌

首題:大周王府君仵夫人墓誌銘並序。

武周長安三年(703)十月十五日葬。河南洛陽出土,張鈁舊藏,現藏河南新安鐵門鎮千唐誌齋博物館。

正書,20行,行22字。拓片,34cm×34cm。

著録文獻:《千唐誌齋藏誌》507;《隋唐五代墓誌匯編·洛陽卷》8/26。

D303:1865,1張。

0594　牛廟墓誌並蓋

首題:大周故牛君墓誌銘并序;蓋題:周故牛君墓誌之銘。

武周長安三年(703)十一月九日葬。山西壺關縣出土。

誌正書,17行,行17字;蓋篆書,雙鈎,3行,行2字。拓片,42.5cm×40.5cm(誌),48cm×48cm(蓋,含刹)。

附注:誌有方界格,蓋頂中刻獅面,刹刻花紋。

著録文獻:《西安新獲墓誌集萃》40。

D302:8773,2張。

0595　宇文瑗墓誌並蓋

首題:大周豫州西平縣令河南宇文府君墓誌銘并序;蓋題:大周故宇文府君墓誌。

武周長安三年(703)□月十五日葬。陝西咸陽出土。

誌正書,26行,行25字;蓋篆書,3行,行3字。拓片,60cm×60cm(誌),65cm×65cm(蓋,含刹)。

附注:蓋頂及刹刻花紋。

D302:9060,2張。

0596　王通墓誌

首題:故王公墓誌銘並序。

武周長安四年(704)十一月八日葬。河南洛陽出土,張鈁舊藏,現藏河南新安鐵門鎮千唐誌齋博物館。

正書,24行,行25字。拓片,52cm×52cm。

著録文獻:《隋唐五代墓誌匯編·洛陽卷》8/43;《千唐誌齋藏誌》514(王公□通)。

D303:1866,1張。

0597　徐師墓誌

首題:唐故招武校尉徐君墓誌銘並序。

唐神龍元年(705)二月十日葬。河南洛陽出土。

正書,17行,行18字。拓片,44.5cm×44.5cm。

附注:有方界格。

著録文獻:《洛陽流散唐代墓誌彙編三集》65。

D302:9993,1 張。

0598　婁文纂墓誌
　　首題:唐故處士婁府君墓誌銘并序。
　　唐神龍元年(705)五月二十四日葬。2006 年河南洛陽孟津縣北邙山出土。
　　正書,15 行,行 15 字。拓片,30cm×30cm。
　　附注:有方界格。
　　著錄文獻:《龍門區系石刻文萃》65;《秦晉豫新出墓誌蒐佚》292。
　　D302:8834,1 張。

0599　郭萬墓誌
　　首題:後唐故板授汝州刺史郭府君墓誌銘并序。
　　唐神龍元年(705)十一月三十日葬。
　　正書,25 行,行 25 字。拓片,54cm×53cm。
　　附注:首題"後唐"意不明,此誌字跡拙劣,當是翻刻或偽刻。有方界格。
　　著錄文獻:《洛陽新獲七朝墓誌》137。
　　D302:8835F,1 張。

0600　沈訓之妻朱武姜墓誌
　　首題:唐故右金吾冑曹參軍沈君夫人朱氏墓誌銘並序。
　　唐神龍二年(706)四月二十三日葬。河南洛陽出土,張鈁舊藏,現藏河南新安鐵門鎮千唐誌齋博物館。
　　正書,21 行,行 21 字。拓片,60cm×60cm。
　　附注:誌文僅云沈君為武康公長子,沈叔安唐初封武康公,據《元和姓纂》,沈叔安長子名訓之。有方界格。
　　著錄文獻:《隋唐五代墓誌匯編·洛陽卷》8/70;《千唐誌齋藏誌》525。
　　D303:1867,1 張。

0601　韓陰墓誌
　　首題:大唐韓府君墓誌銘。
　　唐神龍二年(706)七月二十日葬。山西長治出土。
　　正書,14 行,行 14 字。拓片,39.5cm×40cm。
　　著錄文獻:《西安新獲墓誌集萃》43。
　　D302:8774,1 張。

0602　安武臣墓誌並蓋
　　首題:大唐故雲麾將軍行右屯衛翊府中郎將安公墓誌銘并序;蓋題:大唐故安府君墓誌銘。
　　唐神龍三年(707)二月十二日葬。陝西西安出土。
　　誌正書,18 行,行 18 字;蓋篆書,3 行,行 3 字。拓片,58.5cm×59cm(誌),61cm×61cm(蓋,含刹)。
　　附注:以舊誌石改刻,葬年款刻於末行,字體與正文不類。有方界格,蓋刹刻花紋。舊誌字跡清晰,原為武周長壽二年果州南充縣令□及墓誌。
　　著錄文獻:《西南大學新藏墓誌集釋》111。
　　D302:9062,2 張。

0603　左敬節墓誌

唐神龍三年(707)四月六日葬。河南洛陽出土,現藏洛陽古代藝術館。

正書,7行,行10字。拓片,35cm×35cm。

附注:有方界格,收藏單位在誌石左下角刻編號310。

著錄文獻:《隋唐五代墓誌匯編·洛陽卷》8/92;《唐代墓誌彙編續集》422/神龍020。

D302:8836,1張。

0604　薛君妻趙潔墓誌並蓋

首題:大唐周王府故東閣薛祭酒夫人天水郡趙氏墓誌并序;蓋題:大唐故天水郡趙夫人墓誌銘。

唐景龍二年(708)正月二十一日葬。河南洛陽洛龍區出土,現藏寧夏固原縣博物館。

誌正書,22行,行23字;蓋正書,3行,行4字。拓片,39.5cm×38cm(誌),20cm×21.5cm(蓋)。

附注:有方界格。

著錄文獻:《唐研究》20卷。

D302:8922,2張,2014年9月北大中古史中心捐贈。

0605　禰素士墓誌並蓋

首題:大唐故雲麾將軍左武衛將軍上柱國來遠郡開國公禰府君墓誌銘并序;蓋題:大唐故禰府君墓誌銘。

唐景龍二年(708)十一月二日葬。2010年陝西西安出土。

誌正書,30行,行31字;蓋篆書,3行,行3字。拓片,89cm×89cm(誌,含側),66.5cm×67cm(蓋,含剎)。

附注:首題、蓋題、姓氏原刻作"祢"。誌側刻花紋,蓋頂及剎刻花紋。

著錄文獻:《唐史論叢》2012/1。

D302:8973,2張。

0606　陳君妻藺尼墓誌

首題:大唐荊州大都□□□□□明府故藺[夫]人墓誌銘並序。

唐景龍二年(708)十一月十二日葬。河南洛陽出土,張鈁舊藏,現藏河南新安鐵門鎮千唐誌齋博物館。

正書,27行,行27字。拓片,52cm×52cm。

附注:有方界格。

著錄文獻:《隋唐五代墓誌匯編·洛陽卷》8/114;《千唐誌齋藏誌》542。

D303:1868,1張。

0607　韋氏墓誌

首題:大唐贈韋城縣主韋氏墓誌銘并序;別名:韋城縣主韋氏墓誌。

(唐)崔湜撰;(唐)劉憲書。唐景龍二年(708)十一月十四日葬。陝西西安出土。

正書,39行,行39字。拓片,83cm×82cm。

附注:墓主爲中宗韋皇后八妹,六歲卒,後冥婚嫁鄭君,祖父韋弘表,父親韋玄貞。有方界格。誌石上半銘文漫漶。

D302:8974,1張。

0608　韋友諒墓誌
首題：大唐故雍州萬年縣尉韋府君墓誌銘並序。
（唐）蘇頲撰。唐景龍二年（708）十一月十四日葬。陝西西安出土。
正書，21行，行23字。拓片，80cm×80cm。
D302：10303，1張。

0609　韋□泰墓誌並蓋
首題：大唐故校擒曾州石城縣令韋君墓誌並序；蓋題：大唐故韋府君墓誌銘。
唐景龍二年（708）十二月十八日葬。陝西西安出土。
誌正書，19行，行19字；蓋正書，3行，行3字。拓片，68cm×69cm（誌），48cm×48cm（蓋）。
附注：諱字殘泐，"泰"上字右半似"口"或名"弘泰"，曾祖韋壽，祖韋寶戀，父韋慇。
D302：10304，2張。

0610　韋玄晞墓誌
首題：大唐贈户部尚書上柱國曹國公韋公墓誌銘并序。
（唐）史祥撰。唐景龍三年（709）正月三日葬。陝西西安出土，現藏西安市文物保護考古研究院。
隸書，40行，行40字。拓片，116.5cm×118cm（含側）。
附注：有方界格，側刻卷草花紋。
著錄文獻：《北京大學圖書館新藏金石拓本菁華續編》173。

D302：8975，1張。

0611　唐從心墓誌並蓋
首題：唐故金紫光禄大夫上柱國上庸郡開國公歙州刺史唐府君墓誌銘並序；蓋題：大唐故歙州刺史贈鴻臚卿唐府君誌銘。
（唐）崔湜撰。唐景龍三年（709）二月十五日葬。陝西咸陽出土，現藏省考古院。
誌正書，40行，行40字；蓋篆書，陽文，4行，行4字。拓片，145cm×140cm（誌），110.5cm×110.5（蓋）。
附注：誌側刻十二生肖，蓋頂刻花紋，刹刻四神。
著錄文獻：《陝西新見唐朝墓誌》062。
D302：10305/SB，2張。

0612　張大禮墓誌並蓋
首題：故銀青光禄大夫坊州刺史張府君墓誌銘并序；蓋題：唐故坊州張使君墓誌。
唐景龍三年（709）七月三十日葬。陝西西安出土。
誌正書，29行，行29字；蓋隸書，3行，行3字。拓片，59cm×59cm（誌），63cm×63cm（蓋，含刹）。
附注：有方界格，蓋頂四周及刹刻花紋。
著錄文獻：《陝西新見唐朝墓誌》058。
D302：9319，2張。

0613　王晏墓誌
首題：大唐故鄭州司馬王府君墓誌

銘并序；蓋題：大唐故王府君墓誌銘。

（唐）嚴識玄撰。唐景龍三年（709）十月二十六日葬。河南洛陽出土，現藏洛陽古代藝術館。

誌正書，29行，行28字；蓋篆書，3行，行3字。拓片，68.5cm×67cm。

附注：有方界格。收藏單位在誌石左下角刻編號311。

著錄文獻：《隋唐五代墓誌匯編·洛陽卷》8/125（有蓋）；《唐代墓誌彙編續集》435/景龍013。

D302:8837，1張，蓋失拓。

0614　何基墓誌並蓋

首題：大唐故崖州舍城縣主簿何府君墓誌；蓋題：何君墓誌。

唐景龍三年（709）十月二十六日葬。河南三門峽出土。

誌正書，24行，行24字；蓋篆書，陽文，2行，行2字。拓片，48.5cm×48.5cm（誌），52cm×51.5cm（蓋，含剎）。

附注：有方界格，蓋頂及剎刻花紋。誌石右上角斷裂。

著錄文獻：《西南大學新藏石刻拓本匯釋》116；《秦晉豫新出墓誌蒐佚三編》315。

D302:9605，2張。

0615　盧志安墓誌

首題：大唐故雍州萬年縣丞盧府君墓誌銘并序。

（唐）盧朓撰。唐景龍三年（709）十月二十六日葬。河南洛陽伊川縣出土。

正書，32行，行33字。拓片，59cm×59.5cm。

附注：有方界格。

著錄文獻：《秦晉豫新出墓誌蒐佚續編》384；《洛陽流散唐代墓誌彙編三集》69。

D302:9063，1張。

0616　王震墓誌

首題：大唐故朝議大夫行洋州長史上柱國王府君墓誌銘並序。

（唐）梁載言撰；（唐）王蒙書。唐景龍三年（709）十月二十六日葬。河南洛陽出土，張鈁舊藏，現藏河南新安鐵門鎮千唐誌齋博物館。

隸書，30行，行30字。拓片，70cm×70cm。

著錄文獻：《隋唐五代墓誌匯編·洛陽卷》8/130；《千唐誌齋藏誌》550。

D303:1869，1張。

0617　董楷墓誌

首題：大唐故處士董君墓誌銘并序。

唐景龍三年（709）十一月十八日葬。山西長治出土。

正書，19行，行19字。拓片，52cm×52cm。

附注：有方界格，周刻花紋。

D302:9711，1張。

0618　王昱墓誌並蓋

首題：唐故雍州好畤縣丞王府君墓誌銘並序；蓋題：大唐故王府君墓誌銘。

唐景龍三年（709）十一月二十日

葬。陝西咸陽出土。

誌正書,25 行,行 25 字;蓋篆書,3 行,行 3 字。拓片,82cm×83cm(誌),63cm×63cm(蓋)。

附注:蓋爲大周裴君誌蓋改刻,誌側及蓋刹刻花紋。

D302:10306,2 張。

0619　韋餘慶及妻裴氏墓誌並蓋

首題:大唐故引駕韋君誌銘并序;蓋題:大唐故韋君夫人裴氏墓誌銘。

唐景龍四年(710)二月二十一日葬。陝西西安出土,現藏涇陽博物館。

誌正書,25 行,行 24 字;蓋篆書,4 行,行 3 字。拓片,55.5cm×55.5cm(誌),60cm×60cm(蓋,含刹)。

附注:有方界格,蓋刹刻花紋。

D302:9438,2 張,2016 年 6 月王東東捐贈。

0620　盧瓚墓誌

首題:大唐故隰州蒲縣令盧府君墓誌銘並序。

唐景龍四年(710)三月二十四日葬。河南洛陽偃師緱氏鎮出土。

正書,23 行,行 22 字。拓片,45cm×45cm。

附注:葬月日均有改刻,權作"三月二十四日"。

著錄文獻:《洛陽流散唐代墓誌彙編續集》065(作三月二十八日);《洛陽新獲墓誌百品》63。

D302:9994,1 張。

0621　沈君妻陸寂澄墓誌並蓋

首題:大唐故佛弟子吳郡陸氏女墓誌銘并序;蓋題:陸氏墓誌。

唐景龍四年(710)五月五日葬;唐開元二年(714)閏二月二日遷葬。河南洛陽出土。

誌隸書,18 行,行 18 字;遷葬誌隸書,8 行,行 8 字;蓋篆書,陽文,2 行,行 2 字。拓片,3 張,36cm×36cm(誌),35.5cm×35.5cm(遷葬誌),39cm×39cm(蓋)。

附注:有方界格,一面刻遷葬誌。

D302:9995～－2,各 3 張。

0622　李禮墓誌

首題:大唐故游擊將軍上柱國李君墓誌銘並序。

(唐)劉昆撰。唐景龍四年(710)五月二十二日葬。河南洛陽出土。

正書,27 行,行 26 字。拓片,53cm×53.5cm。

著錄文獻:《洛陽流散唐代墓誌彙編》071;《秦晉豫新出墓誌蒐佚續編》386;《洛陽新獲墓誌二〇一五》146。

D302:9996,1 張。

0623　楊君妻垣氏墓誌

首題:大唐故右衛勳衛弘農楊公夫人故垣氏墓誌並序。

唐景龍四年(710)六月十日葬。河南洛陽出土,張鈁舊藏,現藏河南新安鐵門鎮千唐誌齋博物館。

正書,17 行,行 17 字。拓片,43cm×43cm。

著錄文獻:《隋唐五代墓誌匯編·洛陽卷》8/143;《千唐誌齋藏誌》557。

D303:1870,1 張。

0624　上官婉兒墓誌並蓋

首題:大唐故婕妤上官氏墓誌銘并序;蓋題:大唐故昭容上官氏銘。

唐景雲元年(710)八月二十四日葬。2013 年 8 月陝西咸陽渭城區北杜鎮鄧村出土,現藏西安博物院。

誌正書,32 行,行 33 字;蓋篆書,3 行,行 3 字。拓片,103cm×103cm(誌,含側),88cm×86cm(蓋,含剎及側)。

附注:誌側刻十二生肖及花紋,蓋頂四周及側刻花紋,剎刻神獸,蓋右上殘損。

著錄文獻:《考古與文物》2013 年 6 期;《北京大學圖書館新藏金石拓本菁華續編》175;《秦晉豫新出墓誌蒐佚三編》320。

C3492/SB,1 軸;D302:9320/SB,2 張。

0625　柳二娘墓誌

首題:唐故安州都督女柳二娘墓誌銘並序。

(唐)崔慎先撰。唐景雲二年(711)正月二十六日葬。河南洛陽出土。

正書,21 行,行 21 字。拓片,44cm×44cm。

附注:"二娘"爲字。有方界格。

著錄文獻:《秦晉豫新出墓誌蒐佚三編》322;《洛陽流散唐代墓誌彙編三集》70。

D302:9997~-2,各 1 張。

0626　暴敏墓誌

首題:大唐故暴處士墓誌之銘并序。

唐景雲二年(711)二月九日葬。2004 年春山西長治上黨出土。

正書,25 行,行 25 字。拓片,72cm×73cm。

附注:有方界格。

著錄文獻:《秦晉豫新出墓誌蒐佚》320。

D302:8838,1 張。

0627　王乾墓誌並蓋

首題:大唐故處士王君墓誌銘并序;蓋題:唐故王君墓誌之銘。

唐景雲二年(711)二月十日葬。山西屯留縣出土。

誌正書,13 行,行 13 字;蓋篆書,雙鉤,3 行,行 3 字。拓片,34cm×34cm(誌),26.5cm×26cm(蓋)。

附注:誌有方界格,蓋中空一字。

D302:8839,2 張。

0628　張伏寶墓誌並蓋

首題:張文林墓誌並序;蓋題:大唐故張府君墓誌銘。

(唐)司馬道撰;(唐)呂光庭書。唐景雲二年(711)二月二十七日葬。河南洛陽出土。

誌正書,24 行,行 24 字;蓋篆書,3 行,行 3 字。拓片,56cm×56cm(誌),62cm×62cm(蓋,含剎)。

著錄文獻:《洛陽流散唐代墓誌彙

編續集》068；《秦晉豫新出墓誌蒐佚三編》324。

D302：10436，2 張。

0629　苑大智墓誌並蓋

首題：大唐故左領軍衛將軍上柱國武威郡開國公苑府君墓誌銘并序；蓋題：大唐故左王領衛壯武將軍菀君墓誌銘。

唐景雲二年（711）三月四日葬。陝西西安出土。

誌正書，29 行，行 35 字；蓋篆書，4 行，行 4 字。拓片，77cm×78cm（誌，含側），72.5cm×73.5cm（蓋，含剎及側）。

附注：蓋頂四周及剎及側和誌側刻卷草花紋，墓主姓首題蓋題不一，首題作"苑"，蓋題作"菀"。

著錄文獻：《北京大學圖書館新藏金石拓本菁華續編》176；《洛陽新獲墓誌百品》64。

D302：8976，2 張。

0630　蔡君妻清河郡君墓誌並蓋

首題：大唐清河□□□□誌銘并序；蓋題：唐故清河郡君墓誌銘。

唐景雲二年（711）閏六月二十九日葬。陝西西安出土。

誌正書，22 行，行 22 字；蓋篆書，3 行，行 3 字。拓片，49cm×49.5cm（誌），33cm×32cm（蓋）。

首題殘泐，姓缺失。蓋刻買地記二行。

D302：9998，2 張。

0631　崔悊墓誌

首題：唐故崔君墓誌銘并序。

唐景雲二年（711）十月十四日葬。山西屯留縣出土。

行書，20 行，行 20 字。拓片，59cm×59cm。

附注：有方界格，右上角斷裂。

著錄文獻：《洛陽新獲墓誌二〇一五》149。

D302：9607，1 張。

0632　王昕之墓誌

首題：唐故楊子縣丞王府君誌銘并序。

唐景雲二年（711）十月二十日葬。河南洛陽出土，現藏洛陽市文物考古研究院。

正書，20 行，行 20 字。拓片，73cm×73cm（含側）。

附注：有方界格，誌側刻十二生肖。著錄文獻：《秦晉豫新出墓誌蒐佚三編》326。

D302：8682，1 張。

0633　趙玄機墓誌

首題：唐故趙君墓誌銘。

唐景雲二年（711）十月二十日葬。河北邢臺出土。

正書，22 行，行 26 字左右。拓片，50cm×50cm。

附注：有豎界欄。

D302：9999，1 張。

0634　王俊墓誌並蓋

首題：唐故河南道東都王君墓誌之銘序；蓋題：唐故王君墓誌之銘。

唐景雲二年（711）十一月十三日。山西出土。

誌正書，18行，行18字；蓋篆書，3行，行3字。拓片，44cm×43cm（誌），33cm×33cm（蓋）。

附注：葬於"好罕城西三里"，有"羊頭右聳，農帝殯之"句，山西長治地區出土墓誌地名多出現"羊頭"，或葬於山西長治地區。

D302：10000，2張。

0635　王明墓誌並蓋

首題：唐故版授高平縣令王府君墓誌并序；蓋題：唐故王君墓誌之銘。

唐景雲三年（712）正月二十四日葬。2008年山西長治出土。

誌正書，20行，行20字；蓋篆書，陽文，3行，行3字。拓片，57cm×56.5cm（誌），61cm×62cm（蓋，含剎）。

附注：誌有方界格，蓋中刻獅首，剎刻花紋。剎左上角有損。

著録文獻：《秦晉豫新出墓誌蒐佚》327（無蓋）。

D302：8840，2張。

0636　盧敷墓誌並蓋

首題：曹州宛勾縣令范陽盧府君墓誌銘並序；蓋題：大唐故盧府君墓誌銘。

唐太極元年（712）四月十日葬。河南洛陽出土。

誌正書，28行，行27字；蓋篆書，3行，行3字。拓片，46cm×45.5cm（誌），49cm×49.5cm（蓋）。

附注：蓋剎刻花紋。

著録文獻：《洛陽流散唐代墓誌彙編三集》75；《洛陽新獲墓誌百品》65。

D302：10001～－2，各2張。

0637　崔華墓誌

首題：大唐崔府君墓誌銘并序。

唐延和元年（712）七月十五日。河南洛陽出土。

正書，17行，行17字。拓片，44cm×43.5cm。

附注：墓主定州博陵人，文未云葬地，據《秦晉豫新出墓誌蒐佚續編》作河南洛陽出土。有方界格。

著録文獻：《秦晉豫新出墓誌蒐佚續編》393（據云河南洛陽出土）。

D302：9608，1張。

0638　杜嗣儉及妻閻氏墓誌並蓋

首題：大唐故虢州盧氏縣尉杜府君閻夫人之誌；蓋題：大唐杜府君閻夫人誌。

唐先天元年（712）九月十八日葬。河南洛陽偃師出土。

誌正書，18行，行18字；蓋篆書，陽文，3行，行3字。拓片，47.5cm×47cm（誌），28cm×28cm（蓋）。

附注：有方界格。

著録文獻：《洛陽流散唐代墓誌彙編》79；《秦晉豫新出墓誌蒐佚續編》394（無蓋）。

D302：8841，2張。

0639　楊仁墓誌並蓋
　　首題:大唐故朝□郎行[金]州西城縣丞上柱國楊君墓誌銘;蓋題:楊公之誌。
　　唐先天元年(712)十月十九日葬。陝西西安出土。
　　誌正書,25行,行25字;篆書,2行,行2字。拓片,74cm×72.5cm(誌,含側),70cm×78.5cm(蓋,含剎、含側)。
　　附注:葬年及葬日被挖改過,夫人李氏卒年干支有誤,誌有方界格,側刻十二生肖。蓋頂刻瑞獸及圖案,剎及側刻卷草花紋。
　　D302:9321,2張。

0640　韋志潔墓誌並蓋
　　首題:唐故陝州河北縣尉京兆韋府君墓誌銘并序;蓋題:大唐故韋府君墓誌銘。
　　(唐)寇沕撰。唐先天元年(712)十一月十九日葬。陝西西安出土。
　　誌正書,31行,行31字;蓋正書,陽文,3行,行3字。拓片,75cm×75cm(誌),57cm×55.5cm(蓋)。
　　附注:有方界格,蓋頂周刻花紋。
　　著錄文獻:《秦晉豫新出墓誌蒐佚三編》331。
　　D302:9609,2張。

0641　王託墓誌
　　首題:唐故處士王君墓誌銘並序。
　　唐先天元年(712)十一月二十日。河北邢臺出土。
　　正書,19行,行22字。拓片,52cm×53cm。
　　著錄文獻:《秦晉豫新出墓誌蒐佚》183。
　　D302:10383,1張。

0642　李承嗣墓誌並蓋
　　首題:大唐故宣威將軍守可水州都督行左屯衛朔府左郎將君墓誌銘;蓋題:大唐故李府君墓誌銘。
　　唐先天二年(713)九月二十四日葬。2006年春河南洛陽伊川縣出土。
　　誌正書,12行,行15字;蓋篆書,3行,行3字。拓片,97.5cm×98cm(誌,含側),74.5cm×75cm(蓋,含剎)。
　　附注:誌側刻鹿禽及花紋,蓋頂四周刻花紋,剎刻十二生肖及花紋;蓋左上角及左下角有殘損。
　　著錄文獻:《秦晉豫新出墓誌蒐佚》333;《洛陽流散唐代墓誌彙編》071。
　　D302:8842,2張。

0643　徐啓期墓誌並蓋
　　蓋題:大唐故徐府君墓誌銘;尾題:高平徐君墓誌。
　　唐先天二年(713)十一月二十二日葬。河南洛陽出土。
　　誌正書,23行,行22字;蓋篆書,3行,行3字。拓片,49cm×50cm(誌),56cm×56cm(蓋,含剎)。
　　附注:無首題有尾題。有方界格,蓋剎刻花紋。
　　著錄文獻:《秦晉豫新出墓誌蒐佚三編》332。
　　D302:9064,2張。

0644　李景倩墓誌並蓋

首題：大唐故許州司功李府君墓誌銘並序；蓋題：大唐故李府君墓誌銘。

唐開元二年（714）正月二十三日葬。陝西西安出土。

誌正書，17 行，行 17 字；蓋篆書，3 行，行 3 字。拓片，54cm×54cm（誌），42cm×42.5cm（蓋）。

D302:10307,2 張。

0645　秦休烈墓誌並蓋

首題：[故]均州錄事參軍秦府君墓誌銘并序；蓋題：大唐故秦君墓誌之銘。

唐開元二年（714）二月八日葬。陝西西安出土。

誌正書，23 行，行 24 字；蓋篆書，3 行，行 3 字。拓片，65cm×65cm（誌，含側），48.5cm×48cm（蓋，含刹）。

附注：銘文漫漶，誌側及蓋刹刻花紋。

D302:9058,2 張。

0646　李護墓誌

首題：唐故上騎都尉吏部常選李府君墓誌銘並序。

唐開元二年（714）十一月六日葬。山西長治出土。

行書，26 行，行 26 字。拓片，73cm×73cm。

著錄文獻：《秦晉豫新出墓誌蒐佚三編》335；《洛陽新獲墓誌二〇一五》154。

D302:10437,1 張。

0647　李知古墓誌並蓋

首題：大唐故濟州司法參軍事武陽郡公李府君墓誌銘并序；蓋題：大唐故李府君墓誌銘。

（唐）賈大義撰；（唐）李叔良書。唐開元二年（714）十一月六日葬。河南洛陽出土。

誌正書，20 行，行 21 字；蓋篆書，3 行，行 3 字。拓片，47.5cm×48cm（誌），47.5cm×47.5cm（蓋，含刹）。

附注：有方界格，蓋刹刻花紋，蓋尺寸小於誌，或爲誤配。

著錄文獻：《洛陽流散唐代墓誌彙編》073；《秦晉豫新出墓誌蒐佚三編》334。

D302:9066,2 張。

0648　崔林宗墓誌

首題：大唐故[豐]安佐軍崔府君墓誌銘。

唐開元三年（715）正月二十三日葬。陝西西安出土。

正書，21 行，行 21 字。拓片，81cm×80cm（含側）。

附注："豐"原刻作"豊"。有方界格，側刻花紋。

D302:9067,1 張。

0649　張獻墓誌

首題：大唐相州鄴縣故張君墓誌銘并序。

唐開元三年（715）正月二十六日葬。河北臨漳縣出土。

隸書，16 行，行 16 字。拓片，40cm×

39.5cm。

附注:有方界格。本館有《張斌墓誌》,張斌爲張獻祖父。

著録文獻:《西南大學新藏墓誌集釋》115,《秦晉豫新出墓誌蒐佚三編》336。

D302:8683～-2,各1張。

0650 高元思墓誌

首題:大唐故銀青光禄大夫檢校光禄少卿致仕上柱國渤海高府君墓誌銘并序。

(唐)邵炅撰。唐開元三年(715)二月二十日葬。河南安陽出土。

隸書,35行,行35字。拓片,75cm×75cm。

附注:有方界格。

D302:8977～-2,各1張。

0651 房君妻盧氏墓誌

首題:秘書省正字房公夫人墓誌銘並序。

唐開元三年(715)四月九日葬。河南洛陽出土。

正書,17行,行18字。拓片,35cm×35cm。

附注:有方界格。

著録文獻:《洛陽流散唐代墓誌彙編三集》79。

D302:10002,1張。

0652 司馬壽墓誌並蓋

首題:大唐故潤州延陵縣令司馬府君墓誌銘並序;蓋題:唐故司馬府君墓誌銘。

唐開元三年(715)十月二十二日葬。河南焦作出土。

誌隸書,27行,行34字;蓋篆書,陽文,3行,行3字。拓片,111cm×114cm(誌,含側),95cm×95cm(蓋)。

著録文獻:《秦晉豫新出墓誌蒐佚三編》339;《洛陽流散唐代墓誌彙編續集》077。

D302:10003,2張。

0653 王君墓誌

首題:唐故王府君墓誌銘。

(唐)王暉雅撰。唐開元三年(715)十月二十五日葬。山西長治出土。

誌正書,15行,行15字。拓片,39cm×38.5cm。

附注:墓主及妻姓氏、卒年及葬地等均有改刻,原墓主姓程,誌文有"塁"字。誌文未云墓主名諱,稱墓主"身父",當其子撰文。

D302:10004,1張。

0654 竇崇敏墓誌並蓋

首題:大唐故太常寺丞邠州司馬竇府君墓誌銘並序。

唐開元三年(715)十月二十五日葬。陝西咸陽出土。

正書,34行,行34字。拓片,96cm×97cm(誌,含側),77cm×78.5cm(蓋,含剎)。

附注:蓋無銘文,剎刻花紋。

D302:10308,2張。

0655 王鼎墓誌

首題:唐故沁州和川縣令王府君墓

誌銘並序。

唐開元三年（715）十月二十五日葬。河南洛陽出土。

正書，27行，行26字。拓片，70cm×70cm。

D302:10438，1張。

0656　張惠及墓誌

首題：大唐故右衛翊衛張府君墓誌銘并序；蓋題：大唐故張府君墓誌銘。

唐開元三年（715）十月二十五日葬。陝西出土，2012年入藏西安碑林。

誌正書，19行，行26字；蓋篆書，3行，行3字。拓片，53.5cm×53cm。

附注：有方界格。

著錄文獻：《西安碑林博物館新藏墓誌續編》76（作張思及，有蓋）。

D302:9322，1張，蓋失拓。

0657　杜表政墓誌並蓋

首題：大唐故朝議郎上騎都尉行沁州司馬杜公墓誌銘并序；蓋題：大唐故杜府君墓誌銘。

唐開元三年（715）十月二十五日葬。陝西西安出土。

誌正書，27行，行26字；蓋篆書，3行，行3字。拓片，56.5cm×59cm（誌），57cm×55.5cm（蓋，含剎）。

附注：有方界格，蓋頂及剎刻花紋。

著錄文獻：《洛陽新獲墓誌二〇一五》155；《西南大學新藏石刻拓本匯釋》120；《珍稀墓誌百品》42。

D302:9490～-2，各2張，2016年9月齊運通捐贈。

0658　司馬邵墓誌並蓋

首題：大唐故雍州明堂縣尉贈懷州長史司馬府君墓誌銘并序；蓋題：唐故司馬府君墓誌銘。

唐開元三年（715）十月二十六日葬。河南孟州出土，現藏洛陽九朝刻石文字博物館。

誌隸書，29行，行34字；蓋篆書，陽文，3行，行3字。拓片，117cm×117cm（誌，含側），94cm×94cm（蓋，含剎）。

附注：誌側刻神獸及花紋，蓋周及剎刻花紋。

著錄文獻：《洛陽新獲墓誌二〇一五》156；《北京大學圖書館新藏金石拓本菁華續編》177；《洛陽流散唐代墓誌彙編續集》076。

D302:9491，2張，2016年9月齊運通捐贈。

0659　郭臣墓誌

首題：大唐故處士郭君墓誌銘並序。

唐開元三年（715）十一月十二日葬。山西長治出土。

正書，20行，行20字。拓片，60cm×60cm。

D302:10439，1張。

0660　趙琮墓誌並蓋

首題：唐故朝議郎行並州大都督府晉陽縣令天水趙君墓誌銘並序；蓋題：大唐故趙府君墓誌銘。

唐開元三年（715）十一月二十八日葬。陝西西安出土。

誌正書,24 行,行 24 字;蓋篆書,3 行,行 3 字。拓片,53cm×53cm(誌),24cm×24cm(蓋)。

著錄文獻:《洛陽新獲墓誌二〇一五》157;《西南大學新藏石刻拓本匯釋》121;《秦晉豫新出墓誌蒐佚三編》340。

D302:9857,2 張。

0661　沈惠墓誌

首題:唐故處士輕車都尉沈府君誌銘并序。

唐開元三年(715)十二月二十二日葬。山西長治出土。

正書,17 行,行 17 字。拓片,42cm×41cm。

附注:有方界格。誌前半字迹筆畫細,後半字粗,姓有石花,偏旁爲"氵",或姓沈。諱有石花,似"惠",字晉。

著錄文獻:《西安新獲墓誌集萃》45(作"劉惠")。

D302:8775,1 張。

0662　張隴墓誌

首題:大唐故上柱國公士張公墓誌銘並序。

唐開元四年(716)二月十五日葬。山西長治出土。

正書,22 行,行 22 字。拓片,58cm×58cm。

附注:誌文左下角殘缺。葬於"州城西南",葬日旁小字後刻"十五日壬申",干支不合,十五日干支爲壬戌,二十五日干支爲壬申。

D302:10005,1 張。

0663　魯玄墓誌

首題:大唐相州魯府君之誌銘並序。

唐開元四年(716)四月二十七日葬。河南安陽出土。

正書,20 行,行 19 字。拓片,42cm×44.5cm。

D302:10006,1 張。

0664　劉君妻王氏墓誌

首題:大唐故申王府倉曹參軍劉君王夫人墓誌并序。

(唐)梁萬頃撰;(唐)梁遊古書。唐開元四年(716)九月九日葬。河南洛陽洛龍區出土,現藏河南洛陽市文物考古研究院。

正書,19 行,19 字。拓片,57cm×57cm(含側)。

附注:有方界格,誌側刻鳥獸花紋。

D302:8684,1 張。

0665　鞠叡墓誌

首題:大唐故鞠叡誌銘並序。

唐開元四年(716)十月六日葬。山西長治出土。

正書,15 行,行 15 字。拓片,41cm×41cm。

附注:有方界格。

D302:10007,1 張。

0666　王子墓誌

首題:唐故辟州錄事上柱國王公墓誌銘。

唐開元四年（716）十月十三日葬。山西長治出土。

正書,15 行,行 15 字。拓片,37cm×40.5cm。

附注：首題"柱"寫作左"衤"右"主"。

D302:10008,1 張。

0667　蕭德珪墓誌

首題：唐故韶州錄事參軍蕭府君墓誌銘並序。

（唐）鄭齊丘撰；（唐）張□□書。唐開元五年（717）二月二十五日葬。河南洛陽出土。

正書,27 行,行 28 字。拓片,52cm×51cm。

著錄文獻：《洛陽流散唐代墓誌彙編續集》078；《秦晉豫新出墓誌蒐佚三編》343。

D302:10009,1 張。

0668　杜全墓誌

首題：大唐杜府君墓誌銘并序。

唐開元五年（717）三月十二日葬。河南安陽出土。

正書,20 行,行 20 字。拓片,43.5cm×44.5cm。

附注：有方界格。

著錄文獻：《秦晉豫新出墓誌蒐佚續編》409（缺首題）。

D302:9068,1 張。

0669　王璿墓誌並蓋

首題：随州随縣令王府君墓誌銘并序；蓋題：大唐故王府君墓誌銘。

唐開元五年（717）四月四日。河南洛陽出土。

誌正書,19 行,行 18 字；蓋正書,3 行,行 3 字。拓片,54cm×54cm（誌,含側）,44cm×44cm（蓋）。

附注：誌側蓋頂刻花紋,刹刻四神。誌有方界格。

D302:10010,2 張。

0670　韋元溥妻鄭節墓誌並蓋

首題：大唐故宋州柘城縣令韋君夫人鄭氏墓誌銘并序；蓋題：大唐故鄭夫人墓誌銘。

唐開元五年（717）五月二十一日葬。河南洛陽出土,現藏洛陽市文物考古研究院。

誌正書,20 行,行 20 字；蓋篆書,3 行,行 3 字。拓片,52cm×54cm（誌,含側）,36.5cm×36.5cm（蓋,含刹）。

附注：有方界格。誌側及蓋刹刻花紋。

D302:8685,2 張。

0671　竇君妻顔氏墓誌

首題：大唐故涼府都督竇府君夫人顔氏墓誌銘并序。

唐開元五年（717）八月五日葬。陝西咸陽出土。

正書,23 行,行 23 字。拓片,97cm×97cm（含側）。

附注：側刻十二生肖。

著錄文獻：《西安新獲墓誌集萃》46。

D302:9759,1 張。

0672　楊若志墓誌

首題:唐故朝請大夫行益州雙流縣令上柱國楊府君墓誌銘序。

唐開元五年(717)九月二十四日葬。河南洛陽出土。

正書,23行,行23字。拓片,35cm×35.5cm。

著録文獻:《洛陽流散唐代墓誌彙編三集》84。

D302:10011,1張。

0673　元豹蔚墓誌

(唐)元福將撰。唐開元五年(717)十月十六日葬。陝西耀縣出土。

正書,18行,行18字。拓片,44cm×43.5cm。

著録文獻:《珍稀墓誌百品》44。

D302:10012,1張。

0674　江克讓墓誌並蓋

首題:唐故永州參軍江君墓誌並蓋;蓋題:唐江府君墓誌。

唐開元五年(717)十月十九日葬。河南洛陽偃師出土。

誌正書,23行,行23字;蓋篆書,3行,行2字。拓片,52.5cm×51cm(誌),54cm×52.5cm(蓋,含刹)。

附注:石面不平,部分字迹不清。有方界格,蓋頂周刻十二生肖圖,刹刻花紋。

著録文獻:《秦晉豫新出墓誌蒐佚三編》345。

D302:9760,2張。

0675　李憬墓誌

首題:唐故雍州高陵縣主薄李府君墓誌銘並序。

唐開元六年(718)正月十四日葬。陝西西安出土,現藏長安博物館。

隸書,20行,行20字。拓片,39cm×41cm。

附注:有方界格,首題中"主簿"刻爲"主薄"。

著録文獻:《長安新出墓誌》152(有蓋)。

D302:9808,1張。

0676　韋知止墓誌並蓋

首題:大唐故揚州大都督府江都縣令韋府君墓誌銘并序;蓋題:大唐故違府君墓誌銘。

唐開元六年(718)七月十日葬。陝西西安出土。

誌正書,26行,行27字;蓋篆書,3行,行3字。拓片,60.5cm×60.5cm(誌),64.5cm×64.5cm(蓋,含刹)。

附注:蓋題"韋"寫作"違"。有方界格,蓋頂四周及刹刻花紋。

D302:9070,2張。

0677　李敬墓誌

首題:大唐上柱國李公墓誌銘并序。

唐開元六年(718)七月十一日葬。陝西耀縣出土。

正書,16行,行16字。拓片,39cm×38.5cm。

附注:有方界格。

D302:9323,1 張。

0678　趙敬仁墓誌並蓋

首題:大唐故嘉州録事參軍趙公墓誌銘并序;蓋題:唐故嘉州録事參軍趙公墓誌。

唐開元六年(718)七月十四日葬。陝西西安出土。

誌正書,22 行,行 23 字;蓋正書,4 行,行 3 字。拓片,46.5cm×46.5cm(誌),49cm×49cm(蓋,含刹)。

附注:蓋刹刻花紋。

著録文獻:《洛陽新獲墓誌二〇一五》158;《西南大學新藏石刻拓本匯釋》124。

D302:9492,2 張,2016 年 9 月齊運通捐贈。

0679　任肅墓誌並蓋

首題:大唐故朝議郎行沁州司馬任府君墓誌銘并序;蓋題:大唐故任府君墓誌銘。

唐開元六年(718)七月。河南洛陽出土,現藏洛陽市文物考古研究院。

誌正書,21 行,行 21 字;蓋篆書,3 行,行 3 字。拓片,65cm×64.5cm(誌,含側),46.5cm×46.5cm。

附注:誌側及蓋刹刻花紋。

著録文獻:《秦晉豫新出墓誌蒐佚三編》346。

D302:8686,2 張。

0680　宋弘墓誌並蓋

首題:大唐故處仕宋君墓誌銘并序;蓋題:宋君墓誌。

唐開元六年(718)十一月十二日葬。河北永年縣出土。

誌正書,20 行,行 21 字;蓋篆書,陽文,2 行,行 2 字。拓片,47cm×46cm(誌),48cm×50cm(蓋,含刹)。

附注:有方界格,蓋刹刻花紋。

D302:9712,2 張。

0681　李師墓誌

首題:唐故李君墓誌之銘并序。

唐開元六年(718)十二月二日葬。山西屯留縣出土。

正書,15 行,行 15 字。拓片,42cm×41.5cm。

附注:有方界格。

著録文獻:《秦晉豫新出墓誌蒐佚》361。

D302:8843,1 張。

0682　李約墓誌並蓋

首題:唐故六泉大監李君墓誌并序;蓋題:大唐故李府君墓誌銘。

唐開元六年(718)十二月一日葬。陝西西安長安區出土。

誌正書,21 行,行 21 字;蓋篆書,3 行,行 3 字。拓片,41cm×40cm(墓),42cm×42cm(蓋,含刹)。

附注:有方界格,刹刻花紋。

著録文獻:《秦晉豫新出墓誌蒐佚續編》414(無蓋);《珍稀墓誌百品》45。

D302:9069～-2,各 2 張。

0683　王知悌墓誌

首題:大唐故奉義郎行詹事府司直

王君墓誌銘并序。

唐開元七年（719）二月十三日葬。陝西西安出土。

正書，27 行，行 27 字。拓片，58cm×58cm。

附注：右下角殘缺。

D302:9071,1 張。

0684　崔同穎墓誌

首題：大唐故朝議郎行岐王府西閤［祭酒］□府君之誌銘並序；別名：崔□祖墓誌。

唐開元七年（719）閏七月五日葬。河南洛陽出土，張鈁舊藏，現藏河南新安鐵門鎮千唐誌齋博物館。

正書，27 行，行 25 字。拓片，45cm×45cm。

附注："君□祖，字同穎"，題名取其字。首題姓氏殘泐，《唐代墓誌匯編》開元 302 號《崔羨墓誌》誌主曾祖、祖父名諱、職官以及久視 015 號《崔哲墓誌》誌主祖父、父親名諱、職官與此誌主曾祖、祖父吻合，可知誌主姓崔。

著錄文獻：《隋唐五代墓誌匯編·洛陽卷》9/35；《千唐誌齋藏誌》601。

D303:1871,1 張。

0685　呂思元墓誌並蓋

首題：故朝散郎前行尚書都省太傅府令騎都尉呂府君墓誌；蓋題：大唐故呂府君墓誌銘。

唐開元八年（720）十月十五日葬。河南洛陽出土，現藏洛陽市文物考古研究院。

誌正書，20 行，行 20 字；蓋篆書，3 行，行 3 字。拓片，50.5cm×50cm（誌，含側），42.5cm×44cm（蓋，含刹，含側）。

附注：有方界格，誌側、蓋刹及側刻花紋。

D302:8687,2 張。

0686　李亮墓誌

首題：大唐故李君直司墓誌銘。

唐開元八年（720）正月七日葬。山西出土。

正書，18 行，行 18 字。拓片，44cm×43cm。

附注：文云"葬於州城西十五里"，字體似山西長治地區風格。

D302:10013,1 張。

0687　令狐小改墓誌並蓋

首題：大唐故令狐府君墓誌之銘；蓋題：大唐故令狐府君墓誌。

唐開元八年（720）正月二十日葬。2006 年冬河南洛陽洛龍區李樓鄉出土，2007 年藏西安大唐西市博物館。

誌正書，13 行，行 13 字；蓋正書，3 行，行 3 字。拓片，28.5cm×29.5cm（誌），31.5cm×31.5cm（蓋，含刹）。

附注：有方界格，蓋刹刻神獸飛禽。

著錄文獻：《洛陽新獲七朝墓誌》172（有蓋）；《秦晉豫新出墓誌蒐佚》367（有蓋）；《大唐西市博物館藏墓誌》179（誌有側，有蓋）。

D302:6320,2 張；D302:6320－2,1 張，蓋失拓。

0688　霍子墓誌並蓋

首題：大唐故公士霍君墓誌銘并序；蓋題：唐故公士君墓誌之銘。

唐開元八年（720）正月二十九日葬。山西長治出土。

誌正書，15 行，行 15 字；蓋篆書，陽文，3 行，行 3 字。拓片，43cm×43cm（誌），46cm×45.5cm（蓋，含剎）。

附注：蓋剎刻花紋，蓋題"公士"二字合文。

著錄文獻：《秦晉豫新出墓誌蒐佚續編》419。

D302：8844～-2，各 2 張。

0689　鄭君妻孔果墓誌並蓋

首題：大唐滎陽鄭處士妻孔氏墓誌銘并序；蓋題：大唐夫人孔氏墓誌銘。

唐開元八年（720）二月十四日葬。陝西西安出土。

誌正書，17 行，行 17 字；蓋篆書，3 行，行 3 字。拓片，34.5cm×34cm（誌），35cm×36cm（蓋，含剎）。

附注：夫人字果，蓋剎刻花紋。

著錄文獻：《洛陽新獲墓誌二〇一五》159；《西南大學新藏石刻拓本匯釋》125；《陝西新見唐朝墓誌》073。

D302：9493，2 張，2016 年 9 月齊運通捐贈。

0690　王齊墓誌

首題：故登仕郎守茂州汶山縣丞驍騎尉太原王府君墓誌銘并序。

唐開元八年（720）二月十九日葬。河南洛陽出土，現藏洛陽古代藝術館。

正書兼行書，25 行，行 26 字。拓片，53cm×54cm。

附注：有方界格，誌左半漫漶，收藏單位在誌石左下角刻編號 332。

著錄文獻：《隋唐五代墓誌匯編·洛陽卷》9/44；《唐代墓誌彙編續集》473/開元 030。

D302：8845，1 張。

0691　于榮德墓誌

首題：大唐故朝議郎沁州沁源縣令護軍于公墓誌銘并序。

（唐）張景撰；（唐）于迴書。唐開元八年（720）十一月十二日葬。陝西耀縣出土，現藏渭南博物館。

正書，29 行，行 29 字。拓片，59.5cm×64cm。

附注：有方界格。側刻花紋。

著錄文獻：《秦晉豫新出墓誌蒐佚三編》350。

D302：9072～-3，各 1 張。

0692　劉方墓誌並蓋

首題：大唐故劉君墓誌銘並序；蓋題：劉君墓誌。

唐開元八年（720）十一月二十三日葬。河南安陽出土。

誌正書，23 行，行 24 字；蓋篆書，陽文，2 行，行 2 字。拓片，52cm×51.5cm（誌），49.5cm×43cm（蓋）。

著錄文獻：《秦晉豫新出墓誌蒐佚三編》351。

D302：10014～-2，各 2 張。

0693　韋銑墓誌

首題：大唐故銀青光禄大夫使持節邢州諸軍事邢州刺史上柱國汶陽縣開國男韋府君墓誌銘并序。

唐開元八年（720）十一月葬。河南洛陽孟津縣出土。

正書，34 行，行 35 字。拓片，63cm×63cm。

附注：有方界格。

著録文獻：《秦晉豫新出墓誌蒐佚》422；《洛陽流散唐代墓誌彙編》96；《洛陽新獲墓誌二〇一五》161。

D302:8846，1 張。

0694　崔頂墓誌

首題：大唐故朝請郎行周州白水縣尉上輕車都尉崔君墓誌銘並序。

唐開元八年（720）十二月十二日葬。河南洛陽偃師出土。

正書，26 行，行 29 字。拓片，62cm×62cm。

著録文獻：《洛陽流散唐代墓誌彙編續集》087；《洛陽新獲墓誌百品》66。

D302:10015～-2，各 1 張。

0695　馮懷儼墓誌並蓋

首題：大唐故均州鄖鄉縣令馮府君墓誌銘并序；蓋題：馮君之銘。

唐開元九年（721）二月二十五日葬。河南洛陽洛龍區出土，現藏洛陽市文物考古研究院。

誌正書，23 行，行 23 字；蓋篆書，2 行，行 2 字。拓片，54cm×54cm（誌，含側），42.5cm×41.5cm（蓋，含刹）。

附注：有方界格，誌側刻花紋，蓋刹刻四神。

D302:8688，2 張。

0696　丁元裕墓誌並蓋

首題：大唐故使持節集州諸軍事集州刺史上柱國清河丁公誌石文并序；蓋題：大唐故丁集州誌石文。

（唐）丁羽客撰序並書銘並篆蓋；（唐）甘思齊書序。唐開元九年（721）二月二十五日葬。陝西西安出土。

誌正書，32 行，行 32 字；蓋篆書，3 行，行 3 字。拓片，65cm×64cm（誌），70cm×70cm（蓋，含刹）。

附注：有方界格，蓋頂及刹刻花紋。

著録文獻：《洛陽新獲墓誌二〇一五》163；《西南大學新藏石刻拓本匯釋》126；《秦晉豫新出墓誌蒐佚三編》353。

D302:9761，2 張。

0697　孔若思墓誌並蓋

首題：大唐故禮部侍郎銀青光禄大夫衛許汝鄧四州刺史郯王傅太子右諭德上柱國梁郡公孔府君墓誌銘并序；蓋題：大唐故孔府君墓誌銘。

唐開元九年（721）二月二十九日葬。陝西西安出土。

誌正書，31 行，行 31 字；蓋篆書，3 行，行 3 字。拓片，77cm×77cm（誌，含側），89.5cm×95cm（蓋，含刹）。

附注：誌有方界格，側刻花鳥紋，蓋頂四周及四刹刻花紋。

D302:9324，2 張。

0698　元竟墓誌
　　首題：唐故元君墓誌銘。
　　唐開元九年（721）三月二十五日葬。山西長治出土。
　　正書，13行，行13字。拓片，35cm×36cm。
　　D302：10016，1張。

0699　盧君妻李優鉢墓誌
　　首題：大唐故懷州刺史盧府君夫人金城縣君隴西李氏墓誌銘并序。
　　唐開元九年（721）十月十一日葬。河南洛陽偃師緱氏鎮出土。
　　正書，24行，行24字。拓片，59cm×60cm。
　　著錄文獻：《洛陽新獲墓誌二〇一五》166；《洛陽流散唐代墓誌彙編續集》089；《秦晉豫新出墓誌蒐佚三編》355。
　　D302：9610，1張。

0700　劉超墓誌
　　首題：大唐故劉君墓誌銘并序。
　　唐開元十年（722）正月二十五日葬。河北磁縣出土。
　　正書，20行，行20字。拓片，43cm×43cm。
　　附注：有方界格。漫漶甚，葬地據"北臨漳溾"句。
　　D302：10017，1張。

0701　浩君墓誌
　　首題：維大唐開元十年歲次壬戌二月癸酉朔十二日甲申河內郡浩君墓誌并序。
　　唐開元十年（722）二月十二日葬。河南沁陽縣出土。
　　正書，16行，行17字。拓片，42.5cm×42cm。
　　附注：有方界格。墓主諱缺載。
　　著錄文獻：《西南大學新藏墓誌集釋》125。
　　D302：8689，1張。

0702　陳昊墓誌
　　首題：唐故游擊將軍守左率府中郎兼通事舍人內供奉陳府君墓誌銘並序。
　　唐開元十年（722）閏五月二十六日葬。河南洛陽出土。
　　正書，21行，行20字。拓片，32cm×32cm。
　　著錄文獻：《洛陽流散唐代墓誌彙編三集》89。
　　D302：10018，1張。

0703　李迅墓誌
　　首題：故仙州襄城尉李君墓誌銘并序。
　　唐開元十年（722）七月二十一日葬。河南洛陽市出土，現藏洛陽市文物考古研究院。
　　正書，21行，行21字。拓片，63cm×62cm（含刹）。
　　附注：誌側刻花紋。
　　著錄文獻：《秦晉豫新出墓誌蒐佚三編》363。
　　D302：8690，1張。

0704　鄭烈墓誌並蓋

首題:大唐故太子賓客贈太子少保滎陽郡公鄭府君墓誌銘並序;蓋題:唐贈少保鄭府君誌銘。

(唐)崔汪撰。唐開元十年(722)七月二十一日葬。河南洛陽出土。

誌正書,32 行,行 31 字;蓋篆書,3 行,行 3 字。拓片,72cm×72cm(誌),77cm×77.5cm(蓋)。

著錄文獻:《洛陽流散唐代墓誌彙編續集》093;《秦晉豫新出墓誌蒐佚三編》362。

D302:10019,2 張。

0705　相里伏墓誌

唐[開元十年(722)]十一月十二日葬。山西出土。

正書,19 行,行 18 字。拓片,46cm×48cm。

附注:有方界格。右上角殘缺,損十一字。景雲二年卒,"閒十歲十一月十二日葬於北山之陽","閒"或"開"之誤,或爲間隔十年之意,兩者均爲"開元十年"。墓主"西河郡人"。

著錄文獻:《秦晉豫新出墓誌蒐佚三編》359。

D302:10020～-2,各 1 張。

0706　薛君妻孫氏墓誌

首題:唐益府倉曹河東薛君故夫人樂安孫氏墓誌銘并序。

唐開元十一年(723)正月十六日葬。河南洛陽洛龍區出土,現藏河南洛陽市文物考古研究院。

正書,20 行,行 19 字。拓片,61cm×62cm(含側)。

附注:誌側刻花紋。

D302:8691,1 張。

0707　崔元弈墓誌並蓋

首題:故刑部郎中崔公墓誌銘并序;蓋題:大唐故崔府君墓誌銘。

(唐)杜鈒撰。唐開元十一年(723)十月五日葬。陝西西安出土。

誌正書,28 行,行 29 字;蓋篆書,3 行,行 3 字。拓片,80cm×81cm(誌,含側),59.5cm×59.5cm(蓋,含刹)。

附注:有方界格,誌側及蓋頂周、刹刻花紋。

著錄文獻:《洛陽新獲墓誌二○一五》170;《西南大學新藏石刻拓本匯釋》128;《秦晉豫新出墓誌蒐佚三編》365。

D302:9494,2 張,2016 年 9 月齊運通捐贈。

0708　周道沖墓誌並蓋

首題:大唐故漢州司戶參軍周府君墓誌銘并序;蓋題:大唐故周府君墓誌銘。

(唐)蘇悏撰。唐開元十一年(723)十月十七日葬。河南洛陽出土。

誌正書,26 行,行 27 字;蓋篆書,3 行,行 3 字。拓片,60cm×57.5cm(誌),65.5cm×64cm(蓋,含刹)。

附注:有方界格,蓋頂周刻花紋、刹刻飛禽走獸。

著錄文獻:《秦晉豫新出墓誌蒐佚續編》433;《洛陽流散唐代墓誌彙編

續集》102。

D302:9611,2 張。

0709　毛策墓誌並蓋

首題:大唐毛府君墓誌銘並序;蓋題:大唐幽州毛府君墓誌。

唐開元十一年(723)十月二十八日葬。陝西出土。

誌正書,20 行,行 20 字;蓋篆書,3 行,行 3 字。拓片,52cm×52cm(誌),53cm×55cm(蓋)。

D302:10021,2 張;D302:10021-2,1 張,蓋失拓。

0710　孔元寶及妻路氏墓誌

首題:大唐故孔府君合葬之銘并序;蓋題:大唐故孔府君合葬銘。

唐開元十一年(723)十二月十五日葬。河南沁陽縣出土。

誌正書,20 行,行 20 字;蓋篆書,3 行,行 3 字。拓片,52cm×52cm。

附注:有方界格。

著錄文獻:《秦晉豫新出墓誌蒐佚續編》437(有蓋)。

D302:8936,1 張,蓋失拓,2015 年 3 月史睿捐贈。

0711　杜君妻于尊勝墓誌

首題:唐前汾州平遙縣尉杜府君夫人于氏墓誌銘並序。

唐開元十二年(724)正月十一日葬。陝西西安出土。

正書,16 行,行 16 字。拓片,30cm×30cm。

D302:10022,1 張。

0712　李明允墓誌

首題:唐故大中大夫行淄州長史李君墓誌銘并序;蓋題:大唐故李府君墓誌銘。

唐開元十二年(724)正月二十一日葬。2005 年河南洛陽出土。

誌隸書,26 行,行 31 字;蓋篆書,3 行,行 3 字。拓片,67cm×67.5cm。

著錄文獻:《洛陽新獲七朝墓誌》183;《秦晉豫新出墓誌蒐佚》393(有蓋);《洛陽流散唐代墓誌彙編》105(有蓋)。

D302:8847,1 張,蓋失拓。

0713　張七娘墓誌

首題:唐故張美人墓誌銘。

(唐)徐峻撰;(唐)李九皋書。唐開元十二年(724)七月三日葬。陝西西安出土。

正書,24 行,行 24 字。拓片,59cm×59cm。

附注:"七娘"爲字。首二行已碎裂未缺。

D302:10309/SB,1 張。

0714　李寂墓誌

首題:唐故朝議大夫守武州別駕上柱國李公墓誌。

(唐)陳貞節撰;(唐)李璵書。唐開元十二年(724)十月二十三日葬。河南洛陽出土,現藏洛陽古代藝術館。

正書,28 行,行 29 字。拓片,66cm×66cm。

附注:左、右角有殘損。收藏單位

在誌石右下角刻編號 364。

著錄文獻:《隋唐五代墓誌匯編·洛陽卷》9/125;《唐代墓誌彙編續集》499/開元 067。

D302:8848,1 張。

0715　王晞墓誌並蓋

首題:大唐故銀青光祿大夫使持節鄜州諸軍事鄜州刺史上柱國石泉公王府君墓誌銘並序;蓋題:大唐故王府君墓誌銘。

(唐)張洌撰。唐開元十二年(724)十月二十三日葬。陝西咸陽出土。

誌正書,31 行,行 30 字;蓋篆書,3 行,行 3 字。拓片,95cm×95cm(誌),77cm×77cm(蓋)。

附註:蓋頂及誌側刻花紋,蓋剎刻四神。

D302:10310,2 張。

0716　王六仁墓誌

首題:大唐相州鄴縣故王君墓誌銘並序。

唐開元十二年(724)十月二十三日葬。河北磁縣出土。

隸書,19 行,行 19 字。拓片,40cm×39.5cm。

附註:有方界格。

著錄文獻:《秦晉豫新出墓誌蒐佚三編》366。

D302:10023,1 張。

0717　龐承訓墓誌

首題:唐故正議大夫行將作監少匠上柱國龐君墓誌之銘並序;蓋題:大唐故龐君墓誌之銘。

(唐)胡皓撰;(唐)殷承業書。唐開元十二年(724)十一月四日葬。陝西西安出土。

隸書,27 行,行 28 字。拓片,90cm×90cm。

D302:10440,1 張,蓋失拓。

0718　馮客墓誌並蓋

首題:大唐故正議大夫行內給事上柱國馮君墓誌銘並序;蓋題:大唐故馮府君墓誌銘。

(唐)馮大明撰並書並篆蓋。唐開元十二年(724)十一月十六日葬。陝西西安出土。

誌正書,22 行,行 22 字;蓋篆書,3 行,行 3 字。拓片,59cm×59cm(誌),61.5cm×61.5cm(蓋)。

附註:有方界格。

著錄文獻:《秦晉豫新出墓誌蒐佚三編》367。

D302:10024,2 張。

0719　紀仁墓誌並蓋

首題:大唐故代州都督府兵曹參軍紀君墓誌并序;蓋題:大唐故紀府君墓誌銘。

唐開元十二年(724)閏十二月五日葬。河南洛陽出土。

誌正書,18 行,行 18 字;蓋篆書,3 行,行 3 字。拓片,36cm×35cm(誌),23cm×23.5cm(蓋)。

D302:8849～-2,各 2 張。

0720　傅勳墓誌

首題:唐故齊州祝阿縣尉傅府君墓誌銘並序。

唐開元十二年(724)□月十日葬。山西潞城縣出土。

正書,16行,行16字。拓片,41cm×41cm。

附注:有方界格。

D302:10025,1張。

0721　韋懷搆妻鄭氏墓誌並蓋

首題:大唐故榮澤縣君鄭氏墓誌銘并序;蓋題:大唐故鄭夫人墓誌銘。

唐開元十三年(725)七月二十一日。河南洛陽出土,現藏洛陽市文物考古研究院。

誌正書,13行,行20字;蓋篆書,3行,行3字。拓片,60.5cm×61cm(誌,含側),64.5cm×63cm(蓋,含刹)。

附注:有方界格,蓋頂周刻竊曲紋,刹刻瑞獸花紋。

D302:8692,2張。

0722　牛徵墓誌並蓋

首題:唐故牛君墓誌之銘并序;蓋題:唐故牛徵墓誌之銘。

唐開元十三年(725)十月二十三日葬。山西壺關出土,現藏洛陽九朝刻石文字博物館。

誌正書,21行,行22字;蓋篆書,陽文,3行,行3字。拓片,64cm×64cm(誌),71cm×71cm(蓋,含刹)。

附注:有方界格,蓋正中刻鋪首,刹刻花紋。

著錄文獻:《洛陽新獲七朝墓誌》187;《秦晉豫新出墓誌蒐佚》403。

D302:9495,2張,2016年9月齊運通捐贈。

0723　孫德成墓誌

首題:大唐故上騎都尉孫府君墓誌並序。

唐開元十四年(726)正月十八日葬。河南洛陽出土,現藏河南新安鐵門鎮千唐誌齋博物館。

正書,16行,行16字。拓片,57cm×54cm。

D303:1872,1張。

0724　亡宮五品墓誌並蓋

首題:大唐故五品亡宮誌文;蓋題:大唐故亡宮墓誌之銘。

唐開元十四年(726)八月二十七日葬。河南洛陽出土。

誌正書,11行,行11字;蓋篆書,3行,行3字。拓片,35cm×35cm(誌),22cm×21cm(蓋)。

附注:有方界格。

著錄文獻:《洛陽流散唐代墓誌彙編續集》099。

D302:9073～-2,各2張。

0725　獨孤君妻康淑墓誌

首題:大唐左監門衛中郎獨孤君故夫人康氏墓誌銘并序。

(唐)霍召達撰。唐開元十四年(726)十一月八日葬。河南鞏義出土。

正書,19行,行18字。拓片,36cm×36cm。

著録文献:《秦晉豫新出墓誌蒐佚》407;《洛陽流散唐代墓誌彙編》110。

D302:9074,1 張。

0726　范充墓誌

首題:唐故處士范府君墓誌銘並序。

唐開元十四年(726)十一月二十八日葬。山西長治出土。

正書,20 行,行 20 字。拓片,51cm×52.5cm。

附注:有方界格。

著録文献:《秦晉豫新出墓誌蒐佚三編》371。

D302:10026～-2,各 1 張。

0727　郭湛墓誌

首題:大唐故冠軍大將軍左衛大將軍涼州都督御史大夫同紫微黃門平章兵馬事安西大都護上柱國潞國公墓銘並序。

(唐)蘇晉撰;(唐)諸葛嗣宗書。唐開元十四年(726)十二月三十日葬。河南洛陽出土,現藏龍門博物館。

正書,38 行,行 38 字。拓片,75cm×70cm。

著録文献:《洛陽流散唐代墓誌彙編續集》101(作郭虔瓘);《秦晉豫新出墓誌蒐佚三編》372。

D302:10441,1 張。

0728　劉君妻溫氏墓誌並蓋

首題:大唐長春府果毅劉君故妻溫氏墓誌銘并序;蓋題:唐劉君故妻溫氏墓誌。

唐開元十五年(727)二月二十九日葬。陝西西安出土。

誌正書,20 行,行 20 字;蓋篆書,3 行,行 3 字。拓片,48cm×48.5cm(誌),37cm×38cm(蓋)。

附注:有方界格。

D302:9612,2 張。

0729　裴友直妻封氏墓誌並蓋

首題:有唐平原夫人墓誌銘並序;蓋題:大唐裴府君妻封墓誌。

(唐)吕向撰;(唐)宋儋書。唐開元十五年(727)二月二十九日葬。河南洛陽出土。

誌正書,12 行,行 24 字;蓋篆書,3 行,行 3 字。拓片,42cm×45cm(誌),50cm×50cm(蓋,含刹)。

著録文献:《洛陽新獲墓誌二〇一五》174;《洛陽流散唐代墓誌彙編續集》103;《秦晉豫新出墓誌蒐佚三編》375。

D302:10442,2 張。

0730　張景先墓誌

首題:大唐故朝散大夫行莫州文安縣令上柱國張公墓誌銘並序。

唐開元十五年(727)二月二十九日葬。河南洛陽出土。

正書,28 行,行 28 字。拓片,50cm×50cm。

著録文献:《洛陽流散唐代墓誌彙編續集》102;《秦晉豫新出墓誌蒐佚三編》374。

D302:10027,1 張。

0731　竇九臯墓誌並蓋

首題：唐故游擊將軍守右金吾衛河南府承雲府折衝都尉上柱國前攝左威衛郎將墨離軍副使借魚袋竇公墓誌銘并序；蓋題：大唐故竇府君墓誌銘。

唐開元十五年（727）四月十九日葬。河南洛陽出土。

誌正書，25 行，行 24 字；蓋篆書，3 行，行 3 字。拓片，55cm×56cm（誌），35.5cm×37cm（蓋）。

著錄文獻：《洛陽流散唐代墓誌彙編續集》104。

D302：10028～－2，各 2 張。

0732　程德譽墓誌

首題：故前安樂州兵曹參軍□□□君墓誌銘並序。

唐開元十五年（727）五月十二日葬。河南洛陽出土，張鈁舊藏，現藏河南新安鐵門鎮千唐誌齋博物館。

正書，20 行，行 20 字。拓片，34cm×33cm。

著錄文獻：《隋唐五代墓誌匯編·洛陽卷》9/171；《千唐誌齋藏誌》672。

D303：1873，1 張。

0733　魏兼慈墓誌並蓋

首題：大唐故京兆府鄠縣尉鉅鹿魏府君墓誌銘並序；蓋題：大唐故魏府君墓誌銘。

唐開元十五年（727）六月十九日葬。河南洛陽出土。

誌正書，20 行，行 20 字；蓋篆書，3 行，行 3 字。拓片，45.5cm×46cm（誌），29.5cm×30cm（蓋）。

著錄文獻：《洛陽流散唐代墓誌彙編三集》99。

D302：10029，2 張；D302：10029－2，1 張，蓋失拓。

0734　陳頤墓誌

首題：大唐故荊州大都督府司馬陳府君墓誌銘並序。

（唐）王昌齡書。唐開元十五年（727）八月九日葬。河南洛陽出土，張鈁舊藏，現藏河南新安鐵門鎮千唐誌齋博物館。

正書，17 行，行 16 字。拓片，48cm×48cm。

附注：責任者原刻作"江寧王少伯書"，王昌齡，字少伯。陳頤墓誌與其祖陳察墓誌同時出土，陳察葬於洛陽縣平陰鄉從新里，此誌當葬於同地。

著錄文獻：《隋唐五代墓誌匯編·洛陽卷》9/177；《千唐誌齋藏誌》675；《中國書法》2011 年第 7 期。

D303：1874，1 張。

0735　竇希瑊妻王內則墓誌

首題：大唐故司空竇公夫人邠國夫人王氏墓誌銘并序。

（唐）賀知章撰。唐開元十五年（727）九月三日葬。陝西咸陽出土，現藏陝西大唐西市博物館。

隸書，30 行，行 34 字。拓片，88.5cm×89.5cm。

附注：有殘泐。夫諱據《全唐文》卷一百《竇希瑊神道碑》補。

著録文獻:《大唐西市博物館藏墓誌》202;《北京大學圖書館新藏金石拓本菁華續編》178。

D302:9786,1張。

0736　杜表政妻裴氏墓誌並蓋

首題:唐沁州司馬杜府君夫人裴氏墓誌銘并序;蓋題:唐故杜府君夫人墓誌。

(唐)韋璞玉撰。唐開元十五年(727)九月三日葬。陝西西安出土。

誌正書,21行,行21字;蓋篆書,3行,行3字。拓片,45.5cm×45cm(誌),47.5cm×48cm(蓋)。

附注:夫諱據杜表政誌補,有方界格,蓋頂及剎刻花紋。原文"九月才生明遷祔……",當爲"哉生明"三日。

著録文獻:《洛陽新獲墓誌二〇一五》176;《珍稀墓誌百品》48。

D302:9496~-2,各2張,2016年9月齊運通捐贈。

0737　孫君妻洪蘭墓誌並蓋

首題:大唐前撫州南城縣主薄孫君故夫人洪氏墓誌;蓋題:大唐故洪夫人墓誌銘。

(唐)孫耶撰;(唐)孫宰書。唐開元十五年(727)閏九月十七日葬。河南洛陽出土。

誌正書,21行,行22字;蓋篆書,3行,行3字。拓片,47cm×46cm(誌),53cm×53cm(蓋)。

著録文獻:《洛陽流散唐代墓誌彙編續集》106。

D302:10031,2張。

0738　崔行模墓誌

首題:大唐故壽[州壽]春縣令崔府君墓誌銘并序。

唐開元十五年(727)十月十四日葬。2007年冬河南洛陽孟津縣出土。

正書,25行,行25字。拓片,57.5cm×55cm。

著録文獻:《秦晉豫新出墓誌蒐佚》412;《洛陽流散唐代墓誌彙編續集》106。

D302:8850,1張。

0739　郭仁表墓誌

首題:唐故郭君墓誌之銘。

唐開元十五年(727)十月十四日葬。山西出土。

正書,18行,行18字。拓片,41.5cm×41cm。

附注:有方界格。

著録文獻:《西安新獲墓誌集萃》48。

D302:8776,1張。

0740　[劉]慶墓誌

首題:大唐故處士[劉][君]墓誌之銘并序。

唐開元十五年(727)十月二十八日葬。山西長治出土。

正書兼行書,19行,行19字。拓片,55.5cm×55.5cm。

附注:有方界格。首題姓氏殘缺,誌文稱墓主爲"栗侯之後",漢置栗侯國,封趙敬肅王子劉樂爲栗侯,故墓主姓劉。

D302:10030,1張。

0741　冉知微墓誌並蓋

首題：唐故朝議郎前行潞州鄉縣令東平冉府君墓誌銘并序；蓋題：大唐故冉府君墓誌銘。

唐開元十六年（728）四月三十日葬。河南洛陽洛龍區出土。

誌正書，19 行，行 19 字；蓋正書，3 行，行 3 字。拓片，33.5cm×33.5cm（誌），22.5cm×22.5cm（蓋）。

附注：有方界格。蓋頂周刻竊曲紋。
著錄文獻：《秦晉豫新出墓誌蒐佚續編》454（作舟知微）。

D302：8937，2 張，2015 年 3 月史睿捐贈。

0742　李君妻封敏墓誌

首題：唐故朝議郎行郴州資興縣主簿隴西李府君夫人封氏墓誌銘。

唐開元十六年（728）七月十五日葬。河南洛陽出土，現藏洛陽市文物考古研究院。

正書，19 行，行 19 字。拓片，68cm×67.5cm（含側）。

附注：誌側刻花紋。

D302：8693，1 張。

0743　關延壽墓誌

首題：唐故關君墓誌之銘並序。

唐開元十六年（728）十月二十二日葬。山西長治出土。

正書，16 行，行 16 字。拓片，39.5cm×39.5cm。

附注：諱殘泐，字延壽。

D302：10032，1 張。

0744　[楊]文墓誌

唐開元十六年（728）十一月十六日葬。山西長治出土。

正書兼行書，19 行，行 19 字。拓片，55cm×55.5cm。

附注：有方界格，誌石上部漫漶殘缺。誌文有"楊洪之苗裔"，墓主當姓楊。

D302：10033，1 張。

0745　[趙]因本墓誌

首題：大唐故朝散大夫行肅州司馬上柱國（下闕）。

唐開元十七年（729）四月二十五日葬。陝西西安出土。

正書，29 行，行 30 字。拓片，56cm×56cm。

附注：誌石右下殘缺，損數十字，首題存半。誌主天水西縣人，□祖超宗，曾祖燛，隋尚書右僕射，考知誌主姓趙。夫人爲百濟帶方王扶餘義慈之孫。

D302：10311，1 張。

0746　張湖墓誌

首題：唐故處士張公墓誌銘。

唐開元十七年（729）七月十四日葬。河南洛陽出土。

正書，17 行，行 17 字。拓片，35.5cm×36cm。

附注：諱字漫漶，隱約可辨"湖"。祖父張大禮，父張紹貞，兄弟張泚。

D302：10034，1 張。

0747　宋尚妻鄭氏墓誌並蓋

蓋題：大唐故鄭夫人墓誌銘。

唐開元十七年(729)十月四日葬。2006年春河南洛陽洛龍區龍門鎮出土，現藏洛陽市文物考古研究院。

誌正書，8行，行10字；蓋篆書，3行，行3字。拓片，35.5cm×35cm(誌)，43cm×43cm(蓋，含刹及側)。

附注：蓋頂四周及刹刻花紋。

著録文獻：《秦晉豫新出墓誌蒐佚》416。

D302:5324,2張；D302:5324-2,1張,蓋失拓。

0748　戴永定墓誌並蓋

首題：故常州義興縣尉戴公墓誌銘并序；蓋題：大唐故戴府君墓誌銘。

唐開元十七年(729)葬。河南洛陽出土。

誌正書，20行，行20字；蓋篆書，3行，行3字。拓片，35cm×35cm(誌)，38.5cm×38.5cm(蓋，含刹)。

附注：蓋頂周刻竊曲紋，刹刻花紋。

著録文獻：《洛陽流散唐代墓誌彙編續集》109；《秦晉豫新出墓誌蒐佚三編》380。

D302:9076,2張。

0749　崔昊妻王氏墓誌並蓋

首題：大唐中散大夫守邛州刺史崔昊故夫人太原縣君王氏墓誌銘；蓋題：大唐故王夫人墓誌銘。

唐開元十八年(730)正月二十一日葬。河南孟州出土。

誌正書，20行，行20字；蓋篆書，3行，行3字。拓片，42.5cm×42cm(誌)，26.5cm×24.5cm(蓋)。

附注：蓋頂周刻竊曲紋。銘爲七言句。

著録文獻：《秦晉豫新出墓誌蒐佚三編》381。

D302:9613,2張。

0750　韋奐妻盧氏墓誌並蓋

首題：故衛州刺史韋府君夫人范陽郡君盧氏墓誌銘並序；蓋題：大唐故盧夫人墓誌銘。

唐開元十八年(730)二月十七日葬。河南洛陽出土。

誌正書，10行，行20字；蓋正書，3行，行3字。拓片，46cm×46cm(誌)，45cm×45cm(蓋，含刹)。

附注：蓋頂周刻花紋。刹刻花鳥。

著録文獻：《洛陽流散唐代墓誌彙編三集》108。

D302:10443,2張。

0751　藺楚琰墓誌並蓋

首題：墓誌銘並序；蓋題：大唐故藺府君墓誌銘。

唐開元十八年(730)四月七日葬。河南洛陽出土。

誌正書，16行，行15字；蓋篆書，3行，行3字。拓片，30cm×30cm(誌)，35cm×35cm(蓋，含刹)。

附注：誌文無諱，"楚琰"爲墓主之字。

著録文獻：《洛陽流散唐代墓誌彙編》118；《秦晉豫新出墓誌蒐佚續編》

462。

D302:10444,2 張。

0752　赫連欽若墓誌

首題：皇唐故坊州刺史赫連府君墓誌銘并序。

唐開元十八年（730）六月十三日葬。河南洛陽出土。

正書，26 行，行 26 字。拓片，60cm×60cm。

附注：銘文有數處殘泐。

著錄文獻：《新出唐墓誌百種》132；《洛陽流散唐代墓誌彙編三集》110。

D302:9614,1 張。

0753　趙慶緒墓誌

首題：唐故婺州蘭溪縣令趙府君墓誌文并序。

（唐）梁昇卿撰。唐開元十八年（730）八月三十日葬。陝西西安出土。

正書，23 行，行 25 字。拓片，58.5cm×59cm。

附注：有方界格。

D302:9325,1 張。

0754　魚涉墓誌

首題：大唐故贈游擊將軍右武衛翊府左郎將馮翊魚公墓誌銘并序。

唐開元十八年（730）十月四日葬。河南洛陽洛龍區出土。

正書，25 行，行 25 字。拓片，51cm×51cm。

附注：有方界格。

著錄文獻：《秦晉豫新出墓誌蒐佚三編》385。

D302:9077,1 張。

0755　張貞墓誌並蓋

首題：唐故上騎都尉張府君墓誌銘；蓋題：唐故張君墓誌之銘。

唐開元十八年（730）十月四日葬。山西長治出土。

誌正書，15 行，行 15 字；蓋篆書，陽文，3 行，行 3 字。拓片，42cm×42.5cm（誌），43cm×43.5cm（蓋，含剎）。

附注：蓋頂中刻獅面，剎刻花紋。

著錄文獻：《西安新獲墓誌集萃》50。

D302:8777,2 張。

0756　王文亮墓誌

首題：唐故王府君墓誌銘并序；蓋題：大唐故王君墓誌銘。

唐開元十八年（730）十月二十八日葬。山西壺關縣出土。

誌正書，17 行，行 17 字；蓋篆書，3 行，行 3 字。拓片，45.5cm×45cm。

著錄文獻：《西安新獲墓誌集萃》49（有蓋）。

D302:9762,1 張，蓋失拓。

0757　王文□墓誌並蓋

首題：唐故王府君墓誌銘并序；蓋題：大唐故王君墓誌銘。

唐開元十八年（730）十月二十八日葬。山西壺關縣出土。

誌正書，17 行，行 17 字；蓋篆書，雙鈎，3 行，行 3 字。拓片，45.5cm×45.5cm（誌），49cm×50cm（蓋，含剎）。

附注：誌有方界格，蓋頂中刻獅面，

剎刻雲紋。墓主諱文□,□似"亮"。

著錄文獻:《西安新獲墓誌集萃》115(僅有蓋)。

D302:8778,2張。

0758 劉餘墓誌

(唐)吳兢撰並書。唐開元十八年(730)十一月一日葬。河南安陽出土。

正書,16行,行21字。拓片,41cm×35.5cm。

附注:"殯于土樓村東北三百步",唐開元二十五年四月二十二日《劉娘墓誌》誌文有相州西北卅里土樓村,當爲安陽出土。

D302:10035,1張。

0759 殷將順墓誌並蓋

首題:大唐故朝議大夫壁州別駕上柱國陳郡殷府君墓誌銘并序;蓋題:大唐故殷府君墓誌銘。

唐開元十八年(730)十一月十六日葬。陝西西安出土。

誌正書,27行,行27字;蓋篆書,3行,行3字。拓片,41cm×41.5cm(誌),44cm×44cm(蓋,含剎)。

附注:有方界格,蓋剎刻花紋。誌前後漫漶。

D302:8779,2張。

0760 米神通墓誌

首題:河南府密縣人米神通墓誌銘并序。

唐開元十九年(731)四月十三日葬。河南洛陽洛龍區出土。

正書,20行,行21字。拓片,54cm×53.5cm(含側)。

附注:側刻刻花紋。墓主祖籍"昭武九姓",是西域人。

D302:8851,1張。

0761 阿史德君妻阿史那氏墓誌

首題:大唐故右金吾衛大將軍妻雲中郡夫人阿史那氏墓誌銘并序。

唐開元十九年(731)四月二十四日葬。陝西出土。

正書,18行,行20字。拓片,73cm×74cm。

附注:有方界格。墓主夫諱無載,官至右金吾衛大將軍,父親阿史那道真,祖父阿史那社爾。

著錄文獻:《洛陽新獲墓誌百品》68。

D302:8978,1張。

0762 路循範墓誌

首題:大唐故道州唐興縣尉路府君墓誌銘並序。

唐開元十九年(731)七月三日葬。河南洛陽出土,張鈁舊藏,現藏河南新安鐵門鎮千唐誌齋博物館。

正書,19行,行19字。拓片,37cm×36cm。

附注:此本諱"範"字泐。

著錄文獻:《隋唐五代墓誌匯編·洛陽卷》10/27(作路循范);《千唐誌齋藏誌》705。

D303:1875,1張。

0763 李登墓誌

首題:唐故大中大夫使持節沁州諸

军事守沁州刺史致仕上柱國李公墓誌銘並序。

（唐）吳鞏撰；（唐）張懷環書。唐開元十九年（731）七月十五日葬。陝西西安出土，張鈁舊藏，現藏河南新安鐵門鎮千唐誌齋博物館。

正書，12行，行27字。拓片，66cm×66cm。

D302：10445，1張。

0764　許文感墓誌並蓋

首題：唐故京兆府蒲池府左果毅許君墓誌并序；蓋題：大唐故許府君墓誌銘。

（唐）高無極撰。唐開元十九年（731）七月葬。河南洛陽出土。

誌正書，19行，行19字；蓋篆書，3行，行3字。拓片，60cm×60cm（誌，含側），40cm×40.5cm（蓋，含刹）。

附注：誌側刻花紋，蓋頂周刻竊曲紋、刹刻花紋。

著錄文獻：《洛陽流散唐代墓誌彙編續集》113。

D302：9615，2張。

0765　秦金墓誌

首題：襲廬陵郡開國公邰陽縣丞秦立信嫡子元金墓誌。

（唐）秦立信撰。唐開元十九年（731）十月十日葬。陝西咸陽武功縣出土。

正書，13行，行14字。拓片，36cm×35.5cm。

D302：9388，1張。

0766　楊靖墓誌

首題：大唐故楊府君墓誌銘并序。

（唐）楊坦雪撰。唐開元十九年（731）十月十日葬。河南洛陽偃師出土。

正書，15行，行15字。拓片，29.5cm×29.5cm。

附注：有方界格。

著錄文獻：《秦晉豫新出墓誌蒐佚續編》467。

D302：8947，1張，2015年3月魯東彬捐贈。

0767　田樹墓誌

首題：大唐河南府河南縣故田府君墓誌銘。

唐開元十九年（731）十一月二十五日葬。河南洛陽出土。

正書，12行，行13字。拓片，33cm×32.5cm。

附注：有方界格。

D302：8852～-2，各1張。

0768　李棲谷墓誌並蓋

首題：大唐故朝議郎上柱國行渭州鄣縣令李府君墓誌銘并序；蓋題：大唐故李府君墓誌銘。

唐開元二十年（732）正月二日葬。陝西西安出土。

誌正書，20行，行20字；蓋篆書，3行，行3字。拓片，39.5cm×39.5cm（誌），41.5cm×41.5cm（蓋，含刹）。

附注：有方界格，蓋刹刻花紋，蓋中裂一道。

D302:9326,2 張。

0769　韋鎣墓誌並蓋

首題:大唐故隴州司倉參軍京兆韋公墓誌銘並序;蓋題:大唐故韋府君墓誌銘。

唐開元二十年(732)正月十七日葬。陝西西安出土。

誌正書,27 行,行 26 字;蓋篆書,3 行,行 3 字。拓片,52cm×52cm(誌);57cm×57cm(蓋,含剎)。

附注:有方界格。

著錄文獻:《秦晉豫新出墓誌蒐佚續編》469;《西南大學新藏墓誌集釋》134。

D302:10446,2 張。

0770　馬崇墓誌

首題:唐故左羽林將軍馬君墓誌銘并敘。

唐開元二十年(732)正月二十八日葬。河南陝縣出土。

正書,22 行,23 字。拓片,53cm×53cm。

附注:有方界格。

著錄文獻:《秦晉豫新出墓誌蒐佚》431(作華陰縣出、千唐誌齋藏);《洛陽流散唐代墓誌彙編續集》116。

D302:8853,1 張。

0771　輪自在墓誌

首題:大唐故和上大善知識輪自在誌銘并序。

(唐)李休光撰。唐開元二十年(732)二月十二日葬。陝西西安出土,現藏西安市長安博物館。

正書,27 行,行 26 字。拓片,67cm×68cm。

附注:墓主法稱輪自在,德號慈和。有方界格。

著錄文獻:《長安新出墓誌》162。

D302:9327,1 張。

0772　李德墓誌

首題:大唐故李府君墓誌銘。

唐開元二十年(732)三月十八日葬。山西長治出土。

正書,15 行,行 15 字。拓片,32cm×32cm。

D302:9078,1 張。

0773　李君妻劉眾墓誌並蓋

首題:□□劉夫人墓誌銘[并序];蓋題:有唐故劉夫人墓誌銘。

唐開元二十年(732)五月十九日葬。陝西西安出土。

誌隸書,18 行,行 18 字;蓋篆書,3 行,行 3 字。拓片,43cm×43cm(誌),33.5cm×34cm(蓋)。

附注:有方界格,蓋頂周刻花紋。誌石右上角和右邊有殘缺。

D302:9617,2 張。

0774　薛璿墓誌

首題:大唐故右領軍衛將軍上柱國新城縣開國伯薛府君墓誌文並序。

(唐)王仲丘撰;(唐)陽伯成書。唐開元二十年(732)八月二十日葬。河南洛陽出土,張鈁舊藏,現藏河南新安鐵門鎮千唐誌齋博物館。

正書,31 行,行 31 字。拓片,66cm×63cm。

著錄文獻:《隋唐五代墓誌匯編·洛陽卷》10/47;《千唐誌齋藏誌》714。

D303:1876,1 張。

0775　素和喬墓誌

首題:大唐故定遠將軍河南素和公墓誌銘并序;別名:和喬墓誌。

唐開元二十年(732)九月三十日葬。河南洛陽出土。

正書,20 行,行 21 字。拓片,47.5cm×48.5cm。

附注:北魏太和中,素和氏改和氏爲姓。

著錄文獻:《秦晉豫新出墓誌蒐佚三編》396。

D302:8938,1 張,2015 年 3 月史睿捐贈。

0776　長孫元翼墓誌並蓋

首題:大唐故雲麾將軍左監門衛將軍上柱國趙國公長孫府君墓誌銘并序;蓋題:大唐故長孫府君墓誌。

唐開元二十年(732)十月十六日葬。陝西西安出土。

誌正書,30 行,行 33 字;蓋篆書,3 行,行 3 字。拓片,74.5cm×71.5cm(誌),71.5cm×69.5cm(蓋,含刹)。誌、蓋均。

附注:蓋頂四周及刹刻花紋,蓋左上殘缺。舊誌石改刻。

著錄文獻:《洛陽新獲墓誌二〇一五》183;《秦晉豫新出墓誌蒐佚三編》397;《陝西新見唐朝墓誌》081。

D302:9389,2 張。

0777　關洪墓誌

首題:大[唐]故關君墓誌之銘并序。

唐開元二十年(732)十一月十日葬。山西長子縣出土。

正書,15 行,行 15 字。拓片,39cm×39cm。

附注:末刻"乃爲詞曰",無詞。有方界格,殘泐甚。

D302:9153,1 張。

0778　孫博碩墓誌

首題:大唐故宮闈局令孫府君墓誌銘并序。

唐開元二十年(732)十一月二十一日葬。河南洛陽洛龍區出土。

正書,21 行,行 20 字。拓片,48cm×48cm。

附注:有方界格。

著錄文獻:《秦晉豫新出墓誌蒐佚三編》399。

D302:9618,1 張。

0779　韋俶妻鄭氏墓誌

首題:唐綿州參軍韋俶妻鄭氏墓誌銘并序。

(唐)薛伯連撰。唐開元二十年(732)十二月二十一日葬。陝西西安出土。

正書,18 行,行 18 字。拓片,43cm×43cm。

附注:有方界格。

著錄文獻:《秦晉豫新出墓誌蒐佚

0780　蕭浮丘墓誌

首題:唐故唐州別駕蕭君墓誌銘並序。

唐開元二十一年(733)二月十六日葬。河南洛陽出土,張鈁舊藏,現藏河南新安鐵門鎮千唐誌齋博物館。

正書,22 行,行 22 字。拓片,40cm×38cm。

著録文獻:《隋唐五代墓誌匯編·洛陽卷》10/59;《千唐誌齋藏誌》723。

D303:1877,1 張。

0781　楊才墓誌

首題:唐故處士楊君墓誌銘並序。

唐開元二十一年(733)二月二十六日葬。陝西渭南韓城出土。

正書,12 行,行 15 字。拓片,45cm×45cm。

附注:有方界格。葬於宅西北,前有"本望仙掌,後仕於韓,故今爲此縣人也"。末行劃刻細字似"哀子楊文言遷奉"。

著録文獻:《青少年書法》(青年版)2015 年。

D302:10037,1 張。

0782　王原墓誌並蓋

首題:大唐王君墓誌銘並序;蓋題:大唐故王府君墓誌銘。

唐開元二十一年(733)七月二十日葬。陝西鄠縣出土。

誌正書,23 行,行 23 字;蓋篆書,3 行,行 3 字。拓片,48cm×48cm(誌);52cm×52cm(蓋,含刹)。

附注:誌有方界格,蓋刹刻花紋。

D302:10447,2 張。

0783　韋君妻李令兒墓誌並蓋

首題:唐前寧州司户參軍韋公夫人李氏墓銘並序。

唐開元二十一年(733)七月二十六日葬。陝西西安出土。

誌正書,23 行,行 24 字。拓片,58cm×59cm(誌),44.5cm×44cm(蓋)。

附注:蓋無銘文,刹刻四神。

D302:10312,2 張。

0784　韋誠美妻張素墓誌

首題:唐故京兆韋誠美故夫人范陽張氏墓誌。

唐開元二十一年(733)九月二十一日葬。陝西西安出土。

正書,15 行,行 16 字。拓片,38cm×38cm。

附注:"素"字上有石花,字慈愛。

著録文獻:《秦晉豫新出墓誌蒐佚三編》401。

D302:10448,1 張。

0785　姚异墓誌並蓋

首題:大唐銀青光禄大夫許州諸軍事許州刺史上柱國鄭縣開國伯姚府君誌銘并序;蓋題:大唐故姚府君誌銘。

唐開元二十一年(733)十月四日葬。河南洛陽伊川縣出土。

誌正書,33 行,行 33 字;蓋篆書,3 行,行 3 字。拓片,73.5cm×74cm(誌),82cm×82cm(蓋,含刹)。

附注:有方界格,蓋頂四周刻花紋,刹刻鳥獸花紋。

著録文獻:《洛陽流散唐代墓誌彙編》127;《秦晉豫新出墓誌蒐佚續編》476。

D302:8979,2 張。

0786　王全福墓誌

首題:大唐故朝議郎行金州石泉縣令上柱國頻陽王府君墓(下缺)。

(唐)孫光孚撰。唐開元二十一年(733)十月十六日葬。陝西西安出土。

正書,28 行,行 27 字。拓片,50cm×50cm。

附注:右下角殘缺,損字。

D302:10313,1 張。

0787　張承基墓誌

首題:唐故正議大夫邢州長史贈相州別駕上柱國南陽張府君墓誌銘并序;蓋題:大唐故張府君墓誌銘。

唐開元二十一年(733)十月二十七日葬。2006 年河南洛陽出土。

誌正書,25 行,行 25 字;蓋篆書,3 行,行 3 字。拓片,59cm×58cm。

附注:有方界格,墓主諱成基,原刻"承"字無三橫。

著録文獻:《龍門區系石刻文萃》164(有蓋);《秦晉豫新出墓誌蒐佚》439;《洛陽流散唐代墓誌彙編》128(無蓋)。

D302:8854,1 張,蓋失拓。

0788　崔嘉祉墓誌

唐開元二十二年(734)四月六日葬。河南洛陽出土,張鈁舊藏,現藏河南新安鐵門鎮千唐誌齋博物館。

正書,15 行,行 15 字。拓片,35cm×35cm。

著録文獻:《隋唐五代墓誌匯編·洛陽卷》10/90;《千唐誌齋藏誌》738。

D303:1878,1 張。

0789　李十七娘墓誌

首題:大唐少府監丞李氏故女十七娘墓誌銘并序。

唐開元二十二年(734)四月十八日葬。河南洛陽洛龍區出土。

正書,18 行,行 18 字。拓片,35.5cm×35.5cm。

附注:有方界格。

著録文獻:《洛陽流散唐代墓誌彙編三集》126。

D302:8855～-2,各 1 張。

0790　張惇墓誌

首題:大唐故朝議大夫行資州司馬燉煌張府君墓誌銘并序。

唐[開元]二十二年(734)五月二十五日葬。河南鞏義出土。

正書,22 行,行 22 字。拓片,42cm×42cm。

附注:有方界格。誌無卒葬年號,墓主祖父張公謹(594-632),墓主年七十六卒於廿一年,推爲唐開元年。

D302:8694,1 張。

0791　崔季明妻盧脩媛墓誌並蓋

首題：唐懷州司瀍參軍李君太夫人范陽盧氏墓誌銘并序；蓋題：大唐故盧夫人墓誌銘。

（唐）崔鎮撰；（唐）崔參書。唐開元二十二年（734）十月二十二日葬。河南洛陽洛龍區出土，現藏洛陽市文物考古研究院。

誌隸書，22 行，行 23 字；蓋隸書，3 行，行 3 字。拓片，67cm×68cm（誌，含刹），65cm×65cm（蓋，含刹及側）。

附注：誌側刻十二生肖，蓋頂四周刻竊曲紋，刹刻四神。盧氏初嫁李公，後改適崔季明。卒後孤子撰文，姪男參書。

著錄文獻：《秦晉豫新出墓誌蒐佚三編》406。

D302：8695，2 張。

0792　劉元紹墓誌

首題：彭城劉公墓誌銘并序。

（唐）張平撰。唐開元二十二年（734）十月二十二日葬。山東平原出土。

正書，17 行，行 18 字。拓片，35.5cm×35cm。

附注：有方界格。夫權殯於平原縣（今山東平原縣），十二年後妻下葬，地點不詳。

D302：9079，1 張。

0793　閻表墓誌並蓋

首題：大唐故騎都尉閻君墓誌銘并序；蓋題：閻君墓誌。

唐開元二十二年（734）十月二十二日葬。河北邢臺出土。

誌正書，19 行，行 29 字左右，側續刻銘文 4 行；蓋正書，陽文，2 行，行 2 字。拓片，43cm×44cm（誌），45.5cm×10cm（側），18.5cm×18.5cm（蓋）。

附注：蓋側續刻銘文，續刻字體與誌文字體略有不同。

D302：9755，2 張。

0794　陰叔玉墓誌並蓋

首題：唐故邢州平鄉縣尉陰府君墓誌銘并序；蓋題：大唐故陰府君之墓誌。

（唐）裴士淹撰；（唐）陰潭書。唐開元二十二年（734）十一月十五日葬。陝西西安長安區出土。

誌正書，19 行，行 18 字；蓋篆書，3 行，行 3 字。拓片，36cm×36cm（誌），37.5cm×37.5cm（蓋，含刹）。

附注：末行書款"開元廿二年十月廿日"。有方界格，蓋刹刻花紋。

著錄文獻：《秦晉豫新出墓誌蒐佚續編》482（無蓋）。

D302：9080，2 張。

0795　張承嗣墓誌並蓋

首題：大唐故內侍省內謁者監張府君墓誌銘并序；蓋題：大唐故張府君墓誌銘。

唐開元二十三年（735）三月晦日葬。河南洛陽出土，現藏洛陽市文物考古研究院。

誌正書，16 行，行 18 字；蓋篆書，3 行，行 3 字。拓片，54cm×55cm（誌，含側),37.5cm×37.5cm(蓋,含刹)。

附注:有方界格,誌側刻花紋,蓋頂周刻竊曲紋,刹刻花紋。三月二十八日卒,季春晦日葬。

D302:8696,2張。

0796　鄭君妻盧氏墓誌並蓋

蓋題:大唐故盧夫人墓誌銘;別名:鄭齊嬰妻盧氏墓誌并蓋。

唐開元二十三年(735)十月二十七日葬。河南洛陽出土。

誌正書,17行,行17字;蓋正書,3行,行3字。拓片,47cm×47cm(誌),52.5cm×52cm(蓋)。

著錄文獻:《洛陽流散唐代墓誌彙編續集》122(考夫爲鄭齊嬰);《秦晉豫新出墓誌蒐佚三編》409。

D302:10038,2張。

0797　李澂墓誌

首題:大唐故趙郡李君墓誌銘并序。

唐開元二十三年(735)十月二十七日葬。河南洛陽出土。

正書,23行,行23字。拓片,50cm×50cm。

附注:有方界格。

著錄文獻:《洛陽流散唐代墓誌彙編續集》125;《秦晉豫新出墓誌蒐佚三編》408。

D302:10039～-2,各1張。

0798　裴璿墓誌

首題:故鄂州蒲圻縣令裴府君墓誌銘並序。

唐開元二十三年(735)閏十一月三日葬。

正書,22行,行22字。拓片,53cm×53cm。

附注:葬於"陽嶺山之原"。

著錄文獻:《秦晉豫新出墓誌蒐佚三編》410。

D302:10040,1張。

0799　楊絳墓誌

首題:唐故邠州新平令楊君誌文;蓋題:大唐故楊府君墓誌銘。

唐開元二十三年(735)閏十一月三日葬。陝西咸陽出土,2012年入藏西安碑林。

誌正書,28行,行28字;蓋篆書,3行,行3字。拓片,58cm×58cm。

附注:有方界格。原文作"閏月十一三日",當是"閏十一月三日"之訛。

著錄文獻:《西安碑林博物館新藏墓誌續編》90(有蓋)。

D302:8780～-2,各1張,蓋失拓。

0800　趙勗墓誌

首題:大唐故趙府君墓誌之銘并序。

唐開元二十三年(735)十二月二十一日葬。河南滎陽出土。

正書,20行,行20字。拓片,32cm×33cm。

D302:10041,1張。

0801　王大器妻盧氏墓誌

首題:大唐故長安尉王府君盧夫人墓誌銘並序。

（唐）王佐撰並書。唐開元二十三年（735）葬。河南洛陽出土。

正書，18 行，行 23 字。拓片，39cm×39cm。

附注：合葬于鞏山。

著錄文獻：《洛陽流散唐代墓誌彙編續集》168。

D302:10449,1 張。

0802　蕭讓墓誌並蓋

首題：唐故管城主簿蕭公墓誌銘并序；蓋題：大唐故蕭府君墓誌銘。

唐開元二十三年（735）葬。河南洛陽出土。

誌正書，20 行，行 21 字；蓋篆書，3 行，行 3 字。拓片，29.5cm×29cm（誌），48.5cm×49cm（蓋）。

附注：蓋頂周刻波浪紋。

著錄文獻：《洛陽流散唐代墓誌彙編續集》126；《秦晉豫新出墓誌蒐佚三編》411。

D302:9081,2 張。

0803　王元揩墓誌

首題：唐故左武衛大將軍上柱國開陽縣開國公王府君墓誌銘并序。

（唐）王知微撰。唐開元二十四年（736）三月四日葬。河南洛陽出土，現藏洛陽古代藝術館。

正書，24 行，行 25 字。拓片，68cm×68.5cm。

附注：收藏單位在誌石左下角刻編號 371。

著錄文獻：《隋唐五代墓誌匯編·洛陽卷》10/116；《唐代墓誌彙編續集》549/開元 142。

D302:8856,1 張。

0804　裴曠墓誌並蓋

首題：[唐]故朝請大夫黔府都督裴府君墓誌銘并序；蓋題：大唐故裴府君墓誌銘。

（唐）王端撰。唐開元二十四年（736）三月二十九日葬。河南洛陽出土，現藏洛陽九朝刻石文字博物館。

誌隸書，28 行，行 28 字；蓋篆書，3 行，行 3 字。拓片，71cm×72cm（誌），38cm×38.5cm（蓋）。

附注：有方界格，右上角、後四行中段殘損十餘字；蓋頂周刻花紋。

著錄文獻：《洛陽新獲墓誌二〇一五》189；《洛陽流散唐代墓誌彙編續集》127；《秦晉豫新出墓誌蒐佚三編》414。

D302:8980～-2,各 2 張；D302:8980-3,2 張,2016 年 9 月齊運通捐贈。

0805　劉齊客墓誌並蓋

首題：大唐故劉府君墓誌銘并序；蓋題：大唐故劉府君墓誌銘。

唐開元二十四年（736）四月二十二日葬。河南洛陽出土。

誌正書，26 行，行 26 字；蓋篆書，3 行，行 3 字。拓片，45.5cm×45.5cm（誌），45.5cm×44.5cm（蓋）。

著錄文獻：《洛陽流散唐代墓誌彙編續集》128。

D302:10042～-2,各 2 張。

0806　薛璿妻楊祁麗墓誌

首題：大唐故隴州刺史薛府君妻弘農楊夫人墓誌銘並序。

（唐）楊仲昌撰。唐開元二十四年（736）五月十七日葬。河南洛陽出土，張鈁舊藏，現藏河南新安鐵門鎮千唐誌齋博物館。

正書，17行，行17字。拓片，55cm×55cm。

著錄文獻：《隋唐五代墓誌匯編・洛陽卷》10/120；《千唐誌齋藏誌》753。

D303:1879，1張。

0807　劉節墓誌並蓋

首題：大唐故劉君墓誌銘并序；蓋題：劉君墓誌。

唐開元二十四年（736）十一月一日葬。河南安陽出土。

誌正書，20行，行20字；蓋篆書，陽文，2行，行2字。拓片，41.5cm×41cm（誌），32cm×32cm（蓋）。

附注：有方界格，蓋頂刻花紋。葬地"南枕洹津，北臨漳隆"。

D302:9620，2張。

0808　周子南墓誌並蓋

首題：大唐故安南都護府長史周府君墓誌銘并序；蓋題：大唐故周府君墓誌銘。

唐開元二十四年（736）十一月九日葬。河南洛陽孟津縣出土。

誌正書，26行，行26字；蓋篆書，3行，行3字。拓片，50.5cm×50cm（誌），33cm×32.5cm（蓋）。

附注：蓋頂周刻竊曲紋。

著錄文獻：《洛陽流散唐代墓誌彙編》134（無蓋）；《秦晉豫新出墓誌蒐佚續編》497（無蓋）；《秦晉豫新出墓誌蒐佚三編》417。

D302:9082，2張。

0809　苗奉明墓誌並蓋

首題：唐故汾州隰城縣尉苗府君墓誌；蓋題：大唐故苗府君墓誌銘。

（唐）潘文瓊撰。唐開元二十四年（736）十一月二十一日葬。河南洛陽出土。

誌正書，18行，行18字；蓋篆書，3行，行3字。拓片，35cm×35.5cm（誌），40cm×40cm（蓋，含刹）。

附注：誌石右下及左上殘損，蓋刹刻花紋。

著錄文獻：《秦晉豫新出墓誌蒐佚三編》419。

D302:9621，2張。

0810　李君墓誌並蓋

首題：［上缺］銘并序；蓋題：大唐故李府君墓誌銘。

唐開元二十四年（736）十一月二十一日葬。河南洛陽出土。

誌正書，27行，行28字；蓋篆書，3行，行3字。拓片，71cm×71cm（誌），56cm×55cm（蓋）。

附注：有方界格。誌石上殘缺，諱不存。蓋碎爲四塊，蓋頂四周刻花紋。葬年十一月庚子朔誤，當爲丙子朔。

著録文献:《洛陽流散唐代墓誌彙編續集》131;《秦晉豫新出墓誌蒐佚三編》418。

D302:8857,2 張。

0811　于嘉胤墓誌

首題:大唐故魏州元城縣尉河南于府君墓誌銘并序。

唐開元二十四年(736)十二月十六日葬。河南洛陽出土。

正書,25 行,行 27 字。拓片,57.5cm×58cm。

附注:有方界格。

著録文献:《新出唐墓誌百種》154。

D302:9622,1 張。

0812　蓋君妻崔安樂墓誌

首題:大唐故原州長史蓋公夫人□□陵郡君崔氏墓誌銘并序。

(唐)劉汪撰。唐開元二十四年(736)十二月二十八日葬。1997 年河南洛陽出土。

正書,24 行,行 23 字。拓片,54.5cm×55cm。

附注:右下角斷裂。

著録文献:《邙洛碑誌三百種》146;《洛陽新獲墓誌續編》123;《新出唐墓誌百種》156。

D302:8858,1 張。

0813　元揖墓誌

首題:大唐故易州司功參軍元府君墓誌銘并序。

唐開元二十五年(737)二月五日葬。2004 年秋河南洛陽偃師首陽山鎮出土。

正書,25 行,行 25 字。拓片,53.5cm×53.5cm。

附注:有方界格。

著録文献:《河洛墓刻拾零》230。

D302:8859,1 張。

0814　劉娘墓誌並蓋

首題:唐相州安陽縣劉七娘墓誌銘并序;蓋題:劉女墓誌。

唐開元二十五年(737)四月二十二日葬。河南安陽出土。

誌正書,19 行,行 19 字;蓋正書,2 行,行 2 字。拓片,41cm×40cm(誌),30cm×29cm(蓋)。

附注:墓主諱娘字平等,首題劉七娘。誌有方界格。

著録文献:《秦晉豫新出墓誌蒐佚三編》420。

D302:10043～-2,各 2 張。

0815　王賢墓誌

首題:大唐故王君墓誌銘并序。

唐開元二十五年(737)十一月三日葬。河南安陽縣出土。

正書,17 行,行 18 字。拓片,44.5cm×44cm。

附注:有方界格。

著録文献:《秦晉豫新出墓誌蒐佚三編》421。

D302:9083,1 張。

0816　米欽道墓誌並蓋

首題:故正義大夫行雟州別駕米君墓誌並序;蓋題:故雟州別駕米君

墓誌。

唐開元二十五年（737）十一月十四日葬。河南洛陽出土，現藏龍門博物館。

誌正書，20行，行20字；蓋正書，3行，行3字。拓片，58cm×58cm（誌）；24cm×24cm（蓋）。

附注：誌側刻花紋。葬年干支當丁丑，誤爲乙丑。

著錄文獻：《洛陽流散唐代墓誌彙編續集》133。

D302:10450,2張。

0817　宋方墓誌

蓋題：唐故宋君墓誌之銘；首題：唐故板授隰州刺史宋君墓誌銘。

唐開元二十五年（737）十一月二十六日葬。山西長治出土，現藏洛陽九朝刻石文字博物館。

誌正書，15行，行15字；蓋篆書，3行，行3字。拓片，43cm×43cm。

附注：葬年月干支不符，文"十一月辛卯朔"，開元二十五年十一月當辛未朔。

著錄文獻：《洛陽新獲七朝墓誌》221（有蓋）。

D302:9497,1張,蓋失拓,2016年9月齊運通捐贈。

0818　邵承墓誌

首題：唐故朝散大夫壽州長史安陽邵府君墓誌銘並序。

（唐）權澈撰。唐開元二十六年（738）正月二十七日葬。河南洛陽出土，張鈁舊藏，現藏河南新安鐵門鎮千唐誌齋博物館。

正書，26行，行26字。拓片，60cm×60cm。

著錄文獻：《隋唐五代墓誌匯編·洛陽卷》10/144；《千唐誌齋藏誌》769。

D303:1880,1張。

0819　薛政妻盧未曾有墓誌

首題：大唐河東薛公故夫人盧氏墓誌銘并序。

唐開元二十六年（738）正月二十七日葬。河南洛陽出土。

正書，19行，行18字。拓片，32.5cm×33cm。

D302:10044,1張。

0820　景晙墓誌

首題：唐故朔州司法景君墓誌。

唐開元二十六年（738）二月十六日葬。山西長治出土。

正書，12行，行12字。拓片，36cm×37cm。

附注：有方界格。

著錄文獻：《西南大學新藏墓誌集釋》142。

D302:9084,1張。

0821　杜珽墓誌

首題：唐故下邽縣令贈衛州司馬京兆杜公墓誌銘并序；蓋題：大唐故杜府君墓誌銘。

唐開元二十六年（738）二月二十二日葬。陝西西安出土。

誌正書，26行，行26字；蓋篆書，3

行,行 3 字。拓片,50cm×49cm。

附注:有方界格。

著録文獻:《西安新獲墓誌集萃》52(有蓋)。

D302:8781,1 張,蓋失拓。

0822　吳莊及妻董氏墓誌並蓋

首題:大唐故前黃州司馬吳公并夫人董氏墓誌銘並序;蓋題:故黃州司馬吳君墓銘。

唐開元二十六年(738)五月十七日葬。河南三門峽出土。

誌正書,19 行,行 19 字;蓋篆書,陽文,3 行,行 3 字。拓片,39cm×39cm(誌),41.5cm×41.5cm(蓋)。

附注:蓋刹刻地支,有方界格。

D302:10045,2 張。

0823　秦守一妻沈和墓誌

首題:唐故大司農秦公夫人吳興郡夫人沈氏墓誌銘并序。

唐開元二十六年(738)五月二十九日葬。陝西西安出土。

正書,28 行,行 28 字。拓片,62cm×63cm。

D302:9085,1 張。

0824　鄭俌墓誌

首題:大唐故陳州司户鄭公墓誌銘並敘。

唐開元二十六年(738)八月十三日葬。河南洛陽出土。

正書,27 行,行 28 字。拓片,60cm×60cm。

著録文獻:《秦晉豫新出墓誌蒐佚三編》423。

D302:10451,1 張。

0825　李循忠妻王氏墓誌並蓋

蓋題:大唐故王夫人墓誌銘。

唐開元二十六年(738)八月二十四日葬。河南洛陽出土。

誌正書,16 行,行 16 字;蓋篆書,3 行,行 3 字。拓片,45.5cm×45cm(誌),24cm×25cm(蓋)。

附注:蓋頂周刻花紋。

著録文獻:《秦晉豫新出墓誌蒐佚三編》425。

D302:9623,2 張。

0826　王守信墓誌並蓋

首題:大唐故雲麾將軍右驍衛大將軍汾西郡開國伯上柱國内供奉王府君墓誌銘并序;蓋題:大唐故王府君墓誌銘。

(唐)王懷忠撰並書。唐開元二十六年(738)閏八月六日葬。陝西西安出土。

誌行書,25 行,行 25 字;蓋行書,3 行,行 3 字。拓片,73cm×73cm(誌),77cm×76.5cm(蓋,含刹)。

附注:誌周刻竊曲紋,蓋頂四周刻花紋,刹刻四神,蓋碎爲四塊。

著録文獻:《秦晉豫新出墓誌蒐佚續編》506;《洛陽新獲墓誌二〇一五》190。

D302:8860,2 張。

0827　劉策墓誌並蓋

首題:大唐故處士劉君墓誌銘并

序;蓋題:劉君墓誌。

唐開元二十六年(738)十月二十一日葬。河南安陽出土。

誌隸書,20行,行20字;蓋篆書,2行,行2字。拓片,43.5cm×43cm(誌),43cm×43.5cm(蓋)。

附注:有方界格,蓋頂及四剎刻花紋。

D302:9773～－2,各2張,2017年元月衛艷波捐贈。

0828　李遂墓誌

首題:故揚州海陵主簿李君墓誌文。

唐開元二十六年(738)十月二十六日葬。陝西西安出土。

正書,18行,行19字。拓片,43cm×40cm。

附注:有方界格。

著錄文獻:《秦晉豫新出墓誌蒐佚三編》426。

D302:9390～－2,各1張。

0829　崔延昭墓誌並蓋

首題:唐故岐州岐陽縣丞博陵崔公墓誌銘並序;蓋題:大唐故崔府君墓誌銘。

(唐)孟匡朝撰。唐開元二十七年(739)正月二十七日葬。陝西西安出土。

誌正書,28行,行28字;蓋正書,3行,行3字。拓片,56.5cm×56.5cm(誌),42cm×41cm(蓋)。

附注:蓋頂周刻花紋。

著錄文獻:《洛陽新獲墓誌百品》74。

D302:9809,2張。

0830　周誠墓誌

首題:大唐故朝議郎行監察御史周府君墓誌銘並序。

唐開元二十七年(739)正月二十八日葬。河南洛陽出土,張鈁舊藏,現藏河南新安鐵門鎮千唐誌齋博物館。

正書,22行,行22字。拓片,40cm×38cm。

著錄文獻:《隋唐五代墓誌匯編·洛陽卷》10/154;《千唐誌齋藏誌》773。

D303:1881,1張。

0831　韓尚墓誌

首題:唐故處士韓府君墓誌銘。

唐開元二十七年(739)正月□□日葬。山西長治出土。

正書,15行,行15字。拓片,44cm×44cm。

附注:誌石中部漫漶,墓主諱不清,或為"容",字尚。葬日為己卯年正月甲午朔□□日壬申,此月無壬申日,日干支有誤。

D302:10046,1張。

0832　王元琰墓誌

首題:大唐故蔚州刺史兼橫野軍使上柱國王府君墓誌並序。

唐開元二十七年(739)二月十日葬。河南洛陽出土,張鈁舊藏,現藏河南新安鐵門鎮千唐誌齋博物館。

正書,28行,行29字。拓片,74cm×74cm。

著錄文獻:《隋唐五代墓誌匯編·洛

0833　郭君妻鄭氏墓誌
首題：唐故滎陽鄭氏墓誌。
唐開元二十七年（739）二月二十六日葬。河南洛陽出土。
正書，11 行，行 11 字。拓片，30cm×30cm。
附注：有方界格。誌文有"與郭氏離絕，遂歸宗焉"句，夫姓爲郭。
D302：10036，1 張。

0834　薛崇允墓誌
首題：大唐故游騎將軍守左衛勳一府中郎將上柱國翼城縣開國男薛府君墓誌銘并題。
（唐）賀蘭晉撰；（唐）田敷庭書。唐開元二十七年（739）四月九日葬。陝西咸陽出土。
正書，31 行，行 32 字。拓片，72cm×74cm。
附注：有方界格。
著錄文獻：《秦晉豫新出墓誌蒐佚三編》429。
D302：9624，1 張。

0835　左適墓誌並蓋
首題：故黃州司馬齊郡左府君墓誌並序；蓋題：大唐故左府君墓誌銘。
（唐）王杲撰。唐開元二十七年（739）四月十二日葬。河南洛陽偃師出土。
誌正書，19 行，行 20 字；蓋篆書，3 行，行 3 字。拓片，30cm×30cm（誌），17cm×17cm（蓋）。
著錄文獻：《秦晉豫新出墓誌蒐佚續編》512；《洛陽新獲墓誌二〇一五》191。
D302：10452，1 張，誌蓋合拓。

0836　亡宮九品墓誌
首題：九品亡宮誌文。
唐開元二十七年（739）四月二十九日葬。陝西西安出土。
正書，10 行，行 11 字。拓片，49cm×49cm（含側）。
D302：9328，1 張。

0837　李隱之墓誌並蓋
首題：唐故贈泉州司馬李公墓誌銘并序；蓋題：大唐故李府君墓誌銘。
唐開元二十七年（739）五月五日葬。河南洛陽出土，現藏洛陽九朝刻石文字博物館。
誌正書，22 行，行 22 字；蓋篆書，3 行，行 3 字。拓片，48cm×48.5cm（誌），51cm×52cm（蓋，含剎）。
附注：蓋頂及剎刻花紋。
著錄文獻：《洛陽新獲墓誌二〇一五》192；《洛陽流散唐代墓誌彙編續集》137；《秦晉豫新出墓誌蒐佚三編》430。
D302：9498，2 張，2016 年 9 月齊運通捐贈。

0838　張法雲墓誌並蓋
首題：大唐故開元觀主三洞女官張法師墓誌銘并序；蓋題：故開元張觀主墓誌銘。

唐開元二十七年（739）八月十二日葬。河南洛陽出土，現藏洛陽市文物考古研究院。

誌正書，20 行，行 20 字；蓋正書，3 行，行 3 字。拓片，48cm×47cm（誌，含側），35cm×35cm（蓋，含剎）。

附注：誌側刻花紋，蓋頂周刻竊曲紋，剎刻花鳥紋。

D302:8697，2 張。

0839　王晞妻鄭氏墓誌並蓋

首題：故銀青光禄大夫酇州刺史琅耶王府君妻滎陽郡夫人鄭氏墓誌並序；蓋題：大唐故滎陽郡夫人鄭氏墓誌。

（唐）王介撰；（唐）王侁書。唐開元二十七年（739）八月十二日。陝西咸陽出土。

誌正書，23 行，行 24 字；蓋篆書，4 行，行 3 字。拓片，71cm×73cm（誌），60cm×60cm（蓋）。

附注：誌側及蓋剎刻花紋，蓋裂二道。夫諱據開元十二年王晞墓誌。

D302:10314，2 張。

0840　白大照墓誌

首題：大唐故嘉［州］治中邵陵郡公白府君墓誌銘并序。

（唐）鄭少仁撰；（唐）白震書。唐開元二十七年（739）九月十二日葬。河南滎陽出土。

正書，26 行，行 26 字。拓片，66cm×66cm。

附注：側刻十二生肖。

D302:10047，1 張。

0841　張琬妻王氏墓誌並蓋

首題：大唐開元二十七年十月十四日故會州刺史張府君夫人太原王氏墓誌銘；蓋題：唐故張府君夫人墓誌。

唐開元二十七年（739）十月十四日葬。

誌正書，10 行，行 11 字；蓋篆書，3 行，行 3 字。拓片，30cm×30cm（誌），30.5cm×31.5cm（蓋）。

著錄文獻：《秦晉豫新出墓誌蒐佚三編》437。

D302：10048，1 張，誌蓋合拓；D302：10048－2，2 張。

0842　王智言墓誌

首題：唐故處士太原王府君墓誌銘並序。

唐開元二十七年（739）十月二十五日葬。河南洛陽出土，張鈁舊藏，現藏河南新安鐵門鎮千唐誌齋博物館。

正書，17 行，行 18 字。拓片，37cm×37cm。

附注：誌主字智言。

著錄文獻：《隋唐五代墓誌匯編·洛陽卷》10/170；《千唐誌齋藏誌》781。

D303:1883，1 張。

0843　席子産墓誌並蓋

首題：大唐故申州長史上柱國襲烏氏郡公安定席公誌石文并序；蓋題：大唐故席府君墓誌銘。

唐開元二十七年（739）十月二十六日葬。河南洛陽出土，現藏洛陽九朝刻石文字博物館。

誌正書,20 行,行 29 字;蓋篆書,3 行,行 3 字。拓片,83cm×83cm(誌),89cm×88.5cm(蓋,含刹)。

附注:有方界格,蓋刹刻十二生肖圖。

著録文獻:《洛陽新獲墓誌二〇一五》196;《洛陽流散唐代墓誌彙編續集》142。

D302:9499,2 張,2016 年 9 月齊運通捐贈。

0844　崔從客墓誌

首題:唐故朝議大夫彭州司馬崔府君墓誌銘並序。

(唐)劉鍠撰。唐開元二十七年(739)十一月二十六日葬。河南洛陽出土。

正書,26 行,行 26 字。拓片,42cm×42cm。

著録文獻:《洛陽流散唐代墓誌彙編續集》143(作崔從令)。

D302:10453,1 張。

0845　高斑墓誌並蓋

首題:唐故相州參軍高府君墓誌銘并序;蓋題:大唐故高府君墓誌銘。

唐開元二十七年(739)十二月八日葬。2009 年春河南洛陽洛龍區龍門鎮魏灣村出土。

誌正書,22 行,行 25 字;蓋正書,3 行,行 3 字。拓片,88cm×88.5cm (誌,含側),65cm×65cm(蓋,含刹)。

附注:誌有方界格,側刻花紋,蓋刹刻神獸級花紋。

著録文獻:《秦晉豫新出墓誌蒐佚續編》480。

D302:8861,2 張。

0846　單重忻墓誌

首題:唐故昭武校尉守同州南鄉府折衝都尉威遠營副使上柱國賜緋魚袋單府君墓誌銘并序。

唐開元二十七年(739)十二月八日葬。陝西西安出土。

正書,30 行,行 31 字。拓片,49.5cm×50cm。

附注:有方界格。

著録文獻:《洛陽新獲七朝墓誌》227;《秦晉豫新出墓誌蒐佚續編》516。

D302:8862,1 張。

0847　胡崇獻墓誌

首題:唐故雲麾將軍左金吾將軍左羽林軍上下開國伯上柱國胡君墓誌。

唐開元二十八年(740)二月三日葬。陝西西安出土。

正書,25 行,行 27 字。拓片,68cm×68cm。

附注:"崇獻"爲字,諱缺刻。

D302:10315,1 張。

0848　井慶墓誌並蓋

首題:大唐故處士井君墓誌銘並序;蓋題:大唐故士井君墓誌銘。

唐開元二十八年(740)二月十五日葬。河北臨漳縣出土。

誌隸書,23 行,行 23 字;蓋篆書,陽文雙鉤,3 行,行 3 字。拓片,58cm×59cm(誌),59.5cm×58.5cm(蓋)。

附注:有方界格。

著録文獻:《秦晉豫新出墓誌蒐佚三編》438。

D302:10049～-2,各2張。

0849　韓休墓誌並蓋

首題:大唐故太子少師贈楊州大都督昌黎韓府君墓誌銘并序;蓋題:大唐故韓府君墓誌銘。

(唐)席豫撰。唐開元二十八年(740)八月十八日葬。2014年陝西西安長安區郭新莊村出土。

誌正書,41行,行44字;蓋篆書,3行,行3字。拓片,71cm×70.5cm(誌),69cm×69cm(蓋,含刹)。

附注:蓋頂四周及刹刻花紋。首題"揚州"作"楊州"。

著録文獻:《風引薤歌:陝西歷史博物館藏墓誌萃編》028;《北京大學圖書館新藏金石拓本菁華續編》183;《西南大學新藏石刻拓本匯釋》148;《洛陽新獲墓誌百品》75。

D302:9391/SB,2張。

0850　李宣妻盧堂墓誌

首題:大唐朝散大夫前行潤州句容縣令上柱國高密縣開國公故夫人范陽盧氏墓誌銘并序。

唐開元二十八年(740)八月二十八日。河南洛陽出土。

正書,24行,行23字。拓片,41cm×41cm。

著録文獻:《秦晉豫新出墓誌蒐佚三編》440。

D302:10050～-2,各1張。

0851　張君妻崔媛墓誌並蓋

首題:大唐陽翟縣尉張公故夫人崔氏墓誌銘并序;蓋題:河南府偃師縣龍池鄉。

唐開元二十八年(740)十一月二十六日葬。河南洛陽偃師出土。

誌隸書,21行,行25-30字不等;蓋篆書,3行,行3字。拓片,48.5cm×48.5cm(誌),29.5cm×29.5cm(蓋)。

附注:左上半漫漶。蓋題九字爲葬地名稱。

著録文獻:《秦晉豫新出墓誌蒐佚續編》518;《洛陽流散唐代墓誌彙編續集》147。

D302:8939,2張,2015年3月史睿捐贈。

0852　崔恕墓誌

首題:唐故朝議郎前行括蒼令崔府君墓誌銘並序。

唐開元二十八年(740)十二月二十六日卒。河南洛陽出土,張鈁舊藏,現藏河南新安鐵門鎮千唐誌齋博物館。

正書,18行,行19字。拓片,36cm×36cm。

附注:有方界格。十二月二十六日遘疾,葬年殘泐,"以其□□□□廿六日殯□河南縣□樂之原,禮也"。

著録文獻:《千唐誌齋藏誌》785;《隋唐五代墓誌匯編·洛陽卷》10/194。

D303:1884,1張。

0853　法成墓誌

首題：大唐相州大慈寺比丘法成碑序；額題：唐故劉師銘。

唐開元二十八年（740）十二月二十九日葬。河南安陽縣出土。

正書，12行，行17字（第一石）；9行，行14字（第二石）；額篆書，橫題雙鉤，1行5字。拓片，62cm×32cm（第一張），61cm×33cm（第二張）。

附注：首題題爲碑實爲誌，末行款"開元廿八年十二月廿四日"。碑形圓首，兩面刻，有方界格。

著錄文獻：《秦晉豫新出墓誌蒐佚續編》519。

D302：9086，2張。

0854　郭福墓誌

首題：唐故處士郭君墓誌銘。

唐開元二十九年（741）正月三日葬。山西長治出土。

正書，15行，行15字。拓片，44cm×44cm。

D302：10051，1張。

0855　李道亮墓誌並蓋

首題：唐故都菀摠監副監李公墓誌銘并序；蓋題：大唐故李府君墓誌銘。

唐開元二十九年（741）正月十四日葬。河南洛陽出土。

誌正書，27行，行27字；蓋篆書，3行，行3字。拓片，53cm×53cm（誌），35cm×35cm（蓋）。

附注：誌有方界格，蓋頂四周刻花紋。

著錄文獻：《洛陽流散唐代墓誌彙編續集》148；《秦晉豫新出墓誌蒐佚三編》441。

D302：8863，2張。

0856　蘇倡墓誌

首題：大唐故寧州司法參軍事蘇府君墓誌銘并序。

唐開元二十九年（741）二月二十日葬。陝西西安出土。

正書，23行，行23字。拓片，38.9cm×40cm。

附注：末行款"開元廿九年二月廿日記"。有方界格。

著錄文獻：《秦晉豫新出墓誌蒐佚三編》442。

D302：9087，1張。

0857　席庭訓墓誌並蓋

首題：唐故衛州共城縣令席府君墓誌銘并敘；蓋題：大唐故席府君墓誌銘。

（唐）慕容泳撰。唐開元二十九年（741）二月二十日葬。河南孟州出土，現藏洛陽九朝刻石文字博物館。

誌正書，21行，行29字；蓋篆書，3行，行3字。拓片，70.5cm×71cm（誌），89cm×89cm（蓋，含刹）。

附注：蓋刹刻十二生肖圖。

著錄文獻：《洛陽新獲墓誌二〇一五》197；《洛陽流散唐代墓誌彙編續集》149。

D302：9500，2張，2016年9月齊運通捐贈。

0858　王元琰妻樊氏墓誌

首題:大唐故蔚州刺史王府君夫人南陽郡君樊氏墓誌銘並序。

(唐)翁偉撰。唐開元二十九年(741)三月二十一日葬。河南洛陽出土,張鈁舊藏,現藏河南新安鐵門鎮千唐誌齋博物館。

正書,20行,行20字。拓片,53cm×53cm。

著錄文獻:《隋唐五代墓誌匯編·洛陽卷》10/197;《千唐誌齋藏誌》787。

D303:1885,1張。

0859　張神智墓誌並蓋

首題:大唐故忠武將軍行右龍武軍翊府中郎將張公墓誌銘并序;蓋題:大唐故張府君墓誌銘。

唐開元二十九年(741)八月六日葬。陝西西安出土。

誌正書,22行,行23字;蓋篆書,3行,行3字。拓片,35.5cm×35.5cm(誌),22cm×21cm(蓋)。

附注:右下角殘缺,斜裂一道。

著錄文獻:《秦晉豫新出墓誌蒐佚三編》443。

D302:9088,2張。

0860　裴文明墓誌

首題:大唐故德州司功裴府君墓誌銘并序。

(唐)蘇侗撰。唐開元二十九年(741)八月二十四日葬。河南洛陽偃師出土。

正書,24行,行24字。拓片,45.5cm×46cm。

著錄文獻:《秦晉豫新出墓誌蒐佚續編》523;《西南大學新藏墓誌集釋》151;《秦晉豫新出墓誌蒐佚三編》444;《洛陽流散唐代墓誌彙編三集》143。

D302:8698,1張。

0861　鄭虛心墓誌並蓋

首題:大唐故亳州司倉參軍□□鄭府君墓誌并序;蓋題:大唐故鄭府君墓誌銘。

唐開元二十九年(741)十一月二日葬。河南洛陽出土,現藏洛陽市文物考古研究院。

誌正書,25行,行25字;蓋篆書,3行,行3字。拓片,66.5cm×65cm(誌,含側),48cm×47.5cm(蓋,含剎)。

附注:誌側刻十二生肖,蓋頂周刻波浪紋,剎刻四神。

D302:8699,2張。

0862　米友及妻畢氏墓誌並蓋

首題:大唐故遊擊將軍果毅都尉米府君夫人墓誌銘并序;蓋題:大唐故米府君墓誌銘。

唐天寶元年(742)正月幾望葬。河南洛陽洛龍區出土,現藏洛陽市文物考古研究院。

誌正書,23行,行22字;蓋篆書,3行,行3字。拓片,55cm×55.5cm(誌,含側),43cm×43cm(蓋,含剎)。

附注:幾望一般爲正月十四日。誌文多被包漿所掩,有方界格,誌側及蓋剎刻花紋。

著録文献:《洛陽流散唐代墓誌彙編三集》150。

D302:8700,2張。

0863　惠弘墓誌並蓋

首題:大唐故惠府君墓誌銘并序;蓋題:大唐故惠府君墓誌銘。

唐天寶元年(742)正月十五日葬。陝西富平縣出土。

誌正書,21行,行23字;蓋篆書,3行,行3字。拓片,53cm×53cm(誌),61.5cm×61.5cm(蓋,含刹)。

附注:有方界格,蓋刹刻花紋。

D302:9392,2張。

0864　閻晉墓誌

首題:唐故薊州漁陽府別將上柱國閻君墓誌。

唐天寶元年(742)正月十六日葬。河南洛陽出土。

正書,14行,行15字。拓片,31cm×31.5cm。

著録文献:《洛陽流散唐代墓誌彙編續集》152。

D302:9393～-2,各1張。

0865　王懷勖墓誌

首題:大唐故太中大夫行西州都督府別駕兼天山軍副使賜紫金魚袋上柱國王府君墓誌。

(唐)夏侯种書。唐天寶元年(742)正月二十六日葬。河南洛陽出土。

正書,22行,行22字。拓片,36cm×35cm。

著録文献:《洛陽流散唐代墓誌彙編三集》146。

D302:10053,1張。

0866　陳懷哲墓誌並蓋

首題:唐故龍興觀觀主陳法師墓誌銘并序;蓋題:大唐龍興之觀故觀主陳懷哲墓誌之銘。

唐天寶元年(742)四月二十三日葬。陝西西安出土。

誌正書,21行,行23字;蓋篆書,4行,行4字。拓片,45cm×44cm(誌),24.5cm×23.5cm(蓋)。

附注:誌云天寶元年三月二十八日卒,以其月丁酉葬,是月無丁酉日,可推知葬非三月,姑且作次月丁酉葬。

著録文献:《秦晉豫新出墓誌蒐佚三編》448。

D302:9090,2張。

0867　呂獻臣墓誌

首題:大唐故吳郡長洲縣令呂府君墓誌銘並序。

(唐)劉緣光撰;(唐)呂漣書。唐天寶元年(742)七月四日葬。河南洛陽偃師出土。

隸書,22行,行22字。拓片,54cm×54cm。

著録文献:《秦晉豫新出墓誌蒐佚》492;《洛陽流散唐代墓誌彙編三集》147。

D302:9810～-2,各1張。

0868　張伏生墓誌

首題:大唐故寧遠將軍左龍武軍中郎將賜紫金魚袋上柱國張公墓誌

並序。

（唐）郭眺撰。唐天寶元年（742）七月七日葬。河南洛陽出土，張鈁舊藏，現藏河南新安鐵門鎮千唐誌齋博物館。

正書，27 行，行 27 字。拓片，55cm×55cm。

著錄文獻：《隋唐五代墓誌匯編·洛陽卷》11/11；《千唐誌齋藏誌》801（作張狀生）。

D303：1886，1 張。

0869　李符彩墓誌

首題：大唐故右金吾衛胄曹參軍隴西李府君墓誌銘並序。

（唐）王端撰；（唐）趙曄書。唐天寶元年（742）七月十九日葬。河南洛陽出土，張鈁舊藏，現藏河南新安鐵門鎮千唐誌齋博物館。

正書，26 行，行 27 字。拓片，53cm×53cm。

附注：誌石豎裂兩半。

著錄文獻：《隋唐五代墓誌匯編·洛陽卷》11/12；《千唐誌齋藏誌》802。

D303：1887，1 張。

0870　李晊墓誌並蓋

首題：大唐故吏部常選李府君墓誌銘并序；蓋題：大唐故李府君墓誌銘。

唐天寶元年（742）十月二十六日葬。2005 年河南洛陽龍門鎮出土，孟氏藏石。

誌正書，16 行，行 15 字；蓋篆書，3 行，行 3 字。拓片，29.5cm×30cm（誌），30.5cm×30.5cm（誌，含刹）。

附注：有方界格。蓋素刹，蓋左半殘損，此誌蓋與著錄文獻所收皆不同。

著錄文獻：《河洛墓刻拾零》253（有蓋）；《龍門區系石刻文萃》207；《洛陽新獲七朝墓誌》239（有蓋）。

D302：5338，2 張；D302：5338－2，1 張，蓋失拓。

0871　許子順墓誌

首題：大唐故扶州司倉參軍事高陽許君墓誌文并序。

（唐）許衍撰並書。唐天寶元年（742）十一月二十五日葬。

正書，20 行，行 19 字。拓片，39cm×40cm。

D302：10052～－2，各 1 張。

0872　劉君妻解淑墓誌

首題：唐故清河郡長史徐國公劉府君夫人解氏墓誌銘并序。

唐天寶元年（742）十一月二十九日葬。河南洛陽出土。

正書，19 行，行 20 字。拓片，57cm×36cm（含上下兩側）。

附注：墓誌斜裂。

著錄文獻：《洛陽流散唐代墓誌彙編續集》154。

D302：9625，1 張。

0873　李整墓誌

首題：大唐故平州司馬李君墓誌銘并序。

唐天寶元年（742）十二月十九日葬。河北臨漳縣出土。

正書，19 行，行 19 字。拓片，38cm×

38cm。

附注：有方界格。

D302：8701，1張。

0874　李齊俗妻韋氏墓誌並蓋

首題：儀王府錄事參軍李齊俗故夫人墓誌銘並序；蓋題：大唐故韋夫人墓誌銘。

唐天寶二年（743）正月二十日葬。陝西西安出土。

誌正書，23行，行24字；蓋篆書，3行，行3字。拓片，44cm×44cm（誌），46cm×45cm（蓋）。

附注：有方界格。

著錄文獻：《秦晉豫新出墓誌蒐佚三編》455。

D302：10054～-2，各2張。

0875　王京墓誌

首題：（上泐）故王君墓誌銘并敘序；別名：王君墓誌。

唐天寶二年（743）三月二十一日葬。河南安陽縣出土。

正書，16行，行17字。拓片，34cm×34cm。

附注：有方界格，右上角殘缺。漫漶甚，諱不可辯，字京。

D302：8554，1張。

0876　李誠初墓誌

首題：大唐故安化郡都督府倉曹參軍李君墓誌銘并序。

唐天寶二年（743）四月二十八日葬。陝西西安出土。

正書，23行，行22字。拓片，44cm×43.5cm。

附注：有方界格，誌石斷裂爲二。

著錄文獻：《洛陽新獲七朝墓誌》241。

D302：9501，1張，2016年9月齊運通捐贈。

0877　鄭憬妻崔氏墓誌

首題：右千牛衛錄事參軍滎陽鄭憬故夫人清河崔氏墓誌銘。

（唐）鄭憬撰並書。唐天寶二年（743）五月十一日葬。河南洛陽出土，現藏河南洛陽市文物考古研究院。

正書，19行，行19字。拓片，53.5cm×53cm（含側）。

附注：有方界格，誌側刻花紋。

D302：8702，1張。

0878　魯君妻宋氏墓誌並蓋

首題：宋夫人誌文并序；蓋題：大唐故宋夫人墓誌銘。

（唐）謝縝撰。唐天寶二年（743）十一月二十五日葬。河南洛陽洛龍區出土。

誌正書，24行，行25字；蓋篆書，3行，行3字。拓片，56cm×56cm（誌），59cm×60cm（蓋，含刹）。

附注：文中有"年十九作嬪于魯我上柱國府君鳳凰和鳴……"。有方界格，蓋頂周刻竊曲紋刹刻花鳥紋。

著錄文獻：《洛陽流散唐代墓誌彙編續集》156；《秦晉豫新出墓誌蒐佚三編》456。

D302：9091，2張。

0879　張洪墓碣

首題:唐故張府君墓碣銘序;額題:張君之銘。

唐天寶二年(743)十二月七日葬。山西長治出土。

陽、陰正書,各 11 行,行 16 字;陽額篆書,陽文,2 行,行 2 字。拓片,54.5cm×30.5cm(陽),54cm×30.5cm(陰)。

附注:誌爲碑形,圓首,兩面刻,有方界格,陰額獅首畫像。

D302:8864~－2,各 2 張。

0880　和德墓誌

首題:唐故上黨郡處士汝南和君墓誌之銘并序。

唐天寶三年(744)正月二十五日葬。山西長治出土。

行書,19 行,行 19 字。拓片,44cm×45cm。

D302:9713,1 張。

0881　李詠墓誌並蓋

首題:故資陽郡司法參軍李府君誌文;蓋題:大唐故李府君墓誌銘。

(唐)崔少通撰。唐天寶三年(744)閏二月三日葬。河南洛陽偃師緱氏鎮出土。

誌正書,13 行,行 16 字;蓋篆書,3 行,行 3 字。拓片,31cm×31cm(誌),21cm×20cm(蓋)。

附注:有方界格,左下角斷裂。

著錄文獻:《洛陽新獲墓誌二○一五》202;《洛陽流散唐代墓誌彙編續集》157;《秦晉豫新出墓誌蒐佚三編》458。

D302:9626,2 張。

0882　長孫□墓誌並蓋

首題:唐□□□奉節縣令長孫公亡男墓誌銘並序;蓋題:唐故長孫府君墓誌銘。

唐天寶三年(744)閏二月十五日葬。陝西西安出土。

誌正書,18 行,行 19 字;蓋篆書,3 行,行 3 字。拓片,36cm×36cm(誌),38cm×38cm(蓋)。

附注:墓主諱殘泐不可辨。

D302:10055~－2,各 2 張。

0883　白婆奴墓誌

首題:大唐故吏部常選白府君墓誌銘並序。

唐天寶三年(744)三月二十日葬。山西長治出土。

正書,19 行,行 19 字。拓片,51cm×51cm。

附注:有方界格。

D302:10056,1 張。

0884　廉察墓誌並蓋

首題:唐故京兆府金城縣尉廉公墓誌銘并序;蓋題:大唐故廉府君之銘誌。

唐天寶三年(744)五月十日葬。河南靈寶出土。

誌正書,29 行,行 29 字;蓋篆書,3 行,行 3 字。拓片,58cm×58cm(誌),60cm×61cm(蓋,含刹)。

附注：有方界格，蓋頂周刻花紋，刹刻四神。

著錄文獻：《秦晉豫新出墓誌蒐佚續編》543。

D302:9092,2張。

0885　皇甫札墓誌並蓋

首題：故清化郡恩陽縣令安定皇甫府君墓誌銘并敘；蓋題：大唐故皇甫府君誌銘。

（唐）淳于□撰；（唐）元季友書。唐天寶三年（744）六月二十三日葬。河南洛陽出土。

誌正書，22行，行22字；蓋篆書，3行，行3字。拓片，36cm×37cm（誌），38cm×39cm（蓋，含刹）。

附注：蓋頂周刻水波紋、刹刻花鳥紋。撰者諱字存下半"貝"。

D302:9627,2張。

0886　元黃中墓誌

唐天寶三年（744）六月二十九日葬。河南洛陽伊川縣出土。

正書，17行，行17字。拓片，33.5cm×33.5cm。

附注：有方界格。墓主姓氏據唐廣德元年（763）八月十四日葬《元復業墓誌》補，元黃中爲元復業胞弟。

著錄文獻：《秦晉豫新出墓誌蒐佚續編》545；《洛陽流散唐代墓誌彙編續集》158。

D302:8940,1張,2015年3月史睿捐贈。

0887　崔光墓誌

首題：故陳王府屬崔府君墓誌銘并序。

唐天寶三年（744）七月二十九日葬。河南洛陽伊川縣出土。

正書，21行，行21字。拓片，79cm×78.5cm（含側）。

附注：有方界格，側刻花紋，文中下葬地點之山名被人鑿去。

著錄文獻：《秦晉豫新出墓誌蒐佚續編》546。

D302:8865,1張。

0888　馬仁軌墓誌並蓋

首題：唐故兵部常選馬君墓誌銘并序；蓋題：大唐故馬府君墓誌銘。

唐天寶三年（744）十一月一日葬。陝西銅川出土。

誌行書，23行，行23字；蓋篆書，3行，行3字。拓片，54cm×54cm（誌），33cm×32.5cm（蓋）。

附注：首"唐"字稍損。

著錄文獻：《秦晉豫新出墓誌蒐佚續編》550。

D302:8941,2張,2015年3月史睿捐贈。

0889　王仁墓誌

首題：唐故王君墓誌之銘。

唐天寶三年（744）十一月十三日葬。山西長治出土。

正書，14行，行15字。拓片，32cm×33cm。

附注：有方界格。首題"銘"原刻作

"铭"。

D302:10058,1 张。

0890　胡承禮墓誌

首題：唐故清江郡太守安定胡府君墓誌銘並序。

唐天寶三年(744)。河南洛陽出土。

正書,18 行,行 18 字。拓片,29cm×30cm。

D302:10057,1 張。

0891　牛智墓誌

首題：唐故牛君墓并序；蓋題：唐故牛君墓誌之銘。

唐天寶四年(745)正月十四日葬。山西壺關縣出土。

誌正書,16 行,行 16 字；蓋篆書,雙鈎,3 行,行 3 字。拓片,43cm×43cm。

附注：有方界格。

著錄文獻：《西安新獲墓誌集萃》54（有蓋）。

D302:8782,1 張,蓋失拓。

0892　王曜墓誌並蓋

首題：唐故右衛郎將太原王府君墓誌銘并序；蓋題：大唐故王府君墓誌銘。

（唐）陳利見撰；（唐）鄭蕁書。唐天寶四年(745)二月二十一日葬。陝西西安出土。

誌正書,23 行,行 23 字；蓋篆書,3 行,行 3 字。拓片,45.5cm×45.5cm（誌）,46.5cm×46.5cm（蓋,含刹）。

附注：有方界格,蓋頂及刹刻花紋。

著錄文獻：《西安碑林博物館新藏墓誌續編》100；《洛陽新獲墓誌二〇一五》203；《西南大學新藏石刻拓本匯釋》150。

D302:9502,2 張。

0893　王文成墓誌

首題：大唐故王府君墓誌銘並序。

唐天寶四年(745)二月二十一日葬。河南洛陽出土,張鈁舊藏,現藏河南新安鐵門鎮千唐誌齋博物館。

正書,17 行,行 18 字。拓片,35cm×35cm。

附注：有方界格。

著錄文獻：《千唐誌齋藏誌》819；《隋唐五代墓誌匯編·洛陽卷》11/48。

D303:1888,1 張。

0894　楊順墓誌

首題：唐故新平郡新平縣尉楊公誌文。

唐天寶四年(745)二月二十一日葬。陝西西安出土。

正書,19 行,行 19 字。拓片,39cm×39cm。

著錄文獻：《陝西新見唐朝墓誌》088。

D302:10316,1 張。

0895　王元磚墓誌

首題：大唐故人王元磚墓誌並序。

唐天寶四年(745)二月二十六日葬。河南宜陽出土。

正書,15 行,行 20 字左右。拓片,30cm×30cm。

D302:10062,1 張。

0896　張獨步墓誌並蓋
　　首題：大唐上柱國張君墓誌銘並序；蓋題：唐故人張府君誌之銘。
　　唐天寶四年（745）三月十二日葬。河南南陽出土。
　　誌正書，18 行，行 24 字左右；蓋篆書，3 行，行 3 字。拓片，37cm×37cm（誌），39cm×39.5cm（蓋，含刹）。
　　附注：蓋刹刻花紋。
　　D302：9858，2 張。

0897　常素墓誌
　　首題：大唐故處士常君墓誌銘並序；蓋題：唐故常君墓誌之銘。
　　唐天寶四年（745）三月二十六日葬。山西長治出土。
　　誌正書，19 行，行 19 字；蓋篆書，3 行，行 3 字。拓片，52cm×52.5cm。
　　D302：10059，1 張，蓋失拓。

0898　蘇彥伯墓誌並蓋
　　首題：大唐故中大夫守光祿卿駙馬都尉上柱國蘇公墓誌銘序；蓋題：大唐故蘇駙馬墓誌銘。
　　唐天寶四年（745）八月十七日葬。陝西西安出土。
　　誌正書，26 行，行 26 字；蓋篆書，3 行，行 3 字。拓片，59.5cm×60.5cm（誌），29cm×28cm（蓋）。
　　附注：石豎斷裂。蘇彥伯妻長寧公主。
　　D302：9628，2 張。

0899　申屠玄墓誌
　　首題：唐故申屠府君墓誌之文并序。
　　唐天寶四年（745）九月三十日葬。山西長治出土。
　　正書，17 行，行 17 字。拓片，46cm×48cm。
　　附注：有方界格。
　　著錄文獻：《西南大學新藏墓誌集釋》127。
　　D302：9714，1 張。

0900　戎師墓誌
　　首題：大唐處士戎君墓誌銘并序。
　　唐天寶四年（745）十月十二日葬。河南安陽出土，現藏安陽縣博物館。
　　正書，17 行，行 15 字。拓片，34cm×38cm。
　　附注：有方界格。
　　D302：9329，1 張。

0901　蕭希伊及妻李氏墓誌
　　首題：唐故滎澤縣尉蕭府君兼夫人李氏祔墓誌銘并序。
　　（唐）薛閑撰。唐天寶四年（745）十月十二日葬。河南出土。
　　正書，22 行，行 23 字。拓片，42cm×43cm。
　　附注：蕭希伊開元十九年卒於汜水私第，妻李氏天寶三年卒於汲縣私第，葬於舊塋。
　　著錄文獻：《秦晉豫新出墓誌蒐佚三編》464；《洛陽流散唐代墓誌彙編續集》164。

D302:10060～－2,各1張。

0902　寇南容墓誌
首題:大唐朝散大夫太原陽曲縣令上谷寇公墓誌銘并序。
(唐)達奚珣撰。唐天寶四年(745)十月十三日葬。2006年冬河南洛陽偃師緱氏鎮出土。
正書,27行,行28字。拓片,80cm×80cm(含側)。
附注:有方界格,側刻神獸級花紋。
著錄文獻:《秦晉豫新出墓誌蒐佚》511;《洛陽流散唐代墓誌彙編》163。
D302:8866,1張。

0903　宋和仲墓誌並蓋
首題:唐故通川郡東鄉縣丞宋君墓誌;蓋題:大唐故宋府君墓誌銘。
唐天寶四年(745)十月十三日葬。河南洛陽出土。
誌正書,19行,行19字;蓋正書,3行,行3字。拓片,35cm×35cm(誌),39cm×39cm(蓋,含刹)。
著錄文獻:《秦晉豫新出墓誌蒐佚續編》556;《洛陽新獲墓誌二〇一五》205。
D302:10454,2張。

0904　楊滑墓誌
首題:唐故朝請大夫澧陽郡別駕楊府君墓誌銘并序。
唐天寶四年(745)十月二十五日葬。陝西出土。
正書,27行,行27字。拓片,58cm×58cm。

附注:葬於"會昌北原"。有豎界欄。
著錄文獻:《秦晉豫新出墓誌蒐佚三編》466。
D302:9629,1張。

0905　韓子儀墓誌
首題:大唐故朝議大夫犍爲郡長史韓公墓誌銘并序。
(唐)姚著撰。唐天寶四年(745)十一月七日葬。河南洛陽出土。
正書,27行,行28字。拓片,53.5cm×52.5cm。
附注:有方界格。
著錄文獻:《秦晉豫新出墓誌蒐佚續編》559。
D302:9093,1張。

0906　李昌庭墓誌並蓋
首題:大唐故朝請大夫棣王府友隴西李府君墓誌銘並序;蓋題:大唐故李府君墓誌銘。
(唐)崔珪撰。唐天寶四年(745)十二月十三日葬。河南洛陽出土。
誌正書,26行,行28字;蓋篆書,3行,行3字。拓片,54cm×54cm(誌),32cm×32.5cm(蓋)。
著錄文獻:《洛陽流散唐代墓誌彙編三集》154。
D302:10061,2張。

0907　于齊墓誌
首題:唐故河南郡君于氏墓誌并序。
唐天寶四年(745)十二月十八日葬。河南洛陽出土。

正書,16 行,行 16 字。拓片,44.5cm×45cm。

附注:夫姓未載。

著錄文獻:《秦晉豫新出墓誌蒐佚三編》467;《洛陽流散唐代墓誌彙編續集》167。

D302:9630,1 張。

0908　劉文宗墓誌

首題:大唐故雲麾將軍行左龍武軍翊府中郎將員外置同正員上柱國劉府君墓誌銘並序。

唐天寶五年(746)四月二十七日葬。陝西西安出土。

正書,16 行,行 17 字。拓片,43cm×43cm。

D302:10317,1 張。

0909　楊曉墓誌並蓋

首題:大唐故宣德郎行左內率府長史楊府君墓誌銘并序;蓋題:大唐故楊府君墓誌銘。

(唐)楊軾撰。唐天寶五年(746)四月二十七日葬。陝西西安出土。

誌正書,24 行,行 24 字;蓋篆書,3 行,行 3 字。拓片,54.5cm×54cm(誌),53.5cm×53.5cm(蓋,含刹)。

附注:有方界格,蓋頂及刹刻花紋。

著錄文獻:《洛陽新獲墓誌二〇一五》206;《西南大學新藏石刻拓本匯釋》153。

D302:9503,2 張,2016 年 9 月齊運通捐贈。

0910　蕭立妻韋氏墓誌

唐天寶五年(746)六月三日葬。

正書,13 行,行 14 字。拓片,34cm×35cm。

附注:舊誌改刻,上部有殘缺。墓主為韋述之女。

D302:10318,1 張。

0911　崔待墓誌

首題:唐故崔君墓銘。

唐天寶五年(746)十一月七日葬。山西屯留縣出土。

正書,15 行,行 15 字。拓片,46.5cm×46.5cm。

附注:有方界格。

D302:9715,1 張。

0912　柳芬墓誌

首題:有唐故陝郡司士參軍柳公誌銘并序。

(唐)獨孤乘撰。唐天寶六年(747)正月七日卒。河南洛陽孟津縣出土。

正書,16 行,行 17 字。拓片,34cm×36cm。

附注:卒於陝,未云葬地,出土地據《秦晉豫新出墓誌蒐佚三編》。

著錄文獻:《秦晉豫新出墓誌蒐佚三編》479。

D302:9631,1 張。

0913　獨孤大隱墓誌並蓋

首題:唐故內侍省掖庭監作獨孤府君墓誌銘並序;蓋題:唐故獨孤府君墓誌銘。

唐天寶六年(747)二月三日葬。陝西西安出土。

誌正書,20行,行20字;蓋篆書,3行,行3字。拓片,43.5cm×43.5cm(誌),45cm×45cm(蓋)。

著錄文獻:《秦晉豫新出墓誌蒐佚三編》472。

D302:10063~-2,各2張。

0914　盧君妻鄭氏墓誌

首題:唐故朝散大夫太常寺恭陵署令□□□□□滎陽縣君鄭氏墓誌銘並序。

(唐)□令欽撰。唐天寶六年(747)二月三日葬。河南洛陽出土。

正書,24行,行25字。拓片,60cm×59cm。

附注:首題、誌石上部殘泐損字,側刻花紋瑞獸。

著錄文獻:《秦晉豫新出墓誌蒐佚三編》471;《洛陽流散唐代墓誌彙編續集》170。

D302:10064~-2,各1張。

0915　辛越石墓誌

首題:大唐故淄川郡濟陽縣主簿辛公墓誌文并序。

(唐)辛臨撰並書。唐天寶六年(747)二月三日葬。陝西西安出土。

正書,21行,行22字。拓片,44cm×44cm。

附注:右上角殘缺。

D302:9094,1張。

0916　竇誠盈墓誌

首題:大唐故銀青光禄大夫壽王府長史竇府君墓誌銘并序;蓋題:大唐故竇府君墓誌銘。

唐天寶六年(747)二月十四日葬。河南洛陽偃師出土。

誌隸書,29行,行29字;蓋篆書,3行,行3字。拓片,78cm×77.5cm。

附注:有方界格。

著錄文獻:《洛陽流散唐代墓誌彙編》169(有蓋);《秦晉豫新出墓誌蒐佚續編》564(有蓋);《北京大學圖書館新藏金石拓本菁華續編》185。

D302:8982,1張,蓋失拓,朱拓。

0917　韋懋墓誌

首題:大唐故朝請大夫平陽郡洪洞縣令韋府君墓誌並序。

(唐)蕭祭撰。唐天寶六年(747)五月二十一日葬。陝西西安出土。

正書,29行,行28字。拓片,53cm×53cm。張鈁舊藏,現藏河南新安鐵門鎮千唐誌齋博物館。

著錄文獻:《秦晉豫新出墓誌蒐佚三編》475。

D302:10455,1張。

0918　程玄封墓誌

首題:大唐故朝請大夫行尋陽郡司馬上柱國攝豫章郡司馬程府君墓誌銘并序;蓋題:大唐故程府君墓誌銘。

(唐)衛棻撰。唐天寶六年(747)七月二十八日葬。河南洛陽出土,現藏洛陽市文物考古研究院。

誌正書,44 行,行 44 字;蓋篆書,3 行,行 3 字。拓片,107cm×108.5cm (含側)。

附注:誌有方界格,側刻瑞禽及花紋,上部崩碎一塊。

著錄文獻:《洛陽新獲墓誌續編》145(有蓋);《新出唐墓誌百種》190;《河洛墓刻拾零》277。

D302:8703,1 張,蓋失拓。

0919　裴系墓誌並蓋

首題:唐故太中大夫河南少尹上柱國裴府君墓誌銘並序;蓋題:唐故河南尹裴公墓誌。

(唐)段諒撰;(唐)史惟則書;(唐)裴袞書蓋。唐天寶六年(747)十一月十日葬。河南洛陽緱氏鎮出土。

誌正書,30 行,行 39 字;蓋正書,3 行,行 3 字。拓片,75cm×75cm(誌),41cm×44cm(蓋)。

著錄文獻:《中國書法》2021/3;《洛陽流散唐代墓誌彙編三集》162。

D302:10456,2 張。

0920　程愨墓誌並蓋

首題:大唐故馮翊郡韓城縣丞程公墓誌銘并序;蓋題:大唐故程府君墓誌銘。

唐天寶七年(748)三月二日葬。陝西西安出土。

誌正書,22 行,行 23 字;蓋篆書,3 行,行 3 字。拓片,43cm×44.5cm(誌),29.5cm×29cm(蓋)。

附注:有方界格。

D302:8867～-2,各 2 張。

0921　王君妻長孫波若智墓誌

首題:大唐故監察御史尚舍奉御王府君夫人長孫氏墓誌銘并序。

唐天寶七年(748)四月十日葬。河南洛陽出土。

正書,26 行,行 25 字。拓片,52cm×51.5cm。

著錄文獻:《洛陽流散唐代墓誌彙編續集》172。

D302:10065,1 張。

0922　薛崇允妻李氏墓誌並蓋

首題:唐故左衛中郎薛公夫人成紀縣君李氏墓誌銘并序;蓋題:大唐故李夫人墓誌銘。

(唐)任瑗撰;(唐)田敳庭書。唐天寶七年(748)五月二十七日葬。陝西咸陽出土。

誌正書,26 行,行 26 字;蓋篆書,3 行,行 3 字。拓片,59.5cm×60.5cm(誌),75cm×73cm(蓋)。

附注:有方界格,蓋頂周刻花紋。夫諱據唐開元二十七年(739)四月九日葬《薛崇允墓誌》補。

著錄文獻:《秦晉豫新出墓誌蒐佚三編》481。

D302:9632,2 張。

0923　李順矩墓誌

首題:唐故皇五從弟朝散郎行馮翊郡白水縣尉順矩墓誌銘并序。

唐天寶七年(748)十月二十四日葬。陝西臨潼出土。

正書,16 行,行 17 字。拓片,44cm×

43cm。

附注:有方界格。

D302:9095,1 張。

0924　韓休妻柳氏墓誌並蓋

首題:唐故相公夫人河東郡夫人柳氏墓誌文;蓋題:唐故相韓公夫人河東郡夫人柳氏墓誌。

(唐)趙冬曦撰。唐天寶七年(748)十一月四日葬。2014年陝西西安長安區郭新莊村出土。

誌正書,26 行,行 27 字;蓋篆書,4 行,行 4 字。拓片,75cm×75.5cm(誌),79cm×79cm(蓋,含刹)。

附注:石面漫漶。蓋頂四周及刹刻花紋,蓋碎爲五塊。

著錄文獻:《洛陽新獲墓誌百品》78。

D302:9394/SB,2 張。

0925　鄭季遠墓誌

首題:唐故宣州參軍鄭府君墓誌銘并序。

(唐)鄭叔則撰。唐天寶七年(748)十一月三十日葬。河南洛陽偃師出土。

正書,21 行,行 21 字。拓片,59.5cm×59.5cm。

附注:有方界格。石面有數道豎刮痕損字。

著錄文獻:《秦晉豫新出墓誌蒐佚續編》573。

D302:8942,1 張,2015 年 3 月史睿捐贈。

0926　陽承訓墓誌並蓋

首題:唐故寧遠將軍守左衛京兆府高思府折衝都尉上柱國陽公墓誌銘并序;蓋題:大唐故楊府君墓誌銘。

唐天寶七年(748)十二月六日葬。陝西西安出土。

誌正書,23 行,行 23 字;蓋篆書,3 行,行 3 字。拓片,45cm×44cm(誌),48.5cm×50cm(蓋,含刹)。

附注:有方界格,蓋刻作"楊府君"。

著錄文獻:《洛陽新獲墓誌二〇一五》209;《珍稀墓誌百品》55。

D302:9504,2 張,2016 年 9 月齊運通捐贈;D302:9504,1 張,蓋失拓。

0927　智遠墓誌並蓋

首題:大唐故河南府河南縣三品孫蔣邵出家法名智遠墓誌;蓋題:蔣君墓誌;別名蔣邵墓誌。

唐天寶七年(748)十二月六日葬。河南洛陽出土。

誌正書,7 行,行 7 字;蓋篆書,2 行,行 2 字。拓片,24.5cm×24cm(誌),13.5cm×13cm(蓋)。

附注:蔣邵出家法名智遠。

D302:10066,2 張。

0928　王昔妻竇含墓誌

首題:大唐前趙郡司士參軍王昔故妻扶風竇氏墓誌銘并序。

(唐)王旻撰;(唐)王昔書。唐天寶七年(748)十二月二十四日葬。河南洛陽出土,現藏洛陽古代藝術館。

正書,23 行,行 23 字。拓片,45cm×

45cm。

附注：收藏單位在誌石左下角刻編號 459。

著錄文獻：《隋唐五代墓誌匯編·洛陽卷》11/114；《唐代墓誌匯編》1630/天寶 140。

D302:8868,1 張。

0929　楊嶠墓誌並蓋

首題：唐故朝散大夫馮翊郡馮翊縣令弘農楊府君墓誌銘并序；蓋題：大唐故楊府君墓誌銘。

唐天寶八年（749）七月二十八日葬。河南靈寶出土。

誌正書,19 行,行 20 字；蓋篆書,3 行,行 3 字。拓片,59cm×58cm（誌）,37.5cm×38cm（蓋）。

附注：有方界格,蓋頂周刻十二生肖。

D302:9096,2 張。

0930　楊真一墓誌並蓋

首題：唐故淑妃玉真觀女道士楊尊師墓誌銘并序；蓋題：大唐故楊尊師墓誌銘。

唐天寶八年（749）八月十日葬。陝西西安出土,現藏洛陽九朝刻石文字博物館。

誌正書,27 行,行 27 字；蓋篆書,3 行,行 3 字。拓片,81cm×81cm（誌,含側）,64cm×63cm（蓋,含刹）。

附注：有方界格,誌側刻花紋,蓋頂刻花紋刹刻四神。

著錄文獻：《洛陽新獲墓誌二〇一五》210；《北京大學圖書館新藏金石拓本菁華續編》181；《秦晉豫新出墓誌蒐佚三編》486。

D302:9505,2 張,2016 年 9 月齊運通捐贈。

0931　魏十二娘墓誌

首題：魏氏女墓誌銘並序。

（唐）魏少遊撰。唐天寶八年（749）八月十日葬。陝西西安出土。

正書,17 行,行 18 字。拓片,36cm×36cm。

附注：墓主字惠奴,撰者之女。

D302:10319,1 張。

0932　姚彝妻李媛墓誌並蓋

首題：唐故正議大夫行光祿少卿上柱國虢縣開國子姚府君夫人隴西郡君李氏墓誌銘並序；蓋題：唐隴西郡君李氏墓誌。

（唐）徐浩撰並書。唐天寶八年（749）八月十一日葬。河南洛陽出土。

誌正書,29 行,行 29 字；蓋篆書,3 行,行 3 字。拓片,72cm×72cm（誌）,77cm×77cm（蓋,含刹）。

附注：蓋刹刻四神。

著錄文獻：《秦晉豫新出墓誌蒐佚續編》576。

D302:10457,2 張。

0933　沈君妻來三乘墓誌磚

首題：[唐]故睦州□□沈府君故妻□陽來氏墓誌銘并序。

唐天寶八年（749）十一月十一日葬。2004 年春河南洛陽偃師首陽山出土。

正書,18行,行18字。拓片,31.5cm×31.5cm。

附注:有方界格,右邊殘,首題失三字。

著錄文獻:《河洛墓刻拾零》285。

D302:8869,1張。

0934　李齊之墓誌並蓋

首題:唐故銀青光禄大夫延王傅上柱國李公墓誌文并序;蓋題:大唐故李府君墓誌銘。

(唐)崔寓撰;(唐)李鍾書;(唐)杜胐刻。唐天寶九年(750)正月十九日葬。陝西西安出土,現藏洛陽九朝刻石文字博物館。

誌正書,38行,行37字;蓋篆書,3行,行3字。拓片,123cm×122cm(誌,含側),98cm×98cm(蓋,含刹)。

附注:側刻十二生肖圖,蓋頂周刻花紋,刹刻四神。

著錄文獻:《洛陽新獲墓誌二〇一五》211;《北京大學圖書館新藏金石拓本菁華續編》187。

D302:9489,2張,2016年9月齊運通捐贈。

0935　董元瑾墓誌

首題:唐故隴西董府君墓誌銘并序。

唐天寶九年(750)二月一日葬。河北磁縣出土。

正書,19行,行19字左右。拓片,42.5cm×41.5cm。

D302:10067,1張。

0936　劉氏墓誌

首題:唐故彭城縣君劉氏墓誌銘(下泐)。

唐天寶九年(750)二月二十六日葬。河南洛陽偃師出土。

正書,23行,行25字。拓片,43cm×43cm。

附注:誌石上部殘損,誌主夫姓缺失。

著錄文獻:《洛陽流散唐代墓誌彙編續集》175;《秦晉豫新出墓誌蒐佚三編》3/483。

D302:10458,1張。

0937　鄭彥湊墓誌並蓋

首題:大唐故朝散大夫守台州別駕上柱國沛國公鄭府君墓誌銘并序;蓋題:大唐故鄭府君墓誌銘。

唐天寶九年(750)五月九日葬。河南洛陽出土。

誌正書,24行,行25字;蓋篆書,3行,行3字。拓片,45cm×45cm(誌),51.5cm×51.5cm(蓋,含刹)。

附注:有方界格,蓋頂周刻花紋、刹刻花鳥。

著錄文獻:《洛陽流散唐代墓誌彙編續集》177。

D302:9633。

0938　李福墓誌

首題:唐故李君墓誌銘并序;蓋題:唐故李君墓誌之銘。

唐天寶九年(750)五月二十二日葬。山西長治出土。

誌正書，14行，行14字；蓋篆書，3行，行3字。拓片，45cm×43cm。

附注：誌面包漿掩字。

著錄文獻：《西安新獲墓誌集萃》57（有蓋）。

D302：8783，1張，蓋失拓。

0939　李詢貢墓誌

首題：唐故信都郡司倉隴西李府君墓誌銘並序。

（唐）袁沛撰；（唐）劉能書；（唐）盧勝書蓋。唐天寶九年（750）五月二十三日葬。河南洛陽出土。

正書，左行，20行，行23字。拓片，45.5cm×45.5cm。

附注：題蓋之"蓋"字漏刻，葬月之"月"字漏刻。

D302：9839～-2，各1張，蓋失拓。

0940　段謙妻獨孤氏墓誌

首題：大唐故吏部常選段君夫人獨孤氏墓誌銘并序。

（唐）胡詡撰。唐天寶九年（750）七月二十八日葬。陝西西安出土。

正書兼行書，21行，行18字左右。拓片，44.5cm×45cm。

D302：9634，1張。

0941　李春卿墓誌

首題：大唐故馮翊郡朝邑縣主簿李公墓誌銘并序。

（唐）尹國均撰。唐天寶九年（750）十一月十一日葬。陝西西安出土。

正書，25行，行25字。拓片，53.5cm×54.5cm。

附注：有方界格。石面漫漶。

著錄文獻：《洛陽新獲墓誌二〇一五》212；《秦晉豫新出墓誌蒐佚三編》489。

D302：9635，1張。

0942　秦奉珪墓誌

首題：唐故秦君誌銘并序。

唐天寶九年（750）十一月十六日葬。山西長治出土。

正書，17行，行17字。拓片，45cm×45cm。

著錄文獻：《西安新獲墓誌集萃》59。

D302：8784，1張。

0943　馬謙墓誌

首題：大唐故博平郡高唐縣丞馬府君墓誌銘并序。

唐天寶九年（750）十一月十七日葬。陝西出土。

正書，16行，行17字。拓片，42.5cm×43cm。

著錄文獻：《秦晉豫新出墓誌蒐佚續編》580。

D302：10068，1張。

0944　李璵墓誌並蓋

首題：唐故秀容主簿趙郡李公墓誌銘並序；蓋題：大唐故李府君墓誌銘。

（唐）李鎮撰。唐天寶九年（750）十二月十二日葬。河南洛陽出土。

誌正書，22行，行21字；蓋篆書，3行，行3字。拓片，42.5cm×42cm（誌），24cm×24cm（蓋）。

著錄文獻：《秦晉豫新出墓誌蒐佚

三編》490。

D302:10069。

0945　盧夷甫妻崔淑墓誌

首題:唐大□府參軍盧夷甫妻清河崔氏墓誌文並序。

(唐)崔蘊撰。唐天寶九年(750)十二月十八日葬。河南洛陽出土。

正書,16行,行16字。拓片,31cm×30.5cm。

著錄文獻:《秦晉豫新出墓誌蒐佚三編》491。

D302:10070,1張。

0946　張仁墓誌

首題:唐故陪戎校尉張府君墓誌文并序。

唐天寶九年(750)十二月三十日葬。山西長治出土。

正書,16行,行16字。拓片,42.5cm×44.5cm。

附注:有方界格。

D302:10071,1張。

0947　楊氏墓誌並蓋

首題:大唐故弘農縣君楊氏墓誌銘并序;蓋題:大唐故楊夫人墓誌銘。

唐天寶十年(751)正月十二日葬。2005年春河南洛陽伊川縣城關鎮出土,現藏洛陽市文物考古研究院。

誌正書,25行,行23字;蓋正書,3行,行3字。拓片,44cm×44cm(誌),52cm×52.5cm(蓋,含刹及側)。

附注:有方界格,蓋已碎存三塊,刹刻花紋。

著錄文獻:《秦晉豫新出墓誌蒐佚》553。

D302:5351,2張;D302:5351-2,1張,蓋失拓。

0948　劉仲獎妻李氏墓誌並蓋

首題:大唐故天水郡夫人李氏墓誌銘並序;蓋題:大唐故李夫人墓誌銘。

(唐)上官初撰。唐天寶十年(751)二月十九日葬。陝西西安出土。

誌正書,21行,行24字;蓋正書,3行,行3字。拓片,74cm×74cm(誌),77cm×77cm(蓋,含刹)。

附注:夫諱據其夫《劉仲獎墓誌》。誌及蓋頂周刻花紋,蓋刹刻四神。

D302:9811~-2,各2張。

0949　耿長墓誌並蓋

首題:唐鄴郡安陽縣耿氏故府君墓誌銘并序;蓋題:耿君墓誌。

唐天寶十年(751)二月二十八日記。河南安陽縣出土。

誌正書,18行,行19字;蓋篆書,雙鈎,2行,行2字。拓片,40.5cm×40cm(誌),42cm×42cm(蓋,含刹)。

附注:有方界格,蓋刹刻花紋。

著錄文獻:《秦晉豫新出墓誌蒐佚三編》493。

D302:9098,2張。

0950　王君妻楊歡憘藏墓誌並蓋

首題:大唐故弘農楊夫人墓誌銘并序;蓋題:大唐故楊夫人墓誌銘。

唐天寶十年(751)三月十九日葬。河南洛陽出土。

誌正書,23 行,行 23 字;蓋篆書,3 行,行 3 字。拓片,43cm×43cm(誌),29cm×29cm(蓋)。

附注:蓋頂周刻波紋。

D302:9636,2 張。

0951　鍾恭容墓誌

首題:大唐故左武衛中郎將鍾君墓誌銘并序。

(唐)傅庭玢書。唐天寶十年(751)五月二日葬。陝西西安出土,現藏西安博物院。

正書,24 行,行 24 字。拓片,73cm×74cm(含側)。

附注:側刻十二生肖。

D302:9330,1 張。

0952　裴擇妻靳氏墓誌

首題:唐前右金吾上谷郡長樂府左果毅都尉河東裴公故夫人靳氏墓誌銘并序。

唐天寶十年(751)五月二十日葬。河南洛陽出土。

正書,21 行,行 21 字。拓片,53cm×53cm。

附注:誌石橫裂一道。

著錄文獻:《洛陽流散唐代墓誌彙編》180;《秦晉豫新出墓誌蒐佚續編》608。

D302:9097,1 張。

0953　王克墓誌

首題:大唐故王君墓誌銘并序。

(唐)御□撰。唐天寶十年(751)八月十日葬。山西晉城縣出土。

正書,21 行,行 21 字。拓片,44cm×44cm。

附注:有方界格,殘泐甚。

D302:8870,1 張。

0954　竇誠盈妻蘇氏墓誌並蓋

首題:唐故銀青光禄大夫北海郡太守竇成[公夫]人成安郡夫人墓誌銘并序;蓋題:竇成公夫人蘇氏墓誌。

(唐)高蓋撰。唐天寶十年(751)八月二十二日葬。河南洛陽偃師出土。

誌正書,30 行,行 30 字;蓋隸書,3 行,行 3 字。拓片,61cm×62cm(誌),65cm×65cm(蓋,含剎)。

附注:有方界格,蓋頂四周及剎刻花紋。

著錄文獻:《洛陽流散唐代墓誌彙編》181;《秦晉豫新出墓誌蒐佚續編》583(無蓋);《北京大學圖書館新藏金石拓本菁華續編》188。

D302:8983~-2,各 2 張。

0955　李萱墓誌並蓋

首題:唐故隴西李府君孝廉墓誌并序;蓋題:大唐故李府君墓誌銘。

(唐)李湍撰。唐天寶十年(751)十月十八日葬。河南洛陽孟津縣出土。

誌行書,23 行,行 25 字;蓋篆書,3 行,行 3 字。拓片,36cm×35cm(誌),22cm×22cm(蓋)。

附注:稍殘泐,撰人名"湍"字左似有"氵"旁。蓋頂周刻竊曲紋。

著錄文獻:《秦晉豫新出墓誌蒐佚續編》585(無蓋)。

D302:8943,2 張,2015 年 3 月史睿

捐贈。

0956　田仁亮墓誌並蓋

首題:唐故朝請郎行臨翼郡司功參軍田府君墓誌銘并序;蓋題:大唐故田府君墓誌銘。

(唐)司馬昢撰;(唐)韓獻之書。唐天寶十年(751)十月二十一日葬。陝西西安出土,現藏西安博物院。

誌行書,25行,行24字;蓋篆書,3行,行3字。拓片,68cm×68cm(誌,含側),56cm×56cm(蓋,含刹)。

附注:誌側刻花紋,蓋頂四周刻花紋,刹刻四神。墓主天寶九載六月卒,文曰:"以來載十月二十一日遷葬",當葬在次年。

D302:9331,2張。

0957　楊瑾墓誌

首題:唐故濛陽郡司法參軍弘農楊府君墓誌銘並序。

(唐)劉單撰。唐天寶十年(751)十月二十四日葬。陝西西安出土。

正書,25行,25字。拓片,52cm×52cm。

D302:10320,1張。

0958　韋弘妻盧氏墓碣

首題:唐尚輦奉御韋君故夫人碣。

(唐)裴薦撰並書。唐天寶十年(751)十月二十五日建。河南洛陽出土。

隸書,9行,行19字。拓片,65cm×36cm。

附注:碑形,有方界格。

著錄文獻:《洛陽新獲七朝墓誌》259;《洛陽流散唐代墓誌彙編三集》173。

D302:9506,1張,2016年9月齊運通捐贈。

0959　龐昊墓誌

首題:[唐故]版授龐君墓誌銘并序。

唐天寶十年(751)十一月三日葬。河北武安出土。

正書,18行,行23字左右。拓片,38.5cm×36.5cm。

附注:首題下有"父周陁"三字,爲誌文中落刻。右上角殘缺,後部碎裂。有豎界欄。

D302:9716,1張。

0960　趙憬墓誌

首題:大唐故漢中郡都督府倉曹參軍天水趙府君墓誌銘並序。

唐天寶十年(751)十一月五日葬。河南洛陽出土,張鈁舊藏,現藏河南新安鐵門鎮千唐誌齋博物館。

正書,26行,行25字。拓片,65cm×65cm。

著錄文獻:《千唐誌齋藏誌》865;《隋唐五代墓誌匯編·洛陽卷》11/168。

D303:1889,1張。

0961　李謙墓誌並蓋

首題:大唐故右清道率府石井府右果毅都尉隴西李府君墓誌銘并序;蓋題:大唐故李府君墓誌銘。

唐天寶十年（751）十二月十一日葬。陝西西安出土。

誌正書,26 行,行 27 字,首題隸書,1 行,行 26 字;蓋篆書,3 行,行 3 字。拓片,60cm×60.5cm（誌）,62cm×63cm（蓋,含刹）。

附注:有方界格,蓋頂周刻花紋,刹刻神獸。末行款篆書。

著錄文獻:《珍稀墓誌百品》57;《秦晉豫新出墓誌蒐佚三編》496。

D302:8984,2 張。

0962　□君妻吳嘉墓誌

首題:唐故清江郡太守□□君夫人渤海郡君吳氏墓誌銘并序。

（唐）□昕撰。唐天寶十年（751）十二月二十三日葬。河南洛陽出土。

正書,24 行,行 25 字。拓片,56cm×54cm。

附注:首題夫姓殘泐,其子撰文。

著錄文獻:《洛陽流散唐代墓誌彙編》186。

D302:9637,1 張。

0963　唐周賓墓誌並蓋

首題:大唐故定遠將軍京兆慈門府折衝唐府君墓誌銘并序;蓋題:大唐故唐府君墓誌銘;蓋舊題:大唐故斛斯夫人墓誌。

唐天寶十一年（752）七月二十八日葬。陝西西安出土。

誌正書,26 行,行 27 字;蓋正書,3 行,行 3 字。拓片,63cm×62cm（誌）,34cm×32cm（蓋）。

附注:諱泐,字周賓。舊誌改刻,舊誌墓主妻斛斯氏先公而歿,葬咸寧縣,君卒後與夫人合葬,并磨去斛斯夫人墓誌字迹,改刻爲合葬誌,字迹舊痕清晰可見。蓋頂周刻花紋。

D302:9638,2 張。

0964　王礼墓誌並蓋

首題:故太原王府君墓誌;蓋題:王君墓誌。

唐天寶十一年（752）八月十日葬。河南出土。

誌正書,14 行,行 14 字;蓋篆書,2 行,行 2 字。拓片,29.5cm×30cm（誌）,13.5cm×13.5cm（蓋）。

附注:葬地"南臨須水,北拒滎波,左望鄭邦,右據周壤"。有方界格,蓋頂周刻花紋。

D302:9639,2 張。

0965　尹張生墓誌

首題:河南尹府君墓誌銘并序;額題:大唐尹氏鈞父誌。

唐天寶十一年（752）十月二十三日葬。河南洛陽出土。

陽正書,17 行,行 26 字左右;陰 8 行,行 13 字左右;額隸書,橫題,1 行 7 字。拓片,46.5cm×33.5cm（碑陽）,46cm×33.5cm（碑陰）。

附注:誌爲碑形,圓首,兩面刻,有豎界欄。

著錄文獻:《秦晉豫新出墓誌蒐佚續編》594（作尹裴生）;《洛陽流散唐代墓誌彙編續集》183。

D302:9099,2 張。

0966　李行忠及妻柳氏墓誌

首題：唐故鉅鹿郡司兵參軍李府君夫人河東柳氏墓誌銘并序。

（唐）趙復撰；（唐）趙戎書。唐天寶十一年（752）十二月十八日葬。河南洛陽出土，現藏河南洛陽市文物考古研究院。

正書，23行，行23字。拓片，48cm×47cm（含側）。

附注：誌側刻花紋，石面有包漿，銘文模糊。

D302:8704，1張。

0967　王大隱墓誌並蓋

首題：唐故睢陽郡毉博士王公墓誌銘；蓋題：大唐故王府君墓誌銘。

唐天寶十二年（753）正月二十日葬。陝西西安出土。

誌正書，18行，行20字；蓋正書，3行，行3字。拓片，35cm×35cm（誌），35cm×35cm（蓋）。

附注：撰文人殘損。

著錄文獻：《西南大學新藏石刻拓本匯釋》170。

D302:10072，2張。

0968　啖彥璀墓誌並蓋

首題：唐故衡陽郡攸縣令啖府君誌銘並序；蓋題：大唐故啖府君誌銘。

（唐）啖全用撰。唐天寶十二年（753）正月三十日葬。河南孟州出土。

誌正書，27行，行27字；篆書，3行，行3字。拓片，47cm×46.5cm（誌），49cm×47cm（蓋）。

附注：此誌爲與夫人合葬誌，《洛陽流散唐代墓誌彙編續集》120號爲開元二十三年八月十九日葬《啖彥璀墓誌》。

著錄文獻：《洛陽新獲墓誌百品》79。

D302:10073～-2，各2張。

0969　楊遺名墓誌並蓋

首題：唐故淮陰□□史楊府君墓誌銘并序；蓋題：大唐故楊府君墓誌銘。

（唐）韋述撰；（唐）閻裦書。唐天寶十二年（753）三月二十九日葬。陝西西安出土。

誌正書，25行，行25字；蓋篆書，3行，行3字。拓片，40.5cm×41cm（誌），24cm×24cm（蓋）。

D302:10074～-2，各2張。

0970　竇君妻袁氏墓誌

首題：扶風竇氏汝南袁夫人墓誌銘并序。

唐天寶十二年（753）五月二日葬。2004年河南洛陽洛龍區龍門鎮出土。

正書，19行，行19字。拓片，29.5cm×29cm。

附注：葬月日鑿改過，有方界格。

著錄文獻：《河洛墓刻拾零》297；《龍門區系石刻文萃》247。

D302:8871～-2，各1張。

0971　張仲暉墓誌

首題：大唐故朝議郎行河南府士曹參軍燉煌張公墓誌銘并序。

（唐）敬括撰。唐天寶十二年（753）

八月十六日葬。陝西涇陽出土。

正書,34 行,行 38 字。拓片,74cm×74cm。

附注:墓主諱缺刻,字仲暉。

著錄文獻:《秦晉豫新出墓誌蒐佚三編》501。

D302:8985,1 張。

0972　韋無愕妻邵氏墓誌並蓋

首題:唐京兆韋無愕故夫人安陽邵氏墓誌銘并序;蓋題:大唐故邵夫人墓誌銘。

(唐)邵說撰。唐天寶十二年(753)九月四日葬。河南洛陽洛龍區出土。

誌正書,20 行,行 19 字;蓋正書,3 行,行 3 字。拓片,36cm×35.5cm(誌),39cm×39.5cm(蓋,含剎)。

附注:誌有方界格,蓋剎刻花卉。

著錄文獻:《秦晉豫新出墓誌蒐佚三編》502;《洛陽流散唐代墓誌彙編續集》185。

D302:8872,2 張;D302:8872-2,1 張,蓋失拓。

0973　明暹墓誌並蓋

首題:故廣平郡洺水縣令明府君墓誌銘并序;蓋題:大唐故明府君墓誌銘。

(唐)歐陽瑤撰;(唐)明晤微書。唐天寶十二年(753)十月六日葬。河南洛陽出土,現藏洛陽九朝刻石文字博物館。

誌正書,32 行,行 32 字;蓋篆書,3 行,行 3 字。拓片,66cm×65.5cm(誌),73cm×74cm(蓋,含剎)。

附注:有方界格,蓋頂刻花紋、剎刻瑞禽神獸。

著錄文獻:《洛陽新獲墓誌二〇一五》215;《北京大學圖書館新藏金石拓本菁華續編》189;《洛陽流散唐代墓誌彙編續集》186。

D302:9507,2 張,2016 年 9 月齊運通捐贈。

0974　劉仲奬墓誌並蓋

首題:唐故雲麾將軍右驍尉將軍上柱國弘農縣開國男劉府君墓誌銘並序;蓋題:大唐故雲麾將軍右驍尉將軍上柱國弘農縣開國男劉府君銘。

(唐)王卓撰;(唐)釋智詳書;(唐)張渾鐫。唐天寶十二年(753)十月三十日合祔。陝西西安出土。

行書,22 行,行 22 字;蓋行書,5 行,行 5 字。拓片,73cm×74cm(誌),77cm×77cm(蓋,含剎)。

附注:誌周刻竊曲紋,蓋頂周刻花紋、剎刻四神。

D302:9812,2 張。

0975　張威墓誌

首題:大唐故張府君墓誌銘。

唐天寶十二年(753)十一月五日葬。河南安陽縣出土。

正書,18 行,行 19 字。拓片,37cm×37.5cm。

附注:有方界格。

D302:9100,1 張。

0976　吳曄墓誌

首題:唐故南陽郡內鄉縣丞吳府君

墓誌銘並序。

唐天寶十二年(753)十一月二十三日葬。河南洛陽出土,張鈁舊藏,現藏河南新安鐵門鎮千唐誌齋博物館。

正書,20行,行20字。拓片,45cm×45cm。

著錄文獻:《千唐誌齋藏誌》890;《隋唐五代墓誌匯編·洛陽卷》11/20。

D303:1890,1張。

0977　劉文暉墓誌並蓋

首題:大唐故劉君墓誌銘並序;蓋題:劉君墓誌。

(唐)薛嵩撰並書。唐天寶十二年(753)十一月二十四日葬。河南安陽出土。

誌正書兼行書,19行,行20字;蓋正書兼行書,2行,行2字。拓片,43.5cm×43.5cm(誌),34.5cm×34.5cm(蓋)。

附注:有方界格。

著錄文獻:《秦晉豫新出墓誌蒐佚三編》504。

D302:10076～-2,各2張。

0978　呂彥祖墓誌並蓋

首題:唐故呂府君墓誌銘并序;蓋題:大唐故呂府君之誌銘。

唐天寶十二年(753)十二月六日葬。河南三門峽出土。

誌正書,14行,行20字左右;蓋篆書,3行,行3字。拓片,41.5cm×42cm(誌),45cm×45cm(蓋,含刹)。

附注:舊誌石改刻,蓋刹刻雲紋。

D302:9640,2張。

0979　韓貢妻崔氏墓誌

首題:唐故崔夫人墓誌銘并序。

(唐)韓貢撰並書。唐天寶十二年(753)十二月六日葬。河南洛陽出土,現藏洛陽市文物考古研究院。

正書,25行,行25字。拓片,76cm×76cm(含側)。

附注:有方界格,誌側刻鳥獸及花卉紋。

著錄文獻:《秦晉豫新出墓誌蒐佚三編》505。

D302:8705,1張。

0980　薛良穆墓誌

首題:文林郎河東薛府君墓誌銘並序。

(唐)楊初陽撰;(唐)薛良友書。唐天寶十三年(754)正月二十五日葬。河南洛陽出土。

正書,19行,行19字。拓片,60cm×59cm。

著錄文獻:《秦晉豫新出墓誌蒐佚三編》508;《洛陽流散唐代墓誌彙編續集》188。

D302:9840,1張。

0981　朱連城墓誌並蓋

首題:故衡陽郡君吳興朱夫人墓誌并序;蓋題:大唐故朱氏夫人誌銘。

唐天寶十三年(754)四月八日葬。2009年秋河南洛陽洛龍區出土。

誌正書,22行,行22字;蓋正書,3行,行3字。拓片,69cm×70cm(誌,含側),55cm×55.5cm(蓋,含刹)。

附注:墓主夫姓名未載,舊誌石改刻,末行可見小字,誌側及蓋刹刻花紋,有方界格。

著錄文獻:《秦晉豫新出墓誌蒐佚》570。

D302:8873,2張。

0982　韓君妻房氏墓誌

首題:唐故清河房夫人墓誌銘并序。

(唐)柳望先撰;(唐)韓□書。唐天寶十三年(754)四月十九日葬。河南洛陽洛龍區出土,現藏河南洛陽市文物考古研究院。

正書,19行,行19字。拓片,56cm×55.5cm(含側)。

附注:有方界格,誌側刻瑞獸花卉,書人諱模糊不清,下半似爲"貝"。

D302:8706,1張。

0983　李峴妻獨孤峻墓誌

首題:唐將作監李峴故妻南華縣君獨孤氏墓誌銘并序。

(唐)李峴撰;(唐)徐浩書。唐天寶十三年(754)五月二十五日葬。2000年陝西西安長安區郭杜鎮出土,現藏西安市長安博物館。

正書,31行,行31字。拓片,74cm×73.5cm。

附注:有方界格。

著錄文獻:《長安新出墓誌》186;《秦晉豫新出墓誌蒐佚》571;《新出唐墓誌百種》212;《北京大學圖書館新藏金石拓本菁華續編》191。

D302:9332/SB,1張。

0984　殷朏墓誌並蓋

首題:大唐故廣平郡邯鄲縣主薄殷府君墓誌銘並序;蓋題:大唐故殷府君墓誌銘。

(唐)殷亮撰。唐天寶十三年(754)六月二日葬。河南洛陽出土。

誌正書,27行,行29字;蓋篆書,3行,行3字。拓片,50cm×49.5cm(誌),30cm×32cm(蓋)。

D302:10075~-2,各2張。

0985　馮思順墓誌

首題:大唐故游擊將軍守右金吾衛五原郡鹽川府折衝上柱國馮府君誌銘并序。

唐天寶十三年(754)七月十五日葬。陝西西安出土。

正書間行書,25行,行25、26字。拓片,58cm×58cm(含側)。

附注:側刻花紋。

D302:9333,1張。

0986　劉英墓誌並蓋

首題:大唐故夫人沛國劉氏墓誌銘并序;蓋題:大唐故劉夫人之墓誌。

唐天寶十三年(754)八月二十三日葬。河南洛陽孟津縣出土。

誌正書,18行,行18字;蓋篆書,3行,行3字。拓片,35.5cm×35.5cm(誌),23.5cm×24cm(蓋,含刹)。

附注:誌有方界格。撰者爲墓主劉英的丈夫,未署名。

著錄文獻:《秦晉豫新出墓誌蒐佚續編》604。

D302:8874,2 張。

0987　常無求墓誌並蓋

首題:唐故朝散大夫右補闕内供奉獻納使常君墓誌銘并序;蓋題:大唐右補闕常公墓銘。

(唐)李季卿撰。唐天寶十三年(754)十一月十八日葬。陝西西安出土。

誌正書,25 行,行 26 字;蓋正書,3 行,行 3 字。拓片,52.5cm×52.5cm(誌),50cm×50cm(蓋,含刹)。

附注:墓主卒於鉅寶甲午陽月,撰者大曆二年撰《李氏三墳記》,考爲天寶十三年。有方界格,蓋頂四周及刹刻花紋。

著錄文獻:《秦晉豫新出墓誌蒐佚續編》602(無蓋,作二月十八日葬);《陝西新見唐朝墓誌》098。

D302:9065,2 張。

0988　邢君妻光氏墓誌並蓋

首題:唐故儒林郎行將作監右校署丞河間邢氏故夫人光氏墓誌銘並序;蓋題:大唐故夫人光氏墓誌。

唐天寶十三年(754)閏十一月十一日葬。河南洛陽出土。

誌正書,16 行,行 16 字;蓋篆書,3 行,行 3 字。拓片,44cm×44cm(誌),44cm×44cm(蓋,含刹)。

著錄文獻:《洛陽流散唐代墓誌彙編續集》193。

D302:10459,2 張。

0989　朱君墓誌

首題:大唐故[信]都郡武強縣尉朱府君墓誌。

(唐)宇文暹撰序;(唐)包何撰銘。唐天寶十三年(754)閏十一月十一日葬。河南洛陽出土,張鈁舊藏,現藏河南新安鐵門鎮千唐誌齋博物館。

正書,26 行,行 26 字。拓片,38cm×38cm。

著錄文獻:《隋唐五代墓誌匯編·洛陽卷》11/217;《千唐誌齋藏誌》900。

D303:1891,1 張。

0990　閻力妻王紫虛墓誌並蓋

首題:唐故太原郡帝嚳之苗裔閻嵩之後閻府君諱力皇贈朝散大夫忠王友故夫人太原郡太夫人王氏開元廿八年五月恩制内度太平觀女道士諱紫虛墓誌銘并序;蓋題:唐故女道士太原郡太夫人王氏墓誌銘。

唐天寶十三年(754)十二月十二日葬。陝西西安出土,現藏西安博物院。

誌正書,25 行,行 29 字左右;蓋篆書,4 行,行 4 字。拓片,73cm×74cm(誌,含側),56.5cm×56.5cm(蓋,含刹)。

附注:誌側及蓋刹刻花紋。

著錄文獻:《隋唐五代墓誌匯編·陝西卷》4/24(缺蓋);《唐代墓誌彙編續集》656/天寶 101。

D302:9334,2 張。

0991　李守宗妻盧氏墓誌

首題:大唐故興州刺史李公夫人范

陽盧氏墓誌銘并序。
（唐）元卓撰；（唐）李琪書並篆蓋。
唐天寶十四年（755）五月一日葬。河南洛陽出土。
正書，27行，行26字。拓片，54.5cm×54.5cm。
附注：有方界格。
著錄文獻：《洛陽流散唐代墓誌彙編三集》180。
D302:9101,1張，蓋失拓。

0992　崔連城墓誌
首題：大唐故殿中丞崔府君墓誌銘並序。
（唐）李履濟撰。唐天寶十四年（755）八月三日。陝西西安出土。
正書，27行，行28字。拓片，45cm×45cm。
著錄文獻：《秦晉豫新出墓誌蒐佚三編》512。
D302:10077,1張。

0993　張思墓誌
首題：大唐故張君墓誌銘并序。
唐天寶十四年（755）八月十九日葬。山西長治出土。
正書，18行，行20字左右。拓片，42cm×41.5cm。
D302:9717,1張。

0994　楊靈丘墓誌
首題：大唐故魯郡方與縣尉楊公墓銘並序。
唐天寶十四年（755）八月葬。河南洛陽出土。

正書，16行，行16字。拓片，39cm×38.5cm。
著錄文獻：《洛陽流散唐代墓誌彙編三集》181。
D302:10078～-2,各1張。

0995　李恪墓誌
首題：唐故忠武將軍行右衛親府右郎將李府君墓誌銘并序。
唐天寶十四年（755）十一月十一日葬。河南洛陽洛龍區出土。
正書，25行，行25字。拓片，51.5cm×53.5cm。
著錄文獻：《秦晉豫新出墓誌蒐佚續編》610。
D302:9102～-2,各1張。

0996　韓損之墓誌
首題：大唐故朝議郎行陝郡平陸縣丞昌黎韓府君墓誌銘并序。
（唐）劉孟卿撰。唐天寶十四年（755）十二月二十九日葬。
正書，26行，行27字。拓片，34.5cm×35cm。
附注：十二月十八日卒於長安新昌里客舍，二十九日葬，葬地空缺。
著錄文獻：《洛陽新獲墓誌二〇一五》216；《秦晉豫新出墓誌蒐佚三編》513（作陝西西安出土）。
D302:9508,1張,2016年9月齊運通捐贈。

0997　裴曠墓誌
首題：故□□中丞□□少卿贈[高平]郡太守河東裴公墓誌銘并敘。

（唐）李吉甫撰；（唐）張誠書。唐天寶間（742—756）。河南洛陽出土，現藏洛陽九朝刻石文字博物館。

正書，30 行，行 29 字。拓片，68cm×69.5cm。

附注：有方界格，石面鑿損。裴曠墓誌有二，一爲開元二十四年下葬誌，天寶初贈高平太守，裴曠嗣子再刻此誌述之。

著録文獻：《洛陽新獲墓誌二〇一五》201；《洛陽流散唐代墓誌彙編續集》197；《秦晉豫新出墓誌蒐佚三編》414。

D302:9509,1 張，2016 年 9 月齊運通捐贈。

0998　曹惟墓誌並蓋

首題：□□□□□□□□□將軍右龍武軍曹公墓誌；蓋題：大唐故曹府君墓志銘。

唐天寶間（742—756）。陝西西安出土。

誌正書，21 行，行 21 字；蓋正書，3 行，行 3 字。拓片，51.5cm×52cm（誌），55cm×55cm（蓋，含刹）。

附注：誌未載卒葬事，鐫刻草率。有"我天寶聖文神武革命之秋實賴公之社釟也"之句，或死於安史之亂。首題"武"字補刻在"軍"字之右。誌石右上殘缺一條，有方界格，蓋頂周刻花紋，刹刻獸禽花紋。

D302:9089～－2，各 2 張。

0999　劉敬銓玄臺銘

首題：中都大弘道觀主上清大洞劉尊師玄臺銘并序。

（唐）彭通玄撰並書。唐至德二年（757）四月二十日葬。河南洛陽出土，現藏洛陽市文物考古研究院。

正書，24 行，行 24 字。拓片，62cm×61.5cm（含側）。

附注：誌側刻鳥獸花卉。

著録文獻：《秦晉豫新出墓誌蒐佚三編》517。

D302:8707,1 張。

1000　段延福墓誌並蓋

首題：大唐故武威段府君墓誌銘并序；蓋題：大唐故段府君墓誌銘。

唐乾元元年（758）二月十二日葬。陝西西安出土。

誌正書，左行，19 行，行 19 字；蓋正書，3 行，行 3 字。拓片，35cm×35.5cm（誌），36cm×37cm（蓋，含刹）。

附注：有豎界欄，蓋刹刻花紋。

著録文獻：《洛陽新獲墓誌二〇一五》218；《珍稀墓誌百品》58。

D302:9512,2 張，2016 年 9 月齊運通捐贈。

1001　韋君妻馮氏墓誌

首題：大唐故眉州録事參軍韋府君夫人墓誌銘并序；蓋題：唐故韋府君夫人墓誌。

（唐）韋匡朝撰。唐乾元元年（758）五月十四日葬。河南洛陽伊川縣出土。

誌正書，19 行，行 20 字；蓋正書，3 行，行 3 字。拓片，34cm×34cm。

附注：夫人"其先大魏畢萬之後，食菜馮亭，因而氏焉"。

著錄文獻:《洛陽流散唐代墓誌彙編》198(有蓋)。

D302:9103,1 張,蓋失拓。

1002　韓湜墓誌並蓋

首題:唐故亳州真源縣丞韓公墓誌銘并序;蓋題:大唐故韓府君墓誌銘。

(唐)權寅獻撰。唐乾元二年(759)二月十二日葬。陝西西安出土。

誌正書,27 行,行 28 字;蓋篆書,3 行,行 3 字。拓片,36cm×35.5cm(誌),36cm×35.5cm(蓋,含刹)。

附注:有方界格,蓋刹刻花紋。

著錄文獻:《洛陽新獲墓誌二〇一五》219;《秦晉豫新出墓誌蒐佚三編》520。

D302:9513,2 張,2016 年 9 月齊運通捐贈。

1003　盧濟墓誌

首題:大唐故范陽盧府君墓誌銘并序。

(唐)盧式虛撰。唐乾元二年(759)二月十七日葬。河南洛陽出土。

正書,20 行,行 19 字。拓片,37.5cm×37.5cm。

著錄文獻:《洛陽流散唐代墓誌彙編續集》204;《秦晉豫新出墓誌蒐佚三編》521。

D302:9641,1 張。

1004　張庭暉墓誌

首題:唐故左武衛司戈張府君墓誌銘并序。

(唐)田紹康撰。唐乾元二年(759)四月十二日葬。陝西西安出土。

正書,21 行,行 22 字。拓片,35cm×35cm。

D302:10080,1 張。

1005　王氏墓誌並蓋

首題:唐故涼國夫人王氏墓誌銘并序;蓋題:唐故涼國夫人王氏墓誌之銘。別名:肅宗保母王氏墓誌並蓋。

(唐)王佐撰;(唐)張少悌書。唐後上元二年(761)十一月四日奠。陝西西安出土。

誌行書,16 行,行 16 字;蓋篆書,3 行,行 3 字。拓片,87cm×87cm(誌,含側),68cm×66.5cm(蓋,含刹)。

附注:涼國夫人王氏,肅宗保母,誌載維二年秋九月壬午朔五日景戌王氏薨,以天正歲建子月四日乙酉詔奠之。考肅宗時期,二年九月壬午朔,惟後上元二年也。誌側刻袍服獸首十二生肖,蓋頂周刻花紋,刹刻神獸。

著錄文獻:《北京大學圖書館新藏金石拓本菁華續編》193。

D302:8981,2 張。

1006　向君妻李氏墓誌

首題:(上泐)金吾衛□軍試太常卿上柱國衛國公向公故夫人趙國夫人李(下泐)。

(唐)裴士淹撰;(唐)焦昇書。唐寶應二年(763)十月四日葬。陝西西安出土。

正書,28 行,行 28 字。拓片,58cm×58cm。

D302:10460,1 張。

1007　李興墓誌

首題:唐故朝請大夫太子僕李府君墓誌銘并序。

(唐)劉少真撰。唐永泰元年(765)二月二十八日葬。河南洛陽洛龍區出土。

正書,27行,行27字。拓片,36.5cm×36.5cm。

附注:有方界格,右下部分字被剜過。

著録文獻:《洛陽流散唐代墓誌彙編》202。

D302:8876,1張。

1008　王誠墓誌

首題:唐故潞州大都督府録事參軍太原王君墓誌銘并序。

唐永泰元年(765)三月二十九日葬。山西長治出土。

正書,20行,行23字。拓片,57.5cm×58.5cm。

著録文獻:《秦晉豫新出墓誌蒐佚三編》525。

D302:9642,1張。

1009　宇文弁才墓誌

首題:随故永嘉郡松陽縣令宇文府君墓誌銘并序。

唐永泰元年(765)十月十三日遷葬。2005年河南洛陽出土,現藏洛陽市文物考古研究院。

正書,32行,行32字。拓片,59.5cm×59.5cm。

附注:有方界格。末兩行韋應物永泰元年題記爲現代人妄刻。

著録文獻:《秦晉豫新出墓誌蒐佚》590。

D302:8709～-2,各1張。

1010　竇全交墓誌並蓋

首題:大唐故正議大夫定州竇別駕石誌銘并序;蓋題:大唐故竇府君墓誌銘。

(唐)任槃撰。唐永泰二年(766)五月十二日葬。河南洛陽出土。

誌正書,36行,行37字;蓋篆書,3行,行3字。拓片,59cm×59.5cm(誌),63cm×62.5cm(蓋,含側)。

附注:有方界格,蓋頂周刻竊曲紋,刹刻花紋。槃,原作"祭"。

著録文獻:《洛陽流散唐代墓誌彙編》203;《秦晉豫新出墓誌蒐佚續編》636。

D302:9105,2張。

1011　光緒墓誌並蓋

首題:大唐故交河公王孫突騎施奉德可汗王光緒墓誌銘并序;蓋題:唐故突騎施王子誌銘。

唐永泰二年(766)十月十六日葬。2011年10月陝西西安出土,現藏西安博物院。

誌正書,15行,行17字;蓋篆書,3行,行3字。拓片,58cm×59cm(誌,含側),44.5cm×44cm(蓋,含刹)。

附注:誌側刻竊曲紋,蓋刹刻花紋。

著録文獻:《文物》2013年8期。

D302:9104,2張。

1012　王九仁墓誌並蓋

首題：大唐故騎都尉王君墓誌並序；蓋題：王君墓誌。

唐永泰二年（766）十月十八日葬。山西長治出土。

誌正書，17行，16字左右；蓋篆書，2行，行2字。拓片，46cm×49cm（誌），50cm×50cm（蓋）。

附注：蓋剎刻獸首袍服跪坐十二生肖。

D302：10321，2張。

1013　武福墓誌

首題：大唐故處士武府君墓誌銘並序。

唐永泰二年（766）十一月二十一日葬。河北磁縣出土。

正書，20行，行20字。拓片，42cm×42cm。

附注：有方界格。

D302：9813，1張。

1014　閻用之墓誌

首題：唐故左金吾衛將軍河南閻公墓誌銘。

（唐）獨孤及撰。唐大曆元年（766）十一月二十日合葬。陝西西安出土。

正書，31行，行31字。拓片，60.5cm×60.5cm。

著錄文獻：《洛陽新獲墓誌百品》80。

D302：9814，1張。

1015　李峴墓誌

首題：唐故光禄大夫檢校兵部尚書兼衢州刺史充本州團練使贈太子少師上柱國梁國公李公墓誌銘并序。

（唐）徐浩撰並書。唐大曆二年（767）二月十日葬。2000年陝西西安長安區郭杜鎮出土，現藏長安博物館。

正書，32行，行33字。拓片，91cm×89cm。

著錄文獻：《新出唐墓誌百種》220；《秦晉豫新出墓誌蒐佚》593；《洛陽新獲墓誌百品》81；《北京大學圖書館新藏金石拓本菁華續編》194。

D302：9335/SB，1張。

1016　李顒妻于固敏墓誌

首題：唐故彭州刺史兼太子僕李府君顒夫人河南于氏墓誌銘并序；蓋題：唐故于夫人墓誌之銘。

唐大曆三年（768）五月十七日葬。河南洛陽出土。

誌正書，21行，行21字；蓋篆書，3行，行3字。拓片，62.5cm×62.5cm（含側）。

附注：誌石中橫裂一道，有方界格，側刻花瓣紋。蓋頂周刻竊曲紋，剎刻花紋。

著錄文獻：《洛陽新獲墓誌二〇一五》224（有蓋）；《洛陽流散唐代墓誌彙編續集》207；《秦晉豫新出墓誌蒐佚三編》526。

D302：9106～-2，各1張，蓋失拓。

1017　趙君妻李氏墓誌

首題:唐故左威衛武威郡洪池府左果毅都尉趙府君故隴西郡李夫人墓誌銘并序。

(唐)吳通微撰並書;(唐)程進刻。唐大曆三年(768)六月二十九日卒。陝西西安出土。

行書,26 行,行 26 字。拓片,70cm×70cm。

附注:側刻十二生肖。

D302:9336,1 張。

1018　牛惟彥墓誌

首題:唐故開府儀同三司試太常卿上柱國隴西郡開國公牛府君墓誌銘並序。

(唐)牛聳撰。唐大曆三年(768)七月十四日葬。陝西西安出土。

正書,33 行,行 34 字。拓片,73cm×73cm。

著錄文獻:《秦晉豫新出墓誌蒐佚三編》527。

D302:10461,1 張。

1019　吳廣華墓誌並蓋

首題:唐故朝散大夫行隨州隨縣令賜魚袋吳府君墓誌銘并序;蓋題:大唐故吳府君墓誌銘。

唐大曆三年(768)十一月十四日葬。2009 年秋河南洛陽出土。

誌正書,14 行,行 14 字;蓋隸書,3 行,行 3 字。拓片,31.5cm×32cm(誌),33cm×34cm(蓋,含刹)。

附注:誌有方界格,蓋刹刻花紋。

著錄文獻:《秦晉豫新出墓誌蒐佚》596。

D302:8877,2 張。

1020　蔣洌墓誌並蓋

首題:大唐故銀青光祿大夫行尚書左丞贈大常卿上柱國汝陽郡開國侯蔣府君墓誌銘並序;蓋題:大唐故蔣府君墓誌銘。

唐大曆三年(768)十一月十五日葬。河南洛陽偃師出土。

誌正書,29 行,行 29 字;蓋篆書,3 行,行 3 字。拓片,58.5cm×58.5cm(誌),32.5cm×33.5cm(蓋)。

附注:有方界格。

著錄文獻:《洛陽流散唐代墓誌彙編續集》208。

D302:10083,2 張。

1021　崔□餘墓誌

首題:唐故江陵府戶曹參軍清河崔府君墓誌銘并序。

(唐)謝夷甫撰。唐大曆四年(769)九月十九日葬。河南洛陽出土,現藏洛陽市文物考古研究院。

正書,34 行,行 38 字左右。拓片,66.5cm×68cm(含側)。

附注:有豎界欄,側邊刻竊曲紋。諱第一字纖細不清,似"壽"字,字長裕。

D302:8710,1 張。

1022　徐君妻范氏墓誌

首題:唐故贈駕部郎中徐公范夫人墓誌銘并序。

唐大曆四年(769)十月二十六日葬。河南洛陽出土,現藏洛陽市文物考古研究院。

正書,17行,行17字。拓片,55cm×56cm(含側)。

附注:誌側刻花卉。

D302:8711,1張。

1023　李琛墓誌

首題:大唐故左龍武軍宿衛左武衛左執戟李公墓誌銘並序。

唐大曆五年(770)十月八日葬。河南洛陽出土。

正書,25行,行25字。拓片,44cm×44.5cm。

附注:有方界格。

著錄文獻:《秦晉豫新出墓誌蒐佚三編》530。

D302:10084,1張。

1024　崔君墓誌

首題:唐故朝請大夫行蜀州長史崔府君墓誌銘并序。

(唐)程浩撰。唐大曆六年(771)十一月二日葬。河南洛陽出土。

正書,23行,行25字。拓片,41cm×41cm。

附注:撰者爲墓主子婿,誌文未云墓主名諱。

著錄文獻:《洛陽流散唐代墓誌彙編續集》210。

D302:10085~-2,各1張。

1025　盧清墓誌並蓋

首題:唐故朝散郎行魏郡莘縣主簿范陽盧府君墓誌銘并序;蓋題:大唐故盧府君墓誌銘。

(唐)鄭迅撰。唐大曆六年(771)十一月二十日葬。河南洛陽出土。

誌正書,19行,行18字;蓋篆書,3行,行3字。拓片,33cm×33.5cm(誌),39.5cm×39cm(蓋,含刹)。

附注:蓋頂四周刻竊曲紋,刹刻花卉。

著錄文獻:《洛陽流散唐代墓誌彙編》205。

D302:9337,2張。

1026　韋元甫墓誌並蓋

首題:大唐故金紫光祿大夫揚州大都督府長史兼御史大夫淮南節度觀察處置使彭城郡開國公贈戶部尚書韋公墓誌銘並序;蓋題:大唐贈戶部尚書韋公墓誌銘。

(唐)元載撰;(唐)史惟則書並篆蓋。唐大曆七年(772)正月三日葬。陝西西安出土。

誌隸書,30行,行30字;蓋篆書,4行,行3字。拓片,72cm×78cm(誌),74cm×81cm(蓋)。

附注:蓋頂刻花紋,刹刻神獸。

著錄文獻:《洛陽新獲墓誌百品》82;《陝西新見唐朝墓誌》109。

D302:10322/SB,1張,誌蓋合拓。

1027　鄭老彭墓誌

首題:唐故濮陽郡鄄城縣鄭府君墓誌。

(唐)鄭叔規撰。唐大曆七年(772)二月九日葬。河南洛陽出土。

正書,24 行,行 24 字。拓片,41.5cm×42cm。

著録文獻:《洛陽流散唐代墓誌彙編三集》197。

D302:10086～-2,各 1 張。

1028　劉阿四及妻張氏墓誌

首題:唐故劉府君夫人張氏墓誌銘并序;蓋題:唐故張夫人墓誌之銘。

唐大曆七年(772)五月二十三日葬。山西長治出土。

誌正書,13 行,行 22 字左右;蓋篆書,3 行,行 3 字。拓片,35.5cm×35cm。

著録文獻:《西安新獲墓誌集萃》63。

D302:9763,1 張,蓋失拓。

1029　袁恒妻宋氏墓誌

首題:唐故朝議郎行常州晉陵縣令袁公夫人廣平宋氏墓誌銘并序;蓋題:唐故袁府君夫人墓誌。

唐大曆七年(772)七月六日葬。河南洛陽伊川縣出土。

誌正書,22 行,行 22 字;蓋正書,3 行,行 3 字。拓片,48cm×47.5cm。

附注:有方界格。夫諱據唐天寶十五年(756)五月十三日葬《袁恒墓誌》補(見《秦晉豫新出墓誌蒐佚續編》615)。

著録文獻:《秦晉豫新出墓誌蒐佚續編》645(有蓋);《洛陽流散唐代墓誌彙編三集》198。

D302:8878,1 張,蓋失拓。

1030　劉兼金墓誌

首題:大唐故通直郎試大理司直兼監察御史廣平劉府君墓誌銘并序。

(唐)劉從一撰。唐大曆七年(772)七月二十三日葬。陝西西安出土。

正書,17 行,行 17 字。拓片,36cm×36cm。

著録文獻:《秦晉豫新出墓誌蒐佚三編》532。

D302:9643,1 張。

1031　崔嘉裕妻郭氏墓誌並蓋

首題:[上缺]成州刺史博陵崔府君夫人太原郭氏祔誌文;蓋題:大唐故崔府君墓誌銘。

(唐)崔椿等撰。唐大曆七年(772)十一月三十日誌。河南出土。

誌正書,17 行,行 17 字;蓋篆書,3 行,行 3 字。拓片,32.5cm×32.5cm。

附注:右上角殘缺。

著録文獻:《洛陽流散唐代墓誌彙編續集》211。

D302:9395～-2,各 1 張,蓋失拓。

1032　蕭安親墓誌

首題:大唐故汝州司馬蕭府君墓誌并序。

(唐)庾何撰。唐大曆八年(773)二月十五日葬。河南洛陽出土,現藏洛陽市文物考古研究院。

隸書,25 行,行 26 字。拓片,84.5cm×85cm(含側)。

附注:有方界格,側刻花紋。

著録文獻:《河洛墓刻拾零》319;《新出唐墓誌百種》226。

D302:8712,1 張。

1033　長孫浣墓誌並蓋

首題：大唐故討擊副使忠武將軍守左金吾衛大將軍試太常卿上柱國長孫府君墓誌銘并序；蓋題：大唐故長孫府君墓誌。

（唐）崔衷撰。唐大曆八年（773）四月四日葬。河南洛陽出土。

誌正書，21 行，行 20 字；蓋篆書，3 行，行 3 字。拓片，38.5cm×38.5cm（誌），20cm×20cm（蓋）。

附注：蓋周頂刻竊曲紋。

著錄文獻：《洛陽流散唐代墓誌彙編續集》212；《秦晉豫新出墓誌蒐佚三編》535。

D302：9644，2 張。

1034　薛簡墓誌並蓋

首題：唐故鄉貢進士薛府君墓誌銘并序；蓋題：□□故薛府君墓誌銘。

（唐）薛迟撰；（唐）楊麟刻。唐大曆八年（773）五月十七日葬。陝西西安出土。

誌正書，15 行，行 15 字；蓋篆書，3 行，行 3 字。拓片，29.55cm×29.5cm（誌），34.5cm×33.5cm（蓋）。

D302：10087，2 張。

1035　佘元仙墓誌並蓋

首題：唐朝散大夫內給事贈雲麾將軍左監門將軍佘君墓誌并序；蓋題：大唐故佘府君墓誌銘。

（唐）潘炎撰；（唐）張少悌書。唐大曆八年（773）十一月二日葬。陝西西安出土。

誌正書，23 行，行 23 字；蓋正書，3 行，行 3 字。拓片，65cm×65cm（誌，含側），50.5cm×50.5cm（蓋，含剎）。

附注：誌側及蓋剎刻花紋。墓主安南交趾人。

著錄文獻：《北京大學圖書館新藏金石拓本菁華續編》196。

D302：8986，2 張。

1036　韋平墓誌

首題：唐故宣義郎太常寺奉禮郎韋公墓誌銘并序。

（唐）段岌撰；（唐）韋早書。唐大曆九年（774）四月十七日葬。陝西西安出土。

正書，20 行，行 21 字。拓片，33.5cm×33.5cm。

附注：漫泐包漿掩字甚。葬年不清，從紙背看爲"九"字。有方界格。

D302：9107，1 張。

1037　李居正墓誌並蓋

首題：唐故吏部常選李居正墓誌文；蓋題：大唐故李府君墓誌銘。

唐大曆九年（774）四月二十八日葬。河南洛陽出土。

誌正書，15 行，行 22 字；蓋正書，3 行，行 3 字。拓片，38.5cm×40cm（誌），45.5cm×43.5cm（蓋）。

D302：10088，2 張。

1038　魏遠望墓誌並蓋

首題：唐故安西大都督護府長史瓜州刺史上柱國鉅鹿魏府君墓誌銘并序；蓋題：大唐故魏府君墓誌銘。

唐大曆九年（774）五月四日葬。河南洛陽出土。

誌正書，20 行，行 25 字左右；蓋篆書，3 行，行 3 字。拓片，59cm×59cm（誌），31.5cm×31cm（蓋）。

附注：蓋頂周刻竊曲紋。

著錄文獻：《洛陽流散唐代墓誌彙編續集》213。

D302:9764,2 張。

1039　劉庭玉墓誌並蓋

首題：唐故忠武將軍守左金吾衛大將軍兼光祿卿上柱國賜紫金魚袋劉府君墓誌銘并序；蓋題：大唐故劉府君墓誌銘。

唐大曆九年（774）五月二十三日葬。陝西西安出土。

誌正書，20 行，行 21 字；蓋篆書，3 行，行 3 字。拓片，36cm×36cm（誌），40cm×38cm（蓋，含剎）。

附注：蓋剎刻花紋。

D302:9645,2 張。

1040　田景直墓誌

首題：唐故處士北平田府君墓誌銘並序。

唐大曆九年（774）十一月十三日葬。河南安陽出土。

正書，20 行，行 21 字。拓片，39.5cm×40cm。

附注：有方界格。

D302:9815,1 張。

1041　李君妻韋氏墓誌

首題：唐故韋氏墓誌銘並序。

唐大曆九年（774）十二月二日葬。河南洛陽出土，張鈁舊藏，現藏河南新安鐵門鎮千唐誌齋博物館。

正書，15 行，行 15 字。拓片，30cm×30cm。

附注：有方界格。銘文漫漶，誌石右下角斷裂。

著錄文獻：《隋唐五代墓誌匯編·洛陽卷》12/57；《千唐誌齋藏誌》931。

D303:1892,1 張。

1042　杜佚妻李氏墓誌

首題：[唐故連州桂陽縣]主簿杜府君之夫人隴西李氏墓誌銘[並]序。

（唐）劉啟撰；（唐）李抱書。唐大曆九年（774）十二月七日葬。河南洛陽出土，張鈁舊藏，現藏河南新安鐵門鎮千唐誌齋博物館。

正書，19 行，行 19 字。拓片，35cm×35cm。

有方界格。誌石中部及右上角斷裂。

著錄文獻：《隋唐五代墓誌匯編·洛陽卷》12/58；《千唐誌齋藏誌》932。

D303:1893,1 張。

1043　王珝妻竇氏墓誌並蓋

首題：唐故伊陽縣丞王府君夫人竇氏墓誌銘並敘；蓋題：大唐故竇夫人墓誌銘。

（唐）丘佶撰。唐大曆十年（775）四月二十九日葬。陝西西安出土。

誌正書，18 行，行 23 字左右；蓋篆書，3 行，行 3 字。拓片，39cm×39cm（誌），39cm×39cm（蓋，含剎）。

附注：誌石漫漶，蓋頂四周及剎刻花紋。

著錄文獻：《陝西新見唐朝墓誌》113。

D302:9841,2 張。

1044　任忠墓誌

首題：故散官陪戎副尉西河任君墓誌並序。

唐大曆十年（775）十月十三日葬。山西平遥出土。

行書，19 行，行 22 字左右。拓片，54.5cm×55cm。

D302:9816,1 張。

1045　元殆庶墓誌並蓋

首題：大唐故通川郡永穆縣丞河南元君墓誌銘并序；蓋題：唐故河南元君墓誌銘。

唐大曆十年（775）十月十三日葬。陝西西安出土。

誌正書，24 行，行 24 字；蓋篆書，3 行，行 3 字。拓片，44cm×45cm（誌），23cm×20cm（蓋）。

附注：蓋剎刻花紋。

著錄文獻：《秦晉豫新出墓誌蒐佚三編》536。

D302:9646,2 張。

1046　裴士安墓誌

首題：唐故朝議郎撿校尚書工部員外郎兼潞州大都督府司馬賜緋魚袋河東裴公墓誌銘。

（唐）韋成季撰。唐大曆十一年（776）七月二十四日葬。河南伊川縣出土。

正書，26 行，行 26 字。拓片，46cm×46cm。

著錄文獻：《洛陽流散唐代墓誌彙編續集》214。

D302:10089～-2,各 1 張。

1047　蔣鋭墓誌

首題：唐故朝議郎行大理司直蔣公墓誌銘并序。

（唐）史近撰。唐大曆十一年（776）十一月六日葬。河南洛陽偃師出土。

正書，26 行，行 28 字。拓片，55cm×54.3cm。

附注：有方界格。

著錄文獻：《秦晉豫新出墓誌蒐佚續編》661。

D302:8944,1 張,2015 年 3 月史睿捐贈。

1048　綦毋誼妻蘇淑墓誌

首題：太子司議郎綦毋誼妻大唐故蘇夫人墓誌銘並序。

（唐）綦毋誼撰。唐大曆十一年（776）十一月六日葬。陝西西安出土。

正書，24 行，行 25 字。拓片，37cm×37cm。

著錄文獻：《洛陽新獲墓誌百品》85。

D302:10323,1 張。

1049　程定墓誌

首題：唐廣平程氏孝女墓誌銘。

唐大曆十二年（777）十月二十三日葬。陝西西安出土。

正書，7 行，行 15 字。拓片，27cm×18.5cm。

著錄文獻:《西安碑林博物館新藏墓誌續編》127。

D302:10324,1 張。

1050　源通墓誌

首題:唐故濮州濮陽縣丞源公[墓誌銘并序]。

(唐)皇甫佶撰。唐大曆十二年(777)十一月二十二日葬。河南洛陽出土。

正書,20 行,行 18 字。拓片,30cm×35.5cm。

附注:石右下角殘缺,撰人姓殘泐,殘存筆畫似爲"皇甫",末行款"大曆十二年十一月二十二日紀"。

著錄文獻:《洛陽流散唐代墓誌彙編續集》217;《秦晉豫新出墓誌蒐佚三編》544。

D302:9108,1 張。

1051　源至墓誌並蓋

首題:唐故河南府伊闕縣源君墓誌銘并序;蓋題:唐故源府君墓誌之銘。

(唐)李印撰。唐大曆十二年(777)十一月二十二日葬。河南洛陽出土。

誌正書,21 行,行 22 字;蓋正書,3 行,行 3 字。拓片,38cm×37cm(誌),40cm×40cm(蓋,含刹)。

附注:墓主爲源通兄弟。末行款"大曆十二年十一月二十二日紀"。中部豎裂一道,上邊殘泐損字,誌及蓋右上角皆殘缺,蓋刹刻花紋。責任者名左邊殘泐,依據殘存筆畫似"印"。

著錄文獻:《洛陽流散唐代墓誌彙編續集》216。

D302:9110,2 張。

1052　丘模墓誌

首題:唐故劍南西川節度觀察判官大理司直□檢察御史□□丘公墓誌銘并序。

(唐)李縮撰。唐大曆十三年(778)四月二十一日葬。河南濟源出土,現藏濟源濟瀆廟。

正書,28 行,行 28 字左右。拓片,54.5cm×55cm。

附注:右邊首題殘損,墓主姓殘缺,墓主爲北魏豆真後裔。豆真改爲丘氏,故墓主爲丘姓。

著錄文獻:《隋唐五代墓誌匯編・河南卷》84 頁(□模);《唐代墓誌彙編續集》716/大曆 036。

D302:8713,1 張。

1053　張惟豐墓誌並蓋

首題:唐故少府監丞清河張府君墓誌銘;蓋題:張君墓銘。

(唐)陳汭撰。唐大曆十三年(778)七月三十日葬。河南洛陽出土。

誌正書,28 行,行 19、20 字;蓋篆書,2 行,行 2 字。拓片,49.5cm×67cm(誌),26cm×43cm(蓋)。

附注:"豐"原刻作"豊",末行款"大曆十三年七月卅日建"。蓋頂周刻波浪紋。墓主子張保壽之妻獨孤氏爲皇后堂妹。

著錄文獻:《洛陽流散唐代墓誌彙編》211(無蓋);《秦晉豫新出墓誌蒐佚續編》663。

D302:9111,2 張。

1054 同蹄望雲墓誌

首題：唐故守左武衛將軍同蹄府君墓誌銘並序。

唐大曆十三年（778）九月二十八日葬。山西長治出土。

正書，19 行，行 22 字。拓片，36cm×38cm。

附注：首題"蹄"原刻作左"王"右"帝"。

D302:10462,1 張。

1055 李朝㺷妻鄭氏墓誌

首題：有唐故銀青光祿大夫恆王傅贈揚州大都督李府君夫人滎陽郡夫人鄭氏墓誌銘並敘。

（唐）陳京撰。唐大曆十三年（778）十一月十八日葬。河南洛陽出土。

正書，24 行，行 26 字。拓片，52.5cm×52.5cm。

著錄文獻：《秦晉豫新出墓誌蒐佚三編》546；《洛陽流散唐代墓誌彙編三集》208。

D302:10090,1 張。

1056 李液墓誌

首題：唐故朝散大夫行河南府壽安縣令李公誌銘并序。

（唐）李懷撰。唐大曆十三年（778）十二月十八日葬。河南洛陽偃師出土。

正書，20 行，行 20 字。拓片，44cm×45cm（含側）。

附注：誌側刻花紋。

著錄文獻：《洛陽新獲墓誌續編》177。

D302:8879～-2,各 1 張。有側，

1057 韋攸墓誌並蓋

首題：唐故亳州鹿邑縣令韋府君誌銘並蓋；蓋題：大唐故韋府君墓誌銘。

（唐）樊系撰；（唐）馬儋刻。唐大曆十四年（779）七月二十九日葬。河南洛陽出土。

誌正書，29 行，行 28、29 字；蓋篆書，3 行，行 3 字。拓片，59cm×59cm（誌，含側），46.5cm×45.5cm（蓋，含刹）。

附注：末行有"其年七月廿三日匠馬儋造並鐫文"款。誌側刻花紋，蓋頂周刻竊曲紋，刹刻花紋。

著錄文獻：《洛陽流散唐代墓誌彙編續集》219；《秦晉豫新出墓誌蒐佚三編》547。

D302:9112,2 張。

1058 李昂墓誌並蓋

首題：唐故檢校倉部員外郎趙郡李府君墓誌銘并敘；蓋題：大唐故李府君墓誌銘。

（唐）趙驊撰；（唐）韋翃書。唐大曆十四年（779）八月十七日葬。河南洛陽洛龍區出土，現藏洛陽九朝刻石文字博物館。

誌正書，31 行，行 32 字；蓋篆書，3 行，行 3 字。拓片，57cm×58cm（誌），61cm×61cm（蓋，含刹）。

附注：蓋刹刻花紋，左刹刻唐貞元

五年(789)十一月十一日遷葬記,妻韋氏祔焉。

著錄文獻:《洛陽新獲七朝墓誌》282;《洛陽流散唐代墓誌彙編三集》216。

D302:9514,2 張,2016 年 9 月齊運通捐贈。

1059　李懷獻墓誌並蓋

首題:唐元功臣元從游擊將軍守左武衛大將軍上柱國左龍武軍宿衛李公墓誌銘並序;蓋題:大唐故李府君墓銘誌。

唐大曆十四年(779)十月二十四日。陝西西安出土。

誌正書,17 行,行 25 字左右;蓋篆書,3 行,行 3 字。拓片,37cm×37cm(誌),39cm×38.5cm(蓋)。

附注:字懷獻,剎刻四神。

D302:10091,2 張。

1060　郭乾及妻田氏墓誌

首題:唐故昭武校尉上柱國太原郭府君田夫人墓誌銘并序;蓋題:唐故郭府君夫人誌銘;尾題:大曆十五年正月七日郭君誌文記。

(唐)郭六撰。唐大曆十五年(780)正月七日葬。山西長治出土。

誌正書,19 行,行 20－25 字左右;蓋篆書,雙鉤,3 行,行 3 字。拓片,41.5cm×42cm。

附注:有豎界欄;蓋頂周刻挽歌:"陰風吹黃蒿,蒼蒼度秋水。車馬卻歸城,孤墳月明裏。"此本蓋失拓。

著錄文獻:《西安新獲墓誌集萃》65

(有蓋)。

D302:8785,1 張,蓋失拓。

1061　王伷墓誌並蓋

首題:唐故太子贊善大夫賜緋魚袋琅邪王公墓誌銘并序;蓋題:大唐故王府君墓誌銘。

(唐)劉復撰;(唐)張文哲書。唐建中元年(780)二月二十五日葬。河南洛陽洛龍區出土。

誌正書,31 行,行 30 字;蓋篆書,3 行,行 3 字。拓片,61cm×60cm(誌,含側),77cm×75.5cm(蓋,含剎)。

附注:誌有方界格,誌側蓋頂四周及剎刻花紋。

著錄文獻:《秦晉豫新出墓誌蒐佚續編》666;《洛陽流散唐代墓誌彙編續集》221。

D302:9113,2 張。

1062　皇甫悟墓誌

首題:唐贈太子司議郎皇甫府君墓誌銘並序。

唐建中元年(780)八月十一日葬。河南洛陽出土,張鈁舊藏,現藏河南新安鐵門鎮千唐誌齋博物館。

隸書,22 行,行 25 字。拓片,52cm×52cm。

著錄文獻:《隋唐五代墓誌匯編·洛陽卷》12/90;《全唐文補遺》2/570;《千唐誌齋藏誌》942。

D303:1894,1 張。

1063　韋啓强墓誌並蓋

首題:大唐故鳳翔府郿縣丞韋府君

墓誌銘並序；蓋題：大唐故鄠縣丞京兆韋府君墓誌銘。

（唐）皇甫澈撰。唐建中元年（780）十一月二十四日葬。陝西西安出土。

誌正書，25 行，行 25 字；蓋篆書，5 行，行 3 字。拓片，67cm×67cm（誌），48cm×49.5cm（蓋）。

D302：10325，2 張。

1064　李卓然墓誌並蓋

首題：唐故尚書水部郎中兼侍御史李公墓誌文并序；蓋題：大唐故李府君墓誌銘。

（唐）崔從質撰。唐建中二年（781）七月十日葬。陝西西安出土。

誌正書，25 行，行 24 字；蓋篆書，3 行，行 3 字。拓片，35cm×36cm（誌），20.5cm×20.5cm（蓋）。

附注：李唐宗室，葬"城南寧安原"。誌石漫漶，誌蓋以舊石（韋府君誌蓋）改刻。

著錄文獻：《秦晉豫新出墓誌蒐佚三編》549。

D302：9647，2 張。

1065　韓滌墓誌並蓋

首題：唐故朝議大夫河南府法曹參軍韓公墓誌銘并序；蓋題：大唐故韓府君墓誌銘。

（唐）韋正卿撰。唐建中二年（781）十月二十四日葬。河南洛陽出土。

誌正書，23 行，行 23 字；蓋正書，3 行，行 3 字。拓片，39cm×39cm（誌），21cm×20cm（蓋）。

附注：蓋頂周刻竊曲紋，誌中部漫漶。

著錄文獻：《秦晉豫新出墓誌蒐佚三編》550。

D302：9648，2 張。

1066　張少悌妻劉鴻墓誌

首題：大唐故彭城郡劉氏權寧墓誌銘并序。

（唐）張少悌撰並書。唐建中二年（781）十一月三十日葬。陝西西安出土。

正書，13 行，行 14 字。拓片，50cm×50cm（含側）。

附注：有豎界欄，側刻花紋。

D302：8987，1 張。

1067　論惟貞墓誌並蓋

首題：唐故英武軍使開府儀同三司試太常卿上柱國蕭國公贈靈州大都督論公墓誌銘并序；蓋題：唐贈靈州大都督論公墓誌銘。

（唐）徐浩撰並書。唐建中二年（781）十一月三十日葬。陝西西安出土，現藏洛陽九朝刻石文字博物館。

誌正書，35 行，行 36 字；蓋篆書，4 行，行 3 字。拓片，67cm×67cm（誌），77cm×77cm（蓋，含剎）。

附注：蓋頂周刻花紋，剎刻四神。

著錄文獻：《洛陽新獲墓誌二〇一五》231；《北京大學圖書館新藏金石拓本菁華續編》197。

D302：9515，2 張，2016 年 9 月齊運通捐贈。

1068　傅孝珍墓誌

首題：唐故傅府君墓誌銘并序。

（唐）韓伯庸撰並書。唐建中三年（782）二月一日葬。山西長治出土。

正書，20行，行24字左右。拓片，48.5cm×49cm。

附注：有豎界欄。

D302:9718，1張。

1069　景光及墓誌並蓋

首題：唐故朝議郎行成都府君曹參軍景府君墓誌銘並序；蓋題：大唐故景府君墓誌銘。

唐建中三年（782）八月二十三日葬。陝西西安出土。

誌正書，19行，行22字；蓋篆書，3行，行3字。拓片，39cm×40.5cm（誌），23.5cm×23.5cm（蓋）。

D302:10092，2張。

1070　第五琦墓誌

首題：唐故相國太子賓客扶風郡公贈太子少保第五公墓誌銘并序。

（唐）高參撰；（唐）韓秀榮書。唐建中三年（782）九月二十九日葬。陝西西安出土。

隸書，34行，行36字。拓片，103cm×75cm（含上下側）。

附注：側刻獸首執笏袍服十二生肖像。

著錄文獻：《秦晉豫新出墓誌蒐佚續編》671；《北京大學圖書館新藏金石拓本菁華續編》198；《珍稀墓誌百品》64。

D302:8988，1張，左右側失拓。

1071　韋韜妻李現墓誌並蓋

首題：唐宣州太平縣令韋公故夫人趙郡李氏墓誌銘并序；蓋題：大唐故李夫人墓誌銘。

（唐）王淑撰。唐建中四年（783）二月七日葬。河南洛陽洛龍區出土。

誌正書，21行，行21字；蓋篆書，3行，行3字。拓片，46cm×47cm（誌），49cm×51cm（蓋，含刹）。

附注：夫諱據元和三年十月《韋韜墓誌》補。蓋頂及刹刻蝴蝶花卉。

著錄文獻：《洛陽流散唐代墓誌彙編續集》223。

D302:9649，2張。

1072　郭曜墓誌並蓋

首題：大唐故銀青光祿大夫守太子少保兼判詹事府事上柱國太原郡開國公贈太子太傅郭府君墓誌銘并序；蓋題：唐太子少保郭公墓誌。

（唐）杜黃裳撰；（唐）韓秀榮書。唐建中四年（783）五月二十六日葬。2012年陝西西安出土，現藏西安博物院。

誌隸書，32行，行31字；蓋隸書，3行，行3字。拓片，88cm×85cm（誌，含側），61cm×62.5cm（蓋，含刹）。

附注：蓋頂四周及刹和誌側刻花紋。

著錄文獻：《北京大學圖書館新藏金石拓本菁華續編》199。

D302:8989，2張。

1073　呂簡西墓誌

首題：唐故饒樂大都督府司馬左清道率呂公墓誌銘并序。

唐建中四年（783）十二月十七日葬。河南安陽縣出土。

正書，19行，行19字。拓片，42.5cm×42cm。

附注：有方界格。

D302：8555，1張。

1074　呂芬墓誌

首題：唐故銀青光禄大夫試世子少詹事兼相州内黃縣令呂公墓誌銘并序。

唐建中四年（783）十二月十七日葬。河南安陽出土。

正書，20行，行20字。拓片，45.5cm×45.5cm。

附注：有方界格。左下角殘缺。

D302：8714，1張。

1075　司馬君妻董氏墓誌

（唐）李剀撰；（唐）于自勸書。唐建中□年（780－783）四月二日葬。山西太原出土。

正書，15行，行16字。拓片，44.5cm×44.5cm。

附注：有豎界欄。碎為四塊，葬年殘缺。

著録文獻：《秦晉豫新出墓誌蒐佚續編》678。

D302：8880，1張。

1076　鄭老彭妻楊氏墓誌

首題：大唐故濮州鄄城縣尉鄭府君夫人楊氏墓誌銘並序。

唐興元元年（784）閏十月二日葬。河南洛陽出土。

正書，23行，行23字。拓片，40.5cm×41cm。

著録文獻：《洛陽流散唐代墓誌彙編三集》210。

D302：10093～－2，各1張。

1077　李八政墓誌並蓋

首題：唐故□公太夫人隴西李氏墓誌；蓋題：大唐故李夫人墓誌銘。

唐興元元年（784）閏十月十七日葬。河南洛陽出土。

誌正書，21行，行21字；蓋篆書，3行，行3字。拓片，34cm×34cm（誌），37cm×37cm（蓋，含刹）。

D302：10463，2張。

1078　杜江墓誌並蓋

首題：唐故左金吾衛大將軍京兆地杜府君墓誌銘并序；蓋題：大唐故杜府君墓誌銘。

唐貞元元年（785）十月八日葬。陝西西安出土。

誌正書，20行，行22字；蓋篆書，3行，行3字。拓片，45.5cm×45.5cm（誌，含側），36cm×36.5cm（蓋，含刹）。

附注：誌側、蓋頂四周及刹刻花紋。

D302：9115，2張。

1079 李承寰妻馬氏墓誌並蓋

首題：唐皇再從叔祖前義王府司馬夫人扶風馬氏墓誌銘并序；蓋題：大唐故夫人馬氏墓誌。

（唐）侯初元撰。唐貞元二年（786）十一月二十日葬。陝西西安出土。

誌正書，20行，行22字；蓋篆書，3行，行3字。拓片，35cm×35.5cm（誌），27cm×26.5cm（蓋）。

D302：10094，2張。

1080 宋石保墓誌

首題：唐故上柱國宋府君墓誌銘并序。

唐貞元二年（786）十一月二十三日葬。山西長治出土。

正書，21行，行21字。拓片，53.5cm×53.5cm。

著錄文獻：《秦晉豫新出墓誌蒐佚三編》554。

D302：9650，1張。

1081 張季卿墓誌

首題：唐故朝散大夫前行壽州都督府戶曹參軍張府君墓誌銘並序。

唐貞元二年（786）十一月二十三日葬。河南洛陽出土。

正書，22行，行21字。拓片，32cm×32cm。

著錄文獻：《洛陽流散唐代墓誌彙編續集》228。

D302：10095～-2，各1張。

1082 綦毋誼墓誌

首題：大唐故中散大夫守太子右諭德綦毋公墓誌銘並序。

（唐）綦毋諶撰。唐貞元二年（786）十一月葬。陝西西安出土。

正書，18行，行18字。拓片，39cm×39cm。

D302：10326，1張。

1083 王遇墓誌並蓋

首題：大唐故秘書監贈揚州大都督王府君墓誌銘并序；蓋題：大唐故王府君墓誌銘。

（唐）劉斌撰；（唐）盛準書並篆蓋；（唐）趙詵刊。唐貞元三年（787）八月四日葬。陝西西安出土。

誌正書，25行，行25字；蓋篆書，3行，行3字。拓片，51.5cm×51.5cm（誌），27cm×28.5cm（蓋）。

附注：蓋頂周刻花紋。

著錄文獻：《秦晉豫新出墓誌蒐佚三編》555。

D302：9396，1張，蓋失拓；D302：9396-2，2張。

1084 宋少□妻尉遲氏墓誌並蓋

蓋題：唐朝散郎前鄭州陽武縣宋少□夫人河南尉遲氏墓誌銘兼序；蓋題：大唐故尉遲氏墓誌銘。

（唐）□公贊撰。唐貞元三年（787）八月二十二日葬。河南洛陽出土，現藏洛陽市文物考古研究院。

誌正書，18行，行19字；蓋正書，3行，行3字。拓片，47.5cm×47.5cm

（誌，含側），33cm×34.5cm（蓋，含刹）。

附注：誌漫漶，撰人姓、墓主諱皆泐。誌側刻花紋。誌蓋用"唐故崔君夫人秦氏誌"蓋顛倒改刻。蓋頂周刻竊曲紋，刹刻花紋。

D302:8715,2張。

1085　論惟貞妻李氏墓誌

首題：大唐故涼國夫人隴西李氏墓誌銘。

（唐）論傪撰。唐貞元三年(787)八月二十三日葬。陝西西安出土。

正書,9行,行16字。拓片,55.5cm×55.5cm。

附注：有方界格。夫諱據建中二年十一月三十日葬《論惟貞墓誌》補。

D302:9397～－2,各1張。

1086　劉仲虁妻唐葳墓誌

唐貞元四年(788)二月十一日葬。河南靈寶出土。

正書,11行,行18字左右。拓片,37cm×37cm。

附注：有豎界欄。

D302:10327,1張。

1087　張遂墓誌並蓋

首題：唐故河南府參軍張君墓誌銘并序；蓋題：大唐故張府君墓誌銘。

（唐）盧璠撰。唐貞元四年(788)十一月五日葬。河南洛陽出土。

誌正書,19行,行20字；蓋篆書,3行,行3字。拓片,38cm×38cm(誌)，41cm×41.5cm(蓋,含刹)。

附注：蓋刹刻花紋。

著錄文獻：《洛陽流散唐代墓誌彙編續集》229；《秦晉豫新出墓誌蒐佚三編》557。

D302:9651,2張。

1088　元成墓誌並蓋

首題：唐故朝議郎都水監丞賜緋魚袋河南元君墓誌銘並序；蓋題：大唐故元府君墓誌銘。

（唐）穆贊撰。唐貞元五年(789)二月十一日。河南洛陽出土。

誌正書,24行,行25字；蓋正書,3行,行3字。拓片,62cm×62cm(誌,含側)，48cm×48cm(蓋,含刹)。

附注：誌主永泰元年終，後五歲歸葬，後十八年太夫人去世，明年建卯甲申日一同遷祔新塋，當爲貞元五年二月十一日。

D302:10467,2張。

1089　陳惠慶墓誌

首題：故昭武校尉行右司禦率府右司階陳府君墓誌銘并序；蓋題：大唐故陳府君墓誌銘。

唐貞元五年(789)二月二十三日葬。陝西西安出土。

誌正書,21行,行22字；蓋篆書,3行,行3字。拓片,47cm×47cm。

附注：石橫斷裂，裂口碎十餘塊小石。誌載"大唐御宇百有一十六載復得陳府君焉……降婁歲天魁月，享年五十五終于京兆光德里之私第，葽還年二月廿三日窆于長安福陽鄉高陽原"，考爲貞元五年。

著録文獻：《秦晉豫新出墓誌蒐佚續編》682（有蓋）。

D302：9152，1 張，蓋失拓。

1090　李弼墓誌

首題：唐故開府儀同三司試太子賓客上柱國建康縣開國公李公墓誌銘并序。

唐貞元五年（789）四月七日葬。山西長治出土。

行書，20 行，行 28 字左右。拓片，46cm×47cm。

附注：舊誌石改刻。

著録文獻：《秦晉豫新出墓誌蒐佚三編》558。

D302：9652，1 張。

1091　蕭伯准墓誌

首題：大唐故京兆府華原縣丞蘭陵蕭公墓誌並序。

唐貞元五年（789）十月二十九日葬。陝西西安出土。

正書，17 行，行 10 字。拓片，35cm×35cm。

著録文獻：《秦晉豫新出墓誌蒐佚三編》559。

D302：10464，1 張。

1092　李昂妻韋氏墓誌並蓋

首題：唐故倉部員外郎趙郡李公夫人京兆韋氏墓誌銘并序；蓋題：大唐故李氏夫人韋氏墓誌銘。

（唐）王顔撰；（唐）盧從書。唐貞元五年（789）十一月十一日葬。河南洛陽出土，現藏洛陽九朝刻石文字博物館。

誌正書，26 行，行 25 字；蓋篆書，4 行，行 3 字。拓片，60cm×60cm（誌），63cm×61cm（蓋，含剎）。

附注：蓋剎刻花紋。

著録文獻：《洛陽新獲七朝墓誌》294；《秦晉豫新出墓誌蒐佚續編》685；《洛陽流散唐代墓誌彙編三集》217。

D302：9516～-2，各 2 張，2016 年 9 月齊運通捐贈。

1093　郭曜妻王氏墓誌

首題：唐故銀青光禄大夫守太子少保判詹事府事上柱國太原郡開國公贈太子太傅郭公夫人故太原郡太夫人王氏墓誌銘并序。

（唐）邵膺撰並書。唐貞元五年（789）十一月二十二日葬。陝西西安出土，現藏西安博物院。

正書，25 行，行 31 字左右。拓片，54cm×54cm。

D302：8991，1 張。

1094　郭乾墓誌

首題：大唐故制授祁縣令郭府君墓誌并序。

唐貞元六年（790）十月十一日葬。山西平遥縣出土。

正書，20 行，行 21 字左右。拓片，50cm×49.5cm。

D302：9398，1 張。

1095　李浚妻裴氏墓誌並蓋

首題：大唐嘉州刺史李公故夫人河

東裴氏墓誌銘并序;蓋題:衛國夫人裴氏墓誌銘。

（唐）韓皋撰。唐貞元六年（790）十二月四日葬。陝西咸陽出土，現藏洛陽九朝刻石文字博物館。

誌正書，25 行，行 24 字；蓋隸書，3 行，行 3 字。拓片，36.5cm×37cm（誌），41cm×42cm（蓋，含刹）。

附注:夫諱據貞元九年十二月二十一日《李浚墓誌》補。蓋頂四周刻花紋。

著録文獻:《洛陽新獲墓誌二〇一五》235。

D302:9481,2 張,2016 年 9 月齊運通捐贈。

1096　長孫晛墓誌並蓋

首題:大唐故成都府士曹參軍河南長孫府君墓誌銘并序;蓋題:故成都府士曹參軍河南長孫府君墓銘。

（唐）韋諷撰。唐貞元七年（791）四月十日權窆。陝西西安出土。

誌正書，25 行，行 26 字；蓋正書，4 行，行 4 字。拓片，45cm×45cm（誌），48cm×41cm（蓋，含刹）。

附注:蓋頂及刹刻花紋。誌文"權窆于成都府華陽縣華陽里之原"，末行刻"遷瘞玄堂後紀鐫在別石"，《秦晉豫新出墓誌蒐佚三編》作陝西西安長安區出土,當遷葬後仍用原誌石。

著録文獻:《洛陽新獲墓誌二〇一五》236;《秦晉豫新出墓誌蒐佚三編》561。

D302:9517,2 張,2016 年 9 月齊運通捐贈。

1097　李仙墓誌

首題:唐太子家令故李公墓誌銘并序。

唐貞元八年（792）二月二十三日葬。山西長治出土。

行書，21 行，行 25 字左右。拓片，58.5cm×58.5cm。

D302:9719,1 張。

1098　郭晤妻劉氏墓誌並蓋

首題:唐故金紫光禄大夫開府同三司行尚書兵部郎中贈秘書少監樂平郡開國公郭府君夫人墓誌銘并序;蓋題:大唐故劉夫人墓誌銘。

（唐）韓卿撰。唐貞元八年（792）閏十二月二十六日葬。陝西西安出土。

誌正書，24 行，行 25 字；蓋篆書，3 行，行 3 字。拓片，51cm×51.5cm（誌），55cm×54.5cm（蓋，含刹）。

附注:蓋頂及刹刻花紋。夫諱據《唐汾陽王夫人王氏碑記》，爲郭子儀第五子。

著録文獻:《洛陽新獲墓誌二〇一五》237。

D302:9518,2 張,2016 年 9 月齊運通捐贈。

1099　盧巽墓誌並蓋

首題:唐故京兆府雲陽縣□盧府君墓誌銘並序;蓋題:大唐故盧府君墓誌銘。

（唐）杜賢述。唐貞元九年（793）正月二十三日葬。河南洛陽出土。

誌正書，27 行，行 28 字；蓋陰正書，

23行,行23字;蓋陽篆書,3行,行3字。拓片,43cm×43cm(誌),26cm×24cm(蓋),43cm×43cm(蓋陰)。

附注:蓋陰續刻誌文。誌石斜裂。

著錄文獻:《秦晉豫新出墓誌蒐佚續編》696;《洛陽新獲墓誌二〇一五》238。

D302:10465,3張。

1100　楊份母魏氏墓誌並蓋

首題:我大王母鉅鹿魏夫人墓誌銘并序;蓋題:唐故鉅鹿魏夫人墓誌。

(唐)楊鈇撰。唐貞元九年(793)十月九日葬。河南洛陽出土。

誌正書,19行,行19字;蓋篆書,3行,行3字。拓片,40cm×40cm(誌),21.5cm×21cm(蓋)。

附注:蓋頂周刻竊曲紋。

著錄文獻:《洛陽流散唐代墓誌彙編續集》233;《秦晉豫新出墓誌蒐佚三編》565。

D302:10096,2張。

1101　辛廣墓誌並蓋

首題:唐東都留守都知兵馬使兼都虞候都押衙四軍教練營田等使開府儀同三司檢校太子賓客隴西郡開國公辛公墓誌銘并序;蓋題:大唐故辛府君墓誌銘。

(唐)穆負撰;(唐)樂芬書。唐貞元九年(793)十二月十六日葬。河南洛陽孟津縣出土。

誌正書,25行,行24字;蓋篆書,3行,行3字。拓片,70cm×70cm(誌),75cm×75.5cm(蓋,含刹)。

附注:蓋頂周刻竊曲紋,刹刻四神。

著錄文獻:《洛陽新獲七朝墓誌》299;《洛陽流散唐代墓誌彙編》231;《秦晉豫新出墓誌蒐佚續編》697(無蓋);《北京大學圖書館新藏金石拓本菁華續編》200。

D302:8992,2張。

1102　傅濤妻李氏墓誌

首題:唐故金紫光禄大夫太僕少卿汝南傅濤妻清河郡夫人隴西李氏墓誌銘。

唐貞元九年(793)十二月十六日葬。陝西西安出土。

正書,15行,行15字。拓片,36.5cm×36.5cm。

D302:9765,1張。

1103　李浚墓誌並蓋

首題:唐故朝議大夫使持節都督嘉州諸軍事守嘉州刺史襲魏國公李公墓誌銘并序;蓋題:大唐故李府君墓誌銘。

(唐)韓武撰。唐貞元九年(793)十二月二十一日葬。陝西咸陽出土,現藏洛陽九朝刻石文字博物館。

誌正書,29行,行28字;蓋篆書,3行,行3字。拓片,78cm×80cm(誌,含側),63cm×63cm(蓋,含刹)。

附注:誌側刻花紋,蓋刹刻神獸。

著錄文獻:《洛陽新獲墓誌二〇一五》242。

D302:9519,2張,2016年9月齊運通捐贈。

1104　王浦妻李氏墓誌並蓋

首題：唐故隴西李夫人誌文；蓋題：唐故隴西李夫人誌文。

（唐）王公瑜撰。唐貞元十年（794）二月二十六日葬。河南洛陽出土。

誌正書，20 行，行 20 字；蓋篆書，3 行，行 3 字。拓片，34.5cm×35cm（誌），22.5cm×22.5cm（蓋）。

著錄文獻：《洛陽流散唐代墓誌彙編續集》234；《秦晉豫新出墓誌蒐佚三編》567。

D302:10097，1 張，誌蓋合拓。

1105　張峯墓誌並蓋

首題：唐故河中府解縣丞范陽張府君墓誌銘并序；蓋題：大唐故張府君墓誌銘。

（唐）張簡甫撰。唐貞元十年（794）八月二十日葬。河南洛陽出土。

誌正書，19 行，行 20 字；蓋篆書，3 行，行 3 字。拓片，36.5cm×36.5cm（誌），21cm×21cm（蓋）。

附注：蓋頂周刻竊曲紋。

著錄文獻：《洛陽流散唐代墓誌彙編續集》235。

D302:9653，2 張。

1106　杜江妻翟氏墓誌並蓋

首題：唐故英武軍都虞候開府儀同三司兼太常卿杜府君翟夫人墓誌銘并序；蓋題：大唐故杜府君翟夫人墓誌銘。

（唐）洪允長撰。唐貞元十年（794）十月九日葬。陝西西安出土。

誌正書，18 行，行 18 字；蓋篆書，4 行，行 3 字。拓片，48cm×50cm（誌，含側），37cm×37cm（蓋，含刹）。

附注：夫諱據唐貞元元年十月八日葬《杜江墓誌》補。誌側、蓋頂四周及刹刻花紋。

D302:9116，2 張。

1107　李準墓誌並蓋

首題：唐故朝議郎行太子通事舍人賜緋魚袋李君墓誌銘并序；蓋題：唐故太子通事舍人李公墓誌。

（唐）李平撰並書。唐貞元十年（794）十一月一日葬。陝西潼關縣出土，現藏潼關縣文管會。

誌正書，39 行，行 40 字；蓋篆書，3 行，行 4 字。拓片，74cm×75cm（誌），78cm×77cm（蓋，含刹）。

附注：蓋頂四周及刹刻花紋。

D302:9399，2 張。

1108　郭晞墓誌

首題：大唐故開府儀同三司檢校工部尚書兼太子賓客上柱國趙國公贈兵部尚書郭公誌銘并序；蓋題：大唐故郭府君墓誌銘。

（唐）杜黃裳撰；（唐）鄭雲逵書。唐貞元十一年（795）五月七日葬。陝西西安長安區出土，2007 年入藏西安碑林。

誌正書，40 行，行 42 字；蓋篆書，3 行，行 3 字。拓片，77cm×74.5cm。

附注：後半石面漫漶。

著錄文獻：《西安碑林博物館新藏墓誌續編》135（有蓋）。

D302:9338,1 張,蓋失拓。

1109　盧士舉妻李省墓誌

首題:唐見任杭州餘杭尉盧士舉故夫人李氏誌文。

(唐)盧士牟撰。唐貞元十一年(795)五月二十八日權殯。河南洛陽出土。

正書,15 行,行 13 字。拓片,30.5cm×39cm。

附注:無諱,"省"爲字。誌云"權殯於會稽昌安寺東北原禮也,……俟吉時歸葬東洛"此誌洛陽出土,當是遷葬仍用舊誌。後貞元十五年又殯於鎮江丹陽,有第二次權殯墓誌。

著錄文獻:《洛陽流散唐代墓誌彙編》233。

D302:9117,1 張。

1110　葛啜墓誌並蓋

首題:故迴鶻葛啜王子守左領軍衛將軍墓誌并序;蓋題:故迴鶻葛啜王子墓誌。

(唐)崔述撰。唐貞元十一年(795)六月七日葬。2013 年陝西西安長安區出土,現藏大唐西市博物館。漢文,突厥文。

誌正書,16 行,行 18 字;蓋正書,3 行,行 3 字。拓片,39cm×38.5cm(誌),40.5cm×40cm(蓋,含刹)。

附注:誌後刻古突厥文(魯尼文字母),蓋頂及刹刻花紋。

著錄文獻:《洛陽新獲墓誌二〇一五》243;《北京大學圖書館新藏金石拓本菁華續編》202;《秦晉豫新出墓誌蒐佚三編》569。

D302:9766/SB,2 張。

1111　裴翦墓誌並蓋

首題:唐故大理評事裴府君墓誌銘並序;蓋題:大唐故裴府君墓誌銘。

(唐)韋元嗣書。唐貞元十一年(795)十二月三十日葬。陝西西安出土。

誌正書,左行,18 行,行 18 字;蓋正書,3 行,行 3 字。拓片,35.5cm×35.5cm(誌),25.5cm×25cm(蓋)。

D302:10098,2 張。

1112　衛休晤墓誌

首題:唐故寧遠將軍[守]左[武]衛翊府中郎將賜紫金魚袋上柱國河東衛府君墓誌銘并序;蓋題:大唐故衛府君墓誌銘。

唐貞元十二年(796)四月十二日葬。山西長治出土。

誌正書,24 行,行 28 字左右;蓋篆書,3 行,行 3 字。拓片,57cm×57cm。

附注:誌文多包漿掩字。

著錄文獻:《西安新獲墓誌集萃》69(有蓋)。

D302:8786,1 張,蓋失拓。

1113　鮑才墓誌並蓋

首題:鮑府君墓誌銘并敘;蓋題:大唐故鮑府君墓誌銘。

唐貞元十二年(796)五月六日葬。陝西西安出土。

誌正書,21 行,行 21 字;蓋篆書,3 行,行 3 字。拓片,47.5cm×48cm(誌),50.5cm×61.5cm(蓋,含刹)。

附注：蓋頂及刹刻花紋，蓋左上角缺損。

著錄文獻：《秦晉豫新出墓誌蒐佚三編》571。

D302:9400,2 張。

1114　吳令瑜墓誌並蓋

首題：有唐故開府儀同三司光禄卿致仕濟陰郡開國公食邑二千户濮陽吳府君墓誌銘並序；蓋題：大唐故吳府君墓誌銘。

（唐）殷佳明撰。唐貞元十二年（796）五月十六日合葬。河南靈寶出土。

誌正書,19 行,行 27 字左右；蓋篆書,3 行,行 3 字。拓片,43cm×43cm（誌）,44cm×44cm（蓋、含刹）。

附注：蓋刹刻四神。

D302:9859,2 張。

1115　張琚墓誌

首題：大唐故奉天定難功臣雲麾將軍守左金吾衛大將軍兼右神策軍步軍正將前奉先美原縣招召兵馬使賜紫金魚袋上柱國南陽縣開國子食五百户張公墓誌並序。

唐貞元十二年（796）八月二日葬。陝西西安出土。

正書,19 行,行 22 字。拓片,35cm×34cm。

附注：葬年殘泐不清,亦或爲貞元十三年。

D302:10328,1 張。

1116　王温墓誌並蓋

首題：唐故處士太原王公墓誌銘并序；蓋題：大唐故王府君墓誌銘。

（唐）楊從周撰。唐貞元十三年（797）二月十四日葬。陝西大荔縣出土。

誌正書,20 行,行 20 字；蓋篆書,3 行,行 3 字。拓片,39cm×39cm（誌）,39.5cm×39.5cm（蓋,含刹）。

附注：蓋刹刻四神。

D302:8881,2 張。

1117　荀曾墓誌

首題：唐故大理正荀公墓誌銘并序。

（唐）韋綏撰。唐貞元十三年（797）八月七日葬。陝西西安出土。

正書,21 行,行 20 字。拓片,46cm×45cm（含側）。

附注：側刻花紋。

D302:9118,1 張。

1118　曹乾琳墓誌並蓋

首題：唐故左金吾衛大將軍上柱國曹府君墓誌銘並序；蓋題：大唐故曹府君墓誌銘。

（唐）楊泳撰。唐貞元十三年（797）八月十三日葬。河南洛陽出土。

誌正書,26 行,行 26 字；蓋篆書,3 行,行 3 字。拓片,46cm×46.5cm（誌）,50.5cm×50.5cm（蓋）。

附注：有方界格。首題"柱"作"住",書刻不佳。

著錄文獻：《洛陽新獲墓誌二〇一

五》245;《洛陽流散唐代墓誌彙編續集》239;《秦晉豫新出墓誌蒐佚三編》576。

D302:10100,2 張。

1119　何邕妻李氏墓誌

首題:唐故刑部郎中劍南東川租庸使廬江何公妻隴西李氏夫人墓銘并序;蓋題:唐故何氏李夫人誌銘。

(唐)姜公復撰。唐貞元十三年(797)八月十九日葬。陝西西安長安區出土,2011 年入藏西安大唐西市博物館。

誌正書,30 行,行 33 字;蓋篆書,3 行,行 3 字。拓片,74cm×72cm。

著録文獻:《大唐西市博物館藏墓誌》324(有蓋)。

D302:9339,1 張,蓋失拓。

1120　王先奉墓誌

首題:大唐寶應功臣云麾將軍守左金吾衛大將軍上柱國開國男食邑三百户故王府君墓誌銘并序。

唐貞元十三年(797)十月二十一日葬。陝西西安長安區出土。

正書,16 行,行 17 字。拓片,34cm×35.5cm。

著録文獻:《洛陽新獲墓誌二○一五》246;《洛陽新獲墓誌百品》88;《秦晉豫新出墓誌蒐佚三編》577。

D302:9520,1 張,2016 年 9 月齊運通捐贈。

1121　王浦墓誌並蓋

首題:唐故朝議郎使持節湖州諸軍事守湖州刺史太原王府君墓誌銘並序;蓋題:唐故湖州刺史王府君之墓誌。

(唐)王仲舒撰。唐貞元十三年(797)十一月二十一日葬。河南洛陽出土。

誌正書,22 行,行 31 字;蓋篆書,3 行,行 4 字。拓片,61.5cm×62cm(誌),63.5cm×63cm(蓋)。

附注:有方界格。

著録文獻:《洛陽流散唐代墓誌彙編續集》240;《秦晉豫新出墓誌蒐佚三編》578。

D302:10101,2 張。

1122　盧克乂墓誌並蓋

首題:唐故著作佐郎范陽盧公墓誌銘并序;蓋題:唐故范陽盧府君墓誌。

(唐)崔溉撰。唐貞元十三年(797)十二月九日葬。2006 年秋河南洛陽孟津縣平樂村西出土,2009 年藏西安大唐西市博物館。

誌正書,27 行,行 26 字;蓋篆書,3 行,行 3 字。拓片,54cm×54cm(誌),31cm×31cm(蓋)。

附注:有方界格,蓋頂周刻花紋。

著録文獻:《秦晉豫新出墓誌蒐佚》650;《大唐西市博物館藏墓誌》325(誌有側,有蓋)。

D302:6399,2 張;D302:6399-2,1 張,蓋失拓。

1123　雍璟墓誌並蓋

首題:唐故文林郎守定州參軍河内雍府君墓誌銘并序;蓋題:大唐故雍

府君墓誌銘。

（唐）穆佐虞撰。唐貞元十四年（798）五月壬申葬。河南洛陽出土。

誌正書，24行，行25字；蓋篆書，3行，行3字。拓片，36.5cm×35cm（誌），40cm×37cm（蓋）。

附注：貞元十四年四月卒，明月壬申葬，然五月干支不合，閏五月二十三日干支爲壬申，明月或爲閏五月。

著録文獻：《洛陽流散唐代墓誌彙編續集》242。

D302:10102，2張。

1124　任日進墓誌

首題：大唐故射生正將扈從前神策行營右先鋒副使同節度副使驃騎大將軍右羽林軍大將軍員外置同正員兼試殿中監西河縣開國公食邑七百户西河郡任府君墓誌銘並序。

（唐）釋一光撰；（唐）任憲芝書。唐貞元十四年（798）九月二十四日葬。

正書，22行，行25字。拓片，45cm×45cm。

D302:10103，1張。

1125　馬炬墓誌並蓋

首題：唐故左衛司階檀州長史賜緋魚袋馬府君墓誌銘並序；蓋題：唐故檀州長史馬府君墓誌銘。

（唐）馬垂撰；（唐）李濛書。唐貞元十四年（798）十二月七日葬。河南洛陽出土。

誌正書，32行，行33字；蓋正書，4行，行3字。拓片，51.5cm×52cm（誌），26cm×26cm（蓋）。

著録文獻：《洛陽流散唐代墓誌彙編續集》244；《秦晉豫新出墓誌蒐佚三編》581。

D302:10104，2張。

1126　趙計墓誌

首題：唐故朝議大夫守殿中監上柱國天水趙公墓誌銘并序。

（唐）王顔撰；（唐）李方古書；（唐）盧元卿題額題蓋。唐貞元十五年（799）二月二十二日葬。陝西西安出土，現藏西安博物院。

正書，26行，行26字。拓片，61.5cm×61.5cm。

著録文獻：《洛陽新獲墓誌二〇一五》249；《秦晉豫新出墓誌蒐佚三編》583。

D302:9401，1張，蓋失拓。

1127　盧士舉妻李省墓誌

首題：唐前杭州餘杭縣尉盧士舉故夫人隴西李氏墓誌銘並序；蓋題：唐李夫人誌。

（唐）盧士牟撰遷葬記。唐貞元十五年（799）四月十日重葬，唐貞元二十一年（805）四月二十二日遷葬。河南洛陽出土。

誌正書，24行，行30字左右，蓋正書，2行，行3字。拓片，61cm×61cm。

附注：無諱，"省"爲墓主字。《洛陽流散唐代墓誌彙編》233有貞元十一年五月二十八日權殯《盧士舉妻李省墓誌》，此誌文云"（貞元十五年）以其年四月十日權窆于潤州丹陽縣景陵鄉方塘里西大泊村，祔于先姑之塋，禮也。……方俟吉辰祔于東都我烈考魏郡莘縣主簿府君之塋",爲重葬誌,《洛陽流散唐代墓誌彙編續集》252 著録此拓片,四側刻貞元二十一年四月二十二日遷葬記,爲遷回洛陽時補刻。

著録文獻:《洛陽流散唐代墓誌彙編續集》252。

D302:10105,1 張,此本誌四側遷葬記及蓋失拓。

1128　柳立妻苗氏墓誌

首題:亡妻上黨苗氏墓誌銘并序。

(唐)柳立撰。唐貞元十五年(799)八月一日葬。陝西西安出土。

正書,30 行,行 29 字。拓片,43cm×43cm。

著録文獻:《秦晉豫新出墓誌蒐佚三編》585。

D302:9654,1 張。

1129　姚君妻李氏墓誌

首題:有唐姚氏故隴西李夫人墓誌銘。

(唐)趙南華撰。唐貞元十五年(799)八月二十五日葬。河南洛陽出土。

正書,20 行,行 20 字。拓片,36cm×36cm。

著録文獻:《洛陽流散唐代墓誌彙編續集》246。

D302:10106,1 張。

1130　王寵寵墓誌

首題:唐江陵府長林縣令太原王府君次女墓誌銘並序。

(唐)蕭睦撰。唐貞元十五年(799)九月二十九日葬。河南洛陽出土。

正書,15 行,行 16 字。拓片,37cm×37.5cm。

著録文獻:《洛陽流散唐代墓誌彙編三集》233。

D302:9842,1 張。

1131　常習墓誌並蓋

首題:大唐故豪州司馬常府君墓誌銘并序;蓋題:唐故豪州司馬常府君墓誌銘。

(唐)常次儒撰并書并篆蓋。唐貞元十五年(799)十月三日。陝西西安長安區出土。

誌正書,31 行,行 32 字;蓋篆書,4 行,行 3 字。拓片,48.5cm×49.5cm(誌),51cm×52cm(蓋,含刹)。

附注:蓋頂四周及刹刻花紋。

著録文獻:《秦晉豫新出墓誌蒐佚續編》712(無蓋);《陝西新見唐朝墓誌》136。

D302:9114,2 張。

1132　王求馬墓誌

首題:唐故右武衛司階王府君墓誌銘並敘。

唐貞元十五年(799)十月十五日葬。陝西鄠縣出土。

正書兼草書,21 行,行 34 字左右。拓片,48.5cm×49.5cm。

D302:10329,1 張。

1133 趙德源墓誌

首題:唐故右衛使大將試光祿卿趙公墓誌並序。

(唐)李玄齡撰。唐貞元十五年(799)十月二十七日葬。陝西西安出土。

正書,23 行,行 25 字左右。拓片,44cm×46cm。

附注:諱殘缺,"德源"爲字。

D302:10330,1 張。

1134 焦子昂墓誌

首題:唐故内飛龍副大使元從朝散大夫守内侍省内(下缺)袋贈内侍廣平郡焦公墓誌銘并序。

(唐)張璿撰。唐貞元十五年(799)十月二十七日葬。陝西西安出土。

正書,28 行,行 28 字。拓片,51cm×51cm。

附注:右下角缺損。

著録文獻:《洛陽新獲墓誌百品》89;《秦晉豫新出墓誌蒐佚三編》586。

D302:9655,1 張。

1135 侯遂墓誌

首題:唐故太子文學侯府君墓誌記。

(唐)侯德方書。唐貞元十五年(799)十二月二十七日記。河南鞏義出土。

正書,19 行,行 22 字。拓片,46cm×45cm。

著録文獻:《洛陽新獲墓誌百品》90;《洛陽流散唐代墓誌彙編三集》234。

D302:10107,1 張。

1136 李坦墓誌並蓋

首題:大唐河南府壽安縣丞李府君墓誌銘并敘;蓋題:大唐故李府君墓誌銘。

(唐)田萬撰。唐貞元十五年(799)四月十六日葬。河南洛陽出土。

誌正書,20 行,行 21 字,蓋正書,3 行,行 3 字。拓片,43.5cm×44cm(誌),25.5cm×26cm(蓋)。

附注:有方界格。

著録文獻:《秦晉豫新出墓誌蒐佚三編》584。

D302:6401,2 張;D302:6401-2,1 張,蓋失拓。

1137 李塤妻韋娩墓誌

首題:亡妻京兆韋氏墓誌銘并序。

(唐)李塤撰。唐貞元十七年(801)二月十七日葬。陝西西安出土。

正書,24 行,行 25 字。拓片,38.5cm×39cm。

著録文獻:《洛陽新獲墓誌二〇一五》251;《西南大學新藏石刻拓本匯釋》206;《秦晉豫新出墓誌蒐佚三編》590。

D302:9521,1 張,2016 年 9 月齊運通捐贈。

1138 孟遂墓誌並蓋

首題:唐故太府寺丞孟公墓誌;蓋題:大唐故孟府君墓誌銘。

唐貞元十七年(801)二月二十九日葬。河南洛陽出土。

誌正書,7行,行9字;蓋篆書,3行,行3字。拓片,29cm×28cm(誌),19cm×18cm(蓋)。

著録文獻:《新出唐墓誌百種》292;《洛陽新獲墓誌二〇一五》252;《洛陽流散唐代墓誌彙編續集》248;《秦晉豫新出墓誌蒐佚三編》591。

D302:10466,2張。

1139 楊鉷妻裴氏墓誌

首題:唐楊府君夫人河東裴氏祔葬墓銘并序。

(唐)辛秘撰。唐貞元十七年(801)七月三十日葬。陝西西安出土。

正書,14行,行14字。拓片,42cm×41.5cm(含側)。

附注:夫諱據貞元十四年十一月四日楊鉷墓誌補。

著録文獻:《洛陽新獲墓誌二〇一五》253;《珍稀墓誌百品》69;《秦晉豫新出墓誌蒐佚三編》592;《陝西新見唐朝墓誌》139。

D302:9522,1張,2016年9月齊運通捐贈。

1140 郭曖墓誌並蓋

首題:大唐故金紫光禄大夫左散騎常侍駙馬都尉上柱國襲代國公贈工部尚書郭府君墓誌銘并序;蓋題:唐故左散騎常侍駙馬都尉襲代國公贈工部尚書郭府君墓銘。

(唐)杜黄裳撰;(唐)鄭雲逵書。唐貞元十七年(801)八月十二日葬。陝西西安出土,現藏西安博物院。

誌行書,38行,行39字;蓋篆書,5行,行5字。拓片,128cm×120cm(誌,含側),95cm×100cm(蓋,含刹)。

附注:誌側刻獸首執笏袍服十二生肖,蓋頂周刻花紋刹刻四神。

著録文獻:《北京大學圖書館新藏金石拓本菁華續編》203。

D302:8990/SB,2張。

1141 謝詹墓誌

首題:唐故試左武衛兵曹參軍謝府君墓誌。

(唐)裴遂撰並書;(唐)楊華刻。唐貞元十七年(801)八月十二日葬。陝西西安出土,現藏長安博物館。

正書,27行,行31字左右。拓片,48cm×47.5cm。

著録文獻:《長安新出墓誌》214頁;《長安碑刻》144。

D302:9817,1張。

1142 許瑀妻張氏墓誌

首題:大唐潁川郡游擊將軍守左清道率府率上柱國賜紫金魚袋許瑀妻范陽張夫人墓誌銘并序。

(唐)張回撰;(唐)陳仲容書。唐貞元十七年(801)十一月二日葬。陝西涇陽出土。

正書,19行,行20—24字左右。拓片,38cm×38cm。

D302:9656,1張。

1143 關準墓誌

首題:(上泐)[漢州]録事參軍關府君墓誌銘并序。

(唐)關士約撰。唐貞元十七年

(801)十一月十四日葬。河南孟縣出土。

正書,26 行,行 29 字左右。拓片,44.5cm×45.5cm。

附注:誌右上、右下皆殘缺,首行末字殘泐,行文當爲"諱"字,二行首字爲"準",故墓主爲"關準"。有豎界欄。

著録文獻:《秦晉豫新出墓誌蒐佚續編》718;《洛陽新獲墓誌二〇一五》254;《洛陽流散唐代墓誌彙編續集》249。

D302:9119,1 張。

1144　王日娫墓誌並蓋

首題:唐故北海王氏之女墓誌銘并序;蓋題:北海王氏女墓誌銘文。

唐貞元十八年(802)二月三日葬。陝西西安出土。

誌正書,20 行,行 20 字;蓋篆書,3 行,行 3 字。拓片,37.5cm×37cm(誌),37.5cm×37cm(蓋,含刹)。

附注:日娫爲墓主之字。撰者爲墓主之父,後改名王玄運。蓋頂周刻花紋。

D302:9340,1 張,蓋失拓;D302:9340-2,2 張,趙跟喜捐贈。

1145　元訓墓誌

首題:唐故元君墓誌銘。

唐貞元十八年(802)二月二十二日葬。山西長治出土。

正書,14 行,行 25 字左右。拓片,39cm×39.5cm。

附注:舊石改刻,葬年年號"貞"字下缺"元"字。首題"銘"原刻作"詺"。

D302:10108,1 張。

1146　馬岑墓誌

首題:唐故馬府君墓銕銘并序。

唐貞元十八年(802)五月十七日葬。河北磁縣出土。

正書,20 行,行 19 字。拓片,43cm×43cm。

附注:有方界格。首題"誌"原刻作"銕"。

著録文獻:《西南大學新藏墓誌集釋》182;《秦晉豫新出墓誌蒐佚三編》593。

D302:8716,1 張。

1147　李仙世墓誌

首題:唐故隴西李府君墓誌銘並序。

唐貞元十八年(802)十一月十三日葬。山西長治出土。

正書,15 行,行 38 字左右。拓片,37.5cm×38cm。

附注:與妻閻氏、子李寶合葬。

D302:10109,1 張。

1148　孫希進及妻史氏墓誌

首題:唐故會稽孫府君夫人史氏墓誌銘并序。

唐貞元十八年(802)十一月十九日葬。山西長治出土。

正書,14 行,行 26—30 字左右。拓片,39cm×38.5cm。

附注:誌右下角殘缺。

著録文獻:《西安新獲墓誌集萃》

70。

D302:8787,1 張。

1149 苗君妻王氏墓誌

首題:唐前汾州參軍苗君故夫人太原王氏墓誌銘並序。

唐貞元十九年(803)四月二十八日葬。山西長治出土。

正書,16 行,行 27 字左右。拓片,42cm×41.5cm。

附注:有豎界欄。

著錄文獻:《秦晉豫新出墓誌蒐佚續編》720。

D302:10110,1 張。

1150 邊神劍及妻王氏墓誌

首題:邊氏太原郡夫人神道墓誌銘并序。

唐貞元十九年(803)五月十六日葬。陝西西安出土。

正書,28 行,行 26 字左右。拓片,35.5cm×35.5cm。

著錄文獻:《西安新獲墓誌集萃》71。

D302:9767,1 張。

1151 沈權墓誌並蓋

首題:唐故夒府別駕沈君墓誌銘並序;蓋題:大唐故沈府君墓誌銘。

(唐)沈渭撰。唐貞元二十年(804)六月十八日葬。陝西西安出土。

誌正書,25 行,行 25 字;蓋篆書,3 行,行 3 字。拓片,45.5cm×45.5cm(誌),46cm×46cm(蓋)。

附注:蓋頂及剎刻花紋。

著錄文獻:《西南大學新藏石刻拓本匯釋》207;《秦晉豫新出墓誌蒐佚三編》595。

D302:10331,2 張。

1152 郭君妻劉氏墓誌

首題:唐故彭城郡夫人劉氏墓誌銘並序。

(唐)左緒撰。唐貞元二十年(804)七月一日。陝西西安出土。

正書,26 行,行 25 字。拓片,35cm×37.5cm。

D302:10332,1 張。

1153 劉談經墓誌

首題:大唐故大理評事彭城劉府君墓誌銘并序。

(唐)張仲素撰;(唐)張仲連書。唐貞元二十年(804)七月三十日葬。河南洛陽出土,現藏洛陽市文物考古研究院。

正書,30 行,行 29 字。拓片,70cm×71cm(含側)。

附注:誌側刻花紋。

著錄文獻:《洛陽新獲墓誌續編》193;《新出唐墓誌百種》260 頁。

D302:8717~-2,各 1 張。

1154 元選墓誌並蓋

首題:唐元氏亡幼女墓銘并序;蓋題:大唐元氏亡幼女墓誌。

(唐)□式中撰。唐貞元二十年(804)八月十八日葬。河南洛陽出土。

誌正書,15 行,行 14 字;蓋正書,3 行,行 3 字。拓片,36cm×35.5cm(誌,含側),29.5cm×29.5cm(蓋,含剎)。

附注：有豎界欄，誌側、蓋刹刻花卉。撰者爲堂舅，繼母之兄，未云姓氏。

著録文獻：《秦晉豫新出墓誌蒐佚續編》726；《秦晉豫新出墓誌蒐佚三編》596；《洛陽流散唐代墓誌彙編三集》239。

D302:8882，2張。

1155　李周南墓誌並蓋

首題：大唐故封州司馬李公墓誌銘并序；蓋題：大唐故李府君墓誌銘。

（唐）李方叔撰。唐貞元二十年（804）十一月二十五日葬。2008年河南洛陽孟津縣出土，2009年入藏西安大唐西市博物館。

誌正書，22行，行22字；蓋篆書，3行，行3字。拓片，45.5cm×46cm（誌），48cm×48.5cm（蓋，含刹）。

附注：蓋頂四周刻竊曲紋，刹刻花紋。

著録文獻：《洛陽出土鴛鴦誌輯録》42－1；《秦晉豫新出墓誌蒐佚》667（無蓋）；《大唐西市博物館藏墓誌》338。

D302:8883，2張。

1156　姚壽墓誌

首題：大唐故吳興郡姚府君諱壽墓誌。

唐貞元二十一年（805）二月二日葬。陝西西安長安區出土。

正書，7行，行10字。拓片，31cm×30.5cm。

附注：首題與正文連接。

著録文獻：《秦晉豫新出墓誌蒐佚續編》732。

D302:9120，1張。

1157　曹俌及妻段氏墓誌

首題：唐故邢州長史曹府君武威縣君夫人段氏墓誌銘並序。

唐永貞元年（805）十一月十九日葬。山西長治出土。

正書，19行，行28字左右。拓片，45cm×45cm。

附注："段氏"原刻字形作"叚氏"。

著録文獻：《秦晉豫新出墓誌蒐佚續編》738。

D302:10111，1張。

1158　李可墓誌

首題：唐故福府鹽鐵留後監察御史李公墓誌銘並序。

（唐）李鍇撰。唐元和元年（806）二月三日葬。河南洛陽出土。

正書，28行，行28字。拓片，40cm×39.5cm。

附注：撰人未署姓氏，身份爲叔舅。

著録文獻：《秦晉豫新出墓誌蒐佚三編》600；《洛陽流散唐代墓誌彙編三集》243。

D302:10112～－2，各1張。

1159　李十二娘墓誌並蓋

首題：亡女十二娘墓誌文；蓋題：亡女十二娘墓誌文。

（唐）李憲述。唐元和元年（806）二月十二日葬。河南洛陽洛龍區出土，現藏洛陽市文物考古研究院。

誌正書,15行,行17字;蓋正書,3行,行3字。拓片,56.5cm×56cm(誌,含側),42cm×42.5cm(蓋,含刹)。

附注:誌側及蓋刹刻花卉。

著錄文獻:《秦晉豫新出墓誌蒐佚三編》601。

D302:8718,2張。

1160　李偆妻王素柔墓誌

首題:唐左神策軍正將開府儀同三司檢校太子賓客兼侍御史浦城郡王李偆故夫人太原王氏墓誌銘並序。

(唐)王千運撰。唐元和二年(807)二月二日葬。陝西西安出土。

正書,22行,行21字。拓片,37cm×37cm。

D302:10333,1張。

1161　杜湑墓誌並蓋

首題:唐故京兆杜府君墓誌銘并序;蓋題:唐故京兆杜府君墓誌。

(唐)杜省躬撰。唐元和二年(807)二月十四日葬。陝西西安出土。

誌正書,21行,行21字;蓋篆書,3行,行3字。拓片,36cm×36cm(誌),25.5cm×25.5cm(蓋)。

附注:蓋頂周刻花紋。

著錄文獻:《秦晉豫新出墓誌蒐佚三編》604。

D302:9657,2張。

1162　皇甫怡墓誌

首題:唐故銀青光禄大夫檢校太子賓客兼易州長史浙江東道義勝軍副使安定郡開國公皇甫府君墓誌銘并序。

(唐)邢册撰。唐元和二年(807)十一月十九日葬。河南洛陽偃師出土。

正書,26行,行26字。拓片,62.5cm×62cm。

附注:周刻竊曲紋,下方殘損。

著錄文獻:《洛陽流散唐代墓誌彙編續集》259;《秦晉豫新出墓誌蒐佚三編》606。

D302:9402～-2,各1張。

1163　韓寧妻陳氏墓誌並蓋

首題:唐故潁川陳夫人墓記;蓋題:唐故潁川陳夫人墓記。

(唐)韓寧撰。唐元和三年(808)正月十四日葬。河南洛陽出土。

誌正書,19行,行20字;蓋篆書,3行,行3字。拓片,39cm×39cm(誌),20.5cm×20.5cm(蓋)。

著錄文獻:《秦晉豫新出墓誌蒐佚三編》607。

D302:10113～-2,各2張。

1164　裴君妻柳政墓誌

首題:唐故滁州別駕裴府君夫人河東柳氏墓誌銘並序。

(唐)鄭綜撰。唐元和三年(808)二月二十日葬。安徽壽縣出土。

正書,左行,22行,行25字。拓片,40cm×40cm。

著錄文獻:《秦晉豫新出墓誌蒐佚三編》608;《洛陽流散唐代墓誌彙編續集》260。

D302:10468,1張。

1165　宋庭琮及妻楊氏墓誌

首題:故宋府君及夫人楊氏合祔墓誌銘並序。

唐元和三年(808)五月三日葬。山西長治出土。

正書,23行,行28字左右。拓片,48cm×48cm。

D302:10114,1張。

1166　宋光墓誌

首題:唐故廣平郡宋府君墓誌銘并序。

(唐)趙南華撰。唐元和三年(808)七月二十二日葬。河南洛陽出土,現藏河南洛陽市文物考古研究院。

正書,19行,行20、21字。拓片,46.5cm×46.5cm(含側)。

附注:誌側刻花卉。

D302:8719,1張。

1167　張良玉墓誌並蓋

首題:唐故忻州定襄府別將上柱國張府君墓誌銘并序;蓋題:大唐故張府君墓誌銘。

唐元和三年(808)七月二十二日葬。河南濟源出土。

誌正書,21行,行22—24字左右;蓋正書,3行,行3字。拓片,37.5cm×37.5cm(誌),20cm×20cm(蓋)。

附注:有豎界欄。

著錄文獻:《秦晉豫新出墓誌蒐佚三編》611。

D302:9658,2張。

1168　裴位及妻苗媛墓誌並蓋

首題:唐故河南府福昌縣主簿裴府君合祔墓誌銘并序;蓋題:大唐故裴府君合祔銘。

(唐)裴敏撰。唐元和三年(808)十月十三日葬。河南洛寧縣出土。

誌正書,27行,行26字;蓋篆書,3行,行3字。拓片,47cm×48.5cm(誌),51.5cm×51cm(蓋,含刹)。

附注:蓋刹刻花紋。

著錄文獻:《秦晉豫新出墓誌蒐佚續編》746;《洛陽流散唐代墓誌彙編》249;《洛陽新獲墓誌二〇一五》263。

D302:9523,2張,2016年9月齊運通捐贈。

1169　韋翾墓誌並蓋

首題:唐故揚州海陵縣令韋府君誌銘并序;蓋題:韋府君墓誌銘。

(唐)蕭休之撰。唐元和三年(808)十月葬。河南洛陽洛龍區出土。

誌正書,19行,行20字;蓋正書,2行,行3字。拓片,44cm×45cm(誌,含側),35cm×34.5cm(蓋,含刹)。

附注:誌側及蓋刹刻花紋。

著錄文獻:《洛陽流散唐代墓誌彙編續集》263;《秦晉豫新出墓誌蒐佚三編》613。

D302:9659,2張。

1170　楊景祐墓誌並蓋

首題:唐故河陽節度逐要中大夫懷州長史弘農楊府君頓丘李夫人玄堂墓誌;蓋題:唐故河陽節度逐要楊景

祐墓誌並蓋。

（唐）楊可造撰；（唐）楊可遇書。唐元和三年（808）十一月六日葬。河南焦作孟州出土。

誌正書，16行，行28字；幽明契正書，環刻；蓋題隸書，3行，行3字。

拓片，59cm×59.5cm（誌，含側）；45.3cm×45.3cm（蓋）；42cm×42cm（幽明契）。

附注：三面刻，一面誌文，有豎界欄，有小字雙行，側刻太乙式八干十二地支及天門地户；一面蓋，蓋頂略圓，蓋題外環刻太乙式，第一圈八卦，第二圈十六神；一面中刻"幽明契"三字，内圈"合明天帝日，玄契地幽室，楊李廣陰蹊，枝條代榮實"，外圈二十八星宿。

D302:10394，3張，2020年7月熊長雲捐贈。

1171　田沼妻斑氏墓誌並蓋

首題：唐故京兆府華原縣主簿田府君夫人扶風斑氏墓誌銘并序；蓋題：大唐故斑夫人墓誌銘。

（唐）斑贄撰；（唐）斑遇書。唐元和三年（808）十一月十八日葬。陝西西安出土，現藏西安碑林博物館。

誌正書，23行，行25字；蓋正書，3行，行3字。拓片，55cm×56cm（誌），62cm×62cm（蓋，含刹）。

附注：蓋頂及刹刻花紋。

著錄文獻：《西安碑林博物館新藏墓誌續編》147；《洛陽新獲墓誌二〇一五》264；《秦晉豫新出墓誌蒐佚三編》614。

D302:9524，2張，2016年9月齊運通捐贈。

1172　苗玄素墓誌並蓋

首題：唐故苗府君墓誌銘并序；蓋題：大唐故苗府君墓誌銘。

（唐）苗儉撰。唐元和三年（808）□月十四日卒。河南洛陽出土。

誌正書，20行，行23字；蓋篆書，3行，行3字。拓片，39.5cm×40cm（誌），42cm×42cm（蓋，含刹）。

附注：元和三年十有四日卒，月缺，無下葬年款。蓋頂周刻竊曲紋，刹刻花紋。

著錄文獻：《洛陽新獲墓誌二〇一五》259；《洛陽流散唐代墓誌彙編續集》264；《秦晉豫新出墓誌蒐佚三編》615。

D302:9660，2張。

1173　范秀墓誌

首題：唐故范府君墓誌銘并序。

唐元和四年（809）正月二十日葬。山西長治出土。

行書，24行，行25字左右。拓片，43.5cm×44cm。

附注：誌左下角有缺損。

D302:8884，1張。

1174　韓澄芝墓誌並蓋

首題：唐故南陽韓府君墓誌銘并序；蓋題：大唐故韓府君墓誌銘。

唐元和四年（809）二月三日葬。河南洛陽出土，現藏洛陽市文物考古研究院。

誌正書,21 行,行 23 字左右;蓋篆書,3 行,行 3 字。拓片,41.5cm×42cm(誌,含側),32cm×31.5cm(蓋,含刹)。

附注:誌側及蓋刹刻花卉。

D302:8720,2 張。

1175　路景秀墓誌

首題:唐故處士清河路君墓誌銘并序。

唐元和四年(809)閏三月十五日葬。山西黎城縣出土。

正書,16 行,行 25 字左右。拓片,43cm×42.5cm。

附注:左上角殘損一塊。

著錄文獻:《秦晉豫新出墓誌蒐佚續編》748;《西安新獲墓誌集萃》73。

D302:9121,1 張。

1176　劉進朝墓誌

首題:唐故彭城劉府君墓誌銘並序。

唐元和四年(809)四月二十二日葬。山西長治出土。

正書,14 行,行 20、21 字。拓片,39cm×39cm。

D302:10115,1 張。

1177　田濟墓誌並蓋

首題:唐故唐州長史知州事兼侍御史賜緋魚袋攝山南東道節度營田副使田府君墓誌銘并序;蓋題:大唐故田史君墓誌銘。

(唐)李宗回撰。唐元和四年(809)七月五日葬。陝西西安長安區出土。

誌正書,28 行,行 29 字;蓋篆書,3 行,行 3 字。拓片,54cm×55cm(誌),55cm×55cm(蓋,含刹)。

附注:蓋刹刻四神、頂周刻花紋。

著錄文獻:《洛陽新獲墓誌二〇一五》265;《西南大學新藏石刻拓本匯釋》212;《秦晉豫新出墓誌蒐佚三編》616。

D302:9525,2 張,2016 年 9 月齊運通捐贈。

1178　孫楚珪墓誌並蓋

首題:唐故陪戎校尉石州善訓府左果毅孫府君墓誌銘并序;蓋題:大唐故孫府君墓誌銘。

唐元和五年(810)二月三十日葬。山西長治出土。

誌正書,18 行,行 28 字左右;蓋篆書,3 行,行 3 字。拓片,44.5cm×44cm(誌),27cm×27cm(蓋)。

附注:蓋頂四周刻花紋。

著錄文獻:《秦晉豫新出墓誌蒐佚續編》752;《洛陽新獲墓誌二〇一五》266(無蓋)。

D302:8345,2 張;D302:8345-2,1 張,蓋失拓。

1179　李昇妻鄭氏墓誌並蓋

首題:唐故銀青光禄大夫守太子詹事贈同州刺史李公榮陽郡夫人鄭氏墓誌銘並序;蓋題:唐故榮陽鄭夫人墓誌。

(唐)李汭撰。唐元和五年(810)七月十一日葬。陝西西安出土。

誌正書,36 行,行 36 字;蓋篆書,3 行,行 3 字。拓片,69cm×69cm(誌);50cm×50cm(蓋)。

著錄文獻:《秦晉豫新出墓誌蒐佚續編》753;《洛陽新獲墓誌二〇一五》267;《西南大學新藏石刻拓本匯釋》釋文卷 214。

D302:10469,2 張。

1180　張君妻裴氏墓誌並蓋

首題:尚書祠部郎中南陽張公夫人河東裴氏墓誌銘并序;蓋題:唐故張公夫人墓誌銘。

(唐)張元夫撰。唐元和五年(810)七月十一日葬。陝西西安出土。

誌正書,20 行,行 19 字;蓋正書,3 行,行 3 字。拓片,35.5cm×35.5cm(誌),37.5cm×38cm(蓋,含刹)。

附注:蓋頂及刹刻花紋。

著錄文獻:《洛陽新獲墓誌二〇一五》268;《西南大學新藏石刻拓本匯釋》213;《珍稀墓誌百品》72(誤配《韋惊妻裴貞墓誌》蓋。作張亢夫撰);《秦晉豫新出墓誌蒐佚三編》619。

D302:9526,2 張,2016 年 9 月齊運通捐贈。

1181　趙煊及妻馬氏墓誌並蓋

首題:大唐天水郡故趙府君合祔墓誌銘并序;蓋題:大唐故趙府君合祔銘。

唐元和五年(810)十一月二十九日葬。河南洛陽出土。

誌正書,20 行,行 20 字;蓋正書,3 行,行 3 字。拓片,36cm×36cm(誌),40cm×38cm(蓋,含刹)。

附注:蓋頂四周刻竊曲紋,刹刻花紋。

著錄文獻:《洛陽流散唐代墓誌彙編續集》266。

D302:9109,2 張。

1182　杜玭墓誌並蓋

首題:唐故杜府君墓誌銘;蓋題:故杜府君墓誌。

(唐)樊應元撰。唐元和六年(811)二月十九日葬。河南洛陽出土,現藏洛陽市文物考古研究院。

誌正書,21 行,行 21 字;蓋篆書,3 行,行 2 字。拓片,44cm×44cm(誌,含側),33cm×34cm(蓋,含刹)。

附注:側面、蓋刹刻牡丹花紋。

D302:8721,2 張。

1183　邵仲及妻源氏合祔墓誌

首題:唐故乘務郎行冀州司功參軍邵府君夫人河南源氏合祔銘並序。

(唐)邵庚撰。唐元和六年(811)四月九日葬。河南洛陽出土。

正書,21 行,行 30 字左右。拓片,44cm×43cm。

附注:"四月"泐,可見"九日癸酉"。撰人名或爲"庚"。

D302:10116,1 張。

1184　郭曖妻李昇平墓誌

首題:唐故虢國大長昭懿公主墓誌銘并序。

(唐)孟簡撰;(唐)皇甫鎛書。唐元和六年(811)七月十日葬。陝西西安出土,現藏西安博物院。

正書,37行,行40字。拓片,143cm×140cm(含側)。
附注:側刻獸首執笏袍服十二生肖像。
著録文獻:《北京大學圖書館新藏金石拓本菁華續編》208。
D302:8993/SB,1張。

1185　王杲墓誌
首題:唐故檢校工部尚書游襲將軍左千牛衛大將軍太原縣開國男食邑□百户太原王府君墓誌銘并序。
(唐)王叔驥撰並書。唐元和六年(811)十月二十三日葬。陝西西安出土。
正書,29行,行30字。拓片,61.5cm×62cm。
附注:石面漫泐。
著録文獻:《秦晉豫新出墓誌蒐佚》476;《秦晉豫新出墓誌蒐佚三編》624。
D302:9403～-2,各1張。

1186　劉麗麗墓誌
首題:唐彭城劉氏女墓誌銘並序。
(唐)劉憲孫撰。唐元和七年(812)正月十九日葬。河南洛陽出土。
正書,15行,行16字。拓片,35cm×35.5cm。
D302:10117,1張。

1187　姚寰墓誌
首題:唐將仕郎試衛尉寺丞姚府君墓銘並序。
唐元和七年(812)四月十日葬。河南洛陽出土。

正書,18行,行18字。拓片,44cm×42cm。
附注:諱原刻之寰字爲異體。
著録文獻:《洛陽流散唐代墓誌彙編續集》269。
D302:9843,1張。

1188　沈群妻楊氏墓誌
首題:唐陝州安邑縣丞沈君妻弘農楊夫人墓誌銘並序。
(唐)楊埏撰;(唐)楊珙書。唐元和七年(812)十一月三十日葬。河南洛陽出土,張鈁舊藏,現藏河南新安鐵門鎮千唐誌齋博物館。
正書,19行,行20字。拓片,40cm×40cm。
著録文獻:《隋唐五代墓誌匯編·洛陽卷》13/11;《千唐誌齋藏誌》1001。
D303:1895,1張。

1189　戴君妻劉氏墓誌
首題:大唐故彭城劉氏夫人墓誌銘並序。
(唐)劉雅撰。唐元和七年(812)十二月十一日葬。陝西西安出土。
正書,19行,行20字。拓片,38cm×38cm。
D302:10118,1張。

1190　盧捴墓誌並蓋
首題:范陽盧公墓記銘;蓋題:唐故范陽盧公墓誌銘。
(唐)盧推撰。唐元和八年(813)正月三十日葬。河南洛陽偃師出土。
誌正書,17行,行18字;蓋篆書,3行,行3字。拓片,35cm×35cm(誌),19cm×19.5cm(蓋)。

著録文獻:《洛陽流散唐代墓誌彙編續集》271。

D302:10119,2張。

1191 曹乾琳妻劉那羅延墓誌並蓋

首題:曹府君夫人劉氏墓誌並序;蓋題:大唐故劉夫人墓誌銘。

唐元和八年(813)二月十三日葬。河南洛陽出土。

誌正書,20行,行21字;蓋正書,3行,行3字。拓片,36cm×36cm(誌),40cm×40cm(蓋)。

著録文獻:《洛陽流散唐代墓誌彙編續集》272;《秦晉豫新出墓誌蒐佚三編》626。

D302:10120,2張。

1192 司徒倚墓誌

首題:唐故天威軍正將雲麾將軍守左金吾衛大將軍員外置同正員兼殿中監上柱國彭城縣開國男食邑三百户司徒公墓誌銘並序。

(唐)胡直方撰。唐元和八年(813)四月二十七日葬。陝西西安出土。

正書,22行,行22字。拓片,45cm×45cm。

著録文獻:《秦晉豫新出墓誌蒐佚續編》756。

D302:10470,1張。

1193 顧師閔墓誌

首題:唐故京兆府咸陽縣尉攝宣歙池等州觀察判官吳郡顧君墓誌。

(唐)范傳正撰。唐元和八年(813)六月二十八日葬。1990年河南洛陽偃師首陽山鎮後張村出土。

正書,20行,行24字左右。拓片,43.5cm×44.5cm。

附注:誌碎爲六塊,右上角殘缺,尾刻後夫人祔葬題記一行。

著録文獻:《秦晉豫新出墓誌蒐佚》681。

D302:8885,1張。

1194 姚端妻王妙姝墓誌並蓋

首題:大唐朝議郎行硤州宜都縣丞上柱國姚端夫人故太原王氏墓誌并序;蓋題:唐故王氏夫人墓誌銘。

唐元和八年(813)九月十七日葬。陝西西安出土。

誌正書,17行,行18—19字;蓋篆書,3行,行3字。拓片,38cm×38cm(誌),40cm×40.5cm(蓋,含刹)。

附注:蓋頂及刹刻花紋。

D302:9661,2張。

1195 張君妻素和氏墓誌並蓋

首題:南陽張秀才先妣素和氏墓誌銘并序;蓋題:唐南陽張秀才先妣素和氏墓誌之銘。

(唐)溫造撰。唐元和八年(813)九月壬寅葬。河南孟州出土。

誌正書,19行,行20字;蓋正書,4行,行4字。拓片,46cm×46cm(誌),26.5cm×27cm(蓋)。

附注:九月壬寅葬,九月庚戌朔,無壬寅。

著録文獻:《秦晉豫新出墓誌蒐佚

三編》629。

D302:9662,2 張。

1196　盧晃妻王氏墓誌

首題:唐范陽盧晃故妻太原王氏墓記。

(唐)盧晃撰。唐元和八年(813)十月十二日葬。河南洛陽出土。

正書,7 行,行 13 字。拓片,40cm×40cm。

附注:有豎界欄,中豎斷裂。

著錄文獻:《秦晉豫新出墓誌蒐佚三編》630。

D302:8886,1 張。

1197　郭守墓誌

首題:唐故府君郭公墓誌銘並序。

唐元和八年(813)十一月六日葬。山西長治出土。

正書,18 行,行 22 字左右。拓片,38.5cm×38cm。

D302:10121,1 張。

1198　宋君妻馬氏墓誌

首題:唐宋君亡妻扶風馬氏墓記文並序。

唐元和八年(813)十二月二十三日葬。山西長治出土。

正書,17 行,行 20 字左右。拓片,41cm×41.5cm。

附注:字體風格屬於山西長治地區。

D302:10122,1 張。

1199　顧旭妻崔氏墓誌并蓋

首題:大唐處士君吳郡顧公故夫人博陵崔氏墓誌銘并序;蓋題:崔氏墓誌。

(唐)顧惟肅撰並書。唐元和九年(814)三月二十五日葬。河南洛陽出土。

誌正書,22 行,行 23 字;蓋正書,2 行,行 2 字。拓片,41.3cm×41cm(誌),23.2cm×23cm(蓋)。

附注:墓主夫諱據唐元和十三年(818)三月二十六日葬《顧旭墓誌》補。

著錄文獻:《洛陽流散唐代墓誌彙編續集》275;《秦晉豫新出墓誌蒐佚三編》635。

D302:8945,2 張,2015 年 3 月史睿捐贈;D302:8945-2;2 張,有蓋。

1200　封君妻劉氏墓誌并蓋

首題:故河南府新安縣尉封府君夫人劉氏墓誌銘并序;蓋題:唐故封府君夫人劉氏墓誌銘。

(唐)姚穆撰。唐元和九年(814)五月十四日葬。河南洛陽孟津縣出土。

誌正書,21 行,行 21 字;蓋正書,3 行,行 4 字。拓片,48.3cm×48.3cm(誌),26.5cm×27cm(蓋)。

附注:蓋頂周刻竊曲紋。

著錄文獻:《秦晉豫新出墓誌蒐佚續編》760;《洛陽新獲墓誌二〇一五》272。

D302:9122,1 張;D302:9122-2,2 張。

1201　苗政墓誌

首題:唐故昭義軍節度右衛馬軍副

將試左清道率府兵曹參軍苗公墓誌銘并序。

唐元和九年（814）六月二十一日葬。山西壺關縣出土。

正書，19行，行25字左右。拓片，44.5cm×44.5cm。

D302:9720,1張。

1202　杜台賢墓誌並蓋

首題：唐故中散大夫□右庶子致仕上柱國南陽縣開國男杜府君墓誌銘並序；蓋題：大唐故杜府君墓誌銘。

（唐）李文楷撰；（唐）杜仲書。唐元和九年（814）十月六日葬。陝西西安出土。

誌正書，30行，行30字；蓋篆書，3行，行3字。拓片，64.5cm×64cm（誌），44cm×45cm（蓋）。

附注：蓋頂周刻花紋。

D302:9818,2張。

1203　趙遷墓誌

首題：大唐天水郡趙公墓誌銘并序。

唐元和九年（814）十月六日葬。河北内丘縣出土。

行書，19行，行27字左右。拓片，44cm×44cm。

附注：右下角斷裂。

D302:9123,1張。

1204　韋楚客墓誌並蓋

首題：唐故處士京兆韋君墓誌銘并序；蓋題：大唐故韋府君墓誌銘。

（唐）楊虞卿撰。唐元和九年（814）十月十七日葬。陝西西安長安區出土。

誌正書，18行，行17字；蓋正書，3行，行3字。拓片，36.5cm×36.5cm（誌），26cm×25.5cm（蓋）。

附注：蓋頂四周刻花紋。

著錄文獻：《秦晉豫新出墓誌蒐佚續編》763；《洛陽新獲墓誌二〇一五》274。

D302:8887,2張。

1205　郭文獻墓誌並蓋

首題：唐故工部掌固郭府君墓誌銘并敘；蓋題：唐故郭府君合祔墓誌。

（唐）徐俯撰。唐元和九年（814）十月十七日葬。河南洛陽出土。

誌正書，25行，行25字；蓋篆書，3行，行3字。拓片，42cm×42cm（誌），44.5cm×44.45cm（蓋）。

著錄文獻：《洛陽流散唐代墓誌彙編續集》278。

D302:10123,2張。

1206　李重墓誌並蓋

首題：唐故試左領軍衛兵曹參軍充河南府法直李府君墓誌銘并序；蓋題：大唐故李府君墓誌銘。

（唐）釋文皎撰並書。唐元和九年（814）十月二十三日葬。河南洛陽洛龍區出土，現藏洛陽市文物考古研究院。

誌正書，22行，行22字；蓋篆書，3行，行3字。拓片，59cm×59.5cm（誌，含側），44.5cm×44cm（蓋，含刹）。

附注：誌側及蓋刹刻花紋，蓋左上

角刹缺一塊。

D302:8722,2張。

1207　盧慶墓誌

首題:唐故鄉貢明經盧府君墓誌銘。

唐元和九年(814)十月二十九日葬。河南洛陽出土。

正書,10行,行13字。拓片,29.5cm×30cm。

著錄文獻:《洛陽流散唐代墓誌彙編續集》279。

D302:10124,1張。

1208　白氏墓誌

首題:故迴鶻可汗夫人白氏墓誌銘並序。

唐元和十年(815)四月十九日葬。陝西西安出土。

正書,16行,行16字。拓片,60.5cm×60.5cm。

附注:誌頂周刻花紋,側刻獸首袍服持笏十二生肖坐像。

D302:10334/SB,1張。

1209　王瑗墓誌並蓋

首題:大唐故河南府衙官試左武衛中侯王府君墓誌銘并序;蓋題:大唐故王府君墓誌銘。

唐元和十年(815)八月十六日葬。河南洛陽出土。

誌正書,22行,行21字;蓋正書,3行,行3字。拓片,36.5cm×36.5cm(誌),39cm×39.5cm(蓋,含刹)。

附注:蓋頂周刻竊曲紋,刹刻花紋。

著錄文獻:《洛陽流散唐代墓誌彙編續集》281;《秦晉豫新出墓誌蒐佚三編》637。

D302:9663~-2,各2張。

1210　陳宥墓誌

首題:唐故潁川陳府君墓誌銘並序。

(唐)王周輔撰。唐元和十年(815)十一月二十三日葬。河南洛陽出土。

正書,22行,行23字。拓片,38.5cm×38.5cm。

附注:誌文云長子德源,次子德周,其妻誌文云長子德元,次子去惑,略不同。葬日似改刻。

著錄文獻:《洛陽流散唐代墓誌彙編續集》282;《秦晉豫新出墓誌蒐佚三編》638(作二十九日)。

D302:10125,1張。

1211　李逈墓誌

首題:隴西郡李府君墓誌。

唐元和十一年(816)二月十三日葬。河南洛陽出土。

正書,23行,行22字。拓片,34.5cm×36cm。

著錄文獻:《洛陽流散唐代墓誌彙編續集》283;《秦晉豫新出墓誌蒐佚三編》639。

D302:9664,1張。

1212　郭鍠墓誌

首題:唐故太原郭府君墓誌銘并序。

(唐)張楚封撰。唐元和十一年

(816)八月二十一日葬。河南洛陽洛龍區出土。

正書,20 行,行 20 字。拓片,31cm×31cm。

著録文獻:《秦晉豫新出墓誌蒐佚三編》640;《洛陽流散唐代墓誌彙編續集》285。

D302:9665,1 張。

1213　源公妻李氏墓誌並蓋

首題:唐故新鄉縣主墓誌銘並序;蓋題:唐故新鄉縣主墓誌銘。

(唐)周魯賓撰並書。唐元和十一年(816)八月二十七日葬。陝西西安出土。

誌正書,22 行,行 22 字;蓋正書,3 行,行 3 字。拓片,52cm×51cm(誌),57cm×55cm(蓋)。

附注:蓋頂及刹刻花紋,誌石右角殘損。尾刻"元和十一年八月二十七日,放出家人桔梗,出放家人授德"。其夫有作源建。

D302:10335,2 張。

1214　令狐定妻于氏墓誌並蓋

首題:亡妻東海于氏墓誌;蓋題:唐故夫人于氏墓誌銘。

(唐)令狐定撰並書。唐元和十一年(816)十月十七日葬。陝西西安出土。

誌正書,18 行,行 21、22 字;蓋篆書,3 行,行 3 字。拓片,39cm×39cm(誌),41cm×41cm(蓋,含刹)。

附注:蓋刹刻花紋。

著録文獻:《秦晉豫新出墓誌蒐佚三編》641。

D302:8994,2 張。

1215　翟令璉墓誌並蓋

首題:大唐故左神策華原鎮正將開府儀同三司檢校太子賓客上柱國涼國郡開國公食邑三千户翟府君墓誌銘并序;蓋題:大唐故翟府君墓誌銘。

(唐)梁匡堯撰。唐元和十一年(816)十一月十一日葬。陝西耀縣出土。

誌正書,29 行,行 29 字;蓋篆書,3 行,行 3 字。拓片,55cm×55cm(誌),29.5cm×30.5cm(蓋)。

附注:蓋頂四周刻花紋。

D302:9124,2 張。

1216　陳君妻高氏墓誌並蓋

首題:故朝散大夫行陝府兵曹參軍上柱國賜魚袋陳府君夫人渤海縣君高氏墓誌銘並敘;蓋題:唐渤海縣君高氏墓誌。

(唐)王冉撰。唐元和十一年(816)十一月二十九日葬。陝西西安出土。

誌正書,25 行,25 字;蓋隸書,3 行,行 3 字。拓片,56cm×56cm(誌),58cm×60cm(蓋)。

附注:刹刻四神。

D302:10126~一2,各 2 張。

1217　尹承恩墓誌並蓋

首題:唐故開府儀同三司檢校太子賓客行恭王府長史上柱國永陽郡王食邑三千户尹公墓誌并序;蓋題:大唐故尹公墓誌之銘。

(唐)滕邁撰;(唐)尹承愨書。唐元和十一年(816)十二月五日葬。陝西西安出土。

誌正書,27 行,行 26 字;蓋篆書,3 行,行 3 字。拓片,59cm×60cm(誌),64cm×63cm(蓋,含刹)。

附注:末行補刻大和二年十一月七日夫人合祔款;蓋刹刻四神、頂周花紋。

著録文獻:《洛陽新獲墓誌二〇一五》275;《西南大學新藏石刻拓本匯釋》228;《秦晉豫新出墓誌蒐佚三編》674(葬年有誤)。

D302:9527,2 張,2016 年 9 月齊運通捐贈。

1218　王蒙墓誌並蓋

首題:唐故將仕郎守揚州參軍太原王公墓誌銘并序。

(唐)張廡撰;(唐)杜元式書。唐元和十二年(817)二月十九日葬。陝西西安出土,現藏西安碑林博物館。

誌正書,21 行,行 21 字。拓片,43.5cm×44.5cm(誌),48.5cm×50cm(蓋,含刹)。

附注:蓋無文字,刹刻四神。

著録文獻:《西安碑林博物館新藏墓誌續編》156;《洛陽新獲墓誌二〇一五》277(無蓋);《西南大學新藏石刻拓本匯釋》218。

D302:9528,2 張,2016 年 9 月齊運通捐贈。

1219　王履貞妻張淑墓誌

首題:唐故清河張夫人墓銘并序。

(唐)王履貞撰。唐元和十二年(817)閏五月一日葬。陝西西安出土。

正書,16 行,行 22 字左右。拓片,39cm×40.5cm。

附注:夫人字"淑"。

D302:10127,1 張。

1220　柳氏墓誌

首題:大唐河東柳氏女墓誌銘並敘。

(唐)柳璟撰;(唐)柳季輔書。唐元和十二年(817)六月二十七日葬。陝西西安出土。

正書,20 行,行 20 字。拓片,35cm×34.5cm。

D302:10471,1 張。

1221　許朝及妻白氏墓誌

首題:唐潁川郡許府君夫人白氏墓誌銘并序。

唐元和十二年(817)七月十五日葬。山西臨汾出土。

正書,左行,19 行,行 23 字左右。拓片,44cm×44cm。

著録文獻:《洪洞金石録》16 頁。

D302:9721,1 張。

1222　王丹雅墓誌並蓋

首題:唐故琅琊王府君墓銘銙文;蓋題:唐故王府君墓誌銘。

唐[元和十二年(817)]八月三日葬。

誌正書,10 行,行 13—15 字;蓋正書,2 行,行 4 字。拓片,34cm×34.5cm(誌),

39cm×39cm(蓋,含刹)。

附注:丁酉歲卒,其年八月戊午朔三日葬,唐代唯元和十二年歲次丁酉八月戊午朔。蓋頂周刻竊曲紋,刹刻花紋。

D302:9666,2 張。

1223　獨孤士衡墓誌並蓋

首題:唐故朝散大夫檢校太子中允兼殿中侍御史獨孤公墓誌銘并序;蓋題:唐故殿中侍御史獨孤公墓誌。

(唐)于渾撰;(唐)盧元卿書。唐元和十二年(817)九月二十三日葬。陝西西安長安區出土。

誌隸書,21 行,行 28 字;蓋篆書,4 行,行 3 字。拓片,61cm×61cm(誌),62cm×62cm(蓋,含刹)。

附注:有方界格,蓋頂四周刻花紋,刹刻四神。

著錄文獻:《秦晉豫新出墓誌蒐佚續編》773(無蓋);《北京大學圖書館新藏金石拓本菁華續編》209。

D302:8995,2 張。

1224　姜公素妻周彪墓誌並蓋

首題:亡[妻]周氏墓誌銘並序;蓋題:亡妻周氏墓誌。

(唐)姜公素撰。唐元和十二年(817)十一月十七日葬。陝西咸陽出土。

誌正書,18 行,行 22 字;蓋篆書,3 行,行 2 字。拓片,51cm×49.5cm(誌),42cm×43cm(蓋)。

附注:蓋頂及刹刻花紋。原葬山西汾州西河縣,大和三年二月廿二日遷葬,四月廿一日合葬。遷葬款二行加刻於首題下。出土地據其夫墓誌。

D302:10336,2 張。

1225　班贄墓誌並蓋

首題:唐故京兆府萬年縣丞班府君墓銘并序;蓋題:大唐故班府君墓石銘;別名:斑贄墓誌並蓋。

(唐)宇文佶撰;(唐)寇茂元書。唐元和十二年(817)十一月二十三日葬。陝西西安出土。

誌正書,24 行,行 24 字;蓋篆書,3 行,行 3 字。拓片,47.5cm×47.5cm(誌),30.5cm×31cm(蓋)。

附注:蓋頂周刻花紋。蓋題、首題姓作"班",誌文"斑公諱贄字允古",姓作"斑"。

著錄文獻:《洛陽新獲墓誌二〇一五》279;《秦晉豫新出墓誌蒐佚三編》642。

D302:9529,2 張,2016 年 9 月齊運通捐贈。

1226　顧旭墓誌並蓋

首題:唐故居士吳郡顧府君墓誌并序;蓋題:唐故吳郡顧府君墓誌。

(唐)韓玄卿撰。唐元和十三年(818)三月二十六日葬。河南洛陽出土。

誌正書,25 行,行 25 字;蓋正書,3 行,行 3 字。拓片,50.5cm×50.5cm(誌),26cm×26cm(蓋)。

附注:蓋頂周刻竊曲紋。

著錄文獻:《洛陽流散唐代墓誌彙編續集》288;《秦晉豫新出墓誌蒐佚

三編》646。

D302:8946～-2,各2張,2015年3月史睿捐贈。

1227 顏巽墓誌

首題:唐故太常寺奉禮琅琊顏府君墓誌銘。

唐元和十三年(818)八月二十一日葬。河南洛陽出土。

正書,17行,行18字。拓片,29.5cm×30cm。

附注:銘文漫漶,無葬年,從元和歲……八月二十一日壬申推爲元和十三年。

D302:8888～-2,各1張。

1228 王奉璘妻段氏墓誌

首題:唐故京兆段氏夫人墓誌銘並序。

唐元和十三年(818)十月二十□日葬。河南洛陽出土。

正書,25行,行24字。拓片,36cm×36cm。

附注:左下角斜裂。

著錄文獻:《洛陽流散唐代墓誌彙編續集》290。

D302:10128,1張。

1229 巨川墓誌並蓋

首題:上都青龍寺大德法号巨川墓誌銘并序;蓋題:青龍寺大德巨川墓誌。

(唐)孟子周撰;(唐)張晦書。唐元和十四年(819)四月六日葬。陝西西安出土。

誌正書,18行,行18字;蓋篆書,3行,行3字。拓片,39.5cm×41cm(誌,含刹),34cm×33cm(蓋,含刹)。

附注:俗姓王。誌側刻花紋,蓋頂四周及刹刻花紋。

D302:9125,2張。

1230 張興妻路洪墓誌並蓋

首題:唐故朝議郎行鳳翔府倉曹參軍上柱國張興妻路氏墓誌銘并序;蓋題:唐故夫人路氏墓誌銘。

唐元和十四年(819)四月二十六日葬。陝西西安出土。

誌正書,26行,行27字;蓋篆書,3行,行3字。拓片,47cm×47cm(誌),47.5cm×48cm(蓋,含刹)。

附注:蓋頂四周及刹刻花紋。

著錄文獻:《秦晉豫新出墓誌蒐佚三編》648。

D302:9126～-2,各2張。

1231 郭錡墓誌

首題:唐故太府少卿上護軍賜緋魚袋太原郭公墓誌銘并序。

(唐)李虞仲撰。唐元和十四年(819)五月二十五日葬。陝西西安出土,現藏西安博物院。

正書,32行,行33字。拓片,104cm×106cm。

附注:側刻獸首執笏袍服十二生肖像。

著錄文獻:《秦晉豫新出墓誌蒐佚三編》649。

D302:8996,1張。

1232　賈玉墓誌

首題：唐故徵士河東賈府君墓誌銘並敘。

（唐）孫正言撰。唐元和十四年（819）九月九日葬。山西晉城出土。

正書，21行，行29字左右。拓片，50cm×49.5cm。

著錄文獻：《秦晉豫新出墓誌蒐佚三編》650。

D302：10129，1張。

1233　趙晉墓誌

首題：唐故右龍武軍散將天水趙府君墓誌銘并序。

（唐）趙弘濟撰並書。唐元和十四年（819）十一月十日葬。陝西西安出土。

正書，26行，行27字。拓片，52cm×52cm。

附注：右上方有殘缺。

著錄文獻：《西南大學新藏墓誌集釋》193；《珍稀墓誌百品》76；《秦晉豫新出墓誌蒐佚三編》651。

D302：9127，1張。

1234　張晏墓誌

首題：唐故昭義節度使院驅使官朝議郎試鴻臚卿張府君墓誌銘並序。

唐元和十四年（819）十一月二十八日葬。山西長治出土。

正書，18行，行28字左右。拓片，38cm×38cm。

附注：舊石改刻。左上角斜裂。

D302：10099，1張。

1235　鄭魯女墓記並蓋

首題：唐故滎陽鄭氏女墓記；蓋題：唐故滎陽鄭氏女墓記。

（唐）鄭繻撰。唐元和十五年（820）正月二十四日葬。河南洛陽出土。

誌正書，16行，行15字；蓋篆書，3行，行3字。拓片，30.5cm×30.5cm（誌），32.5cm×32.5cm（蓋，含剎）。

附注：蓋剎刻花紋。

著錄文獻：《河洛墓刻拾零》381。

D302：8889，2張。

1236　韋及墓誌

首題：唐故朝散大夫使持節蘄州諸軍事守蘄州刺史上柱國韋府君墓誌銘並序。

（唐）韋椴撰。唐元和十五年（820）閏正月三日葬。陝西西安出土，現藏長安博物館。

正書，34行，行35字。拓片，62cm×62cm。

著錄文獻：《長安新出墓誌》240頁；《長安碑刻》165頁。

D302：9819，1張。

1237　郭渭墓誌並蓋

首題：大唐故太原郭公墓誌銘；蓋題：大唐故郭府君墓誌銘。

唐元和十五年（820）四月二日葬。河南洛陽出土。

誌正書，22行，行23字；蓋篆書，3行，行3字。拓片，40cm×39.5cm（誌），22.5cm×22cm（蓋）。

附注：誌文稱"元和十四年十二月

廿二日終……以其年四月二日卜葬……",葬年或爲元和十五年。

著錄文獻:《洛陽新獲墓誌二〇一五》281;《洛陽流散唐代墓誌彙編續集》293;《秦晉豫新出墓誌蒐佚三編》652。

D302:10472,2張。

1238　張玉墓誌

首題:唐故徵士清河張府君墓誌銘並序。

唐元和十五年(820)四月十四日葬。山西長治出土。

行書,19行,行27字左右。拓片,48cm×48cm。

D302:10130,1張。

1239　庾仲稷墓誌

首題:唐故虢州盧氏縣令庾府君墓誌。

(唐)庾威撰。唐元和十五年(820)四月十九日葬。陝西西安出土。

正書,19行,行21字。拓片,36cm×35.5cm。

附注:石面漫漶。

D302:9404,1張。

1240　崔弘載墓誌並蓋

首題:唐故崔處士墓誌銘并序;蓋題:大唐故崔處士墓誌銘。

(唐)崔弘禮撰。唐元和十五年(820)十月二十七日葬。2002年秋河南洛陽偃師市諸葛鎮出土,現藏洛陽師範學院。

誌正書,21行,行21字;蓋正書,3行,行3字。拓片,39.5cm×40cm(誌),42.5cm×42.5cm(蓋,含刹)。

附注:蓋頂周刻竊曲紋,刹刻花紋。

著錄文獻:《邙洛碑誌三百種》240(無蓋)。

D302:7672,1張,蓋失拓;D302:7672-2,2張。

1241　宇文仲逵墓誌並蓋

首題:襲介國公宇文府君墓誌銘並敘;蓋題:唐襲介國公宇文府君墓誌銘。

(唐)王庇撰。唐元和十五年(820)十一月四日葬。陝西西安出土。

誌正書,19行,行21字左右;蓋正書,3行,行4字。拓片,57.5cm×57.5cm(誌),39cm×41.5cm(蓋)。

著錄文獻:《洛陽新獲墓誌百品》95。

D302:10337,2張。

1242　馮君妻李詠墓誌並蓋

首題:唐故右神策軍鄠縣鎮使開府儀同三司檢校太子詹事上柱國武威郡王馮府君隴西郡夫人李氏墓誌銘并序;蓋題:大唐故李夫人墓誌銘。

(唐)蔣滬撰。唐元和十五年(820)十一月二十二日葬。河南洛陽出土。

誌正書,21行,行24字左右;蓋正書,3行,行3字。拓片,33.5cm×33.5cm(誌),36.5cm×36cm(蓋,含刹)。

附注:誌有殘損,蓋頂四周及刹刻花紋。首題"鄠",原刻左"雲"右"阝"。

著錄文獻:《洛陽流散唐代墓誌彙編》265;《秦晉豫新出墓誌蒐佚續編》

790(無蓋;作李雅言)。

D302:9128,2 張。

1243　崔諫墓誌並蓋

首題:唐故進士博陵崔君墓誌銘并序;蓋題:唐故博陵崔君墓誌銘。

(唐)蘇莊撰。唐長慶元年(821)八月二十一日葬。河南嵩縣出土。

誌正書,22 行,行 23 字;蓋正書,3 行,行 3 字。拓片,46cm×45.5cm(誌),26.5cm×27cm(蓋)。

附注:君諱"諫",刻作"諫",字直臣。蓋頂四周刻竊曲紋。

著錄文獻:《洛陽流散唐代墓誌彙編續集》297;《秦晉豫新出墓誌蒐佚三編》655。

D302:8890,2 張;D302:8890-2,1 張,蓋失拓。

1244　樊嗣宗墓誌

首題:唐故南陽樊府君墓誌銘并序。

唐長慶元年(821)十月七日葬。河北平山縣出土。

行書,23 行,行 23 字左右。拓片,59cm×59cm。

D302:9722,1 張。

1245　裴卅四娘墓誌並蓋

首題:故裴卅四娘墓誌銘并序;蓋題:唐故裴卅四娘墓誌銘。

唐長慶元年(821)十一月十一日葬。陝西西安出土。

誌正書,15 行,行 15—17 字;蓋正書,3 行,行 3 字。拓片,34.5cm×34.5cm(誌),21.5cm×21.5cm(蓋)。

附注:文云"長慶元年旬有一日權厝十一京兆府萬年縣",厝下"十一"當是補刻前面漏之十一月。

著錄文獻:《秦晉豫新出墓誌蒐佚三編》654。

D302:9129,2 張。

1246　張君妻董氏墓誌

首題:唐清河張公故夫人濟陰董氏墓誌銘并序。

唐長慶二年(822)正月八日葬。山西長治出土。

正書,18 行,行 21 字左右。拓片,34.5cm×35cm。

附注:有豎界欄。

D302:9131,1 張。

1247　韋及妻柳氏墓誌

首題:唐故朝散大夫使持節蘄州諸軍事守蘄州刺史上柱國韋府君夫人河東縣君河東柳氏墓誌銘並敘。

(唐)韋碬撰。唐長慶二年(822)六月一日合祔。陝西西安出土,現藏長安博物館。

正書,22 行,行 22 字。拓片,45cm×46cm。

著錄文獻:《長安新出墓誌》246 頁;《長安碑誌》169 頁。

D302:9820,1 張。

1248　裴雲客墓誌並蓋

首題:[上泐]故同州錄事參軍[裴府君]墓誌銘;蓋題:大唐故裴府君墓誌銘。

（唐）楊毅撰；（唐）韓巽書。唐長慶二年（822）閏十月十五日葬。陝西西安出土。

誌正書，31行，行30字；蓋篆書，3行，行3字。拓片，53cm×53cm（誌），55cm×55cm（蓋）。

附注：誌石右上角及右邊上邊有缺損，諱缺，"雲客"爲其字，爲其父裴奭第二子，卒於新昌里，葬於智原鄉簾玉里。蓋頂及剎刻花紋。

D302:10338,2張。

1249　李景詢及妻魏氏墓誌並蓋

首題：唐太子通事舍人李公故夫人鉅鹿魏夫人墓誌銘并序；蓋題：唐故鉅鹿魏夫人誌銘。

（唐）袁師服撰。唐長慶二年（822）十一月二十六日葬。河南洛陽出土。

誌正書，24行，行25字；蓋正書，3行，行3字。拓片，41.5cm×42cm（誌），22cm×23cm（蓋）。

著錄文獻：《秦晉豫新出墓誌蒐佚三編》657。

D302:10133,2張。

1250　常無爲妻柳氏墓誌

首題：唐故京兆府三原縣令常府君夫人河東柳氏墓誌并序。

（唐）陳鴻撰。唐長慶三年（823）八月二十日葬。陝西西安出土。

正書，29行，行30字。拓片，55cm×55cm。

著錄文獻：《陝西新見唐朝墓誌》154。

D302:9130,1張。

1251　裴奭墓誌並蓋

首題：唐故將作少監裴府君墓誌并銘；蓋題：大唐故將作少監裴府君墓誌。

（唐）楊毅撰；（唐）裴寶書。唐長慶三年（823）十月四日葬。河南洛陽出土。

誌正書，29行，行29字；蓋正書，4行，行3字。拓片，51.5cm×51.5cm（誌），55cm×56cm（蓋）。

著錄文獻：《秦晉豫新出墓誌蒐佚三編》660。

D302:10131～-2,各2張。

1252　成育墓誌並蓋

首題：唐故成府君墓誌銘；蓋題：大唐故成府君墓誌銘。

（唐）宋元撰。唐長慶三年（823）十月四日葬。河南洛陽出土。

誌正書，22行，行22字；蓋篆書，3行，行3字。拓片，33.5cm×35cm（誌），36.5cm×35.5cm（蓋）。

著錄文獻：《洛陽流散唐代墓誌彙編續集》301。

D302:10132,2張。

1253　韋庠墓誌並蓋

首題：唐故正議大夫守通王傅上柱國京兆韋公墓誌銘並序；蓋題：唐故通王傅韋公墓銘。

（唐）談峯撰；（唐）李貞素書。唐長慶四年（824）七月十四日葬。陝西西安出土。

誌正書，23行，行31字；蓋正書，3

行,行3字。拓片,75.5cm×75.8cm(誌),47cm×47.5cm(蓋)。

著錄文獻:《秦晉豫新出墓誌蒐佚三編》664。

D302:10134,2張。

1254　郭弘墓誌

首題:唐故郭府君墓誌銘并序。

(唐)馬巨源撰。唐長慶四年(824)十月二十二日葬。河南滎陽出土。

正書,左行,21行,行23字。拓片,46.5cm×46cm。

著錄文獻:《秦晉豫新出墓誌蒐佚三編》665;《洛陽流散唐代墓誌彙編三集》264。

D302:9405,1張。

1255　王式妻曹氏墓誌

首題:唐太原王公故夫人曹氏墓誌銘並序。

(唐)趙儒立撰;(唐)簡大書。唐長慶四年(824)十一月二十五日葬。河南洛陽出土,張鈁舊藏,現藏河南新安鐵門鎮千唐誌齋博物館。

正書,23行,行24字。拓片,40cm×40cm。

附注:書者"簡大"之"大"字上有石花短橫似"夫"字。

著錄文獻:《隋唐五代墓誌匯編·洛陽卷》13/67;《千唐誌齋藏誌》1025。

D303:1896,1張。

1256　夏侯昇墓誌

首題:唐故銀青光祿大夫檢校太子詹事陳州長史兼侍御史食邑三百户譙郡開國男夏侯公墓誌銘并序。

(唐)杜俑撰;(唐)王繼之書。唐長慶四年(824)十一月二十五日葬。河南洛陽出土,現藏洛陽九朝刻石文字博物館。

正書,34行,行35字左右。拓片,75cm×75cm。

著錄文獻:《河洛墓刻拾零》390;《新出唐墓誌百種》286頁;《洛陽新獲墓誌二〇一五》285;《北京大學圖書館新藏金石拓本菁華續編》212。

D302:9530,1張,2016年9月齊運通捐贈。

1257　寂照墓誌

首題:崇敬寺故臨内外壇大德寂照和尚墓誌文并序。

(唐)崔戎撰。唐寶曆元年(825)四月三十日葬。陝西西安出土。

正書,25行,行25字。拓片,45cm×46cm。

附注:左上有兩道刮痕,損數十字。

著錄文獻:《碑林集刊》21輯;《洛陽新獲墓誌二〇一五》287。

D302:9531,1張,2016年9月齊運通捐贈。

1258　李濟墓誌

首題:唐故宗正少卿上柱國賜紫金魚袋李公墓銘並序。

(唐)李仍叔撰;(唐)周漢賓書。唐寶曆元年(825)閏七月十九日葬。陝西西安出土,現藏長安博物館。

正書,30行,行30字。拓片,64cm×

63.5cm。

著録文獻:《隋唐五代墓誌匯編·陝西卷》4/90;《中國西北地區歷代石刻匯編》5/25;《長安新出墓誌》250頁;《長安碑刻》171頁。

D302:9821,1張。

1259　韓武陵墓誌

首題:唐故淮南節度衙前散將試廬州合肥縣丞上護軍南陽韓武陵墓記。

(唐)韓元度撰。唐寶曆元年(825)八月八日遷葬。河南洛陽出土。

正書,13行,行16字。拓片,30cm×30cm。

著録文獻:《秦晉豫新出墓誌蒐佚三編》658;《洛陽流散唐代墓誌彙編三集》266。

D302:9667,1張。

1260　王永墓誌

首題:唐故舒州刺史王府君墓誌銘並序。

(唐)崔復本撰。唐寶曆元年(825)十一月十五日葬。河南洛陽出土。

正書,32行,行30字。拓片,58cm×58cm。

附注:有方界格。

著録文獻:《秦晉豫新出墓誌蒐佚三編》666;《洛陽流散唐代墓誌彙編續集》305。

D302:10135,1張。

1261　孫君妻念氏墓誌

首題:唐故念氏墓銘。

唐寶曆二年(826)正月十七日葬。河北邢臺出土。

正書,16行,行22字。拓片,32cm×35.5cm。

附注:誌石右邊殘缺,有豎界欄。

D302:10384,1張。

1262　哥舒洩墓誌

首題:唐故哥舒府君墓誌銘並序。

(唐)蘇又玄撰並書。唐寶曆二年(826)五月二十三日葬。陝西西安出土。

正書,18行,行18字左右。拓片,35cm×33cm。

附注:曾祖哥舒道元,祖父哥舒翰。銘文漫漶,諱似作"洩"。

著録文獻:《洛陽新獲墓誌百品》97。

D302:10339,1張。

1263　韋廑妻裴娟墓誌並蓋

首題:唐京兆府奉天縣尉京兆韋君夫人河東裴氏墓誌銘并序;蓋題:唐故河東裴夫人墓誌。

(唐)裴潾撰。唐寶曆二年(826)十月九日葬。陝西西安出土。

誌正書,28行,行28字;蓋隸書,3行,行3字。拓片,45.5cm×44.5cm(誌),50cm×50cm(蓋,含刹)。

附注:蓋頂周刻竊曲紋,刹刻四神。

著録文獻:《洛陽新獲墓誌二○一五》288;《西南大學新藏石刻拓本匯釋》222;《秦晉豫新出墓誌蒐佚三編》668。

D302:9532,2張,2016年9月齊運通捐贈。

1264　李縱墓誌並蓋

蓋題:唐故金州刺史贈吏部郎中高邑公墓志。

(唐)李虞由撰。唐寶曆二年(826)十一月二十七日葬。河南孟縣出土。

誌正書,34行,行33字;蓋篆書,4行,行4字。拓片,59cm×58cm(誌),30.5cm×30.5cm(蓋)。

附注:有方界格,蓋頂有一圓圈泐痕。

著錄文獻:《洛陽流散唐代墓誌彙編》270;《秦晉豫新出墓誌蒐佚續編》801;《洛陽新獲墓誌二〇一五》289。

D302:8997,2張。

1265　王彥威女墓誌並蓋

首題:唐北海王氏長殤女墓誌銘並序;蓋題:大唐北海王氏殤女墓誌銘。

(唐)王彥威撰;(唐)鄭紹方書。唐寶曆二年(826)十二月九日葬。陝西西安出土。

誌正書,19行,行9字;蓋正書,3行,行3字。拓片,51.5cm×51.5cm(誌),40cm×40cm 誌(蓋)。

附注:蓋剎刻花紋,蓋裂爲三塊。

D302:10340,2張。

1266　鄭迿墓誌

首題:唐故中大夫行尚書虞部郎中上柱國賜魚袋滎陽鄭公墓誌銘并敘。

(唐)鄭禹撰。唐大和元年(827)二月五日葬。陝西西安出土。

正書,34行,行35字。拓片,55.5cm×54.5cm。

附注:誌中部殘損。

著錄文獻:《秦晉豫新出墓誌蒐佚三編》670。

D302:9406～－2,各1張。

1267　田洪妻竇氏墓誌並蓋

首題:亡妻扶風竇氏墓誌銘并序;蓋題:竇氏墓誌。

(唐)田洪撰。唐大和元年(827)五月十一日葬。河南鞏縣出土,現藏洛陽九朝刻石文字博物館。

誌正書,左行,32行,行35字左右;蓋篆書,2行,行2字。拓片,80cm×80cm(誌,含側),44.5cm×44.5cm(蓋)。

附注:有豎界欄,側刻袍服執笏十二生肖,蓋頂周刻花紋。

著錄文獻:《洛陽新獲墓誌二〇一五》290;《西南大學新藏石刻拓本匯釋》223。

D302:9533,2張,2016年9月齊運通捐贈。

1268　南昇墓誌

首題:唐故討擊使試太子通事舍人南府君墓誌銘並序。

(唐)胡道興撰。唐大和元年(827)十月二十一日葬。河南洛陽出土,張鈁舊藏,現藏河南新安鐵門鎮千唐誌齋博物館。

正書,20行,行20字。拓片,45cm×45cm。

著錄文獻:《隋唐五代墓誌匯編·洛陽卷》13/88;《千唐誌齋藏誌》1032。

D303:1897,1張。

1269　包陳墓誌

首題：國子祭酒致仕包府君墓誌銘並序。

（唐）張賈撰；（唐）柳汶書。唐大和二年（828）二月十六日葬。河南洛陽出土，張鈁舊藏，現藏河南新安鐵門鎮千唐誌齋博物館。

正書，27 行，行 27 字左右。拓片，55cm×55cm。

著録文獻：《隋唐五代墓誌匯編·洛陽卷》13/89；《千唐誌齋藏誌》1033。

D303:1898,1 張。

1270　崔樅墓誌

首題：唐故汴州雍丘縣尉清河崔府君墓誌銘並序。

（唐）崔玕撰。唐大和二年（828）二月二十八日葬。河南洛陽出土，張鈁舊藏，現藏河南新安鐵門鎮千唐誌齋博物館。

正書，27 行，行 26 字。拓片，50cm×50cm。

著録文獻：《隋唐五代墓誌匯編·洛陽卷》13/95；《千唐誌齋藏誌》1036。

D303:1899,1 張。

1271　姜公素墓誌並蓋

首題：唐故朝散大夫行鳳翔府歧山縣令天水姜府君自撰墓誌銘；蓋題：有唐故姜府君墓誌銘。

（唐）姜公素撰。唐大和二年（828）二月二十八日葬。陝西咸陽出土。

誌正書，20 行，行 24 字；蓋正書，3 行，行 3 字。拓片，60cm×60cm（誌），49.5cm×50cm（蓋）。

附注：誌側、蓋頂及刹刻花紋。

D302:10341,2 張。

1272　李昌汶墓誌並蓋

首題：唐故朝議郎行茂王府參軍上柱國趙郡李君墓誌銘并序；蓋題：大唐故李府君墓誌銘。

（唐）崔蠡撰；（唐）蔣涯書；（唐）李公佶鐫。唐大和二年（828）五月六日葬。陝西西安長安區出土。

誌正書，29 行，行 29 字；蓋篆書，3 行，行 3 字。拓片，54cm×53cm（誌），40cm×39.5cm（蓋）。

附注：蓋頂周刻花紋，蓋或誤配。

著録文獻：《洛陽新獲墓誌二〇一五》293；《西南大學新藏石刻拓本匯釋》224。

D302:9534,2 張,2016 年 9 月齊運通捐贈。

1273　皇甫怡妻劉少和墓誌

首題：唐故易州長史皇甫府君夫人彭城劉氏墓誌銘并敘。

（唐）劉文度撰；（唐）皇甫竦書；（唐）楊元慶鐫。唐大和二年（828）八月七日葬。河南洛陽偃師出土。

正書，24 行，行 23 字。拓片，46.5cm×46cm。

附注：有方界格，周刻竊曲紋。夫諱據唐元和二年十一月十九日葬《皇甫怡墓誌》補。

著録文獻：《洛陽流散唐代墓誌彙編續集》307；《秦晉豫新出墓誌蒐佚三編》672。

D302:9407~-2,各 1 張。

1274　王師正墓誌

首題:唐故知鹽鐵福建院事監察御史裏行王府君墓誌銘並序。

(唐)李矑撰。唐大和二年(828)十月十四日葬。河南洛陽出土,張鈁舊藏,現藏河南新安鐵門鎮千唐誌齋博物館。

正書,31 行,行 31 字。拓片,54cm×54cm。

附注:李矑之"矑"原刻左"足"右"厘"。誌石左下角斷裂。

著録文獻:《隋唐五代墓誌匯編·洛陽卷》13/96;《千唐誌齋藏誌》1037。

D303:1900,1 張。

1275　袁俠墓誌並蓋

首題:唐故河[内尉]河陰縣主簿袁君墓誌銘並序;蓋題:唐故袁府君墓誌銘。

(唐)張仁師撰。唐大和二年(828)十月二十六日葬。河南洛陽出土。

誌正書,左行,25 行,行 30 字左右;蓋篆書,2 行,行 4 字。拓片,44cm×44.5cm(誌),23cm×24cm(蓋)。

附注:首題殘泐,誌文載誌主累任"河内尉河陰主簿"。

著録文獻:《洛陽新獲墓誌二〇一五》295;《洛陽流散唐代墓誌彙編續集》308;《秦晉豫新出墓誌蒐佚三編》673。

D302:10473,2 張。

1276　賈廿娘墓誌

首題:賈氏中殤室女第廿娘墓誌。

(唐)賈竦撰並書。唐大和三年(829)二月二十二日葬。河南洛陽洛龍區出土。

正書,18 行,行 18 字。拓片,61cm×62cm。

附注:有方界格。

著録文獻:《洛陽流散唐代墓誌彙編續集》309;《秦晉豫新出墓誌蒐佚三編》676。

D302:8999~-2,各 1 張。

1277　王林及妻曹氏墓誌

首題:唐故雲麾將軍守左金吾衛大將軍試殿中監上柱國右隨身軍軍虞侯王府君夫人曹氏墓誌銘並序。

唐大和三年(829)十月七日合葬。河北邢臺出土。

正書,23 行,行 32 字。拓片,45cm×45cm。

D302:10385,1 張。

1278　衛素墓誌

首題:唐故儒林郎試左衛兵曹參軍衛公墓誌銘并序。

(唐)韓氏撰。唐大和三年(829)十月十四日葬。山西長治出土,現藏洛陽九朝刻石文字博物館。

正書,18 行,行 28 字左右。拓片,44cm×44cm。

附注:有豎界欄。

著録文獻:《洛陽新獲七朝墓誌》328。

D302:9535,1 張,2016 年 9 月齊運

通捐贈。

1279　李春及妻牛氏墓誌

首題：大唐試左武衛長史昭義節度駈使官故李府君及故夫人牛氏墓誌銘並序。

唐大和三年（829）十月二十日葬。山西長治出土。

正書，19 行，行 23 字左右。拓片，38.5cm×39cm。

附注：諱"春"字或爲"眷"字，上部有石花不明了。

D302:10136,1 張。

1280　王迅墓誌並蓋

首題：唐故太原王府君墓誌銘並序；蓋題：王君墓誌。

唐大和三年（829）十月二十三日葬。山西出土。

誌正書兼行書，19 行，行 22 字左右；蓋篆書，2 行，行 2 字。拓片，49cm×49cm（誌），50cm×50cm（蓋）。

附注：蓋頂刻八卦及天干，刹刻持笏人像頭頂十二生肖，誌周刻花紋。

D302:10342,2 張。

1281　高秀峯墓誌並蓋

首題：唐故朝散郎試左青道率府兵曹參軍渤海高府君墓誌銘并序；蓋題：大唐故高府君墓誌銘。

（唐）高德源撰。唐大和三年（829）十月二十六日葬。河南洛陽出土，現藏洛陽市文物考古研究院。

誌正書，27 行，行 25 字；蓋正書，3 行，行 3 字。拓片，52cm×55cm（誌，含側），44cm×44.5cm（蓋，含刹）。

附注：誌側刻花紋，蓋頂周刻竊曲紋，刹刻花紋。首題"左清道率府"原刻作"左青道率府"。

D302:8723,2 張。

1282　李益墓誌

首題：唐故銀青光禄大夫守禮部尚書致仕上輕車都尉安城縣開國伯食邑七百户贈太子少師隴西李府君墓誌銘並序；蓋題：唐故禮部尚書致仕贈太子少師姑臧李公墓誌銘。

（唐）崔鄩撰；（唐）李行方書；（唐）習緩篆蓋。唐大和三年（829）十二月十四日葬。河南洛陽偃師出土。

正書，43 行，行 40 字。拓片，92cm×93cm。

著録文獻：《文獻》2009/4；《書法叢刊》2009/5；《文學遺產》2009/5；《秦晉豫新出墓誌搜佚》725。

D302:10474,1 張，蓋失拓。

1283　李寓墓誌並蓋

首題：唐朝請郎前漳王府功曹參軍隴西李府君墓誌銘並序；蓋題：大唐故李府君墓誌銘。

（唐）李寧撰；（唐）崔峽書。唐大和四年（830）四月二十六日葬。陝西西安出土。

誌正書，23 行，行 23 字；蓋篆書，3 行，行 3 字。拓片，47.5cm×47.5cm（誌），30cm×29.5cm（蓋）。

附注：蓋頂四周刻花紋。

D302:9844,2 張。

1284　王日進墓誌
首題:唐昭義軍鷹坊十將游擊將軍試光祿卿太原故王公墓誌銘並序。
(唐)王文雅撰。唐大和四年(830)四月二十九日葬。山西長治出土。
正書,17行,行26字左右。拓片,45cm×46cm。
D302:10475,1張。

1285　李君及妻崔氏墓誌
首題:唐故隴西郡李氏府君夫人崔氏墓誌銘。
唐大和四年(830)六月十八日卒。河南出土。
正書,17行,行21字左右。拓片,34cm×34.5cm。
附注:誌石左上角殘缺,大和四年六月十八日夫人卒,無葬年款。
D302:8724,1張。

1286　馬亮墓誌
首題:唐故扶風馬府君墓誌銘并序。
唐大和四年(830)七月十日葬。山西長治出土。
正書,18行,行22字左右。拓片,44cm×44cm。
著錄文獻:《秦晉豫新出墓誌蒐佚續編》809。
D302:8891～-2,各1張。

1287　韓嶠墓誌
首題:唐韓氏亡男墓誌銘並序。
(唐)韓復撰。唐大和四年(830)八月一日。陝西西安出土。
正書,20行,行19字。拓片,36.5cm×36.5cm。
D302:10343,1張。

1288　王崔五墓誌並蓋
首題:唐故太原郡王府君墓誌;蓋題:唐故太原王府君墓誌。
唐大和四年(830)十月二十九日葬。河南洛陽偃師出土。
誌正書,9行,行12字;蓋篆書,3行,行3字。拓片,52cm×52cm(誌,含側),39cm×39cm(蓋,含刹)。
附注:出土地據王嗣本墓誌補。長慶二年德州刺史王稷全家因冤案被殺(見《舊唐書》卷151《王稷傳》)同時下葬,墓主為王稷第四子,王嗣本之弟,兄弟同遇禍而卒,同時下葬。蓋頂周刻竊曲紋,誌側及刹刻花紋。
著錄文獻:《洛陽流散唐代墓誌彙編續集》314;《秦晉豫新出墓誌蒐佚三編》680。
D302:9668,2張。

1289　王朝郎墓誌
首題:唐故太原郡王府君墓誌。
唐大和四年(830)十月二十九日葬。河南洛陽偃師出土。
正書,9行,行13字。拓片,37cm×35cm(誌)。
附注:出土地據《王嗣本墓誌》補。長慶二年德州刺史王稷全家因冤案被殺(見《舊唐書》卷151《王稷傳》),墓主為王稷第三子,王嗣本之弟,兄弟同遇禍而卒,同時下葬。

著録文献:《洛陽流散唐代墓誌彙編續集》313;《秦晉豫新出墓誌蒐佚三編》679。

D302:9669,1張。

1290　裴向墓誌並蓋

首題:唐故銀青光禄大夫吏部尚書致仕萬泉縣開國□□□□□□□□□河東裴公墓誌銘;蓋題:唐吏部尚書贈太子少傅河東裴公墓銘。

(唐)路羣撰;(唐)崔黯書。唐大和四年(830)十一月廿日葬。河南洛陽出土,私人收藏。

誌正書,39行,行42字;蓋篆書,4行,行4字。拓片,66cm×66cm(誌),69cm×69cm(蓋)。

附注:蓋刹刻四神。原石銘文損20字左右。洛陽師範學院有翻刻,不損字。

著録文献:《洛陽出土鴛鴦誌輯録》54-1;《洛陽流散唐代墓誌彙編三集》273;《秦晉豫新出墓誌蒐佚三編》681。

D302:10137,2張。

1291　郭釗墓誌並蓋

首題:唐故檢校司空兼太常卿贈司徒郭公墓誌銘并序;蓋題:大唐故檢校司空兼太常卿贈司徒郭公墓誌之銘。

(唐)李虞仲撰;(唐)郭承嘏書。唐大和五年(831)四月十七日葬。陝西西安出土,現藏西安博物院。

誌正書,32行,行33字;蓋篆書,5行,行4字。拓片,117cm×119cm(誌,含側),96cm×97cm(蓋,含刹)。

附注:蓋頂四周刻花紋,刹刻四神,誌側刻獸首執笏袍服十二生肖像。

著録文献:《北京大學圖書館新藏金石拓本菁華續編》213。

D302:8998/SB,2張。

1292　崔君妻鄭氏墓誌

首題:唐右衛倉曹參軍崔君夫人榮陽鄭氏墓誌銘並序。

(唐)皇甫弘撰。唐大和五年(831)五月十七日葬。河南洛陽出土,張鈁舊藏,現藏河南新安鐵門鎮千唐誌齋博物館。

正書,23行,行23字。拓片,60cm×60cm。

著録文献:《隋唐五代墓誌匯編·洛陽卷》13/110;《千唐誌齋藏誌》1044。

D303:1901,1張。

1293　王亮第六女墓記

唐元和九年(814)□月十九日葬;唐大和五年(831)五月二十四日遷葬。河南洛陽出土,張鈁舊藏,現藏河南新安鐵門鎮千唐誌齋博物館。

正書,7行,行9-14字。拓片,35cm×35cm。

附注:前刻初葬記,葬於潤州丹徒,5行,行9字,正書。後遷葬記,遷葬於河南洛陽,2行,行14字,正書。周刻花紋,左右及上部殘損。

著録文献:《隋唐五代墓誌匯編·洛陽卷》13/111;《唐代墓誌彙編》2125頁;《千唐誌齋藏誌》1045。

D303:1902,1張。

1294　徐灝妻劉氏墓誌

首題：銀青光祿大夫司天監翰林待詔徐公故夫人彭城郡君劉氏墓誌銘並序。

（唐）徐灝撰。唐大和五年（831）十月二十一日葬。陝西西安出土。

正書，30 行，行 32 字左右。拓片，58cm×57cm。

D302：10344，1 張。

1295　鄭錯墓誌並蓋

首題：唐故度支雲安都監官試大理評事兼監察御史鄭府君墓誌銘并序；蓋題：唐故鄭府君墓誌之銘。

（唐）楊無朋撰。唐大和五年（831）十一月二日葬。河南洛陽孟津縣出土。

誌正書，35 行，行 34 字；蓋正書，3 行，行 3 字。拓片，60.5cm×61.5cm（誌），62.5cm×63cm（蓋，含刹）。

附注：刹刻花紋。

著錄文獻：《洛陽流散唐代墓誌彙編》276；《秦晉豫新出墓誌蒐佚續編》814；《洛陽新獲墓誌二〇一五》301。

D302：9341，2 張。

1296　郝勳妻李氏墓誌

首題：唐節度散騎使官朝請大夫試太子通事舍人郝公故夫人隴西李氏墓誌銘並序。

唐大和六年（832）五月四日葬。山西長治出土。

正書，18 行，行 19 字左右。拓片，38cm×38cm。

附注：誌主丈夫字憨。

D302：10138，1 張。

1297　獨孤君妻李氏墓誌並蓋

首題：唐故殿中省尚輦奉御獨孤府君夫人隴西李氏墓誌銘并序；蓋題：唐故夫人李氏墓誌銘。

（唐）李慶撰。唐［大和六年（832）］七月十五日葬。河南洛陽出土。

誌正書，17 行，行 17 字；蓋正書，3 行，行 3 字。拓片，35.5cm×35.5cm（誌），21.5cm×21cm（蓋）。

附注：李氏爲李鷁次女，卒年六十五，壬子歲葬。據李氏父《李鷁墓誌》（唐大和八年（834）五月十六日葬）知，李鷁卒於興元元年（784），有五子及若干女，推知李氏葬年壬子歲爲大和六年（832）。蓋有方界格，頂周刻花紋。

著錄文獻：《洛陽流散唐代墓誌彙編續集》316。

D302：9698，2 張。

1298　李君妻裴清墓誌

首題：唐故泉州刺史隴西李府君夫人河東裴氏墓誌銘。

（唐）李仲言撰；（唐）李仲京書。唐大和六年（832）七月二十五日葬。河南洛陽偃師出土。

正書，35 行，行 38 字。拓片，71.5cm×72cm。

著錄文獻：《洛陽流散唐代墓誌彙編續集》317；《西南大學新藏墓誌集釋》201；《秦晉豫新出墓誌蒐佚三編》685。

D302:10139,1 張。

1299　崔乾夫墓誌並蓋

首題:崔府君墓誌銘并敘;蓋題:崔府君墓誌銘。

(唐)崔澈撰;(唐)崔乾休書。唐大和六年(832)十月二十六日葬。河南洛陽偃師出土。

誌正書,25 行,行 25 字;蓋正書,2 行,行 3 字。拓片,46cm×46cm(誌),48.5cm×48cm(蓋,含刹)。

附注:蓋頂四周刻竊曲紋,刹刻花卉。

著錄文獻:《秦晉豫新出墓誌蒐佚》731(無蓋)。

D302:8892～－2,各 2 張。

1300　裴謇墓誌並蓋

首題:唐故京兆府士曹參軍河東裴公墓誌銘并序;蓋題:大唐故裴府君墓誌銘。

(唐)裴寅撰。唐大和六年(832)十一月二十六日卒。陝西西安出土。

誌正書,26 行,行 26 字;蓋篆書,3 行,行 3 字。拓片,38.5cm×38cm(誌),41cm×40.5cm(蓋,含刹)。

附注:蓋頂四周及刹刻花紋。

著錄文獻:《西南大學新藏石刻拓本匯釋》234。

D302:9342,2 張。

1301　魏圖繼母李氏墓誌

首題:唐故隴西李夫人墓誌銘并序。

(唐)魏圖撰。唐大和六年(832)十二月二日葬。陝西西安出土。

正書,17 行,行 18 字。拓片,43cm×43cm。

D302:10140,1 張。

1302　斑朗墓誌

首題:唐故處士斑府君墓誌銘並敘。

(唐)斑河撰;(唐)李摠書。唐大和六年(832)十二月十二日葬。陝西西安出土。

正書,24 行,行 23 字。拓片,36cm×36.5cm。

附注:誌文"大和"作"大龢"。

著錄文獻:《秦晉豫新出墓誌蒐佚》732;《秦晉豫新出墓誌蒐佚三編》687。

D302:10141～－2,各 1 張。

1303　楊君妻呂氏墓誌

首題:唐故呂夫人墓誌銘并序;蓋題:唐故夫人呂氏墓誌銘。

唐大和八年(834)八月二十四日葬。河北邢臺出土。

誌正書,15 行,行 23 字左右;蓋篆書,3 行,行 3 字。拓片,33.5cm×33.5cm。

附注:有豎界欄。蓋頂周刻花紋,刹刻花紋。

D302:9723,1 張,蓋失拓。

1304　楊元朝墓誌並蓋

首題:唐故弘農楊府君墓誌銘并序;蓋題:唐故弘農楊府君墓誌。

(唐)王彥夫撰;(唐)侯義誠鐫。唐大和八年(834)十一月二日葬。河南靈寶出土。

誌正書,27行,行30字左右;蓋正書,3行,行3字。拓片,44.5cm×55cm(誌),56.5cm×56.5cm(蓋,含刹)。

附注:末行刻大和八年十月十一日書款。蓋刹刻花紋。

著錄文獻:《洛陽新獲七朝墓誌》329;《秦晉豫新出墓誌蒐佚》738;《洛陽流散唐代墓誌彙編》279。

D302:9536,2張,2016年9月齊運通捐贈。

1305　荆壽墓誌

首題:大唐故汝南郡荆府君墓誌銘并序。

(唐)左玄運撰。唐大和八年(834)十一月八日葬。河南洛陽出土。

正書,16行,行22字左右。拓片,33.5cm×34.5cm。

附注:有豎界欄。

著錄文獻:《西南大學新藏墓誌集釋》204。

D302:8725,1張。

1306　劉凝墓誌

首題:唐故右羽林軍正將玄武仗使朝散大夫撿校太子詹事上柱國賜紫金魚袋劉府君墓誌銘並序。

(唐)魏洙撰;(唐)劉從諫書。唐大和八年(834)十一月二十四日葬。陝西涇陽出土。

正書,26行,行26字。拓片,43cm×43cm。

附注:諱泇,字凝。誌石左下角斷裂。

D302:10345,1張。

1307　馬君妻李氏墓誌

首題:唐太原府參軍扶風馬君夫人隴西李氏墓誌銘并序。

(唐)李謨撰。唐大和八年(834)十一月二十六日葬。河南洛陽出土。

正書,23行,行22字。拓片,36cm×37cm。

D302:8893～－2,各1張。

1308　康緒墓誌

首題:唐故試左驍衛兵曹參軍康府君墓誌銘并序。

(唐)□祐之撰。唐大和九年(835)正月二十六日葬。河南洛陽出土。

正書,25行,行24字。拓片,45.5cm×46cm。

附注:撰人灞陵祐之,姓氏不詳。

著錄文獻:《洛陽流散唐代墓誌彙編續集》320;《秦晉豫新出墓誌蒐佚三編》690。

D302:9670,1張。

1309　齊孝均墓誌

首題:唐故河南府壽安縣令齊府君墓誌銘並序。

(唐)齊孝曾撰;(唐)齊洎書。唐大和九年(835)二月二十七日葬。河南洛陽宜陽縣出土。

正書,23行,行28字左右。拓片,41.5cm×41.5cm。

著錄文獻:《洛陽流散唐代墓誌彙編續集》322;《秦晉豫新出墓誌蒐佚三編》691;《洛陽流散唐代墓誌彙編三集》278。

D302:10142,1 張。

1310　王正言墓誌
首題:唐故鹽鐵嶺南院巡官試左千牛尉長史王公墓誌銘并序;蓋題:唐故太原王公墓誌銘。
(唐)李寬中撰。唐大和九年(835)三月二十八日葬。2005 年秋河南洛陽孟津縣城關鎮出土。
誌正書,20 行,行 20 字;蓋正書,3 行,行 3 字。拓片,36.5cm×36cm。
著錄文獻:《洛陽新獲墓誌》102(有蓋);《秦晉豫新出墓誌蒐佚》740(有蓋);《洛陽流散唐代墓誌彙編三集》279。
D302:8894,1 張,蓋失拓。

1311　邢昌墓誌並蓋
首題:唐銀青光祿大夫撿校太子賓客兼殿中侍御史賜紫金魚袋上柱國河間邢公墓誌銘並敘;蓋題:大唐故邢府君墓誌銘。
(唐)卜炎撰;(唐)王亮書。唐大和九年(835)四月二十五日葬。陝西西安出土。
誌正書,23 行,行 23 字;蓋篆書,3 行,行 3 字。拓片,39cm×39cm(誌),42cm×41cm(蓋)。
附注:蓋頂及剎刻花紋。
D302:10346,2 張。

1312　馬難過及妻王氏墓誌
首題:大唐昭義軍百人將雲麾將軍試殿中監扶風馬君太原王夫人合祔墓銘并序。

唐大和九年(835)閏五月末葬。河北永年縣出土。
正書,17 行,行 26 字左右。拓片,35.5cm×35.5cm。
附注:有豎界欄,周刻花紋。
D302:9724,1 張。

1313　崔立方父母合祔墓誌並蓋
首題:宣德郎前行宋州下邑縣丞崔立方遷祔紀;蓋題:唐故崔府君合祔誌銘。
(唐)楊敬思撰。唐大和九年(835)十月十九日紀。河南洛陽洛龍區出土。
誌正書,24 行,行 24 字;蓋正書,3 行,行 3 字。拓片,64.5cm×64.5cm(誌,含側),50cm×49.5cm(蓋,含剎)。
附注:誌側刻花卉,蓋頂周刻竊曲紋,剎刻花卉。
D302:8726,2 張。

1314　李敬言墓誌並蓋
首題:唐故楊州六合縣令李府君墓誌銘並序;蓋題:大唐故李府君墓誌銘。
(唐)盧谿撰。唐大和九年(835)十月二十八日葬。河南洛陽出土。
誌正書,24 行,行 25 字;蓋正書,3 行,行 3 字。拓片,53cm×43.5cm(誌),46cm×45.5cm(蓋)。
著錄文獻:《西南大學新藏石刻拓本匯釋》236;《秦晉豫新出墓誌蒐佚三編》692。
D302:10143,2 張。

1315　李景裕妻王循墓誌

（唐）李景裕撰。唐開成元年（836）六月二十九日葬。陝西西安出土。

正書，23 行，行 28 字。拓片，58cm×58cm（含側）。

附注：前半殘缺，首題殘泐，年款不全，首行惟"成元"二字可辨。側刻花紋。

著錄文獻：《隋唐五代墓誌匯編》陝西 4/113；《全唐文補遺》2/80（無年月）；《長安碑刻》537。

D302：9343，1 張。

1316　李虞仲墓誌並蓋

首題：唐故正議大夫守尚書吏部侍郎贊皇縣開國男食邑三百户賜紫金魚袋贈吏部尚書趙郡李公墓誌銘並序；蓋題：唐故吏部侍郎趙郡李公墓誌。

（唐）盧鈞撰；（唐）郭承嘏書。唐開成元年（836）七月二十三日葬。河南洛陽出土。

誌正書，34 行，行 33 字；蓋篆書，4 行，行 3 字。拓片，77cm×77cm（誌），82cm×81.5cm（蓋）。

附注：誌石上橫裂一道，刹刻四神。

著錄文獻：《秦晉豫新出墓誌蒐佚》835；《洛陽流散唐代墓誌彙編續集》325。

D302：10144，2 張。

1317　傅朝及妻邊氏墓誌

首題：唐故傅府君邊氏夫人墓誌銘并序。

唐開成二年（837）正月十八日葬。山西長治出土，現藏洛陽九朝刻石文字博物館。

正書，20 行，行 27 字左右。拓片，63cm×63.5cm（含側）。

附注：側刻花紋。

著錄文獻：《洛陽新獲七朝墓誌》336。

D302：9537，1 張，2016 年 9 月齊運通捐贈。

1318　韓匡宇墓誌並蓋

首題：唐故右神策軍押衙承務郎試右衛長史上柱國潁川韓府君墓誌銘並序；蓋題：大唐潁川韓府君墓誌。

唐開成二年（837）二月二十日葬。陝西西安長安區出土。

誌正書，18 行，行 20 字左右；蓋篆書，3 行，行 3 字。拓片，36.5cm×36.5cm（誌），38.5cm×38.5cm（蓋，含刹）。

附注：蓋頂周及刹刻花紋。

D302：9845，2 張。

1319　程孝岳墓誌

首題：大唐故太子家令寺丞攝淄州長史程府君墓誌銘並序；別名：程屺墓誌。

（唐）程岵撰。唐開成二年（837）四月十六日葬。河南洛陽出土。

正書，20 行，行 22 字。拓片，43cm×43cm。

附注：諱泐，字"孝岳"。

著錄文獻：《秦晉豫新出墓誌蒐佚三編》695；《洛陽流散唐代墓誌彙編

三集》284。

D302:10145,1 張。

1320　朱澄墓誌

首題:唐故宣武軍同節度副使兼軍城都虞候金紫光祿大夫試太子賓客上柱國食邑五百户朱府君墓誌銘并序。

(唐)樂平撰。唐開成二年(837)八月五日葬。河南洛陽孟津縣出土。

正書,21 行,行 25 字。拓片,37cm×33.5cm。

附注:誌後半刻買地券文。

著錄文獻:《秦晉豫新出墓誌蒐佚續編》838;《洛陽流散唐代墓誌彙編續集》329。

D302:9132~-2,各 1 張。

1321　徐論墓誌

首題:唐故將仕郎守溪州大鄉縣令徐府君墓誌銘並序。

(唐)王頊撰。唐開成二年(837)八月二十九日葬。陝西西安出土。

正書,23 行,行 23 字。拓片,55cm×56cm。

附注:側刻袍服獸首持笏十二生肖坐像。

D302:10347,1 張。

1322　周君妻劉氏墓誌

首題:唐殿中侍御周君先太夫人墓誌銘;别名:周復母劉氏墓誌。

(唐)盧簡辭撰;(唐)蔣玄同書並篆蓋。唐開成二年(837)十月十九日葬。河南洛陽出土。

正書間行書,24 行,行 24 字。拓片,75.5cm×75.5cm。

附注:有方界格。

著錄文獻:《洛陽新獲墓誌二〇一五》312;《洛陽流散唐代墓誌彙編續集》330。

D302:9000,1 張,蓋失拓。

1323　蕭湛妻崔氏墓誌

首題:唐故博陵崔夫人墓誌銘並序。

(唐)崔周撰。唐開成二年(837)十一月二十四日葬。陝西西安出土。

正書,30 行,行 30 字。拓片,56cm×56cm。

D302:10348,1 張。

1324　郭榮墓誌

首題:唐故郭府君墓誌銘并序。

唐開成二年(837)十二月一日葬。山西長治出土。

正書,19 行,行 25 字左右。拓片,44cm×44cm。

附注:有豎界欄。

D302:9725,1 張。

1325　劉和墓誌並蓋

首題:大唐故彭城劉府君墓誌銘并序;蓋題:大唐故劉府君墓誌銘。

唐開成二年(837)十二月十二日葬。河南洛陽出土。

誌正書,20 行,行 20 字;蓋正書,3 行,行 3 字。拓片,38.5cm×39cm(誌),41.5cm×41.5cm(蓋,含刹)。

附注:或是開成三年,兩字間正有

石花。蓋頂周刻竊曲紋,刹刻花紋。

著録文獻:《洛陽流散唐代墓誌彙編續集》335;《秦晉豫新出墓誌蒐佚三編》703(作開成三年)。

D302:9135,2 張。

1326　蕭去塵墓誌

首題:大唐正一盟威二十四階蘭陵蕭鍊師墓方石文。

(唐)蕭顥撰;(唐)蕭軒書並篆蓋。唐開成三年(838)正月二十三日葬。河南洛陽出土。

正書,23 行,行 23 字。拓片,46cm×46.5cm。

附注:周刻竊曲紋。

著録文獻:《秦晉豫新出墓誌蒐佚》750。

D302:10146～-2,各 1 張。

1327　常道元墓誌並蓋

首題:唐故通直郎行華州司法參軍河內郡常府君墓誌銘并序;蓋題:大唐故常府君墓誌銘。

(唐)任惟良撰。唐開成三年(838)三月二十六日葬。河南靈寶出土。

誌正書,20 行,行 19—25 字;蓋篆書,3 行,行 3 字。拓片,45.5cm×46cm(誌),47.5cm×47.5cm(蓋,含刹)。

附注:誌周刻單綫框,蓋頂周刻二十八星宿,刹刻十二生肖。

D302:9134,2 張。

1328　李虞仲妻郭氏墓誌

(唐)鄭樞撰。唐開成三年(838)七月十二日葬。陝西西安出土。

正書,11 行,行 14 字。拓片,34cm×33cm。

著録文獻:《洛陽流散唐代墓誌彙編續集》332;《秦晉豫新出墓誌蒐佚三編》699。

D302:9768,1 張。

1329　陳宥妻劉氏墓誌

首題:大唐故潁川陳府君夫人劉氏墓誌銘並序。

唐開成三年(838)十月十三日葬。河南洛陽出土。

正書,18 行,行 23 字左右。拓片,34cm×34.5cm。

附注:其夫陳宥墓誌云:長子德源次子德周。此誌長子德元、次子去惑,略不同。

著録文獻:《洛陽流散唐代墓誌彙編續集》334。

D302:10147,1 張。

1330　陳君妻陳氏墓誌

首題:唐故潁川郡陳氏夫人墓誌銘并序;蓋題:唐故潁川郡陳氏夫人墓誌銘。

(唐)陳專撰並書。唐開成三年(838)十一月七日葬。河南孟州出土,2009 年入藏西安大唐西市博物館。

誌正書,17 行,行 21 字左右;蓋正書,4 行,行 3 字。拓片,58.5cm×58cm。

附注:有豎界欄。撰人陳姓據唐開成四年(839)十月一日葬《陳專墓誌》補。

著録文獻:《大唐西市博物館藏墓

誌》406（有蓋）。

D302:9133,1張,蓋失拓。

1331　呂淑墓誌

首題：唐故洪州高安縣主薄呂府君墓誌銘並序。

（唐）皇甫鍔撰。唐開成三年（838）十一月七日葬。河南洛陽出土。

正書,27行,行28字。拓片,43cm×44cm。

著錄文獻：《洛陽流散唐代墓誌彙編三集》288。

D302:10148,1張。

1332　張士清及妻董氏墓誌

首題：唐故清河張府君隴西董氏夫人墓誌並序。

唐開成三年（838）十二月六日葬。河南安陽出土。

正書,17行,行23字左右。拓片,57cm×57cm。

附注：有豎界欄。側刻人像花紋。

D302:10149,1張。

1333　班滋妻烏氏墓誌

首題：唐瓊王友扶風班公夫人張掖烏氏墓誌銘并序。

（唐）班洙撰；（唐）班滋書。唐開成四年（839）二月十四日葬。陝西西安出土。

正書,25行,行27字左右。拓片,45cm×45cm。

D302:9408,1張。

1334　宇文悐墓誌

首題：唐故銀青光祿大夫檢校太子賓客兼監察御史上柱國宇文府君墓誌。

（唐）宇文臨撰；（唐）王歸厚書。唐開成四年（839）二月二十日葬。河南洛陽出土。

正書,26行,行24字左右。拓片,45cm×43cm。

著錄文獻：《秦晉豫新出墓誌蒐佚三編》706；《洛陽流散唐代墓誌彙編三集》289。

D302:10150～-2,各1張。

1335　柳正封墓誌

首題：唐故陳州宛丘縣尉河東柳府君墓誌。

（唐）□好濡撰。唐開成四年（839）十月二十二日葬。河南洛陽出土，張鈁舊藏，現藏河南新安鐵門鎮千唐誌齋博物館。

正書,24行,行26字。拓片,50cm×46cm。

附注：撰人首題後作"好濡"，誌文中作"好儒"。

著錄文獻：《隋唐五代墓誌匯編·洛陽卷》13/157；《千唐誌齋藏誌》1070。

D303:1903,1張。

1336　劉易墓誌並蓋

首題：唐故河南府押衙銀青光祿大夫檢校太子賓客上柱國北平縣開國男食邑三百户彭城劉府君墓誌銘并

序;蓋題:唐故彭城劉府君墓銘。

唐開成四年(839)十一月十八日葬。河南洛陽洛龍區出土,現藏洛陽市文物考古研究院。

誌正書,19行,行23字;蓋正書,3行,行3字。拓片,53cm×52.5cm(誌,含側),41cm×43cm(蓋,含刹)。

附注:誌側刻花卉,蓋頂周刻竊曲紋,刹刻花卉。

D302:8727,2張。

1337　董郁公妻王氏墓誌並蓋

首題:唐承務郎試左驍尉冑曹參軍騎都尉董郁公夫人王氏墓誌銘并序;蓋題:大唐故王夫人墓誌銘。

(唐)申簡撰。唐開成五年(840)二月十九日葬。陝西西安出土,現藏西安博物院。

誌正書,21行,行23字;蓋篆書,3行,行3字。拓片,60.5cm×60.5cm(誌,含側),45.5cm×48cm(蓋,含刹)。

附注:誌左上角殘缺,側刻執笏袍服獸首十二生肖像。蓋右上角殘缺,蓋頂周刻花紋,刹刻四神。

D302:9344,2張。

1338　劉士清墓誌

首題:唐故銀青光祿大夫上柱國劉公墓誌銘並序。

唐開成五年(840)二月二十五日葬。山西長治出土。

正書,16行,行18字。拓片,36cm×36cm。

D302:10151,1張。

1339　郭從真妻李氏墓誌並蓋

首題:唐故江華縣主墓誌銘並序;蓋題:唐故江華縣主墓誌銘。

(唐)陶溫撰;(唐)沈庠書。唐開成五年(840)十一月二十日書。陝西西安出土。

誌正書,24行,行25字;篆書,3行,行3字。拓片,61cm×62cm(誌),39.5cm×40cm(蓋)。

附注:蓋頂周刻花紋。

著錄文獻:《秦晉豫新出墓誌蒐佚三編》709。

D302:9822,2張。

1340　李悅墓誌

首題:大唐故瓊王墓誌銘并序。

(唐)敬暉撰;(唐)安景之書;(唐)唐玄度篆蓋;(唐)邢公素刻。唐開成五年(840)十二月十三日葬。陝西西安出土。

正書,25行,行25字。拓片,78cm×78cm。

著錄文獻:《洛陽新獲墓誌二〇一五》318;《北京大學圖書館新藏金石拓本菁華續編》215;《西南大學新藏石刻拓本匯釋》245。

D302:9769/SB,1張,蓋失拓。

1341　韓元度及子合祔墓誌並蓋

首題:大唐故武寧軍節度左廂都押衙銀青光祿大夫檢校國子祭酒兼御史中丞穎川縣開國侯食邑一千戶上柱國南陽韓府君墓誌銘;蓋題:唐故韓公合祔墓誌銘。

(唐)楊安仁撰。唐會昌元年(841)二月十九日葬。河南洛陽出土。

誌正書,37行,行36字;蓋篆書,3行,行3字。拓片,67cm×67cm(誌),37cm×37cm(蓋)。

附注:據誌文,墓主"是年"(開成五年)八月卒,小子宗立"今年"三月卒,"來年"二月墓主與二子合祔。權以"今年"爲開成五年,葬年即爲翌年會昌元年。

著録文獻:《洛陽流散唐代墓誌彙編三集》291。

D302:10152～一2,各2張。

1342　楊畛墓誌

首題:唐故弘農楊公墓誌銘并序。

唐會昌元年(841)三月二十三日葬。河北内丘出土。

正書,16行,行24字左右。拓片,55cm×55cm(含側)。

附注:有豎界欄,側刻花紋。

著録文獻:《西安新獲墓誌集萃》85。

D302:9770,1張。

1343　劉全儼墓誌並蓋

首題:唐故均州鄖鄉縣主簿劉府君墓誌銘;蓋題:唐故均州鄖鄉縣主簿劉公墓。

唐會昌元年(841)四月二十七日葬。河南洛陽出土,現藏洛陽市文物考古研究院。

誌正書,12行,行12字;蓋正書,3行,行4字。拓片,42.5cm×43cm(誌,含側),33cm×33cm(蓋,含刹)。

附注:蓋刹刻花卉。

D302:8728,2張。

1344　豆盧籍妻王氏墓誌

首題:唐故王夫人墓記。

(唐)豆盧籍撰。唐會昌元年(841)七月十七日葬。河南洛陽出土。

正書,14行,行12字。拓片,35cm×35cm。

著録文獻:《洛陽流散唐代墓誌彙編續集》338;《秦晉豫新出墓誌蒐佚三編》711。

D302:9671,1張。

1345　崔行宣墓誌

首題:大唐故汝州司户參軍崔君墓誌銘并序。

(唐)昔耘撰。唐會昌元年(841)八月二十三日葬。陝西西安出土。

正書,25行,行25字。拓片,44cm×43.5cm。

著録文獻:《洛陽新獲墓誌二〇一五》319;《西南大學新藏石刻拓本匯釋》246;《珍稀墓誌百品》81;《秦晉豫新出墓誌蒐佚三編》713。

D302:9538,1張,2016年9月齊運通捐贈。

1346　鄭絢及妻崔氏墓誌並蓋

首題:唐故處士鄭府君夫人清河崔氏合祔墓誌;蓋題:唐故鄭府君合祔墓誌。

(唐)鄭紳撰;(唐)鄭塤書並篆蓋。唐會昌元年(841)十月七日葬。河南洛陽出土。

誌正書,20行,行20字;蓋篆書,3

行,行3字。拓片,45cm×45cm(誌),26cm×25cm(蓋)。

著錄文獻:《秦晉豫新出墓誌蒐佚續編》854。

D302:10153～-2,各2張。

1347　楊牢妻鄭瓊墓誌

首題:滎陽鄭夫人墓誌銘。

(唐)楊牢撰。唐會昌元年(841)十月七日葬。河南洛陽出土,張鈁舊藏,現藏河南新安鐵門鎮千唐誌齋博物館。

正書,31行,行30字。拓片,50cm×50cm。

附注:葬日天干有石花,似"癸","癸酉"日爲七日。

著錄文獻:《隋唐五代墓誌匯編·洛陽卷》13/173;《千唐誌齋藏誌》1079。

D303:1904,1張。

1348　甯有義墓誌並蓋

首題:唐故朝議大夫行内侍省内僕局令員外置同正員上柱國賜緋銀魚袋齊郡甯府君墓誌銘並序;蓋題:大唐故甯府君墓誌銘。

(唐)王咸休撰。唐會昌元年(841)十月三十日葬。陝西西安出土。

誌正書,28行,行27字;蓋篆書,3行,行3字。拓片,78cm×78cm(誌),63cm×63cm(蓋)。

附注:蓋頂周刻花紋,刹刻四神,誌側壺門獸首袍服持笏十二生肖坐像。

D302:10349,2張。

1349　麴巽墓誌

首題:唐故都水監丞西平麴府君墓誌銘并序。

(唐)敬煦撰。唐會昌元年(841)十一月十日葬。陝西西安出土。

正書,19行,行22字。拓片,48cm×49cm。

D302:9136,1張。

1350　李洞真墓誌並蓋

首題:唐故咸宜觀主三洞法師李練師墓誌銘并敘;蓋題:大唐故李練師墓誌銘。

(唐)王珩撰敘;(唐)鄒玄表撰銘并書;(唐)尹仲儒刻。唐會昌二年(842)三月二十日葬。陝西西安出土。

誌正書,20行,行20字;蓋篆書,3行,行3字。拓片,40cm×40cm(誌),42cm×43cm(蓋,含刹)。

附注:蓋頂四周及刹刻花紋。咸宜觀位於西京長安親仁坊。

著錄文獻:《秦晉豫新出墓誌蒐佚三編》715;《陝西新見唐朝墓誌》176。

D302:9409,2張。

1351　王頊墓誌

首題:太原王府君墓誌銘。

(唐)韓述撰。唐會昌二年(842)十月三十日葬。河南洛陽出土,張鈁舊藏,現藏河南新安鐵門鎮千唐誌齋博物館。

正書,15行,行16字。拓片,30cm×30cm。

附注：銘文漫漶。
著錄文獻：《隋唐五代墓誌匯編·洛陽卷》13/181；《千唐誌齋藏誌》1084。
D303:1905,1 張。

1352　郭仲文墓誌
首題：唐故金吾將軍知街事郭公墓誌銘并序。
（唐）裴璟撰；（唐）□□之書並篆蓋。唐會昌二年（842）十一月十二日葬。陝西西安出土，現藏西安博物院。
正書,35 行,行 35 字。拓片,77.5cm×77cm。
附注：誌石中部及末行書人殘泐。
D302:9345,1 張。

1353　竹君晟妻董氏墓誌並蓋
首題：大唐北海竹氏故孝婦董氏墓誌銘并序；蓋題：唐故夫人董氏墓誌銘。
唐會昌二年（842）十二月十二日葬。山西長治出土。
誌正書,18 行,行 20 字左右；蓋篆書,雙鈎,3 行,行 3 字。拓片,39.5cm×39.5cm(墓),41.5cm×42cm(蓋,含刹)。
附注：蓋頂四周刻竊曲紋，刹刻花卉。
D302:8895,2 張。

1354　曹太聰墓誌
首題：唐義武軍節度同經略副使高陽軍馬軍十將銀青光祿大夫檢校太子賓客試殿中監故曹府君墓誌銘并序。
唐會昌三年（843）二月二十日葬。河南出土。
正書,20 行,行 20－22 字。拓片,48.5cm×48.5cm。
附注：周刻花紋。
著錄文獻：《秦晉豫新出墓誌蒐佚三編》716。
D302:9672,1 張。

1355　姚合墓誌
首題：唐故朝請大夫守秘書監贈禮部尚書吳興姚府君墓銘並序；蓋題：唐故秘書監贈禮部尚書姚府君墓誌銘。
（唐）姚勗撰。唐會昌三年（843）八月二十八日葬。河南洛陽伊川縣出土。
誌正書,34 行,行 34 字；蓋正書,4 行,行 4 字。拓片,76cm×75cm。
著錄文獻：《秦晉豫新出墓誌蒐佚》765。
D302:10476,1 張,蓋失拓。

1356　令狐覽墓誌並蓋
首題：唐故朝散大夫前守同州長史上柱國敦煌令狐公墓誌銘并序；蓋題：大唐故令狐公墓誌銘。
（唐）令狐溫撰。唐會昌三年（843）十月十五日葬。陝西西安出土。
誌正書,30 行,行 27 字左右；蓋正書,3 行,行 3 字。拓片,44cm×42.5cm(誌),48cm×47.5cm(蓋,含刹)。
附注：蓋刹刻花紋。首題"敦"原刻作"燉"。

著錄文獻:《西安碑林博物館新藏墓誌續編》184;《洛陽新獲墓誌二〇一五》321;《西南大學新藏石刻拓本匯釋》247;《秦晉豫新出墓誌蒐佚三編》717。

D302:9539,2 張,2016 年 9 月齊運通捐贈。

1357　李德餘墓誌並蓋

首題:唐故通直郎行左春坊太子內直郎李府君墓誌銘并序;蓋題:唐故隴西李府君墓銘。

(唐)趙袞撰。唐會昌三年(843)十一月三十日葬。陝西西安出土。

誌正書,24 行,行 24 字;蓋篆書,3 行,行 3 字。拓片,48cm×47cm(誌),30cm×30cm(蓋)。

附注:原姓駱氏,姑臧人,其祖以戰功賜李姓,易名元諒;蓋頂周刻花紋。

著錄文獻:《洛陽新獲墓誌二〇一五》322。

D302:9540,2 張,2016 年 9 月齊運通捐贈。

1358　張公素墓誌

首題:唐故前試德州司兵參軍清河張君墓誌銘並敘。

唐會昌三年(843)十一月一日葬,唐大中七年(853)四月十日改葬。河北邢臺出土。

正書,28 行,行 28 字。拓片,59cm×59cm。

附注:尾刻改葬年款,頂周刻花紋,有豎界欄,銘曰下補刻"買地伍畝地主唐興"。

D302:10386,1 張。

1359　李匡符墓誌

首題:唐故秀士隴西李府君墓誌。

(唐)劉稚珪撰。唐會昌三年(843)十二月十六日葬。陝西西安出土。

正書,17 行,行 16 字左右。拓片,36.5cm×36.5cm。

著錄文獻:《洛陽新獲墓誌二〇一五》323(作"唐故處士");《秦晉豫新出墓誌蒐佚三編》718。

D302:9541,1 張,2016 年 9 月齊運通捐贈。

1360　郭言揚墓誌並蓋

首題:唐故朝議郎監察御史郭君墓誌銘并序;蓋題:唐故太原郭府君墓銘。

(唐)劉符撰;(唐)郭宗元書;(唐)郭思穎篆蓋。唐會昌四年(844)二月八日葬。陝西西安出土,現藏西安博物院。

誌正書,26 行,行 26 字;蓋篆書,3 行,行 3 字。拓片,68cm×69cm(誌,含側),57cm×57cm(蓋,含剎)。

附注:誌側刻獸首執笏袍服十二生肖像,蓋頂周刻花紋,剎刻四神。

D302:9137,2 張。

1361　王□倫及妻墓誌

首題:唐故□□□□貝州防禦使押衙王公及夫人合祔[墓誌銘]并序。

唐會昌四年(844)十二月二十二日卒。山西長治出土。

正書,17 行,行 17 字左右。拓片,

41cm×41cm。

附注：石右邊有殘缺。文曰"其年□月廿九日卜兆於府南"，月前石花中有豎彎勾筆畫，似七或九，故或是次年葬，或是當月二十九日葬。

D302：9138，1張。

1362　李君墓誌並蓋

首題：唐故李府君墓銘誌並序；蓋題：大唐故李府君墓誌銘。

唐會昌四年（844）十二月二十八日葬。河南鞏義出土。

誌正書，左行，18行，24字左右；蓋篆書，左行，3行，行3字。拓片，32cm×32.5cm（誌），20cm×19cm（蓋）。

附注：周刻竊曲紋。未云誌主諱。

D302：10154，2張。

1363　邵搏墓誌

首題：故邵公墓誌文。

（唐）陳稼撰。唐會昌五年（845）七月二十七日葬。陝西西安出土。

正書，20行，行20字。拓片，36cm×35.5cm。

著錄文獻：《洛陽新獲墓誌二〇一五》328；《西南大學新藏石刻拓本匯釋》249；《秦晉豫新出墓誌蒐佚三編》724。

D302：9542，1張，2016年9月齊運通捐贈。

1364　嚴脩睦妻崔氏墓誌

首題：唐大理司直嚴公夫人清河崔氏墓誌銘并序。

（唐）嚴茂卿撰；（唐）嚴脩睦書。唐會昌五年（845）七月二十二日葬。陝西西安長安區出土，2013年入藏西安碑林。

正書，25行，行25字。拓片，39.5cm×39cm。

附注：左下角殘缺。

著錄文獻：《西安碑林博物館新藏墓誌續編》186；《洛陽新獲墓誌二〇一五》327；《秦晉豫新出墓誌蒐佚三編》723；《陝西新見唐朝墓誌》186。

D302：9349，1張。

1365　崔景裕墓誌並蓋

首題：大唐故櫟陽崔府君墓誌銘并序；蓋題：大唐故崔府君墓誌銘。

（唐）崔景莨撰。唐會昌五年（845）十月二十七日葬。陝西西安出土。

誌正書，26行，行27字；蓋正書，3行，行3字。拓片，44cm×44cm（誌），48.5cm×49cm（蓋，含刹）。

附注：蓋頂及刹刻花紋。

著錄文獻：《洛陽新獲墓誌二〇一五》329；《秦晉豫新出墓誌蒐佚三編》725。

D302：9543，2張，2016年9月齊運通捐贈。

1366　康璀墓誌

首題：大唐故雲麾將軍守左金吾衛大將軍上柱國汲縣開國子食邑五百戶穎川康公墓誌銘并敘。

（唐）張彤撰並書。唐會昌五年（845）十一月二十九日葬。河南洛陽出土，現藏龍門博物館。

正書，30行，行30字。拓片，45cm×

45cm。

著録文獻:《洛陽流散唐代墓誌彙編續集》341;《秦晉豫新出墓誌蒐佚三編》726。

D302:9673,1 張。

1367　張君妻武氏墓誌

首題:唐故南陽郡張府君故夫人文水郡武氏墓誌銘並序。

唐會昌六年(846)二月二日葬。山西長治出土。

正書,21 行,行 21 字左右。拓片,43cm×44cm。

附注:有豎界欄。

D302:10155,1 張。

1368　衛君妻宋氏墓誌

首題:唐衛公故夫人廣平宋氏墓誌銘并序。

(唐)李本興撰。唐會昌六年(846)五月二十日葬。山西長治出土。

正書,20 行,行 26 字左右。拓片,46.5cm×46cm。

附注:誌面多包漿掩字,撰者或是李本興。右上角裂一道。

著録文獻:《洛陽新獲七朝墓誌》345。

D302:8896,1 張。

1369　元厚妻胡懿墓誌

首題:唐河南元生故夫人安定胡氏墓誌銘。

(唐)元厚撰並書。唐會昌六年(846)十一月二十六日葬。河南洛陽出土。

正書,18 行,行 20 字。拓片,31.5cm×31.5cm。

D302:10156,1 張。

1370　王翱墓誌

首題:唐故處士太原王府君墓誌銘並序。

(唐)王愷撰並書;(唐)王愷篆蓋。唐大中元年(847)二月七日葬。河南洛陽出土,張鈁舊藏,現藏河南新安鐵門鎮千唐誌齋博物館。

正書,23 行,行 24 字。拓片,40cm×40cm。

著録文獻:《千唐誌齋藏誌》1096。

D303:1906,1 張。

1371　李據妻盧氏墓誌

首題:唐故河南府鞏縣丞李府君亡室范陽盧夫人墓誌銘並序。

(唐)盧行周撰。唐大中元年(847)二月三十日葬。河南洛陽出土。

正書,18 行,行 19 字。拓片,29cm×29cm。

附注:夫諱據《洛陽流散唐代墓誌彙編續集》339 號會昌元年閏九月二十五日葬《李據墓誌》。

著録文獻:《洛陽流散唐代墓誌彙編續集》342;《秦晉豫新出墓誌蒐佚三編》729。

D302:10350,1 張。

1372　□惟忠妻牛氏墓誌

首題:唐故夫人牛氏墓誌并序。

唐大中元年(847)閏三月八日葬。山西長子縣出土。

正書,15 行,行 17 字左右。拓片,37cm×36.5cm。

附注:年款"丁卯之年潤三月八日",唐朝僅大中元年閏三月干支相合。

著録文獻:《西南大學新藏墓誌集釋》216。

D302:9154,1 張。

1373　崔行脩墓誌

首題:唐故文林郎陝州大都督府參軍事清河崔府君墓誌并序。

(唐)盧儔撰。唐大中元年(847)十月十一日葬。河南洛陽偃師出土。

正書,26 行,行 30 字。拓片,54cm×54cm。

著録文獻:《秦晉豫新出墓誌蒐佚三編》731。

D302:9674,1 張。

1374　盧仲矩墓誌

首題:唐故處士范陽盧府君墓誌。

(唐)盧鈞撰。唐大中元年(847)十一月二十日葬。河南洛陽出土。

正書,13 行,行 13 字。拓片,33.5cm×35cm。

著録文獻:《洛陽流散唐代墓誌彙編續集》344;《秦晉豫新出墓誌蒐佚三編》732。

D302:10157,1 張。

1375　逯君及妻劉氏墓誌並蓋

首題:唐故逯府君夫人劉氏合祔墓誌銘并序;蓋題:逯公墓誌。

唐大中元年(847)十二月二十九日葬。河南安陽縣出土。

誌正書,20 行,行 23 字左右;蓋篆書,2 行,行 2 字。拓片,47cm×43cm(誌,含側),48cm×45cm(蓋,含剎)。

附注:首題"誌"原刻作"銙"。誌側刻雲紋,蓋剎刻四神。

D302:9346,2 張。

1376　楊晟妻李氏墓誌並蓋

首題:唐故興元府西縣令楊君夫人墓誌銘;蓋題:大唐故夫人隴西李氏。

(唐)李合撰。唐大中二年(848)二月十九日葬。陝西西安出土。

誌正書,21 行,行 20 字;蓋正書,3 行,行 3 字。拓片,49cm×49cm(誌),31cm×31cm(蓋)。

附注:蓋頂周刻花紋。

著録文獻:《秦晉豫新出墓誌蒐佚三編》733。

D302:9675,2 張。

1377　裴寅妻王氏墓誌

首題:前淮南節度判官檢校司封郎中兼侍御史裴寅妻京兆王氏涇陽縣君墓誌銘。

(唐)裴寅撰。唐大中二年(848)四月五日葬。河南洛陽伊川縣出土。

正書,32 行,行 32 字。拓片,53cm×52.5cm。

附注:誌云"歸于先塋之側",裴寅父母裴向夫妻墓誌出土於洛陽伊川縣(《洛陽師範學院學報》2009 年 1 期),故此誌當出同一地。

著録文獻:《秦晉豫新出墓誌蒐佚三編》734。

D302:9139,1 張。

1378　齊志英墓誌
首題:唐故銀青光禄大夫檢校太子賓客行金吾衛翊府左郎將兼御史中丞上柱國食邑三百户高陽齊公墓誌銘并序。
(唐)雷景中撰並書。唐大中二年(848)五月八日葬。陝西西安出土,現藏西安博物院。
正書,32 行,行 32 字。拓片,78cm×80.5cm(含側)。
附注:側刻執笏袍服獸首十二生肖像。
D302:9347,1 張。

1379　王魯復墓誌並蓋
首題:大唐故亳州城父縣令王府君墓誌未終前一年自號知道先生撰遺誌文;蓋題:大唐故王府君墓誌銘。
(唐)王魯復撰。唐大中二年(848)十月五日葬。河南洛陽新安出土。
誌正書,28 行,行 27 字;蓋正書,3 行,行 3 字。拓片,40cm×40cm(誌),23cm×22cm(蓋)。
附注:自撰墓誌。
著録文獻:《洛陽流散唐代墓誌彙編續集》345;《秦晉豫新出墓誌蒐佚三編》736。
D302:10159,2 張。

1380　崔壯墓誌
首題:博陵郡崔公墓銘;又名:崔君墓誌。
唐大中二年(848)十月二十三日葬。山西壺關縣出土。
正書,17 行,行 18 字左右。拓片,40.5cm×39.5cm。
附注:誌有豎界欄,銘文模糊。首題中"誌"刻作"銛"。以孤子口氣叙述,故誌文中"考"爲墓主。
著録文獻:《西安新獲墓誌集萃》89。
D302:8788,1 張。

1381　王文則墓誌
首題:大唐故河陽節度後院軍左右廂都知兵馬使兼押衙朝散大夫澤州司馬上柱國太原郡王公墓誌銘並序。
(唐)李礜撰;(唐)魯復書;(唐)邵建初刻字。唐大中三年(849)二月十七日葬。陝西西安出土。
正書,32 行,行 32 字。拓片,70cm×70cm。
D302:10351,1 張。

1382　董液墓誌
首題:唐故河東節度後院軍判官宣德郎試左□長史董公墓誌銘序。
(唐)庾建侯撰並書。唐大中三年(849)二月二十九日葬。山西祁縣出土。
正書,26 行,行 28 字左右。拓片,52cm×51cm。
附注:誌石碎裂爲五塊。末行刻買地記。
著録文獻:《秦晉豫新出墓誌蒐佚續編》869。
D302:10160,1 張。

1383　曾君妻張氏墓誌

首題:有唐右神武軍大將軍知軍事銀青光祿大夫檢校左[散騎]常侍兼御史大夫曾公故夫人清河張氏墓誌銘並序。

(唐)王弘禮撰;(唐)張模書。唐大中三年(849)十一月五日葬。陝西西安出土。

行書,22行,行22字。拓片,49cm×49cm。

D302:10477,1張。

1384　李渙妻裴琡墓誌並蓋

首題:唐故河東裴氏夫人墓誌銘并序;蓋題:唐故河東裴夫人墓誌。

(唐)李渙撰。唐大中三年(849)十二月二十七日葬。陝西西安長安區出土,2013年入藏西安碑林。

誌正書,左行,27行,行27字;蓋篆書,左行,3行,行3字。拓片,51.5cm×52cm(誌),57cm×57.5cm(蓋,含剎)。

附注:蓋頂周刻花紋,剎刻四神。

著錄文獻:《西安碑林博物館新藏墓誌續編》190;《西南大學新藏石刻拓本匯釋》253。

D302:9140,2張。

1385　郭從諒墓誌並蓋

首題:唐故正議大夫殿中省尚衣奉御太原郭府君墓誌銘并序;蓋題:唐太原郭府君墓誌銘。

(唐)陶溫撰。唐大中四年(850)正月六日葬。陝西西安出土。

誌正書,27行,行28字;蓋篆書,3行,行3字。拓片,65cm×65cm(誌),67.5cm×68cm(蓋,含剎)。

附注:蓋頂周刻花紋,剎刻四神。

著錄文獻:《洛陽新獲墓誌二〇一五》332;《西南大學新藏石刻拓本匯釋》254。

D302:9544,2張,2016年9月齊運通捐贈。

1386　李氏小娘子墓誌並蓋

首題:隴西李氏小娘子墓誌銘并序;蓋題:唐故李氏室女墓誌銘。

(唐)李就撰。唐大中四年(850)四月十六日葬。陝西臨潼縣出土。

誌正書,22行,行22字;蓋篆書,3行,行3字。拓片,32.5cm×32.5cm(誌),34cm×34cm(蓋,含剎)。

附注:墓主爲李從易第四女。蓋頂及剎刻花紋。

D302:9348,2張。

1387　李璩妻陳氏墓誌並蓋

首題:唐邢州任縣尉趙郡李君夫人潁川陳氏墓誌銘并序;蓋題:唐故潁州陳氏墓誌銘。

(唐)李璩撰並書。唐大中四年(850)四月十九日葬。陝西西安出土。

誌正書,25行,行27字;蓋篆書,3行,行3字。拓片,44cm×44cm(誌),50cm×49cm(蓋,含剎)。

附注:撰人署"從鄉貢進士璩"。舊誌石改刻。蓋頂四周及剎刻花紋。

著錄文獻:《秦晉豫新出墓誌蒐佚

三編》739。

D302:9142～－2,各2張。

1388　李淑墓誌並蓋

首題:唐故隴西李氏墓誌銘并序;蓋題:唐故隴西李氏墓誌銘。

(唐)李鉦撰;(唐)杜賓虞書。唐大中四年(850)五月二十三日。河南洛陽出土。

誌正書,21行,行22字;蓋篆書,3行,行3字。拓片,38cm×38.5cm(誌),41cm×41cm(蓋,含刹)。

附注:蓋頂四周刻花紋,刹刻花卉。

著錄文獻:《秦晉豫新出墓誌蒐佚三編》741。

D302:8897,2張。

1389　常清墓誌

首題:上唐河內故常公墓誌銘并序。

唐大中四年(850)十月十七日葬。山西長治出土。

正書,21行,行27字左右。拓片,51cm×51cm。

附注:有豎界欄。首題"上"或爲衍字。

D302:9726,1張。

1390　皇甫郲墓誌

首題:唐故將仕郎試左衛兵曹參軍驍騎尉安定皇甫公墓志銘并序。

(唐)魏禎之撰。唐大中四年(850)十一月八日葬。陝西西安出土。

行書,27行,行28字。拓片,49cm×49cm。

著錄文獻:《秦晉豫新出墓誌蒐佚三編》742。

D302:9141～－2,各1張。

1391　姚合妻盧綺墓誌

首題:唐故秘書監姚府君夫人范陽縣君盧氏墓銘並序。

(唐)姚潛撰;(唐)李洙書。唐大中四年(850)十一月二十二日葬。河南洛陽出土。

正書,26行,行28字。拓片,61.5cm×61cm。

附注:誌頂周刻花紋。夫諱據唐會昌三年八月二十八日葬《姚合墓誌》。此誌文卒年僅干支"庚午",同年葬於其夫之塋,會昌三年之後大中四年干支是庚午,月日干支亦合,葬年當大中四年。

著錄文獻:《秦晉豫新出墓誌蒐佚》782。

D302:10478,1張。

1392　趙妳婆墓誌

首題:天水趙妳婆墓誌。

(唐)李讜撰。唐大中五年(851)四月十二日葬。河南洛陽出土。

正書,13行,行13、14字左右。拓片,24.5cm×25cm。

附注:舊誌石改刻,趙妳婆爲李讜父乳母,夫姓不詳。

D302:8898～－2,各1張。

1393　鄭君妻郭瓊墓誌

首題:唐銀青光祿大夫撿校太子賓客上柱國內飛龍押衙兼監察御史鄭

公故太原郡郭夫人墓誌并序。

（唐）王融撰。唐大中五年（851）八月二十七日葬。河南洛陽出土。

正書，23行，行22字。拓片，36cm×36.5cm。

著錄文獻：《秦晉豫新出墓誌蒐佚》785；《洛陽流散唐代墓誌彙編三集》307。

D302:10161～-2，各1張。

1394　蓋衡妻韓氏墓誌並蓋

首題：餘杭郡蓋衡妻潁川韓氏墓誌并銘；蓋題：故潁川郡韓氏墓誌銘。

（唐）蓋衡撰。唐大中五年（851）十月四日葬。河南洛陽出土。

誌正書，26行，行26字；蓋正書，3行，行3字。拓片，40.5cm×45.5cm（誌），24cm×25cm（蓋）。

著錄文獻：《洛陽流散唐代墓誌彙編三集》308。

D302:10162，2張。

1395　李義墓誌

首題：唐故李府君墓銘文並序。

（唐）丁斌□撰。唐大中五年（851）十一月二十二日葬。河北臨漳縣出土。

正書，18行，行27字左右。拓片，34cm×35cm。

附注：誌文作"贊黃人"。銘文多土銹，撰人名不清。

著錄文獻：《邯鄲碑刻》057。

D302:10163，1張。

1396　韋諫妻崔氏墓誌

首題：唐京兆府倉曹參軍韋君故夫人博陵崔氏墓誌銘。

（唐）崔讓撰；（唐）崔誼書。唐大中六年（852）五月四日葬。陝西西安出土。

正書，21行，行26字；蓋續刻，正書，6行，行12字。拓片，44cm×44cm（誌），46cm×45cm（蓋）。

附注：誌銘續刻於誌蓋。

著錄文獻：《洛陽新獲墓誌二〇一五》336（有蓋）；《西南大學新藏石刻拓本匯釋》255；《珍稀墓誌百品》83（有蓋）；《秦晉豫新出墓誌蒐佚三編》746。

D302:9545，2張，2016年9月齊運通捐贈。

1397　薛弘休妻裴氏墓誌

首題：唐薛氏故裴夫人墓誌并引。

（唐）薛弘休撰；（唐）裴恪書。唐大中六年（852）五月十九日葬。陝西西安出土。

正書，22行，行26—28字。拓片，48.5cm×48cm。

附注：石中部漫漶。

著錄文獻：《西南大學新藏石刻拓本匯釋》256；《秦晉豫新出墓誌蒐佚三編》747。

D302:9676，1張。

1398　張紳及妻王氏墓誌

首題：唐故朝議郎試冀州武邑縣丞清河張公琅琊王夫人別兆墓誌銘

并序。

唐大中六年(852)閏七月二十日葬。山西長治地區出土。

正書,24行,行28字左右。拓片,49cm×49.5cm。

附注:有豎界欄。

著錄文獻:《洛陽新獲七朝墓誌》354;《秦晉豫新出墓誌蒐佚續編》873。

D302:8899,1張。

1399　程全及妻元氏墓誌

首題:唐故廣平程府君及夫人墓誌銘并序。

(唐)皇甫儒撰。唐大中六年(852)十月二十八日葬。河南安陽出土。

正書,19行,行24字左右。拓片,43cm×42cm。

附注:有豎界欄。

D302:8729～-2,各1張。

1400　馬文諫墓誌並蓋

首題:唐故濮州鄄城縣令馬君墓誌銘并序;蓋題:唐故扶風馬君墓誌銘。

唐大中六年(852)十一月十四日葬。河南洛陽出土,現藏洛陽九朝刻石文字博物館。

誌正書,27行,行27字;蓋正書,3行,行3字。拓片,61.5cm×61.5cm(誌),64.5cm×65.5cm(蓋,含刹)。

附注:疑僞。蓋頂周刻竊曲紋,刹刻四神。撰文語氣爲馬文諫之兄。

著錄文獻:《洛陽新獲七朝墓誌》355。

D302:9546,2張,2016年9月齊運通捐贈。

1401　王寶墓誌

首題:唐故王府君墓誌銘並序。

唐大中七年(853)二月十二日葬。山西長治出土。

正書,22行,行27字左右。拓片,51cm×51cm。

D302:10164,1張。

1402　沈兗墓誌

首題:唐故吳興沈府君墓誌銘。

(唐)沈佐黃撰並書。唐大中七年(853)二月十七日葬。河南洛陽出土。

正書,19行,行19字。拓片,36cm×36.5cm。

著錄文獻:《洛陽流散唐代墓誌彙編續集》352;《秦晉豫新出墓誌蒐佚三編》749。

D302:10165～-2,各1張。

1403　郝奉國及妻游氏墓誌

首題:唐故郝府君夫人游氏合祔墓誌銘並序。

唐大中七年(853)七月十四日葬。山西長治出土。

正書,19行,行26字左右。拓片,40cm×40.5cm。

D302:10166,1張。

1404　王氏第三女墓誌並蓋

首題:唐故王氏第三女墓誌;蓋題:唐故王氏第三女墓誌。

(唐)王延訓撰。唐大中七年(853)

七月二十日葬。河南洛陽出土。

誌正書,14 行,行 17 字;蓋隸書,3 行,行 3 字。拓片,34.5cm×34.5cm(誌),38cm×38cm(蓋,含刹)。

附注:墓主癸酉歲季夏庚申日癸亥終,其歲孟秋庚寅日己酉葬。考唐代癸酉歲六月庚申朔、七月庚寅朔,唯有大中七年。蓋頂周刻竊曲紋,刹刻四神。

著錄文獻:《洛陽流散唐代墓誌彙編續集》404;《秦晉豫新出墓誌蒐佚三編》751。

D302:9699,2 張。

1405　崔樅及妻盧氏墓誌

首題:唐故汴州雍丘縣尉清河崔府君夫人范陽盧氏合祔墓誌銘兼序。

(唐)崔元範撰;(唐)崔居中書並篆蓋。唐大中七年(853)八月二十六日葬。河南洛陽出土,張鈁舊藏,現藏河南新安鐵門鎮千唐誌齋博物館。

正書,29 行,行 29 字。拓片,57cm×57cm。

著錄文獻:《隋唐五代墓誌匯編·洛陽卷》14/1;《千唐誌齋藏誌》1123。

D303:1907,1 張。

1406　郭瓊墓誌並蓋

首題:唐故正議大夫使持節渠州諸軍事守渠州刺史兼侍御史上柱國太原郡郭府君墓誌銘并序;蓋題:唐故渠州刺史郭府君墓誌銘。

(唐)柳翰撰;(唐)楊籌書;(唐)毛伯貞篆蓋;(唐)李郢、朱弼等刻。唐大中七年(853)十月十六日葬。河南

孟州出土,現藏洛陽九朝刻石文字博物館。

誌正書,35 行,行 34 字;蓋篆書,4 行,行 3 字。拓片,88.5cm×89cm(誌,含側),78cm×78.5cm(蓋,含刹)。

附注:側刻壼門袍服執笏十二生肖圖,蓋頂周刻花紋,刹刻四神。

著錄文獻:《洛陽新獲墓誌二〇一五》338;《北京大學圖書館新藏金石拓本菁華續編》216;《洛陽流散唐代墓誌彙編續集》353。

D302:9547,2 張,2016 年 9 月齊運通捐贈。

1407　張覿墓誌

首題:唐故右神策軍南山採造押衙銀青光祿大夫檢校太子賓客前京兆府元城府折衝都尉兼監察御史上柱國開國男食邑三百户吳郡張府君墓誌銘並序。

(唐)馮覿撰;(唐)張齊古書;(唐)強瓊刻。唐大中七年(853)十月十六日葬。陝西鄠縣出土。

正書,30 行,行 26 字。拓片,62.5cm×63cm。

D302:9823,1 張。

1408　魏季衡墓誌並蓋

又名:萬季衡墓誌並蓋;首題:大唐故銀青光祿大夫行袁王府長史兼御史中丞(下缺);蓋題:大唐故萬府君墓誌銘。

(唐)陳滂撰。唐大中七年(853)十一月十四日葬。陝西西安出土。

誌正書,24 行,行 23 字;蓋篆書,3

行,行 3 字。拓片,49cm×49cm(誌),32.5cm×32cm(蓋)。

附注:首題下半殘缺,文云"先漢將軍勃之後……晉上大夫畢萬封魏,即魏之始也",墓主當姓魏,疑蓋誤配。

著錄文獻:《洛陽新獲墓誌二〇一五》339;《秦晉豫新出墓誌蒐佚三編》877(作萬季衡墓誌)。

D302:10479,2 張。

1409　秦叔向墓誌並蓋

首題:唐故逸人隴西秦公墓誌銘并敘;蓋題:大唐故隴西郡秦府君墓誌銘。

(唐)秦魯撰;(唐)秦管書並篆蓋;(唐)李宗志刻。唐大中八年(854)二月五日葬。陝西臨潼縣出土。

誌正書,25 行,行 26 字左右;蓋篆書,4 行,行 3 字。拓片,43.5cm×46cm(誌),28cm×28cm(蓋)。

附注:蓋頂四周刻花紋。

著錄文獻:《秦晉豫新出墓誌蒐佚三編》752。

D302:9143,2 張。

1410　邢宗本妻韓氏墓誌

首題:唐試太子通事舍人河間邢公宗本故昌黎韓氏夫人墓誌銘并序;蓋題:唐故夫人韓氏墓誌銘。

(唐)邢宗本撰。唐大中八年(854)六月一日葬。山西長治出土。

誌正書,17 行,行 30 字左右;蓋篆書,3 行,行 3 字。拓片,41.5cm×41.5cm。

附注:有豎界欄。

著錄文獻:《秦晉豫新出墓誌蒐佚續編》879;《西安新獲墓誌集萃》91(有蓋)。

D302:8948,1 張,蓋失拓,2015 年 3 月魯東彬捐贈;D302:8948-2,1 張,蓋失拓。

1411　劉德訓墓誌

首題:唐故供奉官金紫光禄大夫行內侍省內常侍彭城郡開國公食邑二千戶上柱國以本官兼內寺伯致仕劉公墓誌銘(下泐)。

(唐)毛伯貞撰蓋;(唐)栢喦撰;(唐)邵肅書;(唐)強琮刻。唐大中八年(854)七月二十六日。陝西西安出土。

正書,48 行,行 48 字。拓片,81cm×78cm。

D302:10352,1 張。

1412　盧望回妻李球墓誌

首題:唐盧氏隴西李夫人墓誌銘並序。

(唐)盧望回撰。唐大中八年(854)八月八日葬。河南洛陽出土。

正書,27 行,行 29 字。拓片,45.5cm×45.4cm。

著錄文獻:《洛陽流散唐代墓誌彙編續集》354;《秦晉豫新出墓誌蒐佚三編》753。

D302:10167~-2,各 1 張。

1413　蕭宏墓誌並蓋

首題:蘭陵蕭府君墓誌銘并序;蓋題:大唐故蕭府君墓誌銘。

(唐)蕭朗撰並書;(唐)趙君慶刻。

唐大中九年(855)二月二十三日葬。陝西西安出土。

誌正書,25 行,行 24 字;蓋篆書,3 行,行 3 字。拓片,46cm×46cm(誌),29cm×27cm(蓋)。

附注:蓋頂周刻花紋。

著録文獻:《秦晉豫新出墓誌蒐佚三編》755。

D302:9677,2 張。

1414　獨孤君妻韋緩墓誌並蓋

首題:唐東都防禦巡官獨孤君故夫人京兆韋氏墓誌;蓋題:唐故京兆韋夫人墓誌。

(唐)獨孤□撰。唐大中九年(855)三月五日葬。河南洛陽出土。

誌正書,22 行,行 21 字;蓋篆書,3 行,行 3 字。拓片,46.5cm×46.5cm(誌),50.5cm×50.5cm(蓋,含刹)。

附注:蓋頂四周刻竊曲紋,刹刻花卉。撰者爲墓主丈夫,缺名諱。

著録文獻:《洛陽新獲墓誌二〇一五》340;《秦晉豫新出墓誌蒐佚三編》756。

D302:8900,2 張。

1415　孫俐墓誌

首題:唐故鄉貢進士孫府君墓誌。

(唐)孫向撰。唐大中九年(855)閏四月二十四日葬。河南洛陽出土,張鈁舊藏,現藏河南新安鐵門鎮千唐誌齋博物館。

正書,22 行,行 22 字。拓片,40cm×40cm。

附注:銘文漫漶。

著録文獻:《隋唐五代墓誌匯編·洛陽卷》14/48;《千唐誌齋藏誌》1127。

D303:1908,1 張。

1416　王公政墓誌

首題:唐故太原王府君墓誌銘並序。

唐大中九年(855)七月二十五日葬。山西長治出土。

正書,19 行,行 19 字左右。拓片,39cm×39cm。

D302:10480,1 張。

1417　段彝墓誌並蓋

首題:唐故朝散大夫滑州長史段公墓誌銘并序;蓋題:大唐故段府君墓誌銘。

(唐)范鄴撰;(唐)高碩書并篆蓋;(唐)趙君政刻。唐大中九年(855)八月十四日葬。陝西西安出土。

誌正書,31 行,行 31 字;蓋篆書,3 行,行 3 字。拓片,55cm×55.5cm(誌),61cm×60cm(蓋,含刹)。

附注:蓋頂周刻花紋,刹刻四神。

著録文獻:《洛陽新獲墓誌二〇一五》342;《秦晉豫新出墓誌蒐佚三編》757;《陝西新見唐朝墓誌》198。

D302:9548,2 張,2016 年 9 月齊運通捐贈。

1418　張軫及妻席氏墓誌

首題:唐故南陽張公及夫人安定席氏墓誌銘并序。

(唐)崔詡撰。唐大中九年(855)九

月三日葬。河北永年縣出土。

正書,17 行,行 27 字左右。拓片,41.5cm×41.5cm。

附注:有豎界欄,周刻花紋。"軫"原刻左"車"右"尓"。

D302:9727,1 張。

1419　陶瑄墓誌並蓋

首題:唐故伊洛男子丹陽陶少君墓誌銘並序;蓋題:唐丹陽陶少君墓誌銘。

(唐)陶溫之撰。唐大中十年(856)二月十六日葬。河南洛陽宜陽縣出土。

誌正書,20 行,行 20 字;蓋篆書,3 行,行 3 字。拓片,30cm×30cm(誌),32.5cm×32.5cm(蓋)。

著錄文獻:《洛陽流散唐代墓誌彙編續集》360。

D302:10168,2 張。

1420　薛匑墓誌並蓋

蓋題:大唐故薛府君墓誌銘。

(唐)薛臨撰。唐大中十年(856)四月十三日葬。陝西西安出土。

誌正書,24 行,行 23 字;蓋篆書,3 行,行 3 字。拓片,37cm×37cm(誌),38cm×26cm(蓋,含側刹)。

附注:蓋頂及刹刻花紋,蓋石右三分之一殘缺。

著錄文獻:《西安碑林博物館新藏墓誌續編》195;《洛陽新獲墓誌二〇一五》343;《西南大學新藏石刻拓本匯釋》260;《秦晉豫新出墓誌蒐佚三編》760。

D302:9549,2 張,2016 年 9 月齊運通捐贈。

1421　斑君妻鄭珪墓誌

首題:唐故美原縣令斑府君夫人榮陽鄭氏玄堂序。

(唐)班蒙撰。唐大中十年(856)六月二十五日葬。陝西西安出土。

正書,28 行,行 28 字。拓片,55.5cm×55.5cm。

著錄文獻:《洛陽新獲七朝墓誌》360;《秦晉豫新出墓誌蒐佚》796(作班君)。

D302:9550~-2,各 1 張,2016 年 9 月齊運通捐贈。

1422　崔立方墓誌

首題:唐故曹州司戶參軍博陵崔府君墓誌銘并序。

(唐)楊元思撰。唐大中十年(856)十月二十七日葬。河南洛陽洛龍區出土。

正書,26 行,行 27、28 字。拓片,39.5cm×39.5cm。

著錄文獻:《秦晉豫新出墓誌蒐佚續編》886。

D302:8901~-2,各 1 張。

1423　韋都師墓誌

首題:故京兆韋氏室女都娘子墓誌銘並敘。

(唐)韋承範撰。唐大中十年(856)十二月十三日葬。河南洛陽出土,張鈁舊藏,現藏河南新安鐵門鎮唐誌齋博物館。

正書,18 行,行 19 字。拓片,40cm×

40cm。

附注：誌主字都師。部分銘文殘泐。

著錄文獻：《隋唐五代墓誌匯編·洛陽卷》14/69；《千唐誌齋藏誌》1135。

D303:1909，1張。

1424　牛君妻趙氏墓誌

首題：唐故天水郡趙夫人墓誌銘並序。

唐大中十年（856）十二月二十七日葬。山西長治出土。

正書，16行，行24字左右。拓片，37.5cm×38cm。

著錄文獻：《洛陽新獲七朝墓誌》362。

D302:10169，1張。

1425　郭□平墓誌

首題：唐故郭府君墓誌之銘。

唐大中十一年（857）八月二十六日合葬。山西長治出土。

正書，18行，行24字左右。拓片，38cm×38cm。

附注：墓主卒於大中四年，首題下及末兩行補刻夫人卒年款與合祔年款，未見原葬年款，或原葬年款原刻於末行，合葬時被磨去。墓主諱或爲"延平"。

D302:10170，1張。

1426　沈㝎墓記

首題：唐大理正贈左庶子沈公第五中殤男墓；別名：沈竦第五男墓記。

（唐）沈佐黃立。唐大中十一年（857）葬。河南洛陽出土。

正書，5行，行8—9字。拓片，38cm×29cm。

附注：此當遷葬墓記。名諱據大中七年沈㝎墓誌。父諱及出土地據大中十二年沈中黃墓誌，中黃爲墓主之兄（行三）。又有大中八年沈師黃墓誌，師黃亦爲其兄（行四）。立石者佐黃爲墓主之弟。

D302:10171，1張。

1427　霍瑶及妻王氏墓誌

首題：唐平陽故霍府君太原王氏夫人墓銘並序。

唐大中十二年（858）二月二十一日葬。山西長治出土。

正書，21行，行25字左右。拓片，48.5cm×48.5cm。

附注：原刻作"墓銘銘"。有豎界欄。

D302:9846，1張。

1428　楊松年墓誌

首題：唐故河南府河南縣令賜緋魚弘農楊公墓誌銘並序。

（唐）李紉撰。唐大中十二年（858）二月二十一日葬。河南洛陽出土，張鈁舊藏，現藏河南新安鐵門鎮千唐誌齋博物館。

正書，22行，行22字。拓片，60cm×60cm。

附注：銘文漫漶甚，末行款不可辨，責任者等據《唐代墓誌彙編》大中137號補。似爲舊石改刻。

著錄文獻：《隋唐五代墓誌匯編·

洛陽卷》14/76;《千唐誌齋藏誌》1141。

D303:1910,1 張。

1429　郭君妻浩氏墓誌

首題:唐潞州上黨縣太平鄉懷義坊河内浩氏故夫人墓誌銘並序。

唐大中十二年(858)閏二月十日葬。山西長治出土。

正書,19 行,行 25 字左右。拓片,35.5cm×37.5cm。

D302:10172,1 張。

1430　渾君妻董氏墓誌

首題:濟陰董夫人墓誌。

唐大中十二年(858)八月二日葬。陝西西安出土。

正書,18 行,行 18 字。拓片,33.5cm×34cm。

附注:銘文有殘泐。捶拓模糊。

D302:9350,1 張。

1431　衛冀及妻杜氏墓誌並蓋

首題:唐故河東節度押衙銀青光禄大夫檢校太子賓客上柱國衛府君京兆杜夫人合祔墓銘并序;蓋題:唐故河東衛府君墓銘。

(唐)楊次復撰;(唐)楊玄術書并題蓋。唐大中十二年(858)八月十四日葬。河南洛陽洛龍區出土,現藏洛陽市文物考古研究院。

誌正書,30 行,行 30 字左右;蓋隸書,3 行,行 3 字。拓片,56cm×57.5cm(誌,含側),45.5cm×45cm(蓋,含刹)。

附注:誌側、蓋頂四周及刹刻花紋。

著録文獻:《秦晉豫新出墓誌蒐佚三編》765。

D302:8730,2 張。

1432　崔蕪墓誌

首題:唐故博陵崔君墓誌銘并序。

(唐)崔照撰;(唐)宇文袞書。唐大中十二年(858)八月二十四日葬。陝西西安出土。

正書,29 行,行 29 字。拓片,54cm×64cm。

D302:9678,1 張。

1433　高氏墓誌

首題:唐故渤海高氏墓誌銘。

(唐)高勛書。唐大中十二年(858)十月十二日葬。陝西西安出土。

正書,14 行,行 15 字。拓片,39cm×39cm。

著録文獻:《洛陽新獲墓誌二〇一五》346;《西南大學新藏石刻拓本匯釋》262;《秦晉豫新出墓誌蒐佚三編》767。

D302:9551,1 張,2016 年 9 月齊運通捐贈。

1434　崔彦温墓誌

首題:唐故博陵崔府君墓誌銘並序。

(唐)崔彦佐撰;(唐)崔彦宗書。唐大中十二年(858)十月二十六日葬。河南洛陽出土,張鈁舊藏,現藏河南新安鐵門鎮千唐誌齋博物館。

正書,25 行,行 24 字。拓片,35cm×36cm。

著錄文獻:《隋唐五代墓誌匯編·洛陽卷》14/82;《千唐誌齋藏誌》1144。

D303:1911,1張。

1435　盧峰墓誌

首題:唐故朝議郎守晉州別駕上柱國盧府君合祔墓誌銘並序。

(唐)竇勉餘撰。唐大中十三年(859)四月二十三日葬。陝西西安出土。

正書,27行,行30字。拓片,45cm×45cm。

D302:10173,1張。

1436　王宗本墓誌

首題:唐故海州東海縣令王公玄堂記銘。

(唐)顧昕撰並書。唐大中十三年(859)八月十九日葬。河南洛陽出土。

正書,25行,行25字。拓片,46cm×45.5cm。

著錄文獻:《洛陽流散唐代墓誌彙編續集》363;《秦晉豫新出墓誌蒐佚三編》769。

D302:9679～-2,各1張。

1437　劉溫墓誌並蓋

首題:唐故彭城劉氏府君墓誌銘并序;蓋題:唐故彭城劉府君墓誌。

(唐)張震封撰。唐大中十三年(859)十月二十七日葬。河南鄭州出土。

誌正書,24行,行24—27字左右;

蓋篆書,3行,行3字。拓片,61cm×62cm(誌,含側),46cm×47cm(蓋,含剎)。

附注:誌有豎界欄,誌側刻袍服獸首執笏十二生肖,蓋頂周刻花紋,剎刻神獸,蓋題"誌"爲金旁。

著錄文獻:《秦晉豫新出墓誌蒐佚續編》892。

D302:9680,2張。

1438　李逍妻辛氏墓誌並蓋

首題:唐汝州葉縣尉李逍之妻隴西辛夫人墓誌銘並序;蓋題:唐隴西辛夫人墓誌銘。

(唐)李逍撰。唐大中十三年(859)十二月九日葬。河南洛陽出土。

誌正書,18行,行24字左右;蓋正書,3行,行3字。拓片,34cm×34cm(誌),34cm×34cm(蓋)。

附注:蓋剎刻四神。誌文載"大中十二年十二月廿八日於懷州獲嘉縣過婚禮……明年正月將迎歸郟城私第……以大中丁卯歲九月十二日終于郟城縣之官舍",大中丁卯爲大中元年,大中十三年干支己卯,銘有"笄年夭折"句,當干支有誤,卒於大中十三年。

D302:10158,2張。

1439　丘從儉墓誌並蓋

首題:唐故劍州普安縣令丘府君墓誌銘并序;蓋題:丘府君墓誌銘。

(唐)萬必復撰。唐大中十三年(859)十二月十五日葬。陝西西安出土。

誌正書,18 行,行 23—25 字左右;蓋正書,2 行,行 3 字。拓片,36cm×36.5cm(誌),27cm×28cm(蓋)。

附注:用"尉遲順墓志蓋"改刻爲丘府君墓誌蓋。蓋頂周刻花紋。

著錄文獻:《秦晉豫新出墓誌蒐佚三編》771。

D302:9681,2 張。

1440　李叔□及妻許氏墓誌

首題:唐故驍雄軍十將雲麾將軍試殿中監李公夫人許氏墓誌銘並序。

唐大中十四年(860)二月九日葬。山西長治出土。

正書,20 行,行 28 字左右。拓片,50cm×50cm。

附注:墓主諱缺筆,第二字可辨爲叔,第三字或爲沅,或爲汶。

D302:10174,1 張。

1441　韓復妻許氏墓誌

首題:唐故左庶子韓府君夫人高陽許氏墓誌銘並序。

(唐)韓瑾撰。唐大中十四年(860)八月二十五日葬。陝西西安出土。

正書,28 行,行 29 字。拓片,49cm×50cm。

附注:銘文漫漶。

D302:10353,1 張。

1442　陳師舉妻程氏墓誌

首題:唐故潁川郡陳公夫人程氏墓誌銘。

(唐)馬思賢撰。唐大中十四年(860)閏十月三日葬。陝西西安出土。

正書,25 行,行 25 字左右。拓片,47.5cm×47cm。

D302:10175,1 張。

1443　苗用苗穎墓誌

首題:唐故苗府君墓誌銘並序。

唐咸通二年(861)七月二十二日葬。山西長治出土。

正書,16 行,行 16 字。拓片,52.5cm×52cm。

附注:四周刻竊曲紋。

D302:10176,1 張。

1444　上官海清墓誌

首題:唐故東平郡上官府君墓誌銘並序。

唐咸通二年(861)十月二十二日葬。山西晉城出土。

正書,16 行,行 25 字左右。拓片,39cm×37.5cm。

D302:10177,1 張。

1445　張君妻秦氏墓誌

首題:唐河內郡秦氏故夫人之墓誌銘並序。

唐咸通三年(862)正月十日葬。山西長治出土。

正書,19 行,行 23 字左右。拓片,42cm×42cm。

D302:10178,1 張。

1446　齊志萼墓誌

首題:唐故奉天鎮博野軍左廂兵馬使齊公墓誌銘并序。

唐咸通三年(862)正月二十八日

葬。陝西西安出土,現藏西安博物院。

行書,28行,行27字左右。拓片,51cm×52cm。

D302:9351,1張。

1447　史季文及妻李氏墓誌

首題:唐故青州齊郡故史府君隴西李氏夫人墓誌銘并序。

唐咸通三年(862)八月一日葬。山西長治出土。

正書,20行,行20字左右。拓片,49.5cm×48cm。

附注:有豎界欄。

D302:9728,1張。

1448　賈芬及妻李氏墓誌

首題:唐故賈府君李氏夫人墓誌銘并序。

唐咸通三年(862)八月二十四日葬。山西長治出土。

正書,面16行,側5行,行23字左右。拓片,50.5cm×51cm(含側)。

附注:左側續刻誌文5行,餘三側刻花紋。

著録文獻:《西安新獲墓誌集萃》94。

D302:8789,1張。

1449　崔申伯墓誌

首題:崔府君墓誌銘并序。

(唐)盧氏撰;(唐)楊緘書並篆蓋。唐咸通三年(862)十月五日葬。河南洛陽出土。

正書,22行,23—25左右。拓片,44cm×43cm。

附注:撰者爲墓主之妻。

著録文獻:《秦晉豫新出墓誌蒐佚三編》773。

D302:9682,1張,蓋失拓。

1450　張質墓誌並蓋

首題:唐故宣節校尉守右驍尉河南府政教府折衝都尉張府君墓銘并序;蓋題:唐故清河張府君墓銘。

(唐)李凝撰。唐咸通三年(862)十月十四日葬。2006年秋河南洛陽洛龍區龍門鎮出土。

誌正書,30行,行30字;蓋篆書,3行,行3字。拓片,75cm×76.5cm(誌,含側),56.5cm×57.5cm(蓋,含剎)。

附注:誌側刻獸首執笏袍服十二生肖像,蓋頂四周刻竊曲紋,剎刻四神。

著録文獻:《洛陽出土鴛鴦誌輯録》67-1;《秦晉豫新出墓誌蒐佚》806。

D302:8902,2張。

1451　元建妻陳氏墓誌並蓋

首題:河南府偃師縣令元建故夫人潁川陳氏墓銘並序;蓋題:唐故潁川陳夫人墓銘。

(唐)李鷟撰。唐咸通三年(862)十一月八日葬。河南洛陽出土。

誌正書,24行,行25字;蓋正書,3行,行3字。拓片,63cm×62.5cm(誌),47cm×48cm(蓋)。

附注:側刻十二生肖神像,蓋剎刻四神。

著録文獻:《洛陽流散唐代墓誌彙編續集》368。

D302:10179,2張。

1452　郭鍔墓誌並蓋

首題：唐故朝散大夫成都太原郭府君墓誌并序；蓋題：唐故太原郭府君墓銘。

（唐）郭巢穎撰並書。唐咸通四年（863）四月二十九日葬。陝西西安出土，現藏西安博物院。

誌正書，26 行，行 32 字；蓋正書，3 行，行 3 字。拓片，76cm×76cm（誌，含側），62cm×61cm（蓋，含剎）。

附注：側刻執笏袍服獸首十二生肖像，蓋頂四周刻花卉，剎刻四神。

D302:9352,2 張。

1453　韋昶墓誌

首題：唐故朝請大夫守太子左庶子上柱國韋府君墓誌銘並序。

（唐）韋絢撰。唐咸通四年（863）四月二十九日葬。陝西西安出土。

正書，31 行，行 30 字。拓片，81cm×81cm。

附注：側刻壺門獸首袍服持笏十二生肖坐像，部分文字漫漶。

D302:10354,1 張。

1454　傅良弼妻王氏墓誌并蓋

首題：唐故封太原郡君王氏夫人墓誌銘并序；蓋題：唐故太原王夫人墓誌。

（唐）傅觀玉撰。唐咸通四年（863）五月二十三日葬。河南洛陽出土。

誌正書，22 行，行 24 字；蓋正書，3 行，行 3 字。拓片，45.5cm×45.5cm（誌），51cm×51.5cm（蓋）。

附注：墓主之夫傅良弼《全唐文》《新唐書》有傳。葬地據傅良弼墓誌（《全唐文新編》P7204）。良弼先娶張氏、後娶王氏。

著錄文獻：《洛陽流散唐代墓誌彙編續集》370；《秦晉豫新出墓誌蒐佚三編》775。

D302:10180,2 張；D302:10180－2,1 張。

1455　蕭氏及男武慶謙墓誌

首題：唐故蘭陵郡蕭氏夫人及男武府君墓誌銘並序。

唐咸通四年（863）十月十四日葬。山西長治出土。

正書，23 行，行 24 字左右。拓片，44cm×46.5cm。

著錄文獻：《秦晉豫新出墓誌蒐佚續編》899。

D302:10181,1 張。

1456　萬君妻李恩真墓誌並蓋

首題：唐故扶風萬府君夫人趙郡李氏墓銘並序；蓋題：唐故萬府君夫人李氏墓誌銘。

（唐）吳燭撰；（唐）李曉書；（唐）尹仲修刻。唐咸通五年（864）二月二十七日葬。陝西西安出土。

誌隸書，31 行，行 50 字左右；蓋篆書，3 行，行 3 字。拓片，62cm×62cm（誌），36.5cm×37cm（蓋）。

附注：誌主字恩真。

D302:10182,2 張。

1457　姜惟劍妻劉氏墓誌

首題：唐洺州臨洺縣左衛馬軍十將雲麾將軍試殿中監姜惟劍故彭城夫人劉氏墓誌銘并序。

（唐）姜惟劍撰。唐咸通五年（864）八月二十八日葬。河北邢臺出土。

正書，22行，行23字左右。拓片，45.5cm×45.5cm。

附注：有豎界欄。誌爲下葬後補刻。

D302：9729，1張。

1458　李明墓誌並蓋

首題：唐故隴西李氏女墓誌銘；蓋題：唐故隴西李氏女墓銘。

（唐）許琛撰；（唐）李深書並篆蓋；（唐）尹仲參刻。唐咸通五年（864）十一月二十六日葬。陝西臨潼縣出土。

誌正書，25行，行25字；蓋篆書，3行，行3字。拓片，37cm×37cm（誌），38cm×38cm（蓋，含刹）。

附注：墓主爲李從易第五女，字明，蓋頂及刹刻花紋。

D302：9353，2張；D302：9353－2，1張，蓋失拓。

1459　杜傳慶墓誌並蓋

首題：大唐故朝議郎守河中府河東縣令杜府君墓誌銘并序；蓋題：唐京兆杜府君墓誌銘。

（唐）林速撰；（唐）杜振書。唐咸通七年（866）閏三月二十七日卒。陝西西安出土。

誌正書，37行，行37字左右；蓋正書，3行，行3字。拓片，54cm×54cm（誌），57cm×56.5cm（蓋，含刹）。

附注：葬年缺刻。蓋頂周刻花紋及八卦，刹刻袍服執笏十二生肖。

著錄文獻：《洛陽新獲墓誌二〇一五》351；《西南大學新藏石刻拓本匯釋》263；《秦晉豫新出墓誌蒐佚三編》781；《陝西新見唐朝墓誌》212。

D302：9552，2張，2016年9月齊運通捐贈。

1460　劇誨妻史氏墓誌並蓋

首題：唐故如夫人渤海史氏墓誌銘并敘；蓋題：唐故渤海史氏墓誌銘。

（唐）李坦撰；（唐）劇韜書。唐咸通七年（866）六月二十三日卒。河南洛陽出土。

誌正書，22行，行22字；蓋正書，3行，行3字。拓片，39cm×39cm（誌），21cm×22cm（蓋）。

附注：蓋頂周刻花紋。

著錄文獻：《洛陽流散唐代墓誌彙編續集》373；《西南大學新藏石刻拓本匯釋》264；《秦晉豫新出墓誌蒐佚三編》782。

D302：9683，2張。

1461　裴虔餘妻韋琡墓誌並蓋

首題：唐故河東裴氏杜陵韋夫人墓誌銘并序；蓋題：唐故杜陵韋夫人誌銘。

（唐）裴虔餘撰。唐咸通七年（866）八月十二日葬。陝西西安出土。

誌正書，26行，行25字；蓋篆書，3行，行3字。拓片，66cm×66cm（誌，含側），50cm×50cm（蓋，含刹）。

附注:有方界格,誌側刻獸首執笏袍服十二生肖像,蓋頂周刻花紋,刹刻四神。

D302:9144,2 張。

1462　劉少議墓誌並蓋

首題:唐故彭城郡劉府君墓誌銘並序;蓋題:唐故劉府君墓誌之銘。

(唐)彭陶撰。唐咸通七年(866)十一月一日葬。河南洛陽出土。

誌正書,26 行,行 26 字;蓋篆書,3 行,行 3 字。拓片,94cm×94cm(誌,含側),69cm×69cm(誌)。

附注:尾刻咸通十年十二月十一日合祔年款一行。

著錄文獻:《秦晉豫新出墓誌蒐佚三編》797。

D302:10183,2 張。

1463　盧邵孫墓記

首題:范陽盧氏小女墳墓記。

(唐)盧縡撰。唐咸通八年(867)七月五日葬。河南汝州出土。

正書,16 行,行 18 字。拓片,32cm×32cm。

著錄文獻:《洛陽流散唐代墓誌彙編續集》374;《秦晉豫新出墓誌蒐佚三編》785。

D302:8731,1 張。

1464　張君及妻王氏胡氏墓誌並蓋

首題:(殘泐)左金吾衛兵曹參軍清河(殘泐)及太原王氏及胡(殘泐)并序;蓋題:大唐故張府君墓誌銘。

(唐)楊含章撰。唐咸通八年(867)八月十八日葬。河南鄢陵縣出土,現藏寧夏固原縣博物館。

誌正書,24 行,行存 24 字左右;蓋正書,3 行,行 3 字。拓片,44.5cm×45cm(誌),26.5cm×27cm(蓋)。

附注:有豎界欄,誌左行,蓋頂四周刻竊曲紋。蓋題"誌"左"石"旁,首行上半殘缺。

著錄文獻:《唐研究》20 卷。

D302:8923,2 張,2014 年 9 月北大中古史中心捐贈。

1465　劇誨墓誌

首題:唐故邠州錄事扶風劇府君銘記。

(唐)劇薰撰。唐咸通八年(867)八月十二日葬。河南洛陽出土。

正書,14 行,行 15 字。拓片,31cm×31.5cm。

附注:墓主諱據唐咸通七年(866)六月二十三日卒《劇誨妻史氏墓誌》補。

著錄文獻:《洛陽流散唐代墓誌彙編續集》376。

D302:9684,1 張。

1466　剛公亭墓誌

首題:唐故汝南郡剛府君墓誌銘敘。

唐咸通八年(867)十月二十日葬。河北邢臺出土。

正書,18 行,行 22 字左右。拓片,40cm×40cm。

附注:無年號,款"歲建丁亥初冬拾月丙寅朔……",據年月干支推,唯咸通八年符合。有豎界欄。

D302:9730,1 張。

1467　獨孤君妻李玄氲墓誌並蓋

首題:[唐]故建德縣主墓志銘并序;蓋題:建德縣主墓誌。

(唐)盧尚拙撰。唐咸通八年(867)十一月葬。陝西西安出土。

誌正書,24 行,行 22 字;蓋正書,3 行,行 2 字。拓片,31.5cm×34.5cm(誌),38cm×38cm(蓋,含刹)。

附注:蓋頂四周及刹刻花紋。

D302:9685,2 張。

1468　劉君及妻李氏墓誌

首題:大唐故劉府君并夫人李氏墓誌銘并序。

唐咸通八年(867)十二月五日葬。河南洛陽出土。

正書,左行,22 行,行 23 字左右。拓片,38.5cm×39cm。

附注:有豎界欄。

著錄文獻:《秦晉豫新出墓誌蒐佚三編》787。

D302:8732,1 張。

1469　□厚蠲墓誌

首題:[上缺]君墓誌銘并序。

唐咸通八年(867)十二月十日卒。河南新密出土。

正書,16 行,行 19—22 字左右。拓片,34.5cm×34.5cm。

附注:有豎界欄,周刻竊曲紋。左上角缺損,姓泐,字厚蠲。終於密縣。

D302:9686,1 張。

1470　竇君妻許氏墓誌

首題:故高陽許氏夫人墓誌銘。

(唐)竇最撰。唐咸通九年(868)正月十四日葬。河南洛陽出土。

正書,22 行,行 20、21 字。拓片,34cm×34.5cm。

著錄文獻:《洛陽新獲七朝墓誌》369。

D302:9553,1 張,2016 年 9 月齊運通捐贈。

1471　崔睦墓誌

首題:唐故前明經崔氏子權厝墓誌銘并序。

(唐)崔充撰。唐咸通九年(868)四月九日葬。陝西西安出土。

正書,17 行,行 17 字。拓片,43.5cm×43.5cm。

著錄文獻:《秦晉豫新出墓誌蒐佚三編》789。

D302:9687,1 張。

1472　封敖妻崔氏墓誌並蓋

首題:唐故博陵崔夫人墓誌銘並序;蓋題:唐故博陵崔夫人墓誌。

(唐)封望卿撰。唐咸通九年(868)四月九日葬。河南洛陽出土。

誌正書,31 行,行 31 字;蓋篆書,3 行,行 3 字。拓片,61.5cm×61.5cm(誌),65cm×65cm(蓋,含刹)。

附注:蓋頂周刻花紋、刹刻四神。此墓誌爲封望卿爲其母撰寫。

著錄文獻:《洛陽流散唐代墓誌彙編續集》377;《洛陽新獲墓誌百品》

106。

D302:10481,2 張。

1473　吳德應墓誌

首題:唐故供奉官銀青光祿大夫行內侍省奚官局令上柱國賜紫金魚袋吳府君墓誌銘并序。

(唐)郗逍撰。唐咸通九年(868)七月十一日葬。陝西西安出土。

正書,40 行,行 42 字。拓片,78cm×78cm。

附注:左下角斷裂。

D302:9354,1 張。

1474　張淮澄墓誌

首題:大唐故□□郎鄂王友南陽張府君墓誌銘并序。

(唐)沈□翔撰;(唐)潘玄景書並篆蓋。唐咸通九年(868)七月十八日葬。陝西西安出土。

正書,26 行,行 26 字。拓片,52cm×52cm。

附注:殘泐有損字,"吳興沈□翔"下泐一字,下接書人潘玄景款,故沈或爲撰者,□下半可見,或爲"雲"字,首題下右下角殘缺,可見"姚敬□"。

著錄文獻:《洛陽新獲墓誌百品》107。

D302:9758,1 張,蓋失拓。

1475　鄭彥猷權厝誌并祔葬銘

首題:唐故鄉貢進士滎陽鄭君權厝誌并序;祔葬銘首題:滎陽鄭府君祔葬銘并序;別名:鄭齊賢墓誌。

(唐)張黯撰權厝誌;(唐)鄭晦猷撰祔葬銘。唐咸通九年(868)七月十八日葬。河南登封潁陽鎮出土。

正書,32 行,行 28 字。拓片,55cm×61cm。

附注:前半刻權葬誌,後半刻祔葬銘。

著錄文獻:《洛陽流散唐代墓誌彙編續集》378。

D302:9146,1 張。

1476　李夜及妻王氏墓誌

首題:唐故隴西郡李府君太原王氏夫人墓誌銘并序。

唐咸通九年(868)八月二十九日葬。山西長治出土。

正書,26 行,行 25 字。拓片,48cm×48cm。

著錄文獻:《秦晉豫新出墓誌蒐佚三編》793。

D302:10184,1 張。

1477　崔元直墓誌並蓋

首題:唐故朝散大夫汀州刺史博陵崔府君墓誌銘並序;蓋題:大唐故博陵崔府君隴西李夫人墓誌銘。

(唐)鄭路撰;(唐)韋汪書。唐咸通九年(868)十一月十四日葬。陝西西安出土。

誌正書,32 行,行 32 字;蓋篆書,4 行,行 4 字。拓片,52cm×52cm(誌),54cm×54cm(蓋)。

著錄文獻:《洛陽新獲墓誌百品》108。

D302:10355,2 張。

1478　曹汾妻趙善心墓誌

首題:唐故天水趙氏墓誌;蓋題:唐天水趙氏墓。

(唐)曹汾撰。唐咸通九年(868)十二月七日葬。2005年9月河南洛陽洛龍區出土。

誌正書,15行,行16—18字;蓋篆書,2行,行3字。拓片,31cm×31.5cm。

著録文獻:《河洛墓刻拾零》458(有蓋);《龍門區系石刻文萃》367。

D302:8903,1張,蓋失拓。

1479　牛曾妻胡十三娘子墓誌

首題:唐故安定郡胡氏十三娘子墓誌并序;蓋題:大唐故胡氏墓誌之銘。

唐咸通十年(869)七月十七日葬。山西長治出土。

誌正書,21行,行26字左右;蓋篆書,3行,行3字。拓片,40cm×40cm。

附注:有豎界欄。

著録文獻:《西安新獲墓誌集萃》99(有蓋)。

D302:8790,1張,蓋失拓。

1480　陽裕墓誌

首題:唐故幽州永清縣令陽公墓誌銘并序。

(唐)張廷堅撰。唐咸通十年(869)八月二十四日葬。河南洛陽出土。

正書,24行,行28字。拓片,43.5cm×43.5cm。

附注:前數行字迹被剜過。有豎界欄。

著録文獻:《秦晉豫新出墓誌蒐佚三編》795;《洛陽流散唐代墓誌彙編續集》383。

D302:9145,1張。

1481　顏標妻路氏墓誌

首題:唐琅邪顏夫人陽平路氏墓銘并序。

(唐)顏標撰並書。唐咸通十年(869)十月十日葬。河南洛陽洛龍區出土。

正書,23行,行24字。拓片,65cm×65cm(含側)。

附注:路氏信佛,號曰自在心。側刻獸首執笏袍服十二生肖像。

著録文獻:《洛陽新獲七朝墓誌》372;《秦晉豫新出墓誌蒐佚》821。

D302:8733,1張,含側;D302:8733—2,1張,無側,47.5cm×47.5cm。

1482　李行素墓誌

首題:唐故容管經略招討處置等使檢校右散騎常侍兼御史大夫上柱國隴西縣開國男食邑三百户贈工部尚書李公墓誌銘并序。

(唐)鄭愚撰;(唐)劉道貫書。唐咸通十年(869)十二月一日葬。陝西西安出土。

正書,35行,行35字。拓片,55cm×54.5cm。

著録文獻:《珍稀墓誌百品》90;《洛陽新獲墓誌二〇一五》352;《洛陽新獲墓誌百品》109;《秦晉豫新出墓誌蒐佚三編》796。

D302:9554,1張,2016年9月齊運通捐贈。

1483　張君楚及妻崔氏墓誌

首題:唐故清河張公博陵崔氏夫人墓誌銘序。

唐咸通十一年(870)二月二日葬。山西長治出土。

正書,30 行,行 34 字左右。拓片,53.5cm×55cm。

附注:左下角斜裂。

D302:10185,1 張。

1484　裴衍墓誌

首題:唐故河南府伊闕縣令裴府君墓誌銘并序。

(唐)陳傑撰並書。唐咸通十一年(870)二月二十日葬。陝西西安出土。

正書,29 行,行 27—29 字。拓片,45.5cm×46cm。

D302:9688,1 張。

1485　劉𪓰墓誌

(唐)劉崇魯撰;(唐)王有刻。唐咸通十一年(870)二月二十七日葬。河南洛陽出土。

正書,15 行,行 15 字。拓片,46.5cm×46cm。

D302:10482,1 張。

1486　趙少齊墓誌並蓋

首題:唐故天水趙氏少齊墓誌銘並序;蓋題:唐故天水趙氏墓誌銘。

(唐)劉漪撰。唐咸通十一年(870)五月十日葬。陝西西安出土。

誌正書,22 行,行 20 字;蓋篆書,3 行,行 3 字。拓片,30cm×30cm(誌),32cm×32cm(蓋)。

附注:蓋頂及刹刻花紋。

著錄文獻:《陝西新見唐朝墓誌》214。

D302:10356,2 張。

1487　蔡勛墓誌並蓋

首題:唐故朝議郎使持節都督銀州諸軍事守銀州刺史兼度支營田使上柱國蔡府君墓誌銘;蓋題:大唐故蔡府君墓誌銘。

(唐)陳當撰。唐咸通十一年(870)八月葬。陝西西安出土。

誌正書,存 29 行,行 35 字左右;蓋正書,3 行,行 3 字。拓片,53cm×53cm(誌),37cm×36.5cm(蓋)。

附注:誌石左上角缺損,首題"軍"字誤刻爲"畢"。

著錄文獻:《秦晉豫新出墓誌蒐佚》923;《洛陽新獲墓誌二〇一五》354。

D302:10483,2 張。

1488　牛文誼墓誌

首題:唐故左金吾引駕仗押衙隴西牛府君墓誌銘并序。

(唐)崔亦撰。唐咸通十一年(870)十一月十二日葬。河北永年縣出土。

正書,21 行,行 30 字左右。拓片,48cm×48cm。

附注:有豎界欄。

D302:9731,1 張。

1489　魏頊墓誌

首題:唐故留守右廂都押衙都虞侯

黃州長史兼監察御史銀青光祿大夫檢校太子賓客上柱國魏府君誌銘。

（唐）郝乘撰；（唐）李玄通書。唐咸通十一年（870）十一月二十二日葬。河南洛陽出土，張鈁舊藏，現藏河南新安鐵門鎮千唐誌齋博物館。

正書，29 行，行 29 字。拓片，46cm×46cm。

著錄文獻：《千唐誌齋藏誌》1180（作魏望先）。

D303：1912，1 張。

1490　李啟墓誌並蓋

首題：唐故澤潞觀察判官監察御史裏行趙郡李君墓誌並序；蓋題：唐故趙郡李府君墓銘。

（唐）李穀撰。唐咸通十二年（871）正月十四日葬。陝西西安出土。

誌正書，27 行，行 27 字；蓋篆書，3 行，行 3 字。拓片，44.5cm×45cm（誌）；27.5cm×27.5cm（蓋）。

著錄文獻：《洛陽新獲墓誌百品》110。

D302：10186，2 張。

1491　賈叔方墓誌

首題：唐故中散大夫行內侍省內寺伯員外置同正員上柱國賜紫金魚袋兼監撫鹽夏綏銀防禦節度等使及諸道防秋兵馬長樂賈府君墓誌銘並序。

（唐）薛休復撰；（唐）張甫書；（唐）朱彌刻。唐咸通十二年（871）正月十四日葬。陝西西安出土。

正書，33 行，行 36 字。拓片，74cm×72.5cm。

D302：10357/SB，1 張。

1492　盧賓妻仇瀛洲墓誌

首題：唐故南陽仇鍊師墓誌銘并序。

（唐）盧賓撰並書。唐咸通十二年（871）五月二十七日葬。河南洛陽出土。

正書，21 行，行 21 字。拓片，32cm×33cm。

附注："瀛洲"爲其號。

著錄文獻：《洛陽新獲七朝墓誌》375（作《唐鍊師仇瀛洲墓誌》）；《秦晉豫新出墓誌蒐佚》826。

D302：9555，1 張，2016 年 9 月齊運通捐贈。

1493　李君妻崔小夔墓誌並蓋

蓋題：唐故崔小娘子墓誌銘。

（唐）崔滉撰；（唐）李從刻。唐咸通十二年（871）七月二十三日葬。陝西西安長安區出土。

誌正書，15 行，行 16 字；蓋篆書，3 行，行 3 字。拓片，32.5cm×34cm（誌），22cm×21.5cm（蓋）。

著錄文獻：《秦晉豫新出墓誌蒐佚續編》926；《西安新獲墓誌集萃》100（有蓋）。

D302：8509，2 張。

1494　劉制墓誌並蓋

首題：彭城劉府君誌銘并序；蓋題：唐故彭城劉府君誌銘。

唐咸通十二年（871）七月二十九日。河南濟源出土，現藏濟源市博物館。

誌正書,25行,行23字左右;蓋正書,3行,行3字。拓片,36cm×37.5cm(誌),38.5cm×37.5cm(蓋,含剎)。

附注:有豎界欄,蓋剎刻四神。

D302:8734,2張。

1495　鄧瓛墓誌並蓋

首題:唐故前忠武軍節度押衙兼門槍軍使銀青光祿大夫檢校太子詹事兼監察御史上柱國南陽鄧府君墓誌;蓋題:唐故南陽鄧府君墓誌。

(唐)鄧彬撰。唐咸通十二年(871)十月七日葬。河南洛陽出土。

誌正書,26行,行25字;蓋正書,3行,行3字。拓片,37cm×37cm(誌),40cm×40cm(蓋,含剎)。

附注:蓋頂周刻花紋,剎刻四神。

著録文獻:《洛陽流散唐代墓誌彙編續集》386。

D302:9689,2張。

1496　吕鐸妻胡氏墓誌並蓋

首題:唐故許州鄢陵縣吕氏夫人墓誌銘并序;蓋題:□氏之夫人墓誌之銘。

(唐)張瀹撰。唐咸通十二年(871)十月十三日葬。河南鄢陵縣出土,現藏寧夏固原縣博物館。

誌正書,20行,行25字左右;蓋正書,3行,行3字。拓片,42.5cm×46cm(誌),18cm×20cm(蓋)。

附注:誌周刻竊曲紋,有豎界欄,蓋頂周刻竊曲紋,蓋題右上殘缺一字。

著録文獻:《唐研究》20卷。

D302:8924,2張,2014年9月北大中古史中心捐贈。

1497　鄭仙娘子墓誌並蓋

首題:唐榮陽鄭氏中殤女墓誌銘并序;蓋題:唐榮陽鄭氏女墓誌銘。

(唐)楊去回撰並書;(唐)韋從敏刻。唐咸通十三年(872)五月二十八日葬。河南洛陽洛龍區出土,現藏洛陽市文物考古研究院。

誌正書,18行,行18字;蓋篆書,3行,行3字。拓片,48cm×48.5cm(誌,含側),38.5cm×37cm(蓋,含剎)。

附注:誌側及蓋頂四周及剎刻花紋。墓主字仙娘子。

D302:8735,2張。

1498　李元嗣墓誌

首題:唐故河中府法曹掾李君墓誌銘并序。

(唐)盧回撰並書。唐咸通十四年(873)二月十四日葬。河南洛陽偃師出土。

正書,30行,行30字。拓片,52cm×52cm。

著録文獻:《西南大學新藏墓誌集釋》240;《秦晉豫新出墓誌蒐佚三編》798。

D302:8736～-2,各1張。

1499　陳庶元墓誌

首題:唐故京兆府華原縣令潁川陳君墓誌銘並序。

(唐)陶栖遠撰並書。唐咸通十四年(873)二月二十五日葬。陝西鄠縣出土。

正書,25行,行25字。拓片,41cm×41cm。

附注:有方界格。

D302:9824,1張。

1500　元貞墓誌並蓋

首題:唐故河南郡元府君墓誌銘並序;蓋題:元君墓誌。

唐咸通十四年(873)十月十八日葬。山西文水出土。

誌正書,23行,行26字左右;蓋篆書,2行,行2字。拓片,49.5cm×48cm(誌),51.5cm×51cm(蓋)。

附注:蓋頂周刻花紋八卦,刹刻袍服執笏頭冠十二生肖人像。

D302:10358,2張。

1501　菟父孝子廖墓記磚

唐咸通十四年(873)十一月。江西出土。

正書,3行,行6字。拓片,31.5cm×14.5cm。

D302:8556,1張。

1502　韋君妻嚴氏墓誌

蓋題:唐故天水嚴氏夫人墓誌之銘;首題:唐故天水嚴氏夫人墓誌銘。

(唐)李龜謀撰;(唐)嚴紘書並篆蓋;(唐)魚元武鐫。唐咸通十五年(874)正月十二日葬。陝西西安出土。

誌正書,32行,行32字;蓋篆書,3行,行4字。拓片,47cm×46.5cm。

著錄文獻:《洛陽新獲墓誌二〇一五》356(有蓋)。

D302:9556,1張,蓋失拓,2016年9月齊運通捐贈。

1503　胡志寬墓誌

首題:唐故介休縣皇興鄉乞伏村脩文里胡府君墓誌銘。

唐咸通十五年(874)正月十三日葬。山西介休出土。

正書,23行,行33字左右。拓片,49.5cm×51.5cm。

附注:周刻花紋。

著錄文獻:《秦晉豫新出墓誌蒐佚三編》799。

D302:10187,1張。

1504　李沆母鄭氏墓誌

首題:唐故鄆州刺史李公夫人墓誌銘并序;別名:李君妻鄭氏墓誌。

(唐)薛泂撰。唐咸通十五年(874)正月二十五日葬。河南洛陽偃師出土。

正書,24行,行27字。拓片,43cm×43cm。

附注:尾有"嗣人其昌"4字。

著錄文獻:《秦晉豫新出墓誌蒐佚續編》932;《秦晉豫新出墓誌蒐佚三編》800;《洛陽流散唐代墓誌彙編三集》348。

D302:8737,1張。

1505　華霖墓誌

首題:唐故平原華府君墓誌銘并序。

(唐)趙邈撰。唐咸通十五年(874)

六月四日葬。陝西西安出土。

正書,20行,行20字。拓片,33cm×33cm。

著錄文獻:《洛陽新獲墓誌二〇一五》357;《西南大學新藏石刻拓本匯釋》272;《秦晉豫新出墓誌蒐佚三編》801。

D302:9557,1張,2016年9月齊運通捐贈。

1506　傅元及妻樂氏墓誌

首題:唐故傅府君夫人樂氏墓誌銘並序。

唐咸通十五年(874)十月十八日葬。山西長治出土。

正書,20行,行26字左右。拓片,44cm×44cm。

著錄文獻:《秦晉豫新出墓誌蒐佚續編》936。

D302:10188,1張。

1507　鄭君妻盧氏墓誌

首題:唐故壽州團練使鄭公繼室范陽盧夫人墓誌銘并序。

(唐)鄭逸撰;(唐)鄭虞書;(唐)韋玕篆蓋。唐咸通十五年(874)十月二十四日葬。陝西西安出土。

正書,26行,行25字。拓片,48.5cm×48.5cm。

著錄文獻:《秦晉豫新出墓誌蒐佚三編》803。

D302:9147,1張,蓋失拓。

1508　韋端符妻鄭霞士墓誌

首題:唐故尚書屯田員外郎歸州刺史韋公夫人滎陽鄭氏墓誌銘並序。

(唐)張讀撰。唐咸通十五年(874)十月二十九日葬。陝西西安出土,現藏長安博物館。

正書,26行,行26字。拓片,44.5cm×44cm。

著錄文獻:《新中國出土墓誌·陝西叁》102;《長安新出墓誌》308頁;《長安碑刻》209。

D302:9825,1張。

1509　裴氏墓誌

首題:(上泐)夫人河東裴氏墓誌銘並序。

(唐)裴冔撰;(唐)崔深書。唐咸通年間(860—874)。河南洛陽出土,張鈁舊藏,現藏河南新安鐵門鎮千唐誌齋博物館。

正書,26行,行27、28字。拓片,53cm×53cm。

附注:有豎界欄,周刻花紋。銘文大半漫漶。

著錄文獻:《千唐誌齋藏誌》1171;《隋唐五代墓誌匯編·洛陽卷》14/130(均作咸通八年九月十八日)。

D303:1913,1張。

1510　董君及妻高氏墓記並蓋

蓋題:隴西董府君記。

(唐)董釗撰。唐乾符二年(875)二月二十一日記。河南洛陽出土。

誌正書,11行,行11字;蓋正書,2行,行3字。拓片,35cm×36cm(誌),34cm×38cm(蓋,含刹)。

附注:誌四周刻飾紋,蓋刻花紋。

著録文獻:《洛陽流散唐代墓誌彙編》318;《秦晉豫新出墓誌蒐佚續編》939。

D302:8904～-2,各 2 張。

1511　李寂妻劉氏墓誌

首題:大唐故京兆府好畤縣丞李府君夫人劉氏墓誌銘並序。

(唐)李鄲撰;(唐)李冠章書。唐乾符二年(875)五月十四日葬。陝西西安出土。

正書,31 行,行 31 字。拓片,56cm×57cm。

D302:10484,1 張。

1512　崔元膺墓誌

首題:故朝散大夫鄆州刺史賜紫金魚袋崔公墓誌銘并序。

(唐)鄭脩撰。唐乾符三年(876)二月六日葬。河南洛陽伊川縣出土。

正書,27 行,行 30 字。拓片,62cm×62cm。

著録文獻:《秦晉豫新出墓誌蒐佚》833;《洛陽流散唐代墓誌彙編續集》390。

D302:9690,1 張。

1513　崔君妻劉氏墓誌

首題:唐故彭城劉夫人墓誌銘並序。

(唐)崔濛撰。唐乾符三年(876)二月十八日葬。陝西西安出土。

正書,15 行,行 16 字。拓片,43cm×43cm。

D302:9826,1 張。

1514　姜惟劍及妻劉氏墓誌

首題:大唐昭義軍右親騎軍軍虞侯銀青光禄大夫檢校太子賓客監察御史上柱國天水姜公并彭城劉氏夫人墓誌銘并序。

(唐)崔伊撰。唐乾符三年(876)二月二十四日葬。河北邢臺出土。

正書,28 行,行 26 字左右。拓片,50.5cm×51cm。

附注:有豎界欄,周刻花紋。"崔伊"之"伊"有石花,似"伊"。

D302:9732,1 張。

1515　陸辯之妾盧成德墓誌

首題:故姬范陽盧氏墓誌銘并序。

(唐)陸辯之撰並書。唐乾符三年(876)四月二十日葬。陝西西安出土。

正書,22 行,行 17—21 字左右。拓片,31cm×31cm。

附注:石橫斷爲二。

著録文獻:《秦晉豫新出墓誌蒐佚三編》804。

D302:9691,1 張。

1516　崔河墓誌

首題:唐河南府崔法曹在室亡妹墓誌銘並敍。

(唐)盧庸撰。唐乾符三年(876)五月二十六日葬。陝西西安出土。

正書,18 行,行 19 字。拓片,29.5cm×30cm。

D302:10359,1 張。

1517　唐君妻路氏墓誌並蓋

首題：唐故商州豐陽縣令唐府君夫人路氏墓志銘；蓋題：唐故商州豐陽縣令唐府君夫人陽平路氏墓志銘。

（唐）路□撰。唐乾符三年（876）八月二十九日葬。陝西西安出土。

誌正書，16行，行16字；蓋篆書，4行，行5字。拓片，29.5cm×29.5cm（誌），21cm×21cm（蓋）。

附注：蓋磚質。

著錄文獻：《秦晉豫新出墓誌蒐佚三編》805。

D302：9692，2張。

1518　張元及妻喬氏墓誌

首題：唐故南陽郡張府君合祔墓誌銘文并序。

唐乾符三年（876）十月十一日合葬。河南安陽縣出土。

正書，19行，行29字左右。拓片，44.5cm×45.5cm。

附注：下方殘泐一半圓，似以舊誌石殘塊補。

D302：9148～－2，各1張。

1519　王遘墓誌

首題：唐故詹事府丞王公墓誌銘并序。

（唐）胡緘撰並書；（唐）曲公武刻。唐乾符三年（876）十月十一日葬。陝西西安出土。

正書，26行，行27字。拓片，44.5cm×45cm。

附注：中下部漫滅不清。

著錄文獻：《秦晉豫新出墓誌蒐佚三編》806。

D302：9693～－2，各1張。

1520　楊亮及妻張氏墓誌

首題：大唐故□□□楊府君并夫人墓誌銘并序。

唐乾符三年（876）十一月葬。河北內丘縣出土。

正書兼行書，23行，行30字左右。拓片，58cm×59cm。

附注：有豎界欄，四周刻波浪紋，文漫漶甚，諱殘泐，據下文"父諱曜，亮即曜之子也"知墓主諱亮，或□亮。

D302：8557，1張。

1521　曾繇墓誌並蓋

首題：故兗海掌書記曾公墓誌銘并序；蓋題：唐故兗海掌書記曾公墓誌銘。

（唐）蔣肱撰。唐乾符三年（876）十二月六日葬。江西宜春出土，現藏江西宜春市博物館。

誌正書，38行，行33字左右；蓋篆書，6行，行2字。拓片，60cm×74cm（誌），63cm×75cm（蓋，含剎）。

附注：文云"自兗海護喪止宜陽郡"。蓋剎刻花卉。

著錄文獻：《北京大學圖書館新藏金石拓本菁華續編》217。

D302：9427，2張，2015年12月毛靜捐贈。

1522　郭鏐墓誌並蓋

首題：唐故興州刺史太原郭府君墓

誌銘并序；蓋題：唐太原郭府君墓誌銘。

（唐）韋弘矩撰；（唐）郭瓊書。唐乾符四年（877）正月二十二日葬。陝西西安長安區出土，2013年入藏西安碑林。

誌正書，33行，行33字；蓋篆書，3行，行3字。拓片，60.5cm×59.5cm（墓），62cm×61cm（蓋，含刹）。

附注：蓋頂周刻花紋，刹刻四神。

著錄文獻：《西安碑林博物館新藏墓誌續編》213；《洛陽新獲墓誌二〇一五》359；《西南大學新藏石刻拓本匯釋》273；《秦晉豫新出墓誌蒐佚三編》808。

D302:9355,2張。

1523　趙万誠及妻阮氏墓誌

首題：唐故天水趙公阮氏夫人墓誌銘並序。

唐乾符四年（877）二月十八日葬。山西長治出土。

正書，17行，行22字左右。拓片，35cm×36cm。

附注：有豎界欄。

D302:10189,1張。

1524　郭鏐妻韋玨墓誌

首題：唐故興州刺史太原郭公夫人京兆韋氏扶風縣君墓誌銘并序。

（唐）韋孝立撰；（唐）郭瓊書。唐乾符四年（877）四月二日葬。陝西西安長安區出土，2013年入藏西安碑林。

正書，32行，行32字。拓片，54cm×53.5cm。

著錄文獻：《西安碑林博物館新藏墓誌續編》214；《洛陽新獲墓誌二〇一五》360；《珍稀墓誌百品》93；《西南大學新藏石刻拓本匯釋》274；《秦晉豫新出墓誌蒐佚三編》809。

D302:9356,1張。

1525　盧膺墓誌

首題：故楚州盱眙縣尉盧公墓表并序。

（唐）鄭黯撰。唐乾符四年（877）七月三日葬。河南洛陽伊川縣出土。

正書，22行，行20字。拓片，37.5cm×37cm。

著錄文獻：《秦晉豫新出墓誌蒐佚續編》943；《洛陽流散唐代墓誌彙編續集》394。

D302:9149,1張。

1526　李當墓誌並蓋

首題：唐故金紫光祿大夫刑部尚書上柱國隴西縣開國子食邑五百户贈尚書左僕射姑臧李公墓誌銘並序；蓋題：唐故刑部尚書姑臧李公墓銘。

（唐）李昭撰；（唐）李誨題諱；（唐）李藻書；（唐）崔循篆蓋。唐乾符四年（877）十月十八日葬。河南洛陽偃師出土。

誌正書，51行，行51字；蓋正書，4行，行3字。拓片，91cm×91cm（誌），95.5cm×95.5cm（蓋，含刹）。

附注：蓋頂周刻花紋、刹刻四神。

著錄文獻：《秦晉豫新出墓誌蒐佚續編》946；《陝西師範大學學報（哲學社會科學版）》2018/1；《洛陽流散唐

代墓誌彙編續集》395。

D302:10485,2張。

1527　景進妻姚氏墓誌

首題:唐故景氏夫人墓誌銘并序;蓋題:唐故姚氏夫人墓誌銘。

唐乾符五年(878)八月九日葬。山西長治出土。

誌正書,23行,行30字左右;蓋篆書,3行,行3字。拓片,49cm×50cm。

附注:姚氏遺言不願合祔同棺,嗣子不敢違,遂同塋別墳。

著錄文獻:《西安新獲墓誌集萃》102(有蓋)。

D302:8791,1張,蓋失拓。

1528　樊思瑾墓誌

首題:唐故魏博節度右隨身將判官將仕郎試右武衛兵曹參軍樊府君墓銘并序。

唐乾符六年(879)二月二十五日葬。河北大名縣出土。

正書,14行,行13字左右。拓片,35cm×35cm。

附注:銘文有殘泐。

著錄文獻:《西南大學新藏墓誌集釋》248。

D302:9150,1張。

1529　崔君妻董妙真墓誌

首題:唐故董鍊師墓誌銘并序。

(唐)崔憲撰。唐乾符六年(879)三月六日葬。河南鞏義出土。

正書,18行,行24字左右。拓片,33cm×33cm。

附注:四邊有單綫框。

著錄文獻:《秦晉豫新出墓誌蒐佚三編》810;《洛陽流散唐代墓誌彙編三集》352。

D302:8738,1張。

1530　楊匡時妻段氏墓誌並蓋

首題:唐故武威段夫人墓誌;蓋題:大唐故夫人段氏墓誌。

(唐)崔池撰;(唐)楊稜書。唐乾符六年(879)八月二十七日葬。陝西西安出土。

誌正書,19行,行19字;蓋正書,3行,行3字。拓片,47.5cm×46cm(誌,含側),34cm×34cm(蓋,含刹)。

附注:誌側刻花紋,蓋頂周刻竊曲紋,刹刻花紋。

D302:9151,2張。

1531　朱甫妻包氏墓誌

首題:唐故上黨包氏太夫人墓誌銘並序。

唐乾符六年(879)閏十月二十八日葬。陝西西安出土。

正書,26行,行26字。拓片,43.5cm×43.5cm。

D302:10486,1張。

1532　劉從兆墓誌

首題:□□□奉官前如京使銀青光祿大夫守內侍省內侍員外置同正員上柱國彭城縣開國伯食邑七百户賜紫金魚袋劉公墓誌銘并序。

(唐)王晦撰;(唐)劉長彝書;(唐)朱可復刻。唐乾符六年(879)十一月十一日葬。陝西西安長安區出土,現藏涇陽縣博物館。

正書,32 行,行 39 字左右。拓片,72cm×73cm。

附注:右上角殘缺。

D302:9439,1 張,2016 年 6 月王東東捐贈。

1533　李君妻格氏墓誌並蓋

首題:唐故李氏格夫人墓誌銘並序;蓋題:唐故格氏夫人墓誌銘。

(唐)席冰撰。唐乾符七年(880)正月七日葬。陝西西安出土。

誌正書,21 行,行 25 字;蓋篆書,3 行,行 3 字。拓片,78cm×74.5cm(誌),61.5cm×60.5cm(蓋)。

附注:蓋刹刻四神,蓋頂周刻花紋,誌側刻壺門,有獸首袍服十二生肖坐像,誌主丈夫爲通州刺史,祖父格輔元,父格儒。

D302:10360,2 張。

1534　曹潤興及妻程氏墓誌

首題:唐故宋州譙國郡曹府君并程氏夫人墓誌銘并序。

唐廣明元年(880)二月二十二日葬。山西長治出土,現藏洛陽九朝刻石文字博物館。

正書,21 行,行 25 字左右。拓片,44cm×44cm。

附注:有豎界欄,左下角碎裂。

著錄文獻:《洛陽新獲七朝墓誌》377;《秦晉豫新出墓誌蒐佚》839。

D302:9558,1 張,2016 年 9 月齊運通捐贈。

1535　支謨妻朱子威墓誌

首題:唐應拔萃前明經支公謨夫人吳郡朱氏墓誌銘并序。

(唐)溫庭皓撰。唐廣明元年(880)七月十五日葬。河南洛陽孟津縣出土。

正書,21 行,行 21 字。拓片,30cm×30cm。

附注:夫人字子威。

著錄文獻:《洛陽流散唐代墓誌彙編續集》400;《秦晉豫新出墓誌蒐佚三編》812。

D302:9410～-2,各 1 張。

1536　成君妻康氏墓誌並蓋

首題:唐前義昌軍節度使檢校工部尚書成公夫人會稽縣君墓誌銘并序;蓋題:唐故會稽縣君蕭氏夫人墓銘。

(唐)趙鄴撰;(唐)何鉉書並篆蓋;(唐)尹鉌刻。唐廣明元年(880)十月二十日葬。陝西西安出土。

誌正書,26 行,行 26 字;蓋篆書,4 行,行 3 字。拓片,78.5cm×80cm(誌,含側),34cm×34cm(蓋)。

附注:誌側刻袍服持笏十二生肖,蓋頂周刻花紋。

D302:9411-2,2 張;D302:9411、D302:9411-3,各 1 張,蓋失拓。

1537　呂太汶妻張筠貞墓誌並蓋

首題:唐許州鄢陵縣故呂氏夫人誌銘并序;蓋題:大唐故張氏夫人墓誌。

(唐)張澮撰。唐廣明元年(880)十

一月十日葬。河南鄢陵縣出土,現藏寧夏固原縣博物館。

誌正書,23 行,行 24 字左右;蓋正書,3 行,行 3 字。拓片,45cm×46.5cm(誌),54.5cm×54cm(蓋,含刹)。

附注:誌周刻竊曲紋,有豎界欄,蓋刹刻四神。

著録文獻:《唐研究》20 卷。

D302:8925,2 張,2014 年 9 月北大中古史中心捐贈。

1538　田存及妻褚氏墓誌

首題:唐昭義軍節度押衙右廂馬步都虞侯□淮南行營□□兵馬使銀青光禄大夫檢校國子祭酒兼御史大夫上柱國京兆田公餘杭褚氏夫人墓誌銘序。

唐廣明二年(881)八月十八日葬。山西長治出土。

正書,25 行,行 31 字左右。拓片,49cm×49cm。

D302:10190,1 張。

1539　賈惠端及妻王氏墓誌並蓋

首題:唐故賈府君夫人祔附墓誌銘並序;蓋題:唐故賈府君夫人誌銘。

唐中和元年(881)十一月五日葬。山西長治出土。

誌正書,21 行,行 29 字左右;蓋篆書,雙鈎,3 行,行 3 字。拓片,45.5cm×44.5cm(誌),51cm×51cm(蓋,含刹)。

附注:蓋頂周刻挽歌、八卦,刹刻花紋,挽歌(下起)"篆石記文清,悲風落淚盈。哀哀傳孝道,故顯万年名"。右上角殘缺。

D302:10191,2 張。

1540　李先望及妻墓誌

首題:唐故李府君及□□夫人墓誌銘并序。

唐中和二年(882)二月十七日葬。山西長治出土。

正書,19 行,行 19 字。拓片,37.5cm×37cm。

附注:誌文爲"府君先望在隴西郡人也",墓主或諱"先望","在"爲衍字;或諱"先","望在隴西"。

D302:10192,1 張。

1541　李叔汶及妻安氏墓誌

首題:唐□義軍□□軍副將雲麾將軍試太僕卿故隴西李府君并妻安定郡安氏夫人合葬墓誌銘序。

唐中和二年(882)閏七月二十四日葬。山西長治出土。

正書,24 行,行 29 字左右。拓片,45.5cm×46.5cm。

附注:墓主諱叔汶,"汶"字避諱缺末捺筆。

著録文獻:《河洛墓刻拾零》473(作李叔沙)。

D302:8905,1 張。

1542　唐茂宗墓誌

首題:唐故馬牧務衙前副將雲麾將軍試太僕卿晉昌郡唐公墓誌之銘並序。

唐中和二年(882)十月二十一日葬。河北邢臺出土。

正書,20 行,行 25 字。拓片,43cm×

43cm。

D302:10387,1 張。

1543　霍行儒及妻楊氏墓誌

首題：唐故太原郡霍府君並夫人墓誌銘並序。

唐中和二年（882）十一月十六日葬。山西長治出土。

正書，24 行，行 24 字。拓片，55cm×55cm。

附注：誌周刻竊曲紋。

著錄文獻：《秦晉豫新出墓誌蒐佚三編》814。

D302:10193,1 張。

1544　李衡墓誌

首題：大唐故隴西郡李府君墓誌銘并序。

唐中和二年（882）十二月二十三日葬。河南浚縣出土。

正書，23 行，行 26 字。拓片，62cm×61cm(含側)。

附注：誌側刻十二袍服冠帽人半身像。

著錄文獻：《秦晉豫新出墓誌蒐佚三編》815。

D302:9694,1 張。

1545　張勛妻易氏墓誌

首題：大唐清河郡張公故夫人墓誌銘並序。

唐中和三年（883）二月五日葬。山西長治出土。

正書，19 行，行 26 字。拓片，37cm×37.5cm。

D302:10194,1 張。

1546　何琮墓誌

首題：大唐故文林郎相州鄴縣令何誌銘并序公墓銘并序。

唐中和五年（885）十一月二十五日刻。河南安陽縣出土，現藏安陽縣博物館。

正書，30 行，行 30 字左右。拓片，75.5cm×121cm(含左右側)。

附注：首題下有"誌銘并序"4 字衍文。左右側每側刻 3 龕，內有像。

著錄文獻：《安陽墓誌選編》56；《西南大學新藏石刻拓本匯釋》275。

D302:9357,1 張。

1547　張君墓誌

首題：唐故張府君墓誌銘并序。

唐文德元年（888）十一月十日葬。山東聊城莘縣出土。

正書，17 行，行 20 字左右。拓片，31cm×31cm。

附注：文述高祖、祖、考諱，無君諱。墓主歸窆地北去堂邑縣界五里，南去眺城縣廿里。

著錄文獻：《秦晉豫新出墓誌蒐佚三編》816(作洛陽市吉利區出土)。

D302:9412～-2,各 1 張。

1548　常君及妻令狐氏墓誌

首題：唐故懷州河內郡常府君妻令狐氏祔墓誌銘。

唐龍紀元年（889）十二月七日葬。山西長治出土。

正書，18 行，行 23 字左右。拓片，

41cm×41.5cm。

附注:舊誌改刻,諱下"族"字似舊刻。

D302:10195,1 張。

1549 李文通墓誌

首題:唐故隴西李府君墓誌銘。

唐乾寧元年(894)十一月八日。山西長治出土。

正書,18 行,行 26 字左右。拓片,39cm×39cm。

D302:10196,1 張。

1550 郭保嗣墓誌並蓋

首題:唐故朝請大夫撿校工部尚書守德王傅兼通事舍人御史中丞上柱國賜紫金魚袋太原郡郭公墓誌銘並序;蓋題:大唐故郭府君墓誌銘。

(唐)李湘撰;(唐)郭延範書。唐乾寧三年(896)四月二十一日葬。陝西西安出土。

誌正書,33 行,行 45 字左右;蓋篆書,3 行,行 3 字。拓片,65cm×65cm(誌),37cm×38cm(蓋)。

附注:蓋頂周刻花紋。

著錄文獻:《洛陽新獲墓誌百品》114。

D302:10361,2 張。

1551 關買妻孟氏墓誌

首題:唐故平昌郡孟氏夫人墓誌銘並序。

唐乾寧四年(897)十月二十八日葬。山西長治出土。

正書,18 行,行 24 字左右。拓片,33cm×33cm。

D302:10197,1 張。

1552 孫偓妻鄭氏墓誌

首題:唐丞相孫公燕國夫人滎陽鄭氏墓誌並序。

(唐)孫偓撰;(唐)夏侯暎書。唐光化三年(900)二月十四日葬。河南洛陽出土,現藏洛陽九朝刻石文字博物館。

正書,26 行,行 27 字。拓片,48cm×48cm。

著錄文獻:《洛陽新獲墓誌二〇一五》365;《洛陽流散唐代墓誌彙編續集》402;《秦晉豫新出墓誌蒐佚三編》818。

D302:9559,1 張,2016 年 9 月齊運通捐贈。

1553 趙文約墓誌

首題:唐故趙府君墓誌銘並序。

唐光化四年(901)三月二日葬。河南洛陽出土。

正書,17 行,行 16 字。拓片,31cm×31cm。

著錄文獻:《秦晉豫新出墓誌蒐佚三編》819。

D302:9695,1 張。

1554 王涣墓誌並蓋

首題:唐故青海軍節度掌書記太原王府君墓誌銘;尾題:曰太原王君文吉之墓;蓋題:太原王府君墓誌銘。

(唐)盧光濟撰。唐天祐三年(906)三月二十六日葬。1954 年廣東廣州出土。

誌正書,45 行,行 43 字左右;蓋篆書,2 行,行 4 字。拓片,72cm×73cm(誌),66cm×65cm(蓋)。

附注:誌石斷裂。

著録文獻:《廣東金石圖志》61 頁。

D302:9847,2 張。

1555　田匡佐及妻劉氏墓誌

首題:唐故京兆郡田府君夫人墓誌銘並序。

唐天祐三年(906)十月十七日葬。山西長治出土

正書,18 行,行 19 字左右。拓片,46cm×46cm。

D302:10198～-2,各 1 張。

1556　尹真墓誌

首題:唐故尹府君銘誌并序。

唐天祐三年(906)十一月十二日葬。山西長治出土。

正書,17 行,行 25 字左右。拓片,43.5cm×43.5cm。

附注:有豎界欄。

著録文獻:《秦晉豫新出墓誌蒐佚三編》820。

D302:9696～-2,各 1 張。

1557　陸廣成墓誌

首題:唐故隋州司法參軍陸府君墓誌銘並序。

(唐)丁仙之撰。唐(618—907)正月乙酉葬。河南洛陽出土,張鈁舊藏,現藏河南新安鐵門鎮千唐誌齋博物館。

正書,23 行,行 24 字。拓片,46cm×46cm。

附注:銘文部分漫漶。諱殘泐,字廣成。無年號,卒於"大荒落十一月甲午","明年獻春正月乙酉"葬。

著録文獻:《隋唐五代墓誌匯編·洛陽卷》14/196;《千唐誌齋藏誌》1206。

D303:1914,1 張。

1558　南僧寶妻伍氏墓誌

首題:唐故新野郡夫人伍氏墓誌銘并序。

(唐)王則撰。唐(618—907)四月十七日葬。陝西西安出土。

正書,22 行,行 20 字。拓片,25.5cm×27cm。

附注:無年號,"三月廿六日終於萬年縣道安里……其年四月十七日葬於萬年縣高平鄉鳳栖原平泉里"。

著録文獻:《秦晉豫新出墓誌蒐佚三編》822。

D302:9359,1 張,朱拓。

1559　王晢妻薛廷淑墓誌並蓋

首題:唐殿中侍御史王公故夫人河東薛氏墓誌銘并序;蓋題:唐王氏故薛夫人墓銘。

(唐)薛廷範撰;(唐)李都書。唐(618—907)七月二十二日葬。河南洛陽出土。

誌正書,27 行,行 30 字;蓋篆書,3 行,行 3 字。拓片,84cm×84cm(誌,含側),64cm×64cm(蓋,含刹)。

附注:無年款。墓主父薛存誠,貞

元年間進士。誌側刻袍服持笏十二生肖,蓋頂周刻花紋,刹刻四神,有方界格。

著錄文獻:《洛陽流散唐代墓誌彙編續集》403;《秦晉豫新出墓誌蒐佚三編》823。

D302:9697,2 張。

1560　趙詵妻王氏墓誌

首題:大唐故天水趙府君夫人太原王氏墓誌銘並序。

唐(618—907)十月十八日葬。陝西西安出土。

正書,25 行,行 24 字。拓片,44cm×44.5cm。

著錄文獻:《秦晉豫新出墓誌蒐佚三編》821。

D302:10200,1 張。

1561　鄭逢墓誌

首題:(上缺)官知院事銀青光禄大夫檢校太子賓客權知信州司[馬]兼監(下缺)誌銘并序。

(唐)邢佚撰;(唐)盧湘書;(唐)韋從實鎸。唐(618—907)(上缺)十一月七日葬。河南洛陽出土。

正書,34 行,行存 23 字左右。拓片,36.5cm×55cm。

附注:誌石存下半。夫人郭氏大中五年七月十二日先公而卒,此誌葬年晚於大中五年(851)。

著錄文獻:《秦晉豫新出墓誌蒐佚》804(附大中末)。

D302:4263,1 張。

1562　馬岳妻李氏墓誌

首題:唐故左武衛兵曹參軍扶風馬公夫人隴西李氏墓誌銘并序。

(唐)張博文撰;(唐)李□回書;(唐)馬昭篆蓋。唐(618—907)十一月二十七日葬。河南洛陽出土。

正書,26 行,行 26 字。拓片,42cm×42cm。

附注:丈夫馬岳卒於元和十二年六月七日,先李氏卒。李氏卒年未載。

著錄文獻:《洛陽流散唐代墓誌彙編三集》357。

D302:10199,1 張。

1563　李君墓誌蓋

蓋題:李君墓銘。

唐(618—907)。

蓋篆書,陽文,2 行,行 2 字。拓片,23cm×23cm(蓋頂)。

D302:9488,1 張。

1564　苗含液墓誌

唐(618—907)。河南洛陽出土,張鈁舊藏,現藏河南新安鐵門鎮千唐誌齋博物館。

正書,12 行,行 13 字。拓片,38cm×35cm。

附注:誌文無卒葬年、葬地,或失後半。現葬地據其曾孫唐大中九年(855)閏四月二十五日葬《苗弘本墓誌》"自公五代祖已下,咸葬於洛陽"。誌石中豎斷裂。

著錄文獻:《隋唐五代墓誌匯編·洛陽卷》15/22;《千唐誌齋藏誌》1210。

D303:1915,1 張。

1565　申師墓誌
首題:唐故金城申府君墓誌銘並序。
唐(618—907)。山西長治出土。
正書,13 行,行 14 字。拓片,38cm×39.5cm。
附注:有方界格。
D302:10202,1 張。

1566　蘇氏墓誌蓋
蓋題:唐故蘇氏夫人墓誌銘。
唐(618—907)。江西宜春出土。
蓋篆書,3 行,行 3 字。拓片,60cm×71cm(蓋,含刹)。
附注:僅存蓋。蓋刹刻花卉。
D302:9428,1 張,2015 年 12 月毛靜捐贈。

1567　蘇顥墓誌並蓋
首題:百石君墓誌銘;蓋題:百石君墓誌銘。
唐(618—907)。河南洛陽偃師出土。
誌正書,17 行,行 16 字;蓋正書,2 行,行 3 字。拓片,31cm×31cm(誌),33cm×33cm(蓋,含刹)。
附注:無年號,"丁酉歲……閏月壬子啟庚申兆葬"。
著錄文獻:《洛陽流散唐代墓誌彙編》195;《秦晉豫新出墓誌蒐佚續編》621。
D302:9358,2 張。

1568　孫令名墓誌
首題:唐故滑州韋城縣尉孫府君墓誌銘。
唐(618—907)。河南洛陽出土,張鈁舊藏,現藏河南新安鐵門鎮千唐誌齋博物館。
正書,16 行,行 17 字。拓片,30cm×30cm。
附注:首題不清,據《唐代墓誌彙編》補,誌文未記卒葬年。
著錄文獻:《隋唐五代墓誌匯編·洛陽卷》15/26;《千唐誌齋藏誌》1211。
D303:1916,1 張。

1569　楊貞墓誌
首題:楊君墓誌銘一首並序。
唐(618—907)。
正書,14 行,行 14 字。拓片,32.5cm×32.5cm。
附注:原有兩石,僅存一石。
著錄文獻:《秦晉豫新出墓誌蒐佚續編》308(作河南洛陽出土,附高宗)。
D302:10201,1 張。

1570　周思本墓誌
首題:唐故周府君墓誌銘并序。
唐(618—907)。河南安陽縣出土。
正書,13 行,行 21 字。拓片,37cm×37cm。
附注:未記年款,有方界格。
D302:9155,1 張。

1571　□充墓誌

唐(618—907)。

正書,存9行,行10字。拓片,30cm×30cm。

附注:似刻於殘石上,中斜裂。文未完,首行"公諱充字安仁廣平人也",中有"祖儁,齊明威將軍。父提,隨任縣功曹飛騎尉……"。

D302:9827,1張。

1572　唐門神圖案墓誌蓋

唐(618—907)。拓片,50.5cm×51cm。

附注:蓋頂綫刻一對門神,刹刻四神,朱雀、玄武兩旁有神獸、鳳鳥、人面獸身鎮墓獸。

D302:10487,1張。

1573　陳景仙及妻覃氏墓誌並蓋

首題:大唐故兵部常選陳府君夫人墓誌銘并序;蓋題:大燕故陳府君墓誌銘。

燕聖武元年(756)五月十三日葬。河南洛陽出土。

誌正書,24行,行24字;蓋篆書,3行,行3字。拓片,38.5cm×38.5cm(誌),43cm×43cm(蓋,含刹)。

附注:有方界格,蓋刹刻花紋。

著録文獻:《秦晉豫新出墓誌蒐佚續編》614;《洛陽新獲墓誌二〇一五》217。

D302:9510,2張,2016年9月齊運通捐贈。

1574　裴令臣墓誌並蓋

首題:大燕故兗州泗水縣令裴府君墓誌銘并序;蓋題:大燕故裴府君墓誌銘。

(唐)鄭伯餘撰。燕聖武元年(756)十月二十九日葬。河南孟縣出土。

誌正書,25行,行25字;蓋篆書,3行,行3字。拓片,49.5cm×50.5cm(誌),27cm×26.5cm(蓋)。

附注:有方界格。

著録文獻:《洛陽流散唐代墓誌彙編續集》200;《秦晉豫新出墓誌蒐佚三編》515。

D302:8875,2張。

1575　萬悊墓誌

首題:大燕處士故萬君張夫人墓誌銘并序。

燕聖武元年(756)十月□九日建。河北磁縣出土。

正書,19行,行18字。拓片,40.5cm×41.5cm。

附注:有方界格。

D302:10079,1張。

1576　賀蘭君妻豆盧氏墓記

燕聖武二年(757)二月十八日葬。河南洛陽出土,張鈁舊藏,現藏河南新安鐵門鎮千唐誌齋博物館。

正書,5行,行12字。拓片,40cm×15cm。

著録文獻:《千唐誌齋藏誌》905;《隋唐五代墓誌匯編·洛陽卷》12/16。

D303:1917,1 張。

1577　張翰墓誌
首題:故汝州司法參軍張公墓誌銘并序。

燕聖武二年(757)三月一日葬。河南洛陽洛龍區出土。

正書,23 行,行 24 字。拓片,34.5cm×34.5cm。

附注:撰人名殘泐。

著錄文獻:《洛陽流散唐代墓誌彙編續集》201;《秦晉豫新出墓誌蒐佚三編》516。

D302:9157,1 張。

1578　姚闓墓誌並蓋
首題:故殿中侍御史姚府君墓誌銘并序;蓋題:姚府君墓誌銘。

(唐)李華撰。燕聖武二年(757)四月二十日葬。河南洛陽伊川縣出土。

誌正書,17 行,行 17 字;蓋篆書,3 行,行 2 字。拓片,36cm×36.5cm(誌),34cm×34.5cm(蓋,含剎)。

附注:有方界格,素剎。

著錄文獻:《洛陽流散唐代墓誌彙編》196;《秦晉豫新出墓誌蒐佚續編》619(無蓋)。

D302:9158,2 張。

1579　程思泰墓誌
首題:大燕故程府君墓誌銘并序。

燕天成元年(757)九月三日葬。河南安陽縣出土。

正書,18 行,行 19 字。拓片,46.5cm×46.5cm。

著錄文獻:《文化安豐》428 頁;《秦晉豫新出墓誌蒐佚續編》622。

D302:8708～-2,各 1 張。

1580　崔牧墓誌並蓋
首題:燕故詹事府丞清河崔府君誌銘并序;額題:大燕故崔府君墓誌銘。

(唐)鄭羨撰。燕聖武二年(757)九月二十二日葬。河南洛陽偃師出土。

誌正書,23 行,行 23 字;蓋篆書,3 行,行 3 字。拓片,20.5cm×20cm(誌),35.5cm×35.5cm(蓋)。

附注:蓋頂周刻竊曲紋。

著錄文獻:《洛陽流散唐代墓誌彙編》197(作崔收);《秦晉豫新出墓誌蒐佚續編》623(無蓋,作崔枚)。

D302:9075,2 張。

1581　嚴復墓誌
首題:大燕贈魏州都督嚴府君墓誌銘并述。

(唐)趙驊撰;(唐)劉秦書;(唐)丁玩、李誼等刻。燕聖武二年(757)十月五日葬。河南洛陽出土,現藏洛陽九朝刻石文字博物館。

正書,32 行,行 32 字。拓片,129cm×131cm(含側)。

附注:側刻壼門十二生肖。

著錄文獻:《洛陽新見墓誌》40;《洛陽新獲七朝墓誌》270;《秦晉豫新出墓誌蒐佚續編》616;《北京大學圖書館新藏金石拓本菁華續編》192;《洛陽流散唐代墓誌彙編續集》203。

D302:9511,1 張,2016 年 9 月齊運

通捐贈。

1582　張崇墓誌
　　首題：大燕故張君墓誌銘并序。
　　燕聖武二年（757）十二月十二日葬。河南安陽縣出土。
　　正書，19行，行19字。拓片，34cm×35.5cm。
　　附注：有斜向刮痕一道，有方界格。
　　D302：9156，1張。

1583　李昌庭妻崔嚴淨墓誌並蓋
　　首題：唐故棣王友府君隴西李公夫人博陵縣君崔氏墓誌銘並序；蓋題：大唐故崔夫人墓誌銘。
　　（唐）鄭岑撰。燕順天二年（760）二月五日葬。河南洛陽出土。
　　誌正書，28行，行28字；蓋篆書，3行，行3字。拓片，49.5cm×48.5cm（誌），28.5cm×27.5cm（蓋）。
　　附注：有方界格。號嚴淨，字願兒。
　　著錄文獻：《洛陽流散唐代墓誌彙編三集》187。
　　D302：10081，2張。

1584　李朝㲀墓誌
　　首題：唐故銀青光祿大夫恆王傅上柱國隴西縣開國侯李公墓誌銘並序。
　　（唐）李昂撰。燕顯聖元年（761）十月十日葬。河南洛陽出土。
　　正書，26行，行26字。拓片，56cm×55cm。
　　附注：誌文中未出現年號，首句"辛丑歲七月己酉，隴西李公薨，時難未已……"當安史之亂間辛丑年，夫人寶應二年卒。
　　著錄文獻：《秦晉豫新出墓誌蒐佚三編》523；《洛陽流散唐代墓誌彙編三集》188。
　　D302：10082，1張。

1585　李光嗣墓誌並蓋
　　首題：梁故將仕郎前大理評事賜緋魚袋隴西李府君墓誌銘并序；蓋題：梁故大理評事李府君墓誌銘。
　　（後梁）盧藩撰；（後梁）謝貽謀書。後梁貞明四年（918）四月二十八日葬。山東青州出土。
　　誌正書，26行，行29字左右；蓋正書，3行，行4字。拓片，47cm×49.5cm（誌），29cm×30cm（蓋）。
　　附注：有豎界欄。
　　著錄文獻：《秦晉豫新出墓誌蒐佚三編》824。
　　D302：9413，2張。

1586　孫偓墓誌
　　首題：唐丞相梁司空致仕贈司徒樂安孫公墓誌銘并序。
　　（後梁）孫燦書。後梁貞明五年（919）四月二十四日葬。河南洛陽出土，現藏洛陽九朝刻石文字博物館。
　　正書，50行，行34字。拓片，71cm×98cm。
　　著錄文獻：《洛陽新獲墓誌二〇一五》368；《北京大學圖書館新藏金石拓本菁華續編》218；《洛陽流散唐代墓誌彙編續集》附錄1；《秦晉豫新出墓誌蒐佚三編》825。
　　D302：9560，1張，2016年9月齊運

通捐贈。

1587　劉思敬及妻曹氏墓誌並蓋
首題：唐故大同軍節度衙推彭城郡劉府君与曹氏夫人合祔墓誌銘并序；蓋題：唐故彭城劉公墓誌銘。

後唐同光二年（924）十一月十四日葬。河北永年縣出土。

誌正書，25 行，行 33 字左右；蓋篆書，3 行，行 3 字。拓片，82cm×82cm（誌，含側），76cm×77cm（蓋，含剎及側）。

附注：誌側刻獸首持笏袍服十二生肖像及題榜，蓋頂環刻地支、八卦、挽歌，挽歌（右起）"鄉鄰慘愴送聲哀，四望愁雲悶不開，天色曚籠塵霧合，千秋万古奄泉臺"，側刻花紋，蓋剎刻壺門四神。

D302:9733, 2 張。

1588　張繼美墓誌
首題：唐故金紫光禄大夫檢校司空知河陽軍州事兼御史大夫上柱國清河郡張府君（下缺）。

（後唐）張牙牙書並篆蓋；（後唐）韓延遇鐫。後唐長興二年（931）正月二十六日葬。河南洛陽出土。

正書，38 行，行 38 字。拓片，121cm×120cm（含剎）。

附注：側刻頭冠十二生肖帽持笏袍服人像。墓主有子四，長季康授國子廣文博士，餘皆幼，書人牙牙或係張季康小名。右下角殘缺，撰人殘泐。

著録文獻：《秦晉豫新出墓誌蒐佚三編》826。

D302:9001, 1 張，蓋失拓。

1589　唐立墓誌
首題：唐府君墓誌銘。

後唐長興二年（931）十月六日葬。河北邢臺出土。

正書，20 行，行 29 字左右。拓片，41cm×41.5cm。

附注：誌文中稱"考諱立"，妣"李氏"。

D302:9734, 1 張。

1590　續君及妻李氏墓誌
首題：唐故續府君夫人合祔墓誌銘並序。

後唐長興二年（931）十二月十九日葬。山西長治出土。

正書，19 行，行 25 字左右。拓片，43cm×44.5cm。

墓附注：主諱缺，其子爲續璋。

D302:10203, 1 張。

1591　張珽墓誌
首題：大唐故東北面都榷鹽制置使銀青光禄大夫檢校司空兼御史大夫上柱國清河張公墓誌銘并序。

（後唐）申文炳撰；（後唐）張璿書。後唐清泰三年（936）四月二日葬。河南洛陽孟津縣出土。

正書，38 行，行 40 餘字不等。拓片，62cm×63cm。

附注：四周刻雙綫邊欄。

著録文獻：《秦晉豫新出墓誌蒐佚續編》970；《洛陽流散唐代墓誌彙編續集》119。

D302:8809,1 張,2015 年 3 月史睿捐贈。

1592　楊敬千墓誌

首題:[大漢]故青州刺史弘農楊公墓誌銘並序。

後漢乾祐元年(948)三月十一日葬。河南洛陽出土,張鈁舊藏,現藏河南新安鐵門鎮千唐誌齋博物館。

正書,44 行,行 44 字。拓片,60cm×60cm。

著錄文獻:《五代石刻校注》155;《隋唐五代墓誌匯編·洛陽卷》15/168;《千唐誌齋藏誌》1227;《五代墓誌彙考》159。

D303:1918,1 張。

1593　王在璋墓誌

首題:大漢故忠勇佐國功臣金紫光祿大夫檢校司徒護聖左第二軍都虞侯兼御史大夫上柱國王在璋。

後漢乾祐二年(949)七月十一日記葬。河南洛陽出土。

正書,22 行,行 26 字左右。拓片,45cm×45cm。

D302:10204～-2,各 1 張。

1594　房璠墓誌

首題:大晉潞州大都督府隴西郡府君墓誌并序。

後漢乾祐二年(949)十二月三日葬。山西屯留出土。

正書,18 行,行 17 字。拓片,43cm×43cm。

附注:缺墓主姓,尾有男房叔郎等題名,可補墓主姓。誌文作"渭州隴西郡人"。

D302:9700,1 張。

1595　劉琪墓誌

首題:周故樞密副承旨銀青光祿大夫檢校兵部尚書兼御史大夫上柱國彭城劉府君墓誌銘並序。

(後周)劉仁濟撰;(後周)常令顗書。後周廣順二年(952)十月十四日葬。河南洛陽出土,張鈁舊藏,現藏河南新安鐵門鎮千唐誌齋博物館。

正書,33 行,行 32 字。拓片,52cm×52cm。

著錄文獻:《隋唐五代墓誌匯編·洛陽卷》15/171;《千唐誌齋藏誌》1230;《五代石刻校注》175;《五代墓誌彙考》182。

D303:1919,1 張。

1596　關欽裕墓誌

首題:有周故幽州盧龍軍右教練使開府君墓誌銘并序;蓋題:隴西郡故開公墓誌銘。

(後周)張濯撰。後周廣順二年(952)十月二十日葬。2004 年河南洛陽出土。

誌正書,33 行,行 34 字;蓋正書,3 行,行 3 字。拓片,51cm×51cm。

附注:關姓原刻作"開"。

著錄文獻:《河洛墓刻拾零》485(有蓋);《龍門區系石刻文萃》392(無蓋);《五代墓誌彙考》183。

D302:8906,1 張,蓋失拓。

1597　裴仍代墓誌

首題：大周故上黨裴府君墓誌銘並序。

後周廣順二年（952）十一月二日葬。山西長治出土。

正書，19行，行26字左右。拓片，36.5cm×36cm。

附注：首題"誌"原刻作"銊"。

D302：10205，1張。

1598　劉彥融墓誌

首題：大周故將仕郎檢校尚書庫部郎中守太子左贊善大夫賜紫金魚袋彭城郡劉公墓誌銘並序。

（後周）王德成撰並書。後周顯德元年（954）四月二十九日葬。河南洛陽出土，張鈁舊藏，現藏河南新安鐵門鎮千唐誌齋博物館。

正書，36行，行37字。拓片，55cm×55cm。

著錄文獻：《五代石刻校注》182；《隋唐五代墓誌匯編·洛陽卷》15/172；《千唐誌齋藏誌》1231；《五代墓誌彙考》191。

D303：1920，1張。

1599　李重直墓誌並蓋

首題：周故金紫光祿大夫檢校刑部尚書左武衛將軍兼御史大夫上柱國隴西郡李公墓誌銘并序；蓋題：隴西郡李將軍墓誌銘。

（後周）王彝訓撰。後周顯德二年（955）正月二十七日葬。2008年河南洛陽孟津縣出土。

誌正書，33行，行34字；蓋正書，3行，行3字。拓片，93cm×93cm（誌，含側），66.5cm×67cm（蓋，含剎）。

附注：疑是翻刻。誌側刻持笏袍服頭冠十二生肖人像，蓋頂四周刻花紋，剎刻四神。

著錄文獻：《秦晉豫新出墓誌蒐佚》859。

D302：8907，2張。

1600　苻彥能墓誌並蓋

首題：大周故楚州防禦使武都郡苻府君墓誌并序；蓋題：故楚州苻公墓誌之銘。

（後周）崔憲撰；（後周）董擇書；（後周）孫再遇鐫。後周顯德七年（960）二月十四日葬。河南洛陽出土，現藏洛陽九朝刻石文字博物館。

誌正書，47行，行45字左右；蓋篆書，3行，行3字。拓片，92cm×92cm（誌，含側），70cm×70cm（蓋，含剎）。

附注：末補刻"宋乙亥歲（開寶八年）十一月四日改葬記"，改葬至洛陽縣陶村。誌側刻十二位持笏袍服官員像，蓋頂周刻花紋，剎刻四神。

著錄文獻：《洛陽新獲墓誌二〇一五》372；《北京大學圖書館新藏金石拓本菁華續編》219。

D302：9561，2張，2016年9月齊運通捐贈。

1601　步文制及妻馬氏王氏合袝墓誌並蓋

首題：大宋國故魏郡步府君夫人馬

氏王氏合祔墓誌銘一合并序;蓋題:宋國魏郡步公墓誌銘。

北宋建隆元年(960)二月二十日葬。河北曲周縣出土。

誌正書,30行,行32—36字不等;蓋篆書,3行,行3字。拓片,60cm×60cm(誌),74cm×61cm(蓋,含剎及二側)。

附注:葬於平恩縣,或屬今河北邱縣。蓋頂周刻八卦,剎及側刻花紋。

著錄文獻:《秦晉豫新出墓誌蒐佚續編》978;《新出宋代墓誌碑刻輯錄·北宋卷》002;《秦晉豫新出墓誌蒐佚三編》830。

D302:9159,2張。

1602　郭謹墓誌

首題:唐故郭府君墓誌銘並序。

北宋建隆二年(961)十二月葬。

正書,13行,行19字左右。拓片,32cm×33cm。

附注:首題"誌"作"銛"。

D302:10206,1張。

1603　許遜及妻王氏墓誌並蓋

首題:大宋故光祿大夫行尚書戶部員外郎上柱國高陽許公太原郡君王氏合祔墓誌并序;蓋題:高陽郡許公墓誌銘記。

北宋乾德五年(967)八月四日葬。河南洛陽洛龍區出土,現藏洛陽市文物考古研究院。

誌正書,31行,行29字左右;蓋正書,3行,行3字。拓片,76cm×77cm(誌,含側),55.5cm×56.5cm(蓋,含剎)。

附注:誌側刻持笏袍服頭冠十二生肖人物,蓋頂周刻花紋,剎刻四神。

D302:8739,2張。

1604　成君妻元氏墓誌

首題:大宋故河南郡君墓誌銘並序。

(宋)孫亶撰;(宋)方命刻。北宋乾德六年(968)十月十五日卒。河南洛陽出土,張鈁舊藏,現藏河南新安鐵門鎮千唐誌齋博物館。

正書,33行,行35字。拓片,55cm×55cm。

著錄文獻:《千唐誌齋藏誌》1243。

D303:1921,1張。

1605　張□墓誌

首題:大唐故張府君墓誌銘並序。

北宋開寶五年(972)二月二十三日合葬。山西長治出土。

正書,21行,行30字左右。拓片,52cm×52cm。

附注:墓主生於唐末,五十[九]歲卒,後唐清泰二年七月十三日權葬於潞州,開寶五年與夫人劉氏合葬。諱殘泐,右隱約似"阝"。

D302:10207,1張。

1606　尚敬千墓誌

首題:大宋故尚府君墓誌銘並序。

北宋開寶五年(972)二月二十九日葬。山西長治出土。

正書,19行,行30字左右。拓片,50cm×49.5cm。

附注：有豎界欄。
著錄文獻：《新出宋代墓誌碑刻輯錄·北宋卷》023；《秦晉豫新出墓誌蒐佚三編》832。
D302：10488，1張。

1607　賈言墓誌並蓋
首題：[宋]故賈府君墓誌文并序；蓋題：宋故賈府君墓誌銘。
北宋開寶五年（972）閏二月十二日葬。山西屯留縣出土。
誌正書，27行，行26字左右；蓋篆書，雙鈎，3行，行3字。拓片，50cm×51cm（誌），60cm×63cm（蓋，含刹）。
附注：誌有豎界欄，右上角殘缺；蓋頂中刻獅首，蓋環刻挽歌（下起）"墳埋荒草裏，月照獨危莪，兒孫腸斷處，流淚血相和"。刹刻獸鳥紋。
著錄文獻：《西安新獲墓誌集萃》125。
D302：3116，2張。

1608　竇儀墓誌並蓋
首題：大宋故翰林學士中大夫守禮部尚書上柱國扶風縣開國男食邑三百户賜紫金魚袋贈左僕射竇公墓誌銘並序；蓋題：大宋故贈左僕射竇公墓志銘。
（宋）扈蒙撰；（宋）張正一書。北宋開寶五年（972）十一月十七日葬。河南洛陽出土。
誌正書，40行，行38字；蓋正書，4行，行3字。拓片，67cm×69cm（誌），71cm×71cm（蓋，含刹）。
附注：誌周刻邊框，蓋頂周刻花紋，刹刻四神。

著錄文獻：《湖南科技學院學報》2005/10；《河洛墓刻拾零》488；《新出宋代墓誌碑刻輯錄·北宋卷》025。
D302：9853，2張。

1609　吳廷祚妻郭氏墓誌
首題：大宋故永興軍節度使贈中書令吳公夫人許國太夫人墓誌銘。
（宋）薛暎撰；（宋）翟彥襲刻。北宋太平興國七年（982）十月二十七日葬。河南洛陽出土。
正書，31行，行32字。拓片，65cm×64cm。
附注：周刻花邊，誌石後半漫漶。夫諱據宋開寶五年（972）二月二十三日《吳廷祚墓誌》（《北京圖書館藏中國歷代石刻拓本匯編》37/30）補。
著錄文獻：《新出宋代墓誌碑刻輯錄·北宋卷》047；《秦晉豫新出墓誌蒐佚三編》834。
D302：9161，1張。

1610　李茷墓誌
首題：大宋故李府君墓誌銘記并序。
北宋雍熙二年（985）正月二十五日葬。山西壺關縣出土。
正書，20行，行22字左右。拓片，54cm×54.5cm。
附注：首題"大宋故李府君墓誌銘記並序"之"記"字右似"古"，筆畫不清。周刻花邊，有豎界欄。
D302：9172，1張。

1611　趙玄祐墓誌並蓋

首題：大宋故光禄大夫檢校太保左衛上將軍兼御史大夫上柱國信國公食邑一千戶食實封貳佰戶追封周王謚悼獻墓誌銘并序；蓋題：大宋故周王墓誌銘。

（宋）楊億撰；（宋）裴瑀書；（宋）王欽、沈慶鑴。北宋景德三年（1006）十月二十八日葬。河南鞏義北宋皇陵陵區内出土，現藏鞏義宋永定陵。

誌行書，36 行，行 33 字；蓋篆書，2 行，行 4 字。拓片，88cm×88cm（誌），90cm×90cm（蓋，含刹）。

附注：蓋頂周刻蔓草紋，刹刻四神。誌文中撰書人等款正書。

著錄文獻：《北京大學圖書館新藏金石拓本菁華續編》220。

D302：8614，2 張。

1612　王君漢妻張氏墓誌

首題：宋故清河張夫人墓誌銘并序。

（宋）陳淵撰；（宋）魏昌弼書；（宋）安晟刻。北宋大中祥符二年（1009）十月二十八日葬。陝西西安出土。

正書，31 行，行 25 字。拓片，65cm×78cm。

D302：9162，1 張。

1613　雷溥墓誌

首題：大宋故前攝同州觀察推官馮翊郡雷府君墓誌銘並序。

（宋）李夢徵撰。北宋大中祥符九年（1016）十一月二十日。陝西西安出土。

正書，31 行，行 30 字。拓片，68cm×71cm。

D302：10362，1 張。

1614　楊懷忠墓誌

首題：皇宋故金紫光禄大夫檢校刑部尚書左羽林軍大將軍致仕兼御史大夫上輕車都尉洪（中泓）戶楊府君墓誌銘並序。

（宋）呼延邁撰；（宋）釋惠陸書；（宋）釋德携篆蓋。北宋天聖二年（1024）十月三十日葬。陝西西安出土。

行書，35 行，行 42 字。拓片，69cm×74cm。

附注：有文云河南鞏縣出土，誌文有"歸葬於萬年縣洪固鄉冑貴里"。右下角及底邊有殘缺。

著錄文獻：《史學集刊》2010/6；《秦晉豫新出墓誌蒐佚》864；《宋代墓誌輯釋》051；《新出宋代墓誌碑刻輯錄·北宋卷》106。

D302：10489，1 張。

1615　宋武墓誌

首題：大宋故太常博士宋君墓誌（下缺）。

（宋）逯受益刻。北宋景祐三年（1036）九月三日葬。陝西大荔縣出土。

正書，26 行，行 26 字。拓片，77.5cm×82cm。

附注：誌石右下角、左上角皆殘缺，撰、書人不存。

著録文獻:《洛陽新獲墓誌二〇一五》375;《新出宋代墓誌碑刻輯録·北宋卷》115;《秦晉豫新出墓誌蒐佚三編》838。

D302:9562,1 張,2016 年 9 月齊運通捐贈。

1616　王德倫墓誌

首題:大宋贈大理評事太原王公墓誌銘并序。

(宋)康衍篆蓋。北宋寶元二年(1039)十月二十七日葬。河南洛陽出土。

正書,35 行,行 35 字。拓片,62.5cm×63cm。

附注:周刻花邊。

著録文獻:《秦晉豫新出墓誌蒐佚續編》991。

D302:9164,1 張,蓋失拓。

1617　任述墓誌

首題:大宋故承奉郎守將作監主簿監西京左藏庫權知王屋縣事任述墓誌銘。

(宋)任布撰;(宋)任慶之書;(宋)翟文會刻。北宋慶曆二年(1042)七月二十日葬。河南洛陽出土。

正書,26 行,行 26 字。拓片,75cm×75cm。

著録文獻:《新出宋代墓誌碑刻輯録·北宋卷》127;《秦晉豫新出墓誌蒐佚三編》839。

D302:10363,1 張。

1618　任平墓誌

首題:任平墓銘。

(宋)任造書。北宋慶曆二年(1042)七月葬。河南洛陽出土。

正書,13 行,行 15 字。拓片,61.5cm×63cm。

附注:周刻花紋。

著録文獻:《新出宋代墓誌碑刻輯録·北宋卷》126。

D302:10208,1 張。

1619　黃居表墓誌

首題:宋故江夏黃府君墓銘并序。

(宋)陳興撰。北宋慶曆二年(1042)十月十二日葬。江西星子縣出土。

正書,20 行,行 25 字左右。拓片,63cm×62cm。

附注:有豎界欄。

D302:3165,1 張。

1620　楊日休墓誌

(宋)劉在中撰;(宋)楊日永書;(宋)張懷慶刻。北宋慶曆四年(1044)十一月十五日葬。河南洛陽出土。

正書,22 行,行 21 字。拓片,68cm×72cm。

附注:周刻花紋,原刻作"慶歷"。

著録文獻:《秦晉豫新出墓誌蒐佚》866;《秦晉豫新出墓誌蒐佚續編》993;《宋代墓誌輯釋》062;《洛陽新獲墓誌二〇一五》377;《新出宋代墓誌碑刻輯録·北宋卷》129。

D302:10490,1 張。

1621　晁宗簡墓誌並蓋

首題：宋故朝散大夫尚書刑部郎中知越州軍州兼管内勸農事護軍賜紫金魚袋南安晁君墓誌銘并序；蓋題：宋故尚書刑部郎中南安晁府君墓誌銘。

（宋）李淑撰；（宋）晁仲偃書；（宋）邵必篆蓋；（宋）司馬鋭、李仲宣刻。北宋慶曆五年（1045）九月二十七日葬。山東任城魚山晁氏家族墓地出土。

誌正書，35 行，行 35 字；蓋篆書，4 行，行 4 字。拓片，79cm×78cm（誌），78cm×78cm（蓋）。

附注：此爲初葬墓誌。後移葬至任城晁氏家族墓，此初葬誌石亦一併移葬，另刻有改葬墓誌。誌石中下部殘泐，蓋素刹。

著録文獻：《北京大學圖書館新藏金石拓本菁華續編》221；《新出宋代墓誌碑刻輯録·北宋卷》132。

D302:9426，2 張，2016 年 1 月張馳捐贈。

1622　崔中正墓誌

首題：宋故朝奉郎守尚書虞部郎中知閬州軍州兼管内勸農事護軍賜緋魚袋借紫清河崔公墓誌銘并序。

（宋）王觀撰。北宋慶曆七年（1047）秋葬。河南洛陽偃師出土。

正書，32 行，行 32 字。拓片，70.5cm×69cm。

附注：有方界格。

著録文獻：《洛陽新獲墓誌二〇一五》378；《秦晉豫新出墓誌蒐佚三編》841；《新出宋代墓誌碑刻輯録·北宋卷》135。

D302:9165，1 張。

1623　李氏墓誌並蓋

首題：宋李氏封隴西縣君墓誌銘并序；蓋題：宋隴西縣君李氏墓銘。

（宋）李維清撰并書并題蓋；（宋）王易刊。北宋慶曆七年（1047）十二月二日葬。河南洛陽偃師出土。

誌正書，21 行，行 21 字；蓋正書，3 行，行 3 字。拓片，56cm×55cm（誌），31cm×32cm（蓋）。

著録文獻：《新出宋代墓誌碑刻輯録·北宋卷》137（將誌主夫姓誤作馮）。

D302:9701，2 張。

1624　付君墓誌

北宋慶曆八年（1048）正月四日葬。江西星子縣出土。

正書，9 行，行 14 字左右。拓片，46cm×43cm。

D302:3166，1 張。

1625　李範墓誌

首題：大宋故太子左清道率府副率致仕贈左監門衛將軍趙郡李府君墓誌銘并序。

（宋）李允撰；（宋）皮公弼填諱；（宋）釋永澄書；（宋）薛孝孫篆蓋；（宋）王思道刊。北宋慶曆八年（1048）閏正月七日葬。河南臨潁縣出土。

正書，32 行，行 32 字。拓片，67cm×

67cm。

附注：四周刻卷草紋，中刮損一道，諱"範"字上部有石花，可見下部"軋"。

著錄文獻：《新出宋代墓誌碑刻輯錄·北宋卷》139。

D302:9360,1張,蓋失拓。

1626　崔中正妻賈氏墓誌

首題：宋故虞部郎中崔府君妻襄陽賈夫人墓誌銘并序。

北宋皇祐元年（1049）三月九日葬。河南洛陽偃師出土。

正書,21行,行21字。拓片,70cm×69cm。

附注：夫諱據北宋慶曆七年（1047）秋葬《崔中正墓誌》補。

著錄文獻：《洛陽新獲墓誌二〇一五》379；《秦晉豫新出墓誌蒐佚三編》842。

D302:9166,1張。

1627　范鈞墓誌並蓋

首題：宋故范府君墓銘；蓋題：宋范府君墓誌。

北宋皇祐四年（1052）十二月一日葬。河南洛陽伊川縣出土。

誌正書,14行,行16字；蓋正書,3行,行2字。拓片,46.5cm×47cm（誌）,32cm×31cm（蓋）。

附注：墓主係范仲淹從兄。

著錄文獻：《秦晉豫新出墓誌蒐佚續編》996；《新出宋代墓誌碑刻輯錄·北宋卷》150。

D302:9163,2張。

1628　高惟正墓誌並蓋

首題：宋故東頭供奉官閤門祇侯高君墓誌銘並序；蓋題：宋故渤海高君墓誌銘。

（宋）高利用撰；（宋）高嚴書；（宋）康坦刻。北宋至和元年（1054）四月十三日葬。河南洛陽出土。

誌正書,27行,行30字；蓋正書,3行,行3字。拓片,66cm×60cm（誌）；50cm×42cm（蓋）。

附注：蓋附刻葬記三行，與誌同刻於至和年。

著錄文獻：《新出宋代墓誌碑刻輯錄·北宋卷》152。

D302:10209,2張。

1629　任賽娘壙銘

首題：故任氏十五娘子壙銘；又名：任十五娘娘壙銘。

北宋至和元年（1054）七月二十四日葬。2002年河南洛陽洛龍區出土。

正書,19行,行14字。拓片,40cm×66cm。

著錄文獻：《龍門區系石刻文萃》400；《新出宋代墓誌碑刻輯錄·北宋卷》154。

D302:8908,1張。

1630　任十一娘壙銘

首題：任氏十一娘壙銘并序。

北宋至和元年（1054）七月二十四日葬。2002年秋河南洛陽洛龍區出土。

正書,16行,行11字。拓片,45cm×

67cm。

附注：宋甲午歲七月二十四日乙酉葬，依年月日干支推知爲至和元年，又《任賽娘壙銘》可證此葬日。

著錄文獻：《龍門區系石刻文萃》399；《新出宋代墓誌碑刻輯録·北宋卷》153。

D302：8909，1 張。

1631　蘇昕妻張氏墓誌

首題：宋故武功蘇氏婦清河郡張氏墓銘。

（宋）蘇晦撰；（宋）范育書；（宋）安□吉刊。北宋至和二年（1055）十月十三日葬。陝西西安出土。

正書，20 行，滿行 16 字。拓片，40cm×48cm。

附注：誌文四字一句。祔葬夫墓，葬地據其夫北宋熙寧二年（1069）十月二十八日《蘇昕墓誌》。

著錄文獻：《珍稀墓誌百品》95；《新出宋代墓誌碑刻輯録·北宋卷》157。

D302：9415，1 張。

1632　蘇通墓誌

首題：宋故武功蘇先生墓誌銘并序。

（宋）蘇晦撰；（宋）范育書。北宋至和二年（1055）十月十三日葬。陝西西安出土。

正書，26 行，行 26 字。拓片，62cm×60.5cm。

附注：誌周刻花邊。

著錄文獻：《洛陽新獲墓誌二〇一五》380；《珍稀墓誌百品》96；《新出宋代墓誌碑刻輯録·北宋卷》156；《秦晉豫新出墓誌蒐佚三編》843。

D302：9563，1 張，2016 年 9 月齊運通捐贈。

1633　趙仲缄墓誌

首題：皇姪孫故金紫光禄大夫檢校國子祭酒右千牛衛將軍兼御史大夫柱國天水縣開國伯食邑九百户贈右屯衛大將軍墓誌銘并序。

（宋）胡宿撰；（宋）呂彦臣書；（宋）孫文吉刊。北宋嘉祐五年（1060）十月三十日葬。河南鞏義北宋皇陵陵區内出土，現藏鞏義宋永定陵。

正書，20 行，行 20 字。拓片，71.5cm×71.5cm。

附注：誌石周刻花紋，斜向殘泐一道。

D302：8615，1 張。

1634　趙宗望妻張氏墓誌

首題：皇從姪右武衛大將軍道州團練使清源郡公宗望故夫人永嘉郡夫人張氏墓誌銘并序。

（宋）賈黯撰；（宋）武昌書；（宋）陳永宣、李仲宣鐫。北宋嘉祐五年（1060）十月三十日葬。河南鞏義北宋皇陵陵區内出土。

正書，24 行，行 22 字。拓片，78cm×77.5cm。

附注：四周刻花紋，上邊有殘泐。

著錄文獻：《洛陽新獲墓誌二〇一五》381；《新出宋代墓誌碑刻輯録·北宋卷》169；《秦晉豫新出墓誌蒐佚三編》846。

D302：9361，1 張。

1635　趙仲喜墓誌
首題:皇姪金紫光禄大夫檢校國子祭酒右千牛衛將軍兼御史大夫上輕車都尉贈右屯衛大將軍墓誌。

(宋)范鎮撰;(宋)蘇從道書。北宋嘉祐八年(1063)十月二十七日葬。河南鞏義出土。

正書,18行,行18字。拓片,72cm×71.5cm。

D302:10210,1張。

1636　劉進登妻彭氏墓誌
額題:殁故彭氏夫人墓銘并序。

(宋)郭宗元撰;(宋)劉思恭書。北宋治平元年(1064)十二月一日葬。江西出土。

正書,16行,行26字左右;額正書,横題,1行,行10字。拓片,63cm×74cm。

附注:有豎界欄。

D302:8558,1張。

1637　宋貴臣墓誌並蓋
首題:宋故奉寧君長史宋公墓誌銘並序;蓋題:宋故長史宋公墓誌銘。

(宋)王同撰並書;(宋)宋延孫篆蓋;(宋)梁孝恭刊。北宋治平二年(1065)十一月十六日葬。陝西西安出土。

誌正書,26行,行26字;蓋篆書,3行,行3字。拓片,59cm×58cm(誌),42cm×42cm(蓋)。

D302:10364,2張。

1638　張立墓誌
首題:宋故張子建墓誌銘。

(宋)張亶撰並書。北宋治平二年(1065)葬。

正書,12行,行15字。拓片,47cm×44cm。

著録文獻:《新出宋代墓誌碑刻輯録·北宋卷》179。

D302:9771,1張。

1639　朱景墓誌
首題:宋故朝奉郎守光禄卿權管句西京留司御史臺公事上輕車都尉錢塘縣開國男食邑三百户賜緋魚袋借紫朱府君墓誌銘并序。

(宋)李中師撰;(宋)陸彦回書;(宋)楊國寶篆蓋。北宋熙寧元年(1068)十一月十五日葬。河南洛陽偃師出土。

正書,44行,行45字。拓片,92cm×93cm。

附注:誌周刻花邊。

著録文獻:《新出宋代墓誌碑刻輯録·北宋卷》184;《秦晉豫新出墓誌蒐佚三編》847。

D302:9002,1張,蓋失拓。

1640　蘇昕墓誌
首題:宋故武功縣蘇君墓誌銘并序。

(宋)蘇晦撰;(宋)蘇昞書;(宋)吕大觀填諱;(宋)翟秀刻。北宋熙寧二年(1069)十月二十八日葬。陝西西安出土。

正書,18行,行20字。拓片,51cm×45cm。

著録文獻:《珍稀墓誌百品》98;《新出宋代墓誌碑刻輯録·北宋卷》189。

D302:9416,1張。

1641　蘇通妻王氏墓誌

首題:宋故武功蘇先生妻王氏墓誌銘并序;額題:王氏墓誌銘。

(宋)范育撰;(宋)丘君卿書;(宋)武德誠刻。北宋熙寧二年(1069)十月二十八日葬。陝西西安出土。

正書,17行,行27字;額篆書,横題,1行5字。拓片,81cm×44.5cm。

附注:誌碑形,周刻花紋。

著録文獻:《洛陽新獲墓誌二〇一五》382;《珍稀墓誌百品》97;《新出宋代墓誌碑刻輯録·北宋卷》188。

D302:9564,1張,2016年9月齊運通捐贈。

1642　王珣瑜墓誌

首題:宋故朝散大夫尚書虞部郎中護軍贈司勳郎中太原王公墓誌銘。

(宋)段繹撰;(宋)吕希道書並篆蓋。北宋熙寧二年(1069)十一月十日葬。河南洛陽出土,張鈁舊藏,現藏河南新安鐵門鎮千唐誌齋博物館。

正書,38行,行38字。拓片,80cm×80cm。

附注:周刻花紋。

著録文獻:《千唐誌齋藏誌》1276。

D303:1922,1張。

1643　崔程母李氏墓誌

首題:宋許州長社縣令崔府君夫人李氏墓誌銘。

(宋)其瓘撰並書;(宋)蹇億鐫。北宋熙寧二年(1069)閏十一月二十七日葬。河南洛陽偃師出土。

正書,22行,行23字。拓片,59cm×58.5cm。

著録文獻:《新出宋代墓誌碑刻輯録·北宋卷》191;《秦晉豫新出墓誌蒐佚三編》848。

D302:10211～-2,各1張。

1644　李宗孟墓誌

首題:宋故李府君墓誌銘并序。

(宋)任迪撰;(宋)成鋭書;(宋)吴士全刊。北宋熙寧三年(1070)八月三日葬。河南洛陽出土。

正書,29行,行29字。拓片,64cm×62cm。

著録文獻:《新出宋代墓誌碑刻輯録·北宋卷》192。

D302:9362,1張。

1645　王與時妻張氏墓誌

(宋)閻永真刻。北宋熙寧四年(1071)八月二十日葬。河南洛陽出土,張鈁舊藏,現藏河南新安鐵門鎮千唐誌齋博物館。

正書,20行,行20字。拓片,45cm×45cm。

著録文獻:《千唐誌齋藏誌》1277。

D303:1923,1張。

1646　吳援墓誌並蓋

首題:宋故中書堂後官提點五房公事朝奉郎守尚書金部員外郎上輕車都尉賜緋魚袋吳公墓誌銘并序;蓋題:宋故金部員外郎吳公墓誌銘。

(宋)田鯉撰;(宋)孫純書;(宋)孫宗壽篆蓋;(宋)伊密刻。北宋熙寧五年(1072)閏七月十四日葬。山東濟寧任城縣出土。

誌正書,32 行,行 32 字;蓋篆書,4 行,行 3 字。拓片,79.5cm×79.5cm(誌),80cm×80cm(蓋,含刹)。

附注:誌石周刻花紋。

著錄文獻:《新出宋代墓誌碑刻輯錄·北宋卷》200(作吳授)。

D302:9417,2 張。

1647　孫鑄墓誌

首題:□□□□郎□道州[寧遠]縣尉孫府君墓誌銘并序。

(宋)侯紹復撰并書并篆蓋;(宋)張琇鑴。北宋熙寧七年(1074)二月四日葬。河南洛陽洛龍區出土。

正書,23 行,行 25 字。拓片,50cm×49cm。

附注:石左上、左下、右上角有殘缺。

著錄文獻:《秦晉豫新出墓誌蒐佚續編》1000;《新出宋代墓誌碑刻輯錄·北宋卷》207。

D302:8910,1 張,蓋失拓。

1648　王曙妻劉氏墓誌並蓋

首題:宋故安康郡太君劉氏墓誌銘並序;蓋題:宋故安康郡太君劉氏墓誌銘。

(宋)呂升卿撰;(宋)寇諲書並篆蓋;(宋)張琇刻。北宋熙寧七年(1074)八月十九日葬。河南洛陽出土。

誌正書,22 行,行 24 字;蓋篆書,4 行,3 字。拓片,61cm×60.5cm(誌),63cm×62cm(蓋)。

附注:子曰益柔,王曙次子,職官合。

著錄文獻:《新出宋代墓誌碑刻輯錄·北宋卷》208;《秦晉豫新出墓誌蒐佚三編》849。

D302:10212,2 張。

1649　張景儒墓誌

首題:宋故朝奉郎守太子中舍騎都尉賜緋魚袋張君墓誌銘並序。

(宋)陸經撰;(宋)樂溫書;(宋)李瞳篆蓋;(宋)張士廉鑴。北宋熙寧八年(1075)九月二十六日葬。河南洛陽出土,張鈁舊藏,現藏河南新安鐵門鎮千唐誌齋博物館。

正書,30 行,行 29 字。拓片,67cm×67cm。

附注:尾刻遷葬款小字一行"浩等以元祐七年八月初九日自上店村遷葬於洛陽縣杜翟原從吉□□謹記"。

著錄文獻:《千唐誌齋藏誌》1280。

D303:1924,1 張,此本遷葬記大半失拓。

1650　趙仲緘妻蔡氏墓誌

首題:宋故福昌縣(下殘缺)。

（宋）郭翼刻。北宋元豐二年（1079）五月十一日葬。河南鞏義北宋皇陵陵區內出土，現藏鞏義宋永定陵。

正書，13行，行20字。拓片，73cm×71cm。

附注：誌石右下角殘缺，撰書人名不存，周刻花紋。

D302:8616，1張。

1651　趙宗鼎妻陳氏墓誌並蓋

首題：皇伯故華洲觀察使華陰侯夫人汝南郡君陳氏墓［誌銘］；蓋題：宋汝南郡君陳氏墓銘。

（宋）安燾撰；（宋）張隆書；（宋）郭翼刊。北宋元豐二年（1079）五月葬。河南鞏義北宋皇陵陵區內出土，現藏鞏義宋永定陵。

誌正書，22行，行25字；蓋篆書，3行，行3字。拓片，73cm×73.5cm（誌），76.5cm×79cm（蓋，含剎）。

附注：周刻卷草紋，四邊殘泐，蓋素剎。

D302:8617，2張。

1652　王宗則墓誌

（宋）王豫撰。北宋元豐三年（1080）二月二十六日葬。

正書，10行，行10字。拓片，30cm×27.5cm。

附注：有豎界欄。

著錄文獻：《新出宋代墓誌碑刻輯錄·北宋卷》224。

D302:9702，1張。

1653　嚴文政墓誌並蓋

首題：宋故潞州京兆嚴君墓誌銘；蓋題：宋故京兆嚴君墓誌銘。

（宋）閻休復撰；（宋）韓操填諱；（宋）嚴沆書；（宋）李漢傑篆蓋；（宋）任道珙刊。北宋元豐四年（1081）二月十五日葬。山西長治出土。

誌正書，32行，行32字；蓋篆書，3行，行3字。拓片，76.5cm×75cm（誌）；74cm×73cm（蓋）。

附注：蓋左右兩剎刻花紋，一面素剎，一面刻"姪懿姪"三字。

著錄文獻：《新出宋代墓誌碑刻輯錄·北宋卷》228。

D302:10213，2張。

1654　趙仲來第八男墓記

首題：宋宗室安化軍節度觀察留後魏國公仲來第八男墓記。

（宋）李清臣撰；（宋）吳鼎臣書；（宋）郭中立鐫。北宋元豐四年（1081）九月十四日葬。河南鞏義北宋皇陵陵區內出土，現藏鞏義市博物館。

正書，9行，行20字。拓片，84cm×55.5cm。

附注：碑形圓首，部分銘文漫漶。

D302:8618，1張。

1655　趙仲營第四女墓記

首題：宋宗室右監門衛大將軍秀州刺史仲營第四女墓記。

（宋）蒲宗孟撰；（宋）吳鼎臣書；（宋）郭中立鐫。北宋元豐四年

(1081)九月十四日葬。河南鞏義北宋皇陵陵區內出土,現藏鞏義市博物館。

正書,9 行,行 22 字。拓片,87.5cm×54.5cm。

附注:碑形圓首。

D302:8619,1 張。

1656　趙令揭第三男墓誌

首題:宋宗室右監門衛大將軍令揭第三男墓記。

(宋)王安禮撰;(宋)吳鼎臣書;(宋)郭中立鐫。北宋元豐四年(1081)九月十四日葬。河南鞏義出土。

正書,9 行,行 20 字。拓片,91cm×55cm。

附注:碑形圓首。

D302:10215,1 張。

1657　趙士編第二女墓誌

首題:宋宗室右監[門]率府率士編第二女墓記。

(宋)李清臣撰;(宋)吳鼎臣書;(宋)郭中立鐫。北宋元豐四年(1081)九月十四日葬。河南鞏義出土。

正書,9 行,行 20 字。拓片,87cm×55cm。

附注:碑形圓首。

著錄文獻:《秦晉豫新出墓誌蒐佚續編》1004;《新出宋代墓誌碑刻輯錄·北宋卷》230。

D302:10214,1 張。

1658　裴愷墓誌

首題:宋故裴君墓誌銘并序。

(宋)何常撰;(宋)毋敦仁書;(宋)李甫刻。北宋元豐五年(1082)八月三日葬。陝西西安出土。

正書,23 行,行 22 字。拓片,48cm×48.5cm。

著錄文獻:《洛陽新獲墓誌二〇一五》384;《新出宋代墓誌碑刻輯錄·北宋卷》233;《秦晉豫新出墓誌蒐佚三編》850。

D302:9565,1 張,2016 年 9 月齊運通捐贈。

1659　李君妻范氏墓誌

首題:宋故德靜縣君范氏墓誌銘並序。

(宋)李偉撰;(宋)陳沆書;(宋)欒子元篆蓋;(宋)張士廉、張士寧刊。北宋元豐六年(1083)三月二十五日葬。河南洛陽出土。

正書,30 行,行 32 字。拓片,63cm×63cm。

著錄文獻:《宋代墓誌輯釋》128。

D302:10491,1 張。

1660　趙仲蕊妻夏氏墓誌並蓋

首題:宋宗室右監門率府率仲蕊故夫人夏氏墓誌銘;蓋題:大宋故夫人夏氏墓銘。

(宋)鄧溫伯撰;(宋)常執中書並篆蓋;(宋)趙隱刊。北宋元豐六年(1083)十月十三日葬。河南鞏義北宋皇陵陵區內出土,現存鞏義宋永定陵。

誌正書,14 行,行 15 字;蓋篆書,3 行,行 3 字。拓片,67.5cm×66cm(誌),

72cm×71cm(蓋,含刹)。

附注:誌周刻卷草花紋,蓋素刹。墓主元豐五年十一月二十日卒,以"十月乙酉祔葬",考爲元豐六年十月十三日葬。

D302:4502,2張。

1661　申秀墓誌

首題:宋故魏郡申君墓誌銘并序;額題:宋故申君墓誌。

(宋)劉伸撰;(宋)劉伉書並篆額;(宋)任道隆、任道儀刊。北宋元豐六年(1083)十一月十九日葬。山西長治出土。

誌正書,24行,行29字;額篆書,3行,行2字。拓片,73cm×49cm。

附注:碑形圓首,周刻花紋。

D302:10216～－2,各1張。

1662　張仲綰墓誌並蓋

首題:宋故奉議郎知邛州軍州兼管內勸農事賜緋魚袋張府君墓誌銘;蓋題:宋故奉議郎張君墓銘。

(宋)張仲詡撰;(宋)陳仲良篆蓋;(宋)史先之書;(宋)李積刻。北宋元豐七年(1084)十月三十日葬。河南洛陽出土。

誌正書,27行,行32字;蓋篆書,3行,行3字。拓片,67cm×67cm(誌);68cm×70cm(蓋,含側)。

D302:10217,2張。

1663　趙仲喜妻周氏墓誌

首題:宋宗室故右屯衛大將軍仲喜夫人永康縣君周氏墓誌銘。

(宋)鄧温伯撰;(宋)常執中書並篆蓋;(宋)趙隱刊。北宋元豐八年(1085)十月二十四日葬。河南鞏義出土。

正書,22行,行23字。拓片,73cm×71.5cm。

附注:周刻花紋。

D302:10218,1張,蓋失拓。

1664　晁端仁妻葉氏墓誌

首題:宋錢唐縣君葉氏墓誌銘。

(宋)晁補之撰並書;(宋)王磻刻。北宋元祐元年(1086)七月十八日葬。山東濟寧任城魚山出土。

正書,24行,行25字。拓片,59.5cm×60cm。

附注:葉氏先卒,後與其婆母公孫氏同時安葬。此誌文載於晁補之《雞肋集》卷六十四,夫諱據其補。

著錄文獻:《新出宋代墓誌碑刻輯錄·北宋卷》254。

D302:9363,1張。

1665　周永錫第二女周氏及母曹氏墓誌

北宋元祐元年(1086)十月三十日葬。陝西西安出土。

正書,8行,行7字。拓片,46cm×48cm。

著錄文獻:《洛陽新獲墓誌二〇一五》386;《新出宋代墓誌碑刻輯錄·北宋卷》256;《秦晉豫新出墓誌蒐佚三編》855。

D302:9567,1張,2016年9月齊運通捐贈;D302:9567－2,1張。

1666　趙明妻温氏墓記
首題：生天真言曰。

北宋元祐二年（1087）十一月六日葬。河南洛陽出土，現藏河南洛陽市文物考古研究院。

正書，11行，行21字左右。拓片，37.5cm×25cm。

附注：前刻生天真言，四周刻綫框。

著録文獻：《新出宋代墓誌碑刻輯録·北宋卷》261。

D302:8740,1張。

1667　［游］及墓誌
首題：宋故朝請大夫致仕上輕車都尉賜紫金魚袋［游］公墓誌銘並序。

（宋）王慎術撰；（宋）席公弼書；（宋）李藻篆蓋；（宋）吕密刊。北宋元祐三年（1088）三月二十五日葬。河南洛陽出土，張鈁舊藏，現藏河南新安鐵門鎮千唐誌齋博物館。

正書，33行，行36字。拓片，75cm×75cm。

附注：首題誌主姓殘泐，誌文"其先出於鄭穆公之後穆公之子偃，字子游，至大叔吉，以王父字爲氏"，與《元和姓纂》游姓由來相合。

著録文獻：《千唐誌齋藏誌》1289（作"□及"）。

D303:1925,1張。

1668　邢圓墓誌
首題：宋故邢君墓誌銘並序；額題：宋故邢君墓誌銘。

（宋）王恕撰並書；（宋）梁濟刊。北宋元祐四年（1089）十月三日葬。

誌正書，21行，行30字；額篆書，横題1行。拓片，98cm×65cm。

附注：碑形，周刻花紋。

D302:10219～－2,各1張。

1669　蘇暉妻雷氏宋氏墓銘
額題：宋故蘇氏婦雷宋二夫人墓銘。

（宋）孫求撰；（宋）王持書；（宋）陳正輔題額。北宋元祐四年（1089）十二月二十四日葬。陝西西安出土。

正書，23行，行23字；額正書，6行，行2字。拓片，72cm×54.5cm。

附注：作碑形。

著録文獻：《洛陽新獲墓誌二〇一五》387；《新出宋代墓誌碑刻輯録·北宋卷》271。

D302:9566,1張,2016年9月齊運通捐贈。

1670　甯麟妻許氏墓誌
首題：宋故奉議郎甯君夫人仙居縣許氏墓誌銘并序。

（宋）劉介山撰；（宋）劉奕書；（宋）吕密刊。北宋元祐四年（1089）十二月二十五日葬。河南洛陽洛龍區出土。

正書，23行，行22字。拓片，56cm×56cm。

著録文獻：《秦晉豫新出墓誌蒐佚續編》1010。

D302:9167,1張。

1671　晁涣之墓誌

首題：晁繪道墓誌銘。

（宋）黃庭堅撰；（宋）晁載之書；（宋）文勛篆蓋；（宋）趙開刻。北宋元祐五年（1090）十一月三十日葬。山東濟寧任城魚山晁氏家族墓地出土。

正書，19行，行21字。拓片，62cm×62.5cm。

附注：黃庭堅《山谷集》未收此文。

著錄文獻：《北京大學圖書館新藏金石拓本菁華續編》222；《新出宋代墓誌碑刻輯錄·北宋卷》277。

D302：9418/SB，1張，蓋失拓。

1672　梁六娘墓誌

又名：梁清民女六娘墓誌。

（宋）梁清民撰；（宋）劉大亨書；（宋）安民鐫。北宋元祐六年（1091）九月十七日葬。陝西西安出土。

正書，19行，行18字。拓片，48cm×48.5cm。

D302：9169，1張。

1673　徐才墓誌

首題：宋故徐君墓誌銘；額題：宋故徐君墓銘。

（宋）王越撰。北宋元祐七年（1092）十月二十四日葬。江西出土。

正書，14行，行22字；額篆書，橫題，1行6字。拓片，69cm×46cm。

附注：碑形圓首。

D302：8559，1張。

1674　馬仲良墓誌

首題：大宋右領軍衛將軍致仕馬公墓誌銘。

（宋）張先撰；（宋）陳仲英書；（宋）馬中行篆蓋。北宋元祐八年（1093）正月二十八日葬。河南嵩縣出土。

正書，33行，行33字。拓片，69.5cm×69cm。

著錄文獻：《秦晉豫新出墓誌蒐佚續編》1011；《新出宋代墓誌碑刻輯錄·北宋卷》289。

D302：9168～-2，各1張，蓋失拓。

1675　魏孝孫墓誌

首題：宋西京左藏庫史河陽兵馬鈐轄致仕上輕車都尉任城郡開國侯食邑一千五百户魏君墓誌銘並序。

（宋）趙令鑠撰；（宋）魏鐩書；（宋）孫賁篆蓋；（宋）王誠鐫；（宋）李琮書諱。北宋元祐八年（1093）八月十五日葬。河南洛陽出土，張鈁舊藏，現藏河南新安鐵門鎮千唐誌齋博物館。

正書，40行，行40字。拓片，72cm×72cm。

著錄文獻：《千唐誌齋藏誌》1291。

D303：1926，1張。

1676　趙士諍妻孫氏墓誌

首題：宋宗室右監門衛大將軍永泰縣君孫氏墓誌銘。

（宋）顧臨撰；（宋）吳舜臣書並篆蓋；（宋）趙隱刻。北宋元祐九年（1094）二月七日葬。河南鞏義出土。

正書，14行，行19字。拓片，61cm×

61cm。

著錄文獻:《秦晉豫新出墓誌蒐佚續編》1013;《新出宋代墓誌碑刻輯錄·北宋卷》295。

D302:10220,1 張。

1677　張景儒妻楊氏墓誌

首題:宋故壽陽縣君楊夫人墓誌銘。

(宋)張峋撰;(宋)程公孫書;(宋)楊祖仁篆蓋;(宋)劉忠美刊。北宋紹聖二年(1095)三月八日葬。河南洛陽出土,張鈁舊藏,現藏河南新安鐵門鎮千唐誌齋博物館。

正書,31 行,行 32 字。拓片,60cm×60cm。

附注:銘文漫漶。

著錄文獻:《千唐誌齋藏誌》1296。

D303:1927,1 張。

1678　何中行墓誌

首題:宋故河南何君墓誌銘並序。

(宋)侯彥若撰並書;(宋)田偁篆蓋。北宋紹聖二年(1095)十月十七日葬。河南洛陽出土,張鈁舊藏,現藏河南新安鐵門鎮千唐誌齋博物館。

正書,25 行,行 26 字。拓片,56cm×56cm。

著錄文獻:《千唐誌齋藏誌》1299。

D303:1928,1 張

1679　晁臨之墓誌

首題:宋故南陽晁敬道墓誌銘。

(宋)晁損之撰並書。北宋紹聖四年(1097)六月二十七日葬。山東濟寧任城魚山晁氏家族墓地出土。

正書,21 行,行 21 字。拓片,60cm×60cm。

附注:周刻雙綫框。

著錄文獻:《北京大學圖書館新藏金石拓本菁華續編》224;《新出宋代墓誌碑刻輯錄·北宋卷》313。

D302:9419,1 張。

1680　魏鈞墓誌

首題:宋故內殿崇班充真定府定州路都總管司走馬承受公事魏侯墓誌銘。

(宋)耿轍撰;(宋)毛思聰書;(宋)李詡篆蓋;(宋)東垣居士刊。北宋紹聖四年(1097)九月二十三日葬。河南洛陽出土,張鈁舊藏,現藏河南新安鐵門鎮千唐誌齋博物館。

正書,29 行,行 29 字。拓片,60cm×60cm。

著錄文獻:《千唐誌齋藏誌》1304。

D303:1929,1 張。

1681　游君妻張氏墓誌

首題:宋故廣平游府君夫人墓誌銘;額題:宋故游府君夫人張氏墓誌銘。

(宋)張惠夫撰;(宋)張愿夫書;(宋)郭琳書額;(宋)任道儀刊。北宋元符二年(1099)正月三十日葬。

誌正書,30 行,行 32 字;額篆書,6 行,行 2 字。拓片,82cm×59cm。

著錄文獻:《新出宋代墓誌碑刻輯錄·北宋卷》315;《秦晉豫新出墓誌蒐佚三編》858。

D302:10221,1 張。

1682　張鼎墓誌並蓋

首題:宋進士清河張君墓誌銘并序;蓋題:宋進士清河張君墓銘。

(宋)晁補之撰;(宋)李格非書並篆蓋;(宋)徐壽刻。北宋元符二年(1099)四月一日葬。山東濟寧出土。

誌正書,36行,行41字;蓋篆書,3行,行3字。拓片,104cm×103cm(誌),99.5cm×98cm(蓋,含刹)。

附注:蓋刹刻四神。

著錄文獻:《北京大學圖書館新藏金石拓本菁華續編》225;《新出宋代墓誌碑刻輯錄·北宋卷》317。

D302:9772/SB,2張。

1683　趙士□墓記

首題:宋宗室蔡州觀察使汝南侯男右班殿直士□墓記;別名:趙仲□第六男墓記。

北宋元符三年(1100)八月八日葬。河南鞏義北宋皇陵陵區內出土,現藏鞏義宋永定陵。

正書,6行,行約16字左右。拓片,81cm×60cm。

附注:碑形圓首。銘文漫漶甚,墓主諱第二字右半是"金",或"全",左半不可辨,責任者名不可見。石面刻棋盤。

D302:8620,1張。

1684　趙令玎墓記

首題:宋宗室右班殿直墓記。

(宋)蔡京撰。北宋元符三年(1100)八月八日葬。河南鞏義北宋皇陵陵區內出土,現藏鞏義宋永定陵。

正書,11行,行22字。拓片,86cm×57cm。

附注:碑形圓首。撰、書、刻人名皆漫漶不清。

D302:8621,1張。

1685　趙士坪第八男墓記

首題:宋宗室右監門衛大將軍男墓記。

(宋)蔡京撰;(宋)李安中書;(宋)眷思刻。北宋元符三年(1100)八月八日葬。河南鞏義皇陵陵區內出土,現藏鞏義宋永定陵。

正書,10行,行16字。拓片,83cm×60cm。

附注:碑形圓首。

著錄文獻:《新出宋代墓誌碑刻輯錄·北宋卷》325。

D302:8623,1張。

1686　趙仲碩第五女墓記

首題:宋宗室保康軍節度觀察留後女墓記。

(宋)蔡京撰;(宋)李安中書;(宋)眷思刻。北宋元符三年(1100)八月八日葬。河南鞏義北宋皇陵陵區內出土,現藏鞏義宋永定陵。

正書,9行,行18字。拓片,77cm×59cm。

附注:碑形圓首,石面刻有棋盤。

D302:8622,1張。

1687　任拱之妻楚氏墓誌

首題：大宋故安喜縣君楚氏墓誌銘。

（宋）李宏撰；（宋）趙允書；（宋）張建侯篆蓋。北宋建中靖國二年（1102）正月十七日葬。河南洛陽出土。

正書，26行，行26字。拓片，63cm×62.5cm。

D302：9364，1張，蓋失拓。

1688　任寬之墓誌

首題：宋故朝散郎新差通判成德軍府兼管內勸農事上護軍賜紫金魚袋任公墓誌銘；蓋題：宋故朝散郎通判成德軍任公墓誌銘。

（宋）李百祿撰；（宋）王璘書並篆蓋。北宋崇寧元年（1102）正月十七日葬。河南洛陽出土，現藏洛陽市文物考古研究院。

誌正書，33行，行34字；蓋篆書，5行，行3字。拓片，71cm×72cm。

著錄文獻：《洛陽新獲墓誌續編》291（有蓋）。

D302：8741，1張，蓋失拓。

1689　趙士□第三男墓記

首題：宋宗室左侍禁士□第三男墓記。

（宋）鄭居中撰；（宋）梁安世書；（宋）張惟幾刻。北宋大觀元年（1107）三月二十九日葬。河南鞏義北宋皇陵陵區內出土，現藏鞏義宋永定陵。

正書，9行，行19字。拓片，78cm×65cm。

附注：碑形圓首，銘文殘泐，墓主父諱第二字殘泐，左言旁可辨，右似是"偕"字。

D302：8625，1張。

1690　趙士嵒長女墓記

首題：宋宗室內殿崇班士嵒長女墓記。

（宋）鄭居中撰；（宋）梁安世書；（宋）張惟幾刻。北宋大觀元年（1107）三月二十九日葬。河南鞏義北宋皇陵陵區內出土，現藏鞏義宋永定陵。

正書，9行，行18字。拓片，89cm×62cm。

附注：碑形圓首，石面有多道斜刮痕。撰人名及銜職有改刻痕。

D302：8624，1張。

1691　趙仲詔第十女墓記

首題：宋宗室贈華州觀察使華陰侯第十女墓記。

（宋）鄭居中撰；（宋）梁安世書；（宋）張惟幾刻。北宋大觀元年（1107）三月二十九日葬。河南鞏義北宋皇陵陵區內出土，現藏鞏義宋永定陵。

正書，8行，行17字。拓片，88cm×66cm。

附注：碑形圓首。

D302：8628，1張。

1692　趙子祳墓記

首題：宋宗室左金吾衛大將軍保州防禦使第十男子祳墓記；別名：趙令勴第十男墓記。

（宋）鄧洵仁撰；（宋）梁安世書；（宋）張惟幾刻。北宋大觀元年（1107）三月二十九日葬。河南鞏義北宋皇陵陵區內出土，現藏鞏義宋永定陵。

正書，8行，行27字。拓片，84.5cm×60cm。

附注：碑形圓首。

D302：8627，1張。

1693　趙士遴第四女墓記

首題：宋宗室右武衛大將軍睦州團練使女墓記。

（宋）鄧洵仁撰；（宋）梁安世書；（宋）張惟幾刻。北宋大觀元年（1107）三月二十九日葬。河南鞏義北宋皇陵陵區內出土，現藏鞏義宋永定陵。

正書，9行，行20字。拓片，83cm×59cm。

附注：碑形圓首。

D302：8626，1張。

1694　趙士啀第三男墓記

首題：宋宗室西頭供奉官隴州定戎鎮監押男墓記。

（宋）鄧洵仁撰；（宋）梁安世書；（宋）張惟幾刻。北宋大觀元年（1107）三月二十九日葬。河南鞏義北宋皇陵陵區內出土，現藏鞏義宋永定陵。

正書，9行，行20字。拓片，83cm×60cm。

附注：碑形圓首，左下角殘泐。

D302：8629，1張。

1695　趙士倚第二女墓記

首題：宋宗室西頭供奉官第二女墓記。

（宋）鄭居中撰；（宋）梁安世書；（宋）張惟幾刻。北宋大觀元年（1107）三月二十九日葬。河南鞏義北宋皇陵陵區內出土，現藏鞏義宋永定陵。

正書，9行，行18字。拓片，82cm×60cm。

附注：碑形圓首，右半豎向刮痕一道，損首行二行數字。

D302：8631，1張。

1696　趙士請長女墓記

首題：宋宗室左班殿直長女墓記。

（宋）鄭居中撰；（宋）梁安世書；（宋）張惟幾刻。北宋大觀元年（1107）三月二十九日葬。河南鞏義北宋皇陵陵區內出土，現藏鞏義宋永定陵。

正書，9行，行18字。拓片，81cm×62cm。

附注：碑形圓首。

D302：8630，1張。

1697　趙仲蒼第八女墓記

首題：宋宗室右武衛大將軍汀州團練使仲蒼第八女墓記。

（宋）鄭居中撰；（宋）梁安世書；（宋）張惟幾刻。北宋大觀元年（1107）三月二十九日葬。河南鞏義北宋皇陵陵區內出土，現藏鞏義宋永定陵。

正書，10 行，行 18 字。拓片，78cm×54cm。

附注：碑形圓首，撰人曾被改刻，撰字下又可見一撰字。

D302：8634，1 張。

1698　趙子爌墓記

首題：宋宗室右金吾衛大將軍睦州防禦使男墓記。

（宋）鄧洵仁撰；（宋）梁安世書；（宋）張惟幾刻。北宋大觀元年（1107）三月二十九日葬。河南鞏義北宋皇陵陵區內出土，現藏鞏義宋永定陵。

正書，9 行，行 20 字。拓片，80cm×56cm。

附注：碑形圓首，下截斷裂。

D302：8633，1 張。

1699　趙士驤第四女墓記

首題：宋宗室西頭供奉官女墓記。

（宋）鄧洵仁撰；（宋）梁安世書；（宋）張惟幾刻。北宋大觀元年（1107）三月二十九日葬。河南鞏義北宋皇陵陵區內出土，現藏鞏義宋永定陵。

正書，9 行，行 20 字。拓片，83cm×59cm。

附注：碑形圓首，首題處缺泐。

D302：8632，1 張。

1700　趙令燀第四女墓記

首題：宋宗室西頭供奉官令燀第四女墓記。

（宋）鄭居中撰；（宋）梁安世書；（宋）張惟幾刻。北宋大觀元年（1107）三月二十九日葬。河南鞏義皇陵陵區內出土，現藏鞏義宋永定陵。

正書，9 行，行 18 字。拓片，80.5cm×59cm。

附注：碑形圓首。

D302：8636，1 張。

1701　趙仲葹墓誌

首題：宋宗室右監門率府率墓誌銘。

（宋）鄧洵仁撰；（宋）梁安世書並篆蓋；（宋）張惟幾刻。北宋大觀元年（1107）三月二十九日葬。河南鞏義北宋皇陵陵區內出土，現藏鞏義宋永定陵。

正書，19 行，行 20 字。拓片，67cm×68cm。

附注：有殘泐。

D302：8635，1 張，蓋失拓。

1702　趙令□長女墓記

首題：宋宗室西頭供奉官令□長女墓記。

（宋）鄭居中撰；（宋）梁安世書；（宋）張惟幾刻。北宋大觀元年（1107）三月二十九日葬。河南鞏義北宋皇陵陵區內出土，現藏鞏義宋永定陵。

正書,9行,行18字。拓片,86cm×64.5cm。

附注:碑形圓首。石面佈滿鑿痕,漫漶不清。

D302:8637,1張。

1703　趙仲企第十二男墓記

首題:宋宗室右武衛大將軍文州防禦使仲企第十二男墓記。

(宋)鄭居中撰;(宋)梁安世書;(宋)張惟幾刻。北宋大觀元年(1107)三月二十九日葬。河南鞏義北宋皇陵陵區内出土,現藏鞏義宋永定陵。

正書,9行,行22字。拓片,82.5cm×56cm。

附注:碑形圓首。撰人曾被改刻,鄭居中撰下有"洵仁撰"可見。

D302:8639,1張。

1704　趙令鉅第二女墓記

首題:宋宗室左侍禁第二女墓記。

(宋)鄧洵仁撰;(宋)梁安世書;(宋)張惟幾刻。北宋大觀元年(1107)三月二十九日葬。河南鞏義北宋皇陵陵區内出土,現藏鞏義宋永定陵。

正書,8行,行19字。拓片,86cm×53cm。

附注:碑形圓首,有殘泐。

D302:8640,1張。

1705　趙仲諮第五女墓記

首題:宋宗室右監門衛大將軍第五女墓記。

(宋)鄭居中撰;(宋)梁安世書;(宋)張惟幾刻。北宋大觀元年(1107)三月二十九日葬。河南鞏義北宋皇陵陵區内出土,現藏鞏義宋永定陵。

正書,9行,行23字。拓片,84cm×64cm。

附注:碑形圓首,撰人曾被改刻。鄭居中名下又刻鄧洵仁撰,但被鏟掉,隱約有字。

D302:8638,1張。

1706　趙仲铦第五男墓誌

首題:宋宗室右監門衛大將軍仲铦第五男墓記。

(宋)鄭居中撰;(宋)梁安世書;(宋)張惟幾刻。北宋大觀元年(1107)三月二十九日葬。河南鞏義出土。

正書,9行,行18字。拓片,81cm×48cm。

附注:碑形。

D302:10222,1張。

1707　趙令穆第七女墓銘

首題:宋宗室右金吾衛大將軍昌州防禦使女墓記。

(宋)鄧洵仁撰;(宋)梁安世書;(宋)張惟幾鐫。北宋大觀元年(1107)三月二十九日葬。河南鞏義出土。

正書,9行,行19字。拓片,80cm×59cm。

附注:碑形圓首。

著錄文獻:《秦晉豫新出墓誌蒐佚

續編》1027；《新出宋代墓誌碑刻輯錄·北宋卷》358。

D302：10223，1 張。

1708　趙士窰第八男墓誌

首題：宋宗室右武衛大將軍惠州防禦史第八男墓記。

（宋）鄭居中撰；（宋）梁安世書；（宋）張惟幾刻。北宋大觀元年（1107）三月二十九日葬。河南鞏義出土。

正書，10 行，行 18 字。拓片，84cm×64cm。

著錄文獻：《秦晉豫新出墓誌蒐佚續編》1026；《新出宋代墓誌碑刻輯錄·北宋卷》359。

D302：10224，1 張。

1709　西京左藏庫副使第三女墓誌

首題：宋宗室西［京左］藏庫副使第三女墓記。

（宋）鄧洵仁撰；（宋）［梁］安世書；（宋）張惟幾刻。北宋大觀元年（1107）三月二十九日葬。河南鞏義出土。

正書，8 行，行 26 字左右。拓片，76.5cm×55.5cm。

附注：碑形圓首。墓主曾祖父趙從信，祖父趙世淵，父名殘泐不清，或為"令詡"。

D302：10225，1 張。

1710　趙令諰第二男墓誌

首題：宋宗室右武衛大將軍榮州刺史男墓記。

（宋）鄧洵仁撰；（宋）梁安世書；（宋）張惟幾刻。北宋大觀元年（1107）三月二十九日葬。河南鞏義出土。

正書，10 行，行 18 字。拓片，66cm×60cm。

附注：碑形圓首。

D302：10226，1 張。

1711　趙士馴第二女墓誌

首題：宋宗室西頭供奉官女墓記。

（宋）鄧洵仁撰；（宋）［梁］安世書；（宋）張惟幾刻。北宋大觀元年（1107）三月二十九日葬。河南鞏義出土。

正書，9 行，行 19 字。拓片，78cm×58.5cm。

附注：碑形圓首。

著錄文獻：《新出宋代墓誌碑刻輯錄·北宋卷》357。

D302：10227，1 張。

1712　趙仲遑妻溫氏墓誌

首題：宋宗室象州防禦史仲遑夫人溫氏墓誌銘。

（宋）鄭居中撰；（宋）梁安世書並篆蓋；（宋）張惟幾刻。北宋大觀元年（1107）三月二十九日葬。河南鞏義出土。

正書，27 行，行 27 字。拓片，76cm×72cm。

D302：10228，1 張。

1713　趙不渝墓誌

首題：宋宗室西頭供奉官長男不渝

墓記。

（宋）鄭居中撰；（宋）梁安世書；（宋）張惟幾刻。北宋大觀元年（1107）三月二十九日葬。河南鞏義出土。

正書，9行，行18字。拓片，74cm×56.5cm。

D302:10229,1張。

1714　徐斌墓誌

首題：宋故東海徐君墓誌銘；額題：宋故東海徐君墓銘。

（宋）李英俊書；（宋）任道儀刻。北宋大觀二年（1108）正月十日葬。山西長治出土。

正書，23行，30字。拓片，69cm×51.5cm。

附注：碑形，周刻花紋。

著錄文獻：《新出宋代墓誌碑刻輯錄·北宋卷》364。

D302:10230～-2,各1張。

1715　陶聖臣墓誌

首題：宋故齊州司法陶公墓誌銘；額題：宋故司法陶公墓銘。

（宋）李伋撰；（宋）范處厚書並篆額。北宋大觀二年（1108）四月四日葬。山東滕州出土。

正書，23行，行21字；隸書，4行，行2字。拓片，60cm×44cm。

附注：碑形。

著錄文獻：《新出宋代墓誌碑刻輯錄·北宋卷》365。

D302:9420,1張。

1716　趙令瓃第四男墓記

首題：宋宗室東頭供奉官第四男墓記。

（宋）葉夢得撰；（宋）張舜卿書；（宋）謇思刊。北宋大觀二年（1108）十二月二十七日葬。河南鞏義北宋皇陵陵區內出土，現藏鞏義宋永定陵。

正書，9行，行20字。拓片，79cm×49cm。

附注：碑形圓首。

D302:8641,1張。

1717　趙不伐長男墓記

首題：宋宗室左侍禁長男墓記。

（宋）葉夢得撰；（宋）張舜卿書；（宋）謇思刻。北宋大觀二年（1108）十二月二十七日葬。河南鞏義北宋皇陵陵區內出土，現藏鞏義宋永定陵。

正書，9行，行20字。拓片，89cm×57.5cm。

附注：碑形圓首。

D302:8642,1張。

1718　趙仲昀長女墓記

首題：宋宗室右監門衛大將軍濟州團練使長女墓記。

（宋）葉夢得撰；（宋）張舜卿書；（宋）謇思刊。北宋大觀二年（1108）十二月二十七日葬。河南鞏義北宋皇陵陵區內出土。

正書，9行，行20字左右。拓片，77cm×56cm。

附注:碑形圓首。
著録文獻:《新出宋代墓誌碑刻輯録·北宋卷》380。

D302:8911,1 張。

1719　趙仲弓第十一女墓記

首題:宋宗室贈安化軍節度觀察留後高密郡公第十一女墓記。

(宋)葉夢得撰;(宋)張舜卿書;(宋)謇思刊。北宋大觀二年(1108)十二月二十七日葬。河南鞏義北宋皇陵陵區内出土。

正書,9 行,行 20 字左右。拓片,82cm×64cm。

附注:碑形圓首。
著録文獻:《新出宋代墓誌碑刻輯録·北宋卷》381;《秦晉豫新出墓誌蒐佚三編》865。

D302:8912,1 張。

1720　趙伯宋墓記

首題:宋宗室東頭供奉官次男伯宋墓記;額題:伯宋。

(宋)葉夢得撰;(宋)張舜卿書;(宋)謇思刊。北宋大觀二年(1108)十二月二十七日葬。河南鞏義北宋皇陵陵區内出土,現藏鞏義宋永定陵。

正書,9 行,行 20 字;額正書,横題,1 行 2 字。拓片,96cm×58cm。

附注:碑形圓首。漫漶甚,撰人名模糊不清。

D302:8643,1 張。

1721　趙令著墓誌並蓋

蓋題:宋宗室右武衛大將軍濟州防禦墓誌銘。

北宋大觀二年(1108)十二月二十七日葬。河南鞏義北宋皇陵陵區内出土。

誌正書,20 行,行 20 字左右;蓋篆書,4 行,行 4 字。拓片,74.5cm×72cm(誌),45cm×45cm(蓋)。

附注:周邊銘文泐甚,首題、撰書刊人名皆不可辨,墓主或諱"令著"。
著録文獻:《新出宋代墓誌碑刻輯録·北宋卷》368;《秦晉豫新出墓誌蒐佚三編》866。

D302:8913,2 張。

1722　趙士岪墓記

首題:宋宗室贈冀州觀察使信都侯第六男左班殿直士岪墓記。

(宋)葉夢得撰;(宋)張舜卿書;(宋)謇思刊。北宋大觀二年(1108)十二月二十七日葬。河南鞏義北宋皇陵陵區内出土。

正書,9 行,行 23 字左右。拓片,82cm×56cm。

附注:碑形圓首。
著録文獻:《新出宋代墓誌碑刻輯録·北宋卷》379。

D302:8914,1 張。

1723　趙士鑵墓記

首題:宋宗室贈青州觀察使北海侯第四男右班殿直士鑵墓記。

(宋)葉夢得撰;(宋)張舜卿書;

（宋）蹇思刻。北宋大觀二年（1108）十二月二十七日葬。河南鞏義北宋皇陵陵區內出土。

正書，10行，行20字。拓片，76cm×59cm。

附注：碑形圓首。

著錄文獻：《新出宋代墓誌碑刻輯錄·北宋卷》377。

D302:9703，1張。

1724　趙士岑第四女墓記

首題：宋宗室右監門衛大將軍原州刺史第四女墓記。

（宋）葉夢得撰；（宋）張舜卿書；（宋）蹇思刻。北宋大觀二年（1108）十二月二十七日葬。河南鞏義北宋皇陵陵區內出土。

正書，9行，行20字。拓片，90cm×62cm。

附注：碑形圓首。

著錄文獻：《新出宋代墓誌碑刻輯錄·北宋卷》371。

D302:9704，1張。

1725　趙士琢第二男墓誌

首題：宋宗室西京左藏庫副使第二男墓記。

（宋）許光疑撰；（宋）張舜卿書；（宋）蹇思刊。北宋大觀二年（1108）十二月二十七日葬。河南鞏義出土。

正書，9行，行20字。拓片，85.5cm×60cm。

附注：碑形圓首。

著錄文獻：《新出宋代墓誌碑刻輯錄·北宋卷》376。

D302:10231，1張。

1726　趙不狷妻高氏墓誌

首題：宋宗室左侍禁不狷妻高氏墓誌銘。

（宋）許光疑撰；（宋）張舜卿書並篆蓋；（宋）蹇思刻。北宋大觀二年（1108）十二月二十七日葬。河南鞏義出土。

正書，15行，行20字。拓片，74cm×71cm。

著錄文獻：《新出宋代墓誌碑刻輯錄·北宋卷》372。

D302:10232，1張。

1727　趙令茨墓誌

首題：宋宗室右侍禁墓誌銘並序。

（宋）葉夢得撰；（宋）張舜卿書；（宋）蹇思刊。北宋大觀二年（1108）十二月二十七日葬。河南鞏義出土。

正書，14行，行16字。拓片，62.5cm×61cm。

D302:10233，1張。

1728　趙士轂墓誌

首題：［宋宗室］奉議郎國子監丞墓誌銘。

（宋）葉夢得撰；（宋）張舜卿書；（宋）蹇思刊。北宋大觀二年（1108）十［二月二］十七日葬。河南鞏義出土。

正書，20行，行24字。拓片，68.5cm×68.5cm。

附注：誌石上部殘損，葬月、日有缺。

D302:10234,1 張。

1729　趙士暟墓誌

首題:宋宗室內殿崇班興國軍兵馬都監墓誌銘。

(宋)葉夢得撰;(宋)張舜卿書;(宋)蹇思刻。北宋大觀二年(1108)十二月二十七日葬。河南鞏義出土。

正書,18 行,行 24 字。拓片,66cm×61.5cm。

D302:10235,1 張。

1730　趙令柷墓誌

首題:宋宗室左班殿直墓誌銘並序。

(宋)許光疑撰;(宋)張舜卿書並篆蓋;(宋)蹇思刊。北宋大觀二年(1108)十二月二十七日葬。河南鞏義出土。

正書,19 行,行 20 字。拓片,78cm×78cm。

D302:10236,1 張。

1731　趙君妻苗氏墓誌並蓋

首題:宋宗室承務郎(中渢)墓誌銘並序;蓋題:宋宗室承務郎妻苗氏墓誌銘。

(宋)葉夢得撰;(宋)張[舜卿]書;(宋)蹇思刻。北宋大觀[二年(1108)]十二月二十七日葬。河南鞏義出土。

誌正書,14 行,行 18 字;蓋篆書,4 行,行 3 字。拓片,58cm×58cm(誌);40cm×38cm(蓋)。

D302:10237,2 張。

1732　趙不嗛墓誌並蓋

首題:宋宗室左班殿直墓誌銘;蓋題:不嗛墳域。

(宋)葉夢得撰;(宋)張舜卿書並篆蓋;(宋)蹇思刻。北宋大觀二年(1108)十二月二十七日葬。河南鞏義出土。

誌正書,16 行,行 20 字;蓋正書,2 行,行 2 字。拓片,71.5cm×71cm(誌);33cm×34cm(蓋)。

D302:10238,2 張。

1733　趙不嗛妻楊氏墓誌並蓋

首題:(上渢)室左班殿直不嗛夫人楊氏墓;蓋題:宋宗室不嗛妻楊氏墓誌銘記。

(宋)鄭□□撰;(宋)賀□[脩]書;(宋)張惟幾刊。北宋大觀四年(1110)正月二十八日葬。河南鞏義出土。

誌正書,15 行,行 16 字;蓋篆書,4 行,行 3 字。拓片,55cm×59cm(誌);42cm×41.5cm(蓋)。

附注:有殘損。

D302:10239,2 張。

1734　吳嗣宗墓誌

首題:宋故曾祖吳公墓誌銘。

(宋)吳執禮撰並書。北宋政和二年(1112)七月二十九日。江西臨川縣出土。

行書,20 行,行 33 字左右。拓片,74.5cm×61cm。

D302:8560,1 張。

1735　趙士極墓誌

首題：宋宗室贈建寧軍節度使建國公墓誌銘并序。

（宋）白時中撰；（宋）樂昇書并篆蓋；（宋）寋思刻。北宋政和三年（1113）五月二十七日葬。河南鞏義北宋皇陵陵區內出土，現藏鞏義宋永定陵。

正書，22 行，行 22 字。拓片，70cm×71.5cm。

附注：誌四邊漫泐。

D302：8644，1 張，蓋失拓。

1736　趙揚庭墓誌

首題：宋故趙承直墓誌銘并序；額題：宋故高平趙承直墓銘。

（宋）韓冑撰；（宋）邢堯臣書；（宋）姜鉞篆額；（宋）梁才刊。北宋政和四年（1114）十月二十日葬。山西高平出土。

正書，25 行，行 27 字；額篆書，橫題，1 行 9 字。拓片，71cm×56cm。

著錄文獻：《新出宋代墓誌碑刻輯錄·北宋卷》402。

D302：9735，1 張。

1737　江鼎墓誌

首題：宋故河南江新道墓誌銘。

（宋）榮輯撰；（宋）韓渠書；（宋）王仲甫篆蓋。北宋政和四年（1114）十月二十九日。河南洛陽出土。

正書，30 行，行 32 字。拓片，59cm×60.5cm。

著錄文獻：《洛陽新獲墓誌續編》293。

D302：8742，1 張，蓋失拓。

1738　焦士安墓誌並蓋

首題：宋故三川焦居士墓誌銘；蓋題：宋三川焦居士墓誌銘。

（宋）邵伯溫撰並書並書蓋；（宋）張世永刻。北宋政和六年（1116）十二月二十六日葬。河南靈寶出土。

誌正書，27 行，行 26 字；蓋隸書，3 行，行 3 字。拓片，60cm×60cm（誌）；60cm×60cm（蓋）。

D302：10240，2 張。

1739　馮君妻任氏墓誌

首題：宋故夫人任氏墓誌銘；額題：有宋夫人任氏墓□。

（宋）張仲彥撰；（宋）趙衎之書；（宋）趙子迪篆蓋。北宋政和七年（1117）三月十四日葬。河南洛陽偃師出土。

正書，21 行，行 22 字；額古文，4 行，行 2 字。拓片，64cm×47.5cm。

附注：誌作碑形。

D302：10492，1 張。

1740　焦士安妻蘇氏墓誌

首題：宋故武功蘇夫人墓誌銘；蓋題：宋故武功蘇夫人墓銘。

（宋）皇甫川撰；（宋）閻光國書並書蓋；（宋）張世永刻。北宋政和八年（1118）七月四日葬。河南靈寶出土。

正書，22 行，行 31 字；蓋隸書，3 行，行 3 字。拓片，53cm×40cm。

D302：10241，1 張，蓋失拓。

1741 楊宗慶墓銘

首題：宋故太子左衛率府率楊君墓銘；額題：楊公墓銘。

（宋）張大臨撰；（宋）楊燮書並篆額。北宋宣和七年（1125）十一月五日葬。陝西西安長安區出土，現藏長安博物館。

正書，22行，行30字；額篆書，2行，行2字。拓片，107cm×63.5cm。

附注：碑形。

D302:9365,1張。

1742 倪槀妻姜氏墓誌

首題：宋故姜氏夫人墓誌銘；額題：宋故姜氏夫人墓銘。

（宋）倪億年撰並書。北宋靖康二年（1127）正月十九日葬。江西貴溪出土。

正書，20行，行26字；額篆書，橫題，1行8字。拓片，88cm×62cm。

D302:8561,1張。

1743 趙君墓誌蓋

蓋題：宋宗室建國公墓誌銘。

北宋（960—1127）。河南鞏義北宋皇陵陵區內出土，現藏鞏義宋永定陵。

蓋篆書，3行，行3字。拓片，65cm×65.5cm（蓋，含剎）。

附注：素剎。此蓋有作趙士㮨墓誌蓋，因尺寸小於趙士㮨墓誌，當不是該誌之蓋。

D302:8645,1張。

1744 趙君墓誌蓋

蓋題：宋宗室右侍禁墓誌銘。

北宋（960—1127）。河南鞏義北宋皇陵陵區內出土，現藏鞏義宋永定陵。

蓋篆書，3行，行3字。拓片，75cm×75cm（含剎）。

附注：素剎。

D302:8646,1張。

1745 趙宗訥妻賈氏墓誌蓋

蓋題：長樂郡君賈氏墓誌銘；別名：趙君妻賈氏墓誌蓋。

北宋（960—1127）。河南鞏義北宋皇陵陵區內出土，現藏鞏義宋永定陵。

蓋篆書，3行，行3字。拓片，76cm×77.5cm（含剎）。

附注：誌石佚，僅存蓋。蓋頂周刻花紋，剎刻四神。墓主夫諱據其子《趙仲緘墓誌》（北宋嘉祐五年（1060）十月三十日葬）補。

D302:8647,1張。

1746 趙君妻夏氏墓誌蓋

蓋題：宋宗室故建州觀察使建安侯夫人長安縣君夏氏墓誌之銘。

北宋（960—1127）。河南鞏義北宋皇陵陵區內出土。

蓋篆書，6行，行4字。拓片，83cm×84cm（含剎）。

附注：素剎，中有一道斜裂紋。

D302:8916,1張。

1747 王君墓誌蓋

蓋題:大宋故王府君墓誌銘。

北宋(960—1127)。山西長治出土。

蓋篆書,3 行,行 3 字。拓片,63cm×63cm(含刹)。

附注:蓋頂環刻花紋、竊曲紋、八卦及七言挽歌,"悠悠丹旐引孤魂,親戚悲傷掩壙門,人間到底皆如此,莫負生前酒滿罇"(下起),刹刻花卉。

D302:8915,1 張。

1748 文茂宗墓誌並蓋

蓋題:宋文茂宗墓誌。

(宋)文安禮撰;(宋)雷沂刊。南宋建炎元年(1127)八月四日葬。河南洛陽出土。

誌正書,11 行,行 14 字;蓋篆書,3 行,行 2 字。拓片,38cm×38cm(誌),29cm×29cm(蓋)。

著錄文獻:《洛陽新獲墓誌二〇一五》392;《新出宋代墓誌碑刻輯錄·南宋卷》001;《秦晉豫新出墓誌蒐佚三編》881。

D302:9705,2 張。

1749 郭毅墓記

額題:汾陽郭武仲墓。

(宋)聶誠撰並書。南宋建炎三年(1129)十月二十二日葬。江西新干縣出土。

正書,20 行,行 23 字左右;額正書,橫題,1 行,行 6 字。拓片,42.5cm×36cm。

著錄文獻:《新出宋代墓誌碑刻輯錄·南宋卷》009。

D302:3185,1 張。

1750 劉文用墓誌

首題:宋劉德廣墓誌銘;額題:宋劉德廣墓誌銘。

(宋)周承弼撰并書并篆額。南宋紹興十八年(1148)九月十九日葬。江西豐城出土。

正書,27 行,15 字;額篆書,橫題,1 行 7 字。拓片,28.5cm×61.5cm。

附注:"弼"原刻作左"弓"右"攵",同弼。帖式刻,有豎界欄。

著錄文獻:《新出宋代墓誌碑刻輯錄·南宋卷》032。

D302:8562,1 張。

1751 何伯偕墓誌

首題:宋故何彥同墓誌銘;額題:宋何居士墓銘。

(宋)何章撰;(宋)楊招書;(宋)任大成篆額。南宋紹興二十五年(1155)九月二十八日葬。江西豐城出土。

正書,19 行,行 20 字;額篆書,橫題,1 行 6 字。拓片,46.5cm×36cm。

附注:右下角殘,不損字。

著錄文獻:《新出宋代墓誌碑刻輯錄·南宋卷》044。

D302:8563,1 張。

1752 徐濬妻范氏墓誌

額題:宋故范氏墓。

(宋)徐濬撰並書。南宋紹興二十

六年（1156）九月二十一日葬。江西出土。

正書，10 行，行 21 字；額正書，橫題，1 行 5 字。拓片，78cm×32cm。

附注：碑形。内述長子曁郎卒，徐瀋表兄何宣教爲之撰銘事。

著錄文獻：《新出宋代墓誌碑刻輯錄·南宋卷》045。

D302：8564，1 張。

1753　范如陵妻王氏墓誌

額題：宋故王氏夫人墓誌。

（宋）范如陵撰。南宋乾道二年（1166）十一月二十一日葬。江西撫州出土。

正書，14 行，行 9 字；額篆書，4 行，行 2 字。拓片，51cm×46cm。

附注：碑形不規整。

D302：10366，1 張。

1754　鄧宗海墓誌

首題：宋故海行者墓；額題：海行者墓。

（宋釋）紹琛撰並書。南宋淳熙三年（1176）正月十日葬。江西豐城出土。

正書，9 行，行 8 字；額正書，橫題，1 行 4 字。拓片，39cm×31.5cm。

D302：8565，1 張。

1755　戴煥妻范氏墓誌

額題：故范氏墓。

（宋）戴煥撰並書。南宋淳熙四年（1177）八月十七日葬。江西崇仁縣出土。

正書，10 行，行 15 字；額正書，橫題，1 行 4 字。拓片，49cm×38cm。

附注：碑形圓首，邊不整齊。

著錄文獻：《新出宋代墓誌碑刻輯錄·南宋卷》091。

D302：8566，1 張。

1756　陳宗墓誌

額題：宋故陳公墓銘。

南宋淳熙七年（1180）十月十八日葬。江西新干縣出土。

正書，14 行，行 18 字；額正書，橫題，1 行 6 字。拓片，57cm×35cm。

附注：碑形圓首。

D302：3192，1 張。

1757　祝元佐妻饒氏墓誌

額題：宋故饒氏夫人墓記。

（宋）彭堯卿撰；（宋）釋童奴月書。南宋淳熙十二年（1185）十一月十七日葬。江西餘江縣出土。

正書，18 行，行 40 字；額篆書，4 行，行 2 字。拓片，80cm×43.5cm。

附注：碑形圓首，銘文漫漶。淳熙七年十月十三日卒。

D302：8567，1 張。

1758　吳天麟墓誌

額題：吳府君墓。

（宋）吳汝賢書；（宋）盧澄刊。南宋淳熙十五年（1188）十月五日。江西臨川出土。

正書，11 行，行 15 字；隸書，橫題，1 行 4 字。拓片，74cm×67cm。

附注：吳天麟，先名輔世，後名天

麟。誌作碑形。
　著錄文獻:《新出宋代墓誌碑刻輯錄‧南宋卷》115。
　D302:9828,1 張。

1759　謝元吉墓誌
　額題:宋故謝翁墓記。
　南宋紹熙元年(1190)八月二十日葬。江西出土。
　正書,15 行,行 16 字左右;額正書,橫題,1 行 6 字。拓片,37cm×34cm。
　附注:文曰謝靈運之後。有豎界欄。
　D302:3202,1 張。

1760　范惟忠墓誌
　首題:宋故范君墓記;額題:宋故范君墓記。
　(宋)黃伯強撰。南宋紹熙元年(1190)十二月二十二日葬。江西豐城出土。
　正書,16 行,行 21 字;額篆書,橫題,1 行 6 字。拓片,62.5cm×45.5cm。
　附注:碑形圓首。
　著錄文獻:《新出宋代墓誌碑刻輯錄‧南宋卷》122。
　D302:8568,1 張。

1761　章君妻周氏墓誌
　額題:有宋周氏墓銘。
　南宋嘉泰三年(1203)九月二十日葬。江西金溪鎮出土。
　正書,18 行,行 20 字;額正書,橫題,1 行 6 字。拓片,53cm×46cm。
　附注:周氏年十六適章德固之長嗣。
　D302:8569,1 張。

1762　黃思誠墓誌
　南宋嘉泰三年(1203)十一月二十日葬。江西豐城出土。
　正書,16 行,行 24 字。拓片,69cm×46.5cm。
　附注:碑形圓首,撰書人爲墓主伯父,名諱缺載。
　D302:8570,1 張。

1763　范天麟妻孫氏墓誌
　額題:宋故孫氏夫人墓記。
　(宋)范天麟撰並書。南宋開禧三年(1207)十月四日葬。江西豐城出土。
　正書,17 行,行 17 字;額正書,4 行,行 4 字。拓片,68cm×49cm。
　附注:碑形圓首。
　著錄文獻:《新出宋代墓誌碑刻輯錄‧南宋卷》191。
　D302:8571,1 張。

1764　吳愈墓碣
　額題:有宋吳君墓碣。
　(宋)吳伯虎撰並書。南宋嘉定三年(1210)十二月十九日葬。江西臨川出土。
　正書,12 行,行 15 字左右;額篆書,橫題,1 行 6 字。拓片,68.5cm×48.5cm。
　附注:碑形圭首。
　D302:8572,1 張。

1765　林端墓碣
　額題:宋故處士林君墓碣。
　(宋)何澹撰;(宋)伍必達、伍森刊。

南宋嘉定四年(1211)正月二十五日葬。浙江麗水出土。

正書,25行,行10字,刻工款小字1行;額正書,4行,行2字。拓片,83cm×141cm。

附注:卧碑形。藝續目云在浙江麗水小白巖。

著錄文獻:《攈古錄》卷15第4頁;《續補寰宇訪碑錄》卷21第4頁。

D101:730,1張;D302:8828,1張。

1766 鄒十四公妻張三娘墓誌

額題:宋故張氏三娘地券。

南宋嘉定七年(1214)六月九日葬并記。江西臨川出土。

正書,15行,行13字;額正書,横題,1行8字。拓片,34cm×34cm。

附注:有豎界欄。

D302:3209,1張。

1767 曾應龍妻雷氏墓記

首題:宋故雷氏孺人墓記;額題:雷氏孺人墓記。

(宋)王應雷撰並書。南宋嘉定十二年(1219)十一月二十八日葬。江西豐城出土。

正書,13行,行16字;隸書,3行,行2字。拓片,54cm×34.5cm。

附注:碑形圓首。

著錄文獻:《新出宋代墓誌碑刻輯錄·南宋卷》253。

D302:9366,1張。

1768 章棠墓銘

額題:宋故張公墓銘。

南宋嘉定十三年(1220)二月十二日葬。江西鄱陽縣出土。

正書,15行,行12字左右;額正書,横題,1行6字。拓片,32cm×38.5cm。

附注:有豎界欄。此墓銘兼有地券内容。

D302:3217,1張。

1769 李涇墓記

首題:宋故李公德志墓記;額題:宋故李公德志墓記。

(宋)黄如璧撰。南宋嘉定十三年(1220)八月十七日葬。江西崇仁縣出土。

正書,12行,行20字;額正書,4行,行2字。拓片,53.5cm×42cm。

附注:碑形圓首。

D302:3218,1張。

1770 甘昌齡妻劉氏墓記

首題:宋故劉氏孺人墓記;額題:宋故劉氏孺人墓記。

(宋)黄友仁書;(宋)孫逢填諱;(宋)甘伯壽題蓋。南宋嘉定十三年(1220)十二月二十八日葬。江西豐城出土。

正書,17行,行21字;額正書,4行,行2字。拓片,54.5cm×38.5cm。

附注:碑形圓首。

著錄文獻:《新出宋代墓誌碑刻輯錄·南宋卷》256。

D302:8573,1張。

1771 方彥祥墓記

額題:宋故方公墓記。

（宋）盧淵刊。南宋嘉定十六年（1223）九月三日葬。江西出土。

正書,17行,行18字;額正書,橫題,1行6字。拓片,57cm×41cm。

附注:碑形圓首。

著錄文獻:《新出宋代墓誌碑刻輯錄·南宋卷》264。

D302:9367,1張。

1772　甘淵叔墓記

中題:宋甘三十二宣義墓。

（宋）甘藻撰並書。南宋嘉定十六年（1223）十月十六日葬。江西豐城出土。

墓記正書,小字,6行,行12字;中題正書,大字,2行,行4字。拓片,48cm×37cm。

附注:碑形圓首,中豎題二行大字,墓記文小字刻於大字兩旁。

D302:8574,1張。

1773　揭克修墓誌

首題:宋故揭公墓誌銘;額題:宋揭公墓文。

（宋）揭一飛撰並書。南宋嘉定十六年（1223）十一月八日葬。江西豐城出土。

正書,22行,行29字;額正書,橫題,1行5字。拓片,74cm×51.5cm。

附注:碑形圓首。

著錄文獻:《新出宋代墓誌碑刻輯錄·南宋卷》266。

D302:8575,1張。

1774　范仲鎮妻王氏墓誌

額題:宋故孺人王氏墓銘。

（宋）黃九鼎撰。南宋嘉定十七年（1224）十月十六日葬。江西豐城出土。

正書,18行,行27字;額正書,4行,行2字。拓片,75cm×42.5cm。

附注:碑形圓首。

D302:8576,1張。

1775　張大年妻許道清墓誌

額題:宋故許氏墓誌。

南宋寶慶元年（1225）三月二十九日葬。江西臨川出土。

正書,14行,行17字;額篆書,橫題,1行6字。拓片,55.5cm×41cm。

附注:先嫁饒筠,後嫁張大年。

D302:3229,1張。

1776　王彥和墓銘

額題:宋故王公墓銘。

（宋）釋處秋撰并書并題額。南宋紹定元年（1228）十一月二日葬。江西金溪縣出土。

正書,19行,行23字左右;隸書,橫題,1行6字。拓片,61cm×50cm。

D302:3230,1張。

1777　章克智墓誌

首題:宋故章八三承事墓誌銘;額題:宋故章八三承事墓誌銘。

（宋）雷冀明撰。南宋紹定二年（1229）十月二十二日葬。江西南城縣出土。

正書,11行,行18字左右;額正書,橫題,1行10字。拓片,54.5cm×44.5cm。

D302:3248,1張。

1778　聶世行妻周景秀墓誌

額題:宋故孺人周氏墓誌。

(宋)聶世行撰並書。南宋紹定二年(1229)十月二十五日葬。江西新干縣出土。

正書,14行,行29字;額正書,4行,行2字。拓片,63cm×40cm。

附注:碑形。

D302:8577,1張。

1779　范倚妻黃氏墓誌

額題:宋故黃氏孺人墓誌。

(宋)黃閎中撰。南宋紹定五年(1232)三月十五日葬。江西豐城出土。

正書,10行,行10字;額正書,4行,行2字。拓片,57cm×38cm。

附注:碑形圓首。

D302:8578,1張。

1780　劉竦妻張氏墓誌

額題:宋故張氏太君墓誌。

(宋)劉暉撰並書;(宋)張逢時刊。南宋端平元年(1234)五月二十二日葬。江西臨川出土。

正書,10行,行20字;隸書,4行,行2字。拓片,72.5cm×35cm。

附注:碑形圓首,額部橫裂斷。

D302:8579,1張。

1781　湯德邦墓記

額題:有宋湯公墓記。

南宋端平三年(1236)三月十六日葬。江西臨川出土。

正書,12行,行15字左右;額正書,橫題,1行6字。拓片,42cm×36cm。

附注:有豎界欄。

D302:3250,1張。

1782　甘君妻胡氏墓記

額題:宋故胡氏夫人墓記。

(宋)甘夢松撰。南宋嘉熙元年(1237)十月葬。江西豐城出土。

正書,14行,行16字;額正書,4行,行2字。拓片,47cm×38cm。

附注:碑形圓首。

D302:8580,1張。

1783　張鼎墓誌

額題:宋故張君千七省元學士壙記。

南宋嘉熙三年(1239)十二月二十六日葬。江西出土。

正書,14行,行12字左右;額正書,橫題,1行12字。拓片,32cm×40cm。

附注:四字駢文。

D302:3253,1張。

1784　張國華墓誌

首題:有宋邕管安撫崇禧朝奉張公大夫壙銘;額題:有宋邕管安撫張公壙銘。

(宋)張國祥撰;(宋)張宣刻。南宋嘉熙四年(1240)二月二十一日葬。

江西南城縣出土。

正書,26 行,行 46 字;額隸書,5 行,行 2 字。拓片,91cm×63cm。

D302:10242,1 張。

1785　梁應元墓記

首題:有宋三上舍梁公墓記。

(宋)梁紹申撰。南宋淳祐元年(1241)十月十九日葬。江西新余出土。

正書,12 行,行 18 字。拓片,52.5cm×44cm。

附注:碑形圓首,額部刻圓圈,右下缺角,舊石改刻。

D302:3261,1 張。

1786　劉一娘壙記

首題:亡女一娘壙記。

(宋)劉倍叔撰。南宋淳祐元年(1241)十二月二十九日葬。江西出土。

正書,16 行,行 20 字;額正書,3 行,行 2 字。拓片,44.5cm×34cm。

附注:碑形圓首,文字漫漶。

D302:8581,1 張。

1787　黃炳墓記

首題:宋故黃居士墓記;額題:宋黃居士墓記。

(宋)黃聖子撰並書。南宋淳祐三年(1243)十一月十八日葬。江西豐城出土。

正書,12 行,行 11 字;額正書,3 行,行 2 字。拓片,存 42cm×41cm。

附注:碑形圓首,下截殘缺。

D302:3265,1 張。

1788　黃有成墓記

額題:宋故重二宣教墓記。

(宋)黃康民撰;(宋)陳宗英書。南宋淳祐三年(1243)十二月二十五日葬。江西豐城出土。

正書,20 行,行 21 字;額正書,橫題,1 行 8 字。拓片,63cm×52cm。

附注:碑形圭首。

著錄文獻:《新出宋代墓誌碑刻輯錄·南宋卷》380。

D302:8582,1 張。

1789　黃琛墓銘

首題:宋故黃公念三承事墓銘;額題:宋故黃公墓銘。

南宋淳祐六年(1246)正月七日葬。江西崇仁縣出土。

正書,20 行,行 24 字;額正書,橫題,1 行 6 字。拓片,55cm×41cm。

附注:碑形圓首。

著錄文獻:《新出宋代墓誌碑刻輯錄·南宋卷》384。

D302:8583,1 張。

1790　彭元貴妻王氏壙記

額題:有宋王氏孺人壙記。

(宋)彭元貴撰並書。南宋淳祐七年(1247)九月六日葬。江西金溪縣出土。

正書,13 行,行 19 字;額正書,4 行,行 2 字。拓片,61cm×32cm。

附注:碑形。

著錄文獻:《新出宋代墓誌碑刻輯

錄・南宋卷》390。

D302:8584,1 張。

1791　周詠妻吳氏壙記

額題：宋故吳氏壙記。

（宋）周從虎撰並書。南宋淳祐九年（1249）二月一日葬。江西崇仁縣出土。

正書，16 行，行 17 字；額正書，橫題，1 行 6 字。拓片，49.5cm×37cm。

附注：碑形圓首。

D302:3268,1 張。

1792　劉元用妻熊氏壙記

額題：先妣熊氏孺人壙記。

（宋）劉文富撰並書。南宋淳祐十一年（1251）四月二十九日葬。江西金溪縣出土。

正書，11 行，行 30 字；額正書，4 行，行 2 字。拓片，61cm×33cm。

附注：碑形圓首。

D302:8585～－2,各 1 張。

1793　丁公濟壙記

額題：有宋致政丁公壙記。

（宋）何嵩之撰並書；（宋）嚴祁鐫。南宋淳祐十二年（1252）十一月四日葬。江西新余出土。

正書，18 行，行 30 字；額篆書，4 行，行 2 字。拓片，98cm×51cm。

附注：碑形圓首，鐫者題名小字刻於尾。

著錄文獻：《新出宋代墓誌碑刻輯錄・南宋卷》418。

D302:9170,1 張。

1794　揭自成妻鄒妙柔墓記

額題：宋故鄒氏孺人墓記。

南宋寶祐元年（1253）十一月辛酉日葬。江西豐城出土。

正書，16 行，行 19 字；額正書，4 行，行 2 字。拓片，61cm×42cm。

附注：此墓記有部分地券內容。月日干支或有誤，寶祐元年甲子月（十一月）無辛酉日。

著錄文獻：《新出宋代墓誌碑刻輯錄・南宋卷》430。

D302:9790,1 張。

1795　張汝舟母李氏墓誌

額題：宋故張母李氏墓銘。

（宋）張汝舟撰並書。南宋寶祐二年（1254）三月二十四日葬。江西新干縣出土。

正書，22 行，行 20 字；額正書，4 行，行 2 字。拓片，53cm×31cm。

附注：碑形圓首。尾補刻用錢三十貫從鄒世德、鄒世明買山崗地界至題記三行，當為真實土地買賣記錄。

D302:8586,1 張。

1796　郭三益壙誌

額題：先考郭君壙誌。

（宋）郭偉撰並書。南宋寶祐三年（1255）八月四日葬。江西吉安新干縣出土。

正書，9 行，行 18 字左右；額正書，3 行，行 2 字。拓片，57cm×39cm。

附注：碑形圓首。

D302:3269,1 張。

1797 鄒季宏母蔣氏墓誌

額題：宋故鄒母蔣氏墓誌。

南宋寶祐三年（1255）十二月二十七日葬。江西新干縣出土。

正書，15 行，行 19 字；額正書，橫題，1 行 8 字。拓片，56cm×42cm。

附注：碑形圓首，後半買地券。

著錄文獻：《新出宋代墓誌碑刻輯錄·南宋卷》446。

D302:3272,1 張。

1798 劉晉妻吳妙穌壙記

額題：有宋吳氏壙記。

（宋）劉晉撰並書。南宋寶祐四年（1256）九月十八日葬。江西崇仁縣出土。

正書，15 行，行 20 字；額正書，橫題，1 行 6 字。拓片，44.5cm×39.5cm。

附注：碑形圓首，墓主崇仁縣人，葬於長安鄉之何家塘先塋。

D302:8587,1 張。

1799 范惟志墓記

額題：有宋范公崇仲墓記。

（宋）范元忠、范元道撰並書。南宋寶祐四年（1256）十一月二十九日葬。江西豐城出土。

正書，15 行，行 18 字；額正書，橫題，1 行 8 字。拓片，43cm×34cm。

附注：碑形圓首。

D302:3273,1 張。

1800 陳京彥妻饒氏墓記

額題：饒氏墓記。

南宋寶祐五年（1257）閏四月二十四日。江西臨川出土。

正書，12 行，行 23 字；額正書，橫題，1 行 4 字。拓片，44.5cm×34.5cm。

附注：有豎界欄。此墓記亦有部分地券內容。

D302:9791,1 張。

1801 劉思珍妻劉妙靜壙記

額題：有宋孺人劉氏壙記。

（宋）劉思珍撰並書。南宋［開慶元年（1259）］閏十一月三日葬。江西金溪縣出土。

正書，11 行，行 13 字；額正書，4 行，行 2 字。拓片，44cm×29.5cm。

附注：碑形圓首。葬年無年號，"是年閏十一月初三壬申卜葬……"，唯開慶元年干支合。

著錄文獻：《新出宋代墓誌碑刻輯錄·南宋卷》468。

D302:3274,1 張。

1802 李六五墓記

額題：宋故李公墓。

（宋）李子才撰。南宋景定二年（1261）八月十六日葬。江西臨川出土。

正書，12 行，行 16 字左右；額正書，橫題，1 行 5 字。拓片，51.5cm×40cm。

附注：前半墓記，後半地券。銘文漫漶。

D302:3284,1 張。

1803 黃宗文墓記

額題：宋故黃公居士墓記。

南宋景定三年(1262)正月三日葬。江西臨川出土。

正書,14 行,行 25 字;額正書,4 行,行 2 字。拓片,70.5cm×43cm。

附注:碑形圓首。

著錄文獻:《新出宋代墓誌碑刻輯錄·南宋卷》474。

D302:8588,1 張。

1804　曾文彬壙記

額題:有宋曾公松坡居士壙記。

(宋)曾毅夫撰並書。南宋景定四年(1263)四月二十四日葬。江西金溪縣出土。

正書,20 行,行 17 字;額正書,橫題,1 行 10 字。拓片,41cm×32cm。

D302:3275,1 張。

1805　黃賢妻吳氏壙誌

額題:故黃孺人吳氏壙誌。

(宋)黃賢撰。南宋景定五年(1264)十二月二十日。江西出土。

正書,16 行,行 19 字;額篆書,4 行,行 2 字。拓片,61cm×41.5cm。

附注:此壙誌有部分地券內容。

D302:9792,1 張。

1806　章五墓記

額題:宋故章公墓記。

南宋咸淳元年(1265)二月一日。江西臨川出土。

正書,11 行,行 18 字;額正書,橫題,1 行 6 字。拓片,55.5cm×39.5cm。

附注:此墓記有部分地券內容。

D302:9793,1 張。

1807　甘文望妻吳氏壙記

額題:宋甘夫人吳氏壙記。

(宋)孫謙撰。南宋咸淳元年(1265)十二月二十一日葬。江西撫州出土。

正書,20 行,行 18 字;隸書,4 行,行 2 字。拓片,57cm×46cm。

附注:碑形圓首。

著錄文獻:《新出宋代墓誌碑刻輯錄·南宋卷》495。

D302:9368,1 張。

1808　王夢良墓記

額題:有宋帥議王公之墓。

南宋咸淳元年(1265)十二月二十一日葬。江西吉水縣出土。

正書,14 行,行 18 字;額正書,4 行,行 2 字。拓片,64.5cm×41.5cm。

附注:碑形圓首。

D302:3276,1 張。

1809　胡天鸚妻趙妙端壙記

額題:有宋胡母趙氏孺人壙記。

(宋)胡天鸚撰並書。南宋咸淳三年(1267)十二月四日葬。江西出土。

正書,19 行,行 17 字;額正書,5 行,行 2 字。拓片,44.5cm×35cm。

附注:碑形圓首。下部殘泐漫漶。

著錄文獻:《新出宋代墓誌碑刻輯錄·南宋卷》503。

D302:3277,1 張。

1810　周監壙記

首題:宋故周公壙中記。

（宋）周士貴撰並書。南宋咸淳四年（1268）十一月二十六日葬。江西新干縣出土。

正書，12 行，行 16 字。拓片，60cm×46cm。

附注：碑形圓首。額部刻一圓圈，中刻圓點。

D302:3278,1 張。

1811　甘應宓妻熊幼靜壙記

額題：宋甘孺人熊氏壙記。

（宋）甘應宓撰；（宋）熊如淵書；（宋）熊汝壆填諱并題額。南宋咸淳五年（1269）八月二十九日葬。江西臨川出土。

正書，20 行，行 31 字；額篆書，4 行，行 2 字。拓片，97cm×60cm。

著錄文獻：《新出宋代墓誌碑刻輯錄·南宋卷》514。

D302:9171,1 張。

1812　鄭如山妻傅氏墓記

額題：宋傅氏孺人墓。

（宋）鄭思齊撰；（宋）饒文祖填諱。南宋咸淳五年（1269）十二月二十五日葬。江西臨川出土。

正書，12 行，行 17 字；額正書，3 行，行 2 字。拓片，49cm×36.5cm。

附注：碑形圭首。文中姓氏傅、付兼用。

D302:3279,1 張。

1813　鄒成昌壙記

額題：宋故隱君鄒公壙記。

南宋咸淳五年（1269）十二月二十六日葬。江西新干縣出土。

正書，17 行，行存 18 字；額正書，4 行，行 2 字。拓片，61cm×39cm。

附注：碑形圓首，碑下半截殘缺，十月初（下泐）卒，（上缺）月丁酉葬，咸淳五年十一月壬寅朔，無丁酉日，十二月壬申朔，丁酉日為二十六日。

著錄文獻：《新出宋代墓誌碑刻輯錄·南宋卷》517。

D302:8589,1 張。

1814　汪愚谷妻趙師妙墓誌

額題：宋故孺人趙氏墓誌。

（宋）汪應丑撰。南宋咸淳六年（1270）三月三日葬。江西臨川出土。

誌正書，13 行，行 20 字；隸書，4 行，行 2 字。拓片，80.5cm×54.5cm。

附注：碑形圓首。

著錄文獻：《新出宋代墓誌碑刻輯錄·南宋卷》521。

D302:10243,1 張。

1815　李子仁墓記

額題：宋故李公墓記。

（宋）李仁貴撰；（宋）萬子壽書。南宋咸淳七年（1271）八月十四日葬。江西新干縣出土。

正書，21 行，行 12 字；隸書，3 行，行 2 字。拓片，58cm×44cm。

附注：碑形圓首。墓主居臨江新淦縣登賢鄉，葬於本里聶家坑。

D302:8590,1 張。

1816　戴應翔母周氏壙記

額題：有宋周氏太君壙記。

(宋)戴應翔撰並書。南宋咸淳十年(1274)正月十九日葬。江西臨川出土。

正書,12行,行16字;額正書,橫題,1行8字。拓片,48.5cm×34.5cm。

附注:碑形圓首。下方刻至元二十二年(1285)八月二十日遷葬記,戴應翔書,20行,行3字。

D302:3280,1張。

1817　黃次益壙記

額題:先考君千五承事黃公壙中誌。

(宋)黃自誠撰並書。南宋咸淳十年(1274)十二月四日葬。江西吉水縣出土。

正書,15行,行17字;額正書,6行,行2字。拓片,47.5cm×31cm。

附注:碑形圓首。

著錄文獻:《新出宋代墓誌碑刻輯錄·南宋卷》545。

D302:3282,1張。

1818　孫松茂墓誌

首題:宋榮坡孫公墓誌銘。

(宋)范登撰並書。南宋咸淳十年(1274)十二月二十八日葬。江西豐城出土。

正書,20行,行35字。拓片,80cm×54.5cm。

附注:碑形圓首,額部刻日、雲圖案。誌文作"葬之日曰庚午寔甲戌歲除之前二辰也",是年除夕前二日爲庚午日。

D302:10244,1張。

1819　陳秀实壙記

額題:先考陳公朴齋壙記。

(宋)陳大耒撰並書。南宋咸淳十年(1274)十二月三十日葬。江西臨川出土。

正書,13行,行30字;額篆書,4行,行2字。拓片,100cm×47cm。

附注:碑形圓首。

D302:3283,1張。

1820　孫叔載妻黃氏墓誌

(宋)□由撰並書。南宋八月壬子葬(1127—1279)。江西豐城出土。

正書,14行,行23字。拓片,52.5cm×41.5cm。

附注:黃氏淳熙乙亥生,初嫁周允宣,周亡後,開禧元年再嫁孫叔載。撰書人爲其甥婿。

D302:8592,1張。

1821　夏誠墓誌

額題:宋故夏氏之墓。

宋壬申年(960—1279)十一月二日葬。江西豐城出土。

正書,12行,行10字;額正書,橫題,1行6字。拓片,41.5cm×36cm。

附注:碑形圓首。無年號,僅壬申年。洪州豐城人,南宋興隆三年改洪州爲隆興府,之前有四個壬申年,無法確定此爲哪年。

D302:3285,1張。

1822　聶君妻周氏張氏遷葬墓誌

額題:先妣周氏張氏墓誌。

（宋）聶怡等撰。宋丁亥年（960—1279）二月六日遷葬。江西南城縣出土。

正書，13行，行10字；額正書，4行，行2字。拓片，62cm×41.5cm。

附注：無年號，刻於舊碑陰。

D302:8591，1張。

1823　王廷□墓誌

首題：大契丹國遼興軍節度副使銀青崇禄大夫檢校工部尚書兼御史大夫上柱國□□王公墓誌銘并序。

遼統和□年（983—1012）十月乙□日葬。河北灤南縣出土。

正書，29行，行40餘字不等。拓片，78cm×76cm。

附注：漫漶甚。曾祖諱僚，祖諱處宙，考諱郡，君諱漫漶似"廷番"。卒葬年款泐，墓主乾亨四年尚在任職，"六年七月□八日"卒，享年五十五，"此年十月乙□日"葬，當在統和年間。

D302:9414，1張。

1824　耶律永寧郎君墓誌

遼大安三年（1087）正月十三日。1995年5月19日内蒙古喀喇沁旗馬鞍山鄉鄭家窩鋪村出土，現存喀喇沁旗文物管理所。契丹文。

正書，43行，行字不等。拓片，71.5cm×55cm。

附注：契丹小字。石已碎，右上殘缺，殘存兩塊。

著録文獻：《民族語文》2002年2期。

D302:8921，1張，2014年6月劉鳳翥捐贈。

1825　耶律（韓）迪烈墓誌

遼乾統元年（1101）二月二十八日葬。契丹文。

正書，34行，行字不等。拓片，73cm×72cm。

附注：此爲翻刻。右上角斜斷裂，錯字甚多，與原刻差異甚大。原刻誌中橫向斷裂，1996年内蒙古巴林左旗出土，現藏遼上京博物館。

D302:9003F，1張。

1826　趙成墓誌

首題：長平趙公墓誌。

（金）來獻可撰並書；（金）趙拱篆蓋。金天會九年（1131）十二月十九日葬。2007年山西高平出土。

正書，26行，行26字。拓片，59cm×57.5cm。

著録文獻：《秦晉豫新出墓誌蒐佚》882。

D302:9160，1張。

1827　宋進賢墓誌

首題：故翰林醫學博士宋公墓表記；額題：故翰林醫學宋公墓表。

（金）王偉撰。金貞元四年（1156）正月七日葬。河南洛陽出土。

誌正書，13行，行20字；額篆書，3行，行3字。拓片，88cm×44cm。

附注：碑形圓首，周刻花紋。

著録文獻：《秦晉豫新出墓誌蒐佚》883。

D302:10245,1 張。

1828　王説墓誌

首題:金故上黨王公墓碣銘並序;額題:金故王公墓銘。

（金）董師中撰;（金）雷志書並篆額;（金）董琚刊。金大定二十八年(1188)八月九日葬。山西長治出土。

誌正書,25 行,行 32 字;額古文,1 行 6 字。拓片,86cm×56cm。

附注:誌作碑形圓首。

D302:10246~-2,各1張。

1829　孔茂妻呂氏墓誌

金大安三年(1211)九月十五日葬。河北永年出土,現藏永年區民俗館。

正書,18 行,行 29 字。拓片,49cm×78cm。

附注:末行年款下有"張天羽"款,責任方式殘泐。

D302:10388,1 張。

1830　吳清墓埋銘並蓋

首題:故無憂居士吳君墓埋銘;蓋題:至元十二禩歲在乙亥三月一日壬申改葬於洪固鄉黃渠頭從吉兆也。

（元）吳忠等撰。元至元八年(1271)十一月十二日誌;元至元十二年(1275)三月一日改葬。陝西西安出土。

誌正書,13 行,行 23 字;蓋正書,2 行,行 14 字。拓片,59cm×30cm(誌),59.5cm×29.5cm(蓋)。

附注:碑形圭首。改葬年款刻於誌蓋。

D302:9421,2 張。

1831　田大成墓誌並蓋

首題:大元故昭勇大將軍南京路總管兼開封府尹諸軍奧魯總管田公墓誌并序;蓋題:大元故昭勇大將軍南京路總管兼開封府尹諸軍奧魯總管田府君墓誌銘。

（元）孟文昌撰;（元）賈庭臣書;（元）駱天驤篆蓋;（元）戴仲禄刊。元至元十二年(1275)四月二十日葬。陝西西安出土。

誌正書,38 行,行 38 字;蓋篆書,6 行,行 5 字。拓片,61cm×62cm(誌),57.5cm×58cm(蓋,含刹)。

附注:蓋刹刻四神。

著録文獻:《洛陽新獲墓誌二〇一五》395;《秦晉豫新出墓誌蒐佚三編》890;《新出宋代墓誌碑刻輯録·南宋卷》550。

D302:9568,2 張,2016 年 9 月齊運通捐贈。

1832　張楫墓誌

首題:大元故北京路都轉運使張公墓誌銘并序。

（元）李庭撰。元至元十二年(1275)十一月七日葬。陝西西安出土。

正書,28 行,行 56 字。拓片,109cm×55.5cm。

附注:碑形,中斷爲二。

著録文獻:《洛陽新獲墓誌二〇一五》396;《珍稀墓誌百品》99;《秦晉豫新出墓誌蒐佚三編》891;《新出宋代

墓誌碑刻輯録・南宋卷》552。

D302:9569,1 張,2016 年 9 月齊運通捐贈。

1833　□夢祥妻嚴氏壙記

額題:先妣嚴氏太君壙記。

(元)□有德等撰並書。元[至元十六年(1279)]十一月三十日葬。江西臨川出土。

正書,9 行,行 21 字左右;額正書,4 行,行 2 字。拓片,60.5cm×31.5cm。

附注:碑形圓首,有豎界欄。無年號,生於丙子年正月二十日……卒於己卯年十一月初九日……殁之月三十日奉柩合葬……該地區宋末元初墓記常無年號,故作元第一個己卯至元十六年。

D302:3287,1 張。

1834　唐永壙記

額題:先考唐公承事壙記。

(元)唐義禮撰。元至元二十七年(1290)十月十五日。江西出土。

正書,10 行,行 32 字;額正書,4 行,行 2 字。拓片,83cm×39cm。

附注:碑形圓首,左下角斷裂,書人名殘泐。

D302:8593,1 張。

1835　范祖文墓誌並蓋

首題:大元故范君文卿墓誌銘;蓋題:大元故范文卿墓誌銘。

(元)侯均撰并書并書蓋;(元)曾福刊。元大德四年(1300)正月二十日葬。陝西西安出土。

誌正書,23 行,行 23 字;蓋正書,3 行,行 3 字。拓片,47cm×44.5cm(誌),35.5cm×35cm(蓋)。

著録文獻:《洛陽新獲墓誌二〇一五》397;《秦晉豫新出墓誌蒐佚三編》892。

D302:9422,2 張。

1836　錢泳墓誌

首題:先考隱君子錢公墓誌。

(元)錢回孫撰並書;(元)曾哐填諱。元大德七年(1303)閏五月二十七日葬。江西撫州出土。

正書,17 行,行 28 字。拓片,71cm×41cm。

附注:碑形圓首,額中刻圓日雲朵;中斷裂。

D302:8594,1 張。

1837　鄧元亨壙記

額題:故縣尉復軒鄧公壙記。

(元)楊夢有撰並書;(元)何仲祥填諱并題額。元大德七年(1303)十一月六日葬。江西新干縣出土。

正書,14 行,行 24 字;額隸書,3 行,行 3 字。拓片,83cm×44cm。

附注:碑形圓首。石右下角斷裂。

D302:8595,1 張。

1838　舒和妻吳良玉壙記

額題:吳氏孺人壙記。

元皇慶二年(1313)九月十九日葬。江西餘干縣出土。

正書,10 行,行存 20 字;額篆書,3 行,行 2 字。拓片,存 59.5cm×34cm。

附注:碑形圓首,下截殘缺。妻餘干人,夫似同鄉。

D302:3288,1 張。

1839　王德正母郭妙智壙記

額題:亡母郭氏孺人壙記。

(元)王德正、王德元撰並書。元延祐五年(1318)十月葬。江西出土。

正書,12 行,行 21 字;額正書,4 行,行 2 字。拓片,62.5cm×40cm。

附注:碑形圓首。

D302:8596,1 張。

1840　黃應和墓誌

額題:峿坡居士黃公墓誌。

(元)黃收撰;(元)魯興嗣填諱;(元)李克家書並篆額。元延祐七年(1320)誌。江西豐城出土。

正書,22 行,行 32 字;額篆書,4 行,行 2 字。拓片,80.5cm×49cm。

附注:碑形圓首。尾補刻元泰定三年(1326)九月遷葬記一行。

D302:8597,1 張。

1841　饒夢貴妻諶氏壙記

額題:室人諶氏壙記。

(元)饒夢貴撰並書。元至治元年(1321)八月十八日葬。江西新干縣出土。

正書,13 行,行 17 字;額篆書,3 行,行 2 字。拓片,62cm×35cm。

附注:碑形圓首。

D302:3290,1 張。

1842　張璧墓誌並蓋

首題:大元故進義校尉奉元路盩厔縣尉張君墓誌銘并敍;蓋題:大元故進義校尉盩厔縣尉張君墓誌銘;別名:張文玉墓誌並蓋。

(元)王惟忱撰;(元)王瓚書;(元)鄭琬題蓋。元至治元年(1321)十一月一日葬。陝西西安出土。

誌正書,34 行,行 33 字;蓋隸書,4 行,行 4 字。拓片,49cm×52.5cm(誌),40cm×41cm(蓋)。

著錄文獻:《洛陽新獲墓誌二〇一五》398(作張文玉);《秦晉豫新出墓誌蒐佚三編》896(作張文玉)。

D302:9570,2 張,2016 年 9 月齊運通捐贈;D302:9570-2,2 張。

1843　譚仕英妻鄧氏墓誌

首題:亡室鄧氏太君墓誌。

(元)譚仕英撰並書。元至治二年(1322)十一月十三日葬。江西臨川出土。

正書,11 行,行 25 字。拓片,71.5cm×43cm。

附注:碑形圓首,額處刻圓日及雲朵。墓主生元辛巳年,卒壬午年,是年十一月十三日丙午葬,葬年與日干支皆相符者爲至治二年十一月十三日。

D302:8598,1 張。

1844　黃覺緣母傅氏壙記

首題:亡母傅氏太君壙中記。

(元)黃覺緣等撰並書。元至治三

年(1323)十二月二十五日葬。江西臨川出土。

正書,11行,行20字。拓片,54cm×35cm。

附注:碑形圓首;額處刻一圓環。黃覺緣父母皆蓮教教徒。

D302:8599,1張。

1845　張有昇母王氏墓誌

額題:先妣王氏墓誌。

(元)張有勝等撰並書。元泰定元年(1324)二月二十六日葬。江西撫州出土。

正書,10行,行22字;額正書,3行,行2字。拓片,58.5cm×30.5cm。

附注:碑形圓首。

D302:3291,1張。

1846　王應麟壙記

額題:先考王公青雲先生壙記。

(元)王伯和等撰並書。元泰定三年(1326)十二月二十日葬。江西臨川出土。

正書,11行,行25字;額正書,5行,行2字。拓片,61cm×32cm。

附注:碑形圓首。

D302:3292,1張。

1847　徐氏壙記

首題:先妣徐氏孺人壙記。

(元)□繼宗撰並書。元泰定四年(1327)十月二十六日遷葬。江西臨川出土。

正書,11行,行18—21字左右。拓片,62cm×31cm。

附注:碑形圓首,額處刻圓日及雲紋。徐氏夫姓名無載,葬於稠源黃家園,或姓黃。

D302:8600,1張。

1848　楊應麟壙記

額題:窀故先考楊公隆五居士壙記。

(元)楊益光撰並書;(元)楊思忠刻。元元統元年(1333)十二月一日葬。江西臨川出土。

正書,12行,行30字左右;額正書,6行,行2字。拓片,56cm×29cm。

附注:碑形圓首。

D302:3293,1張。

1849　廖鉅瞻妻宋淑清墓誌

額題:廖母宋氏孺人墓。

(元)廖鉅瞻撰並書。元後至元二年(1336)十月十九日葬。江西出土。

正書,9行,行14字;額正書,橫題,1行7字。拓片,32.5cm×32cm。

D302:3294,1張。

1850　任庚妻邑氏壙記

首題:故邑氏太君壙記。

(元)任顯宗等撰。元後至元三年(1337)十月三十日葬。江西臨川出土。

正書,12行,行28、29字。拓片,75cm×44cm。

附注:文曰"至元三年十月三十日丙申安葬",十月當丁卯朔,爲後至元三年。碑形圓首。

D302:9173,1張。

1851　徐榮富母周氏壙記

　　額題：先妣周氏孺人壙記。

　　（元）徐榮富等撰並書。元至正元年（1341）十月二日葬。江西餘江縣出土。

　　正書，13行，行20字；額正書，4行，行2字。拓片，56cm×29cm。

　　附注：碑形圓首。

　　D302：3295，1張。

1852　鄧盼乙壙記

　　額題：鄧盼乙公壙記。

　　（元）鄧德明撰。元至正二年（1342）十二月二十三日立。江西臨川出土。

　　正書，14行，行13、14字；額正書，橫題，1行6字。拓片，43cm×40cm。

　　附注：碑形圓首，額題上部刻日月二字。諱不清，號"盼乙"，後半内容爲買地券。

　　D302：8601，1張。

1853　□德齋妻李氏墓誌

　　額題：李母孺人墓誌。

　　（元）□光祖、□唐祖撰。元至正三年（1343）正月十八日葬。江西新干縣出土。

　　正書，12行，行30字；額正書，3行，行2字。拓片，67.5cm×34cm。

　　附注：碑形圓首，碑上小下大。墓主夫姓未載。

　　D302：8602，1張。

1854　陳君妻陳祥乙墓銘

　　別名：陳祥乙妻墓銘；額題：故陳氏祥乙孺人墓。

　　（元）陳德壽撰並書。元至正七年（1347）十二月六日葬。江西臨川出土。

　　正書，12行，行25字；額正書，4行，行2字。拓片，61cm×30cm。

　　附注：碑形圓首。

　　D302：3296，1張。

1855　王克明墓誌

　　額題：故弟王俊德墓誌。

　　（元）朱□刻。元至正十三年（1353）十二月十三日葬。江西鄱陽縣出土。

　　正書，11行，行16字左右；額正書，橫題，1行7字。拓片，46cm×37cm。

　　附注：碑形圓首，左下角殘缺，撰人、刻工名缺，兄長撰并書。葬地慈義村今屬江西景德鎮。

　　D302：3297，1張。

1856　蔡仁甫墓記

　　（元）蔡志撰並書。元[至正二十一年（1361）]十月七日葬。江西出土。

　　正書，8行，行22字。拓片，50cm×28cm。

　　附注：碑形圓首。無年號，辛丑年十月七日甲申葬，唯至正二十一年七月戊寅朔干支相合。

　　D302：3298，1張。

1857　李思賢妻唐氏墓誌

額題：李母孺人唐氏墓誌。

（明）李天□、李官保撰並書。明洪武八年（1375）三月十三日葬。江西新干縣出土。

正書,15 行,行 20 字；額正書,雙鉤、橫題,1 行 8 字。拓片,52cm×39cm。

附注：文載唐氏夫諱思賢,號齊軒,文中又稱妣唐氏歸配於先考思齊,前後不一。碑形圓首。

D302:8603,1 張。

1858　許立仁壙記

額題：許公立齋居士壙記。

（元）許俊撰並書。明洪武二十一年（1388）九月十一日葬。江西臨川出土。

正書,16 行,行 24 字；額正書,橫題雙鉤,1 行 8 字。拓片,51cm×39.5cm。

附注：有豎界欄。

D302:3299,1 張。

1859　楊鏗墓誌並蓋

蓋題：明故亞中［大］夫播州宣慰使司宣慰使楊公墓誌銘。

（明）廖琛撰；（明）楊維震書；（明）羅琛篆額；（明）李榮祖刻。明建文二年（1400）二月二十一日葬。貴州遵義出土。

誌正書,53 行,行 58 字,擡頭 2 字；蓋篆書,雙鉤,4 行,行 5 字。拓片,145cm×123cm（誌）,142cm×122cm（蓋）。

附注：蓋右下角殘缺。

著錄文獻：《中國文物報》2013 年 12 月 20 日 8 版。

D302:10398,2 張,蓋朱墨雙色拓,蓋題筆畫內朱拓,2020 年孫華捐贈。

1860　楊鏗妻田善緣墓誌

蓋題：明故播郡太淑人田氏墓誌銘。

（明）廖琛撰；（明）易彬書並篆額；（明）李榮祖鐫。明永樂十三年（1415）九月十二日葬。貴州遵義出土。

誌正書,26 行,行 40 字,擡頭 2 字；蓋篆書,3 行,行 4 字。

拓片,117cm×96.5cm（誌）。

著錄文獻：《中國文物報》2013 年 12 月 20 日 8 版。

D302:10399,1 張,蓋失拓,2020 年孫華捐贈。

1861　徐瑄墓誌

首題：贈承德郎戶部雲南司主事徐公墓誌銘；額題：戶部主事徐公墓誌。

（明）莘浩然撰；（明）張鏞書；（明）李昭篆額；（明）郭九成刊。明景泰五年（1454）三月十九日葬。河北永年出土,現藏徐北莊徐氏宗祠。

正書,27 行,行 28 字,擡頭 2 字；額篆書,雙鉤橫題,1 行 8 字。拓片,83cm×64.5cm。

附注：碑形。

D302:9736,1 張。

1862　楊輝妻田淑秀墓誌並蓋

首題：故淑人田氏墓誌銘；蓋題：有

明故播郡淑人田氏墓誌銘。

（明）周詢撰；（明）楊禮書；（明）越雍篆蓋；（明）于楫刊。明成化十七年（1481）八月二十六日葬。貴州遵義出土。

誌正書,30行,行32字,擡頭2字；蓋篆書,4行,行3字。

拓片,77cm×78cm（誌）,77cm×78cm（蓋）。

附注:有方界格。

著錄文獻:《地下的貴州》第二卷64頁。

D302:10397,2張,2020年孫華捐贈。

1863　劉仕忠妻胡淑玹墓誌並蓋

首題:(上缺)氏孺人墓誌銘；蓋題:明劉母胡孺人墓誌銘。

（明）胡榮撰；（明）何暹書；（明）程洛篆蓋；（明）林福春鐫。明成化十七年（1481）十月己亥日葬。江西宜春出土。

誌正書,30行,行30字,擡頭2字；蓋篆書,3行,行3字。拓片,56.5cm×56.5cm(誌),56.5cm×56.5cm(蓋)。

附注:十月無己亥,日干支有誤。誌右上角殘缺,蓋左上角斷裂。誌及蓋周刻花紋。

D302:9429,2張,2015年12月毛靜捐贈。

1864　楊輝墓誌並蓋

首題:有明皇贈昭勇將軍播州宣慰使司宣慰使退齋楊公墓誌銘；蓋題:宣慰使退齋楊公之墓。

（明）周洪謨撰；（明）徐溥書；（明）謝一夔篆蓋。明成化十九年（1483）二月十九日葬。貴州遵義出土。

誌正書,44行,行38字,擡頭2字；蓋篆書,3行,行3字。拓片,85cm×85cm(誌),84.5cm×85cm(蓋)。

附注:有方界格。

著錄文獻:《地下的貴州》第二卷64頁。

D302:10396,2張,2020年孫華捐贈。

1865　楊鼎墓誌

首題:大明太子少保户部尚書贈太子太保謚莊敏楊公墓誌銘。

（明）劉珝撰；（明）李東陽篆蓋；（明）姜立綱書。明成化二十三年（1487）十一月十九日葬。陝西西安出土。

正書,49行,行52字。拓片,75cm×75cm。

D302:10367,1張。

1866　劉云真墓誌

首題:刘公處士延二墓誌銘；額題:明故劉公延二墓誌銘；别名:刘延二墓誌銘。

（明）蔡柎撰；（明）張爲則書；（明）劉寬刊。明弘治六年（1493）正月四日葬。江西金溪縣出土。

正書,20行,行28字；額正書,横題,2行,行4,5字。拓片,65.5cm×40cm。

附注:碑形圓首。無諱,字云真,行延二。蔡柎之"柎",少末二筆,或避諱,姑且作"柎"。

D302:3300,1 張。

1867　朱志𡐛妻潘妙果墓誌

首題：秦康王夫人潘氏壙誌；別名：朱志遭妻潘妙果墓誌。

明弘治六年（1493）九月二十四日葬。陝西西安出土。

正書，22 行，行 23 字。拓片，75cm×75cm。

附注：周刻鳳凰紋飾，秦康王一名朱志遭。

D302:10368,1 張。

1868　于鎡墓誌

首題：明故處士于君墓誌銘。

（明）韓鑌撰；（明）于瀛書並篆蓋；（明）袁紹鑴。明弘治十八年（1505）四月十八日葬。河南洛陽出土，張鈁舊藏，現藏河南新安鐵門鎮千唐誌齋博物館。

正書，24 行，行 23 字。拓片，45cm×45cm。

附注：周刻雙綫框。銘文漫漶。

著錄文獻：《千唐誌齋藏誌》1332。

D303:1930,1 張。

1869　黃勝昌墓記

額題：明故黃公振八府君墓記；別名：黃振八墓記。

明弘治十八年（1505）十二月四日葬。江西金溪縣出土。

正書，16 行，行 16 字；額正書，橫題，1 行 10 字。拓片，32cm×32cm。

附注：碑形圓首。諱行振八，字勝昌。

D302:3303,1 張,朱拓。

1870　周瑀及妻朱氏墓誌

首題：明中奉大夫儀賓周公合葬墓誌銘。

（明）張文撰；（明）喬縉書；（明）張澍篆蓋；（明）劉雄刻。明正德元年（1506）二月二十二日葬。河南洛陽出土，張鈁舊藏，現藏河南新安鐵門鎮千唐誌齋博物館。

正書，32 行，行 32 字，擡頭 2 字。拓片，60cm×60cm。

附注：誌石裂爲三塊。

著錄文獻：《千唐誌齋藏誌》1333。

D303:1931,1 張。

1871　任和壙記

首題：故處士任公和堂壙記；額題：墓記。

明正德二年（1507）十二月吉日葬。江西出土。

正書，12 行，行 14 字；額篆書，橫題，1 行 2 字。拓片，52cm×38cm。

D302:3305,1 張。

1872　周迪墓誌並蓋

首題：明故文林郎河南府新安縣知縣周公墓誌銘；蓋題：文林郎河南府新安縣知縣周公墓誌銘。

（明）孫鎰撰。明正德三年（1508）三月九日葬。河北保定望都縣出土。

誌正書，33 行，行 34 字，擡頭 2 字；蓋篆書，4 行，行 4 字。拓片，62cm×56.5cm（誌），61cm×57cm（蓋）。

D302:9849,2 張。

1873　郭紳墓誌

　　首題：明故迪功郎馬湖府經歷郭君墓誌銘。

　　（明）宋瑭撰；（明）陳賢書；（明）高達篆蓋；（明）甯伯通鐫。明正德八年（1513）九月十七日葬。陝西彬縣出土。

　　正書，28行，行28字。拓片，58cm×57cm。

　　D302：8917，1張，蓋失拓。

1874　張逵墓誌並蓋

　　首題：奉直大夫光州知州張公墓誌銘；蓋題：明故奉直大夫光州知州張公墓誌銘。

　　（明）景佐撰；（明）郭震書；（明）劉成德篆蓋。明正德十四年（1519）三月三日葬。山西永濟出土。

　　誌正書，33行，行32字；蓋篆書，3行，行5字。拓片，72cm×77cm（誌），72cm×77cm（蓋）。

　　D302：9174，2張。

1875　王鎰墓誌

　　首題：明壽官王公墓誌銘。

　　（明）劉儲秀撰；（明）張治道書；（明）孟奇篆蓋；（明）卜文曉刻。明正德十五年（1520）九月丙戌葬。陝西西安長安區出土。

　　正書，22行，行18字，擡頭2字。拓片，57cm×71.5cm。

　　附注：周刻花紋，"正德庚辰七月初九日卒"，"本年九月丙戌"葬，正德十五年九月乙卯朔，無丙戌日。

　　D302：9175，1張，蓋失拓。

1876　李文華妻李智英墓誌

　　額題：明故李孺人墓。

　　（明）李元書并題額。明正德十五年（1520）十二月十二日葬。江西臨川出土。

　　正書，12行，行23字；額正書，橫題，1行6字。拓片，63cm×37cm。

　　附注：碑形圓首，有方界格。額題上有"日""月"二字。

　　D302：3306，1張。

1877　連盛墓誌

　　首題：明大中大夫山東都轉運鹽使司運使連公墓誌銘。

　　（明）郭郛撰；（明）王松書；（明）張潤身篆蓋。明嘉靖三年（1524）九月二十六日葬。2015年秋河北永年裴坡莊出土，現藏裴坡莊連氏祠堂。

　　正書，28行，行40字左右，擡頭2字。拓片，46cm×46.5cm。

　　附注：左上缺損。

　　D302：9737，1張，蓋失拓。

1878　于鎡妻張氏墓誌

　　首題：明于處士配張氏墓誌銘。

　　（明）李天成撰；（明）于淳書；（明）于淳書蓋；（明）袁暲刊。明嘉靖三年（1524）十一月二十四日葬。河南洛陽出土，張鈁舊藏，現藏河南新安鐵門鎮千唐誌齋博物館。

　　正書，24行，行25字。拓片，57cm×57cm。

　　附注：刻工名不清，抑或爲"璋"。

著録文獻:《千唐誌齋藏誌》1337。

D303:1932,1 張。

1879　石方墓誌並蓋

首題:昭勇將軍袁州衛指揮使石公墓誌銘;蓋題:明故昭勇將軍袁州衛指揮使石公墓誌銘。

(明)高琬撰;(明)郭敘書;(明)李香篆蓋。明嘉靖六年(1527)四月二十七日葬。江西宜春出土。

誌正書,36 行,行 31 字,擡頭 1 字;蓋篆書,4 行,行 4 字。拓片,61.5cm×66cm(誌),60cm×66.5cm(蓋)。

附注:誌下方漫漶,誌及蓋周刻花紋。蓋題指揮使漏刻"指"字。

D302:9430,2 張,2015 年 12 月毛靜捐贈。

1880　李春暢妻汪瓊英墓銘

額題:明故世汪孺人墓銘。

(明)李元撰;(明)李浩書並篆額。明嘉靖七年(1528)十二月十七日葬。江西出土。

正書,15 行,行 17 字;額篆書,橫題,1 行 8 字。拓片,68cm×40cm。

附注:碑形圓首,有方界格。額題上有"日""月"二字。

D302:3311,1 張。

1881　胡瀋及妻張氏墓誌

首題:明故張氏合葬墓誌銘。

(明)趙官撰。明嘉靖九年(1530)六月三日葬。河北永年出土,現藏馬到固村胡氏祠堂。

正書,24 行,行 24 字。拓片,42cm×42cm。

附注:周刻花紋。

D302:9738,1 張。

1882　連茂及妻李氏墓誌並蓋

首題:明壽官林泉處士連公孺人李氏合窆志銘;蓋題:明壽官連公墓志銘。

(明)酈汴撰;(明)楊瓘書并篆蓋。明嘉靖十年(1531)十一月二十日葬。2015 年河北永年出土,現藏裴坡莊連氏祠堂。

誌正書,33 行,行 35 字,擡頭 2 字;蓋篆書,2 行,行 4 字。拓片,76cm×73.5cm(誌),48.5cm×48.5cm(蓋)。

D302:9739,2 張。

1883　王環墓誌並蓋

首題:明聽選官王君墓誌銘;蓋題:明聽選官王君墓誌銘。

(明)何瑭撰;(明)吳守中書;(明)范安篆蓋。明嘉靖十一年(1532)二月十七日葬。1964 年河南博愛縣出土,現藏博愛縣博物館。

誌正書,31 行,行 31 字;蓋篆書,3 行,行 3 字。拓片,54cm×56cm(誌),54.5cm×56cm(蓋)。

附注:誌石右上殘缺。

著録文獻:《焦作師範高等專科學校學報》2016/3。

D302:8743,2 張。

1884　元庭桂及妻李氏墓誌

首題:明元上舍原配李氏合葬誌銘。

(明)鄭尋撰並書。明嘉靖十二年(1533)三月十七日葬。河南安陽湯陰縣出土。

正書,30 行,行 31 字,擡頭 1 字。拓片,54.5cm×54cm。

附注:周刻花邊,石面被鏟損一道。
D302:9180,1 張。

1885　鄭世美墓誌

額題:明故鄭公端三墓銘。

(明)聶蕲撰並書。明嘉靖十二年(1533)十一月十一日葬。江西金溪縣出土。

正書,20 行,行 25 字;額正書,橫題,2 行,上 2 字,下 6 字。拓片,70cm×44cm。

附注:額題下責任者橫題 1 行。碑形圓首,有方界格。文云嘉靖三年饑荒,墓主賑災放糧。
D302:9178,1 張。

1886　賀文有及妻陳氏墓誌並蓋

首題:明故賀公合葬墓誌銘;蓋題:明故賀公合葬墓誌銘。

(明)胡應祥撰;(明)馬璟書;(明)郝騰篆蓋;(明)張道、薛禄刊。明嘉靖十五年(1536)二月十七日合葬。山西稷山縣出土。

誌正書,31 行,行 31 字;蓋篆書,3 行,行 3 字。拓片,64cm×63.5cm(誌),63.5cm×64.5cm(蓋)。

附注:誌蓋周刻花紋。
D302:9860,2 張。

1887　朱厚煜妃陳順卿墓誌

首題:大明趙王故夫人陳氏墓志銘。

(明)朱厚煜撰并書并篆蓋。明嘉靖十五年(1536)閏十二月二十二日葬。河南安陽出土。

正書,20 行,行 20 字。拓片,65.5cm×67cm。

附注:四周刻鳳紋,字迹漫漶不清。
D302:9369,1 張,蓋失拓。

1888　張哲墓誌

首題:明故朝列大夫宗人府儀賓張公墓誌銘。

(明)賈希周撰;(明)胡美書;(明)劉恬篆蓋;(明)張金刊。明嘉靖十九年(1540)十月十二日葬。

正書,24 行,行 24 字。拓片,53.5cm×53.5cm。

附注:據誌文中"涉""龍山""鄴"等地名推測,墓主或葬於河北邯鄲。
D302:10248,1 張,蓋失拓。

1889　胡鐸及妻何氏墓誌並蓋

首題:大明故永年胡處士配何姥袝葬墓誌銘;蓋題:明故何姥袝胡居士誌。

(明)張騍撰並書並篆蓋。明嘉靖二十年(1541)九月七日葬。河北永年出土。

誌正書,35 行,行 35 字;蓋篆書,雙鈎,3 行,行 3 字。拓片,72cm×73cm(誌);46cm×46cm(蓋)。

D302:10389,2 張。

1890　李文墓誌

首題：明故奉政大夫户部雲南司郎中洛南李公墓誌銘。

（明）王邦瑞撰；（明）許諫書；（明）孫應奎篆蓋；（明）楊靜鐫。明嘉靖二十四年（1545）十二月十七日葬。河南洛陽出土。

正書，52行，行52字。拓片，83cm×89cm。

D302:10249,1張。

1891　王鑲及妻雷氏墓誌並蓋

首題：明王君配雷氏合葬墓誌銘；蓋題：明王君配雷氏合葬墓誌銘。

（明）趙瓘撰并書并篆蓋。明嘉靖二十五年（1546）十一月七日葬。

誌正書，24行，行28字，擡頭1字；蓋篆書，4行，行3字。拓片，63cm×63cm（誌），62cm×62cm（蓋）。

附注：誌左右竊曲紋，上下卷草紋。

D302:9179,2張。

1892　官玖墓誌

額題：明故官公國泰墓誌銘。

（明）黃直撰。明嘉靖二十六年（1547）正月八日葬。江西金溪縣出土。

正書，19行，行32字；額篆書，橫題，1行9字。拓片，76cm×46cm。

附注：諱或爲"玫"，字迹不清。碑形圓首，額題上刻雲紋，中有日月兩字。有方界格。

D302:9177,1張。

1893　謝君妻李氏墓誌

首題：大明故先君謝公繼配先母李氏墓誌銘。

（清）謝江撰；（清）李天成書並篆蓋；（清）劉策鐫。明嘉靖二十九年（1550）二月二十五日。河南洛陽出土。

正書，33行，行37字。拓片，74cm×74cm。

著錄文獻：《秦晉豫新出墓誌蒐佚三編》900。

D302:10250,1張。

1894　劉珂及妻索氏靳氏合葬墓誌

首題：明處士劉公配索氏靳氏合葬墓誌銘。

（明）宋之儒撰；（明）常晉魁書；（明）牛希哲篆蓋；（明）常相刻。明嘉靖三十年（1551）八月十七日葬。山西長治出土。

正書，22行，行35字，擡頭1字。拓片，54.5cm×54cm。

D302:9283,1張，蓋失拓。

1895　游勤學墓誌

額題：明故游公勤學墓銘。

（明）游加六撰。明嘉靖三十一年（1552）正月三日葬。江西出土。

正書，15行，行29字左右；額正書，橫題，1行8字。拓片，63cm×35cm。

附注：碑形圓首，有豎界欄，額題上"日""月"二字。墓主字勤學，無諱。

D302:3312,1張。

1896　張鼐妻朱氏墓誌

首題:周藩鎮平開縣縣君墓誌銘。

(明)仝寵撰;(明)梁珠鐫。明嘉靖三十二年(1553)三月十四日葬。河南長葛出土。

正書,27行,行22字,擡頭2字。拓片,45.5cm×52.5cm。

附注:周刻龍紋。誌文云"葬洧水之南祖塋之右",張鼐洧川人,明代洧水流經洧川鎮,今洧川鎮在尉氏縣西南,洧水爲長葛與尉氏兩縣的界河,故出土地今當屬長葛市。

D302:8918,1張。

1897　危浙墓誌

額題:明故危公時六府君墓誌。

明嘉靖三十四年(1555)十二月十六日立。江西臨川出土。

正書,15行,行18字左右;額正書,橫題,1行10字。拓片,35.5cm×41cm。

附注:原刻"嘉靖"作"加靖","浙"右"斤"作"己"。

D302:3313,1張。

1898　禹士弼墓誌

首題:明故國學生北菴禹君墓誌銘。

(明)杜蘭撰;(明)禹貢書。明嘉靖三十四年(1555)十□月二十九日葬。河南安陽湯陰出土。

正書,28行,行27字。拓片,51cm×49.5cm。

D302:10390,1張。

1899　楊以誠墓誌並蓋

首題:明故福建提刑按察司僉事前監察御史豫齋楊公墓誌銘并□;蓋題:閩按察司僉事前監察御史楊公墓誌銘。

(明)楊以正撰;(明)郭進書;(明)彭澄篆蓋。明嘉靖三十七年(1558)八月十三日葬。江西宜春出土。

誌正書,32行,行40字,擡頭1字;蓋篆書,4行,行4字。拓片,69cm×84cm(誌),69cm×83.5cm(蓋)。

附注:誌漫漶甚,誌及蓋周刻花紋。

D302:9431,2張,2015年12月毛靜捐贈。

1900　李守禄及妻邵氏墓誌並蓋

首題:明故處士李君及配邵氏合葬墓誌銘;蓋題:明故處士李君及配邵氏合葬墓誌銘。

(明)郝汝舟撰;(明)樊雲鵬書;(明)衛道篆蓋;(明)張文正鐫。明嘉靖三十八年(1559)九月二日葬。山西夏縣出土。

誌正書,26行,行26字;蓋篆書,3行,行5字。拓片,61cm×63cm(誌),61cm×63cm(蓋)。

附注:後徙"解之安邑"。

D302:9861,2張。

1901　連鑛墓誌並蓋

首題:明總督漕運兼巡撫督察院右副都御史明山連公墓誌銘;蓋題:明督御史連公墓誌銘。

(明)張鰲撰;(明)王用賓書;(明)

張舜臣篆蓋。明嘉靖三十八年（1559）十月吉日誌。河北永年出土，現藏裴坡莊連氏祠堂。

誌正書，45行，行42字，擡頭2字；蓋篆書，雙鉤，3行，行3字。拓片，75cm×78cm（誌），46cm×48.5cm（蓋）。

D302:9740,2張。

1902　劉汝直及妻孫氏墓誌

首題：明故將仕郎劉公配孫氏合葬墓誌銘。

（明）薛承範撰；（明）賈奎篆蓋；（明）薛承賜書；（明）李世富刻。明嘉靖四十年（1561）閏五月七日葬。陝西渭南韓城出土。

正書，22行，行28字。拓片，56cm×56cm。

附注：周刻花紋。

D302:10369,1張。

1903　朱厚煜次妃鄧氏祔葬壙誌

首題：大明趙康王次妃鄧氏祔葬壙誌。

明嘉靖四十年（1561）十月二十八日葬。河南安陽出土。

正書，14行，行15字，擡頭2字。拓片，67cm×69cm。

附注：四周刻鳳紋。

D302:9370,1張。

1904　李文及妻韋氏墓誌

首題：明奉政大夫戶部郎中洛南李□暨配誥封宜人韋氏合葬墓誌銘。

（明）孫應奎撰；（明）張松書；（明）王正國篆蓋；（明）楊天池刻。明嘉靖四十一年（1562）十二月十日葬。河南洛陽出土。

正書，46行，行50字。拓片，80cm×80cm。

D302:10251,1張。

1905　方康山妻張氏墓誌

首題：明故方母孺人張氏墓誌銘。

（明）孫應奎撰；（明）朱用書；（明）張松書蓋；（明）劉策鐫。明嘉靖四十一年（1562）十二月二十二日葬。河南洛陽出土。

誌正書，41行，行44字。拓片，120cm×122cm（含側）。

附注：側刻神獸，周刻花紋。葬月"二"字短橫處有石花，亦或爲"十一月"。

D302:10247,1張，蓋失拓。

1906　謝恩墓誌並蓋

首題：明故光祿寺大官署丞河內丹泉謝公墓誌銘；蓋題：明故光祿寺大官署丞丹泉謝公墓誌銘。

（明）睦檸撰；（明）党以平書；（明）張溶篆蓋。明嘉靖四十三年（1564）三月十九日葬。河南博愛縣出土，現藏博愛縣博物館。

誌正書，41行，行46字，擡頭2字；蓋篆書，4行，行4字。拓片，72cm×70cm（誌），71cm×69cm（蓋）。

附注：蓋四周刻花紋，蓋已碎。

D302:8744,2張。

1907　萬金妻劉氏墓誌

額題：明故母劉氏萬孺人墓誌銘。

明嘉靖四十三年（1564）七月九日葬。江西臨川出土。

正書，15 行，行 22 字；額正書，橫題，1 行 11 字。拓片，64cm×36cm。

附注：碑形圓首，有方界格。額題上有"日""月"二字。

D302:3314,1 張。

1908　湯晴江妻夏氏墓誌

明隆慶四年（1570）二月吉日立。江西餘江出土。

正書，11 行，行 10 字。拓片，33cm×36cm。

D302:3315,1 張。

1909　秦楠及妻徐氏墓誌

首題：明典儀生秦君配碩人徐氏合葬墓誌銘。

（明）徐珮撰；（明）徐瑱書；（明）徐璞篆蓋；（明）王廷玉鐫。明隆慶五年（1571）十二月八日葬。河南安陽縣出土。

正書，32 行，行 39 字，擡頭 1 字。拓片，50.5cm×50.5cm。

D302:9176,1 張，蓋失拓。

1910　劉玘及妻陳氏墓誌

首題：明昭毅將軍協守甘州左副總兵藍谿劉公配封淑人陳氏合葬墓誌銘。

（明）王三命撰；（明）沈源鐫。明隆慶六年（1572）二月十五日葬。陝西西安出土。

正書，31 行，行 35 字。拓片，56cm×56cm。

D302:10370,1 張。

1911　胡著墓誌並蓋

首題：明故庠士胡闇齋墓誌銘；蓋題：明故庠士胡闇齋先生墓誌銘。

（明）李材撰；（明）鄧集書；（明）胡以準篆蓋。明萬曆元年（1573）十月二十六日葬。江西豐城曲江鎮出土。

誌正書，33 行，行 36 字，擡頭 1 字；蓋篆書，4 行，行 3 字。拓片，68cm×69cm（誌），68cm×69cm（蓋）。

附注：誌周刻花紋，蓋周刻鳳凰及花紋。

D302:9432,2 張，2015 年 12 月毛靜捐贈。

1912　連鑛妻王氏墓誌

首題：明連老夫人墓志銘。

（明）宋范撰。明萬曆二年（1574）正月六日葬。河北永年出土，現藏裴坡莊連氏祠堂。

正書，27 行，行 25 字，擡頭 2 字。拓片，43.4cm×43cm。

附注：夫諱據《連鑛墓誌》補。

D302:9741,1 張。

1913　李田及妻武氏墓誌並蓋

首題：明承德郎判山［東青州府事李］公暨元配碩人武氏合葬墓誌銘；蓋題：明承德郎判山東青州府事李公暨元配碩人武氏合葬墓誌銘。

（明）李（下缺）篆蓋。明萬曆二年（1574）閏十二月（下缺）葬。河北永年出土。

誌正書，30 行，行 40 字，擡頭 1 字；

蓋篆書,5 行,行 5 字。拓片,86cm×64cm(誌),52.5cm×54cm。

附注:誌右上、右下角、左上角皆殘缺。

D302:9742,2 張。

1914　胡匡一妻曹氏墓誌

額題:胡母曹氏匡一宜人銘。

明萬曆五年(1577)二月十日葬。江西出土。

正書,10 行,行 15 字;額正書,橫題,1 行 9 字。拓片,64.5cm×43cm。

D302:3317,1 張。

1915　許守和墓誌

首題:明昭信校尉湖南衛百户松亭許公墓誌銘;蓋題:明誥封昭信校尉湖南衛百户松亭許公墓誌銘。

(明)董用威撰;(明)吳三樂書;(明)徐學古篆蓋;(明)劉策鑴。明萬曆六年(1578)七月十二日葬。2005年冬河南洛陽孟津出土。

誌正書,31 行,行 34 字,擡頭 2 字;蓋篆書,5 行,行 4 字。拓片,67cm×67cm。

著錄文獻:《河洛墓刻拾零》506(有蓋)。

D302:8919,1 張,蓋失拓。

1916　熊雲鎬妻高氏墓誌

額題:胡母熊門高氏墓銘。

明萬曆七年(1579)四月二十二日葬。江西臨川出土。

正書,10 行,行 24 字左右;額正書,橫題,1 行 8 字。拓片,49cm×30.5cm。

附注:碑形圓首。

D302:3318。

1917　甯北湖壙記

中題:胡故處士甯公北湖先生壙。

(明)盧文昌撰。明萬曆八年(1580)正月四日葬。江西出土。

正書,8 行,行字不等;中題正書,1 行 11 字。拓片,67cm×37cm。

D302:3319,1 張。

1918　熊瓛宇妻袁氏墓誌

首題:明故熊母袁氏九孺人墓誌。

(明)袁奎撰。明萬曆八年(1580)三月二十一日立。江西臨川出土。

正書,20 行,行 20 字。拓片,55cm×34.5cm。

附注:碑形圓首,有豎界欄。

D302:3320,1 張。

1919　游元益妻丁秀姑墓誌

首題:故母丁氏游孺人墓誌銘。

明萬曆九年(1581)六月十日葬。江西出土。

正書,15 行,行 21 字;額正書,1 行 10 字。拓片,56cm×34cm。

附注:碑形圓首,有方界格。

D302:3321,1 張。

1920　申根及妻李氏墓誌

首題:明趙府審理副申公暨配李氏墓誌銘。

(明)吳定撰;(明)劉芳久書並篆蓋。明萬曆九年(1581)八月八日葬。河南安陽出土。

正書,34 行,行 38 字,擡頭 2 字。拓片,67cm×67cm。

D302:9423,1 張,蓋失拓。

1921　王鎮倫妻李良玉墓誌

首題:王母李氏墓銘。

明萬曆十二年(1584)十一月十二日立。江西臨川出土。

正書,10 行,行 20 字;額正書,1 行 6 字。拓片,56cm×38cm。

附注:碑形圓首,有豎界欄。

D302:3322,1 張。

1922　童里廿三妻劉氏墓誌

額題:明故母劉氏墓誌。

明萬曆十四年(1586)二月九日葬。江西臨川出土。

正書,9 行,行 22 字左右;額正書,橫題,1 行 7 字。拓片,49cm×31cm。

附注:碑形圓首,有方界格。額上刻"日""月"二字在圓圈內。文中年款誤刻成七又改爲二。

D302:3324,1 張。

1923　朱厚煜次妃張氏祔葬墓誌

首題:大明趙康王次妃張氏祔葬誌銘;蓋題:大明趙康王次妃張氏祔葬誌銘。

(明)翟濤撰;(明)鄒臣書;(明)韓希龍篆蓋。明萬曆十四年(1586)十一月六日葬。河南安陽出土。

誌正書,24 行,行 23 字,擡頭 2 字;蓋篆書,3 行,行 5 字。拓片,63cm×63cm。

附注:誌四周刻龍紋。

著錄文獻:《文化安豐》443 前頁(有蓋)。

D302:9371,1 張,蓋失拓。

1924　謝恩妻王氏墓誌並蓋

首題:明故封太孺人謝母王氏合葬墓誌銘;蓋題:大明故封太孺人謝母王氏合葬墓誌銘。

(明)趙用賢撰;(明)王國光書;(明)沈鯉篆蓋。明萬曆十五年(1587)二月二十五日葬。河南博愛縣出土,現藏博愛縣博物館。

誌正書,39 行,行 48 字,擡頭 2 字;蓋篆書,4 行,行 4 字。拓片,92cm×93cm(誌),92cm×93cm(蓋)。

附注:誌與蓋四周均刻花紋。與其夫謝恩合葬。

D302:8745,2 張。

1925　薛鳳德墓誌

首題:明故處士薛公墓誌銘。

(明)程邦圖撰;(明)强自修書並篆蓋。明萬曆十五年(1587)十二月二十六日葬。陝西出土。

正書,23 行,行 26 字。拓片,54cm×54cm。

附注:周刻花邊,誌下部偏右損一塊。

D302:9185,1 張,蓋失拓。

1926　丁桃崖及妻二楊氏合葬墓誌並蓋

首題:明故王相丁公配二楊□□合葬墓誌銘;蓋題:明故王相丁公配二楊氏合葬墓誌銘。

(明)屈恪撰;(明)丁應吉書;(明)丁大有篆蓋。明萬曆十七年(1589)十二月二十□日葬。陝西出土。

誌正書,28行,行32字;蓋正書,雙鉤,3行,行5字。拓片,54cm×57cm(誌),53cm×57cm(蓋)。

附注:周刻花邊,漫漶甚,墓主諱不可辨,號桃崖,丁大有之"有"字有石花,或非"有"。

D302:9186,2張。

1927　吳世達墓誌

首題:明故壽宰吳公忠庵府君墓誌銘;額題:故考忠菴公墓誌銘。

(明)吳孟卿撰;(明)吳本□書。明萬曆十八年(1590)六月十五日葬。江西金溪縣出土。

正書;額正書,4行,行2字。拓片,61.5cm×39cm。

附注:誌碑形圓首,有方界格。書丹人名殘泐。

D302:8604,1張。

1928　姚儼墓誌

首題:(前缺)門縣知縣姚公墓誌銘。

(明)蕭良有撰;(明)陳于陛篆蓋。明萬曆二十一年(1593)二月十一日葬。河北永年出土,現藏河北永年尚古村姚氏祠堂。

正書,35行,行42字,擡頭2字。拓片,89cm×90cm。

附注:右下角刻乙巳歲孟夏(萬曆三十三年四月)改葬款二行。右上、左上下角皆缺,中亦有殘泐,書人名

殘缺。

D302:9743,1張。

1929　劉蕃墓誌並蓋

首題:明壽官劉公墓誌銘;蓋題:明故劉公諱蕃墓誌銘。

(明)尹樂堯撰;(明)韓應庚書;(明)魏可簡篆蓋。明萬曆二十二年(1594)十一月二十二日葬。河北灤南縣出土。

誌正書,28行,行40字,擡頭2字;蓋篆書,雙鉤,3行,行4字。拓片,56.5cm×56.5cm(誌),56cm×56cm(蓋)。

D302:9424,1張,誌蓋合拓。

1930　李杜及妻申氏墓誌

首題:(前缺)大夫陝西按察司按察使李公暨配恭人申氏合葬墓誌銘。

(明)姚三讓撰;(明)蓋國士書;(明)盧大中篆蓋。明萬曆二十三年(1595)十一月二十二日葬。河北永年出土,現藏永年文保所。

正書,44行,行49字,擡頭1字。拓片,74cm×72cm。

附注:有豎界欄,周刻花紋。

D302:9744,1張,蓋失拓。

1931　謝舜六妻熊氏墓誌

額題:日月;額題:故母熊氏謝孺人誌。

(明)謝廷諒撰。明萬曆二十四年(1596)八月一日葬。江西撫州出土,現藏北京大學圖書館。

正書,14行,行31字左右,擡頭1

字。拓片,61cm×36.5cm。

附注:碑形圓首,額題上刻"日""月"二字。誌主卒於明萬曆二十三年正月廿一日。誌石爲2022年1月金蔚捐贈。

D302:10402～-3,各1張。

1932　李春蕃及妻符顯英陳叔悌墓誌

首題:南豐縣李公守愚偕母符氏陳氏孺人墓誌。

明萬曆二十四年(1596)八月二十四日卒。江西南豐縣出土。

正書,16行,行18字。拓片,37cm×45cm。

附注:首題"豐"原刻作"豐"。未云葬年,陳叔悌萬曆二十四年八月二十四日卒後合葬。

D302:9183,1張。

1933　余君妻鄧氏墓誌

首題:明余母鄧氏塸四孺人墓誌銘;額題:余母鄧氏墓誌銘。

(明)余芬撰;(明)余正廷書。明萬曆二十四年(1596)九月十三日葬。江西出土。

正書,16行,行19字;額正書,橫題,1行7字。拓片,56cm×38cm。

附注:首題"誌"原刻作"銊"。

D302:9187,1張。

1934　李毅宇妻張氏墓誌

首題:明故李母張氏孺人内壙。

明萬曆二十六年(1598)十一月三日葬。江西出土。

正書,14行,行15字。拓片,30cm×37cm。

D302:3325,1張。

1935　胡敏墓誌

首題:明處士復齋胡太公墓志銘。

(明)程希道撰;(明)曹蕃書。明萬曆二十八年(1600)六月三十日卒。河北贊皇縣出土,現藏胡氏祠堂。

正書,31行,行40字,擡頭1字。拓片,72cm×69cm。

D302:9745,1張。

1936　王兼鎧墓誌

首題:明故王公墓誌銘。

明萬曆三十年(1602)十二月十日立。江西出土。

正書,8行,行19字;額正書,橫題,1行7字。拓片,43.5cm×29cm。

附注:碑形圓首。

D302:3326,1張。

1937　王廷俊墓誌

額題:王氏墓誌銘。

(明)王應春撰。明萬曆三十二年(1604)十一月葬。江西出土。

正書,13行,行19字;額正書,橫題,1行5字。拓片,48cm×32cm。

附注:碑形圓首,有方界格。

D302:3327,1張。

1938　汪汝相妻崔氏墓誌

首題:大明汪母崔氏墓誌銘。

(明)陳椿撰。明萬曆三十二年(1604)十二月十五日葬。江西出土。

正書,12 行,行 19 字。拓片,59cm×38cm。

附注:有方界格。

D302:9184,1 張。

1939　張强墓誌

首題:明張尚書家幹軍門千總管張强墓志銘。

(明)張元之撰;(明)張欽之書;(明)樊邦訓鎸。明萬曆三十三年(1605)十一月二十六日葬。陝西出土。

正書,34 行,行 30 字。拓片,48cm×50cm。

附注:周刻花邊。

D302:9188,1 張。

1940　趙子仁妻丘氏墓誌

首題:明故浚儀郡趙母丘氏孺人墓誌。

明萬曆三十四年(1606)三月四日葬。江西出土。

正書,18 行,行 18 字。拓片,35cm×41cm。

附注:周刻邊框綫。

D302:9189,1 張。

1941　王鎮廿三墓誌

額題:王公鎮廿三墓誌銘。

明萬曆三十五年(1607)四月五日立。江西臨川出土。

正書,9 行,行 20 字左右;額正書,橫題,1 行 8 字。拓片,47.5cm×31cm。

附注:碑形圓首,有豎界欄。額題上有"日""月"二字。

D302:3329,1 張。

1942　梁煉及妻許氏墓誌並蓋

首題:明故孺人許氏配處士梁君合葬墓誌銘;蓋題:明故孺人許氏配處士梁公合葬墓誌銘。

(明)李日煦撰;(明)梁士弘書;(明)李尚思篆蓋;(明)高仲才刻。明萬曆三十六年(1608)二月二十八日葬。山西曲沃縣出土。

誌正書,34 行,行 29 字;蓋篆書,4 行,行 4 字。拓片,59.5cm×60.5cm(誌),58cm×59cm(蓋)。

附注:蓋周刻竊曲紋。

D302:9190,2 張。

1943　張正蒙墓誌並蓋

首題:明奉直大夫陝西寧州知州菊軒張君墓誌銘;蓋題:明奉直大夫陝西寧州知州菊軒張君墓誌銘。

(明)趙世卿撰;(明)董元學書;(明)陳九疇篆蓋。明萬曆三十七年(1609)四月十九日葬。山東濟南出土。

誌正書,58 行,行 19 字;蓋篆書,4 行,行 5 字。

拓片,39.5cm×155cm。

附注:帖式刻,誌蓋合刻。斷裂爲二。

著錄文獻:《山東圖書館學刊》2019/4。

D302:10400,1 張,2021 年 4 月張鴻鳴捐贈。

1944　張萬德墓誌並蓋

首題:明勅封文林郎望原張公墓誌銘;蓋題:明勅封文林郎七十文翁望

原張公墓誌。

（明）喬應甲撰；（明）王春楨書；（明）馬之麒篆蓋。明萬曆三十七年（1609）十月二十二日葬。山西臨猗縣出土。

誌正書，36 行，行 34 字，擡頭 1 字；蓋篆書，4 行，行 4 字。拓片，79cm×75cm（誌），75cm×83cm（蓋）。

附注：誌蓋皆周刻花邊。子萬曆二十九年進士張士俊。

D302:9182,2 張。

1945　李如圭及妻趙接弟墓誌

首題：明故李公國器府君李母趙氏孺人內壙誌。

明萬曆四十年（1612）正月二日葬。江西出土。

正書，19 行，行 16 字。拓片，33cm×41cm。

D302:3330,1 張。

1946　王秀山妻張氏墓銘

額題：王母張氏孺人墓銘；額題：皇帝万歲。

明萬曆四十一年（1613）正月二十日立。江西出土。

正書，10 行，行 22 字左右；額正書，橫題，1 行 8 字。拓片，43.5cm×32cm。

附注：額上中部刻"皇帝万歲"，兩邊刻"日""月"二字。文中"萬曆"作"万力"。有豎界欄，誌石下款上窄。

D302:3331,1 張。

1947　周頌墓誌

首題：故考周公繼周府君墓誌。

明萬曆四十二年（1614）正月二十九日葬。江西出土。

正書，9 行，行 15 字。拓片，44cm×29cm。

附注：碑形圓首。額有"日""月"二字。

D302:3335,1 張。

1948　脫柱墓誌

首題：明歲貢監生鳳坡脫公墓誌銘。

（明）郭士吉撰；（明）陰覺民書；（明）馮英篆蓋。明萬曆四十二年（1614）十一月十二日葬。河北新河縣東董村出土，現藏脫氏祠堂。

正書，29 行，行 35 字，擡頭 1 字。拓片，53.5cm×53.5cm。

D302:9746,1 張，蓋失拓。

1949　游岑四五墓誌

額題：墓誌銘。

明萬曆四十三年（1615）四月二十四日立。江西出土。

正書，12 行，行 18 字左右；額正書，橫題，1 行 3 字。拓片，41cm×31cm。

附注：碑形圓首。

D302:9848,1 張。

1950　周興母黃氏墓記

首題：明故周母黃氏墓記。

明萬曆四十三年（1615）十一月二十四日葬。江西出土。

正書，12 行，行 16 字。拓片，39cm×39.5cm。

D302:3337,1 張。

1951　李玘妻廖氏墓記
　　明萬曆四十四年（1616）十一月十一日葬。江西出土。
　　正書,14 行,行 16 字。拓片,28cm×35cm。
　　附注:廖氏爲李玘副室。
　　D302:3338,1 張。

1952　張正蒙及妻徐氏墓誌並蓋
　　首題:明奉直大夫陝西寧州知州菊軒張公暨元配孺人徐氏合葬墓誌銘;蓋題:明奉直大夫陝西寧州知州菊軒張公暨元配孺人徐氏合葬墓誌銘。
　　（明）劉亮采撰;（明）陳載春書;（明）董元學篆蓋。明泰昌元年（1620）十二月十一日葬。山東濟南出土。
　　誌正書,66 行,行 19 字,擡頭 1 字;蓋篆書,3 行,行 12 字。
　　拓片,41.5cm×132cm。
　　附注:帖式刻,誌蓋合刻,仿宋字。夫諱據萬曆三十七年《張正蒙墓誌》。前部豎斷裂。
　　著録文獻:《山東圖書館學刊》2019/4。
　　D302:10401,1 張,2021 年 4 月張鴻鳴捐贈。

1953　胡來朝墓誌
　　首題:明中憲大夫資治尹巡撫大同等處贊理軍務都察院右僉都御史光六胡公墓志銘。
　　（明）趙興邦撰;（明）李標書;（明）劉文炳篆蓋。明天啟元年（1621）五月二十八日卒。河北贊皇縣出土。
　　正書,31 行,行 40 字,擡頭 1 字。拓片,56.5cm×55cm。
　　D302:9747,1 張,蓋失拓。

1954　游朝禄墓誌
　　首題:明故游公墓誌銘。
　　明天啟二年（1622）正月二十五日葬。江西臨川出土。
　　正書,17 行,行 13 字;額正書,橫題,1 行 7 字。拓片,直徑 45cm。
　　附注:誌石爲圓形,有方界格。
　　D302:3339,1 張。

1955　陳來朝墓誌
　　首題:明奉政大夫鞏昌府同知陳公墓誌。
　　（明）陳純臣撰。明天啟二年（1622）二月二十日。河南沁陽出土。
　　正書,28 行,行 39 字。拓片,62.5cm×65cm。
　　附注:左下角殘缺,銘文漫漶。
　　D302:10252,1 張。

1956　吳繼川墓誌
　　額題:墓誌銘。
　　明天啟三年（1623）閏十月二十八日立。江西出土。
　　正書,13 行,行 20 字左右;額正書,橫題,1 行 3 字。拓片,43cm×29cm。
　　附注:碑形圓首,下寬上窄,有豎界欄。
　　D302:3341,1 張。

1957　吳本大及妻楊氏張氏合葬墓誌

首題:明故父庠生吳公配前母孺人楊氏母孺人張氏合葬墓誌銘。

(明)吳世能、吳世揚、吳世卿撰并書并篆蓋。明天啟四年(1624)二月十二日葬。1996年河南洛陽出土,現藏洛陽市文物考古研究院。

正書,30行,行32字。拓片,90cm×91cm(含側)。

附注:誌周刻花紋,側刻持笏袍服獸首十二生肖。

D302:8746,1張,蓋失拓。

1958　王寵四二妻丘氏墓誌

額題:王母丘氏墓誌。

(明)丘兆麟撰。明天啟六年(1626)四月一日立。江西臨川出土。

正書,13行,行21字;額正書,橫題,1行6字。拓片,51cm×35cm。

附注:碑形圓首。

D302:3344,1張。

1959　常汝孝墓誌

首題:明敕贈徵仕郎光祿寺大官署署丞前太學生敬齋常公墓誌銘。

(明)李景元撰;(明)費兆元續撰;(明)劉默書;(明)崔維嶽篆蓋。明崇禎元年(1628)九月三日葬。河北邯鄲魏縣出土。

正書,30行,行29字,擡頭1字。拓片,76cm×76cm。

附注:周刻花邊。

D302:9181,1張。

1960　侯世千墓誌並蓋

首題:明嗣泉侯公墓誌銘;蓋題:明嗣泉侯公諱世千墓誌銘蓋。

(明)燕翼撰;(明)李家棟書;(明)段元昇(等)刻。明崇禎二年(1629)九月一日葬。山西出土。

誌正書,27行,行23字;蓋正書,4行,行4字。拓片,55cm×65cm(誌),55cm×65cm(蓋)。

附注:誌、蓋周刻花紋。

D302:9862,2張。

1961　王顯七妻王氏墓誌

額題:王氏孺人墓誌銘。

明崇禎二年(1629)十二月二十日葬。江西臨川出土。

正書,16行,行20字;額正書,橫題,1行7字。拓片,52cm×34cm。

附注:碑形圓首。

D302:3345,1張。

1962　司台衡墓誌並蓋

首題:明河南司台衡茂才墓誌銘;蓋題:皇明邑學生台衡司公墓誌銘。

(明)文翔鳳撰。明崇禎二年(1629)十二月二十三日葬。河南洛陽出土。

誌正書,38行,行57字;蓋篆書,3行,行4字。拓片,93.5cm×94cm(誌),100cm×100cm(蓋,含刹)。

附注:誌四邊刻花紋,蓋素刹。

著錄文獻:《秦晉豫新出墓誌蒐佚》888(誤作衡茂才,葬年亦誤)。

D302:8747,2張。

1963　朱懷㷆妻靳氏墓誌

首題:皇明秦藩宜川郡支誥封輔國中尉宜人靳氏壙誌銘。

(明)朱懷㷆撰;(明)周新命書並篆蓋;(明)卜楨、卜棟鐫。明崇禎三年(1630)十一月九日葬。陝西西安出土。

正書,29行,行38字。拓片,77cm×77cm。

D302:10371,1張。

1964　朱惟爛及妻李氏墓誌

首題:皇明秦藩宜川郡支誥封鎮國中尉古川公恭人李氏合葬壙誌銘。

(明)朱懷㷆撰;(明)周新命書並篆蓋;(明)卜楨、卜棟鐫。明崇禎三年(1630)十一月九日葬。陝西西安出土。

正書,27行,行33字。拓片,89cm×86cm。

D302:10372,1張。

1965　曹守富及妻韓氏墓誌並蓋

首題:明儒官兌峯曹公暨配孺人韓氏墓誌銘;蓋題:明儒官兌峰曹公暨配孺人韓氏墓誌銘。

(明)馬逢皋撰;(明)王觀生書;(明)安三才篆蓋。明崇禎三年(1630)十一月二十七日葬。河南博愛縣出土,現藏博愛縣博物館。

誌正書,24行,行30字;蓋隸書,4行,行4字。拓片,55.5cm×56cm(誌),56cm×55.5cm(蓋)。

附注:誌石下半多鑿痕。

D302:8748,2張。

1966　游姑仔墓誌

額題:墓誌銘。

明崇禎五年(1632)三月九日葬。江西出土。

正書,10行,行16字左右;額正書,橫題,1行3字。拓片,45cm×35cm。

附注:碑形圓首。

D302:5049,1張。

1967　王楠墓誌

首題:王公墓誌;額題:明故考妣王楠朱氏劉氏之墓。

明崇禎六年(1633)三月清明日。河南出土。

正書,12行,行29字。拓片,108cm×42cm。

附注:碑形圓首;周刻波浪紋,額題兩旁刻人物畫像。

D302:8749,1張。

1968　錢懋新妻趙氏墓誌

首題:明故錢母趙氏老孺人墓誌銘。

(明)袁繼咸撰。明崇禎九年(1636)正月十六日葬。江西宜春出土。

正書,25行,行30字。拓片,75cm×77.5cm。

附注:斷裂爲五塊。

D302:9433,1張,2015年12月毛靜捐贈。

1969　寇八公妻洪氏墓誌

額題:墓志名。

明崇禎十年（1637）十二月十八日立。江西出土。

正書，13 行，行 16 字；額正書，橫題，1 行 3 字。拓片，38cm×25cm。

附注：碑形圓首。

D302:9829,1 張。

1970　師實墓誌

首題：明儒學廩膳生員方純師公墓誌銘。

（明）王撫民撰；（明）師彥升書。明崇禎十一年（1638）正月二十一日葬。陝西渭南韓城出土。

正書，26 行，行 35 字，擡頭 1 字。拓片，57cm×59.5cm。

附注：周刻花邊。

D302:9191,1 張。

1971　王鼎新及妻黃氏墓誌並蓋

首題：大明儒學生員王鼎新暨配黃氏合葬墓記；蓋題：大明儒學生員調伯王鼎新原配黃氏合葬之墓。

（明）王戀學撰並書；（明）郭應春刻。明崇禎十三年（1640）正月二十一日葬。陝西出土。

誌正書，18 行，行 20 字；蓋正書，4 行，行 5 字。拓片，60cm×60cm（誌），61cm×62cm（蓋）。

附注：誌及蓋周刻花邊。撰人王戀學，天啟二年進士，《明清進士題名碑錄索引》286 頁，籍貫陝西永昌衛。

D302:9192,2 張。

1972　甘逢虞墓誌并蓋

首題：明處士喜之甘公墓誌銘；蓋題：宜春甘處史墓誌銘。

（明）袁業泗撰。明崇禎十四年（1641）七月穀旦。江西宜春出土。

誌正書，35 行，行 31 字，擡頭 1 字；蓋篆書，2 行，行 4 字。拓片，47cm×51.5cm（誌），48cm×51cm（蓋）。

附注：蓋題兩邊小字"古宜袁業泗爲甘逢虞立 郭橋 崇禎辛巳歲秋七月穀旦"，蓋題"處士"刻作"處史"。蓋題作"七月穀旦"，誌文作"七月望八葬"。墓主諱字"虞"，"广"下原刻作"羽人貝"。

D302:9434,2 張,2015 年 12 月毛靜捐贈。

1973　李升及妻薛氏侯氏張氏合葬墓誌並蓋

首題：明省榮官喬軒李公合葬孺人薛氏侯氏張氏墓誌銘；蓋題：明將仕郎省榮官喬軒李公暨孺薛氏侯氏張氏合葬墓誌銘。

（明）李希模撰。明崇禎十四年（1641）十一月二十四日葬。山西臨猗縣出土。

誌正書，32 行，行 30 字；蓋正書，2 行，行 12 字。拓片，46cm×48cm（誌），47cm×47cm（蓋）。

D302:9863,2 張。

1974　張國紳妻石氏墓誌

首題：明誥封宜人正室石氏壙記。

（明）張國紳撰；（明）趙璧鑴。明崇禎十五年（1642）十一月十八日葬。陝西西安出土。

正書，23 行，行 27 字。拓片，72cm×

78cm。

附注：誌石右下/右上左下殘缺。

D302:10373,1 張。

1975 李培厚墓誌

首題：明河南府□□教諭李公墓誌銘。

（明）傅挺撰；（明）于復真書；（明）王永昇、王永全刊。明崇禎十六年（1643）二月十七日葬。河南濟源出土。

正書,30 行,行 36 字,擡頭 1 字。拓片,52cm×52cm。

附注：右上角殘缺。

D302:8750,1 張。

1976 楊應宰及妻孫氏墓誌並蓋

首題：明故處士近樓楊公暨元配孫氏合葬墓誌銘；蓋題：明故近樓楊公暨元配孫氏合葬墓誌銘。

（明）李僑撰；（明）朱裴書。明崇禎十六年（1643）二月二十日葬。山西聞喜縣出土。

誌正書,28 行,行 27 字；蓋正書,4 行,行 4 字。拓片,62cm×65cm（誌）,63cm×62cm（蓋）。

附注：誌蓋周刻花紋。誌文上橫刻遷葬年款"皆大清順治六年己丑三月初一日遷葬"。

D302:9864,2 張。

1977 夏時奎墓誌

首題：先府君夏公懷江墓誌銘。

（明）夏大夏撰。明崇禎十七年（1644）十月十日葬。江西宜春出土。

正書,24 行,行 39 字,擡頭 1 字。拓片,46cm×57cm。

附注：斷裂爲五塊。

D302:9435,1 張,2015 年 12 月毛靜捐贈。

1978 陳時宜墓誌並蓋

首題：明儒官南峰陳公時宜墓誌銘；蓋題：明儒官南峰陳公時宜墓誌銘。

（明）范潮撰並書；（明）劉相、賀卿刻。明九月六日葬（1368—1644）。河南靈寶出土。

誌正書,28 行,行 29 字；蓋篆書,4 行,行 3 字。拓片,47cm×47.5cm（誌）,48cm×48cm（蓋）。

附注：墓主字時宜。嘉靖二十六年十一月十七日卒。

D302:10374,2 張。

1979 王鑛及妻李氏墓誌

首題：明耆英王翁配李氏合葬墓誌銘。

（明）杜秉彜撰；（明）蔡國熙篆額；（明）李杜書。明（1368—1644）。河北永年出土,現藏永年南沿村王氏祠堂。

正書,30 行,行 39 字。拓片,47cm×46.5cm。

附注：誌石後半漫漶,葬年卒年不可辨。

D302:10391,1 張。

1980 王祚盛妻謝氏墓誌

首題：王母謝氏孺人墓誌銘；額題：

墓誌銘。

（明）王祚盛撰並書。南明永曆二年（1648）五月二十日葬。江西東鄉縣出土。

正書，15 行，行 25 字；額正書，橫題，1 行 3 字。拓片，37cm×33cm。

附注：碑形圓首。

D302：9830，1 張。

1981　師履仁墓誌

首題：邑庠生元一師公墓誌銘。

（清）高來鳳撰；（清）閻和美書；（清）薛明基篆蓋。清順治十年（1653）正月十八日葬。陝西渭南韓城出土。

正書，28 行，行 28 字，擡頭 2 字。拓片，46.5cm×55.5cm。

附注：周刻花邊。

D302：9194，1 張，蓋失拓。

1982　郝宗進墓誌

首題：清待贈新授鴻臚寺序班次臺郝公墓誌銘。

（清）高輔辰撰；（清）姜君弼書；（清）秦文標篆蓋。清順治十四年（1657）四月十三日葬。河北灤南縣出土。

正書，42 行，行 34 字，擡頭 2 字。拓片，59.5cm×75.5cm。

D302：9375，1 張，蓋失拓。

1983　師實妻張氏墓誌

首題：故師祖母孺人張氏墓誌銘。

（清）張顧恒撰；（清）閻和美書；（清）王之友篆蓋。清順治十六年（1659）十二月四日葬。陝西渭南韓城出土。

正書，27 行，行 30 字。拓片，60cm×56cm。

附注：周刻花邊。

D302：9193，1 張，蓋失拓。

1984　李仲熊墓誌並蓋

首題：少參滄嶠李先生誌銘；蓋題：少參滄嶠李先生誌銘。

（清）王清撰；（清）冀如錫書；（清）張潘篆蓋。清康熙六年（1667）十二月三日葬。河北永年出土。

誌正書，32 行，行 39 字，擡頭 1 字；蓋篆書，1 行 9 字。拓片，76cm×76cm（誌），76.5cm×24cm（蓋，未拓全）。

附注：誌周刻竊曲紋。

D302：9748，2 張，誌蓋未拓全。

1985　陳忠義妻程氏墓誌

首題：大清顯妣待贈孺人陳母程氏墓誌銘。

（清）陳朝君撰；（清）陳爾陛書；（清）劉廷賓篆蓋。清康熙四十年（1701）十二月二十日葬。陝西渭南韓城出土。

正書，26 行，行 39 字，擡頭 2 字。拓片，49cm×50cm。

附注：周刻花邊，右上殘損。

D302：9195，1 張，蓋失拓。

1986　呂□如及妻馬氏李氏合葬墓誌並蓋

首題：清待贈鄉飲耆賓呂公馬孺人

李孺人合葬墓誌銘；蓋題：皇清待贈鄉飲耆賓明宇吕公配馬孺人李孺人合葬墓誌銘。

（清）郭治撰；（清）張秉生書。清康熙四十三年（1704）二月二十日葬。山西翼城縣出土。

誌正書，54 行，行 20 字；蓋正書，7 行，行 3 字。拓片，34.5cm×97cm（誌），34.5cm×97cm（蓋）。

附注：帖式刻，二石，誌蓋各一石。吕公諱殘一字，字明宇。

D302:9196,2 張。

1987　高耀參妻張氏墓誌並蓋

首題：皇清待勅贈太孺人高母張氏之墓誌銘；蓋題：皇清侍勅贈太孺人高母張氏之墓誌銘。

（清）解佑啟撰；（清）賈文誼書；（清）衛伯獻篆蓋。清康熙四十四年（1705）九月十二日葬。陝西渭南韓城出土。

誌正書，33 行，行 38 字；蓋篆書，4 行，行 4 字。拓片，68cm×68cm（誌），68cm×68cm（蓋）。

附注：誌與蓋周刻花邊。

D302:9197,2 張。

1988　張弘述墓誌並蓋

首題：清故庠生傳之張公墓誌銘；蓋題：清故顯考庠生傳之張公之墓。

（清）劉蔭樞撰；（清）賈琬書；（清）陳紘篆蓋。清康熙四十六年（1707）十二月六日葬。陝西渭南韓城出土。

誌正書，28 行，行 38 字，擡頭 2 字；蓋篆書，雙鈎，3 行，行 4 字。拓片，64cm×65cm（誌），63.5cm×64cm（蓋）。

附注：誌及蓋周刻花邊。

D302:9198,2 張。

1989　師贊皇妻段氏墓誌

首題：師母孺人墓誌銘。

（清）高掞撰；（清）孫照如書；（清）高堅篆蓋。清康熙四十九年（1710）九月九日葬。陝西渭南韓城出土。

正書，28 行，行 28 字。拓片，54cm×56cm。

附注：贊皇爲其丈夫號。

D302:9200,1 張，蓋失拓。

1990　李帥正墓誌

首題：庚辰進士候選知縣李君墓誌銘。

（清）劉師恕撰；（清）陶彝書；（清）汪升英篆額並篆蓋。清康熙五十二年（1713）十一月十六日。河北永年出土。

正書，24 行，行 36 字。拓片，84cm×76cm。

附注：周刻花紋。

D302:10392,1 張，蓋失拓。

1991　解延祚墓誌並蓋

首題：皇清明經進士原任米脂縣儒學訓導盤山解公墓誌銘；蓋題：皇清明經進士原任米脂縣儒學訓導盤山解公墓誌銘。

（清）解啟聰撰；（清）李煜書；（清）艾爾繩篆蓋。清康熙五十四年（1715）十月十一日葬。陝西渭南韓城出土。

誌正書,37行,行36字,擡頭1字；蓋篆書,5行,行4字,擡頭1字。拓片,58cm×59cm（誌）,60cm×59cm（蓋）。

附注：誌及蓋周刻花邊。

D302:9199,2張。

1992　孫毓英墓誌並蓋

首題：清故處士孫公相廷墓誌銘；蓋題：清故處士孫公相廷之墓誌銘。

（清）張敬修撰；（清）解益□書；（清）高篤生篆蓋。清康熙五十五年（1716）九月十七日葬。陝西渭南韓城出土。

誌正書,23行,行26字；蓋篆書,4行,行3字,擡頭1字。拓片,53cm×52cm（誌）,53cm×52cm（蓋）。

附注：墓主爲孫毓因之兄長,孫毓因清雍正三年（1725）十月二十七日葬。誌及蓋周刻花邊。

D302:9201,2張。

1993　李岱及妻張氏墓誌並蓋

首題：皇清歲進士候銓儒學訓導宗翁李公元配張儒人合葬墓誌銘；蓋題：皇清歲進士候銓儒學訓導宗翁李公元配張孺人合葬墓誌銘。

（清）李毓秀撰；（清）李世牧書；（清）梁開宗篆蓋。清康熙五十七年（1718）八月九日葬。山西絳縣出土。

誌正書,72行,行14字；擡2字；蓋篆書,5行,行5字；擡頭1字。拓片,51.5cm×53cm（誌）,51.5cm×53cm（蓋）。

附注：帖式刻,誌蓋合刻,二截刻。

D302:9865,2張。

1994　文印仲妻薛氏墓誌

首題：皇清待贈孺人文母薛氏墓誌銘。

（清）賈琬撰；（清）文紹昌篆蓋；（清）文健書。清康熙六十一年（1722）四月二日。山西長治出土。

正書,26行,行30字。拓片,55cm×55cm。

附注：印仲爲墓主夫字或號。

D302:10376,1張,2019年王東東捐贈。

1995　孫毓因墓誌並蓋

首題：清處士季濟孫公墓誌銘；蓋題：清故處士孫公季濟之墓誌銘。

（清）吉□撰；（清）孫文漢書；（清）高篤生篆蓋。清雍正三年（1725）十月二十七日葬。陝西渭南韓城出土。

誌正書,29行,24字；蓋篆書,4行,行3字。拓片,45.5cm×35cm（誌）,45.5cm×35.5cm（蓋）。

附注：名諱處有石花,似"毓因"。墓主爲清康熙五十五年（1716）九月十七日葬孫毓英五弟。誌及蓋周刻花邊。

D302:9204,2張。

1996　王學奇及妻羅氏党氏劉氏合葬墓誌

首題：皇清誥封昭勇將軍參府穎叔王公暨配淑人羅氏党氏劉氏合葬墓誌銘。

（清）馬應龍撰；（清）王繩祖書。清

乾隆二年（1737）十一月十九日葬。陝西渭南出土。

正書，41行，行42字，擡頭3字（第一石），17行，行34字，擡頭3字（第二石）。拓片，54cm×53.5cm（第一石），55cm×54.5cm（第二石）。

附注：分刻兩石。

D302:9206,1張。

1997　薛永康墓誌

首題：皇清儒學佾禮生員薛公字寧宇墓誌銘。

（清）王作賓撰。清乾隆二年（1737）十二月二十日葬。陝西渭南韓城出土。

正書，19行，行40字。拓片，51cm×51cm。

附注：漫泐不清，書、撰人名殘泐，爲墓主弟。

D302:9203,1張。

1998　劉廷璧及妻賀氏墓誌並蓋

首題：皇清吏部考授正八品劉公字連城賀孺人合葬墓誌銘；蓋題：皇清考授正八品劉公字連城賀孺人合葬墓誌銘。

（清）呂功撰；（清）薛炎林書；（清）王作賓篆蓋。清乾隆五年（1740）二月二十五日葬。陝西渭南韓城出土。

誌正書，21行，行41、42字；蓋篆書，4行，行5字，擡頭1字。拓片，57cm×57cm（誌），57cm×56cm（蓋）。

附注：誌及蓋頂周刻花邊。

D302:9207,2張。

1999　薛君妻閻氏墓誌

首題：清故閻孺人墓誌銘。

（清）解含章撰；（清）薛錫玠書；（清）解汝楫篆蓋。清乾隆五年（1740）十二月一日葬。陝西出土。

正書，20行，行28字。拓片，47cm×48.5cm。

附注：周刻花邊。

D302:9208,1張,蓋失拓。

2000　孫元吉墓誌

首題：皇清應贈儒林郎候選州同歲貢生大慶孫公墓誌銘。

（清）鄒升恒撰；（清）韓桐書。清乾隆五年（1740）十二月一日葬。河南安陽出土。

正書，26行，行35字。拓片，51cm×53.5cm。

附注：周刻花邊。

D302:9209,1張。

2001　師位及妻張氏墓誌

首題：皇清鄉飲价賓子奠師公暨配張孺人合葬之墓。

（清）王錫璞撰；（清）張志書；（清）薛仁同篆蓋。清乾隆六年（1741）十二月六日葬。陝西渭南韓城出土。

正書，28行，行31字。拓片，48cm×48cm。

附注：周刻花邊。文云"里籍趙西世居井溢與余隴畔相連"，韓城有井溢村。

D302:9210,1張,蓋失拓。

2002　許津及妻馮氏墓誌

首題：皇清國學生濟一許公暨配孺人馮氏合葬墓誌銘。

（清）王汝梅撰；（清）劉渤書；（清）王寧人篆蓋。清乾隆七年（1742）十二月十二日葬。陝西渭南韓城出土。

正書，30行，行35字左右。拓片，59cm×62cm。

附注：周刻花邊。

D302:9211,1張,蓋失拓。

2003　王其靖妻李氏墓誌

首題：皇清李太夫人墓誌銘。

（清）羅謙撰；（清）王炯書；（清）王錫瓚篆蓋。清乾隆八年（1743）十二月十一日葬。山西運城萬榮縣出土。

正書，28行，行25字，擡頭2字。拓片，50cm×59cm。

D302:9212,1張,蓋失拓。

2004　楊泓墓誌

首題：皇清應誥封承務郎邑庠生楊公府君墓誌。

（清）楊克勤等撰。清乾隆九年（1744）十一月十一日葬。江西撫州出土。

正書，32行，行28字。拓片，55cm×60cm。

D302:10253,1張。

2005　陳振興妻祁氏墓誌

首題：皇清敕□貞節孺人陳母祁氏墓誌銘。

（清）陳文旂撰；（清）陳垣訏書；（清）陳垣輔篆蓋。清乾隆十一年（1746）九月一日葬。陝西渭南韓城出土。

正書，29行，行30字，擡頭2字。拓片，46cm×49cm。

附注：周刻花邊。

D302:9213,1張,蓋失拓。

2006　張益及妻李氏墓誌

首題：皇清邑庠生勝友張公暨德配李孺人合葬墓誌銘。

（清）吳照撰；（清）張宗奭書；（清）李經燦篆蓋。清乾隆十七年（1752）三月十二日葬。陝西出土。

正書，27行，行36字，擡頭1字。拓片，59cm×60cm。

附注：周刻蔿曲紋。

D302:9214,1張,蓋失拓。

2007　張霆及妻馮氏墓誌

首題：皇清文學雨蒼張公暨配馮孺人合葬墓誌銘。

（清）李楠撰；（清）張瑞雲書；（清）楊毓芳篆蓋。清乾隆十七年（1752）十月七日葬。陝西三原縣出土。

正書，28行，行32字，擡頭2字。拓片，66cm×66cm。

附注：周刻花邊。

D302:8920,1張,蓋失拓。

2008　□人杰墓誌

首題：浚儀玉書公內券。

（清）湯琮撰。清乾隆十九年（1754）二月二十八日卒。江西南豐縣出土。

正書,15 行,行 25 字;額正書,横題,1 行 3 字。拓片,32cm×23cm。

附注:未出現墓主姓氏,墓主諱人杰字玉書號南峰……浚儀爾立公之幼子。

D302:9831,1 張。

2009　趙大烈墓誌並蓋

首題:清故處士趙公字元勳墓誌銘;蓋題:清故處士趙公字元勳之墓。

(清)程友端撰;(清)李經文書。清乾隆十九年(1754)八月十三日葬。陝西渭南韓城出土。

誌正書,26 行,行 24 字,擡頭 1 字;蓋篆書,4 行,行 3 字,擡頭 1 字。拓片,38cm×53cm(第一石),38cm×53cm(第二石)。

附注:分刻兩石,第一石蓋誌連刻。

D302:9215,2 張。

2010　秦格及妻王氏墓誌並蓋

首題:清故秦公字式之暨孺人王氏合葬墓誌銘;蓋題:清故秦公字式之暨孺人王氏合葬墓誌銘。

(清)郭龍攀撰;(清)党名彥書;(清)秦爐篆蓋。清乾隆二十四年(1759)十月二日葬。陝西出土。

誌正書,31 行,行 30 字,擡頭 1 字;蓋篆書,4 行,行 4 字,擡頭 1 字。拓片,59.5cm×59.5cm(誌),59.5cm×59.5cm(蓋)。

附注:周刻花邊。

D302:9218,2 張。

2011　薛芮墓誌

首題:皇清待贈鄉飲耆賓伯卿薛公墓誌銘。

(清)王汝梅撰;(清)程有覺書。清乾隆二十六年(1761)七月十六日葬。陝西渭南韓城出土。

正、行間書,29 行,行 34 字,擡頭 1 字。拓片,56cm×57.5cm。

D302:9232,1 張。

2012　薛紹興墓誌

首題:(上缺)候選將仕郎盛軒薛公墓誌銘。

(清)陳謀撰;(清)樊沛甲書;(清)張鳳岐篆蓋。清乾隆二十六年(1761)十二月十二日葬。陝西渭南韓城出土。

正書,23 行,行 30 字。拓片,40cm×44cm。

附注:右上角殘缺。

D302:9219,1 張,蓋失拓。

2013　劉天彝妻史氏墓誌

首題:皇清待贈孺人劉母史氏墓誌銘。

(清)薛居寬撰;(清)楊震元書;(清)丁升篆蓋。清乾隆二十六年(1761)十二月二十一日葬。陝西出土。

正書,30 行,行 30 字,擡頭 3 字。拓片,53cm×54cm。

附注:"天彝"爲其夫字。周刻花紋。

D302:9216,1 張,蓋失拓。

2014　許旦宇及妻孫氏墓誌並蓋

首題：皇清佾禮生員旦宇許公暨配孺人孫太君合葬墓誌銘；蓋題：皇清佾禮生員旦宇許公暨配孺人孫太君合葬墓誌銘。

（清）吳照撰；（清）許登魁書；（清）許匡廷篆蓋。清乾隆二十七年（1762）十月十五日葬。陝西出土。

誌正書，28行，行28字；蓋篆書，4行，行6字，擡頭1字。拓片，44.5cm×45.5cm（第一石），45cm×45.5cm（第二石）。

附注：公諱殘泐，字旦宇。誌蓋連刻，誌蓋周刻花邊。

D302:9220,2張。

2015　吳鑑及妻馮氏墓誌並蓋

蓋題：皇清佾禮生員鏡堂吳公暨元配馮孺人合葬墓誌銘。

（清）衛德懷撰；（清）衛復浩書；（清）梁吉登篆蓋。清乾隆二十八年（1763）十月二十四日葬。山西絳縣出土。

誌正書，共54行，行11字；蓋篆書，5行，行4字，擡頭1字。拓片，51cm×51cm（第一石），49.5cm×52cm（第二石）。

附注：帖式刻，分刻二石，二截刻，第一石蓋誌連刻。

D302:9221,2張。

2016　丁德翁及妻卜氏墓誌

首題：皇清顯考鄉飲耆賓丁府君字德翁顯妣孺人卜氏合葬墓誌。

（清）丁森撰；（清）賈應瑞填諱。清乾隆三十年（1765）閏二月九日葬。陝西渭南韓城出土。

正書，27行，行30字。拓片，50cm×50.5cm。

附注："德翁"爲其字，其子撰文，兒子三人丁森、丁楨、丁桂。周刻竊曲紋。

D302:9223,1張。

2017　王明堂及妻朱氏郝氏合葬墓誌並蓋

首題：皇清處士覲侯王公暨配朱孺人郝如人合葬墓誌銘；蓋題：皇清處士覲侯王公暨配朱孺人郝如人合葬墓誌銘。

（清）趙闓撰並書；（清）賈修身篆蓋。清乾隆三十年（1765）十月二十四日葬。山西襄汾縣汾城出土。

誌正書，26行，行29字；蓋篆書，5行，行4字，擡頭2字。拓片，60.5cm×60.5cm（誌），61cm×60cm（蓋）。

附注：誌及蓋周刻竊曲紋。

D302:9222,2張。

2018　薛君妻喬氏墓誌

首題：皇清待贈孺人喬太君墓誌。

（清）薛必盛撰；（清）史在□填諱。清乾隆三十一年（1766）七月八日葬。陝西渭南韓城出土。

正書，21行，行33字，擡頭2字。拓片，63cm×63.5cm。

附注：周刻幾何紋。

D302:9224,1張。

2019　張明雪墓誌

首題:皇清鄉飲義賓子玉張公墓誌銘。

(清)張于飛撰;(清)張宗旭書;(清)黃建中篆蓋。清乾隆三十一年(1766)八月十一日葬。陝西渭南韓城出土。

正書,25行,行26字,擡頭1字。拓片,48cm×50cm。

D302:9225,1張,蓋失拓。

2020　劉棫及妻魏氏繼配李氏孫氏李氏合葬墓誌並蓋

首題:皇清恩賜粟帛鄉飲耆賓梅齊劉公暨原配魏孺人繼配李孺人孫孺人李孺人合葬墓誌銘;蓋題:皇清恩賜粟帛鄉飲耆賓梅齊劉公暨原配魏孺人繼配李孺人孫孺人李孺人合葬墓誌銘。

(清)馬啟泰撰;(清)劉世煜書;(清)張同篆蓋;(清)姚毓臣鐫。清乾隆三十二年(1767)二月十日葬。陝西三原縣出土。

誌正書,45行,行36字,擡頭2字;蓋篆書,5行,行7字,擡頭2字。拓片,72cm×72cm(第一石),72cm×72cm(第二石)。

附注:蓋誌連刻二石,第一石前半蓋題。

D302:9205,2張。

2021　□尚禮墓誌

(清)□文明撰並書。清乾隆三十二年(1767)五月十五日誌。江西出土。

正書,前面16行,行17字,後面14行,行15字。拓片,均38.5cm×38cm。

附注:分刻二面。姓失載,諱尚禮,字伯和,號直菴。此誌是其孫爲祖父撰寫。誌主享年92,自建壽藏,爲宗族建太廟。兒子已故,款爲"承重孫拜誌"。

D302:9832,1張。

2022　雷增盛墓誌

清乾隆三十二年(1767)七月十五日葬。陝西渭南韓城出土。

正書,22行,行23字。拓片,52cm×54cm。

附注:周刻竊曲紋。

D302:9226,1張。

2023　孫大忍墓誌

首題:皇清國子監學生貤贈登仕郎江南江寧府照廳孫府君字太和墓誌。

(清)孫望儀撰;(清)高潤填諱。清乾隆三十三年(1768)十一月八日葬。陝西渭南韓城出土。

正書,共30行,行22字,擡頭2字。拓片,65cm×65cm(第一石),65cm×65cm(第二石)。

附注:分刻二石。

D302:9227,1張。

2024　高霚墓誌並蓋

首題:皇清佾禮生員雨廷高公墓誌銘;蓋題:皇清儀禮生員雨廷高公墓誌銘。

(清)程有覺撰;(清)高樹敏書;

(清)趙紹先篆蓋。清乾隆三十三年(1768)十二月六日葬。陝西渭南韓城出土。

誌正書,32行,行31字,擡頭2字;蓋篆書,3行,行4字,擡頭2字。拓片,64cm×64cm(第一石),64cm×64cm(第二石)。

附注:分刻二石,蓋誌連刻,周刻雲紋。

D302:9229,2張。

2025　鄭潘及妻李氏墓誌並蓋

首題:處士鄭長公暨配李氏合葬墓誌銘;蓋題:處士鄭長公暨配李氏合葬墓誌銘。

(清)王允升撰;(清)李進智書。清乾隆三十四年(1769)十月十一日葬。山西夏縣出土。

誌正書,27行,行32字;蓋篆書,4行,行4字。拓片,55cm×61cm(誌),55cm×60.5cm(蓋)。

附注:周刻綫框。

D302:9231,2張。

2026　陳士選及妻段氏墓誌並蓋

首題:皇清邑庠生萬青陳公暨繼配段孺人合葬墓志銘;蓋題:皇清邑庠生萬青陳公暨繼配孺人段氏合葬墓誌銘。

(清)陳謀撰;(清)陳其策書;(清)陳近思篆蓋。清乾隆三十四年(1769)十一月六日葬。陝西渭南韓城出土。

誌正書,共96行,行13字,擡頭2字;蓋篆書,6行,行4字,擡頭1字。拓片,64cm×65.5cm(第一石),64cm×64cm(第二石)。

附注:分刻兩石,帖式刻,二截刻,周刻花紋。第二石左下角殘缺。

D302:9217,2張。

2027　張銓及妻賈氏墓誌並蓋

蓋題:皇清顯考太學生考授徵仕郎候選州判張公號子衡府君暨配例贈孺人賈太君合葬墓誌。

(清)張國彧撰;(清)李時中填諱。清乾隆三十四年(1769)十二月十二日葬。

誌正書,28行,行28字,擡頭2字;蓋正書,6行,行6字,擡頭1字。拓片,59cm×57.5cm(誌),59cm×58cm(蓋)。

附注:誌蓋周刻花邊。蓋"賈太君","賈"字上覆刻小字二行,右"顯楊"左"妣賈"。蓋左上角衍刻一"元"字。

D302:9230,2張。

2028　李纘緒墓誌並蓋

首題:皇清國學生諱纘緒字奉三墓誌銘;蓋題:皇清太學生諱纘緒字奉三李公墓誌銘。

(清)李堂植撰;(清)郭長藩書。清乾隆三十八年(1773)十月六日葬。河北永年出土。

誌正書,32行,行38字;蓋正書,4行,行4字。拓片,55cm×55.5cm(誌),56cm×55cm(蓋)。

D302:10393,2張。

2029 張金俊張金望兄弟合葬墓誌並蓋

清乾隆三十八年(1773)十一月十九日葬。山西出土。

誌正書,17 行,行 18 字;蓋正書,6 行,行 7 字。拓片,37cm×38cm(誌),35cm×34cm(蓋)。

附注:蓋刻墓地四至。

D302:9866,2 張。

2030 陳希鳴墓誌

首題:清故待誥登仕郎陳公諱希鳴字冠玉號智園姻年伯先生墓誌銘。

(清)林有彬撰。清乾隆三十九年(1774)十一月二十八日葬。江西宜春出土。

正書,20 行,行 50 字左右。拓片,102.5cm×60cm。

附注:碑形。

D302:9436,1 張,2015 年 12 月毛靜捐贈。

2031 張世禄墓誌並蓋

首題:皇清國子監大學生字世俊張公墓誌銘;蓋題:皇清國子監大學生字世俊張公墓誌銘。

(清)衛文煒撰;(清)衛有忍書;(清)衛繩祖篆蓋。清乾隆四十一年(1776)十一月二十四日葬。陝西渭南出土。

誌正書,69 行,行 14 字,擡頭 2 字;蓋篆書,4 行,行 4 字,擡頭 2 字。拓片,59cm×59cm(第一石),56cm×56cm(第二石)。

附注:帖式刻,分刻二石,二截刻,蓋誌連刻。

D302:9234～-2,各 2 張。

2032 李國楨墓誌

(清)李福瑾撰。清乾隆四十五年(1780)葬。江西出土。

正書,15 行,行 21 字左右。拓片,32cm×40.5cm。

D302:9833,1 張。

2033 史弘俠及妻陳氏王氏墓誌並蓋

首題:皇清處士靜庵史公暨元配陳孺人繼配王孺人合葬墓誌銘;蓋題:皇清處士靜庵史公暨元配陳孺人繼配王孺人合葬墓誌銘。

(清)愛作梅撰。清乾隆四十六年(1781)五月一日葬。

誌正書,20 行,行 24 字;擡頭 2 字;蓋篆書,6 行,行 4 字;擡頭 2 字。拓片,58.5cm×58.5cm(誌),57.5cm×58.5cm(蓋)。

附注:周刻花紋。

D302:9867,2 張。

2034 藺沖漢及妻張氏墓誌並蓋

首題:皇清國子監大學生濠川藺公暨配孺人張氏墓誌銘;蓋題:皇清國子監大學生濠川藺公暨配孺人張氏墓誌銘。

(清)吉大泰撰;(清)樊際泰書;(清)高元佑篆蓋。清乾隆四十六年(1781)七月十二日葬。陝西渭南韓城出土。

誌正書,共 38 行,行 24 字;蓋篆書,5 行,行 4 字,擡頭 2 字。拓片,65cm×65.5cm（第一石）,65cm×65cm(第二石)。

附注:分刻二石,蓋誌連刻。

D302:9235,2 張。

2035　劉彥紹及妻白氏墓誌並蓋

首題:皇清待贈劉公字續天暨配白氏太君合葬墓志銘;蓋題:皇清待贈劉公字續天暨配白氏太君合葬墓志銘。

（清）王又樞撰;（清）白又堅書;（清）劉法宗篆蓋。清乾隆四十七年(1782)正月六日葬。陝西郃陽縣出土。

誌正書,共 83 行,行 12 字,擡頭 2 字;蓋篆書,6 行,行 3 字,擡頭 2 字。拓片,52cm×52cm（第一石）,52cm×52cm(第二石)。

附注:帖式刻,分刻二石,二截刻,蓋誌連刻。

D302:9236,2 張。

2036　馬見龍及妻黃氏墓誌

首題:皇清太學生聖瑞馬公暨孺人黃太君墓誌銘。

（清）喬德淵撰並書;（清）姚士年鐫。清乾隆四十七年(1782)十月十六日葬。河南衛輝出土。

正書,30 行,行 28 字,擡頭 2 字。拓片,64cm×64cm。

D302:9237,1 張。

2037　劉爲遠墓誌

（清）何廷臣撰;（清）劉文彩書;（清）李沖□篆蓋。清乾隆四十八年(1783)十一月八日葬。陝西出土。

正書,20 行,行 20 字,擡頭 1 字。拓片,60cm×61cm。

D302:9233,1 張,蓋失拓。

2038　高爾合妻雷氏墓誌並蓋

首題:皇清待贈孺人高母雷氏墓志銘;蓋題:皇清待贈孺人高母雷氏墓志銘。

（清）高汝霖撰;（清）高汝滋填諱;（清）高元輔書並篆蓋。清乾隆五十年(1785)十二月十五日葬。陝西出土。

誌正書,34 行,行 30 字;蓋篆書,3 行,行 4 字,擡頭 2 字。拓片,64cm×64cm(第一石),64.5cm×64.5cm(第二石)。

附注:分刻二石,蓋誌連刻。

D302:9238～－2,各 2 張。

2039　史成鑑及妻衛氏墓誌

首題:皇清上庠生顯考史府君暨妣孺人衛太君合葬墓誌銘。

（清）史在晉撰。清乾隆五十二年(1787)三月四日葬。陝西出土。

正書,26 行,行 30 字,擡頭 2 字。拓片,65.5cm×66cm。

D302:9239,1 張。

2040　徐椿及妻郭氏墓誌

首題:皇清國學生嵩齡徐公洎配郭孺人合葬墓誌銘。

（清）魏中立撰;（清）秦鎬京書;（清）姚瑞人篆蓋。清乾隆五十二年

(1787)十月九日葬。河南南陽出土。

正書,35 行,行 33 字,擡頭 2 字。拓片,65cm×65cm。

附注:周刻花邊,左右刻十字對聯:"哲人云遥碩德喬山並峙,儀容安在芳名汾水齊流。"有方界格。

D302:9282,1 張,蓋失拓。

2041 呂埥墓誌並蓋

首題:皇清大學生深如呂公墓志銘;蓋題:皇清大學生深如呂公墓志銘。

(清)張世煇撰;(清)康紹衣書;(清)張若虛篆蓋。清乾隆五十五年(1790)十一月十日葬。陝西郃陽縣出土。

誌正書,25 行,行 24 字;蓋篆書,4 行,行 3 字,擡頭 1 字。拓片,52cm×52cm(誌),48cm×46cm(蓋)。

D302:9202。

2042 雷遜菴妻高氏墓誌並蓋

首題:皇清待贈太孺人雷母高太君墓誌銘;蓋題:皇清待贈太孺人雷母高太君墓誌銘。

(清)相里健撰;(清)張克昌書;(清)樊登閣篆蓋。清乾隆五十七年(1792)二月二十日葬。陝西渭南韓城出土。

誌正書,共 54 行,行 18 字;蓋篆書,4 行,行 4 字,擡頭 2 字。拓片,65cm×64.5cm(第一石),64.5cm×64.5cm(第二石)。

附注:帖式刻,分刻二石,二截刻,蓋誌連刻,第一石上截誌文與第二石上截誌文相連屬,下截連屬相同。

D302:9240,2 張。

2043 程秩天墓誌

首題:皇清例授登仕佐郎秩天程翁墓誌銘。

(清)楊世勳撰;(清)程侍朝書;(清)程自新篆蓋。清乾隆五十七年(1792)四月一日葬。山西臨汾出土。

正書,28 行,行 27 字,擡頭 2 字。拓片,45.5cm×51cm。

附注:秩天當爲墓主字,誌文未記載其諱。與其弟程存敏同日葬。

D302:9749,1 張,蓋失拓。

2044 程存敏墓誌

首題:皇清儒學增廣生員鈍吾程公墓誌銘。

(清)程大賓撰;(清)程自新書;(清)張培元篆蓋。清乾隆五十七年(1792)四月一日葬。山西臨汾出土。

正書,29 行,行 26 字,擡頭 2 字。拓片,45.5cm×51cm。

附注:與兄程秩天同日葬。

D302:9750,1 張,蓋失拓。

2045 劉鴻訓墓誌並蓋

首題:皇清應贈承務郎敬亭劉太翁老先生墓誌銘;蓋題:劉公墓誌。

(清)杜雲喬撰並書。清乾隆五十八年(1793)十一月十三日。河南鞏義出土。

誌正書,24 行,行 28 字;蓋正書,2 行,行 2 字。拓片,53.5cm×55cm(誌),42.5cm×43cm(蓋)。

2046　馬朝壽墓誌並蓋

蓋題：馬氏墓誌。

（清）邢廷桂撰；（清）董振鐸書。清乾隆五十八年（1793）十二月十一日葬。陝西出土。

誌正書，22 行，行 23 字；蓋正書，2 行，行 2 字。拓片，46cm×46.5cm（誌），46.5cm×46.5cm（蓋）。

附注：首行有一"此"字。

D302:9241,2 張。

2047　楊之仁及妻衡氏墓誌並蓋

首題：皇清國學生靜菴楊公暨元配衡孺人合葬墓誌銘；蓋題：皇清國學生靜菴楊公暨元配衡孺人合葬墓誌銘。

（清）郭緝熙撰；（清）楊世瓚書；（清）楊永清篆蓋。清乾隆五十九年（1794）十月二十五日葬。陝西出土。

誌正書，27 行，行 30 字；蓋篆書，5 行，行 4 字，擡頭 2 字。拓片，50cm×50.5cm（誌），48cm×48cm（蓋）。

D302:9242,2 張。

2048　屈海都及妻王氏墓誌並蓋

蓋題：皇清待贈鄉飲耆賓顯考蓬陵屈府君暨顯妣孺人王太君合葬墓誌。

（清）屈逢源撰。清乾隆五十九年（1794）十一月十一日葬。山西襄汾縣出土。

誌正書，16 行，行 20 字，擡頭 1 字；蓋正書，7 行，行 4 字，擡頭 2 字。拓片，52.5cm×55cm（誌），52.5cm×55.5cm（蓋）。

附注：誌及蓋周刻迴紋。

D302:9243,2 張。

2049　楊建績墓誌並蓋

首題：皇清太學生茂功楊公墓誌銘；蓋題：楊公墓誌。

（清）武開吉撰；（清）武祐吉書並篆蓋。清乾隆六十年（1795）七月四日葬。山西運城萬榮縣出土。

誌正書，25 行，行 32 字；擡頭 2 字；蓋正書，2 行，行 2 字。拓片，62cm×61.5cm（誌），62cm×61.5cm（蓋）。

D302:9869,2 張。

2050　焦盟及妻王氏墓誌並蓋

首題：皇清業儒峻德焦公暨配孺人王氏合葬墓誌銘；蓋題：皇清業儒峻德焦公暨配孺人王氏合葬墓誌銘。

（清）王應祥撰；（清）焦文通書；（清）焦文彥篆蓋。清嘉慶二年（1797）閏六月二十六日葬。陝西渭南韓城出土。

誌正書，共 31 行，行 24 字；蓋篆書，4 行，行 5 字，擡頭 2 字。拓片，50cm×51.5cm（第一石），51cm×51.5cm（第二石）。

附注：分刻二石，蓋誌連刻。

D302:9244,2 張。

2051　楊蘭亭及妻呂氏王氏張氏合葬墓誌並蓋

首題：皇清國學生先考楊府君暨先

妣吕太君繼妣王太君張太君合葬墓誌;蓋題:皇清國學生先考楊府君暨先妣吕太君繼妣王張太君合葬墓誌。

（清）楊青田撰;（清）趙奎壁填諱。清嘉慶二年（1797）十一月二十九日葬。山西曲沃縣出土。

誌正書,20行,行21字;蓋篆書,6行,行4字,擡頭2字。拓片,62cm×62cm（誌）,61.5cm×62cm（蓋）。

附注:誌及蓋周刻綫框。

D302:9245,2張。

2052　王錫朋墓誌並蓋

首題:皇清待贈修職郎候銓儒學教諭恩進士巨卿王公墓誌銘;蓋題:皇清恩進士巨卿王府君墓誌。

（清）韓焕撰並書。清嘉慶四年（1799）五月十二日葬。山西河津出土。

誌正書,29行,行32字,擡頭2字;蓋正書,4行,行3字,擡頭2字。拓片,54cm×55cm（誌）,50cm×49cm（蓋）。

D302:9870,2張。

2053　張鍾瑚墓誌並蓋

蓋題:皇清鄉飲耆賓夏玉張公八老人墓誌銘。

（清）許壽山撰;（清）王體豫書;（清）王思恒篆蓋。清嘉慶五年（1800）八月十五日葬。山西出土。

誌正書,第1石38行,第2石57行,行12字,擡頭2字;蓋篆書,5行,行3字,擡頭2字。拓片,30cm×155cm（第一張）,30cm×155cm（第二張）。

附注:帖式刻,分刻二石,蓋誌連刻,周刻花紋。

D302:9751,2張。

2054　王仲罌墓誌

首題:皇清處士式弟號象鼎王公暨元配馮氏合葬墓誌銘。

（清）王象鼎撰;（清）王象顔篆蓋;（清）王象澧書。清嘉慶六年（1801）九月十日。陝西渭南韓城出土。

正書,27行,行25字。拓片,66cm×68.5cm。

附注:銘篆書。

D302:10377,1張,2019年王東東捐贈。

2055　郭秉敘墓誌並蓋

首題:皇清處士顯考敇典郭府君墓誌;蓋題:皇清處士顯考敇典郭府君墓誌。

（清）郭璿撰;（清）崔乃鈞填諱。清嘉慶七年（1802）九月十六日葬。山西聞喜縣出土。

誌正書,25行,行22字,擡2字;蓋篆書,4行,行3字,擡頭2字。拓片,36cm×36cm（誌）,34cm×34cm（蓋）。

D302:9871,2張。

2056　曹雲程及妻李氏文氏合葬墓誌並蓋

首題:皇清處士諱雲程暨李孺人文孺人合葬墓誌銘;蓋題:承先啟後。

清嘉慶十四年（1809）三月二十五日葬。山西襄汾縣出土。

誌正書,24行,行23字;蓋正書,2行,行2字。拓片,43.5cm×43cm

（誌），43.5cm×43cm（蓋）。

附注：墓及蓋周刻迴紋，末行填地四至。

D302:9246,2張。

2057　李良宗墓誌

清嘉慶十五年（1810）三月二十八日葬。江西南豐縣出土。

正書,9行,行16字。拓片,39cm×26cm。

D302:8605,1張。

2058　李良宗妻劉氏墓誌

清嘉慶十五年（1810）三月二十八日葬。江西南豐縣出土。

正書,9行,行16字。拓片,38cm×26cm。

附注：夫諱據同日葬《李良宗墓誌》補。

D302:8606,1張。

2059　梁爾欽及妻仇氏墓誌並蓋

首題：先祖考暨先祖妣合葬墓誌銘；蓋題：皇清處士梁長公暨配孺人仇太君合葬墓誌銘。

（清）梁魚孚撰；（清）劉景泰填諱；（清）張陟雲書；（清）仇攀香篆蓋。清嘉慶十六年（1811）十月二十七日刻。山西聞喜縣出土。

誌正書,30行,行38字；蓋篆書,4行,行5字。拓片,47.5cm×47.5cm（誌）,44cm×43cm（蓋）。

D302:9872,2張。

2060　范文明墓誌並蓋

首題：瑞南范公墓誌銘；蓋題：瑞南范公墓誌銘蓋。

（清）楊立撰；（清）荆毓璠書並篆蓋。清嘉慶十七年（1812）十月八日葬。山西臨猗縣出土。

誌正書,35行,行28字；蓋正書,4行,行2字。拓片,48cm×58cm（誌）,47cm×58cm（蓋）。

D302:9873,2張。

2061　崔業暢及妻張氏墓誌並蓋

首題：[皇]清待贈道生崔公暨副室張氏合葬墓誌銘；蓋題：皇清待贈道生崔公暨副室張氏合葬墓誌銘。

（清）孫有慶撰；（清）王育才書並篆蓋。清嘉慶十八年（1813）正月下旬葬。山西曲沃縣出土。

誌正書,30行,行30字；蓋篆書,5行,行4字,擡頭2字。拓片,45.5cm×45.5cm（蓋）,44cm×44cm（誌）。

D302:9247,2張。

2062　高成章墓誌並蓋

首題：皇清國子監大學生斐然高公墓誌銘；蓋題：皇清國子監大學生斐然高公墓誌銘。

（清）張億齡撰；（清）孫統邦書；（清）趙德彰篆蓋。清嘉慶二十年（1815）十月十五日葬。陝西渭南韓城出土。

誌正書,78行,行14字；蓋篆書,4行,行4字,擡頭1字。拓片,56cm×56.5cm（第一石）,56cm×56.5cm（第二石)。

附注:帖式刻,分刻二石,二截刻,蓋誌連刻。

D302:9248,2張。

2063　張士俊妻李氏墓誌並蓋

首題:皇清待贈孺人顯妣李太君墓誌銘;蓋題:皇清例贈孺人顯妣李太君墓誌銘。

(清)張思敬撰;(清)孫李謙填諱。清嘉慶二十一年(1816)十二月十一日葬。陝西渭南韓城出土。

誌正書,39行,行20字,擡頭1字;蓋篆書,2行,行11字。拓片,50cm×51.5cm(第一石),50cm×51.5cm(第二石)。

附注:分刻二石,蓋誌連刻。

D302:9249,2張。

2064　雷風會及妻秦氏墓誌並蓋

首題:皇清太學生南池雷公暨原配秦孺人合葬墓誌銘;蓋題:皇清太學生南池雷公暨原配秦孺人合葬墓誌銘并序。

(清)雷茂先撰;(清)秦元泰書。清嘉慶二十三年(1818)九月二十六日葬。陝西郃陽縣出土。

誌正書,28行,行28字,擡頭2字;蓋篆書,5行,行5字,擡頭1字。拓片,54.5cm×55cm(誌),52cm×54cm(蓋)。

D302:9250,2張。

2065　董澂及妻過氏墓誌並蓋

首題:皇清處士清齋顯伯父暨元配顯伯母過孺人合葬墓誌銘;蓋題:皇清處士清齋董公暨元配過孺人合葬墓誌蓋。

(清)董如璧等撰。清嘉慶二十三年(1818)十二月二日葬。山西夏縣出土。

誌正書,21行,25字;蓋正書,4行,行5字。拓片,51.5cm×53.5cm(誌),47cm×48.5cm(蓋)。

附注:年款後刻"孫春元妻武氏藏石"。誌文云其孫春元於嘉慶二十年四月十日卒。

D302:9874,2張。

2066　孫作旺及妻雷氏墓誌並蓋

首題:皇清儒學佾禮生員裕若孫公暨德配雷氏合葬墓誌銘;蓋題:皇清儒學佾禮生員裕若孫公暨德配孺人雷氏合葬墓誌銘。

(清)雷兆元撰;(清)劉守和書;(清)劉掄篆蓋。清道光二年(1822)六月二十六日葬。陝西渭南韓城出土。

誌正書,共68行,行12字;蓋篆書,6行,行4字,擡頭2字。拓片,60.5cm×61cm(第一石),60.5cm×61cm(第二石)。

附注:帖式刻,分刻二石,二截刻,蓋誌連刻。

D302:9228,2張。

2067　王中亮墓誌磚

首題:中亮王公墓誌。

(清)王秀撰。清道光三年(1823)十一月二日葬。河南洛陽孟津出土。

正書,15 行,行 15 字。拓片,42.5cm×41.5cm。

附注:此爲磚製,豎斷爲二。

D302:10255,1 張。

2068　王淮墓誌

（清）王佩蘭撰；（清）任汝修填諱并篆蓋。清道光四年（1824）十一月四日瘞石。陝西出土。

正書,20 行,行 12 字。拓片,29cm×56cm。

D302:9251,1 張,蓋失拓。

2069　張鵬翺及妻郭氏墓誌並蓋

首題:皇清鄉飲耆賓如九張公暨配郭孺人合葬墓誌銘；蓋題:皇清鄉飲耆賓如九張公暨配郭孺人合葬墓誌銘。

（清）梁人傑撰；（清）閻郁文書；（清）李軒篆蓋。清道光五年（1825）三月二十八日葬。山西曲沃縣出土。

誌正書,25 行,行 30 字,擡頭 2 字；蓋篆書,6 行,行 3 字,擡頭 2 字。拓片,46.5cm×46.5cm（誌）,45cm×45cm（蓋）。

D302:9254,2 張。

2070　趙士和及妻楊氏墓誌並蓋

首題:皇清例贈文林郎太學生惠介趙公暨元配例贈孺人楊太君合葬墓誌銘；蓋題:皇清例贈文林郎太學生惠介趙公暨元配例贈孺人楊太君合葬墓誌銘。

（清）康無逸撰；（清）許濂書。清道光五年（1825）四月十六日葬。山西曲沃縣出土。

誌正書,30 行,行 32 字；蓋篆書,6 行,行 5 字,擡頭 2 字。拓片,47.5cm×49cm（誌）,56cm×57cm（蓋）。

附注:誌及蓋周刻花邊。

D302:9253,2 張。

2071　孫永甲墓誌並蓋

首題:皇清大學生鄉飲价賓樸齋孫公墓誌銘；蓋題:皇清大學生鄉飲价賓樸齋孫公墓誌銘。

（清）衛自新撰；（清）樊夢蘭書；（清）許元佐篆蓋。清道光五年（1825）十月二十七日葬。陝西出土。

誌正書,34 行,行 22 字；蓋篆書,2 行,行 13 字,擡頭 2 字。拓片,57cm×58cm（第一石）,57cm×58cm（第二石）。

附注:分刻二石,蓋誌連刻,第一石左下角殘缺。

D302:9252,2 張。

2072　王壎時墓誌並蓋

首題:皇清勅授修職郎浙江紹興府山陰縣縣丞前任甘肅古浪縣訓導對溪王公墓誌銘；蓋題:皇清勅授修職郎浙江紹興府山陰縣縣丞前任甘肅涼州府古浪縣訓導對溪王公墓志銘。

（清）劉重麟撰；（清）張光燾書；（清）王志融篆蓋。清道光八年（1828）三月一日葬。陝西渭南韓城出土。

誌正書,79 行,行 13 字,擡頭 2 字；蓋篆書,6 行,行 6 字,擡頭 2 字。拓片,68cm×68cm（第一石）,67cm×

67cm(第二石)。

附注:帖式刻,二截刻,分刻二石,蓋誌連刻。第一石右上角斷裂一塊,第二石左上角缺損一塊。

D302:9255,2 張。

2073　任勷周及妻上官氏李氏合葬墓誌並蓋

首題:皇清太學生國楨任公暨元配上官孺人副室李孺人合葬墓誌銘;蓋題:皇清太學生國楨任公暨元配上官孺人副室李孺人合葬墓誌銘。

(清)徐劍光撰;(清)常聯甲書;(清)林捷音篆蓋。清道光八年(1828)七月十五日葬。陝西出土。

誌正書,30 行,行 34 字,擡頭 2 字;蓋篆書,6 行,行 4 字,擡頭 2 字。拓片,44cm×43.5cm(誌),45cm×45cm(蓋)。

D302:9257,2 張。

2074　鄭協祖墓誌並蓋

首題:皇清鄉飲耆賓慰詒鄭公墓誌銘;蓋題:皇清鄉飲耆賓慰詒鄭公墓誌。

(清)房守楷撰;(清)許珂鳴書;(清)李寅世篆蓋。清道光八年(1828)十一月八日葬。山西曲沃縣出土。

誌正書,42 行,行 23 字,擡頭 2 字;蓋篆書,5 行,行 2 字,擡頭 2 字。拓片,31cm×63cm(誌),33cm×65cm(蓋)。

D302:9256,2 張。

2075　李青雲及妻趙氏墓誌並蓋

首題:皇清例授儒林郎候選直隸州州同扶九李公暨德配例封安人趙安人合葬墓誌銘;蓋題:皇清例授儒林郎候選直隸州州同扶九李公暨德配例封安人趙安人合葬墓誌銘。

(清)李天隮撰;(清)尉焕軫書;(清)尉焕昇篆蓋。清道光九年(1829)十一月一日葬。山西汾城出土。

誌正書,36 行,行 46 字,擡頭 2 字;蓋篆書,6 行,行 5 字,擡頭 2 字。拓片,64cm×63.5cm(誌),64cm×64cm(蓋)。

附注:誌蓋周刻花鳥紋。

D302:9258,2 張。

2076　薛鼎軒妻王氏墓誌並蓋

首題:皇清薛母王孺人墓誌銘;蓋題:皇清薛母王孺人墓誌銘。

(清)强逢泰撰;(清)高佐清書;(清)孫繼志篆蓋。清道光九年(1829)十一月一日葬。陝西出土。

誌正書,43 行,行 23 字,擡頭 2 字;蓋篆書,1 行 10 字。拓片,63.5cm×63.5cm(第一石),63cm×63cm(第二石)。

附注:分刻二石,蓋誌連刻,夫諱未載,"鼎軒"爲其字號。

D302:9259,2 張。

2077　張愿及妻鄭氏尉氏廉氏吳氏賀氏丁氏副配丁氏合葬墓誌並蓋

首題:皇清例授儒林郎吏部候選直

隸州州同加二級謹厚張公暨德配鄭安人尉安人廉安人吳安人賀安人丁安人副配丁如人合葬墓誌銘；蓋題：皇清例授儒林郎吏部候選直隸州州同加二級謹厚張公暨德配鄭安人尉安人廉安人吳安人賀安人丁安人副配丁如人合葬墓誌銘。

（清）張庚午撰；（清）王汝謨書並篆蓋。清道光九年（1829）十一月十日葬。山西襄汾縣出土。

誌正書，44行，行44字，擡頭2字；蓋篆書，7行，行8字，擡頭2字。拓片，70cm×70cm（誌），70cm×70cm（蓋）。

附注：誌及蓋周刻花邊。

D302:9260,2張。

2078　史如峭及妻李氏墓誌並蓋

首題：皇清邑庠生員有本史公暨元配李孺人合葬墓誌銘；蓋題：皇清邑庠生員有本史公暨元配李孺人合葬墓誌銘。

（清）張雲從撰並書。清道光九年（1829）十一月十八日葬。山西襄汾縣出土。

誌正書，27行，行28字，擡頭2字；蓋正書，5行，行4字，擡頭2字。拓片，49cm×49cm（誌），47cm×46cm（蓋）。

附注："峭"原刻作上"山"下"眉"。

D302:9262,2張。

2079　郭志遜妻郭氏墓誌並蓋

首題：皇清待贈大閫範郭母郭孺人墓誌銘；蓋題：皇清待贈大閫範郭母郭孺人墓誌銘。

（清）耿維新撰並書。清道光十二年（1832）九月二十四日葬。陝西出土。

誌正書，19行，行30字；蓋正書，2行，行9字。拓片，62.5cm×62cm（誌），62cm×62cm（蓋）。

附注：誌及蓋周刻波浪紋。

D302:9263,2張。

2080　杜杉及妻張氏劉氏衛氏合葬墓誌並蓋

首題：[皇清]奉直大夫布政司經歷加二級鄉飲大賓達天杜公暨德配誥贈宜人張宜人誥封宜人劉宜人庶配衛[氏合葬墓誌]銘；蓋題：皇清誥授奉直大夫布政司經歷加二級鄉飲大賓達天杜公暨德配誥贈宜人張宜人誥封宜人劉宜人庶配衛氏合葬墓誌銘。

（清）易桐撰；（清）衛聯登書；（清）段振綱篆蓋。清道光十二年（1832）十一月十二日葬。山西稷山縣出土。

誌正書，42行，行存48字，擡頭2字；蓋篆書，7行，行7字，擡頭2字。拓片，69cm×69cm（誌），69cm×71cm（蓋）。

D302:9261,2張,上下部分失拓。

2081　牛壽山妻王氏墓誌並蓋

首題：皇清待贈孺人王太君墓碣銘；蓋題：皇清待贈孺人王太君墓碣銘。

（清）楊向順撰；（清）夏雲岫書；（清）尋步月篆蓋。清道光十五年

(1835)八月十五日。山西運城萬榮縣出土。

誌正書,47行,行20字。拓片,30.5cm×108cm。

附注:帖式刻,誌蓋合刻。年款上刻榮河縣官印。

D302:9875,2張。

2082　關立行及妻李氏光氏魏氏合葬墓誌

首題:大清處士道生關府君暨嫡妣李太君庶妣光太君生妣魏太君合葬墓誌。

(清)關持誥撰。清道光十六年(1836)十月十四日葬。山西襄汾縣出土。

正書,共46行,行28字,擡頭2字。拓片,56cm×57.5cm(第一石),56cm×57.5cm(第二石)。

附注:分刻二石,周刻饕餮紋。

D302:9264,1張。

2083　馬濟勝墓誌

首題:皇清誥授榮祿大夫振威將軍御前侍衛贈太子太保欽賜西哩德克巴圖魯賞戴雙眼花翎紫禁城騎馬福建全省陸路提督欽賜男爵世襲晉子爵世襲謚昭武馬公墓誌銘。

(清)周凱撰;(清)托渾布書。清道光十七年(1837)八月二十日葬。河南濟源盤谷出土,現藏濟源濟瀆廟。

正書,共4截,203行,行18字。拓片,104cm×63cm(第一石),104cm×63cm(第二石)。

附注:分刻兩石,帖式刻,每石二截,共四截;第一石左下角殘缺,第二石左下角殘缺。

D302:8751,1張。

2084　王景清及妻楊氏墓誌並蓋

首題:敕授武翼都尉三品遊擊加一級紀錄三次欽加武義都尉參府職銜敬堂王公暨德配誥贈淑人楊太君墓志銘;蓋題:敕授武翼都尉三品遊擊加一級紀錄三次欽加武義都尉參府職銜敬堂王公暨德配誥贈淑人楊太君墓志銘;籤題:敕授武翼都尉三品遊擊加一級紀錄三次欽加武義都尉參府職銜敬堂王公暨德配誥贈淑人楊太君墓志銘行述并附。

(清)葉繼儀撰;(清)雷恩沛書;(清)魏海金書蓋;(清)朱良桂鐫。清道光十九年(1839)正月二十九日葬。陝西出土。

誌正書,共76行,行9字;蓋篆書,共12行,行4字。拓片,63cm×80cm(第一石),62.5cm×81cm(第二石)。

附注:分刻二石,帖式刻,二截,蓋誌連刻,前刻題籤。

D302:9265,2張。

2085　晉泰成墓誌並蓋

首題:皇清例授儒林郎布政司理問煥觀晉公墓誌銘;蓋題:皇清例授儒林郎煥觀晉公墓誌蓋。

(清)晉泰昌撰;(清)晉太和書;(清)晉富貴誌。清道光十九年(1839)十二月十日。山西夏縣出土。

誌正書,22行,行28字,擡頭2字;蓋正書,4行,行3字,擡頭2字。拓片,48cm×48cm(誌),45cm×44cm(蓋)。

D302:9876,2張。

2086　王安靜墓誌

首題:敕授武信郎兵部揀詮守府吏部候選都運府王公墓誌。

(清)武同倫撰並書。清道光二十年(1840)三月十二日葬。山西運城萬榮縣出土。

正書,34行,行30字,擡頭2字。拓片,50cm×60cm。

附注:周刻花紋。

D302:9877,1張。

2087　薛泰永及妻甯氏墓誌並蓋

首題:皇清欽賜壽帛瑞亭薛公暨德配甯孺人合葬墓誌銘;蓋題:皇清欽賜壽帛瑞亭薛公暨德配甯孺人合葬墓誌銘。

(清)馬騰月撰;(清)薛際庚書;(清)孫繼事篆蓋。清道光二十一年(1841)三月二十四日葬。陝西渭南韓城出土。

誌正書,共82行,行15字,擡頭2字;蓋篆書,共5行,行4字,擡頭2字。拓片,55cm×55.5cm(第一石),55cm×55.5cm(第二石)。

附注:分刻二石,帖式刻,二截刻,蓋誌連刻。

D302:9266,2張。

2088　陰興全及妻柴氏墓誌並蓋

首題:皇清國學生鄉飲介賓雍德陰公暨德配柴太君合葬墓誌銘;蓋題:皇清大學生鄉飲介賓雍德陰公暨德配柴太君合葬墓誌銘。

(清)王國幹撰;(清)鄭昭書。清道光二十四年(1844)七月十二日合葬。山西夏縣出土。

誌正書,28行,行28字,擡頭2字;蓋正書,6行,行4字,擡頭2字。拓片,48cm×47cm(誌),43cm×44cm(蓋)。

D302:9878,2張。

2089　張遵柄及妻雷氏王氏合葬墓誌並蓋

首題:皇清增廣生員香齋張老夫子暨配雷太君王太君合葬墓誌銘;蓋題:皇清增廣生員香齋張老夫子暨配雷太君王太君合葬墓誌銘。

(清)張夢潮撰;(清)黃秉彝書。清道光二十五年(1845)六月二日葬。山西聞喜縣出土。

誌正書,29行,行28字;蓋篆書,5行,行5字,擡頭1字。拓片,35cm×36cm(誌),35cm×33cm(蓋)。

D302:9879,2張。

2090　白既曜及妻楊氏墓誌並蓋

首題:皇清國學生白濟菴暨元配楊太君合葬墓誌銘;蓋題:皇清國學生白濟菴暨元配楊太君合葬墓誌銘。

(清)白練撰並書。清道光二十五年(1845)九月二十八日葬。山西夏縣出土。

誌正書,27行,行26字,擡頭2字;蓋正書,5行,行4字,擡頭2字。拓片,40cm×40.5cm(誌),37cm×37cm

（蓋）。

D302:9267,2 張。

2091　吕成功墓誌

首題：皇清例授奉直大夫建庵吕公墓誌銘。

（清）吕成肇，吕成旭撰。清道光二十六年（1846）八月八日。河南洛陽出土。

正書，21 行，行 20 字。拓片，45cm×45cm。

D302:10378,1 張，2019 年王東東捐贈。

2092　劉敬業及妻胡氏墓誌並蓋

首題：皇清國子監大學生鄉飲价賓恪翁劉府君暨德配孺人胡太君合葬墓誌銘；蓋題：皇清國子監大學生鄉飲价賓恪翁劉府君暨德配孺人胡太君合葬墓誌銘。

（清）解其選撰；（清）劉文選書；（清）劉錫俊篆蓋。清道光二十八年（1848）二月十日葬。陝西出土。

誌正書，80 行，行 16 字，擡頭 2 字；蓋篆書，6 行，行 5 字，擡頭 2 字。拓片，65cm×65cm（第一石），64.5cm×65.5cm（第二石）。

附注：分刻二石，帖式刻，二截刻，蓋誌連刻。

D302:9268,2 張。

2093　薛學孟墓誌並蓋

首題：皇清國子監太學生鄉飲介賓孔傳薛公墓誌銘；蓋題：皇清太學生鄉飲介賓孔傳薛公墓誌銘。

（清）秦漢章撰；（清）聶應騁書。清道光二十八年（1848）九月十日。山西運城出土。

誌正書，26 行，行 33 字，擡頭 2 字；蓋篆書，4 行，行 4 字。拓片，53cm×53cm（誌），49cm×48cm（蓋）。

D302:9880,2 張。

2094　聶德清母張氏墓誌

首題：皇清敕封八品孺人張太君墓誌銘。

（清）武同倫撰並書。清道光二十八年（1848）十一月九日葬。山西出土。

正書，22 行，行 32 字。拓片，55cm×56cm。

D302:9881,1 張。

2095　趙復元及妻鄭氏墓誌

首題：皇清國子太學生趙公復元德配孺人（下泐）。

清道光二十九年（1849）二月穀旦。河南濟源出土，現藏濟源市博物館。

正書，27 行，行 26 字。拓片，57cm×56cm。

附注：誌邊刻單綫框。右下角缺失，撰文人名缺失。

D302:8752,1 張。

2096　王殿楹及妻趙氏墓誌並蓋

首題：皇清例授修職佐郎議敘鹽知事丹亭王公墓誌銘；蓋題：皇清例授修職佐郎議敘鹽知事丹亭王公暨趙孺人合葬墓誌銘。

（清）李端志撰；（清）張恩詔書。清

道光二十九年(1849)閏四月十日葬。山西翼城縣出土。

誌正書,25行,行23字;蓋正書,8行,行3字,擡頭2字。拓片,33.5cm×49cm(誌),32.5cm×48cm(蓋)。

D302:9269,2張。

2097　趙德椿墓誌

清咸豐二年(1852)七月十六日葬。江西出土。

正書,12行,行24字。拓片,40cm×25.5cm。

D302:9834,1張。

2098　蕭尚綱墓誌

清咸豐二年(1852)十一月十四日葬。江西出土。

正書,15行,行18字。拓片,73cm×55cm。

D302:9835,1張。

2099　韓金堂及妻張氏康氏王氏張氏合葬墓誌

首題:皇清太學生希柳韓公暨德配張康王張孺人合葬墓誌銘。

(清)杜正詩撰;(清)張照巖書並篆蓋。清咸豐三年(1853)三月八日葬。河南孟州出土。

正書,36行,行14字。拓片,31.5cm×75cm。

D302:8753,1張。

2100　劉圭璋墓誌並蓋

首題:皇清例授武略騎尉戊午科舉人信侯劉公墓誌銘;蓋題:皇清例授武略騎尉戊午科舉人信侯劉公墓誌銘。

(清)劉效曾撰;(清)桑凌雲填諱;(清)劉輔清書;(清)王文尉篆蓋;(清)張昌言鐫。清咸豐三年(1853)六月十一日葬。陝西渭南韓城出土。

誌正書,共44行,行28字,擡頭2字;蓋篆書,2行,行10字,擡頭2字。拓片,58cm×58cm(第一石),59cm×58cm(第二石)。

附注:分刻二石,蓋誌連刻,有方界格。

D302:9271,2張。

2101　劉效閔墓誌並蓋

首題:皇清例授修職郎吏部候銓分縣汶谷劉公墓誌銘;蓋題:皇清例授修職郎吏部候選分縣汶谷劉公墓誌銘。

(清)劉輔清撰;(清)張泰陞書;(清)梅慰林篆蓋。清咸豐三年(1853)六月十一日葬。陝西渭南韓城出土。

誌正書,34行,行26字,擡頭2字;蓋篆書,2行,行9字,擡頭2字。拓片,56.5cm×57cm(第一石),56.5cm×56.5cm(第二石)。

附注:諱殘泐,字汶谷,諱據同時葬其父劉圭璋墓誌補。分刻二石,蓋誌連刻,第二石左下角殘缺,責任方式缺,姑且按一般習慣,先撰次書再篆蓋。

D302:9272,2張。

2102 田增蔚墓誌

首題:皇清修職郎八品職銜武庠生煥堂田公墓誌銘。

(清)張銘撰;(清)王晉書並篆蓋。清咸豐三年(1853)十月八日葬。陝西渭南豐塬鎮出土。

正書,23行,行23字,擡頭2字。拓片,46cm×46cm。

附注:銘文漫漶。

D302:9270,1張,蓋失拓。

2103 李縹及妻史氏張氏合葬墓誌並蓋

首題:皇清附貢生李公翰緗暨元配史孺人繼配張孺人合葬續誌并銘;蓋題:皇清附貢生李公諱縹字翰緗行一暨元配史孺人繼配張孺人合葬續誌并銘。

(清)李芳園撰;(清)李泉書。清咸豐四年(1854)二月九日葬。山西出土。

誌正書,31行,行33字,擡頭2字;蓋篆書,6行,行5字,擡頭2字。拓片,64cm×64cm(誌),64cm×64cm(蓋)。

附注:誌、蓋周均刻花紋。

D302:9752,2張。

2104 □召中妻曹氏墓誌

清咸豐四年(1854)九月四日葬。江西南豐縣出土。

正書,10行,行16字。拓片,31cm×24cm。

附注:夫姓失載。

D302:9836,1張。

2105 王修德及妻許氏墓誌並蓋

首題:皇清國學生胞兄允迪暨元配許孺人合葬墓誌銘;蓋題:皇清國學生允迪王公暨元配許孺人合葬墓誌銘。

(清)王育德撰;(清)梁聯元書並篆蓋。清咸豐六年(1856)七月二十一日葬。山西出土。

誌正書,30行,行25字,擡頭2字;蓋篆書,5行,行4字,擡頭2字。拓片,37.5cm×56cm(誌),36cm×53cm(蓋)。

D302:9273,2張。

2106 劉建基及妻趙氏景氏墓誌並蓋

首題:皇清處士先考怡園府君暨先妣趙景二太君合葬墓記;蓋題:皇清處士怡園劉公之墓。

(清)劉岐撰;(清)張開泰書;(清)劉瑞律書蓋;(清)趙敏書諱。清咸豐九年(1859)二月十三日。河南鞏義出土。

誌正書,25行,行27字;蓋正書,3行,行4字。拓片,53cm×54cm(誌),36cm×37cm(蓋)。

D302:10256,2張。

2107 劉建安及妻曹氏墓誌並蓋

首題:皇清郡庠生先考竹軒府君暨先妣曹太君合葬墓記;蓋題:皇清郡庠生竹軒劉公之墓。

清咸豐九年(1859)二月十三日葬。

河南鞏義出土。

誌正書,26行,行34字;蓋正書,3行,行4字。拓片,53.5cm×53.5cm(誌),38cm×37.5cm(蓋)。

D302:10257,2張。

2108　薛廷蘭墓誌並蓋

首題:皇清例授登仕佐郎畹春薛公墓誌銘;蓋題:皇清例授登仕佐郎從九品畹春薛公墓誌銘。

(清)任星五撰並書。清咸豐九年(1859)九月三日葬。山西臨猗縣出土。

誌正書,25行,行28字,擡頭2字;蓋正書,4行,行4字,擡頭2字。拓片,57cm×58cm(誌),57cm×58cm(蓋)。

附注:周刻花紋。誌文"臨邑卓里鎮"。

D302:9882,2張。

2109　李國梁及妻王氏墓誌

首題:皇清例授登仕佐郎鄉飲耆賓楚材李公暨德配王太君合葬墓誌銘。

(清)范迎吉撰;(清)范焕書。清咸豐九年(1859)十月十九日葬。山西夏縣出土。

正書,26行,行26字。拓片,50cm×51cm。

D302:9883,1張。

2110　劉建標墓誌並蓋

首題:皇清邑庠生松峯劉公墓誌銘;蓋題:皇清邑庠生松峯劉公之墓。

(清)劉漼撰;(清)王太昇書。清咸豐九年(1859)十月穀旦。河南鞏義出土。

誌正書,25行,行25字;蓋正書,3行,行3字。拓片,54cm×54cm(誌),45cm×42.5cm(蓋)。

附注:蓋上題"皇清"2字,世居鞏治城,現屬汝州,鞏縣現屬鞏義。

D302:10258,2張。

2111　王大鼎墓誌

首題:[皇清]例授儒林郎議敘鹽運司□□布政司經歷鑄三王君墓誌銘。

(清)魯福澤撰;(清)齊勉之書並篆蓋;(清)陳國瑞刻。清咸豐十年(1860)三月二十八日葬。河南博愛縣出土,現藏博愛縣博物館。

正書,共55行,行12字。拓片,30cm×92cm(第一石),30cm×92cm(第二石)。

附注:帖式刻,誌文分刻兩石,第一石斷爲兩截,右上角殘缺。

D302:8754,2張,蓋失拓。

2112　王魁及妻段氏張氏合葬墓誌並蓋

首題:鄉飲耆賓惟一王公暨德配段太君並如孺人張氏合葬墓誌銘;蓋題:鄉飲耆賓惟一王公暨德配段太君並如孺人張氏合葬墓誌蓋。

(清)王德元撰並書;(清)王天林、王逢升刊。清咸豐十一年(1861)四月十五日葬。山西夏縣出土。

誌正書,22行,行25字,擡頭2字;蓋正書,6行,行4字,擡頭2字。拓片,41cm×39.5cm(誌),37cm×37cm

(蓋)。

D302:9884,2 張。

2113　廉志常及妻高氏墓誌並蓋

首題:皇清例贈儒林郎監元顯考敦五廉府君例贈安人顯妣高太君合葬墓誌銘;蓋題:皇清例贈儒林郎國子監大學生敦五廉公暨德配高太安人合葬墓誌銘。

(清)廉永禄撰;(清)蘇勇祥填諱;(清)孫卓午書;(清)劉銘新篆蓋;(清)黄戊堂鐫。清咸豐十一年(1861)十二月八日葬。陝西渭南韓城出土。

誌正書,共 81 行,行 14 字,擡頭 2 字;蓋篆書,8 行,行 4 字。拓片,63.5cm×64cm(均)。

附注:分刻二石,帖式刻,二截刻,蓋誌連刻。

D302:9274,2 張。

2114　王夢周及妻何氏墓誌並蓋

蓋題:皇清例贈修職郎運昌王公暨德配何孺人合葬墓誌銘。

(清)杜濟川撰並書。清咸豐十一年(1861)十二月二十八日葬。山西夏縣出土。

誌正書,41 行,行 23 字;蓋篆書,7 行,行 3 字,擡頭 2 字。拓片,40cm×70.5cm(誌),36cm×64cm(蓋)。

D302:9885,2 張。

2115　樊志□及妻趙氏墓誌並蓋

首題:皇清例貤贈登仕佐郎愛山樊公暨德配趙孺人合葬墓誌銘;蓋題:皇清例貤贈登仕佐郎愛山樊公暨德配趙孺人合葬墓誌銘。

(清)賈百福撰誌;(清)高楷撰銘;(清)王翰番書;(清)王德昕篆蓋;(清)黄戊堂刻。清咸豐十一年(1861)葬。陝西渭南韓城出土。

誌正書,共 78 行,行 15 字,擡頭 2 字;蓋篆書,6 行,行 4 字。拓片,58cm×58cm(均)。

附注:墓主諱殘泐,字愛山。分刻二石,帖式刻,二截刻,蓋誌連刻。石面殘泐。

D302:9275,2 張。

2116　孫淑成墓誌

首題:皇清例贈承德郎詒堂孫公墓誌銘。

(清)孫欽昂撰;(清)牛鳳山書;(清)李保全刻。清同治元年(1862)十一月二十五日葬。河南出土。

誌正書,30 行,行 34 字。拓片,50cm×53.5cm。

D302:10259,1 張。

2117　王光先及妻劉氏墓誌並蓋

蓋中題:曾祖母淑德孺人劉太君之墓。

清同治六年(1867)十一月二十七日刻。陝西出土。

誌正書,25 行,行 25 字;蓋正書,4 行,行字不等。拓片,40cm×41.5cm(誌),43cm×45.5cm(蓋)。

附注:誌述曾祖及家族世系,蓋記曾祖母,誌文撰者未留名。誌蓋爲墓碑形式,年款刻於誌蓋,曾孫王作翰主持葬事。
　　D302:9276,2 張。

2118　李福庚及妻曹氏墓誌並蓋

　　首題:皇清誥贈奉直大夫翰林院待詔彥同李公德配皇清誥封宜人曹太宜人合葬墓誌并銘;蓋題:皇清誥贈奉直大夫翰林院待詔彥同李公德配誥封宜人曹太宜人合葬墓誌銘。
　　(清)梁俊撰;(清)杜正詩書並篆蓋。清同治六年(1867)十二月二十一日葬。河南孟州出土。
　　誌正書,43 行,行 20 字,擡頭 2 字;蓋篆書,11 行,行 3 字。拓片,78cm×28cm(誌),90cm×38cm(蓋,含刹)。
　　附注:誌帖式刻,蓋刹一面刻花紋。
　　D302:8755,2 張。

2119　樊儀庭墓誌

　　首題:皇清國子監大學生鳳來樊公墓誌。
　　(清)陳誥撰並書。清同治七年(1868)五月十五日葬。陝西渭南韓城出土。
　　正書,18 行,行 20 字。拓片,55cm×53cm。
　　D302:10379,1 張,2019 年王東東捐贈。

2120　李逢綸及妻張氏高氏楊氏王氏張氏合葬墓誌並蓋

　　首題:皇清誥授奉政大夫河功議敘州同知加三級紀錄錄三次彤廷李君暨元聘張宜人元配高宜人繼室楊氏王氏張氏合葬墓誌銘;蓋題:皇清誥授奉政大夫河功議敘州同知加三級紀錄三次彤廷李君暨元聘張宜人元配高宜人繼配楊氏王氏張氏合葬墓誌銘。
　　(清)尉登策撰;(清)孫繼祖書;(清)楊濬川篆蓋。清同治七年(1868)十月十一月葬。山西洪洞縣出土。
　　誌正書,70 行,行 16 字,擡頭 2 字;蓋篆書,8 行,行 6 字,擡頭 2 字。拓片,55cm×63cm(第一石),52.5cm×63cm(第二石)。
　　附注:分刻二石,帖式刻,二截刻,蓋誌連刻。
　　D302:9277,2 張。

2121　秦星聚及妻柴氏墓誌並蓋

　　首題:皇清[敕授登]仕郎例贈奉政大夫甘肅河州吏目代理河州知州附貢生星聚秦公暨德配柴孺人合葬誌銘;蓋題:皇清敕授登仕郎例贈奉政大夫甘肅河州吏目代理河州知州附貢生星聚秦公暨德配柴孺人合葬墓志銘。
　　(清)上官運昌撰;(清)周爲翰書;(清)長謙篆蓋。清同治十一年(1872)正月二十二日葬。山西出土。
　　誌正書,45 行,行 33 字,擡頭 2 字;蓋篆書,14 行,行 3 字,擡頭 2 字。拓片,39cm×67cm(誌),40cm×69cm(蓋)。
　　附注:誌面漫漶不清,墓主諱不可辯,字星聚。
　　D302:9278,2 張。

2122　辛階升墓誌

首題:皇清廩貢生議敘布政司經歷職亦平辛君墓誌銘。

（清）張鶴青撰;（清）楊篤書;（清）邵玉麟篆蓋;（清）王子烈校閱。清同治十二年（1873）七月六日葬。山西曲沃縣出土。

正書,33 行,行 23 字,擡頭 2 字。拓片,35cm×56cm。

D302:9753,1 張,蓋失拓。

2123　馬世珩及妻劉氏墓誌並蓋

首題:皇清例授修職郎鎮國馬公暨淑配劉孺人合葬墓誌銘;蓋題:皇清例授修職郎鎮國馬公暨淑配劉孺人合葬墓誌銘。

（清）王德修撰並書;（清）張星機篆蓋。清光緒元年（1875）十一月七日葬。山西曲沃縣出土。

誌正書,44 行,行 25 字,擡頭 2 字;蓋篆書,10 行,行 2 字,擡頭 2 字。拓片,25cm×70cm（誌）,23cm×67cm（蓋）。

附注:誌石中斜斷裂。
D302:9886,2 張。

2124　杜正誼及妻常氏墓誌

首題:皇清太學生守堂杜公暨德配常孺人合葬墓誌銘。

（清）梁俊撰并書并篆蓋。清光緒五年（1879）閏三月二十八日葬。河南孟州出土。

正書,44 行,行 16 字。拓片,87cm×27.5cm。

附注:誌石帖式刻。
D302:8756,1 張。

2125　靳芝亭墓誌並蓋

首題:皇清誥授通議大夫晉授資政大夫欽加三品銜賞戴花翎浙江候補道東防同知靳公墓誌銘;蓋題:皇清誥授通議大夫晉授資政大夫欽加弍品銜賞戴花翎浙江候補道東防同知靳公墓誌銘。

（清）俞樾撰;（清）何璟書;（清）馮譽驥篆蓋。清光緒五年（1879）葬。葬於河北館陶縣。

誌正書,34 行,行 40 字;蓋篆書,7 行,行 6 字。拓片,62cm×62.7cm（誌）,63cm×61cm（蓋）。

D302:9374,2 張。

2126　楊佩印及妻衛氏墓誌並蓋

首題:皇清文林郎子昇楊公暨配衛孺人合葬墓誌銘;蓋題:萬古常存。

（清）馬永圖撰;（清）衛炳文書。清光緒六年（1880）十月十九日葬。山西出土。

誌正書,23 行,行 25 字;蓋正書,2 行,行 2 字。拓片,48cm×48cm（誌）,45cm×45cm（蓋）。

附注:首題、書撰人款、年款大字。
D302:9279,2 張。

2127　趙時中及妻孫氏景氏景氏合葬墓誌並蓋

首題:皇清儒學生員希聖趙公暨德配孫孺人繼配景氏再繼配景氏合葬墓志銘;蓋題:皇清儒學生員希聖趙

公暨德配孫孺人繼配景氏再繼配景氏合葬墓志銘。

（清）秦凌雲撰；（清）牛斗書並篆蓋。清光緒十四年（1888）十月七日葬。山西新絳縣出土。

誌正書,32行,行22字,擡頭2字；蓋篆書,7行,行4字,擡頭2字。拓片,34cm×56.5cm（誌）,31cm×55cm（蓋）。

D302:9887,2張。

2128　王大鼎及妻邱氏墓誌

首題：皇清誥封朝議大夫布政司經歷鑄三王公暨德配邱太恭人合葬墓誌銘。

（清）鄭濟川撰；（清）劉名馨書；（清）曾述榮篆蓋；（清）趙文英刻。清光緒十九年（1893）三月十五日葬。河南博愛縣出土,現藏博愛縣博物館。

正書,共69行,行16字,擡頭1字。拓片,87cm×29cm（第一石）,88cm×29cm（第二石）。

附注：帖式刻,誌文分刻二石。

D302:8757,2張,蓋失拓。

2129　董朝覲及妻李氏墓誌

首題：皇清誥授武德佐騎尉會同董公暨德配李宜人合葬墓誌銘。

（清）武聲駿撰；（清）齊治太書并篆蓋。清光緒二十年（1894）春葬。河北邯鄲出土。

正書,25行,行21字,擡頭2字。拓片,49.5cm×61cm。

D302:9754,1張,蓋失拓。

2130　張聰昂墓誌

（清）席裕馴撰；（清）張桂芬書並篆蓋。清光緒二十一年（1895）三月七日葬。陝西西安出土。

正書,24行,行25字。拓片,63cm×62.5cm。

D302:9372,1張。

2131　焦建邦墓誌

首題：皇清武生伯立焦公墓誌銘。

（清）宋淑信撰,（清）焦景遂撰。清光緒二十三年（1897）十月二十二日。河南鞏義出土。

正書,20行,行24字。拓片,50.5cm×50cm。

D302:10260,1張。

2132　梁健墓誌

首題：皇清誥授奉政大夫行甫梁公合葬墓誌銘。

（清）王稚堂撰；（清）閻鳳翔書；（清）馬汝楫篆蓋；（清）申士亮刻。清光緒二十四年（1898）十月十五日葬。河南出土。

正書,35行,行16字。拓片,74cm×29cm。

附注：帖式刻。

D302:8758,1張,蓋失拓。

2133　路殿選及妻湯氏墓誌

首題：皇清例贈修職郎書升路公暨德配湯孺人合葬墓誌銘。

（清）汪承湛撰；（清）宋立梧書並篆蓋;（清）申書香刻。清光緒二十七年

(1901)三月七日葬。河南孟州出土。

正書,38 行,行 22 字。拓片,89cm×40cm。

D302:8759,1 張,蓋失拓。

2134　王燕堂墓誌

首題:皇清誥授奉政大夫賞戴花翎三班郎中分部行走附貢生翼菴王公墓誌銘。

(清)王靜選撰;(清)閻萃峰書;(清)張仁黼篆蓋;(清)毋國同鐫。清光緒二十八年(1902)九月八日葬。河南博愛縣出土,現藏博愛縣博物館。

正書,共 68 行,行 16 字。拓片,83cm×28cm(第一石),84cm×28cm(第二石)。

附注:帖式刻,分刻三石,第一石殘缺左上角葬年缺數字,第二石斷爲三塊。

D302:8760,2 張,蓋失拓。

2135　陶憲章墓誌

首題:皇清誥授通議大夫晉封資政大夫二品封典三品銜奏保陝西補用道候補知府陶君宣三墓誌銘并序。

(清)張筠撰;(清)熙麟書;(清)傅秉鑒篆蓋;(清)張向堃刻。清宣統三年(1911)十月九日葬。葬於浙江嘉興四府村。

正書,44 行,行 44 字。拓片,78cm×78cm。

D302:9774,1 張,蓋失拓。

2136　王自新墓誌

首題:潤德王公墓誌銘。

(清)王家驥撰;(清)王鳴鵾書;(清)劉文會刻。清(1636—1911)。河北出土。

正書,13 行,行 37 字。拓片,137cm×61cm。

附注:誌碑形,未刻年款,墓主曾"以進士第授晋寧武縣令"。右下角殘缺。

D302:8607,1 張。

2137　蕭恒昇妻朱氏墓誌

首題:故蕭母朱宜人墓誌銘。

吳鍠撰;鄭崑書;秦川篆蓋。民國八年(1919)正月二十四日葬。河南洛陽偃師出土。

正書,22 行,行 22 字。拓片,54.5cm×56cm。

D302:10261,1 張。

2138　梁文炳及妾楊氏墓誌

首題:步兵少校新安梁君墓誌銘妾楊氏誌銘附張鈁撰並書。民國十二年(1923)四月刊。河南洛陽出土,張鈁舊藏,現藏河南新安鐵門鎮千唐誌齋博物館。

正書,27 行,行 30 字。拓片,59cm×59cm。

著錄文獻:《千唐誌齋藏誌》1356。

D303:1933,1 張。

2139　郭希仁墓誌並蓋

首題:臨潼郭希仁先生墓誌銘并

序;蓋題:臨潼郭希仁先生墓志銘;刻簽題:臨潼郭希仁先生墓誌銘。

劉鎮華撰;宋伯魯書;劉暉篆蓋;孫應基刻。民國十二年(1923)六月六日葬。葬於陝西臨潼田市鎮郭村。

誌正書,31行,行34字;蓋篆書,4行,行3字。拓片,54cm×54.5cm(誌),41cm×42cm(蓋)。

附注:墓主初名忠清,字希仁,以字行。

D302:8608,2張。

2140　張錚墓誌

首題:中華民國步兵少校張君錚墓誌銘。

陳士凱撰;王維屏書;劉可志篆蓋。民國十二年(1923)十二月七日葬。河南洛陽出土,張鈁舊藏,現藏河南新安鐵門鎮千唐誌齋博物館。

正書,24行,行24字。拓片,56cm×56cm。

著錄文獻:《千唐誌齋藏誌》1358(有蓋,蓋殘缺)。

D303:1934,1張。

2141　張時熙墓誌並蓋

首題:中華民國故清雒南縣訓導白水張公墓志銘;蓋題:中華民國故清雒南縣訓導白水張公墓志銘;刻籤題:中華民國故清雒南縣訓導白水張公墓誌銘。

李元鼎撰並書;劉繼周篆蓋;樊鼎新鐫;劉錫光題籤。民國十四年(1925)十一月十二日葬。葬於陝西白水縣。

誌正書,24行,行26字;蓋篆書,5行,行4字。拓片,60cm×59cm(誌),47cm×46.5cm(蓋)。

附注:有方界格。

D302:8609,2張。

2142　陳英豪及妻吳氏墓誌並蓋

首題:清故脩職佐郎廩貢生候選訓導陳府君暨配吳孺人墓誌銘;蓋題:清候選訓導陳府君暨配吳孺人墓志銘。

徐珂撰;朱祖謀書;褚德彝篆蓋;鄒雲峰刻。民國十五年(1926)五月十七日葬。葬於廣東汕頭潮陽縣南山。

誌正書,34行,行34字;蓋篆書,4行,行4字。拓片,62.5cm×61.5cm(誌),54cm×54cm(蓋)。

附注:有方界格。

D302:8950,2張。

2143　胡省三墓誌並蓋

首題:清例授修職郎附貢生檢之胡公墓誌銘;蓋題:清例授修職郎附貢生檢之胡公墓誌銘。

黃通經撰;張敬業書。民國十五年(1926)八月二十四日誌。山西臨猗縣出土。

誌正書,42行,行24字;蓋篆書,2行,行8字。拓片,40.5cm×52cm(第一石),45cm×57cm(第二石)。

附注:分刻二石,誌蓋連刻,蓋刻於誌後。

D302:9281,2張。

2144　王應堂墓誌

首題：□□□□大夫度支部主事辛卯□科□□次皋王公墓誌銘。

劉名馨撰並書；劉名禮篆蓋；秦法忠刻。民國十六年（1927）四月二十七日葬。河南博愛縣出土，現藏博愛縣博物館。

正書，共72行，行13字。拓片，87cm×27.5cm（第一石），90cm×28cm（第二石）。

附注：帖式刻，分刻三石。

D302：8761，2張，蓋失拓。

2145　王丕華及妻張氏墓誌並蓋

首題：清授登仕郎王公雨泉暨德配張孺人墓誌銘；蓋題：清授登仕郎王公雨泉暨德配張孺人墓誌銘。

趙吉相撰；趙誠生書；李通篆蓋。民國十七年（1928）十月四日葬。山西新絳縣出土。

誌正書，58行，行22字；蓋篆書，4行，行5字。拓片，33.5cm×82cm（第一石），33.5cm×84cm（第二石）。

附注：分刻二石，蓋誌連刻。

D302：9280，2張。

2146　張傚銘墓誌

首題：朝邑張西軒先生墓志銘。

王頎撰；李凌虛書；毛昌傑篆蓋；王尚璽刻。民國十八年（1929）八月十五日葬。葬於陝西大荔縣。

正書，47行，行45字。拓片，73.5cm×74.5cm。

D302：8610，1張，蓋失拓。有石印籤，宋聯奎題。

2147　孫甫田墓誌

首題：中華公民孫君紹美墓誌銘。

蘭鳳翔撰；宋家瑛書並篆蓋。民國二十年（1931）四月二日。河南孟州出土。

正書，32行，行18字。拓片，36cm×74cm。

附注：誌橫石。

D302：10375，1張，蓋失拓。

2148　馬振常墓誌並蓋

蓋題：有清武生馬君仲五墓志銘。

喬塏撰；馬延齡書；楊新銘篆蓋。民國二十年（1931）四月十一日葬。山西稷山縣出土。

誌正書，93行，行13字；蓋篆書，4行，行3字。拓片，46cm×57cm，48cm×59cm。

附注：帖式刻，誌蓋合刻，二截刻。

D302：9888，2張。

2149　王書紳墓誌並蓋

首題：清儒學武生王學師先生墓誌銘；蓋題：清儒學武生王學師先生墓誌銘。

常贊春撰；栗廼敬書；孟元文篆蓋；紀文卿鐫。民國二十年（1931）十月二十七日葬。葬於山西沁縣烏蘇村。

誌正書，共34行，行30字；蓋篆書，3行，行5字。拓片，均57cm×55cm。

附注：有方界格。分刻二石，蓋誌合刻。

D302：8932，2張。

2150　張封翁妻楊氏墓誌

首題：永城張母楊太夫人墓志銘；別名：張寶庭母楊氏墓誌。

王幼僑撰；張東寅書；管鶴篆蓋；李月庭刻。民國二十一年（1932）十月葬。葬於河南永城縣太丘鎮南。

隸書，41 行，行 40 字。拓片，71cm×69.5cm。

D302：9775，1 張，蓋失拓。

2151　張釗墓誌

首題：新安張君仲勉墓誌銘。

金天翮撰；關葆謙書；許鈞篆蓋。民國二十二年（1933）二月三日葬。河南洛陽出土，張鈁舊藏，現藏河南新安鐵門鎮千唐誌齋博物館。

隸書，32 行，行 26 字。拓片，67cm×80cm。

附注：有方界格。

著錄文獻：《千唐誌齋藏誌》1359。

D303：1935，1 張。

2152　余寶滋墓誌

首題：山西薩拉齊同知聞喜縣知縣陝西榆林縣縣長余公墓誌銘。

吳鸝撰；張祥墀書。民國二十二年（1933）十月葬。葬於北京海淀西山興盛莊。

正書，33 行，行 32 字。拓片，68cm×67cm。

D302：8933，1 張。

2153　馮开墓誌並蓋

首題：慈谿馮君墓志銘；蓋題：慈谿馮先生墓志銘。

陳三立撰；錢罕書；王賢篆蓋；王開霖刻。民國二十三年（1934）八月二日葬。葬於浙江慈谿西嶼鄉。

誌正書，24 行，行 24 字；蓋篆書，4 行，行 2 字。拓片，52cm×51.5cm（誌），45cm×47cm（蓋）。

附注：有方界格。錢"罕"，原刻上四下干。

D302：8951，2 張。

2154　魯焞墓誌並蓋

首題：長安魯公午峰墓誌銘；蓋題：長安魯公午峰墓誌銘；刻籤題：長安魯公午峰墓誌銘。

吳廷錫撰；王謙柄書；張鳳翽書蓋；宋聯奎題籤；郭希安刻。民國二十九年（1940）二月二十二日葬。葬於陝西西安長安縣魯家村。

誌正書，37 行，37 字；蓋篆書，3 行，行 3 字。拓片，66cm×67cm（誌），46cm×46cm（蓋）。拓片有殘缺。

D302：8611，2 張。

2155　白子辛妻楊氏墓誌

首題：白母楊太夫人墓誌銘；額題：白母楊太夫人之墓志銘。

林朝元撰；楊風晴書；寇遐篆額；王尚璽刊。民國二十九年（1940）十二月三日葬。葬於陝西西安長安縣。

正書，22 行，行 30 字；隸書，5 行，行 2 字。拓片，62.5cm×46cm。

附注：有方界格。有石印籤，張鳳翽題。

D302:8612,1 張。

2156　朱慶瀾墓誌
首題:紹興朱子橋先生墓誌銘。
葉恭綽撰並書;于右任篆蓋;郭希安刻。民國三十年(1941)六月。葬於陝西西安終南山。
正書,47 行,行 44 字。拓片,90cm×100cm。
附注:有石印籤,王典章題。
D302:8613,1 張,蓋失拓。

2157　賀懿甫妻常氏墓誌並蓋
首題:賀母常夫人墓志銘;蓋題:賀母常夫人墓志銘。
吳闓生撰并書并篆蓋。民國三十一年(1942)八月。葬於北京西城地安門外嘉興寺。
誌正書,26 行,行 26 字;蓋篆書,4 行,行 2 字。拓片,40.5cm×41.5cm(誌),35.5cm×40cm(蓋)。
D302:8934,2 張。

2158　張鈺墓誌
首題:張君季音墓誌銘。
郭涵撰;李鼎岑書;劉維屏篆蓋。民國(1912—1949)。河南洛陽出土,張鈁舊藏,現藏河南新安鐵門鎮千唐誌齋博物館。
正書,21 行,行 22 字。拓片,70cm×65cm。
著錄文獻:《千唐誌齋藏誌》1360。
D303:1936,1 張。

偽刻

2159　司馬相如墓記磚
西漢(前 206—8)。
正書,左行,2 行,行 2—4 字。拓片,29cm×15cm。
附注:偽刻。
D302:8545,1 張。

2160　倈光墓記磚
西晉泰始九年(273)。
隸書,2 行 8 字,前 6 字豎寫,後 2 字橫寫。拓片,31cm×15.8cm。
附注:偽刻。以漢刑徒葬磚與晉磚文等書體拼湊而成。
D302:8547,1 張,龐澤鑾藏拓。

2161　韋國寶墓誌並蓋
首題:大元故河中韋君國寶幽堂銘;蓋題:大元故河中韋君國寶幽堂銘。
(元)蕭㪺撰并書并篆蓋;(元)程珪刻。元辰年(1271—1370)三月辛巳卒。
誌隸書,19 行,行 18 字;蓋篆書,4 行,行 3 字。拓片,69.5cm×71cm(誌),77cm×75cm(蓋,含刹)。
附注:偽刻。文句多不通,字體不類元人書迹,蓋刹刻四神,磨舊誌改刻。託名撰者蕭㪺,文有"蒼龍疴月辛巳末疾終"句。蕭生卒年 1241—1318,1308 年拜太子右諭德,之間惟 1316 年為丙辰年,三月癸卯,無辛巳日。
著錄文獻:《珍稀墓誌百品》100。
D302:9571,2 張,2016 年 9 月齊運通捐贈。

題名拼音索引

説明:

一、本索引按正題名首字漢語拼音排序。

二、題名中人名姓氏爲多音字時,按姓氏讀音排序。

a

a
阿史德君妻阿史那氏墓誌　　　唐　0761
阿史那婆羅門墓誌並蓋　　　唐　0285

ai
艾光嗣墓誌　　　武周　0569

an
安懷及妻史氏墓誌　　　武周　0519
安恕墓誌　　　唐　0289
安武臣墓誌並蓋　　　唐　0602

b

bai
白大照墓誌　　　唐　0840
白既曜及妻楊氏墓誌並蓋　　　清　2090
白婆奴墓誌　　　唐　0883
白氏墓誌　　　唐　1208
白子辛妻楊氏墓誌　　　民國　2155
柏義深墓誌　　　武周　0542

ban
班贊墓誌並蓋　　　唐　1225
班滋妻烏氏墓誌　　　唐　1333
斑君妻鄭珪墓誌　　　唐　1421
斑朗墓誌　　　唐　1302

bao
包陳墓誌　　　唐　1269
包愷墓誌並蓋　　　隋　0240
暴敏墓誌　　　唐　0626
鮑才墓誌並蓋　　　唐　1113

bi
畢識墓誌　　　唐　0491
畢整葬磚　　　東漢　0032

bian
邊裛墓誌並蓋　　　隋　0204
邊神劍及妻王氏墓誌　　　唐　1150
邊楨墓誌並蓋　　　武周　0514

bing
邴達葬磚　　　東漢　0009

bo
帛山葬磚　　　東漢　0020

bu
步文制及妻馬氏王氏合祔墓誌並蓋　北宋　1601

c

cai
蔡君妻清河郡君墓誌並蓋　　　唐　0630
蔡仁甫墓記　　　元　1856
蔡勛墓誌並蓋　　　唐　1487
蔡□葬磚　　　東漢　0037

cao
曹汾妻趙善心墓誌　　　唐　1478
曹備及妻段氏墓誌　　　唐　1157
曹瑾墓誌　　　隋　0210

曹乾琳墓誌並蓋		唐	1118	陳君妻藺尼墓誌	唐	0606
曹乾琳妻劉那羅延墓誌並蓋		唐	1191	陳郡扶樂□□墓記磚	西晉	0061
曹閏葬磚		東漢	0045	陳來朝墓誌	明	1955
曹潤興及妻程氏墓誌		唐	1534	陳明及妻王清範墓誌	唐	0485
曹守富及妻韓氏墓誌並蓋		明	1965	陳生墓誌	武周	0522
曹太聰墓誌		唐	1354	陳師舉妻程氏墓誌	唐	1442
曹惟墓誌並蓋		唐	0998	陳時宜墓誌並蓋	明	1978
曹雲程及妻李氏文氏合葬墓誌並蓋		清	2056	陳士選及妻段氏墓誌並蓋	清	2026
chang				陳叔達妻王女節墓誌	唐	0260
常褒墓誌		唐	0367	陳庶元墓誌	唐	1499
常道元墓誌並蓋		唐	1327	陳昊墓誌	唐	0702
常君及妻令狐氏墓誌		唐	1548	陳希鳴墓誌	清	2030
常清墓誌		唐	1389	陳秀實壙記	南宋	1819
常汝孝墓誌		明	1959	陳頤墓誌	唐	0734
常素墓誌		唐	0897	陳英豪及妻吳氏墓誌並蓋	民國	2142
常無求墓誌並蓋		唐	0987	陳宥墓誌	唐	1210
常無爲妻柳氏墓誌		唐	1250	陳宥妻劉氏墓誌	唐	1329
常習墓誌並蓋		唐	1131	陳振興妻祁氏墓誌	清	2005
［常］協墓誌		隋	0515	陳忠義妻程氏墓誌	清	1985
常政墓誌並蓋		唐	0486	陳宗墓誌	南宋	1756
chao				cheng		
晁端仁妻葉氏墓誌		北宋	1664	成端墓誌並蓋	武周	0506
晁渙之墓誌		北宋	1671	成君妻康氏墓誌並蓋	唐	1536
晁臨之墓誌		北宋	1679	成君妻元氏墓誌	北宋	1604
晁宗簡墓誌並蓋		北宋	1621	成柔墓記磚	西晉	0063
chen				成育墓誌並蓋	唐	1252
陳蕃妻李氏墓誌		武周	0589	程才墓誌	武周	0565
陳範墓誌		武周	0523	程存敏墓誌	清	2044
陳範妻李氏墓誌		武周	0524	程達墓誌並蓋	唐	0425
陳懷哲墓誌並蓋		唐	0866	程德譽墓誌	唐	0732
陳暉墓誌		唐	0378	程定墓誌	唐	1049
陳惠慶墓誌		唐	1089	程鸞墓誌並蓋	武周	0587
陳京彥妻饒氏墓記		南宋	1800	程全及妻元氏墓誌	唐	1399
陳景仙及妻覃氏墓誌並蓋		唐	1573	程愨墓誌並蓋	唐	0920
陳警墓誌		唐	0400	程思泰墓誌	燕	1579
陳敬儉墓誌並蓋		武周	0584	程襲墓誌	唐	0375
陳君妻陳氏墓誌		唐	1330	程孝岳墓誌	唐	1319
陳君妻陳祥乙墓銘		元	1854	程玄封墓誌	唐	0918
陳君妻高氏墓誌並蓋		唐	1216	程秩天墓誌	清	2043

chong

| □充墓誌 | 唐 | 1571 |

cui

崔薦墓誌	唐	1432
崔程母李氏墓誌	北宋	1643
崔從客墓誌	唐	0844
崔樅及妻盧氏墓誌	唐	1405
崔樅墓誌	唐	1270
崔待墓誌	唐	0911
崔頂墓誌	唐	0694
崔感墓誌	唐	0420
崔光墓誌	唐	0887
崔昊妻王氏墓誌並蓋	唐	0749
崔河墓誌	唐	1516
崔弘載墓誌並蓋	唐	1240
崔華墓誌	唐	0637
崔會墓誌	唐	0477
崔季明妻盧脩媛墓誌並蓋	唐	0791
崔嘉裕妻郭氏墓誌並蓋	唐	1031
崔嘉祉墓誌	唐	0788
崔諫墓誌並蓋	唐	1243
崔景裕墓誌並蓋	唐	1365
崔君墓誌	唐	1024
崔君妻董妙真墓誌	唐	1529
崔君妻劉氏墓誌	唐	1513
崔君妻鄭氏墓誌	唐	1292
崔立方父母合祔墓誌並蓋	唐	1313
崔立方墓誌	唐	1422
崔連城墓誌	唐	0992
崔林宗墓誌	唐	0648
崔牧墓誌並蓋	燕	1580
崔睦墓誌	唐	1471
崔乾夫墓誌並蓋	唐	1299
崔申伯墓誌	唐	1449
崔恕墓誌	唐	0852
崔同穎墓誌	唐	0684
崔顯墓誌並蓋	隋	0218
崔行模墓誌	唐	0738
崔行脩墓誌	唐	1373
崔行宣墓誌	唐	1345
崔玄泰墓誌	武周	0545
崔洵妻源九娘墓誌	唐	0347
崔延昭墓誌並蓋	唐	0829
崔彥溫墓誌	唐	1434
崔業暢及妻張氏墓誌並蓋	清	2061
崔□餘墓誌	唐	1021
崔元弈墓誌並蓋	唐	0707
崔元膺墓誌	唐	1512
崔元直墓誌並蓋	唐	1477
崔岳墓誌	武周	0585
崔愻墓誌	唐	0631
崔中正墓誌	北宋	1622
崔中正妻賈氏墓誌	北宋	1626
崔壯墓誌	唐	1380
崔尊墓誌並蓋	武周	0531

d

da

| 達符忠妻劉令華墓誌並蓋 | 隋 | 0198 |
| 達奚珎善墓誌 | 唐 | 0286 |

dai

戴恭紹墓誌並蓋	武周	0563
戴恭紹妻閻履墓誌並蓋	武周	0537
戴弘墓誌	隋	0228
戴煥妻范氏墓誌	南宋	1755
戴君妻劉氏墓誌	唐	1189
戴應翔母周氏壙記	南宋	1816
戴永定墓誌並蓋	唐	0748

dan

| 啖彥璡墓誌並蓋 | 唐 | 0968 |

dao

| 刀妙璉墓誌 | 唐 | 0245 |

de

| □德齋妻李氏墓誌 | 元 | 1853 |

deng

鄧盼乙壙記	元	1852
鄧瓌墓誌並蓋	唐	1495
鄧玄秀妻辛輝蘭墓誌並蓋	隋	0183

鄧元亨壙記		元	1837	竇全交墓誌並蓋	唐	1010
鄧□葬磚		東漢	0026	竇希珹妻王內則墓誌	唐	0735
鄧宗海墓誌		南宋	1754	竇孝壽墓誌並蓋	武周	0527

di

				竇儼墓誌並蓋	隋	0237
狄本墓誌並蓋		唐	0335	竇儀墓誌並蓋	北宋	1608
第五琦墓誌		唐	1070			

du

ding

				獨孤大隱墓誌並蓋	唐	0913
丁德翁及妻卜氏墓誌		清	2016	獨孤渾建墓誌並蓋	北周	0179
丁公濟壙記		南宋	1793	獨孤君妻康淑墓誌	唐	0725
丁容葬磚		東漢	0053	獨孤君妻李氏墓誌並蓋	唐	1297
丁士裔墓誌		唐	0393	獨孤君妻李玄氤墓誌並蓋	唐	1467
丁桃崖及妻二楊氏合葬墓誌並蓋		明	1926	獨孤君妻韋緩墓誌並蓋	唐	1414
丁元裕墓誌並蓋		唐	0696	獨孤卿雲墓誌	唐	0493
定遠侯墓誌		前秦	0075	獨孤士衡墓誌並蓋	唐	1223

dong

				獨孤述及妻王釋題墓誌	唐	0273
倲光墓記磚		西晉	2160	獨孤順墓誌	唐	0264
董才墓誌		唐	0457	獨孤思貞墓誌並蓋	武周	0547
董粲及妻成氏墓誌		唐	0315	杜辯墓誌	唐	0432
董訓墓誌		唐	0412	杜表政墓誌並蓋	唐	0657
董朝覲及妻李氏墓誌		清	2129	杜表政妻裴氏墓誌並蓋	唐	0736
董澂及妻過氏墓誌並蓋		清	2065	杜才幹妻盧叢璧墓誌并蓋	唐	0358
董君及妻高氏墓記並蓋		唐	1510	杜成葬磚	東漢	0030
董楷墓誌		唐	0617	杜傳慶墓誌並蓋	唐	1459
董琳墓誌並蓋		隋	0194	杜玼墓誌並蓋	唐	1182
董興墓誌		唐	0345	杜欑墓誌	西魏	0135
董液墓誌		唐	1382	杜江墓誌並蓋	唐	1078
董郁公妻王氏墓誌並蓋		唐	1337	杜江妻翟氏墓誌並蓋	唐	1106
董元瑾墓誌		唐	0935	杜敬同妻韋茗華墓誌並蓋	唐	0370

dou

				杜君妻于尊勝墓誌	唐	0711
豆盧弘毅墓誌並蓋		唐	0402	杜全墓誌	唐	0668
豆盧籍妻王氏墓誌		唐	1344	杜榮觀墓誌並蓋	武周	0590
豆盧賢墓誌並蓋		隋	0234	杜杉及妻張氏劉氏衛氏合葬墓誌並蓋	清	2080
竇崇敏墓誌並蓋		唐	0654	杜紹宗孫妻姬氏墓銘磚	北魏	0113
竇誠盈墓誌		唐	0916	杜嗣儉及妻閻氏墓誌並蓋	唐	0638
竇誠盈妻蘇氏墓誌並蓋		唐	0954	杜台賢墓誌並蓋	唐	1202
竇九皋墓誌並蓋		唐	0731	杜珽墓誌	唐	0821
竇君妻許氏墓誌		唐	1470	杜溫妻韋三從墓誌並蓋	唐	0398
竇君妻顏氏墓誌		唐	0671	杜孝獘墓誌	唐	0306
竇君妻袁氏墓誌		唐	0970	杜渭墓誌並蓋	唐	1161

杜佚妻李氏墓誌		唐	1042	方彥祥墓記	南宋	1771
杜正誼及妻常氏墓誌		清	2124	房璠墓誌	後漢	1594
duan				房君妻盧氏墓誌	唐	0651
段貴墓誌		唐	0253	**fei**		
段謙妻獨孤氏墓誌		唐	0940	費濤墓誌	唐	0292
段延福墓誌並蓋		唐	1000	**feng**		
段彝墓誌並蓋		唐	1417	封敖妻崔氏墓誌並蓋	唐	1472
				封季整墓誌	唐	0459
e				封君妻劉氏墓誌并蓋	唐	1200
er				馮弁峻馮尚怡墓誌	唐	0298
二年八月等字殘葬磚		東漢	0051	馮彪墓誌	隋	0187
				馮承素墓誌並蓋	唐	0394
f				馮懷儼墓誌並蓋	唐	0695
fa				馮开墓誌並蓋	民國	2153
法成墓誌		唐	0853	馮君妻李詠墓誌並蓋	唐	1242
fan				馮君妻任氏墓誌	北宋	1739
樊君妻竇氏墓誌並蓋		武周	0549	馮客墓誌並蓋	唐	0718
樊君妻丘氏墓誌並蓋		武周	0550	馮美墓誌	唐	0337
樊三娘墓誌		唐	0408	馮樹及妻郭氏墓誌	唐	0461
樊師墓誌		唐	0334	馮思順墓誌	唐	0985
樊思瑾墓誌		唐	1528	**fu**		
樊嗣宗墓誌		唐	1244	苻彥能墓誌並蓋	後周	1600
樊儀庭墓誌		清	2119	付君墓誌	北宋	1624
樊元寂墓誌並蓋		武周	0516	傅長興墓誌	北齊	0147
樊禎墓誌		武周	0510	傅朝及妻邊氏墓誌	唐	1317
樊志□及妻趙氏墓誌並蓋		清	2115	傅勛墓誌	唐	0720
范充墓誌		唐	0726	傅良弼妻王氏墓誌并蓋	唐	1454
范鈞墓誌並蓋		北宋	1627	傅濤妻李氏墓誌	唐	1102
范如陵妻王氏墓誌		南宋	1753	傅孝珍墓誌	唐	1068
范天麟妻孫氏墓誌		南宋	1763	傅元及妻樂氏墓誌	唐	1506
范惟志墓記		南宋	1799			
范惟忠墓誌		南宋	1760	**g**		
范文明墓誌並蓋		清	2060	**gan**		
范秀墓誌		唐	1173	甘昌齡妻劉氏墓記	南宋	1770
范倚妻黃氏墓誌		南宋	1779	甘逢廣墓誌并蓋	明	1972
范仲鎮妻王氏墓誌		南宋	1774	甘君妻胡氏墓記	南宋	1782
范祖文墓誌並蓋		元	1835	甘文望妻吳氏壙記	南宋	1807
fang				甘應密妻熊幼靜壙記	南宋	1811
方康山妻張氏墓誌		明	1905	甘淵叔墓記	南宋	1772

gang

| 剛公亭墓誌 | 唐 | 1466 |

gao

高成章墓誌並蓋	清	2062
高德墓誌並蓋	武周	0577
高爾合妻雷氏墓誌並蓋	清	2038
高佛來墓誌	唐	0478
高君妻董貴墓誌並蓋	唐	0390
高猛墓誌	北魏	0090
高猛妻元瑛墓誌	北魏	0096
高雱墓誌並蓋	清	2024
高嬈葬磚	東漢	0047
高氏墓誌	唐	1433
高珽墓誌並蓋	唐	0845
高惟正墓誌並蓋	北宋	1628
高文妻喬氏墓記磚	東魏	0127
高秀峯墓誌並蓋	唐	1281
高玄墓誌	武周	0507
高耀參妻張氏墓誌並蓋	清	1987
高元思墓誌	唐	0650

ge

哥舒洩墓誌	唐	1262
葛啜墓誌並蓋	唐	1110
蓋衡妻韓氏墓誌並蓋	唐	1394
蓋君妻崔安樂墓誌	唐	0812
蓋章葬磚	東漢	0057

geng

| 耿長墓誌並蓋 | 唐 | 0949 |

gong

| 公孫君妻馬氏墓誌 | 唐 | 0348 |

gu

顧師閔墓誌	唐	1193
顧旭墓誌並蓋	唐	1226
顧旭妻崔氏墓誌并蓋	唐	1199

guan

官玖墓誌	明	1892
關洪墓誌	唐	0777
關立行及妻李氏光氏魏氏合葬墓誌	清	2082
關買妻孟氏墓誌	唐	1551
關欽裕墓誌	後周	1596
關延壽墓誌	唐	0743
關準墓誌	唐	1143

guang

| 光緒墓誌並蓋 | 唐 | 1011 |

guo

郭曖墓誌並蓋	唐	1140
郭曖妻李昇平墓誌	唐	1184
郭保嗣墓誌並蓋	唐	1550
郭秉敘墓誌並蓋	清	2055
郭臣墓誌	唐	0659
郭從諒墓誌並蓋	唐	1385
郭從真妻李氏墓誌並蓋	唐	1339
郭鍔墓誌並蓋	唐	1452
郭福墓誌	唐	0854
郭弘墓誌	唐	1254
郭懷義墓誌	唐	0386
郭鍠墓誌	唐	1212
郭謹墓誌	北宋	1602
郭君妻浩氏墓誌	唐	1429
郭君妻劉氏墓誌	唐	1152
郭君妻鄭氏墓誌	唐	0833
郭鏐墓誌並蓋	唐	1522
郭鏐妻韋玨墓誌	唐	1524
郭□平墓誌	唐	1425
郭錡墓誌	唐	1231
郭乾及妻田氏墓誌	唐	1060
郭乾墓誌	唐	1094
郭瓊墓誌並蓋	唐	1406
郭仁表墓誌	唐	0739
郭榮墓誌	唐	1324
郭三益壙誌	南宋	1796
郭僧喜墓誌	唐	0419
郭紳墓誌	明	1873
郭守墓誌	唐	1197
郭萬墓誌	唐	0599
郭渭墓誌並蓋	唐	1237
郭文獻墓誌並蓋	唐	1205

郭晤妻劉氏墓誌並蓋		唐	1098	郝璀墓誌並蓋	唐	0413
郭希仁墓誌並蓋		民國	2139	郝普墓誌	唐	0403
郭晞墓誌		唐	1108	郝憩妻李氏墓誌	唐	1296
郭言揚墓誌並蓋		唐	1360	郝譽墓誌	唐	0373
郭曜墓誌並蓋		唐	1072	郝宗進墓誌	清	1982
郭曜妻王氏墓誌		唐	1093	浩君墓誌	唐	0701
郭毅墓記		南宋	1749	浩昭墓誌	唐	0364
郭毅墓誌並蓋		唐	0268	**he**		
郭湛墓誌		唐	0727	何伯偕墓誌	南宋	1751
郭釗墓誌並蓋		唐	1291	何琮墓誌	唐	1546
郭珎墓誌		北魏	0100	何基墓誌並蓋	唐	0614
郭志遜妻郭氏墓誌並蓋		清	2079	何君妻李氏墓誌並蓋	武周	0576
郭仲文墓誌		唐	1352	何邕妻李氏墓誌	唐	1119
郭祖基墓記磚		隋	0221	何中行墓誌	北宋	1678
h				和德墓誌	唐	0880
han				和紹隆墓誌並蓋	北齊	0148
韓澄芝墓誌並蓋		唐	1174	和紹隆妻元華墓誌並蓋	北齊	0154
韓滌墓誌並蓋		唐	1065	和轝墓門題記	西晉	0062
韓復妻許氏墓誌		唐	1441	紇奚氏墓誌並蓋	唐	0325
韓貢妻崔氏墓誌		唐	0979	賀蘭昌墓誌並蓋	唐	0290
韓金堂及妻張氏康氏王氏張氏 合葬墓誌		清	2099	賀蘭君妻豆盧氏墓記	燕	1576
韓君妻房氏墓誌		唐	0982	賀蘭氏墓誌	唐	0429
韓匡宇墓誌並蓋		唐	1318	賀牧墓誌	北魏	0098
韓令名墓誌		唐	0384	賀文有及妻陳氏墓誌並蓋	明	1886
韓寧妻陳氏墓誌並蓋		唐	1163	賀懿甫妻常氏墓誌並蓋	民國	2157
韓嶠墓誌		唐	1287	赫連寶毅墓誌	唐	0283
韓尚墓誌		唐	0831	赫連欽若墓誌	唐	0752
韓湜墓誌並蓋		唐	1002	**hou**		
韓損之墓誌		唐	0996	侯仁愷墓誌	唐	0277
韓武陵墓誌		唐	1259	侯世千墓誌並蓋	明	1960
韓休墓誌並蓋		唐	0849	侯遂墓誌	唐	1135
韓休妻柳氏墓誌並蓋		唐	0924	□厚蠋墓誌	唐	1469
韓緒墓誌		唐	0395	**hu**		
韓陰墓誌		唐	0601	胡承禮墓誌	唐	0890
韓元度及子合祔墓誌並蓋		唐	1341	胡崇獻墓誌	唐	0847
韓子儀墓誌		唐	0905	胡鐸及妻何氏墓誌並蓋	明	1889
hao				胡靜墓誌並蓋	唐	0431
郝奉國及妻游氏墓誌		唐	1403	胡君妻房氏墓誌	唐	0434
				胡濬及妻張氏墓誌	明	1881

胡匡一妻曹氏墓誌	明	1914	hun		
胡來朝墓誌	明	1953	渾君妻董氏墓誌	唐	1430
胡敏墓誌	明	1935	huo		
胡三墓誌	唐	0407	霍璠及妻王氏墓誌	唐	1427
胡善應及妻杜氏墓誌	武周	0520	霍行儒及妻楊氏墓誌	唐	1543
胡天鶚妻趙妙端壙記	南宋	1809	霍玄墓誌	唐	0374
胡省三墓誌並蓋	民國	2143	霍□葬磚	東漢	0044
胡岳墓誌並蓋	隋	0231	霍子墓誌並蓋	唐	0688
胡志寬墓誌	唐	1503			
胡質妻馬弟男墓誌並蓋	唐	0274	**j**		
胡著墓誌並蓋	明	1911	ji		
hua			姬靜墓誌	東魏	0123
華端墓誌並蓋	隋	0241	紀仁墓誌並蓋	唐	0719
華霖墓誌	唐	1505	寂照墓誌	唐	1257
華山公墓誌蓋	北朝	0180	jia		
huang			賈芬及妻李氏墓誌	唐	1448
皇甫郲墓誌	唐	1390	賈胡葬磚	東漢	0022
皇甫德□墓誌	唐	0453	賈惠端及妻王氏墓誌並蓋	唐	1539
皇甫紘墓誌	隋	0222	賈濟墓誌	唐	0466
皇甫悟墓誌	唐	1062	賈節墓誌	唐	0468
皇甫怡墓誌	唐	1162	賈滿墓誌	唐	0479
皇甫怡妻劉少和墓誌	唐	1273	賈廿娘墓誌	唐	1276
皇甫札墓誌並蓋	唐	0885	賈叔方墓誌	唐	1491
黃炳墓記	南宋	1787	賈緒及妻李氏墓誌	武周	0534
黃次益壙記	南宋	1817	賈言墓誌並蓋	北宋	1607
黃居表墓誌	北宋	1619	賈玉墓誌	唐	1232
黃覺緣母傅氏壙記	元	1844	賈政墓誌並蓋	唐	0458
黃勝昌墓記	明	1869	jiang		
黃思誠墓誌	南宋	1762	江鼎墓誌	北宋	1737
黃丸葬磚	東漢	0043	江克讓墓誌並蓋	唐	0674
黃賢妻吳氏壙誌	南宋	1805	姜公素墓誌並蓋	唐	1271
黃新葬磚	東漢	0007	姜公素妻周彪墓誌並蓋	唐	1224
黃應和墓誌	元	1840	姜惟劍及妻劉氏墓誌	唐	1514
黃有成墓記	南宋	1788	姜惟劍妻劉氏墓誌	唐	1457
黃珎墓銘	南宋	1789	蔣洌墓誌並蓋	唐	1020
黃宗文墓記	南宋	1803	蔣銳墓誌	唐	1047
hui			jiao		
惠弘墓誌並蓋	唐	0863	焦建邦墓誌	清	2131

焦盟及妻王氏墓誌並蓋	清	2050
焦士安墓誌並蓋	南宋	1738
焦士安妻蘇氏墓誌	北宋	1740
焦子昂墓誌	唐	1134
矯安墓誌	武周	0556

jie

揭克修墓誌	南宋	1773
揭自成妻鄒妙柔墓記	南宋	1794

jin

晉揩墓誌	武周	0533
晉泰成墓誌並蓋	清	2085
靳芝亭墓誌並蓋	清	2125

jing

荆昇葬磚	東漢	0002
荆壽墓誌	唐	1305
井慶墓誌並蓋	唐	0848
景光及墓誌並蓋	唐	1069
景進妻姚氏墓誌	唐	1527
景晙墓誌	唐	0820

ju

鞠叡墓誌	唐	0665
□舉墓誌	唐	0362
巨川墓誌並蓋	唐	1229
劇誨墓誌	唐	1465
劇誨妻史氏墓誌並蓋	唐	1460

jun

□君墓誌	隋	0188
□君妻和姬墓誌	唐	0287
□君妻吳嘉墓誌	唐	0962

k

kang

康寶足墓誌並蓋	隋	0227
康瓘墓誌	唐	1366
康敬本墓誌	唐	0380
康文通墓誌	武周	0546
康緒墓誌	唐	1308

kong

孔琮妻裴氏墓記	唐	0369
孔茂妻吕氏墓誌	金	1829
孔若思墓誌並蓋	唐	0697
孔業墓誌	武周	0504
孔元寶及妻路氏墓誌	唐	0710

kou

寇八公妻洪氏墓誌	明	1969
寇南容墓誌	唐	0902

l

lei

雷風會及妻秦氏墓誌並蓋	清	2064
雷溥墓誌	北宋	1613
雷樹葬磚	東漢	0019
雷遜菴妻高氏墓誌並蓋	清	2042
雷增盛墓誌	清	2022

li

黎淳墓誌	隋	0225
李昂墓誌並蓋	唐	1058
李昂妻韋氏墓誌並蓋	唐	1092
李八政墓誌並蓋	唐	1077
李弼墓誌	唐	1090
李辨墓誌	唐	0344
李辯墓誌	唐	0405
李才墓誌	武周	0579
李傪妻王素柔墓誌	唐	1160
李昌庭墓誌並蓋	唐	0906
李昌庭妻崔嚴淨墓誌並蓋	燕	1583
李昌汶墓誌並蓋	唐	1272
李朝弼墓誌	燕	1584
李朝弼妻鄭氏墓誌	唐	1055
李承寔妻馬氏墓誌並蓋	唐	1079
李承嗣墓誌並蓋	唐	0642
李崇禮墓誌	武周	0540
李處最妻源令則墓誌並蓋	武周	0581
李春暢妻汪瓊英墓銘	明	1880
李春蕃及妻符顯英陳叔悌墓誌	明	1932

李春及妻牛氏墓誌		唐	1279	李涇墓記	南宋	1769
李春卿墓誌		唐	0941	李景亮墓誌	隋	0224
李慈同墓誌		唐	0435	李景倩墓誌並蓋	唐	0644
李聰墓誌		唐	0323	李景詢及妻魏氏墓誌並蓋	唐	1249
李悰墓誌		唐	0675	李景裕妻王循墓誌	唐	1315
李岱及妻張氏墓誌並蓋		清	1993	李敬墓誌	唐	0677
李當墓誌並蓋		唐	1526	李敬言墓誌並蓋	唐	1314
李道亮墓誌並蓋		唐	0855	李逈墓誌	唐	1211
李德墓誌		唐	0772	李居正墓誌並蓋	唐	1037
李德餘墓誌並蓋		唐	1357	李據妻盧氏墓誌	唐	1371
李登墓誌		唐	0763	李君及妻崔氏墓誌	唐	1285
李洞真墓誌並蓋		唐	1350	李君墓誌並蓋	唐	0810
李杜及妻申氏墓誌		明	1930	李君墓誌並蓋	唐	1362
李莈墓誌		北宋	1610	李君墓誌蓋	唐	1563
李範墓誌		北宋	1625	李君妻崔小夒墓誌並蓋	唐	1493
李逢綸及妻張氏高氏楊氏王氏張氏				李君妻范氏墓誌	北宋	1659
合葬墓誌並蓋		清	2120	李君妻封敏墓誌	唐	0742
李符彩墓誌		唐	0869	李君妻格氏墓誌並蓋	唐	1533
李福庚及妻曹氏墓誌並蓋		清	2118	李君妻劉眾墓誌並蓋	唐	0773
李福墓誌		唐	0938	李君妻裴清墓誌	唐	1298
李光嗣墓誌並蓋		後梁	1585	李君妻韋氏墓誌	唐	1041
李瓛妻陳氏墓誌並蓋		唐	1387	李君妻張貞墓誌並蓋	唐	0450
李貴及妻王氏墓誌並蓋		隋	0184	李浚墓誌並蓋	唐	1103
李劇墓誌		北魏	0097	李浚妻裴氏墓誌並蓋	唐	1095
李國梁及妻王氏墓誌		清	2109	李可墓誌	唐	1158
李國楨墓誌		清	2032	李恪墓誌	唐	0995
李沆母鄭氏墓誌		唐	1504	李寬墓誌	唐	0427
李衡墓誌		唐	1544	李匡符墓誌	唐	1359
李護墓誌		唐	0646	李禮墓誌	唐	0622
李懷獻墓誌並蓋		唐	1059	李禮之墓誌	隋	0192
李渙妻裴琡墓誌並蓋		唐	1384	李良宗墓誌	清	2057
李溉墓誌		唐	0797	李良宗妻劉氏墓誌	清	2058
李寂墓誌		唐	0714	李亮墓誌	唐	0686
李寂妻劉氏墓誌		唐	1511	李烈墓誌並蓋	唐	0462
李濟墓誌		唐	1258	李六五墓記	南宋	1802
李建成妃鄭觀音墓誌並蓋		唐	0252	李隆悌墓誌並蓋	武周	0580
李建成墓誌並蓋		唐	0251	李明墓誌並蓋	唐	1458
李建成妾楊舍娘墓誌並蓋		唐	0371	李明允墓誌	唐	0712
李誠初墓誌		唐	0876	李寍墓誌並蓋	唐	1283

李奴墓誌		唐	0360	李文獻墓誌	唐	0416
李培厚墓誌		明	1975	李仙墓誌	唐	1097
李縹及妻史氏張氏合葬墓誌並蓋		清	2103	李仙世墓誌	唐	1147
李平墓誌並蓋		隋	0213	李先望及妻墓誌	唐	1540
李棲谷墓誌並蓋		唐	0768	李峴墓誌	唐	1015
李齊俗妻韋氏墓誌並蓋		唐	0874	李峴妻獨孤峻墓誌	唐	0983
李齊之墓誌並蓋		唐	0934	李逍妻辛氏墓誌並蓋	唐	1438
李玘妻廖氏墓記		明	1951	李孝恭妃竇大石墓誌	唐	0270
李啟墓誌並蓋		唐	1490	李興墓誌	唐	1007
李謙墓誌並蓋		唐	0961	李行素墓誌	唐	1482
李倩之墓誌		隋	0193	李行忠及妻柳氏墓誌	唐	0966
李欽妻薛氏墓記		東魏	0124	李勗墓誌	唐	0316
李青雲及妻趙氏墓誌並蓋		清	2075	李宣妻盧堂墓誌	唐	0850
李如圭及妻趙接弟墓誌		明	1945	李萱墓誌並蓋	唐	0955
李升及妻薛氏侯氏張氏合葬墓誌並蓋		明	1973	李玄墓誌	武周	0551
李昇妻鄭氏墓誌並蓋		唐	1179	李塤妻韋婉墓誌	唐	1137
李師墓誌		唐	0681	李循忠妻王氏墓誌並蓋	唐	0825
李十二娘墓誌並蓋		唐	1159	李詢貢墓誌	唐	0939
李十七娘墓誌		唐	0789	李迅墓誌	唐	0703
李氏墓誌並蓋		北宋	1623	李彥甫墓誌	唐	0082
李氏小娘子墓誌並蓋		唐	1386	李夜及妻王氏墓誌	唐	1476
李守祿及妻邵氏墓誌並蓋		明	1900	李液墓誌	唐	1056
李守宗妻盧氏墓誌		唐	0991	李益墓誌	唐	1282
李叔□及妻許氏墓誌		唐	1440	李義墓誌	唐	1395
李叔汶及妻安氏墓誌		唐	1541	李毅宇妻張氏墓誌	明	1934
李淑墓誌並蓋		唐	1388	李隱之墓誌並蓋	唐	0837
李帥正墓誌		清	1990	李胤墓誌並蓋	唐	0309
李順矩墓誌		唐	0923	李詠墓誌並蓋	唐	0881
李思敬墓誌並蓋		唐	0318	李虞仲墓誌並蓋	唐	1316
李思賢妻唐氏墓誌		明	1857	李虞仲妻郭氏墓誌	唐	1328
李遂墓誌		唐	0828	李瑛墓誌並蓋	唐	0944
李坦墓誌並蓋		唐	1136	李譽墓誌並蓋	唐	0256
李田及妻武氏墓誌並蓋		明	1913	李淵妃宇文氏墓誌	唐	0258
李頎妻于固敏墓誌		唐	1016	李元亨墓誌並蓋	唐	0255
李文華妻李智英墓誌		明	1876	李元儉墓誌	北周	0176
李文及妻韋氏墓誌		明	1904	李元嗣墓誌	唐	1498
李文墓誌		唐	0406	李約墓誌並蓋	唐	0682
李文墓誌		明	1890	李悅墓誌	唐	1340
李文通墓誌		唐	1549	李□葬磚	東漢	0055

李札之墓誌	北齊	0138
李琮墓誌	唐	1023
李鰲墓誌	唐	0873
李正墓誌	唐	0391
李知古墓誌並蓋	唐	0647
李晊墓誌並蓋	唐	0870
李仲粲墓誌	唐	0244
李仲熊墓誌並蓋	清	1984
李重墓誌並蓋	唐	1206
李重直墓誌並蓋	後周	1599
李周南墓誌並蓋	唐	1155
李準墓誌並蓋	唐	1107
李卓然墓誌並蓋	唐	1064
李子仁墓記	南宋	1815
李宗孟墓誌	北宋	1644
李縱墓誌並蓋	唐	1264
李祖墓誌	唐	0389
李纘緒墓誌並蓋	清	2028

lian

連鑛墓誌並蓋	明	1901
連鑛妻王氏墓誌	明	1912
連茂及妻李氏墓誌並蓋	明	1882
連盛墓誌	明	1877
廉察墓誌並蓋	唐	0884
廉志常及妻高氏墓誌並蓋	清	2113

liang

梁才墓誌	北周	0173
梁爾欽及妻仇氏墓誌並蓋	清	2059
梁健墓誌	清	2132
梁煉及妻許氏墓誌並蓋	明	1942
梁六娘墓誌	北宋	1672
梁世積墓誌	唐	0308
梁文炳及妾楊氏墓誌	民國	2138
梁孝卿妻王仁壽墓誌	唐	0467
梁衍墓誌並蓋	隋	0200
梁衍枕銘	隋	0201
梁應元墓記	南宋	1785
梁鑾墓誌	武周	0571
梁淑墓誌並蓋	北齊	0141

liao

廖鉅瞻妻宋淑清墓誌	元	1849

lin

林端墓碣	南宋	1765
藺沖漢及妻張氏墓誌並蓋	清	2034
藺楚琮墓誌並蓋	唐	0751

ling

令狐定妻于氏墓誌並蓋	唐	1214
令狐覽墓誌並蓋	唐	1356
令狐小改墓誌並蓋	唐	0687

liu

劉阿四及妻張氏墓誌	唐	1028
劉才墓誌並蓋	武周	0582
劉策墓誌並蓋	唐	0827
劉超墓誌	唐	0700
劉初墓誌	唐	0282
劉初墓誌	唐	0470
劉從兆墓誌	唐	1532
劉嵯墓誌	唐	1485
劉德墓誌	唐	0354
劉德訓墓誌	唐	1411
劉德寶墓記磚	北魏	0116
劉蕃墓誌並蓋	明	1929
劉方墓誌並蓋	唐	0692
劉公卿墓誌	武周	0500
劉圭璋墓誌並蓋	清	2100
劉和墓誌並蓋	唐	1325
劉弘墓誌	隋	0209
劉鴻訓墓誌並蓋	清	2045
劉集墓誌	北齊	0152
劉兼金墓誌	唐	1030
劉建安及妻曹氏墓誌並蓋	清	2107
劉建標墓誌並蓋	清	2110
劉建基及妻趙氏景氏墓誌並蓋	清	2106
劉節墓誌並蓋	唐	0807
劉晉妻吳妙穌壙記	南宋	1798
劉進朝墓誌	唐	1176
劉進登妻彭氏墓誌	北宋	1636
劉敬銓玄臺銘	唐	0999

劉敬業及妻胡氏墓誌並蓋	清	2092	劉彥紹及妻白氏墓誌並蓋	清	2035
劉君及妻李氏墓誌	唐	1468	劉一娘壙記	南宋	1786
劉君妻李娘墓誌並蓋	武周	0532	劉易墓誌並蓋	唐	1336
劉君妻王氏墓誌	唐	0664	劉英墓誌並蓋	唐	0986
劉君妻溫氏墓誌並蓋	唐	0728	劉餘墓誌	唐	0758
劉君妻解淑墓誌	唐	0872	劉棫及妻魏氏繼配李氏孫氏李氏合葬		
劉珂及妻索氏靳氏合葬墓誌	明	1894	墓誌並蓋	清	2020
劉麗麗墓誌	唐	1186	劉元紹墓誌	唐	0792
劉娘墓誌並蓋	唐	0814	劉元用妻熊氏壙記	南宋	1792
劉凝墓誌	唐	1306	劉悅墓誌並蓋	隋	0195
劉琪墓誌	後周	1595	劉云真墓誌	明	1866
劉齊客墓誌並蓋	唐	0805	劉禎墓誌	唐	0303
劉玘及妻陳氏墓誌	明	1910	劉制墓誌並蓋	唐	1494
[劉]慶墓誌	唐	0740	劉仲獎墓誌並蓋	唐	0974
劉全儼墓誌並蓋	唐	1343	劉仲獎妻李氏墓誌並蓋	唐	0948
劉汝直及妻孫氏墓誌	明	1902	劉仲麕妻唐葳墓誌	唐	1086
劉叡墓誌	武周	0561	劉遵墓誌	北魏	0104
劉少卿墓誌	唐	0423	柳帶韋墓誌並蓋	北周	0174
劉少議墓誌並蓋	唐	1462	柳德□墓誌	唐	0269
劉士清墓誌	唐	1338	柳二娘墓誌	唐	0625
劉氏墓誌	唐	0936	柳芬墓誌	唐	0912
劉仕忠妻胡淑玹墓誌並蓋	明	1863	柳宏量墓誌	唐	0346
劉思敬及妻曹氏墓誌並蓋	後唐	1587	柳景文墓誌	武周	0525
劉思□墓誌	北齊	0145	柳立妻苗氏墓誌	唐	1128
劉思珍妻劉妙靜壙記	南宋	1801	柳虬妻席氏墓誌並蓋	隋	0189
劉竦妻張氏墓誌	南宋	1780	柳氏墓誌	唐	1220
劉談經墓誌	唐	1153	柳正封墓誌	唐	1335
劉天彝妻史氏墓誌	清	2013	柳鷟墓誌	北周	0175
劉廷璧及妻賀氏墓誌並蓋	清	1998	lou		
劉庭玉墓誌	唐	1039	婁俊墓誌	唐	0456
劉爲遠墓誌	清	2037	婁文纂墓誌	唐	0598
劉溫墓誌並蓋	唐	1437	lu		
劉文暉墓誌並蓋	唐	0977	盧賓妻仇瀛洲墓誌	唐	1492
劉文禪墓誌	唐	0489	盧峰墓誌	唐	1435
劉文用墓誌	南宋	1750	盧敷墓誌並蓋	唐	0636
劉文宗墓誌	唐	0908	盧晃妻王氏墓誌	唐	1196
劉效閔墓誌並蓋	清	2101	盧濟墓誌	唐	1003
劉玄意妻馮顗墓誌	武周	0543	盧君妻李優鉢墓誌	唐	0699
劉彥融墓誌	後周	1598	盧君妻鄭氏墓誌	唐	0914

盧克乂墓誌並蓋		唐	1122	呂簡西墓誌	唐	1073
盧勤禮墓誌		唐	0451	呂□如及妻馬氏李氏合葬墓誌並蓋	清	1986
盧清墓誌並蓋		唐	1025	呂淑墓誌	唐	1331
盧慶墓誌		唐	1207	呂思元墓誌並蓋	唐	0685
盧邵孫墓記		唐	1463	呂太汶妻張筠貞墓誌並蓋	唐	1537
盧士舉妻李省墓誌		唐	1109	呂獻臣墓誌	唐	0867
盧士舉妻李省墓誌		唐	1127	呂彥祖墓誌並蓋	唐	0978
盧望回妻李球墓誌		唐	1412	呂埨墓誌並蓋	清	2041
盧習善墓誌並蓋		唐	0328	lun		
盧巽墓誌並蓋		唐	1099	輪自在墓誌	唐	0771
盧夷甫妻崔淑墓誌		唐	0945	論惟貞墓誌並蓋	唐	1067
盧膺墓誌		唐	1525	論惟貞妻李氏墓誌	唐	1085
盧瓚墓誌		唐	0620	luo		
盧昭道墓誌並蓋		唐	0449	羅余慶墓誌	武周	0499
盧正玄墓誌		唐	0332	羅宗墓誌	北魏	0088
盧志安墓誌		唐	0615	羅宗妻陸㜲藜墓誌	北魏	0106
盧仲矩墓誌		唐	1374	**m**		
盧捴墓誌並蓋		唐	1190			
魯君妻宋氏墓誌並蓋		唐	0878	ma		
魯文雅墓誌		唐	0426	馬阿臺墓銘磚	北魏	0084
魯玄墓誌		唐	0663	馬岑墓誌	唐	1146
魯焴墓誌並蓋		民國	2154	馬朝壽墓誌並蓋	清	2046
魯□葬磚		東漢	0050	馬崇墓誌	唐	0770
陸辯之妾盧成德墓誌		唐	1515	馬大信墓誌	武周	0559
陸廣成墓誌		唐	1557	馬伏恩墓誌並蓋	唐	0445
陸孝昇墓誌		隋	0190	馬虎葬磚	東漢	0040
鹿裕墓誌		唐	0250	馬濟勝墓誌	清	2083
逯君及妻劉氏墓誌並蓋		唐	1375	馬見龍及妻黃氏墓誌	清	2036
路殿選及妻湯氏墓誌		清	2133	馬炬墓誌並蓋	唐	1125
路景秀墓誌		唐	1175	馬君妻李氏墓誌	唐	1307
路寧墓誌		北魏	0087	馬亮墓誌	唐	1286
路循範墓誌		唐	0762	馬緬墓誌	唐	0446
路綜墓誌		武周	0544	馬難過及妻王氏墓誌	唐	1312
lü				馬謙墓誌	唐	0943
閭表墓誌並蓋		唐	0793	馬仁軌墓誌並蓋	唐	0888
呂成功墓誌		清	2091	馬榮妻馬張墓記	西晉	0068
呂道墓誌		唐	0377	馬世珩及妻劉氏墓誌並蓋	清	2123
呂鐸妻胡氏墓誌並蓋		唐	1496	馬文諫墓誌並蓋	唐	1400
呂芬墓誌		唐	1074	馬岳妻李氏墓誌	唐	1562

馬振常墓誌並蓋	民國	2148
馬仲良墓誌	北宋	1674

mao

毛策墓誌並蓋	唐	0709
□卯墓記磚（第二種）	西晉	0067
□卯墓記磚（第一種）	西晉	0066

men

門和墓誌並蓋	唐	0488

meng

孟戩墓誌並蓋	唐	0436
孟□妻趙令芝墓記磚	西晉	0070
孟遂墓誌並蓋	唐	1138
□夢祥妻嚴氏壙記	元	1833

mi

禰素士墓誌並蓋	唐	0605
米欽道墓誌並蓋	唐	0816
米仁慶墓誌並蓋	武周	0530
米神通墓誌	唐	0760
米友及妻畢氏墓誌並蓋	唐	0862

miao

苗奉明墓誌並蓋	唐	0809
苗含液墓誌	唐	1564
苗君妻王氏墓誌	唐	1149
苗玄素墓誌並蓋	唐	1172
苗用苗穎墓誌	唐	1443
苗政墓誌	唐	1201

ming

明丞妻李氏墓誌	唐	0497
明君妻李氏墓誌	唐	0442
明恪墓誌並蓋	唐	0441
明暹墓誌並蓋	唐	0973

mo

莫多婁洽墓誌並蓋	北周	0167

mu

慕容莨墓誌	西魏	0129

n

nan

南僧寶妻伍氏墓誌	唐	1558
南昇墓誌	唐	1268

ni

兒叔葬磚	東漢	0014
倪索墓誌並蓋	唐	0317
倪桌妻姜氏墓誌	北宋	1742

nie

聶德清母張氏墓誌	清	2094
聶君妻周氏張氏遷葬墓誌	宋	1822
聶世行妻周景秀墓誌	南宋	1778

ning

□寧墓誌	隋	0220
甯北湖壙記	明	1917
甯麟妻許氏墓誌	北宋	1670
甯有義墓誌並蓋	唐	1348
甯元葬磚	東漢	0033

niu

牛登墓誌	西晉	0064
牛君妻趙氏墓誌	唐	1424
牛廟墓誌並蓋	武周	0594
牛壽山妻王氏墓誌並蓋	清	2081
牛惟彥墓誌	唐	1018
牛文誼墓誌	唐	1488
牛曾妻胡十三娘子墓誌	唐	1479
牛徵墓誌並蓋	唐	0722
牛智墓誌	唐	0891

o

ou

□偶葬磚	東漢	0048

p

pan

潘玄墓誌並蓋	北周	0169

pang

龐承訓墓誌	唐	0717
龐昊墓誌	唐	0959

龐元約墓誌並蓋 唐 0411

pei

裴寶葬磚 東漢 0038
裴寂墓誌 唐 0254
裴蕑墓誌並蓋 唐 1111
裴謇墓誌並蓋 唐 1300
裴君墓誌 隋 0208
裴君妻柳政墓誌 唐 1164
裴君妻王氏墓誌 武周 0498
裴衍墓誌 唐 1484
裴曠墓誌 唐 0997
裴曠墓誌並蓋 唐 0804
裴令臣墓誌並蓋 燕 1574
裴虔餘妻韋琁墓誌並蓋 唐 1461
裴仍代墓誌 後周 1597
裴卅四娘墓誌並蓋 唐 1245
裴士安墓誌 唐 1046
裴氏墓誌 唐 1509
裴奭墓誌並蓋 唐 1251
裴爽墓誌並蓋 唐 0397
裴綰墓誌並蓋 武周 0588
裴位及妻苗媛墓誌並蓋 唐 1168
裴文明墓誌 唐 0860
裴系墓誌並蓋 唐 0919
裴向墓誌並蓋 唐 1290
裴辛生墓誌 武周 0586
裴璿墓誌 唐 0798
裴寅妻王氏墓誌 唐 1377
裴友直妻封氏墓誌並蓋 唐 0729
裴雲客墓誌並蓋 唐 1248
裴愷墓誌 北宋 1658
裴擇妻靳氏墓誌 唐 0952
裴子通墓誌 隋 0202

peng

彭侯妻李氏神柩磚 西晉 0071
彭師德墓誌 唐 0259
彭元貴妻王氏壙記 南宋 1790

ping

□平墓誌 唐 0326

pu

僕陽完城旦殘葬磚 東漢 0001

q

qi

奇妙姜墓銘磚 北魏 0076
綦毋誼墓誌 唐 1082
綦毋誼妻蘇淑墓誌 唐 1048
齊士幹墓誌並蓋 隋 0239
齊孝均墓誌 唐 1309
齊志萼墓誌 唐 1446
齊志英墓誌 唐 1378
乞伏暉墓誌 北魏 0083

qian

錢戀新妻趙氏墓誌 明 1968
錢泳墓誌 元 1836

qiao

喬胡突墓誌 唐 0288

qin

秦奉珪墓誌 唐 0942
秦格及妻王氏墓誌並蓋 清 2010
秦黃葬磚 東漢 0041
秦金墓誌 唐 0765
秦君妻王思墓誌 唐 0242
秦楠及妻徐氏墓誌 明 1909
秦士及妻段氏墓誌並蓋 唐 0492
秦守一妻沈和墓誌 唐 0823
秦叔向墓誌並蓋 唐 1409
秦星聚及妻柴氏墓誌並蓋 清 2121
秦休烈墓誌並蓋 唐 0645

qiu

丘從儉墓誌並蓋 唐 1439
丘模墓誌 唐 1052
仇直墓誌 武周 0541

qu

屈海都及妻王氏墓誌並蓋 清 2048
屈護墓誌 北齊 0144

屈突伯起墓誌	武周	0508	僧賢墓誌	北齊	0151
麴巽墓誌	唐	1349	**shan**		
r			單重忻墓誌	唐	0846
ran			鄯顯紹墓誌	北齊	0137
冉知微墓誌並蓋	唐	0741	**shang**		
rao			上官海清墓誌	唐	1444
饒夢貴妻諶氏壙記	元	1841	上官婉兒墓誌並蓋	唐	0624
ren			尚敬千墓誌	北宋	1606
□人杰墓誌	清	2008	□尚禮墓誌	清	2021
□仁墓誌	唐	0311	尚武及妻張氏墓誌	唐	0421
任庚妻㕫氏壙記	元	1850	**shao**		
任拱之妻楚氏墓誌	北宋	1687	邵博墓誌	唐	1363
任和壙記	明	1871	邵承墓誌	唐	0818
任寬之墓誌	北宋	1688	邵□葬磚	東漢	0036
任平墓誌	北宋	1618	邵仲及妻源氏合祔墓誌	唐	1183
任勸周及妻上官氏李氏合葬墓誌 並蓋	清	2073	**she**		
			佘元仙墓誌並蓋	唐	1035
任日進墓誌	唐	1124	**shen**		
任賽娘壙銘	北宋	1629	申根及妻李氏墓誌	明	1920
任十一娘壙銘	北宋	1630	申師墓誌	唐	1565
任述墓誌	北宋	1617	申屠玄墓誌	唐	0899
任肅墓誌並蓋	唐	0679	申秀墓誌	北宋	1661
任祥墓誌	東魏	0122	莘少葬磚	東漢	0034
任緒墓誌	唐	0341	沈惠墓誌	唐	0661
任智才墓誌	唐	0496	沈君妻來三乘墓誌磚	唐	0933
任忠墓誌	唐	1044	沈君妻陸寂澄墓誌並蓋	唐	0621
rong			沈齊文墓誌	唐	0484
戎師墓誌	唐	0900	沈權墓誌並蓋	唐	1151
s			沈群妻楊氏墓誌	唐	1188
sa			沈訓之妻朱武姜墓誌	唐	0600
薩孤吳仁墓誌	唐	0353	沈兗墓記	唐	1426
san			沈兗墓誌	唐	1402
三月九日此下等字殘葬磚	東漢	0052	審休母墓記磚	西晉	0072
seng			**sheng**		
僧華墓誌	北周	0164	盛建葬磚	東漢	0016
			shi		
			施君妻唐氏墓誌	武周	0517
			師恭墓誌	武周	0578

師履仁墓誌	清	1981		宋進賢墓誌	金	1827
師實墓誌	明	1970		宋君妻淳于氏墓誌	武周	0568
師實妻張氏墓誌	清	1983		宋君妻馬氏墓誌	唐	1198
師位及妻張氏墓誌	清	2001		宋君妻楊滿墓誌	唐	0480
師贊皇妻段氏墓誌	清	1989		宋劉師墓誌	唐	0376
十一月二日等字殘葬磚	東漢	0027		宋欽墓誌	武周	0583
石方墓誌並蓋	明	1879		宋讓墓誌	唐	0476
石師墓誌並蓋	武周	0592		宋尚妻鄭氏墓誌並蓋	唐	0747
史成鑑及妻衛氏墓誌	清	2039		宋少□妻尉遲氏墓誌並蓋	唐	1084
史弘俠及妻陳氏王氏墓誌並蓋	清	2033		宋石保墓誌	唐	1080
史季文及妻李氏墓誌	唐	1447		宋庭珎及妻楊氏墓誌	唐	1165
史孟葬磚	東漢	0028		宋文成墓誌	唐	0300
史孟葬磚	東漢	0056		宋武墓誌	北宋	1615
史融墓誌並蓋	唐	0422		su		
史如嵋及妻李氏墓誌並蓋	清	2078		蘇橺墓誌	北魏	0078
shu				蘇暉妻雷氏宋氏墓銘	北宋	1669
舒和妻吳良玉壙記	元	1838		蘇氏墓誌蓋	唐	1566
si				蘇通墓誌	北宋	1632
司董陽葬磚	東漢	0013		蘇通妻王氏墓誌	北宋	1641
司馬君妻董氏墓誌	唐	1075		蘇昕墓誌	北宋	1640
司馬叡墓誌	唐	0278		蘇昕妻張氏墓誌	北宋	1631
司馬邵墓誌並蓋	唐	0658		蘇彥伯墓誌並蓋	唐	0898
司馬相如墓記磚	偽刻	2159		蘇偡墓誌	唐	0856
司馬裔妻元苹光墓誌並蓋	隋	0181		蘇顒墓誌並蓋	唐	1567
司馬貞墓誌	唐	0368		蘇宗葬磚	東漢	0031
司馬鷟墓誌並蓋	唐	0652		素和喬墓誌	唐	0775
司台衡墓誌並蓋	明	1962		sun		
司徒寬墓誌	唐	0392		孫博碩墓誌	唐	0778
司徒倚墓誌	唐	1192		孫藏墓誌並蓋	唐	0365
song				孫楚珪墓誌並蓋	唐	1178
宋道感墓誌並蓋	唐	0382		孫大忍墓誌	清	2023
宋方墓誌	唐	0817		孫德成墓誌	唐	0723
宋昉墓誌	唐	0475		孫甫田墓誌	民國	2147
宋光墓誌	唐	1166		孫君妻洪蘭墓誌並蓋	唐	0737
宋貴臣墓誌並蓋	北宋	1637		孫君妻念氏墓誌	唐	1261
宋曷墓誌	北齊	0150		孫君妻韋氏墓誌	武周	0557
宋和仲墓誌並蓋	唐	0903		孫立墓誌	唐	0257
宋弘墓誌並蓋	唐	0680		孫令名墓誌	唐	1568
宋季墓誌	唐	0396		孫山德妻程氏墓誌	唐	0352

題名拼音索引　419

孫叔載妻黃氏墓誌		南宋	1820	tian		
孫淑成墓誌		清	2116	田存及妻褚氏墓誌	唐	1538
孫松茂墓誌		南宋	1818	田大成墓誌並蓋	元	1831
孫偓墓誌		後梁	1586	田洪妻竇氏墓誌並蓋	唐	1267
孫偓妻鄭氏墓誌		唐	1552	田集墓誌	隋	0216
孫希進及妻史氏墓誌		唐	1148	田濟墓誌並蓋	唐	1177
孫俪墓誌		唐	1415	田景直墓誌	唐	1040
孫永甲墓誌並蓋		清	2071	田君墓誌	武周	0558
孫毓因墓誌並蓋		清	1995	田匡佐及妻劉氏墓誌	唐	1555
孫毓英墓誌並蓋		清	1992	田仁亮墓誌並蓋	唐	0956
孫元吉墓誌		清	2000	田世眹墓誌	隋	0229
孫政墓誌		唐	0454	田樹墓誌	唐	0767
孫鑄墓誌		北宋	1647	田義方墓誌	唐	0415
孫作旺及妻雷氏墓誌並蓋		清	2066	田增蔚墓誌	清	2102
suo				田沼妻斑氏墓誌並蓋	唐	1171
索泰墓誌		北齊	0140	tong		
索勇妻李華墓誌		北齊	0139	同蹄望雲墓誌	唐	1054
	t			童里廿三妻劉氏墓誌	明	1922
				銅當葬磚	東漢	0023
tan				tuo		
檀女阿雌墓記磚		北魏	0117	脱柱墓誌	明	1948
譚仕英妻鄧氏墓誌		元	1843	拓跋番墓誌並蓋	北周	0172
tang				拓跋昇墓誌	北周	0161
湯德邦墓記		南宋	1781		w	
湯晴江妻夏氏墓誌		明	1908			
唐白澤墓誌		唐	0310	wan		
唐從心墓誌並蓋		唐	0611	菀父孝子廖墓記磚	唐	1501
唐君妻路氏墓誌並蓋		唐	1517	萬金妻劉氏墓誌	明	1907
唐立墓誌		後唐	1589	萬君妻李恩真墓誌並蓋	唐	1456
唐茂宗墓誌		唐	1542	萬民墓誌並蓋	武周	0538
唐門神圖案墓誌蓋		唐	1572	萬慭墓誌	燕	1575
唐永壙記		元	1834	wang		
唐周賓墓誌並蓋		唐	0963	汪汝相妻崔氏墓誌	明	1938
tao				汪愚谷妻趙師妙墓誌	南宋	1814
陶聖臣墓誌		北宋	1715	亡宮八品墓誌	唐	0464
陶憲章墓誌		清	2135	亡宮九品墓誌	唐	0836
陶瑄墓誌並蓋		唐	1419	亡宮六品墓誌	唐	0463
ti				亡宮五品墓誌並蓋	唐	0724
□涕墓誌		唐	0356	亡尼七品墓誌	唐	0448

亡尼七品墓誌	唐	0469		王景清及妻楊氏墓誌並蓋	清	2084
亡尼七品墓誌	武周	0535		王九仁墓誌並蓋	唐	1012
王安和墓記磚	北魏	0114		王九言墓誌	武周	0512
王安靜墓誌	清	2086		王君漢妻張氏墓誌	北宋	1612
王翱墓誌	唐	1370		王君墓誌	唐	0653
王褒墓誌	唐	0307		王君墓誌蓋	北宋	1747
王寶墓誌	唐	1401		王君妻崔曜華墓誌	北齊	0143
王翌墓誌	武周	0591		王君妻宋尼子墓誌	武周	0518
王朝郎墓誌	唐	1289		王君妻楊歡憘藏墓誌並蓋	唐	0950
王寵寵墓誌	唐	1130		王君妻長孫波若智墓誌	唐	0921
王寵四二妻丘氏墓誌	明	1958		王俊墓誌並蓋	唐	0634
王崔五墓誌並蓋	唐	1288		王克明墓誌	元	1855
王大鼎及妻邱氏墓誌	清	2128		王克墓誌	唐	0953
王大鼎墓誌	清	2111		王鑛及妻李氏墓誌	明	1979
王大器妻盧氏墓誌	唐	0801		王魁及妻段氏張氏合葬墓誌並蓋	清	2112
王大隱墓誌並蓋	唐	0967		王礼墓誌並蓋	唐	0964
王丹雅墓誌並蓋	唐	1222		王亮第六女墓記	唐	1293
王德倫墓誌	北宋	1616		王林及妻曹氏墓誌	唐	1277
王德正母郭妙智壙記	元	1839		王六仁墓誌	唐	0716
王殿樞及妻趙氏墓誌並蓋	清	2096		王魯復墓誌並蓋	唐	1379
王鼎墓誌	唐	0655		王履貞妻張淑墓誌	唐	1219
王鼎新及妻黃氏墓誌並蓋	明	1971		王□倫及妻墓誌	唐	1361
王都葬磚	東漢	0017		王夢良墓記	南宋	1808
王端墓誌並蓋	唐	0414		王夢周及妻何氏墓誌並蓋	清	2114
王奉璘妻段氏墓誌	唐	1228		王蒙墓誌並蓋	唐	1218
王昊墓誌	唐	1185		王閩之墓誌磚	東晉	0074
王公政墓誌	唐	1416		王明墓誌並蓋	唐	0635
王遘墓誌	唐	1519		王明堂及妻朱氏郝氏合葬墓誌並蓋	清	2017
王瓘及妻仵氏墓誌	武周	0593		王謨墓誌並蓋	唐	0342
王光先及妻劉氏墓誌並蓋	清	2117		王楠墓誌	明	1967
王鴻儒墓誌並蓋	唐	0455		王丕華及妻張氏墓誌並蓋	民國	2145
王後熾墓誌	唐	0472		王浦墓誌並蓋	唐	1121
王淮墓誌	清	2068		王浦妻李氏墓誌並蓋	唐	1104
王懷昴墓誌	唐	0865		王其靖妻李氏墓誌	清	2003
王環墓誌並蓋	明	1883		王齊墓誌	唐	0690
王鑙及妻雷氏墓誌並蓋	明	1891		王乾福墓誌	武周	0528
王渙墓誌並蓋	唐	1554		王乾墓誌並蓋	唐	0627
王兼鐙墓誌	明	1936		王求烏墓誌	唐	1132
王京墓誌	唐	0875		王全福墓誌	唐	0786

王仁安墓誌並蓋	唐	0471	王先奉墓誌	唐	1120
王仁墓誌	唐	0889	王賢墓誌	唐	0815
王日進墓誌	唐	1284	王諴墓誌	唐	1008
王日嫺墓誌並蓋	唐	1144	王顯七妻王氏墓誌	明	1961
王融墓誌並蓋	東魏	0119	王孝義墓誌	唐	0336
王少葬磚	東漢	0011	王昕之墓誌	唐	0632
王壚時墓誌並蓋	清	2072	王興墓誌	唐	0465
王師正墓誌	唐	1274	王興墓誌並蓋	武周	0513
王氏第三女墓誌並蓋	唐	1404	王行墓誌	唐	0322
王氏墓誌並蓋	唐	1005	王行通墓誌並蓋	唐	0312
王式墓誌	唐	0430	王修德及妻許氏墓誌並蓋	清	2105
王式妻曹氏墓誌	唐	1255	王秀山妻張氏墓銘	明	1946
王守信墓誌並蓋	唐	0826	王項墓誌	唐	1351
王叔墓誌	唐	0349	王珝妻竇氏墓誌並蓋	唐	1043
王書紳墓誌並蓋	民國	2149	王玄秀墓誌	唐	0482
王曙妻劉氏墓誌並蓋	北宋	1648	王璿墓誌並蓋	唐	0669
王説墓誌	金	1828	王學奇及妻羅氏党氏劉氏合葬墓誌	清	1996
王鑠墓誌	隋	0196	王珣瑜墓誌	北宋	1642
王孫墓誌	唐	0330	王迅墓誌並蓋	唐	1280
王廷俊墓誌	明	1937	王彥和墓銘	南宋	1776
王廷□墓誌	遼	1823	王彥威女墓誌並蓋	唐	1265
王通墓誌	武周	0596	王晏墓誌	唐	0613
王彤墓誌	北魏	0077	王燕堂墓誌	清	2134
王彤妻封園姬墓誌	北魏	0092	王曜墓誌並蓋	唐	0892
王託墓誌	唐	0641	王鎰墓誌	明	1875
王丸葬磚	東漢	0025	王應麟壙記	元	1846
王温墓誌	北魏	0111	王應堂墓誌	民國	2144
王温墓誌並蓋	唐	1116	王永墓誌	唐	1260
王文成墓誌	唐	0893	王與時妻張氏墓誌	北宋	1645
王文亮墓誌	唐	0756	王昱墓誌並蓋	唐	0618
王文□墓誌並蓋	唐	0757	王遇墓誌並蓋	唐	1083
王文郁墓誌並蓋	唐	0443	王元揩墓誌	唐	0803
王文則墓誌	唐	1381	王元琰墓誌	唐	0832
王昔妻竇含墓誌	唐	0928	王元琰妻樊氏墓誌	唐	0858
王晞墓誌並蓋	唐	0715	王元磚墓誌	唐	0895
王晞妻鄭氏墓誌並蓋	唐	0839	王原墓誌並蓋	唐	0782
王晢妻薛廷淑墓誌並蓋	唐	1559	王瑗墓誌並蓋	唐	1209
王錫朋墓誌並蓋	清	2052	王贇墓誌	唐	0267
王曦墓誌	北魏	0089	王贇墓誌	唐	0305

王在璋墓誌	後漢	1593		韋君妻李令兒墓誌並蓋	唐	0783
王琛墓誌	隋	0186		韋君妻李瑶墓誌	唐	0321
王楨墓誌	唐	0324		韋君妻柳無量力墓誌並蓋	唐	0495
王震墓誌	唐	0616		韋君妻嚴氏墓誌	唐	1502
王鎮倫妻李良玉墓誌	明	1921		韋隆墓誌	西魏	0133
王鎮廿三墓誌	明	1941		韋戀墓誌	唐	0917
王正言墓誌	唐	1310		韋平墓誌	唐	1036
王知悌墓誌	唐	0683		韋啓强墓誌並蓋	唐	1063
王智言墓誌	唐	0842		韋廑妻裴娟墓誌並蓋	唐	1263
王中亮墓誌磚	清	2067		韋師墓誌並蓋	唐	0481
王仲鼂墓誌	清	2054		韋氏墓誌	唐	0607
王伷墓誌並蓋	唐	1061		韋世業墓誌	西魏	0131
王子墓誌	唐	0666		韋□泰墓誌並蓋	唐	0609
王自新墓誌	清	2136		韋無愕妻邵氏墓誌並蓋	唐	0972
王宗本墓誌	唐	1436		韋銑墓誌	唐	0693
王宗則墓誌	北宋	1652		韋庠墓誌並蓋	唐	1253
王遵墓誌	北魏	0091		韋協墓誌	隋	0217
王祚盛妻謝氏墓誌	南明	1980		韋玄晞墓誌	唐	0610
wei				韋鑒墓誌並蓋	唐	0769
危浙墓誌	明	1897		韋攸墓誌並蓋	唐	1057
韋彪妻柳遺蘭墓誌	北周	0156		韋友諒墓誌	唐	0608
韋昶墓誌	唐	1453		韋友益墓誌	武周	0575
韋誠美妻張素墓誌	唐	0784		韋餘慶及妻裴氏墓誌並蓋	唐	0619
韋楚客墓誌並蓋	唐	1204		韋元甫墓誌並蓋	唐	1026
韋俶妻鄭氏墓誌	唐	0779		韋元溥妻鄭節墓誌	唐	0670
韋悰妻裴貞墓誌並蓋	唐	0381		韋瓚妻拓王仲姿墓誌並蓋	北周	0165
韋都師墓誌	唐	1423		韋翶墓誌並蓋	唐	1169
韋端符妻鄭霞士墓誌	唐	1508		韋翶妻李現墓誌並蓋	唐	1071
韋國寶墓誌並蓋	偽刻	2161		韋知止墓誌並蓋	唐	0676
韋衡墓誌	武周	0539		韋志潔墓誌並蓋	唐	0640
韋弘妻盧氏墓碣	唐	0958		□惟忠妻牛氏墓誌	唐	1372
韋懷搏妻鄭氏墓誌並蓋	唐	0721		尉君妻李淑容墓誌	北齊	0146
韋奐妻盧氏墓誌並蓋	唐	0750		衛藏師墓誌並蓋	唐	0301
韋及墓誌	唐	1236		衛侗墓誌並蓋	隋	0236
韋及妻柳氏墓誌	唐	1247		衛規墓誌	武周	0529
韋惎墓誌	隋	0191		衛冀及妻杜氏墓誌並蓋	唐	1431
韋諫妻崔氏墓誌	唐	1396		衛君妻宋氏墓誌	唐	1368
韋君妻崔氏墓誌並蓋	武周	0566		衛素墓誌	唐	1278
韋君妻馮氏墓誌	唐	1001		衛休晤墓誌	唐	1112

魏安墓誌		唐	0433	仵德信墓誌並蓋	唐	0275
魏達墓誌並蓋		唐	0302	武承嗣墓誌	武周	0560
魏基墓誌並蓋		唐	0272	武福墓誌	唐	1013
魏基妻王淑墓誌並蓋		唐	0363			
魏季衡墓誌並蓋		唐	1408	**X**		
魏兼慈墓誌並蓋		唐	0733	xi		
魏建葬磚		東漢	0010	西京左藏庫副使第三女墓誌	北宋	1709
魏鈞墓誌		北宋	1680	奚道墓誌並蓋	唐	0474
魏十二娘墓誌		唐	0931	席暉華墓誌並蓋	隋	0185
魏圖繼母李氏墓誌		唐	1301	席庭訓墓誌並蓋	唐	0857
魏孝孫墓誌		北宋	1675	席子產墓誌並蓋	唐	0843
魏項墓誌		唐	1489	郤威葬磚	東漢	0004
魏遠望墓誌並蓋		唐	1038	xia		
wen				夏誠墓誌	宋	1821
文茂宗墓誌並蓋		南宋	1748	夏侯朗墓銘磚	北魏	0118
文印仲妻薛氏墓誌		清	1994	夏侯昇墓誌	唐	1256
wu				夏時奎墓誌	明	1977
烏六渾樂墓誌		北周	0166	xiang		
吳寶墓誌		隋	0211	向君妻李氏墓誌	唐	1006
吳本大及妻楊氏張氏合葬墓誌		明	1957	相里伏墓誌	唐	0705
吳大江妻王氏墓誌		武周	0552	xiao		
吳德應墓誌		唐	1473	蕭安親墓誌	唐	1032
吳廣華墓誌並蓋		唐	1019	蕭伯准墓誌	唐	1091
吳繼川墓誌		明	1956	蕭德珪墓誌	唐	0667
吳鑑及妻馮氏墓誌並蓋		清	2015	蕭浮丘墓誌	唐	0780
吳君妻任氏墓誌		唐	0385	蕭恒昇妻朱氏墓誌	民國	2137
吳君妻田妊姒墓誌		唐	0279	蕭弘義墓誌並蓋	唐	0351
吳令瑜墓誌並蓋		唐	1114	蕭宏墓誌並蓋	唐	1413
吳清墓埋銘並蓋		元	1830	蕭警墓記	武周	0570
吳世達墓誌		明	1927	蕭立妻韋氏墓誌	唐	0910
吳嗣宗墓誌		北宋	1734	蕭鏐墓誌	唐	0276
吳天麟墓誌		南宋	1758	蕭去塵墓誌	唐	1326
吳廷祚妻郭氏墓誌		北宋	1609	蕭讓墓誌並蓋	唐	0802
吳曄墓誌		唐	0976	蕭尚絅墓誌	清	2098
吳愈墓碣		南宋	1764	蕭氏及男武慶謙墓誌	唐	1455
吳援墓誌並蓋		北宋	1646	蕭希仂及妻李氏墓誌	唐	0901
吳莊及妻董氏墓誌並蓋		唐	0822	蕭湛妻崔氏墓誌	唐	1323
無任汝南等字殘葬磚		東漢	0058	xie		
伍穎墓誌		唐	0438	□協墓誌	隋	0233

解延祚墓誌並蓋	清	1991	徐榮富母周氏壙記	元	1851
謝多葬磚	東漢	0021	徐師墓誌	唐	0597
謝恩墓誌並蓋	明	1906	徐氏壙記	元	1847
謝恩妻王氏墓誌並蓋	明	1924	徐瑄墓誌	明	1861
謝君妻李氏墓誌	明	1893	徐義墓誌	西晉	0065
謝舜六妻熊氏墓誌	明	1931	許朝及妻白氏墓誌	唐	1221
謝元吉墓誌	南宋	1759	許傅擎墓誌並蓋	武周	0536
謝詹墓誌	唐	1141	許旦宇及妻孫氏墓誌並蓋	清	2014
瀉禄葬磚	東漢	0024	許津及妻馮氏墓誌	清	2002
xin			許立仁壙記	明	1858
辛廣墓誌並蓋	唐	1101	許氏墓誌並蓋	唐	0333
辛儉墓誌並蓋	唐	0271	許守和墓誌	明	1915
辛階升墓誌	清	2122	許文感墓誌並蓋	唐	0764
辛侃墓誌並蓋	隋	0232	許雄墓誌並蓋	唐	0490
辛氏墓誌	唐	0295	許遜及妻王氏墓誌並蓋	北宋	1603
辛越石墓誌	唐	0915	許瑀妻張氏墓誌	唐	1142
辛子綱墓誌並蓋	北周	0159	許子順墓誌	唐	0871
xing			續君及妻李氏墓誌	後唐	1590
邢昌墓誌並蓋	唐	1311	**xue**		
邢君妻光氏墓誌並蓋	唐	0988	薛崇允墓誌	唐	0834
邢圓墓誌	北宋	1668	薛崇允妻李氏墓誌並蓋	唐	0922
邢宗本妻韓氏墓誌	唐	1410	薛弨墓誌並蓋	唐	1420
xiong			薛鼎軒妻王氏墓誌並蓋	清	2076
熊瓛宇妻袁氏墓誌	明	1918	薛鳳德墓誌	明	1925
熊雲鎬妻高氏墓誌	明	1916	薛貴琛墓誌並蓋	隋	0205
xiu			薛弘休妻裴氏墓誌	唐	1397
修師墓誌並蓋	唐	0320	薛簡墓誌並蓋	唐	1034
xu			薛君妻喬氏墓誌	清	2018
徐瀰妻劉氏墓誌	唐	1294	薛君妻孫氏墓誌	唐	0706
徐斌墓誌	北宋	1714	薛君妻閻氏墓誌	清	1999
徐才墓誌	北宋	1673	薛君妻趙潔墓誌並蓋	唐	0604
徐椿及妻郭氏墓誌	清	2040	薛良穆墓誌	唐	0980
徐德妻姜化墓誌	唐	0440	薛芮墓誌	清	2011
徐伽仁墓誌並蓋	唐	0294	薛紹興墓誌	清	2012
徐君妻范氏墓誌	唐	1022	薛泰永及妻甯氏墓誌並蓋	清	2087
徐濬妻范氏墓誌	南宋	1752	薛廷蘭墓誌並蓋	清	2108
徐論墓誌	唐	1321	薛萬備墓誌並蓋	唐	0339
徐平葬磚	東漢	0035	薛璿墓誌	唐	0774
徐啓期墓誌並蓋	唐	0643	薛璿妻楊祁麗墓誌	唐	0806

薛學孟墓誌並蓋	清	2093	楊絳墓誌	唐	0799
薛永康墓誌	清	1997	楊瑾墓誌	唐	0957
薛政妻盧未曾有墓誌	唐	0819	楊景墓誌	西魏	0132

xun

荀曾墓誌	唐	1117	楊景祐墓誌並蓋	唐	1170
			楊敬千墓誌	後漢	1592

y

			楊靖墓誌	唐	0766

yan

			楊君妻呂氏墓誌	唐	1303
			楊君妻垣氏墓誌	唐	0623
閻才墓誌並蓋	唐	0417	楊鏗墓誌並蓋	明	1859
閻晉墓誌	唐	0864	楊鏗妻田善緣墓誌	明	1860
閻力妻王紫虛墓誌並蓋	唐	0990	楊匡時妻段氏墓誌並蓋	唐	1530
閻氏墓誌	唐	0409	楊蘭亭及妻呂氏王氏張氏合		
閻用之墓誌	唐	1014	葬墓誌並蓋	清	2051
顏標妻路氏墓誌	唐	1481	楊牢妻鄭瓊墓誌	唐	1347
顏萬石墓誌	唐	0444	楊璉墓誌	北魏	0085
顏巽墓誌	唐	1227	楊亮及妻張氏墓誌	唐	1520
顏智孫墓誌並蓋	隋	0215	楊亮墓誌並蓋	武周	0572
嚴復墓誌	燕	1581	楊靈丘墓誌	唐	0994
嚴善政及妻崔氏墓誌	唐	0327	楊佩印及妻衛氏墓誌並蓋	清	2126
嚴文政墓誌並蓋	北宋	1653	楊嶠墓誌並蓋	唐	0929
嚴脩睦妻崔氏墓誌	唐	1364	楊全墓誌	唐	0280

yang

			楊仁墓誌並蓋	唐	0639
陽承訓墓誌並蓋	唐	0926	楊日休墓誌	北宋	1620
□陽夫墓誌	唐	0291	楊若志墓誌	唐	0672
陽裕墓誌	唐	1480	楊尚希妻元保宜墓誌	隋	0238
楊才墓誌	唐	0781	楊晟妻李氏墓誌並蓋	唐	1376
楊測墓誌	北魏	0110	楊氏墓誌並蓋	唐	0947
楊德墓誌	武周	0505	楊守澹墓誌	唐	0343
楊鼎墓誌	明	1865	楊守澹妻獨孤法王墓誌	唐	0297
楊恩墓誌	北魏	0080	楊順墓誌	唐	0894
楊份母魏氏墓誌並蓋	唐	1100	楊松年墓誌	唐	1428
楊弘嗣墓誌並蓋	武周	0567	［楊］文墓誌	唐	0744
楊泓墓誌	清	2004	楊曉墓誌並蓋	唐	0909
楊鉷妻裴氏墓誌	唐	1139	楊遺名墓誌並蓋	唐	0969
楊滑墓誌	唐	0904	楊以誠墓誌並蓋	明	1899
楊懷忠墓誌	北宋	1614	楊應麟壙記	元	1848
楊輝墓誌並蓋	明	1864	楊應宰及妻孫氏墓誌並蓋	明	1976
楊輝妻田淑秀墓誌並蓋	明	1862	楊昱墓誌	北魏	0109
楊建續墓誌並蓋	清	2049	楊元朝墓誌並蓋	唐	1304

楊貞墓誌	唐	1569	尹祥墓誌	唐	0340
楊真一墓誌並蓋	唐	0930	尹張生墓誌	唐	0965
楊畛墓誌	唐	1342	尹真墓誌	唐	1556
楊整墓誌並蓋	武周	0502	**yong**		
楊之仁及妻衡氏墓誌並蓋	清	2047	雍璟墓誌並蓋	唐	1123
楊仲彥墓誌	北魏	0099	永初二年葬磚	東漢	0006
楊宗慶墓銘	北宋	1741	**you**		
yao			游岑四五墓誌	明	1949
姚端妻王妙姝墓誌並蓋	唐	1194	游朝祿墓誌	明	1954
姚合墓誌	唐	1355	游姑仔墓誌	明	1966
姚合妻盧綺墓誌	唐	1391	[游]及墓誌	北宋	1667
姚寰墓誌	唐	1187	游君妻張氏墓誌	北宋	1681
姚靜通墓誌並蓋	唐	0372	游勤學墓誌	明	1895
姚君妻李氏墓誌	唐	1129	游松墓誌	東魏	0120
姚憪墓誌	武周	0564	游元益妻丁秀姑墓誌	明	1919
姚名墓誌	東魏	0126	**yu**		
姚闡墓誌並蓋	燕	1578	于斌墓誌並蓋	隋	0226
姚儼墓誌	明	1928	于嘉胤墓誌	唐	0811
姚彝妻李媛墓誌並蓋	唐	0932	于君妻王媛墓誌	武周	0562
姚异墓誌並蓋	唐	0785	于盧呵墓誌	唐	0266
姚翥墓誌	唐	1156	于齊墓誌	唐	0907
ye			于榮德墓誌	唐	0691
耶律(韓)迪烈墓誌	遼	1825	于守玄墓誌並蓋	唐	0399
耶律永寧郎君墓誌	遼	1824	于永寧墓誌並蓋	唐	0387
yi			于鎰墓誌	明	1868
伊婁謙墓誌	隋	0199	于鎰妻張氏墓誌	明	1878
伊婁謙妻晉善賢墓誌並蓋	隋	0235	余寶滋墓誌	民國	2152
乙弗明墓誌並蓋	隋	0219	余君妻鄧氏墓誌	明	1933
乙弗虬墓誌並蓋	西魏	0136	魚涉墓誌	唐	0754
乙弗紹墓誌	北周	0162	宇文弁才墓誌	唐	1009
□義墓誌	唐	0473	宇文長墓誌並蓋	隋	0214
□懿墓誌	唐	0424	宇文鴻漸墓誌並蓋	北周	0170
yin			宇文吉甫墓誌	唐	0262
殷朏墓誌並蓋	唐	0984	宇文瑞墓誌	西魏	0134
殷將順墓誌並蓋	唐	0759	宇文瑞妻拓跋富婆羅墓誌	北周	0163
陰叔玉墓誌並蓋	唐	0794	宇文述墓誌並蓋	唐	0246
陰興全及妻柴氏墓誌並蓋	清	2088	宇文瑱墓誌	北周	0157
尹承恩墓誌並蓋	唐	1217	宇文瑱妻李氏墓誌	北周	0158
尹君妻□德墓誌	唐	0304	宇文業墓誌並蓋	北周	0171

宇文悆墓誌	唐	1334	源至墓誌並蓋	唐	1051
宇文邕孝陵誌	北周	0178	苑大智墓誌並蓋	唐	0629
宇文瑗墓誌並蓋	武周	0595	**yue**		
宇文則墓誌並蓋	隋	0197	樂舒葬磚	東漢	0003
宇文仲逵墓誌並蓋	唐	1241			
禹士弼墓誌	明	1898	**Z**		
庾仲稷墓誌	唐	1239			
尉遲耆壽墓誌並蓋	唐	0248	**zang**		
yuan			臧君妻張昭墓誌並蓋	武周	0503
元豹蔚墓誌	唐	0673	**zeng**		
元成墓誌並蓋	唐	1088	曾君妻張氏墓誌	唐	1383
元初元年殘葬磚	東漢	0029	曾文彬壙記	南宋	1804
元殆庶墓誌並蓋	唐	1045	曾應龍妻雷氏墓記	南宋	1767
元厚妻胡懿墓誌	唐	1369	曾繇墓誌並蓋	唐	1521
元黃中墓誌	唐	0886	**zhai**		
元建妻陳氏墓誌並蓋	唐	1451	翟令璀墓誌並蓋	唐	1215
元瓚墓誌	隋	0203	**zhang**		
元竟墓誌	唐	0698	章非葬磚	東漢	0008
元冏墓誌	北魏	0081	章君妻周氏墓誌	南宋	1761
元君妻韓華墓誌	北齊	0155	章克智墓誌	南宋	1777
□元墓誌並蓋	隋	0223	章棠墓銘	南宋	1768
元世壽墓誌並蓋	隋	0212	章五墓記	南宋	1806
元庭桂及妻李氏墓誌	明	1884	張璧墓誌並蓋	元	1842
元選墓誌並蓋	唐	1154	張斌墓誌	唐	0494
元訓墓誌	唐	1145	張昌墓誌	唐	0329
元揖墓誌	唐	0813	張承基墓誌	唐	0787
元禕墓誌	隋	0230	張承嗣墓誌並蓋	唐	0795
元隱墓誌	北魏	0093	張崇墓誌	燕	1582
元雍妾張氏墓誌	北魏	0094	張聰昂墓誌	清	2130
元媛柔墓誌並蓋	隋	0182	張大禮墓誌並蓋	唐	0612
元祀墓誌	北魏	0101	張大年妻許道清墓誌	南宋	1775
元貞墓誌並蓋	唐	1500	張德墓誌	唐	0249
袁恒妻宋氏墓誌	唐	1029	張德墓誌	武周	0526
袁石墓誌	唐	0293	張德墓誌並蓋	武周	0548
袁俠墓誌並蓋	唐	1275	張鼎墓誌	南宋	1783
袁雄墓誌	唐	0447	張鼎墓誌並蓋	北宋	1682
源公妻李氏墓誌並蓋	唐	1213	張獨步墓誌並蓋	唐	0896
源通墓誌	唐	1050	張惇墓誌	唐	0790
源延伯墓誌	北魏	0102	張法墓誌並蓋	唐	0460
			張法雲墓誌並蓋	唐	0838

張封翁妻楊氏墓誌		民國	2150	張良玉墓誌並蓋	唐	1167
張峯墓誌並蓋		唐	1105	張隴墓誌	唐	0662
張伏寶墓誌並蓋		唐	0628	張略墓誌	東魏	0125
張伏生墓誌		唐	0868	張明雪墓誌	清	2019
張公素墓誌		唐	1358	張□墓誌	北宋	1605
張國華墓誌		南宋	1784	張鵬翃及妻郭氏墓誌並蓋	清	2069
張國紳妻石氏墓誌		明	1974	張平葬磚	東漢	0015
張翰墓誌		燕	1577	張七娘墓誌	唐	0713
張弘述墓誌並蓋		清	1988	張強墓誌	明	1939
張洪墓碣		唐	0879	張銓及妻賈氏墓誌並蓋	清	2027
張湖墓誌		唐	0746	張仁墓誌	唐	0428
張化墓記磚		西晉	0073	張仁墓誌	唐	0946
張淮澄墓誌		唐	1474	張鈺墓誌	民國	2158
張惠及墓誌		唐	0656	張汝舟母李氏墓誌	南宋	1795
張楫墓誌		元	1832	張少悌妻劉鴻墓誌	唐	1066
張季卿墓誌		唐	1081	張紳及妻王氏墓誌	唐	1398
張繼美墓誌		後唐	1588	張神智墓誌並蓋	唐	0859
張暕墓誌		唐	0263	張盛墓誌	北周	0168
張獒墓誌		唐	0331	張盛墓誌並蓋	隋	0206
張金俊張金望兄弟合葬墓誌並蓋		清	2029	張時熙墓誌並蓋	民國	2141
張景儒墓誌		北宋	1649	張士俊妻李氏墓誌並蓋	清	2063
張景儒妻楊氏墓誌		北宋	1677	張士清及妻董氏墓誌	唐	1332
張景先墓誌		唐	0730	張世祿墓誌並蓋	清	2031
張琚墓誌		唐	1115	張思墓誌	唐	0993
張君楚及妻崔氏墓誌		唐	1483	張遂墓誌並蓋	唐	1087
張君及妻王氏胡氏墓誌並蓋		唐	1464	張太和墓誌並蓋	北魏	0108
張君墓誌		唐	1547	張庭暉墓誌	唐	1004
張君妻崔媛墓誌並蓋		唐	0851	張頲墓誌	唐	1407
張君妻董氏墓誌		唐	1246	張珽墓誌	後唐	1591
張君妻姜氏墓誌並蓋		武周	0553	張琬妻王氏墓誌並蓋	唐	0841
張君妻裴氏墓誌並蓋		唐	1180	張萬德墓誌並蓋	明	1944
張君妻秦氏墓誌		唐	1445	張網妻蘭氏墓誌並蓋	唐	0357
張君妻素和氏墓誌並蓋		唐	1195	張威墓誌	唐	0975
張君妻王乾墓誌		唐	0355	張惟豐墓誌並蓋	唐	1053
張君妻武氏墓誌		唐	1367	張惟直墓誌	武周	0573
張逵墓誌並蓋		明	1874	張瑋墓誌	北齊	0149
張來墓誌並蓋		唐	0437	張文葬磚	東漢	0039
張朗墓誌		唐	0350	張獻墓誌	唐	0649
張立墓誌		北宋	1638	張相墓誌	唐	0404

張俶銘墓誌	民國	2146	長孫儉墓誌	西魏	0130
張興妻路洪墓誌並蓋	唐	1230	長孫儉妻婁貴華墓誌	西魏	0128
張行果墓誌	武周	0511	長孫良墓誌並蓋	唐	0284
張敻墓誌	唐	0483	長孫□墓誌並蓋	唐	0882
張勛妻易氏墓誌	唐	1545	長孫紹遠墓誌並蓋	北周	0160
張彥墓誌並蓋	唐	0452	長孫盛墓誌並蓋	北魏	0105
張晏墓誌	唐	1234	長孫無傲墓誌並蓋	唐	0388
張陽葬磚	東漢	0018	長孫無傲妻竇胡娘墓誌並蓋	唐	0261
張業墓記磚	西晉	0059	長孫遐妻王元墓誌並蓋	北魏	0112
張業墓誌	武周	0574	長孫晛墓誌並蓋	唐	1096
張業妻衛氏墓記磚	北魏	0115	長孫彥墓誌	北齊	0142
張益及妻李氏墓誌	清	2006	長孫懿墓誌並蓋	隋	0207
張胤墓誌	唐	0401	長孫元翼墓誌並蓋	唐	0776
張有昇母王氏墓誌	元	1845	zhao		
張玉墓誌	唐	1238	□召中妻曹氏墓誌	清	2104
張元及妻喬氏墓誌	唐	1518	趙本道墓誌並蓋	武周	0554
張瑗及妻劉氏墓誌並蓋	唐	0299	趙晒墓誌	北魏	0095
張愿及妻鄭氏尉氏廉氏吳氏賀氏丁氏			趙伯宋墓記	北宋	1720
副配丁氏合葬墓誌並蓋	清	2077	趙不伐長男墓記	北宋	1717
張釗墓誌	民國	2151	趙不狷妻高氏墓誌	北宋	1726
張哲墓誌	明	1888	趙不嗛墓誌並蓋	北宋	1732
張貞墓誌並蓋	唐	0755	趙不嗛妻楊氏墓誌並蓋	北宋	1733
張軫及妻席氏墓誌	唐	1418	趙不渝墓誌	北宋	1713
張錚墓誌	民國	2140	趙成墓誌	金	1826
張正蒙及妻徐氏墓誌並蓋	明	1952	趙琮墓誌並蓋	唐	0660
張正蒙墓誌並蓋	明	1943	趙大烈墓誌並蓋	清	2009
張質墓誌並蓋	唐	1450	趙德椿墓誌	清	2097
張瓆墓誌	北魏	0103	趙德墓誌並蓋	武周	0509
張鍾瑚墓誌並蓋	清	2053	趙德源墓誌	唐	1133
張仲暉墓誌	唐	0971	趙復元及妻鄭氏墓誌	清	2095
張仲綰墓誌並蓋	北宋	1662	趙廣者墓誌	北魏	0107
張霨及妻馮氏墓誌	清	2007	趙計墓誌	唐	1126
張鼐妻朱氏墓誌	明	1896	趙鑒墓誌	東魏	0121
張宗墓誌	唐	0487	趙晉墓誌	唐	1233
張宗憲墓誌	北齊	0153	趙憬墓誌	唐	0960
張遵柄及妻雷氏王氏合葬墓誌並蓋	清	2089	趙敬仁墓誌並蓋	唐	0678
長孫浣墓誌並蓋	唐	1033	趙君墓誌蓋	北宋	1743
長孫憬墓誌	唐	0366	趙君墓誌蓋	北宋	1744
長孫君妻劉雲彩墓誌	唐	0361	趙君妻高氏墓誌	唐	0418

趙君妻李氏墓誌	唐	1017	趙士馴第二女墓誌	北宋	1711
趙君妻苗氏墓誌並蓋	北宋	1731	趙士倚第二女墓記	北宋	1695
趙君妻夏氏墓誌蓋	北宋	1746	趙士静妻孫氏墓誌	北宋	1676
趙令茨墓誌	北宋	1727	趙士宿第八男墓誌	北宋	1708
趙令玎墓記	北宋	1684	趙士琢第二男墓誌	北宋	1725
趙令揭第三男墓誌	北宋	1656	趙順墓誌	唐	0338
趙令鉅第二女墓記	北宋	1704	趙伏盖墓誌並蓋	唐	0410
趙令璟第四男墓記	北宋	1716	趙韜妻陳氏墓記磚	西晋	0069
趙令穆第七女墓銘	北宋	1707	趙万誠及妻阮氏墓誌	唐	1523
趙令諛第二男墓誌	北宋	1710	趙文約墓誌	唐	1553
趙令煒第四女墓記	北宋	1700	趙昻墓誌	唐	0800
趙令□長女墓記	北宋	1702	趙煊及妻馬氏墓誌並蓋	唐	1181
趙令棁墓誌	北宋	1730	趙玄機墓誌	唐	0633
趙令著墓誌並蓋	北宋	1721	趙玄應墓誌	武周	0501
趙明妻温氏墓記	北宋	1666	趙玄祐墓誌並蓋	北宋	1611
趙妳婆墓誌	唐	1392	趙揚庭墓誌	北宋	1736
趙遷墓誌	唐	1203	[趙]因本墓誌	唐	0745
趙卿墓誌	唐	0379	趙元葬磚	東漢	0054
趙慶緒墓誌	唐	0753	趙瓚墓誌並蓋	唐	0314
趙少齊墓誌並蓋	唐	1486	趙齋葬磚	東漢	0042
趙詵妻王氏墓誌	唐	1560	趙政墓誌	唐	0439
趙時中及妻孫氏景氏景氏合葬墓誌並蓋	清	2127	趙仲蒼第八女墓記	北宋	1697
趙士編第二女墓誌	北宋	1657	趙仲弓第十一女墓記	北宋	1719
趙士驂第四女墓記	北宋	1699	趙仲緘墓誌	北宋	1633
趙士岑第四女墓記	北宋	1724	趙仲緘妻蔡氏墓誌	北宋	1650
趙士□第三男墓記	北宋	1689	趙仲蒞墓誌	北宋	1701
趙士㖦第三男墓記	北宋	1694	趙仲蒞妻夏氏墓誌並蓋	北宋	1660
趙士弟墓記	北宋	1722	趙仲來第八男墓記	北宋	1654
趙士轂墓誌	北宋	1728	趙仲企第十二男墓記	北宋	1703
趙士鑵墓記	北宋	1723	趙仲碩第五女墓記	北宋	1686
趙士和及妻楊氏墓誌並蓋	清	2070	趙仲喜墓誌	北宋	1635
趙士楝墓誌	北宋	1735	趙仲喜妻周氏墓誌	北宋	1663
趙士犀長女墓記	北宋	1690	趙仲銛第五男墓誌	北宋	1706
趙士暄墓誌	北宋	1729	趙仲遑妻温氏墓誌	北宋	1712
趙士遜第四女墓記	北宋	1693	趙仲營第四女墓記	北宋	1655
趙士□墓記	北宋	1683	趙仲昀長女墓記	北宋	1718
趙士坪第八男墓記	北宋	1685	趙仲詔第十女墓記	北宋	1691
趙士請長女墓記	北宋	1696	趙仲諮第五女墓記	北宋	1705
			趙子爙墓記	北宋	1698

趙子仁妻丘氏墓誌	明	1940	zhou		
趙子振墓記	北宋	1692	周超墓誌	唐	0555
趙宗鼎妻陳氏墓誌並蓋	北宋	1651	周誠墓誌	唐	0830
趙宗訥妻賈氏墓誌蓋	北宋	1745	周褚墓記磚	西晉	0060
趙宗望妻張氏墓誌	北宋	1634	周道沖墓誌並蓋	唐	0708

zheng

鄭道墓誌	唐	0383
鄭俌墓誌	唐	0824
鄭季遠墓誌	唐	0925
鄭憬妻崔氏墓誌	唐	0877
鄭君妻郭瓊墓誌	唐	1393
鄭君妻孔果墓誌並蓋	唐	0689
鄭君妻盧氏墓誌	唐	1507
鄭君妻盧氏墓誌並蓋	唐	0796
鄭鍇墓誌並蓋	唐	1295
鄭老彭墓誌	唐	1027
鄭老彭妻楊氏墓誌	唐	1076
鄭烈墓誌並蓋	唐	0704
鄭魯女墓記並蓋	唐	1235
鄭潘及妻李氏墓誌並蓋	清	2025
鄭逢墓誌	唐	1561
鄭乾意墓誌	唐	0265
鄭欽祚墓誌	唐	0319
鄭如山妻傅氏墓記	南宋	1812
鄭世美墓誌	明	1885
鄭仙娘子墓誌並蓋	唐	1497
鄭協祖墓誌並蓋	清	2074
鄭虛心墓誌並蓋	唐	0861
鄭絢及妻崔氏墓誌並蓋	唐	1346
鄭彥湊墓誌並蓋	唐	0937
鄭彥獸權厝誌并祔葬銘	唐	1475
鄭譯墓誌並蓋	唐	0243
鄭迪墓誌	唐	1266

zhi

支謨妻朱子威墓誌	唐	1535
智遠墓誌並蓋	唐	0927

zhong

鍾恭容墓誌	唐	0951

周迪墓誌並蓋	明	1872
周監壙記	南宋	1810
周捐葬磚	東漢	0005
周君妻郭氏墓誌	唐	0359
周君妻劉氏墓誌	唐	1322
周傷葬磚	東漢	0012
周思本墓誌	唐	1570
周頌墓誌	明	1947
周興母黃氏墓記	明	1950
周延葬磚	東漢	0046
周永錫第二女周氏及母曹氏墓誌	北宋	1665
周詠妻吳氏壙記	南宋	1791
周瑀及妻朱氏墓誌	明	1870
周子南墓誌並蓋	唐	0808

zhu

朱寶妻楊氏墓誌並蓋	唐	0281
朱澄墓誌	唐	1320
朱福葬磚	東漢	0049
朱甫妻包氏墓誌	唐	1531
朱感妻叱羅氏墓誌並蓋	唐	0296
朱厚煜次妃鄧氏祔葬壙誌	明	1903
朱厚煜次妃張氏祔葬墓誌	明	1923
朱厚煜妃陳順卿墓誌	明	1887
朱懷雉妻靳氏墓誌	明	1963
朱景墓誌	北宋	1639
朱君墓誌	唐	0989
朱連城墓誌並蓋	唐	0981
朱慶瀾墓誌	民國	2156
朱惟熵及妻李氏墓誌	明	1964
朱孝親墓銘磚	北魏	0079
朱緒墓誌	北周	0177
朱志埌妻潘妙果墓誌	明	1867
竹君晟妻董氏墓誌並蓋	唐	1353
祝元佐妻饒氏墓誌	南宋	1757

ZOU

鄒成昌壙記	南宋	1813
鄒季宏母蔣氏墓誌	南宋	1797
鄒峻墓誌並蓋	唐	0313
鄒鷟昉墓誌	武周	0521
鄒十四公妻張三娘墓誌	南宋	1766

ZUO

左廣墓誌	唐	0247
左敬節墓誌	唐	0603
左適墓誌並蓋	唐	0835
□祚墓誌	北魏	0086

責任者拼音索引

a

a
艾尔繩　　清　　　　　1991

ai
愛作梅　　清　　　　　2033

an
安□吉　　北宋　　　　1631
安景之　　唐　　　　　1340
安民　　　北宋　　　　1672
安三才　　明　　　　　1965
安晟　　　北宋　　　　1612
安燾　　　北宋　　　　1651

b

bai
白練　　　清　　　　　2090
白時中　　北宋　　　　1735
白又堅　　清　　　　　2035
白震　　　唐　　　　　0840
栢喦　　　唐　　　　　1411

ban
班蒙　　　唐　　　　　1421
班洙　　　唐　　　　　1333
班滋　　　唐　　　　　1333
斑河　　　唐　　　　　1302
斑遇　　　唐　　　　　1171
斑贊　　　唐　　　　　1171

bao
包何　　　唐　　　　　0989

bu
卜棟　　　明　　　　　1963、1964
卜文曉　　明　　　　　1875
卜炎　　　唐　　　　　1311
卜楨　　　明　　　　　1963、1964

c

cai
蔡枏　　　明　　　　　1866
蔡國熙　　明　　　　　1979
蔡京　　　北宋　　　　1684—1686
蔡志　　　元　　　　　1856

cao
曹蕃　　　明　　　　　1935
曹汾　　　唐　　　　　1478

chang
長謙　　　清　　　　　2121
常次儒　　唐　　　　　1131
常晉魁　　明　　　　　1894
常聯甲　　清　　　　　2073
常令顒　　后周　　　　1595
常相　　　明　　　　　1894
常贊春　　民國　　　　2149
常執中　　北宋　　　　1660、1663

chao
晁補之　　北宋　　　　1664、1682
晁損之　　北宋　　　　1679
晁載之　　北宋　　　　1671
晁仲偃　　北宋　　　　1621

chen
陳朝君　　清　　　　　1985

陳椿	明	1938	cheng			
陳純臣	明	1955	成鋭	北宋	1644	
陳大耒	南宋	1819	程邦圖	明	1925	
陳當	唐	1487	程大賓	清	2044	
陳德壽	元	1854	程公孫	北宋	1677	
陳爾陞	清	1985	程浩	唐	1024	
陳誥	清	2119	程岵	唐	1319	
陳國瑞	清	2111	程進	唐	1017	
陳沆	北宋	1659	程洛	明	1863	
陳紘	清	1988	程侍朝	清	2043	
陳鴻	唐	1250	程希道	明	1935	
陳稼	唐	1363	程友端	清	2009	
陳傑	唐	1484	程有覺	清	2011、2024	
陳近思	清	2026	程自新	清	2043、2044	
陳京	唐	1055	chu			
陳九疇	明	1943	褚德彝	民國	2142	
陳利見	唐	0892	處秋	南宋	1776	
陳謀	清	2012、2026	chun			
陳滂	唐	1408	淳于□	唐	0885	
陳其策	清	2026	cui			
陳汭	唐	1053	崔黯	唐	1290	
陳三立	民國	2153	崔參	唐	0791	
陳士凱	民國	2140	崔澈	唐	1299	
陳文旂	清	2005	崔池	唐	1530	
陳賢	明	1873	崔充	唐	1471	
陳興	北宋	1619	崔椿	唐	1031	
陳永宣	北宋	1634	崔從質	唐	1064	
陳于陛	明	1928	崔復本	唐	1260	
陳淵	北宋	1612	崔溉	唐	1122	
陳垣輔	清	2005	崔干	唐	1270	
陳垣訏	清	2005	崔珪	唐	0906	
陳載春	明	1952	崔弘禮	唐	1240	
陳貞節	唐	0714	崔滉	唐	1493	
陳正輔	北宋	1669	崔景莀	唐	1365	
陳仲良	北宋	1662	崔居中	唐	1405	
陳仲容	唐	1142	崔蠡	唐	1272	
陳仲英	北宋	1674	崔濛	唐	1513	
陳專	唐	1330	崔乃鈞	清	2055	
陳宗英	南宋	1788	崔乾休	唐	1299	

崔讓	唐	1396
崔戎	唐	1257
崔少通	唐	0881
崔慎先	唐	0625
崔湜	唐	0607、0611
崔述	唐	1110
崔汪	唐	0704
崔維嶽	明	1959
崔峽	唐	1283
崔憲	唐	1529
崔憲	後周	1600
崔詡	唐	1418
崔循	唐	1526
崔郾	唐	1282
崔彥宗	唐	1434
崔彥佐	唐	1434
崔伊	唐	1514
崔亦	唐	1488
崔誼	唐	1396
崔寓	唐	0934
崔元範	唐	1405
崔蘊	唐	0945
崔照	唐	1432
崔鎮	唐	0791
崔衷	唐	1033
崔周	唐	1323

d

da
達奚珣	唐	0902

dai
戴焕	南宋	1755
戴應翔	南宋	1816
戴仲祿	元	1831

dan
啖全用	唐	0968

dang
党名彥	清	2010
党以平	明	1906

de
德携	北宋	1614

deng
鄧彬	唐	1495
鄧德明	元	1852
鄧集	明	1911
鄧溫伯	北宋	1660、1663
鄧洵仁	北宋	1692－1694、1698、1699、1701、1704、1707、1709－1711

ding
丁斌□	唐	1395
丁大有	明	1926
丁森	清	2016
丁升	清	2013
丁玩	燕	1581
丁仙之	唐	1557
丁應吉	明	1926
丁羽客	唐	0696

dong
東垣居士	北宋	1680
董琚	金	1828
董如璧	清	2065
董師中	金	1828
董用威	明	1915
董元學	明	1943、1952
董擇	後周	1600
董釗	唐	1510
董振鐸	清	2046

dou
豆盧籍	唐	1344
竇勉餘	唐	1435
竇最	唐	1470

du
獨孤乘	唐	0912
獨孤及	唐	1014
獨孤□	唐	1414
杜賓虞	唐	1388
杜秉彝	明	1979

杜倆	唐	1256		范天麟	南宋	1763
杜胐	唐	0934		范迎吉	清	2109
杜黃裳	唐	1072、1108、1140		范育	北宋	1631、1632、1641
杜濟川	清	2114		范元道	南宋	1799
杜蘭	明	1898		范元忠	南宋	1799
杜鈒	唐	0707		范鎮	北宋	1635
杜伸	唐	1202		fang		
杜賢	唐	1099		方命	北宋	1604
杜省躬	唐	1161		房守楷	清	2074
杜元式	唐	1218		fei		
杜雲喬	清	2045		費兆元	明	1959
杜振	唐	1459		feng		
杜正詩	清	2099、2118		封望卿	唐	1472
duan				馮大明	唐	0718
段岌	唐	1036		馮覬	唐	1407
段諒	唐	0919		馮英	明	1948
段繹	北宋	1642		馮譽驥	清	2125
段元昇	明	1960		fu		
段振綱	清	2080		傅秉鑒	清	2135
				傅觀玉	唐	1454
				傅庭玢	唐	0951
				傅挺	明	1975

f

fan						
樊邦訓	明	1939				
樊登閣	清	2042				
樊鼎新	民國	2141		gan		
樊際泰	清	2034		甘伯壽	南宋	1770
樊夢蘭	清	2071		甘夢松	南宋	1782
樊沛甲	清	2012		甘思齊	唐	0696
樊系	唐	1057		甘應寀	南宋	1811
樊應元	唐	1182		甘藻	南宋	1772
樊雲鵬	明	1900		gao		
范安	明	1883		高參	唐	1070
范潮	明	1978		高達	明	1873
范處厚	北宋	1715		高德源	唐	1281
范登	南宋	1818		高篤生	清	1992、1995
范傅正	唐	1193		高輔辰	清	1982
范焕	清	2109		高盖	唐	0954
范鄰	唐	1417		高堅	清	1989
范如陵	南宋	1753		高楷	清	2115

g

責任者拼音索引　437

高來鳳	清	1981
高利用	北宋	1628
高汝霖	清	2038
高汝滋	清	2038
高潤	清	2023
高審行	唐	0440
高樹敏	清	2024
高碩	唐	1417
高琬	明	1879
高無極	唐	0764
高勛	唐	1433
高嚴	北宋	1628
高揆	清	1989
高元輔	清	2038
高元佑	清	2034
高仲才	明	1942
高佐清	清	2076

ge

蓋國士	明	1930
蓋衡	唐	1394

geng

耿維新	清	2079
耿轍	北宋	1680

gong

□公贊	唐	1084

gu

顧眈	唐	1436
顧臨	北宋	1676
顧惟肅	唐	1199

guan

關葆謙	民國	2151
關持誥	清	2082
關士約	唐	1143
管鶴	民國	2150

guang

□光祖	元	1853

guo

郭長藩	清	2028
郭巢穎	唐	1452
郭承嘏	唐	1291、1316
郭郛	明	1877
郭涵	民國	2158
郭緝熙	清	2047
郭進	明	1899
郭九成	明	1861
郭琳	北宋	1681
郭六	唐	1060
郭龍攀	清	2010
郭瓊	唐	1522、1524
郭士吉	明	1948
郭思穎	唐	1360
郭眺	唐	0868
郭偉	南宋	1796
郭希安	民國	2154、2156
郭敘	明	1879
郭璿	清	2055
郭延範	唐	1550
郭翼	北宋	1650、1651
郭應春	明	1971
郭震	明	1874
郭治	清	1986
郭中立	北宋	1654—1657
郭宗元	唐	1360
郭宗元	北宋	1636

h

han

韓鑌	明	1868
韓伯庸	唐	1068
韓操	北宋	1653
韓鳳卿	隋	0239
韓復	唐	1287
韓皋	唐	1095
韓貢	唐	0979
韓瑾	唐	1441
韓焕	清	2052
韓寧	唐	1163

韓卿	唐	1098		hou		
韓渠	北宋	1737		侯初元	唐	1079
韓氏	唐	1278		侯德方	唐	1135
韓述	唐	1351		侯均	元	1835
韓桐	清	2000		侯紹復	北宋	1647
韓武	唐	1103		侯彥若	北宋	1678
韓希龍	明	1923		侯義誠	唐	1304
韓獻之	唐	0956		hu		
韓秀榮	唐	1070、1072		呼延遵	北宋	1614
韓玄卿	唐	1226		胡道興	唐	1268
韓巽	唐	1248		胡皓	唐	0717
韓延遇	後唐	1588		胡緘	唐	1519
韓應庚	明	1929		胡美	明	1888
韓元度	唐	1259		胡榮	明	1863
韓胄	北宋	1736		胡宿	北宋	1633
韓□	唐	0982		胡天鸚	南宋	1809
hao				胡翊	唐	0940
□好濡	唐	1335		胡以準	明	1911
郝乘	唐	1489		胡應祥	明	1886
郝汝舟	明	1900		胡直方	唐	1192
郝騰	明	1886		扈蒙	北宋	1608
he				hua		
何常	北宋	1658		皇甫鏄	唐	1184
何澹	南宋	1765		皇甫澈	唐	1063
何璟	清	2125		皇甫川	北宋	1740
何嵩之	南宋	1793		皇甫鍔	唐	1331
何瑭	明	1883		皇甫弘	唐	1292
何廷臣	清	2037		皇甫佶	唐	1050
何暹	明	1863		皇甫儒	唐	1399
何鉉	唐	1536		皇甫竦	唐	1273
何章	南宋	1751		huang		
何仲祥	元	1837		黃秉彝	清	2089
賀蘭晉	唐	0834		黃伯強	南宋	1760
賀卿		1978		黃閎中	南宋	1779
賀□［脩］	北宋	1733		黃建中	清	2019
賀知章	唐	0735		黃九鼎	南宋	1774
hong				黃覺緣	元	1844
洪允長	唐	1106		黃康民	南宋	1788
				黃如璧	南宋	1769

黃聖子	南宋	1787	jiang		
黃收	元	1840	姜公復	唐	1119
黃庭堅	北宋	1671	姜公素	唐	1224、1271
黃通經	民國	2143	姜君弼	清	1982
黃戊堂	清	2113、2115	姜立綱	明	1865
黃賢	南宋	1805	姜惟劍	唐	1457
黃友仁	南宋	1770	姜鉞	北宋	1736
黃直	明	1892	蔣肱	唐	1521
黃自誠	南宋	1817	蔣滬	唐	1242
hui			蔣玄同	唐	1322
惠陸	北宋	1614	蔣涯	唐	1272
huo			jiao		
霍召達	唐	0725	焦景遂	清	2131
			焦昇	唐	1006
j			焦文通	清	2050
			焦文彥	清	2050
ji			jie		
吉大泰	清	2034	揭一飛	南宋	1773
吉□	清	1995	jin		
紀文卿	民國	2149	金天翮	民國	2151
冀如錫	清	1984	晉富貴	清	2085
□繼宗	元	1847	晉太和	清	2085
jia			晉泰昌	清	2085
賈黯	北宋	1634	jing		
賈百福	清	2115	荊毓璠	清	2060
賈大義	唐	0647	景佐	明	1874
賈奎	明	1902	敬暉	唐	1340
賈竦	唐	1276	敬括	唐	0971
賈庭臣	元	1831	敬煦	唐	1349
賈琬	清	1988、1994	ju		
賈文誼	清	1987	劇韜	唐	1460
賈希周	明	1888	劇薰	唐	1465
賈修身	清	2017			
賈應瑞	清	2016	**k**		
jian					
簡大	唐	1255	kang		
蹇思	北宋	1685、1686、1716—1720、	康衒	北宋	1616
		1722—1732、1735	康紹衣	清	2041
蹇億	北宋	1643	康坦	北宋	1628

康無逸	清	2070		李都	唐	1559
康玄植	武周	0546		李杜	明	1979
kou				李剮	唐	1075
寇泚	唐	0640		李端志	清	2096
寇茂元	唐	1225		李兊	北宋	1625
寇遐	民國	2155		李方古	唐	1126
寇諲	北宋	1648		李方叔	唐	1155
kuang				李芳園	清	2103
鄺汴	明	1882		李福瑾	清	2032
				李甫	北宋	1658
				李格非	北宋	1682
lai				李公佶	唐	1272
來獻可	金	1826		李穀	唐	1490
lan				李官保	明	1857
蘭鳳翔	民國	2147		李冠章	唐	1511
lei				李龜謀	唐	1502
雷恩沛	清	2084		李漢傑	北宋	1653
雷冀明	南宋	1777		李浩	明	1880
雷景中	唐	1378		李合	唐	1376
雷茂先	清	2064		李華	燕	1578
雷沂	南宋	1748		李懷	唐	1056
雷兆元	清	2066		李渙	唐	1384
雷志	金	1828		李□回	唐	1562
li				李誨	唐	1526
李安中	北宋	1685、1686		李吉甫	唐	0997
李昂	燕	1584		李伋	北宋	1715
李百禄	北宋	1688		李季卿	唐	0987
李保全	清	2116		李家棟	明	1960
李本興	唐	1368		李進智	清	2025
李標	明	1953		李經燦	清	2006
李材	明	1911		李經文	清	2009
李躔	唐	1274		李景裕	唐	1315
李沖□	清	2037		李景元	明	1959
李從	唐	1493		李九皋	唐	0713
李琮	北宋	1675		李就	唐	1386
李鄲	唐	1511		李鍇	唐	1158
李讜	唐	1392		李克家	元	1840
李鼎岑	民國	2158		李寬中	唐	1310
李東陽	明	1865		李淩虛	民國	2146

李履濟	唐		0992	李綰	唐	1052
李鸞	唐		1451	李維清	北宋	1623
李濛	唐		1125	李偉	北宋	1659
李夢徵	北宋		1613	李文楷	唐	1202
李謨	唐		1307	李琪	唐	0991
李楠	清		2007	李希模	明	1973
李寧	唐		1283	李峴	唐	0983
李凝	唐		1450	李憲	唐	1159
李平	唐		1107	李香	明	1879
李僑	明		1976	李湘	唐	1550
李清臣	北宋		1654、1657	李逍	唐	1438
李慶	唐		1297	李曉	唐	1456
李璩	唐		1387	李行方	唐	1282
李泉	清		2103	李休光	唐	0771
李仁貴	南宋		1815	李翃	北宋	1680
李仁偘	唐		0440	李軒	清	2069
李紉	唐		1428	李誼	燕	1581
李仍叔	唐		1258	李玄齡	唐	1133
李日煦	明		1942	李玄通	唐	1489
李榮祖	明		1859、1860	李塤	唐	1137
李汭	唐		1179	李礜	唐	1381
李尚思	明		1942	李寅世	清	2074
李深	唐		1458	李印	唐	1051
李時中	清		2027	李英俊	北宋	1714
李世富	明		1902	李郢	唐	1406
李世牧	清		1993	李虞由	唐	1264
李叔良	唐		0647	李虞仲	唐	1231、1291
李淑	北宋		1621	李璵	唐	0714
李嗣真	唐		0449	李煜	清	1991
李坦	唐		1460	李毓秀	清	1993
李堂植	清		2028	李元	明	1876、1880
李天成	明		1878、1893	李元鼎	民國	2141
李天隰	清		2075	李月庭	民國	2150
李天□	明		1857	李藻	唐	1526
李鍫	唐		0934	李藻	北宋	1667
李庭	元		1832	李昭	唐	1526
李通	民國		2145	李昭	明	1861
李曈	北宋		1649	李貞素	唐	1253
李湍	唐		0955	李積	北宋	1662

李鎮	唐	0944		lin		
李鉦	唐	1388		林朝元	民國	2155
李中師	北宋	1639		林福春	明	1863
李仲京	唐	1298		林捷音	清	2073
李仲宣	北宋	1621、1634		林速	唐	1459
李仲言	唐	1298		林有彬	清	2030
李洙	唐	1391		藺元琛	武周	0573
李子才	南宋	1802		ling		
李宗回	唐	1177		令狐定	唐	1214
李宗志	唐	1409		令狐溫	唐	1356
李摠	唐	1042		□令欽	唐	0914
李摁	唐	1302		liu		
李□□	明	1913		劉倍叔	南宋	1786
栗廼敬	民國	2149		劉斌	唐	1083
lian				劉渤	清	2002
廉永祿	清	2113		劉策	明	1893、1905
liang				劉長彝	唐	1532
梁安世	北宋	1689—1713		劉成德	明	1874
梁才	北宋	1736		劉崇魯	唐	1485
梁吉登	清	2015		劉儲秀	明	1875
梁濟	北宋	1668		劉從諫	唐	1306
梁俊	清	2118、2124		劉從一	唐	1030
梁開宗	清	1993		劉大亨	北宋	1672
梁匡堯	唐	1215		劉單	唐	0957
梁聯元	清	2105		劉道貫	唐	1482
梁清民	北宋	1672		劉法宗	清	2035
梁人傑	清	2069		劉芳久	明	1920
梁紹申	南宋	1785		劉符	唐	1360
梁昇卿	唐	0753		劉輔清	清	2100、2101
梁士弘	明	1942		劉復	唐	1061
梁萬頃	唐	0664		劉鍠	唐	0844
梁孝恭	北宋	1637		劉暉	南宋	1780
梁遊古	唐	0664		劉暉	民國	2139
梁魚孚	清	2059		劉繼周	民國	2141
梁載言	唐	0616		劉介山	北宋	1670
梁珠	明	1896		劉晉	南宋	1798
liao				劉景泰	清	2059
廖琛	明	1859、1860		劉伉	北宋	1661
廖鉅瞻	元	1849		劉可志	民國	2140

劉寬	明	1866	劉效曾	清	2100
劉昆	唐	0622	劉雄	明	1870
劉亮采	明	1952	劉珝	明	1865
劉掄	清	2066	劉玄暕	武周	0532
劉孟卿	唐	0996	劉雅	唐	1189
劉名禮	民國	2144	劉漪	唐	1486
劉名馨	清	2128	劉奕	北宋	1670
劉名馨	民國	2144	劉蔭樞	清	1988
劉銘新	清	2113	劉緣光	唐	0867
劉默	明	1959	劉在中	北宋	1620
劉能	唐	0939	劉鎮華	民國	2139
劉岐	清	2106	劉稚珪	唐	1359
劉啟	唐	1042	劉忠美	北宋	1677
劉秦	燕	1581	劉重麟	清	2072
劉仁濟	后周	1595	柳翰	唐	1406
劉瑞律	清	2106	柳季輔	唐	1220
劉少真	唐	1007	柳璟	唐	1220
劉伸	北宋	1661	柳立	唐	1128
劉師恕	清	1990	柳望先	唐	0982
劉世煜	清	2020	柳汶	唐	1269
劉守和	清	2066	lu		
劉思恭	北宋	1636	盧賓	唐	1492
劉思珍	南宋	1801	盧澄	南宋	1758
劉溎	清	2110	盧儔	唐	1373
劉恬	明	1888	盧從	唐	1092
劉廷賓	清	1985	盧大中	明	1930
劉汪	唐	0812	盧藩	後梁	1585
劉維屏	民國	2158	盧瑤	唐	1087
劉文炳	明	1953	盧光濟	唐	1554
劉文彩	清	2037	盧晃	唐	1196
劉文度	唐	1273	盧回	唐	1498
劉文富	南宋	1792	盧簡辭	唐	1322
劉文會	清	2136	盧鈞	唐	1316、1374
劉文選	清	2092	盧尚拙	唐	1467
劉錫光	民國	2141	盧勝	唐	0939
劉錫俊	清	2092	盧士牟	唐	1109、1127
劉憲	唐	0607	盧氏	唐	1449
劉憲孫	唐	1186	盧式虛	唐	1003
劉相	明	1978	盧繼	唐	1463

責任者拼音索引　443

盧朓	唐	0615	羅嗣第	武周	0499
盧推	唐	1190	駱天驤	元	1831

m

盧望回	唐	1412			
盧文昌	明	1917			
盧谿	唐	1314	ma		
盧湘	唐	1561	馬垂	唐	1125
盧行周	唐	1371	馬儋	唐	1057
盧庸	唐	1516	馬逢臯	明	1965
盧淵	南宋	1771	馬璟	明	1886
盧元卿	唐	1126、1223	馬巨源	唐	1254
魯福澤	清	2111	馬啟泰	清	2020
魯復	唐	1381	馬汝楫	清	2132
魯興嗣	元	1840	馬思賢	唐	1442
陸辯之	唐	1515	馬騰月	清	2087
陸搢	隋	0239	馬延齡	民國	2148
陸經	北宋	1649	馬應龍	清	1996
陸彥回	北宋	1639	馬永圖	清	2126
逯受益	北宋	1615	馬昭	唐	1562
路羣	唐	1290	馬之麒	明	1944
路□	唐	1517	馬中行	北宋	1674
lü			mao		
呂成旭	清	2091	毛伯貞	唐	1406、1411
呂成肇	清	2091	毛昌傑	民國	2146
呂大觀	北宋	1640	毛思聰	北宋	1680
呂功	清	1998	mei		
呂光庭	唐	0628	梅慰林	清	2101
呂漣	唐	0867	meng		
呂密	北宋	1667、1670	孟簡	唐	1184
呂升卿	北宋	1648	孟匡朝	唐	0829
呂希道	北宋	1642	孟奇	明	1875
呂向	唐	0729	孟文昌	元	1831
呂彥臣	北宋	1633	孟元文	民國	2149
luan			孟子周	唐	1229
欒子元	北宋	1659	miao		
lun			苗儉	唐	1172
論俢	唐	1085	ming		
luo			明晤微	唐	0973
羅琛	明	1859	mu		
羅謙	清	2003	睦檸	明	1906

責任者拼音索引　　445

慕容泳	唐	0857
穆員	唐	1101
穆贊	唐	1088
穆佐虞	唐	1123

n

ni
倪億年	北宋	1742

nie
聶誠	南宋	1749
聶蘄	明	1885
聶世行	南宋	1778
聶怡	宋	1822
聶應騁	清	2093

ning
甯伯通	明	1873

niu
牛斗	清	2127
牛鳳山	清	2116
牛聳	唐	1018
牛希哲	明	1894

o

ou
歐陽瑤	唐	0973

p

pan
潘文瓌	唐	0809
潘玄景	唐	1474
潘炎	唐	1035

pei
裴寶	唐	1251
裴袞	唐	0919
裴昺	唐	1509
裴薦	唐	0958
裴璟	唐	1352
裴恪	唐	1397
裴潾	唐	1263
裴敏	唐	1168
裴虔餘	唐	1461
裴士淹	唐	0794、1006
裴遂	唐	1141
裴寅	唐	1300、1377
裴瑀	北宋	1611

peng
彭澄	明	1899
彭陶	唐	1462
彭通玄	唐	0999
彭堯卿	南宋	1757
彭元貴	南宋	1790

pi
皮公弼	北宋	1625

pu
蒲宗孟	北宋	1655

q

qi
其瑾	北宋	1643
綦毋諶	唐	1082
綦毋誼	唐	1048
齊洎	唐	1309
齊勉之	清	2111
齊孝曾	唐	1309
齊治太	清	2129

qian
錢罕	民國	2153
錢回孫	元	1836

qiang
強琮	唐	1411
強逢泰	清	2076
強瓊	唐	1407
強自修	明	1925

qiao
喬德淵	清	2036
喬縉	明	1870

喬壎	民國	2148		任道隆	北宋	1661
喬應甲	明	1944		任道儀	北宋	1661、1681、1714
qie				任迪	北宋	1644
郄玄表	唐	1350		任慶之	北宋	1617
qin				任汝修	清	2068
秦川	民國	2137		任惟良	唐	1327
秦法忠	民國	2144		任顯宗	元	1850
秦管	唐	1409		任憲芝	唐	1124
秦漢章	清	2093		任星五	清	2108
秦鎬京	清	2040		任瑗	唐	0922
秦立信	唐	0765		任造	北宋	1618
秦凌雲	清	2127		**rong**		
秦爐	清	2010		榮輯	北宋	1737
秦魯	唐	1409				
秦文標	清	1982		**s**		
秦元泰	清	2064		**sang**		
qiu				桑凌雲	清	2100
丘佶	唐	1043		**shang**		
丘君卿	北宋	1641		上官初	唐	0948
丘兆麟	明	1958		上官運昌	清	2121
仇攀香	清	2059		**shao**		
qu				邵必	北宋	1621
曲公武	唐	1519		邵伯温	北宋	1738
屈逢源	清	2048		邵建初	唐	1381
屈恪	明	1926		邵炅	唐	0650
quan				邵説	唐	0972
權澈	唐	0818		邵肅	唐	1411
權寅獻	唐	1002		邵膺	唐	1093
				邵庚	唐	1183
r				邵玉麟	清	2122
rao				紹琛	南宋	1754
饒夢貴	元	1841		**shen**		
饒文祖	南宋	1812		申簡	唐	1337
ren				申士亮	清	2132
任布	北宋	1617		申書香	清	2133
任粲	唐	1010		申文炳	后唐	1591
任大成	南宋	1751		莘浩然	明	1861
任道珙	北宋	1653		沈鯉	明	1924
				沈慶	北宋	1611

沈渭	唐		1151
沈庠	唐		1339
沈□翔	唐		1474
沈源	明		1910
沈佐黃	唐		1402、1426

sheng

盛準	唐		1083

shi

師彥升	明		1970
史近	唐		1047
史令卿	隋		0237
史惟則	唐		0919、1026
史先之	北宋		1662
史祥	唐		0610
史在晉	清		2039
史在□	清		2018
□式中	唐		1154

si

司馬道	唐		0628
司馬咄	唐		0956
司馬銳	北宋		1621

song

宋伯魯	民國		2139
宋儋	唐		0729
宋范	明		1912
宋家瑛	民國		2147
宋立梧	清		2133
宋聯奎	民國		2154
宋淑信	清		2131
宋瑭	明		1873
宋延孫	北宋		1637
宋元	唐		1252
宋之儒	明		1894

su

蘇昞	北宋		1640
蘇從道	北宋		1635
蘇晦	北宋		1631、1632、1640
蘇晉	唐		0727
蘇悛	唐		0708
蘇侗	唐		0860
蘇頲	唐		0608
蘇勇祥	清		2113
蘇又玄	唐		1262
蘇莊	唐		1243

sun

孫賁	北宋		1675
孫燦	后梁		1586
孫純	北宋		1646
孫宣	北宋		1604
孫逢	南宋		1770
孫光孚	唐		0786
孫繼事	清		2087
孫繼志	清		2076
孫繼祖	清		2120
孫李謙	清		2063
孫謙	南宋		1807
孫欽昂	清		2116
孫求	北宋		1669
孫統邦	清		2062
孫望儀	清		2023
孫文漢	清		1995
孫文吉	北宋		1633
孫偓	唐		1552
孫向	唐		1415
孫耶	唐		0737
孫鎰	明		1872
孫應基	民國		2139
孫應奎	明		1890、1905
孫有慶	清		2061
孫宰	唐		0737
孫再遇	後周		1600
孫照如	清		1989
孫正言	唐		1232
孫卓午	清		2113
孫宗壽	北宋		1646

t

tan

談峯	唐		1253

譚仕英	元	1843		王伯和	元	1846

tang

湯琮	清	2008
唐玄度	唐	1340
唐義禮	元	1834
□唐祖	元	1853

tao

陶栖遠	唐	1499
陶溫	唐	1339、1385
陶溫之	唐	1419
陶彝	清	1990

teng

滕邁	唐	1217

tian

田俌	北宋	1678
田鯁	北宋	1646
田洪	唐	1267
田紹康	唐	1004
田萬	唐	1136
田敫庭	唐	0834、0922

tong

仝寵	明	1896
童奴月	南宋	1757

tuo

托渾布	清	2083

W

wan

萬必復	唐	1439
萬子壽	南宋	1815

wang

汪承湛	清	2133
汪升英	清	1990
汪應丑	南宋	1814
王安禮	北宋	1656
王邦瑞	明	1890
王庇	唐	1241
王磻	北宋	1664

王昌齡	唐	0734
王誠	北宋	1675
王持	北宋	1669
王春楨	明	1944
王德成	後周	1598
王德昕	清	2115
王德修	清	2123
王德元	元	1839
王德元	清	2112
王德正	元	1839
王端	唐	0804、0869
王逢升	清	2112
王撫民	明	1970
王杲	唐	0835
王公瑜	唐	1104
王覯	北宋	1622
王觀生	明	1965
王歸厚	唐	1334
王國幹	清	2088
王國光	明	1924
王翰番	清	2115
王珩	唐	1350
王弘禮	唐	1383
王懷忠	唐	0826
王暉雅	唐	0653
王晦	唐	1532
王繼之	唐	1256
王家驥	清	2136
王晉	清	2102
王靜選	清	2134
王炯	清	2003
王開霖	民國	2153
王匡國	武周	0562
王亮	唐	1311
王璘	北宋	1688
王魯復	唐	1379
王履貞	唐	1219
王戀學	明	1971

王蒙	唐	0616		王象澧	清	2054
王旻	唐	0928		王象頤	清	2054
王鳴鵾	清	2136		王秀	清	2067
王寧人	清	2002		王琩	唐	1321
王佩蘭	清	2068		王淑	唐	1071
王頎	民國	2146		王延訓	唐	1404
王千運	唐	1160		王顏	唐	1092、1126
王謙柄	民國	2154		王彥夫	唐	1304
王欽	北宋	1611		王彥威	唐	1265
王清	清	1984		王彝訓	後周	1599
王冉	唐	1216		王易	北宋	1623
王融	唐	1393		王應春	明	1937
王汝梅	清	2002、2011		王應雷	南宋	1767
王汝謨	清	2077		王應祥	清	2050
王三命	明	1910		王永全	明	1975
王尚璽	民國	2146、2155		王永昇	明	1975
王慎術	北宋	1667		王用賓	明	1901
王繩祖	清	1996		王有	唐	1485
王叔驥	唐	1185		王又樞	清	2035
王恕	北宋	1668		王幼僑	民國	2150
王思道	北宋	1625		王育才	清	2061
王思恒	清	2053		王育德	清	2105
王松	明	1877		王豫	北宋	1652
王太昇	清	2110		王越	北宋	1673
王體豫	清	2053		王允升	清	2025
王天林	清	2112		王瓚	元	1842
王廷玉	明	1909		王愷	唐	1370
王同	北宋	1637		王則	唐	1558
王惟忱	元	1842		王之友	清	1983
王維屏	民國	2140		王知微	唐	0803
王偉	金	1827		王志灜	清	2072
王文尉	清	2100		王稚堂	清	2132
王文雅	唐	1284		王仲甫	北宋	1737
王昔	唐	0928		王仲丘	唐	0774
王錫璞	清	2001		王仲舒	唐	1121
王錫瓚	清	2003		王周輔	唐	1210
王咸休	唐	1348		王卓	唐	0974
王賢	民國	2153		王子烈	清	2122
王象鼎	清	2054		王佐	唐	0801、1005

王作賓	清	1997、1998	魏可簡	明	1929
王祚盛	南明	1980	魏少遊	唐	0931
wei			魏鐣	北宋	1675
韋彪	北周	0156	魏圖	唐	1301
韋成季	唐	1046	魏楨之	唐	1390
韋承範	唐	1423	魏中立	清	2040
韋承慶	唐	0484	魏洙	唐	1306
韋從敏	唐	1497	**wen**		
韋從實	唐	1561	溫庭晧	唐	1535
韋諷	唐	1096	溫造	唐	1195
韋玨	唐	1507	文安禮	南宋	1748
韋嘏	唐	1236、1247	文健	清	1994
韋弘矩	唐	1522	文皎	唐	1206
韋匡朝	唐	1001	□文明	清	2021
韋璞玉	唐	0736	文紹昌	清	1994
韋綬	唐	1117	文翔鳳	明	1962
韋述	唐	0969	文勛	北宋	1671
韋汪	唐	1477	**weng**		
韋孝立	唐	1524	翁偉	唐	0858
韋絢	唐	1453	**wu**		
韋元嗣	唐	1111	毋敦仁	北宋	1658
韋早	唐	1036	毋國同	清	2134
韋翶	唐	1058	吳本□	明	1927
韋正卿	唐	1065	吳伯虎	南宋	1764
尉登策	清	2120	吳大江	武周	0552
尉焕昇	清	2075	吳鼎臣	北宋	1654—1657
尉焕軫	清	2075	吳定	明	1920
衛炳文	清	2126	吳鶚	民國	2152
衛伯獻	清	1987	吳鞏	唐	0763
衛道	明	1900	吳鍠	民國	2137
衛德懷	清	2015	吳兢	唐	0758
衛復浩	清	2015	吳闓生	民國	2157
衛聯登	清	2080	吳孟卿	明	1927
衛繩祖	清	2031	吳汝賢	南宋	1758
衛文煒	清	2031	吳三樂	明	1915
衛有忍	清	2031	吳士全	北宋	1644
衛自新	清	2071	吳世能	明	1957
魏昌弼	北宋	1612	吳世卿	明	1957
魏海金	清	2084	吳世揚	明	1957

責任者拼音索引　　451

吳守中	明		1883
吳舜臣	北宋		1676
吳廷錫	民國		2154
吳通微	唐		1017
吳照	清		2006、2014
吳執禮	北宋		1734
吳忠	元		1830
吳燭	唐		1456
伍必達	南宋		1765
伍森	南宋		1765
武昌	北宋		1634
武德誠	北宋		1641
武開吉	清		2049
武三思	武周		0560
武聲駿	清		2129
武同倫	清		2086、2094
武祐吉	清		2049

X

xi
昔耘	唐		1345
郗逍	唐		1473
熙麟	清		2135
席冰	唐		1533
席公弼	北宋		1667
席裕馹	清		2130
席豫	唐		0849
習緩	唐		1282

xia
夏大夏	明		1977
夏侯钟	唐		0865
夏侯暎	唐		1552
夏雲岫	清		2081

xiang
相里健	清		2042

xiao
蕭德言	隋		0234
蕭朗	唐		1413
蕭良有	明		1928
蕭睦	唐		1130
蕭休之	唐		1169
蕭軒	唐		1326
蕭斅	唐		0917
蕭顗	唐		1326

xie
解含章	清		1999
解其選	清		2092
解啟聰	清		1991
解汝楫	清		1999
解益□	清		1992
解佑啟	清		1987
謝江	明		1893
謝廷諒	明		1931
謝一夔	明		1864
謝夷甫	唐		1021
謝貽謀	後梁		1585
謝縝	唐		0878

xin
辛臨	唐		0915
辛秘	唐		1139
□昕	唐		0962

xing
邢册	唐		1162
邢公素	唐		1340
邢廷桂	清		2046
邢堯臣	北宋		1736
邢佚	唐		1561
邢子才	北齊		0192
邢宗本	唐		1410

xiong
熊如淵	南宋		1811
熊汝壂	南宋		1811

xu
徐灝	唐		1294
徐俌	唐		1205
徐浩	唐	0932、0983、1015、1067	
徐劍光	清		2073
徐峻	唐		0713

徐濬	南宋	1752		薛廷範	唐	1559
徐珂	民國	2142		薛洿	唐	1504
徐珮	明	1909		薛錫玠	清	1999
徐璞	明	1909		薛閑	唐	0901
徐溥	明	1864		薛孝孫	北宋	1625
徐齊嬰	唐	0440		薛休復	唐	1491
徐榮富	元	1851		薛炎林	清	1998
徐壽	北宋	1682		薛暎	北宋	1609
徐瑱	明	1909		**xun**		
徐學古	明	1915		尋步月	清	2081
徐彥伯	武周	0571				
許琛	唐	1458			**y**	
許登魁	清	2014		**yan**		
許光疑	北宋	1725、1726、1730		閆萃峰	清	2134
許諫	明	1890		閆鳳翔	清	2132
許鈞	民國	2151		閆光國	北宋	1740
許俊	明	1858		閆袞	唐	0969
許珂鳴	清	2074		閆和美	清	1981、1983
許匡廷	清	2014		閆休復	北宋	1653
許濂	清	2070		閆永真	北宋	1645
許壽山	清	2053		閆郁文	清	2069
許衍	唐	0871		顔標	唐	1481
許元佐	清	2071		嚴沆	北宋	1653
xue				嚴紘	唐	1502
薛必盛	清	2018		嚴茂卿	唐	1364
薛伯連	唐	0779		嚴祁	南宋	1793
薛承賜	明	1902		嚴識玄	唐	0613
薛承範	明	1902		嚴脩睦	唐	1364
薛道衡	隋	0209		燕翼	明	1960
薛弘休	唐	1397		**yang**		
薛際庚	清	2087		陽伯成	唐	0774
薛居寬	清	2013		陽廉	武周	0554
薛良友	唐	0980		楊安仁	唐	1341
薛臨	唐	1420		楊籌	唐	1406
薛祿	明	1886		楊初陽	唐	0980
薛明基	清	1981		楊次復	唐	1431
薛迡	唐	1034		楊從周	唐	1116
薛仁同	清	2001		楊篤	清	2122
薛嵩	唐	0977		楊風晴	民國	2155

楊珙	唐	1188		楊億	北宋	1611
楊搆本	唐	0343		楊永清	清	2047
楊穀	唐	1248		楊泳	唐	1118
楊國寶	北宋	1639		楊虞卿	唐	1204
楊含章	唐	1464		楊毓芳	清	2007
楊穀	唐	1251		楊元慶	唐	1273
楊華	唐	1141		楊元思	唐	1422
楊緘	唐	1449		楊招	南宋	1751
楊敬思	唐	1313		楊震元	清	2013
楊靜	明	1890		楊仲昌	唐	0806
楊濬川	清	2120		楊祖仁	北宋	1677
楊可遇	唐	1170		**yao**		
楊可造	唐	1170		姚穆	唐	1200
楊克勤	清	2004		姚潛	唐	1391
楊瓛	明	1882		姚瑞人	清	2040
楊牢	唐	1347		姚三讓	明	1930
楊稜	唐	1530		姚士年	清	2036
楊禮	明	1862		姚勗	唐	1355
楊立	清	2060		姚毓臣	清	2020
楊麟	唐	1034		姚著	唐	0905
楊夢有	元	1837		**ye**		
楊青田	清	2051		葉恭綽	民國	2156
楊去回	唐	1497		葉繼儀	清	2084
楊日永	北宋	1620		葉夢得	北宋	1716－1720、1722－1724、
楊世勳	清	2043				1727－1729、1731、1732
楊世瓚	清	2047		**yi**		
楊軾	唐	0909		一光	唐	1124
楊思忠	元	1848		伊密	北宋	1646
楊坦雪	唐	0766		易彬	明	1860
楊珽	唐	1188		易桐	清	2080
楊維震	明	1859		**yin**		
楊無朋	唐	1295		殷承業	唐	0717
楊向順	清	2081		殷佳明	唐	1114
楊爕	北宋	1741		殷亮	唐	0984
楊新銘	民國	2148		陰覺民	明	1948
楊玄術	唐	1431		陰潭	唐	0794
楊以正	明	1899		尹承懿	唐	1217
楊益光	元	1848		尹國均	唐	0941
楊鈘	唐	1100		尹君	西晉	0064

尹樂堯	明		1929	袁奎	明	1918
尹鈇	唐		1536	袁沛	唐	0939
尹仲偺	唐		1456、1458	袁紹	明	1868
尹仲儒	唐		1350	袁師服	唐	1249
yong				袁業泗	明	1972
永澄	北宋		1625	袁暲	明	1878
you				源子恭	北魏	0102
□由	南宋		1820	**yue**		
游加六	明		1895	越雍	明	1862
□有德	元		1833	樂產	隋	0235
□祐之	唐		1308	樂芬	唐	1101
yu				樂平	唐	1320
于淳	明		1878	樂昇	北宋	1735
于復真	明		1975	樂温	北宋	1649

Z

于渾	唐		1223
于楫	明		1862
于迴	唐		0691	**zeng**		
于瀛	明		1868	曾哇	元	1836
于右任	民國		2156	曾福	元	1835
于自勸	唐		1075	曾述榮	清	2128
余芬	明		1933	曾毅夫	南宋	1804
余正廷	明		1933	**zhai**		
俞樾	清		2125	翟濤	明	1923
魚元武	唐		1502	翟文會	北宋	1617
宇文衮	唐		1432	翟秀	北宋	1640
宇文佶	唐		1225	翟彦襲	北宋	1609
宇文臨	唐		1334	**zhang**		
宇文遲	唐		0989	張黯	唐	1475
禹貢	明		1898	張鏊	明	1901
庾何	唐		1032	張秉生	清	1986
庾建侯	唐		1382	張博文	唐	1562
庾威	唐		1239	張昌言	清	2100
御□	唐		0953	張誠	唐	0997
yuan				張楚封	唐	1212
元厚	唐		1369	張大臨	北宋	1741
元季友	唐		0885	張亶	北宋	1638
元載	唐		1026	張道	明	1886
元卓	唐		0991	張東寅	民國	2150
袁繼咸	明		1968	張讀	唐	1508

張恩詔	清	2096		張仁師	唐	1275
張逢時	南宋	1780		張溶	明	1906
張鳳翩	民國	2154		張汝舟	南宋	1795
張鳳岐	清	2012		張瑞雲	清	2007
張甫	唐	1491		張潤身	明	1877
張庚午	清	2077		張若虛	清	2041
張賈	唐	1269		張少悌	唐	1005、1035、1066
張顧恒	清	1983		張慎	唐	0351
張光燾	清	2072		張士廉	北宋	1649、1659
張桂芬	清	2130		張士寧	北宋	1659
張國紳	明	1974		張世煇	清	2041
張國祥	南宋	1784		張世永	北宋	1738、1740
張國彧	清	2027		張澍	明	1870
張鶴青	清	2122		張舜臣	明	1901
張懷環	唐	0763		張舜卿	北宋	1716—1720、1732
張懷慶	北宋	1620		張思敬	清	2063
張回	唐	1142		張松	明	1905
張晦	唐	1229		張泰陞	清	2101
張惠夫	北宋	1681		張廷堅	唐	1480
張澮	唐	1496、1537		張同	清	2020
張渾	唐	0974		張彤	唐	1366
張簡甫	唐	1105		張爲則	明	1866
張金	明	1888		張惟幾	北宋	1689—1713、1733
張潛	清	1984		張文	明	1870
張景	唐	0691		張文哲	唐	1061
張敬修	清	1992		張文正	明	1900
張敬業	民國	2143		張廡	唐	1218
張開泰	清	2106		張先	北宋	1674
張克昌	清	2042		張祥墀	民國	2152
張冽	唐	0715		張向堃	清	2135
張隆	北宋	1651		張星機	清	2123
張夢潮	清	2089		張琇	北宋	1647、1648
張銘	清	2102		張宣	南宋	1784
張模	唐	1383		張璿	唐	1134
張培元	清	2044		張璿	後唐	1591
張平	唐	0792		張峋	北宋	1677
張齊古	唐	1407		張牙牙	後唐	1588
張欽之	明	1939		張億齡	清	2062
張仁黼	清	2134		張燥	明	1889

張鏞	明	1861		趙衍之	北宋	1739
張有勝	元	1845		趙奎壁	清	2051
張于飛	清	2019		趙令鑠	北宋	1675
張元夫	唐	1180		趙敏	清	2106
張元之	明	1939		趙南華	唐	1129、1166
張愿夫	北宋	1681		趙邃	唐	1505
張雲從	清	2078		趙戎	唐	0966
張筠	清	2135		趙儒立	唐	1255
張照巖	清	2099		趙紹先	清	2024
張震封	唐	1437		趙詵	唐	1083
張正一	北宋	1608		趙世卿	明	1943
張志	清	2001		趙文英	清	2128
張治道	明	1875		趙㥄	武周	0584
張陟雲	清	2059		趙興邦	明	1953
張仲連	唐	1153		趙曄	唐	0869
張仲素	唐	1153		趙鄴	唐	1536
張仲謐	北宋	1662		趙閶	清	2017
張仲彥	北宋	1739		趙隱	北宋	1660、1663、1676
張濯	後周	1596		趙用賢	明	1924
張宗奭	清	2006		趙子迪	北宋	1739
張宗旭	清	2019		zheng		
張□□	唐	0667		鄭黯	唐	1525
長孫琬	武周	0560		鄭伯餘	燕	1574
zhao				鄭岑	燕	1583
趙璧	明	1974		鄭蕚	唐	0892
趙誠生	民國	2145		鄭晦猷	唐	1475
趙德彰	清	2062		鄭濟川	清	2128
趙冬曦	唐	0924		鄭憬	唐	0877
趙復	唐	0966		鄭居中	北宋	1689－1691、1695－1697、1700、1702、1703、1705、1706、1708、1712、1713
趙拱	金	1826				
趙官	明	1881				
趙瑾	明	1891		鄭崑	民國	2137
趙袞	唐	1357		鄭路	唐	1477
趙弘濟	唐	1233		鄭齊丘	唐	0667
趙驊	唐	1058、1581		鄭少仁	唐	0840
趙吉相	民國	2145		鄭紹方	唐	1265
趙君慶	唐	1413		鄭紳	唐	1346
趙君政	唐	1417		鄭叔規	唐	1027
趙開	北宋	1671		鄭叔則	唐	0925

鄭樞	唐		1328	周凱	清	2083
鄭思齊	南宋		1812	周魯賓	唐	1213
鄭琬	元		1842	周士貴	南宋	1810
鄭務覽	武周		0552	周爲翰	清	2121
鄭羨	燕		1580	周新命	明	1963、1964
鄭禼	唐		1266	周詢	明	1862
鄭脩	唐		1512	zhu		
鄭㝷	明		1884	朱弼	唐	1406、1491
鄭塤	唐		1346	朱厚煜	明	1887
鄭纁	唐		1235	朱懷雄	明	1963、1964
鄭迅	唐		1025	朱可復	唐	1532
鄭逸	唐		1507	朱良桂	清	2084
鄭虞	唐		1507	朱裴	明	1976
鄭愚	唐		1482	朱用	明	1905
鄭雲逵	唐	1108、1140		朱祖謀	民國	2142
鄭昭	清		2088	朱□	元	1855
鄭綜	唐		1164	諸葛嗣宗	唐	0727
鄭□□	北宋		1733	zou		
zhi				鄒臣	明	1923
□□之	唐		1352	鄒升恒	清	2000
智詳	唐		0974	鄒雲峰	民國	2142
zhou				zuo		
周承弼	南宋		1750	左緒	唐	1152
周從虎	南宋		1791	左玄運	唐	1305
周漢賓	唐		1258			
周洪謨	明		1864			

墓誌出土地索引

說明：
一、地名及其排列順序依據《中華人民共和國縣及縣以上行政區劃代碼》（參見：中央政府門户網站 www.gov.cn）。
二、地區順序
　　1 北京市　　2 天津市　　3 河北省　　4 山西省　　5 内蒙古自治區　　6 遼寧省　　7 吉林省　　8 黑龍江省
　　9 上海市　　10 江蘇省　　11 浙江省　　12 安徽省　　13 福建省　　14 江西省　　15 山東省　　16 河南省
　　17 湖北省　　18 湖南省　　19 廣東省　　20 廣西壯族自治區　　21 海南省　　22 重慶市　　23 四川省
　　24 貴州省　　25 雲南省　　26 陝西省　　27 甘肅省　　28 寧夏回族自治區　　29 新疆維吾爾自治區
三、出土地不詳及僞刻者省略。

河北省

贊皇縣	1935	1953			
平山縣	1244				
灤南縣	1823	1929	1982		
邯鄲市	0220	2129			
邯鄲市永年區（原永年縣）		0120	0179	0257	
	0298	0522	0680	1312	1418
	1488	1587	1829	1861	1877
	1881	1882	1889	1901	1912
	1913	1928	1930	1979	1984
	1990	2028			
臨漳縣	0283	0326	0393	0404	0494
	0649	0848	0873	1395	
大名縣	1528				
磁縣	0126	0143	0289	0318	0467	0475
	0476	0542	0583	0700	0716	0935
	1013	1146	1575			
雞澤縣	0122				
魏縣	1959				
曲周縣	1601				
武安市	0959				
邢臺市	0500	0555	0633	0641	0793
	1261	1277	1303	1358	1457
	1466	1514	1542	1589	
内丘縣	0084	1203	1342	1520	
隆堯縣	0082				
寧晉縣	0114				
新河縣	1948				
望都縣	1872				
定州市（原定縣）		0116			
河北省	2136				

山西省

太原市	1075				
長治市	0233	0242	0337	0352	0362
	0364	0373	0375	0395	0403
	0413	0420	0424	0425	0433
	0455	0458	0473	0482	0515
	0531	0533	0538	0556	0565
	0574	0586	0587	0601	0617
	0635	0646	0653	0659	0661
	0662	0665	0666	0688	0698

0726	0740	0743	0744	0755
0772	0817	0820	0831	0854
0879	0880	0883	0889	0897
0899	0938	0942	0946	0993
1008	1012	1028	1054	1060
1068	1080	1090	1097	1112
1145	1147—1149		1157	1165
1173	1176	1178	1197	1198
1234	1238	1246	1278	1279
1284	1286	1296	1317	1324
1338	1353	1361	1367	1368
1389	1398	1401	1403	1410
1416	1424	1425	1427	1429
1440	1443	1445	1447	1448
1455	1476	1479	1483	1506
1523	1527	1534	1538—1541	
1543	1545	1548—1549		1551
1555	1556	1565	1590	1597
1605	1606	1653	1661	1714
1747	1828	1894	1994	

長治市上黨區（原上黨縣） 0190 0626
長治市屯留區（原屯留縣） 0218 0416 0477
　　　　0486 0579 0582 0627 0631
　　　　0681 0911 1594 1607
長治市潞城區（原潞城縣） 0720
黎城縣 1175
壺關縣 0223 0594 0722 0756 0757
　　　　0891 1201 1380 1610
長子縣 0311 0777 1372
沁縣 0356 2149
晉城市 0953 1232 1444
高平市（原高平縣） 0509 1736 1826
祁縣 1382
平遙縣 1044 1094
介休市 1503
運城市 2093
臨猗縣 0254 1944 1973 2060 2108
　　　　2143
萬榮縣 2003 2049 2081 2086

聞喜縣 1976 2055 2059 2089
稷山縣 1886 2080 2148
新絳縣 2127 2145
絳縣 1993 2015
夏縣 1900 2025 2065 2085 2088
　　　2090 2109 2112 2114
平陸縣 0511
芮城縣 0113
永濟市 1874
河津市（原河津縣） 2052
臨汾市 1221 2043 2044
曲沃縣 1942 2051 2061 2069 2070
　　　2074 2122 2123
翼城縣 1986 2096
襄汾縣 0202 2017 2048 2056 2075
　　　2077 2078 2082
洪洞縣 2120
文水縣 1500
山西省 0345 0391 0412 0465 0472
　　　0491 0634 0686 0705 0739
　　　1280 1960 2029 2053 2094
　　　2103 2105 2121 2126

內蒙古自治區
喀喇沁旗 1824

江蘇省
南京市 0074
徐州市 0209

浙江省
麗水市 1765

安徽省
合肥 0188
壽縣 1164

江西省
廬山市（原星子縣） 1619 1624

新余市	1785	1793					1945－1947	1949－1951	1956	
鷹潭市餘江區（原餘江縣）		1757	1851	1908			1966	1969	2021	2032	2097
貴溪市	1742						2098			
吉水縣	1808	1817								
新干縣	1749	1756	1778	1795－1797		**山東省**				
	1810	1813	1815	1837	1841		濟南市	1943	1952	
	1853	1857					滕州市	1715		
宜春市	1521	1566	1863	1879	1899		青州市	1585		
	1968	1972	1977	2030			壽光市	0079		
豐城市	1750	1751	1754	1760	1762		濟寧市	1682		
	1763	1767	1770	1772－1774		濟寧市任城區（原任城縣）		1621	1646	1664
	1779	1782	1787	1788	1794			1671	1679	
	1799	1818	1820	1821	1840		平原縣	0792		
	1911						樂陵縣	0177		
撫州市	1753	1807	1836	1845	1931		莘縣	1547		
	2004									
撫州市臨川區		1734	1758	1764	1766	**河南省**				
	1775	1780	1781	1800			鄭州市	1437		
	1802	1803	1806	1811		鞏義市（原鞏縣）		0506	0514	0523	0524
	1812	1814	1816	1819			0551	0572	0725	0790	1135
	1833	1843	1844	1846－			1267	1362	1529	1611	1633－
	1848	1850	1852	1854			1635	1650	1651	1654－1657
	1858	1876	1897	1907			1660	1663	1676	1683－1686
	1916	1918	1921	1922			1689－1713	1716－1733	1735
	1941	1954	1958	1961			1743－1746	2045	2106	2107
撫州市東鄉區		1980					2110	2131		
南城縣	1777	1784	1822			滎陽市（含原汜水縣）		0379	0800	0840	1254
南豐縣	1932	2008	2057	2058	2104		新密市	1469		
崇仁縣	1755	1769	1789	1791	1798		登封市	1475		
金溪縣	1761	1776	1790	1792	1801		洛陽市	0064	0065	0069	0070	0078
	1804	1866	1869	1885	1892			0080	0083	0085－0087	0089
	1927							0090	0092－0094	0096－0099
餘干縣	1838							0101	0102	0104	0105	0107
鄱陽縣	1768	1855						0108	0112	0115	0149	0180
江西省	1501	1636	1673	1752	1759			0184	0206	0215	0227	0230
	1771	1783	1786	1805	1809			0236	0238	0239	0259	0272
	1834	1839	1849	1856	1871			0274	0276	0280－0282	0287
	1880	1895	1914	1917	1919			0291	0296	0300	0312	0315－
	1933	1934	1936－1938	1940			0317	0322	0324	0327	0329

0330	0331	0334	0336	0340	1037	1038	1041	1042	1050
0344	0349 — 0351		0359	0363	1051	1053	1055	1057	1062
0365	0368	0372	0376 — 0378		1065	1076	1077	1081	1084
0380	0383	0389	0396	0401	1087	1088	1092	1099	1100
0405	0417	0419	0421	0430	1104	1105	1109	1118	1121
0441	0444	0450 — 0453		0456	1123	1125	1127	1129	1130
0460	0463	0464	0468	0474	1136	1138	1153	1154	1158
0478	0481	0483	0484	0487	1163	1166	1172	1174	1181 —
0497 — 0499		0501	0503	0504	1183	1186 — 1188		1191	1196
0507	0508	0516 — 0519		0526	1199	1205	1207	1209 — 1211	
0528	0536	0544	0548	0550	1226 — 1228		1235	1237	1242
0552	0553	0557	0558	0562	1249	1251	1252	1255	1256
0564	0568	0569	0571	0573	1259	1260	1268 — 1270		1274
0585	0590 — 0593		0596	0597	1275	1281	1290	1292	1293
0600	0603	0606	0613	0616	1297	1305	1307	1308	1314
0621 — 0623		0625	0628	0632	1316	1319	1322	1325	1326
0636	0637	0643	0647	0651	1329	1331	1334	1335	1341
0655	0667	0669	0670	0672	1343	1344	1346	1347	1351
0679	0684	0685	0690	0702 —	1366	1369 — 1371		1374	1388
0704	0708	0712	0714	0719	1391 — 1394		1400	1402	1404
0721	0723	0724	0727	0729 —	1405	1412	1414	1415	1423
0734	0737	0742	0746	0748	1426	1428	1434	1436	1438
0750 — 0752		0762	0764	0767	1449	1451	1454	1460	1462
0774	0775	0780	0787	0788	1465	1468	1470	1472	1480
0795 — 0797		0801 — 0806		0809 —	1485	1489	1492	1495	1509
0812	0816	0818	0819	0824	1510	1552	1553	1557	1559
0825	0830	0832	0833	0837	1561	1562	1564	1568	1569
0838	0842 — 0844		0850	0852	1573	1576	1581	1583	1584
0855	0858	0861	0864	0865	1586	1588	1592	1593	1595
0868 — 0870		0872	0877	0885	1596	1598	1600	1604	1608
0890	0893	0903	0905	0906	1609	1616 — 1618		1620	1628
0907	0914	0918	0919	0921	1642	1644	1645	1648	1649
0927	0928	0932	0937	0939	1659	1662	1666	1667	1675
0944	0945	0950	0952	0958	1677	1678	1680	1687	1688
0960	0962	0965	0966	0973	1737	1748	1827	1868	1870
0976	0979	0980	0984	0988	1878	1890	1893	1904	1905
0989	0991	0994	0997	0999	1957	1962	2091	2138	2140
1003	1009	1010	1016	1019	2151	2158			
1021 — 1025		1027	1032	1033	偃師市 0001 — 0058		0277	0328	0406

墓誌出土地索引　463

	0435	0442	0443	0447	0457
	0461	0488	0513	0545	0581
	0620	0638	0674	0694	0699
	0766	0813	0835	0851	0860
	0867	0881	0902	0916	0925
	0933	0936	0954	1020	1047
	1056	1162	1190	1193	1240
	1273	1282	1288	1289	1298
	1299	1373	1498	1504	1526
	1567	1580	1622	1623	1626
	1639	1643	1739	2137	
孟津縣	0081	0088	0095	0106	0111
	0294	0374	0392	0432	0505
	0598	0693	0738	0808	0912
	0955	0986	1101	1122	1155
	1200	1295	1310	1320	1535
	1591	1599	1915	2067	
洛陽市洛龍區	0302	0436	0485	0490
	0576	0589	0604	0664
	0687	0695	0706	0741
	0747	0754	0760	0778
	0789	0791	0845	0862
	0878	0970	0972	0981
	0982	0995	1007	1058
	1061	1071	1159	1169
	1206	1212	1276	1313
	1336	1422	1431	1450
	1478	1481	1497	1577
	1603	1629	1630	1647
	1670			
新安縣	1379
嵩縣	0342	1243	1674
宜陽縣	0561	0895	1309	1419
洛寧縣	1168
伊川縣	0584	0615	0642	0785	0886
	0887	0947	1001	1029	1046
	1355	1377	1512	1525	1578
	1627
郟縣	0426

汝州市	1463
安陽市	0119	0121	0127	0137 — 0140
	0150	0152	0176	0187	0192
	0193	0213	0354	0367	0439
	0454	0466	0520	0534	0541
	0650	0663	0668	0692	0758
	0807	0814	0827	0900	0977
	1040	1074	1332	1399	1887
	1903	1920	1923	2000	
安陽縣	0123	0125	0141	0142	0144 —
	0148	0151	0153 — 0155	0225
	0283	0307	0815	0853	0875
	0949	0975	1073	1375	1518
	1546	1570	1579	1582	1909
湯陰縣	1884	1898
浚縣	1544
衛輝市	2036
焦作市	0652
博愛縣	1883	1906	1924	1965	2111
	2128	2134	2144
沁陽縣	0701	0710	1955
孟州市（原孟縣）	0437	0658	0749	0857
	0968	1143	1170	1195	1264
	1330	1406	1574	2099	2118
	2124	2133	2147
鄢陵縣	1464	1496	1537
長葛市（原長葛縣）	1896
臨潁縣	1625
三門峽市	0167	0614	0822	0978
三門峽市陝州區（原陝縣）	0770
靈寶市	0884	0929	1086	1114	1304
	1327	1738	1740	1978
南陽市	0896	2040
濟源市	1052	1167	1494	1975	2083
	2095
河南省	0059	0061	0063	0066	0067
	0072	0073	0118	0124	0268
	0901	0964	1031	1285	1354
	1967	2116	2132

廣東省
廣州市　1554

貴州省
遵義市　1859　1860　1862　1864

陝西省
西安市　0128　0130　0131　0133 — 0136
　　　　0156 — 0166　0168 — 0175　0181 —
　　　　0183　0185　0189　0194 — 0196
　　　　0200　0201　0203 — 0205　0207
　　　　0210 — 0212　0214　0217　0219
　　　　0222　0224　0229　0237　0240
　　　　0243 — 0245　0247　0249　0250
　　　　0253　0256　0258　0262　0264 —
　　　　0267　0269　0271　0273　0275
　　　　0278　0279　0284　0285　0292
　　　　0293　0295　0301　0303　0305
　　　　0306　0309　0310　0313　0314
　　　　0319　0321　0323　0325　0332
　　　　0333　0335　0338　0339　0346 —
　　　　0348　0353　0355　0357　0358
　　　　0360　0361　0366　0369 — 0371
　　　　0381　0384 — 0387　0390　0394
　　　　0397 — 0400　0407　0409 — 0411
　　　　0415　0418　0422　0423　0427 —
　　　　0429　0431　0434　0440　0449
　　　　0459　0462　0469　0471　0480
　　　　0489　0492　0495　0496　0502
　　　　0510　0512　0521　0525　0529
　　　　0537　0539　0543　0546　0547
　　　　0549　0554　0559　0563　0566
　　　　0575　0577　0580　0602　0605
　　　　0607 — 0610　0612　0619　0629
　　　　0630　0639　0640　0644　0645
　　　　0648　0657　0660　0675　0676
　　　　0678　0683　0689　0696　0697
　　　　0707　0711　0713　0717　0718
　　　　0728　0736　0745　0753　0759
　　　　0763　0768　0769　0771　0773
　　　　0776　0779　0783　0784　0786
　　　　0821　0823　0826　0828　0829
　　　　0836　0846　0847　0856　0859
　　　　0866　0874　0876　0882　0892
　　　　0894　0898　0908　0909　0913
　　　　0915　0917　0920　0926　0930
　　　　0931　0934　0940　0941　0948
　　　　0951　0956　0957　0961　0963
　　　　0967　0969　0974　0985　0987
　　　　0990　0992　0998　1000　1002
　　　　1004 — 1006　1011　1014　1017
　　　　1018　1026　1030　1034　1035
　　　　1036　1039　1043　1045　1048
　　　　1049　1059　1063　1064　1066
　　　　1067　1069　1070　1072　1078
　　　　1079　1082　1083　1085　1089
　　　　1091　1093　1096　1098　1102
　　　　1106　1111　1113　1115　1117
　　　　1126　1128　1133　1134　1137
　　　　1139 — 1141　1144　1150 — 1152
　　　　1160　1161　1171　1179　1180
　　　　1184　1185　1189　1192　1194
　　　　1202　1208　1213　1214　1216 —
　　　　1220　1225　1229 — 1231　1233
　　　　1236　1239　1241　1245　1247
　　　　1248　1250　1253　1257　1258
　　　　1262　1263　1265　1266　1283
　　　　1287　1291　1294　1300 — 1302
　　　　1311　1315　1321　1323　1328
　　　　1333　1337　1339　1340　1345
　　　　1348 — 1350　1352　1356　1357
　　　　1359　1360　1363　1365　1376
　　　　1378　1381　1383　1385　1387
　　　　1390　1396　1397　1408　1411
　　　　1413　1417　1420　1421　1430
　　　　1432　1433　1435　1439　1441
　　　　1442　1446　1452　1453　1456
　　　　1459　1461　1467　1471　1473

墓誌出土地索引　　465

	1474	1477	1482	1484	1486
	1487	1490	1491	1502	1505
	1507	1508	1511	1513	1515—
	1517	1519	1530	1531	1533
	1536	1550	1558	1560	1612—
	1614	1631	1632	1637	1640
	1641	1658	1665	1669	1672
	1830—	1832	1835	1842	1865
	1867	1910	1963	1964	1974
	2130				

西安市臨潼區（原臨潼縣）　0923　1386　1409
　　1458
西安市長安區　0091　0191　0226　0241
　　0251　0252　0255　0260
　　0261　0297　0304　0343
　　0382　0388　0567　0588
　　0682　0794　0849　0924
　　0983　1015　1108　1110
　　1119　1120　1131　1156
　　1177　1204　1223　1272
　　1318　1364　1384　1493
　　1522　1524　1532　1741
　　1875
西安市鄠邑區（原鄠縣）　0782　1132　1407
藍田縣　0232
周至縣　0530
銅川市　0888
銅川市耀州區（原耀縣）　0320　0673　0677
　　0691　1215
眉縣（原郿縣）　1499
咸陽市　0129　0178　0186　0197　0199
　　0235　0248　0270　0402　0448
　　0493　0535　0560　0595　0611
　　0618　0624　0654　0671　0715

	0735	0799	0834	0839	0922
	1095	1103	1224	1271	

三原縣　0288　0290　2007　2020
涇陽縣　0198　0234　0246　0470　0532
　　0971　1142　1306
武功縣　0765
興平市（原興平縣）　0438
彬州市（原彬縣）　1873
渭南市　0286　0299　0341　0408　0781
　　1996　2031　2102
潼關縣　1107
大荔縣　1116　1615
合陽縣（原郃陽縣）　2035　2041　2064
富平縣　0445　0446　0863
韓城市　1902　1970　1981　1983　1985
　　1987—1989　1991　1992　1995
　　1997　1998　2001　2002　2005
　　2009　2011　2012　2016　2018
　　2019　2022—2024　2026　2034
　　2042　2050　2054　2062　2063
　　2066　2072　2087　2100　2101
　　2113　2115　2119
華陰市（原華陰縣）　0109　0110　0132　0414
陝西省　0263　0308　0479　0527　0656
　　0709　0761　0904　0943　1925
　　1926　1939　1971　1999　2006
　　2010　2013　2014　2037—2039
　　2046　2047　2068　2071　2073
　　2076　2079　2084　2092　2117

甘肅省

天水　0100　0216　0228
鎮原縣　0231